Reader's Digest
Auswahlbücher

Reader's Digest Auswahlbücher

Verlag Das Beste
Stuttgart · Zürich · Wien

Atemlos

Anfangs scheint es nur die fixe Idee eines Besessenen: Paul Billson glaubt, das Wrack des Flugzeugs finden zu können, mit dem sein Vater einst über den endlosen Weiten der Sahara verschwand. Doch während Paul immer tiefer in die Schluchten einer bizarren Felswüste eindringt, treten Männer auf den Plan, die seine Suche tödlich ernst nehmen – bezahlte Killer, die ihn zur Strecke bringen sollen!

Das Lied der DELPHINE

Mit schonungsloser Härte machen die Fischer der japanischen Insel Iki Jagd auf Delphine. Auch das Wissen um das Aussterben dieser intelligenten und menschenfreundlichen Tiere hält die verbitterten Männer nicht von ihrem blutigen Tun ab. Bis zu dem Tag, als sich ihnen ein junges Mädchen in den Weg stellt . . .

Sein Hobby: Computer. Seine Lieblingsbeschäftigung: den Lehrern im Internat Streiche spielen. Seine Devise: Hauptsache, es macht Spaß. Doch nach einem furchtbaren Ereignis wird das Leben für den fünfzehnjährigen Billy Tepper blutiger Ernst. Der Junge weiß, daß sein ganzer Einfallsreichtum gefordert ist, um sich und seine Schulkameraden zu retten.

Nach der Trennung von ihrem Mann erfüllt sich die Journalistin Anne LaBastille einen Traum. Sie beschließt, ganz auf sich gestellt in den Wäldern des amerikanischen Adirondack-Nationalparks zu leben. Ob sie ihre Blockhütte selbst errichtet, sich mit rücksichtslosen Jägern herumschlägt oder gegen den unerbittlichen Winter ankämpft – entschlossen und voller Energie stellt sie sich jeder Herausforderung.

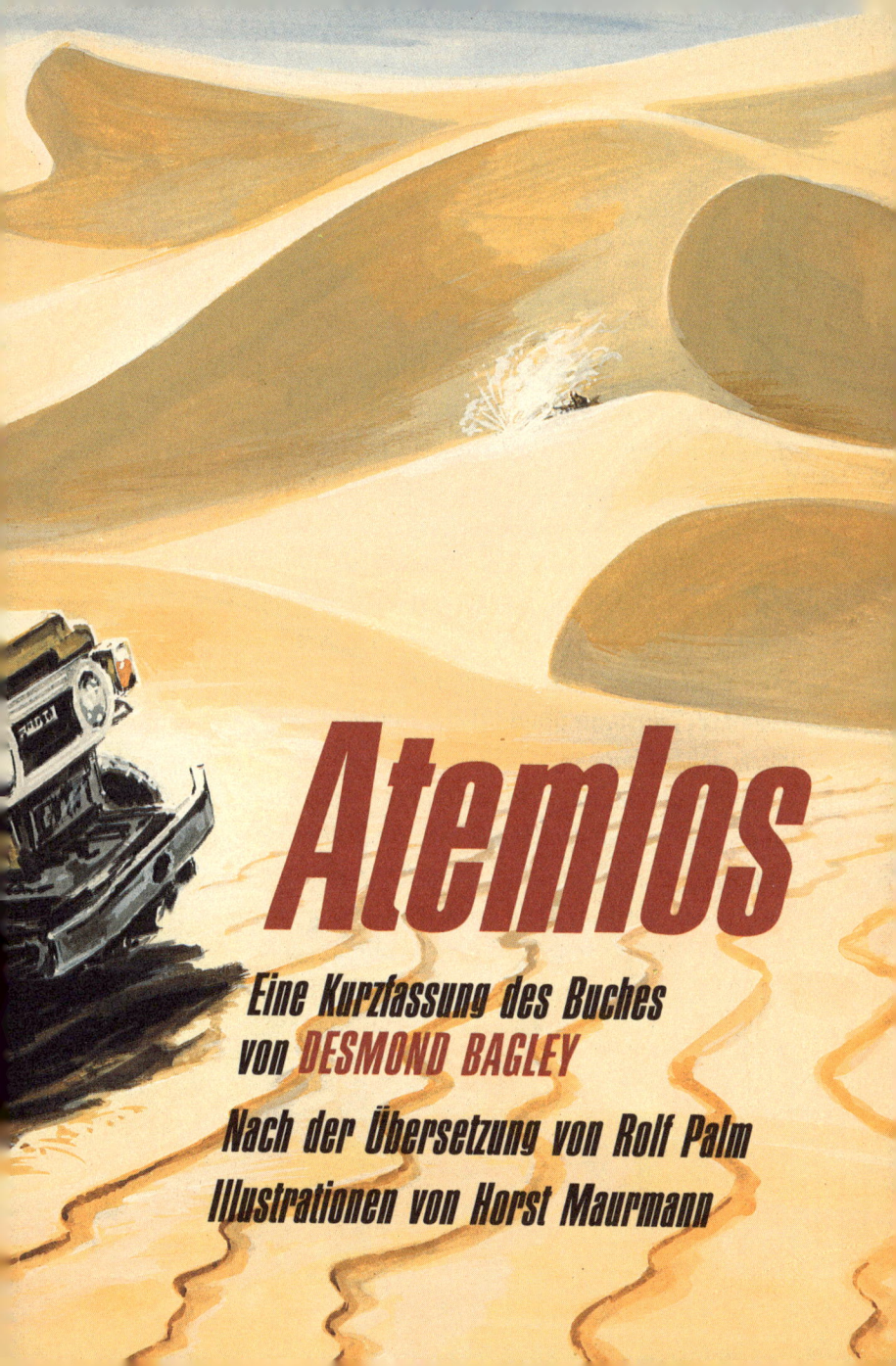

Atemlos

Eine Kurzfassung des Buches
von DESMOND BAGLEY

Nach der Übersetzung von Rolf Palm

Illustrationen von Horst Maurmann

Zum letzten Mal wurde Peter Billson gesehen, als er 1936 nach einer Zwischenlandung in Algier zur schwersten Etappe des Luftrennens London–Kapstadt aufbrach – dem Nachtflug über die fast menschenleere Sahara. Danach verlor sich seine Spur. Wurde dem Piloten ein Navigationsfehler zum Verhängnis, ein Defekt an der Maschine oder gar ein Sabotageakt der fliegerischen Konkurrenz? Billsons Sohn Paul hat sich geschworen, nicht eher zu ruhen, bis er das Geheimnis um das Verschwinden seines Vaters geklärt hat.

Doch während Paul Billson und seine Begleiter auf der Suche nach dem Wrack eine hitzeflirrende Landschaft durchkämmen, heften sich Fremde an ihre Fersen, die den Erfolg der Expedition um jeden Preis zu verhindern suchen. Und so wird nicht allein die Wüste zur mörderischen Gefahr ...

1. Kapitel

Unsere Ehe trudelte dem Scheitern zu, und wir wußten es beide. An diesem Montagmorgen, als alles anfing, wertete Gloria eine behutsame Anfrage nach ihrem Wochenendzeitvertreib patzig als ungehörige Einmischung in ihr Privatleben. Ein Wort gab das andere, und schon war wieder – wie so oft in letzter Zeit – der heftigste Krach im Gange. Ich fühlte mich bereits ziemlich geschlaucht, als ich in die Firma kam.

Joyce Godwin, meine Sekretärin, empfing mich mit einem strahlenden „Guten Morgen, Mr. Stafford!"

„Morgen", brummte ich verschnupft und knallte die Tür meines Büros hinter mir zu. Und dann war ich sauer auf mich selbst. Ein mieser Chef, der seine Launen am Personal ausläßt.

Ich betätigte die Sprechanlage. „Kommen Sie doch mal rein, Joyce."

Sie erschien mit ihrer Sekretärinnenausrüstung, Stenoblock und spitzen Bleistiften.

„Tut mir leid, Joyce", sagte ich. „Aber ich fühl mich nicht besonders. Wo brennt's denn heute morgen?"

„Mr. Malleson möchte wegen der Gesellschafterversammlung am Nachmittag mit Ihnen sprechen."

Ich nickte. Die Gesellschafterversammlung der Stafford-Sicherheits-Beratungs-GmbH war eine reine Formalität: Da saßen dann drei erwachsene Männer in einem Penthouse über der City von London und teilten untereinander die Gewinne auf. „Sonst noch was?"

„Mr. Hoyland hat angerufen. Er möchte Sie persönlich sprechen."

„Hoyland? Wer ist denn das?"

„Unser Werkschutzchef bei der Franklin-Technik in Luton."

Es hatte mal Zeiten gegeben, da kannte ich jeden Mitarbeiter beim Vornamen; jetzt hatte ich nicht mal mehr die Familiennamen der Objektleiter im Kopf. „Warum verlangt er ausgerechnet mich?"

„Erst wollte er Mr. Ellis, aber der ist bis Mittwoch in Lancaster, und Mr. Daniels hat immer noch Grippe", erklärte Joyce. „Er hat gesagt, er ruft wieder an."

„Was gibt's sonst noch?"

Wortlos wies sie auf meinen überfüllten Korb für den Posteingang. Ich warf einen angewiderten Blick in die Richtung. „Sie sind eine Sklaventreiberin, Joyce. Wenn Hoyland anruft – ich bin im Büro von Mr. Malleson."

„Aber Mr. Fergus sagt, der Vertrag mit der Electronomics müßte heute noch unterschrieben werden!" jammerte sie.

„Ich will erst noch mit Malleson darüber sprechen." Ich fischte mir die Electronomics-Akte aus dem Korb und ging.

Charlie Mallesons Posteingangskorb war schon halb leer. Ich setzte mich auf den Rand seines Schreibtisches und warf ihm die Akte hin. „Mir schmeckt das überhaupt nicht!"

Er sah hoch. „Stimmt was nicht, Max?"

„Die wollen Wachhunde ohne Hundeführer, das ist gegen die Vorschriften."

„Das ist mir gar nicht aufgefallen."

„Fergus auch nicht, und dem hätte es aufstoßen müssen. Sorg dafür, daß diese ‚Hunde-Klausel' aus dem Vertrag genommen wird. Was ist übrigens mit der Gesellschafterversammlung?"

„Seine Lordschaft wird uns heute nachmittag um vier empfangen."

Seine Lordschaft, das war Lord Brinton, und dem gehörten fünfundzwanzig Prozent der Stafford-Sicherheits-Beratungs-GmbH. Ich ging ans Fenster und blickte zum Hochhausturm des Inter City Building hinüber – Brintons Adlerhorst. Von seinem Penthouse aus übersah er die ganze City, und von Zeit zu Zeit stieg er herab, um hier eine Firma zu schlucken oder dort eine profitbringende Fusion in die Wege zu leiten. „Vier Uhr paßt mir", sagte ich. „Ich gebe Joyce Bescheid. Und sonst läuft alles?"

„Wie geschmiert." Charlie beäugte mich abschätzend. „Du siehst nicht besonders gut aus. Kriegst du Grippe, oder was?"

„Oder was, glaube ich. Sieben von acht Stunden am Tag bin ich an den Schreibtisch gefesselt. Manchmal wünsch ich mir die schlimmen alten Zeiten zurück, wo wir noch selber die Knochenarbeit gemacht haben. Heutzutage schiebt man doch als Chef nur noch jede Menge ödes Papier in der Gegend herum."

Da klingelte das Telefon, und er hielt mir den Hörer hin. Joyce war am Apparat. „Mr. Hoyland möchte Sie sprechen."

„Okay. Verbinden Sie." Ich legte die Hand auf die Sprechmuschel und sagte zu Charlie: „Vielleicht hörst du dir das mal mit an. Kann euch Verwaltungsheinis ja nichts schaden, eine Stimme von der Front zu vernehmen."

Es klickte und knackte im Hörer. „Mr. Stafford?"

„Ja, hier ist Max Stafford."

„Hier spricht Hoyland. Bei der Franklin-Technik ist was Komisches passiert, Sir", sagte er. „Vor einer Woche ist ein Mann namens Paul Billson verschwunden, und ich hab das Gefühl, ich renne bei meinen Nachforschungen gegen eine Wand."

„Ist dieser Billson ein Sicherheitsrisiko?"

„Zum technischen Bereich gehört er nicht, er arbeitet in der Buchhaltung, aber ..."

„Haben Sie die Bücher überprüft?"

„Alles bis auf den letzten Penny okay", versicherte Hoyland. „Aber es geht um das Verhalten der Firma. Ich komme da zu überhaupt keiner Zusammenarbeit."

„Das müssen Sie mir genauer erklären."

„Also, dieser Billson ist eigentlich ein Schwachkopf, aber er kriegt viel mehr bezahlt, als seine Arbeit wert ist. Er tut kaum mehr als ein Laufjunge, und dafür kassiert er dreizehntausend Pfund im Jahr. Und als ich Isaacson fragte, wieso, bekam ich eine ziemlich patzige Abfuhr. Die Lohnpolitik der Firma ginge den Werkschutz einen Dreck an, hat er gesagt."

Hoyland war sauer, und mit Recht. Denn wenn wir mit einer Firma einen Werkschutzvertrag abschließen, dann ist damit auch festgelegt, daß den Werkschutz alles angeht.

„Wer ist dieser Isaacson überhaupt?"

„Der Chefbuchhalter", erklärte Hoyland. „Können Sie sich den nicht mal zur Brust nehmen? Von mir läßt der sich nämlich nichts sagen."

„Ich nehme ihn mir vor", versprach ich grimmig. „Aber dieser Billson – was soll das heißen: Er ist verschwunden?"

„Billson ist seit voriger Woche nicht mehr aufgetaucht und hat sich nicht gemeldet. Wir haben nachgeforscht und festgestellt, daß er auch ohne Angabe von Gründen sein möbliertes Zimmer aufgegeben hat."

„Also gut, Mr. Hoyland, ich werde mit diesem Isaacson ein Wörtchen reden. Einstweilen bleiben Sie der Sache Billson weiter auf der Spur."

„Wird gemacht, Mr. Stafford", meinte Hoyland erleichtert.

Ich legte den Hörer auf die Gabel.

„Die Franklin-Technik", sagte Charlie nachdenklich. „Rüstungsaufträge, nicht wahr?"

„Ja, die bauen was für die Armee. Federungssysteme für Panzer. Kleinkram."

„Und was unternimmst du nun?"

„Na, diesem Chefbuchhalter setze ich den Kopf zurecht. Ich lass'
doch meinen Objektleitern nicht von einem dieser Monetenzähler
vorschreiben, was Werkschutzsache ist und was nicht. "

Charlie wippte seinen Stuhl auf zwei Beinen rückwärts. „Warum
klärst du das nicht persönlich – von Angesicht zu Angesicht? Du hast
dich doch über zuviel Schreibtischkram beklagt – also fahr rüber nach
Luton und mach ein bißchen Knochenarbeit. Bis zur Gesellschafterversammlung bist du leicht wieder zurück. "

Die Idee war verlockend. „Mach ich, Charlie, mach ich. Den
Schreibtisch soll der Teufel holen. "

Ich nahm das Telefon und wählte die Nummer von Joyce. „Rufen
Sie Hoyland bei der Franklin-Technik an und sagen Sie ihm, daß ich
selbst nach Luton komme. Er soll sich zur Verfügung halten. "

HOYLAND war ein zuverlässiger Typ, ehemaliger Polizist, wie viele
unserer Werkschutzmänner. Es überraschte ihn, daß ich höchstselbst
kam, allzuoft ließen die Chefs der Stafford-Sicherheits-Beratungs-
GmbH sich ja nicht an der Front sehen.

„Kein Grund zur Aufregung", versicherte ich ihm. „Bin nur froh,
mal vom Schreibtisch wegzukommen. Aber nun berichten Sie mir
über diesen Billson. "

Hoyland rieb sich das Kinn. „Viel weiß ich auch nicht von ihm. Ich
arbeite erst seit drei Monaten hier. Als Ersatzmann für Laird, der in
Pension gegangen ist, wissen Sie. Ich habe die Akten von Laird übernommen und seine Sicherheitsrisikobeurteilung überprüft. Billson
rangiert in der ‚grünen' Kategorie, allerunterste Risikostufe. "

„Aber Sie haben doch alles seit seinem Verschwinden nachge-
checkt?"

Hoyland nickte. „Vierundvierzig Jahre alt, seit fünfzehn Jahren in
der Firma. Untermieter bei Mrs. Harrison. Und als Mann so attraktiv
wie abgestandenes Bier. "

„Irgendeine Beziehung zwischen ihm und dieser Mrs. Harrison?"

Hoyland grinste. „Die ist siebzig. "

„Was ist mit Freundinnen?"

„Fehlanzeige. Nach allem, was ich gehört habe, war er nicht der
Typ, auf den die Mädchen stehen. "

„Und Freunde?"

„Auch nicht. Nicht einmal dafür war er der Typ. "

„Scheint wohl überhaupt kein Typ gewesen zu sein", sagte ich spöttisch.

„War er auch nicht", meinte Hoyland. „So unscheinbar, daß man

sich fragt, ob er überhaupt existiert hat. Und er hat alles ganz ordnungsgemäß hinterlassen."

„Soweit wir wissen", warnte ich. „Sind die Jungs von der Spionageabwehr informiert?"

„Die Abwehr hat schon rumgestochert, mit demselben Ergebnis."

„Tja", sagte ich, „dann liegt unser Billson wohl irgendwo in einem
Krankenhaus und kann nicht identifiziert werden. Bleibt nur noch die
Frage: Warum wurde er überbezahlt, und warum benimmt sich die
Geschäftsleitung so zickig?"

Hoyland nickte. „Zuerst habe ich über den Fall mit Stewart gesprochen – Billsons direkter Vorgesetzter –, und der hat mich an Isaacson
verwiesen. Und mit dem bin ich dann nicht mehr weitergekommen."

„Mal sehen, was sich machen läßt", sagte ich und ging los, um
Stewart zu suchen.

Ich fand ihn in der Buchhaltung.

Wohin Billson verschwunden war, schien ihn allerdings nicht zu
interessieren. „Ein merkwürdiger Mann", sagte er. „Meistens sehr
reserviert, dann aber gelegentlich zu wilden Ausbrüchen fähig.
Manchmal etwas schwierig im Umgang."

„Wieso das?"

Stewart zuckte die Achseln. „Nun, er führte ab und zu große Reden
über die Ungerechtigkeit in der Welt. Daß manche Menschen nicht
ihrer Leistung entsprechend entlohnt würden. Da klang er dann sehr
verbittert."

„Und meinte damit sich selbst?"

„Keineswegs. Es ging ihm da stets um andere, die unterdrückt oder
betrogen wurden."

„Politische Motive?"

„Gewiß nicht. Politik interessiert ihn nicht."

„War er gut in seinem Job?"

„Er erfüllte die ihm übertragenen Aufgaben zu unserer vollsten
Zufriedenheit", sagte Stewart übervorsichtig. „Aber er war kein
dynamischer Mensch."

„Seit wann sind Sie in der Firma?" fragte ich.

„Seit vier Jahren. Ich wurde von Glasgow hierherversetzt, als die
Buchhaltung auf Computer umgestellt wurde."

„Haben Sie da einmal eine Entlassung oder Versetzung Billsons
befürwortet?"

Nun wand Stewart sich. „Ich … nun, ich habe in dieser Richtung
Schritte unternommen, aber es wurde für den Verbleib von Billson
entschieden."

„Das war wohl Mr. Isaacsons Entscheidung, nicht wahr?"

„Ja. Aber da müssen Sie ihn schon selbst fragen."

Also fragte ich Mr. Isaacson. Das war eine andere Buchhalterklasse als sein Kollege Stewart, Fachmann in Körperschaftsrecht, vor allem im Hinblick auf die Steuergesetze.

„Billson!" rief er aus und lächelte. „Im Jiddischen gibt es ein Wort, das einen Billson präzise beschreibt: ein Nebbich."

„Und was, bitte, ist das?"

„Eine Person, die mit weniger als nichts zu Buche schlägt."

Ich lehnte mich im Sessel zurück. „Und da haben Sie nun einen Nebbich, der pro Jahr dreizehntausend Pfund für einen Job kriegt, der nur dreitausend wert ist, wenn überhaupt. Wie erklären Sie mir das?"

„Gar nicht", sagte er leichthin. „Das müssen Sie sich schon von unserem geschäftsführenden Direktor, Mr. Grayson, erklären lassen."

„Und wo finde ich Mr. Grayson?"

„Das wird schwierig sein", meinte Isaacson. „Mr. Grayson befindet sich in der Schweiz beim Skifahren."

„Mr. Isaacson, mein Unternehmen ist mit dem Werkschutz im Gesamtbereich der Firma Franklin-Technik betraut. Ein Mann ist spurlos verschwunden – und ich habe einen merkwürdigen Mangel an Kooperationsbereitschaft Ihrerseits festzustellen." Ich faßte ihn fest ins Auge. „Stewart wollte Billson schon einmal rausschmeißen, aber Sie waren dagegen. Warum?"

„Ich nicht. Mr. Grayson war dagegen. Er entschied, Billson habe zu bleiben."

„Sicher haben Sie Mr. Grayson nach Gründen gefragt."

„Natürlich habe ich das. Mr. Grayson hat keinen Grund genannt." Er schwieg. Dann sagte er: „Ich weiß wirklich nichts über Billson, Mr. Stafford. Nur, daß er – sagen wir – protegiert wurde."

„Als Stewart damals Billson entlassen wollte", bohrte ich weiter, „wußten Sie da, daß jemand seine schützende Hand über Billson hielt?"

„Aber ja doch. Ich wollte ihn selbst schon einmal rausschmeißen, vor zehn Jahren. Als nun Stewart kam und seinerseits eine Entlassung beantragte, hakte ich noch einmal bei Mr. Grayson nach." Er zuckte die Schultern. „Es hatte sich nichts geändert."

„Wahrscheinlich ist es zweckmäßiger, die Angelegenheit auf höherer Ebene zu verhandeln", sagte ich. „Zum Beispiel mit dem Vorsitzenden Ihres Aufsichtsrates."

„Wie Sie wünschen", erwiderte Isaacson kalt.

Ich hielt es für angezeigt, auch meinerseits die Temperatur noch etwas zu senken. „Nur noch eins, Mr. Isaacson. Wenn Mr. Hoyland Sie um Auskünfte ersucht, dann wollen Sie in Zukunft die Güte haben, ihm nicht zu erklären, daß seine Anfragen keine Werkschutzangelegenheiten seien. Sie werden ihm jegliche Auskunft erteilen, so wie Sie mir Auskunft erteilt haben. Ich hoffe, das ist jetzt klar!"

„Völlig klar." Isaacsons Mund war auf einmal sehr schmal.

„Nun gut. Sie verschaffen Mr. Hoyland von nun an Zugang zu allen Unterlagen über Billson, insbesondere zu seiner Personalakte. Ich gebe Mr. Hoyland diesbezüglich Bescheid." Ich stand auf. „Einen schönen Tag noch, Mr. Isaacson."

Ich erteilte Hoyland meine Anweisungen, dann machte ich mich auf den Weg zu Mrs. Harrison. Das war eine mütterliche Seele, die durch Untervermietung ihre Rente aufzubessern versuchte. Für sie war Billson ein netter Herr, der nie Unruhe ins Haus brachte, äußerst anständig, weil ohne Weibergeschichten. Warum er verschwunden war, konnte sie sich nicht erklären, und ratlos war sie außerdem, da sie nicht wußte, was sie nun mit Billsons Zimmer anfangen sollte, denn da stand ja noch ein Teil seiner Sachen.

Ich gab ihr einen Scheck über eine Monatsmiete im voraus und belastete damit das Franklin-Technik-Konto.

Nein, Ungewöhnliches hatte Mrs. Harrison an Billson nicht bemerkt. „Er war wie immer. Ja, manchmal konnte er sehr wütend sein, aber so war er nun mal, dann ließ man ihn am besten in Ruhe."

„Am Montag ist er nicht mehr zur Arbeit gegangen. Wann haben Sie ihn zum letztenmal gesehen, Mrs. Harrison?"

„Montag abend noch. Ich hab gedacht, er wär wie immer zur Arbeit gegangen. Kein Wort hat er gesagt, daß er nicht in der Firma war!"

„War er irgendwie wütend?"

„Ein bißchen schon. Er redete dauernd darüber, daß es keine Gerechtigkeit in der Welt gebe, nicht mal vor dem Gesetz, und daß die Zeitungen so reich seien, daß sie sich teure Anwälte leisten können, bloß damit arme Leute wie wir keine Chancen kriegen." Sie lachte. „So aufgeregt war er, daß er den Leimtopf umstieß!"

„Was hat er denn mit einem Leimtopf gewollt?"

„Ach, mit dem Leim hat er doch immer Sachen in sein Album geklebt. Dieses Album, in dem er immer alles sammelte, was irgendwie mit seinem Vater zu tun hatte. Von seinem Vater hat er viel gehalten, obwohl er den gar nicht mehr gekannt haben kann. Er muß noch ganz klein gewesen sein, als sein Vater ums Leben kam."

„Hat er Ihnen mal sein Album gezeigt?"

„O ja! Fast als erstes. Lauter Fotos aus Zeitungen und Illustrierten – und überall war sein Vater drauf. Und lauter Flugzeuge – diese altmodischen Dinger, wie aus dem Ersten Weltkrieg. Von seinem Vater hat er mir oft erzählt. Das muß wohl ein Held gewesen sein. Und berühmt war er ja sicher auch, wenn da so viel über ihn in den Zeitungen stand."

„Darf ich das Zimmer mal sehen, Mrs. Harrison? Das Album würde ich mir auch gern anschauen."

„Ich hab nichts dagegen", meinte sie und stieg mit mir nach oben. Viel gab es da allerdings nicht zu sehen. Eigentlich war es kein Raum, in dem ein erwachsener Mensch seine Freizeit verbringen kann. Nicht, daß er extrem klein gewesen wäre, aber er war äußerst trist.

Ich fragte mich, warum ein Mann mit dreizehntausend Pfund im Jahr in solch einer Höhle lebte. „Wo ist das Album?" erkundigte ich mich.

„Es ist weg. Er muß es mitgenommen haben."

„Fehlt sonst noch was?"

„Rasierapparat und Waschzeug, ein paar saubere Hemden, Socken, Kleinkram. Was eben in einen kleinen Koffer paßt. Die Polizei hat eine Liste aufgestellt."

„Weiß die Polizei von dem Album?"

„Daran habe ich gar nicht gedacht!" Plötzlich war sie nervös. „Ob ich das melden muß?"

„Keine Sorge", beruhigte ich sie. „Ich melde es schon."

„Ich hoffe nur, Sie können Mr. Billson finden, Sir", sagte sie und zögerte. „Wenn er doch nur geheiratet hätte, damit jemand auf ihn aufpaßt! Seine Schwester ist ja jeden Monat gekommen, aber das ist doch nicht genug . . ."

„Er hat eine Schwester?"

„Eine Halbschwester, glaube ich, sie hat einen anderen Nachnamen. Aber verheiratet ist sie nicht."

„Weiß sie, daß er verschwunden ist?"

„Wie soll sie's wissen, wenn die Polizei es ihr nicht gesagt hat? Die Adresse weiß ich nicht, aber sie lebt wohl in London."

„Ich werde mich bei der Polizei erkundigen", sagte ich. „Hatte Mr. Billson keine Freundinnen?"

„Aber nein, Sir." Sie schüttelte den Kopf. „Sehen Sie, das Problem ist: Wer hätte ihn schon heiraten wollen? Nicht, daß bei ihm was nicht gestimmt hätte", fügte sie hastig hinzu, „aber irgendwie schienen die jungen Damen nichts an ihm zu finden."

Über diesen letzten Satz dachte ich noch nach, als ich zur Polizei ging. Es klang sehr nach einer Grabinschrift.

Der Wachtmeister namens Kaye nahm die Sache nicht so ernst. „Wenn ein Mann es sich in den Kopf setzt, einfach abzuhauen, ist das ja kein Verstoß gegen die Gesetze ", befand er. „Paul Billson ist volljährig. "

„Volljährig mag er ja sein", entgegnete ich, „aber nach allem, was ich erfahren habe, hat er wohl nicht alle Tassen im Schrank. "

„Ich weiß nicht", überlegte Kaye. „Schließlich hat er ja einen gutbezahlten Job bei der Franklin-Technik gehabt, das kriegt nicht jeder Idiot. Und auch auf sein Geld hat er gut aufgepaßt, als er abgehauen ist. "

„Wie meinen Sie das?"

„Nun, er hat eine Menge gespart. Sein Girokonto hielt er regelmäßig auf der Höhe eines Monatsgehaltes, und fast zwanzigtausend Pfund hat er fest angelegt. Das Ganze hat er Dienstag früh, gleich als die Bank öffnete, abgehoben. "

„Aber Moment mal, bei festangelegten Geldern bedarf es doch einer Kündigungsfrist!"

Kaye lächelte mitleidig. „Nicht unbedingt! Wenn man über ein Dutzend Jahre ein guter, anspruchsloser Bankkunde war ... Ausgefressen hat er doch nichts, oder?"

„Keine Ahnung. Was meint die Spionageabwehr?"

„Die meinen, er wäre sauber. Und ich schätze, da haben sie recht. "

„Die Krankenhäuser haben Sie wohl überprüft, nehme ich an. "

„Die in der Nachbarschaft, ja. Routinesache. "

„Er hat noch eine Schwester – weiß die was?"

„Eine Halbschwester", korrigierte er. „Die war vorige Woche hier. Macht einen vernünftigen Eindruck. "

„Ich hätte gern die Adresse. "

Er kritzelte auf einen Notizblock und riß das Blatt ab. Ich steckte es in die Tasche und sagte: „Und Sie behalten die Sache mit dem Album im Auge?"

„Ich mache mir eine Notiz für die Akten", erwiderte er geduldig.

Ich kam erst spät dazu, mir irgendwo in der City einen Mittagsimbiß zu genehmigen. Danach rief ich in der Firma an und gab Joyce Bescheid. „Ich komme heute nicht mehr ins Büro zurück. "

„Ihre Frau hat angerufen. Ich soll Ihnen sagen, daß sie heute abend nicht zu Hause ist. "

Ich versuchte, mir meinen Ärger nicht anmerken zu lassen; ich hatte es allmählich satt, immer in ein leeres Haus zu kommen. „Na schön, ich hab noch eine Bitte, Joyce. Ich brauche alle Sonntagszeitungen vom zweiten November. Zunächst alle überregionalen Zeitungen, und falls es in Luton eine Lokalzeitung gibt, brauche ich die ebenfalls. Schneiden Sie mir alles aus, was mit Billson zu tun hat, und wenn nichts drinsteht, gehen Sie alle Tageszeitungen der Woche davor durch. Was Sie finden, möchte ich morgen früh auf dem Schreibtisch sehen. Und sagen Sie Malleson, daß ich pünktlich um vier im Inter City Building zur Gesellschafterversammlung erscheine."

2. KAPITEL

ICH weiß nicht mehr so genau, ob ich Brinton damals leiden mochte oder nicht. Brinton war schwer einzuschätzen. Wenn man's genau betrachtete, war er eigentlich nur eine Geldmaschine, aber als solche funktionierte er fabelhaft. Manchmal wirkten seine unternehmerischen Erfolge so verblüffend wie die Tricks eines Zauberers, der Kaninchen aus dem Zylinder zieht. Im Rückblick sah das dann immer alles ganz logisch aus – nur, bei ihm beruhte es auf Weitblick. Und damit war er reich geworden.

Als ich damals mit Charlie Malleson das Unternehmen auf die Beine gestellt hatte, das schließlich als Stafford-Sicherheits-Beratungs-GmbH firmierte, bissen wir uns bald an den Problemen die Zähne aus, die üblicherweise alle kleinen Firmen befallen, die gern expandieren möchten: Es gingen uns viele Geschäftschancen durch die Lappen, weil wir nicht voll manövrierfähig waren, denn unsere Finanzdecke war zu kurz. Da war dann eben Lord Brinton mit seiner Kreditspritze eingesprungen – was er sich mit einem 25-Prozent-Happen von unseren Anteilen honorieren ließ. Im Gegenzug übernahmen wir dann den Werkschutz für das gesamte Brinton-Imperium.

In der Zeit, als die Verträge ausgehandelt wurden, schlief ich nachts nicht besonders ruhig. Brinton war berühmt dafür, daß er auch ganz gerne am Rande der Legalität operierte. Ich machte ihm unmißverständlich klar, daß wir ein hundertprozentig gesetzeskonformes Unternehmen zu betreiben gedächten, daß unsere Dienstleistung ausschließlich Sicherheit für Industrie- und Handelsfirmen sei – also Werk- und Objektschutz – und keinesfalls die Kehrseite der Medaille, nämlich Industriespionage.

Brinton erklärte, er achte meinen Ehrbegriff, und selbstverständlich könne ich den Laden nach meinem Gutdünken führen. Daran hielt er sich auch und mischte sich nie ein. Ich hatte aber den Verdacht, daß Brinton selbst bis über beide Ohren in der Industriespionage steckte.

Ich stellte Ermittlungen an – und siehe da: es war so. Brinton setzte hin und wieder andere Firmen unserer Branche für Ausspähungen ein. Nun, mir konnte das egal sein, solange er mich nicht dafür einspannte. Aber früher oder später mußte er mir damit bei dem einen oder anderen Vertragskunden in die Quere kommen – und dann würde ich ihm gehörig auf die Finger klopfen, ob er nun 25-Prozent-Partner war oder nicht. Bis jetzt war aber noch nichts passiert.

Ich war ein paar Minuten zu früh dran und traf Brinton allein in seinem Büro über der City an. Der Raum war etwa so groß wie ein Ballsaal; eine Wand bestand aus Glas, so daß Brinton den vollen Überblick über seine Jagdgründe hatte. Ein Schreibtisch war nirgends auszumachen – fürs Hinterm-Schreibtisch-Sitzen bezahlte er andere.

Brinton stemmte sich schwerfällig aus seinem Sessel hoch. „Freut mich, Sie zu sehen, Max. Einen Drink?"

„Gerne", sagte ich. „Als Vorgeschmack auf den Feierabend."

Er drückte auf einen Knopf neben einem offenen Kamin, und aus dem Nichts entfaltete sich eine gut bestückte Bar. Mit routinierten Griffen mixte er einen Whisky-Soda und reichte mir das Glas. „Ich muß sagen, bis heute tut's mir noch um keinen Penny leid, den ich in Ihren Laden gesteckt habe", meinte er dabei.

„Das höre ich gern." Ich nippte an meinem Drink.

„Kommen Sie dieses Jahr in die Gewinnzone?"

Ich grinste ihn an. „Da müssen Sie schon Charlie fragen. Das ist der Zahlenjongleur und Bilanzfriseur." Zwar wußte ich bis auf den Penny genau, wie unsere Bücher standen, aber ich wollte Brinton ein wenig schmoren lassen.

Brinton blickte zur Tür. „Da kommt er gerade."

Charlie ließ sich auch einen Drink mixen, und dann kamen wir zur Sache, wobei Charlie mit Worten wie Amortisierung, Cash-flow und Kapitalreserven um sich warf. Charlie bekleidete die Doppelfunktion des Geschäftsführers und Hauptbuchhalters, außerdem gehörte auch ihm eine Scheibe vom Firmenkuchen, wodurch er ziemlich pingelig geworden war. Allem Anschein nach lebten wir in einem guten Jahr. Wir besprachen Pläne für eine zukünftige Geschäftsausweitung sowie die Möglichkeiten für Filialen auf dem Kontinent im Rahmen der neuen EG-Gesetze. Schließlich kamen wir zum Tagesordnungspunkt „Sonstiges", und ich fing schon an, ans Heimgehen zu denken.

„Allerdings", begann Brinton, „sehe ich doch eine Wolke an Ihrem Himmel aufziehen, meine Herren. Es gibt in letzter Zeit Ärger mit Andrew McGovern."

Charlie zog die Brauen hoch: „Die Wensley-Gruppe?"

„Genau", bestätigte Brinton. „Sir Andrew McGovern, Vorsitzender der Wensley-Gruppe." Der Wensley-Konzern stellte unter Brintons Beteiligungen einen happigen Batzen dar.

„Wo brennt's denn?" fragte ich.

„McGovern ist der Ansicht, daß ihm der von uns angebotene Sicherheitsdienst zu teuer kommt. Und er sagt, er könne es mit eigenen Mitteln billiger machen."

Ich lächelte Charlie säuerlich an. „Wenn er es billiger macht, ist es keinen Pfifferling wert. Bei diesem Geschäft gibt's nichts einzusparen. Da kommt man ohne Fachleute einfach nicht aus."

„Das weiß ich alles selber", bestätigte Brinton. „Aber ich stehe da unter einem gewissen Druck."

„Fünf Prozent von unserem Umsatz", meinte Charlie, „würde ich nur ungern in den Schornstein schreiben."

„Ich glaube nicht, daß Sie den Auftrag verlieren – auf die Dauer gesehen."

„Wollen Sie damit sagen, daß Sie vor McGovern klein beigeben?" fragte Charlie.

Brinton lächelte, aber es war nichts Humorvolles in seinem Gesicht. „Ich lasse ihn selbst das Seil wählen, an dem er sich aufhängen will – aber eher, als er es sich vorstellt. Er kann die Verantwortung für seinen eigenen Schutz vom Ende des Monats an übernehmen."

„He!" rief ich. „Das ist ja schon in zehn Tagen."

„Genau." Brinton klopfte auf den Tisch. „Wir werden ja sehen, was er so kurzfristig auf die Beine stellt, und dann, nach einer kleinen Weile, werde ich mal am Seil ziehen und nachschauen, ob es seinen Hals schon zusammenschnürt."

„Wenn sein Werkschutz so gut bleiben soll, wie er jetzt ist, dann wird er sehr viel mehr zahlen müssen", betonte ich. „Gute Fachleute sind in unserer Branche selten. Sein Werkschutz wird Löcher aufweisen, die so groß sind, daß ein ganzes Bataillon Industriespione mühelos einmarschieren kann."

„Das sehe ich auch so", sagte Brinton. „Und genau darauf baue ich. In drei Monaten lasse ich von einem Sicherheitsdienst – nicht dem Ihrigen – ein Planspiel gegen McGoverns Schutzvorkehrungen inszenieren. Dann wird er in aller Deutlichkeit sehen, welche Mängel sein selbstgebasteltes System aufweist." Brinton grinste boshaft. „Diesem McGovern wollte ich schon lange mal eins überbraten. Verlassen Sie sich drauf, Sie bekommen Ihren Vertrag erneuert und schlagen vielleicht noch etwas mehr heraus."

„Ihr Wort in Gottes Ohr", sagte Charlie mit einem Seufzen.

3. KAPITEL

ICH fühlte mich schon eine Spur besser, als ich am nächsten Morgen ins Büro kam. Nach langer Zeit hatte ich am Abend zuvor wieder einmal meinen Fechtklub aufgesucht und mich mit zwei Stunden schwerer Säbelarbeit von meinen häuslichen Problemen abgelenkt.

Aber der Schreibtisch stand immer noch da. Also setzte ich mich dahinter und suchte nach den Auskünften über Billson, die ich von Joyce erbeten hatte. Ich fand sie ganz unten im Eingangskorb, ein Umschlag mit der Aufschrift BILLSON.

Als Brinton uns damals die Finanzspritze verpaßt hatte und unser Geschäft sich in rasantem Tempo auszuweiten begann, hatte ich mir vorgenommen, wenigstens alle sechs Monate einen Fall selbst zu übernehmen, um nicht den Kontakt mit den Jungs an der Front zu verlieren. Vielleicht bot der Fall Billson eine Möglichkeit, um festzustellen, ob der alte Schwung noch da war.

Ich riß den Umschlag auf und fand einen vier Seiten langen Zeitungsartikel, eine Story vom Leben und Wirken des Luftfahrtpioniers Peter Billson, betitelt „Die seltsame Affäre Peter Luftikus". Illustriert war das Ganze mit alten Schwarzweißfotos.

Dem Text entnahm ich das Folgende: Billson, 1903 in Kanada zur Welt gekommen, daher zu jung für den Ersten Weltkrieg, war mit den großen Legenden von den Fliegerabenteuern an der Westfront aufgewachsen, und das hatte seine Phantasie angestachelt und ihn versessen aufs Fliegen gemacht. Er wurde Mechaniker und baute mit einundzwanzig sein erstes Flugzeug. Kein sehr gelungenes Werk: Es stürzte ab. Billson hatte überhaupt viel Pech. Das goldene Zeitalter der Luftfahrt hatte längst begonnen, viel Lorbeer war nicht mehr zu gewinnen. Wer jetzt noch als Luftfahrtpionier aufsteigen wollte, mußte Geld oder einen Mäzen haben, und Billson fand weder das eine noch das andere. Dann, 1927, machte Lindbergh mit seiner Atlantiküberquerung Schlagzeilen, und schon kam auch Byrd mit seiner Nord- und Südpoleroberung. Die dreißiger Jahre begannen, und Billson war immer noch nicht zum Zug gekommen.

Erst in der nächsten Phase war endlich auch er dabei. Nun galt es, kommerziell nutzbare Flugrouten zu erschließen – für den regulären Luftverkehr. Zeitungen, die vom großen Interesse der Öffentlichkeit profitieren wollten, traten als Veranstalter von Langstreckenwettflügen auf, wie zum Beispiel die England-Australien-Rallye von 1934, die Scott und Campbell-Black gewannen. Billson schaffte den zweiten Platz in einem Luftrennen von Vancouver nach Hawaii und siegte schließlich sogar bei einer der ersten Luftpostrallyes, von Vancouver nach Montreal. Nun hatte er es endlich geschafft, er war dabei – ein echter Luftheld und Vogelmensch. Die Begeisterung, die diesen ersten Flugpionieren entgegenschlug, läßt sich heute gar nicht mehr ermessen; unsere Astronauten erregen längst nicht die gleiche Aufmerksamkeit.

Etwa um diese Zeit bekam Billson von einem Reporter den Spitznamen „Peter Luftikus" angehängt, was ganz gut für die Publicity war, und Billson taufte die Northrop Delta, mit der er an der Flugrallye London – Kapstadt 1936 teilnahm, auf den Namen *Luftikus*. Kurz zuvor war sein Sohn Paul zur Welt gekommen. Die Northrop Delta war eines der ersten Ganzmetallflugzeuge.

Auch diese London-Kapstadt-Rallye wurde von einer großen Londoner Tageszeitung veranstaltet, die kräftig die Werbetrommel rührte und als zusätzliche Sensation verkündete, alle Wettflugteilnehmer seien für den Fall eines tödlichen Absturzes mit hunderttausend Pfund versichert.

Das Pilotenrennen begann, Billson legte in Algier eine Zwischenlandung zum Auftanken ein und startete zum Weiterflug in Richtung Süden.

Er und die *Luftikus* wurden nie wieder gesehen.

Billsons Frau – sie hieß Helen – traf diese Meldung natürlich hart. Erst Wochen später war sie in der Verfassung, ihre Versicherungsansprüche anzumelden. Der Zeitungsverlag verwies Helen Billson an die zuständige Versicherung – und die stellte sich auf die Hinterbeine. Hunderttausend Pfund waren auch 1936 eine Menge Geld. Die Versicherung erklärte sich schlankweg zahlungsunwillig – und Helen Billson strengte einen Prozeß an.

Ein Südafrikaner namens Hendrik van Niekirk sorgte für eine Sensation im Gerichtssaal. Der Zeuge beschwor, vier Wochen nach der Flugrallye Billson bei bester Gesundheit in der südafrikanischen Hafenstadt Durban gesehen zu haben. Der Staatsanwalt nahm Niekirk hart in die Mangel, aber Niekirk wich in keinem Punkt von seiner Aussage ab. Er hatte Billson früher schon, auf einer Kanadareise, kennengelernt und wies jeden Zweifel an seiner Fähigkeit, den Piloten zu identifizieren, weit von sich. Hatte er in Durban mit Billson gesprochen? Nein, das allerdings nicht.

Alles blieb in der Schwebe. Die Geschworenen berieten lange – und setzten die Versicherung ins Recht. Keine hunderttausend Pfund für

Helen Billson. Berufung. Das Urteil wurde aufgehoben – aus einem
Verfahrensgrund: Der Gerichtsvorsitzende hatte es bei der prozeß-
rechtlichen Unterweisung der Geschworenen an der gebotenen
Unparteilichkeit seiner Darlegungen fehlen lassen. Darauf brachte die
Versicherung den Fall noch vors Oberhaus, das sich aber für unzustän-
dig erklärte, und Helen Billson bekam endlich ihr Geld.

Soweit die nackten Tatsachen. Der Ton freilich, in dem die Affäre
Peter Luftikus hier geschildert wurde, war alles andere als sachlich.
Der Schreiber der Zeilen hatte eine Reihe geschickt getarnter Tief-
schläge gegen den Ruf eines Mannes ausgeteilt, der sich – lebendig
oder tot – nicht wehren konnte. Daß Paul Billson daraufhin der Kragen geplatzt war, wunderte mich nun nicht mehr so sehr.

Der Artikel schloß mit einer Spekulation. Nach einem Hinweis auf
den verlorenen Prozeß der Versicherung – *lediglich* aufgrund des Ver-
fahrensfehlers – ging es folgendermaßen weiter:

„Vieles spricht dafür, daß Billson den Absturz überlebt hat – sofern
sich überhaupt ein Absturz ereignete – und daß Hendrik van Niekirk
ihm tatsächlich in Durban begegnet ist. Wenn aber das der Fall ist,
dann haben wir es hier mit einem großangelegten Versicherungsschwindel zu tun. Wenn Peter Billson lebt, feiert er heute seinen fünf-
undsiebzigsten Geburtstag und kann genüßlich auf ein Leben in Luxus
zurückblicken. Luftikus Peter Billson – komm doch mal wieder auf
die Erde zurück!"

Ich führte mir eben diesen unverfrorenen Schlußsatz zu Gemüte, als
Charlie Malleson zu mir ins Büro kam. „Ich hab eine provisorische
Hochrechnung für den zu erwartenden Umsatzverlust als Folge der
Wensley-Kündigung angestellt", verkündete er und lächelte dann säu-
erlich. „Wir werden es überleben."

„Dieser Brinton", sagte ich nur und kippte mit meinem Stuhl nach
hinten. „Da besitzt er nun fünfundzwanzig Prozent unserer Anteile
und verschafft uns ein Drittel unserer Umsätze. Ich wüßte gern, ob es
uns sehr weh tut, wenn er ganz aussteigt. Oder wenn wir ihn rausset-
zen."

Charlie verfiel augenblicklich in Panik. „Aber wie kommst du darauf ... Warum sich von ihm lösen? Seinem Geld verdanken wir den
Durchbruch!"

„Das weiß ich. Aber Brinton ist ein Finanzhai. Ich fürchte sehr,
mein lieber Charlie, wir sind arg in Gefahr. Gestern abend, in einem
Gespräch von kaum vier Minuten, sind fünfzehn Prozent von Brintons Umsatz den Bach runtergegangen. Und warum? Damit er
Andrew McGovern in den Schwitzkasten nehmen kann, der offenbar

aus der Reihe tanzt. Brinton haut unseren Laden für irgendwelche Privatinteressen, mit denen wir nichts am Hut haben, rücksichtslos in die Pfanne."

„Mein Gott, Max! Wenn McGovern uns nicht mehr will, können wir doch einfach nichts dagegen machen."

„Wir hätten aber zumindest auf unserem Vertrag mit der Wensley-Gruppe bestehen können, und der hat ja immerhin noch ein Jahr Laufzeit. Statt dessen erklären wir uns bereit, binnen zehn Tagen still zur Seite zu treten. Brinton hat uns sauber in diese Richtung manövriert, falls dir das noch nicht aufgegangen ist. Der läßt uns ganz schön tanzen. Wir hätten ihn überstimmen können, einzeln oder gemeinsam. Aber wir haben nicht einmal abgestimmt."

„Du hättest ihn ja leicht überstimmen können. Du hast einundfünfzig Prozent. Aber ich habe nur vierundzwanzig gegenüber seinen fünfundzwanzig Prozent."

Ich seufzte. „Okay, Charlie. Mein Fehler. Aber was ich gestern verpaßt habe, das hat mir im nachhinein einen gehörigen Schreck versetzt. Ich habe doch diesen Laden nicht auf die Beine gestellt, um mir von jedem dahergelaufenen Geldsack auf der Nase herumtanzen zu lassen. Und deshalb sage ich dir: Wir müssen uns von Brinton trennen, wenn es nur irgendwie möglich ist. Deshalb mußt du dich jetzt nach anderen Finanzquellen umsehen. Wir sind inzwischen groß genug. Wir müßten überall das Geld kriegen, das wir brauchen."

„Da ist was dran", meinte Charlie. „Ich schau mich nach Fremdgeld um, wenn dich das beruhigt." Jetzt sah er die Zeitungsausschnitte auf meinem Schreibtisch. „Was ist das da?"

„Ein Artikel über den Vater von Paul Billson. Du weißt schon – der verschwundene Buchhalter von der Franklin-Technik."

„Und wie steht die Sache?"

Ich zuckte die Achseln. „Keine Ahnung. Zuerst dachte ich, Paul Billson hätte einfach nur eine Macke. Aber allmählich kriege ich doch das Gefühl, daß da was faul ist."

„Na ja, deswegen brauchst du dir ja nun keine grauen Haare mehr wachsen zu lassen. Die Franklin-Technik gehört ja zur Wensley-Gruppe."

Jetzt riß es mich doch fast vom Stuhl. „Ach, so ist das ...!" Diese Konstellation war mir irgendwie nicht ins Bewußtsein gedrungen.

„An deiner Stelle würde ich den ganzen Fall Billson nun dem ehrenwerten Sir Andrew McGovern mit einem hübschen Bändchen drumherum auf den Tisch legen, aufrichtige Segenswünsche inklusive."

Ich dachte eine Weile darüber nach, dann schüttelte ich den Kopf.

„Nein, Billson ist während unserer Vertragszeit in der Versenkung verschwunden – und bis Monatsende haben wir noch ein paar Tage. Dieser Sache gehe ich persönlich nach. Jack Ellis soll mich solange vertreten. Wird ja auch Zeit, daß er mehr Verantwortung bekommt."

ICH ging die Fleet Street hinunter und suchte nach Michael English. Das war der Journalist, der den Bericht über Peter Billson verbrochen hatte. Die Redaktion hatte gemeint, ich solle es mal im *El Vino* versuchen. In einer Kneipe in der Nähe vom *Strand* fand ich ihn dann.

Er war groß, schlaksig, blond und mißfiel mir auf den ersten Blick. Aber meine Sympathien waren da wohl durch den Billson-Artikel getrübt. Er sah mich mißtrauisch an, als ich ihm meine Visitenkarte vor die Nase hielt.

„Sicherheitsdienst!" sagte er. Ein bißchen nervös war er schon.

Ich bedachte ihn mit einem verbindlichen Lächeln. „Ich möchte mich einmal mit Ihnen über Paul Billson unterhalten."

„Hetzt der jetzt etwa Sie auf mich?" Besorgnis umwaberte ihn wie Londoner Nebel.

„Sie sind ihm kürzlich begegnet?"

„Und ob! Er kam in die Redaktion und hat einen Riesenwirbel veranstaltet. Und mit Prozessen gedroht."

Ich sah mich um und entdeckte einen unbesetzten Ecktisch. „Ich möchte mal mit Ihnen über alles reden. Da drüben ist es einigermaßen ruhig. Was trinken Sie?"

Erst zögerte er, dann zuckte er die Achseln. „Von mir aus. Ich nehme einen doppelten Scotch."

AM TAG nach dem Erscheinen des Berichtes war English zum Chefredakteur gerufen worden – einen Tag, bevor Billson verschwand.

Chefredakteur Graydon versuchte eben, mit einem zornbebenden Besucher fertig zu werden, der zusammenhanglose Drohungen ausstieß. Laut erklärte er: „Hier kommt Mr. English, der den Artikel verfaßt hat. Setz dich, Mike. Wir wollen versuchen, die Sache ins reine zu bringen." Er drückte den Knopf der Sprechanlage. „Bitten Sie Mr. Harcourt zu mir."

English sah Ärger auf sich zukommen. Harcourt war der Hausanwalt des Verlages, und wenn der gebraucht wurde, konnte das nichts Gutes bedeuten. Er räusperte sich und fragte: „Um was geht's denn?"

„Das hier ist Mr. Billson", erläuterte Graydon. „Anlaß seines Besuches scheint die Story über seinen Vater in der gestrigen Ausgabe zu sein."

English schaute sich Billson an. Er sah einen reichlich unscheinbaren Mann, der im Augenblick stark erregt war: das Gesicht kreideweiß, dunkelrote Flecken auf den Wangen. Billson verkündete mit umkippender Stimme: „Glatte Verleumdung ist das! Ich bestehe auf einer Gegendarstellung und einer öffentlichen Entschuldigung!"

Graydon versuchte, ihn zu beschwichtigen. „Ich bin überzeugt, daß unser Redakteur hier die Wahrheit so geschrieben hat, wie sie sich ihm darstellt. Was sagst du dazu, Mike?"

„Genau so ist es. Alle Fakten sind anhand der Gerichtsakten und der Pressedokumentation von damals überprüft worden."

„Ich beschwere mich nicht wegen der Fakten!" keifte Billson. „Aber diese verdammten Anspielungen! Ich habe in meinem Leben noch nie so etwas Mieses gelesen. Wenn Sie mir die öffentliche Entschuldigung verweigern, gehe ich vor Gericht!"

Graydon warf English einen Blick zu, dann meinte er begütigend: „Aber so weit wollen wir es doch nicht kommen lassen, Mr. Billson." Er blickte auf, da Harcourt eintrat, und stellte mit einem Seufzer der Erleichterung fest: „Sehen Sie, sogar Mr. Harcourt, der Leiter unserer Rechtsabteilung, will sich der Sache annehmen."

Graydon umriß knapp den Sachverhalt, und Harcourt bat sich erst einmal ein Exemplar der Wochenendbeilage aus, mit welchem er sich dann zum Lesen hinsetzte. Ein unbehagliches Schweigen breitete sich im Raum aus, während der Anwalt den Artikel studierte.

Nach scheinbar endlosen Minuten legte Harcourt schließlich die Zeitungsseiten nieder. „Worüber beklagen Sie sich eigentlich, Mr. Billson?"

„Das ist doch wohl klar genug! Mein Vater ist beleidigt worden, und ich verlange auf der Stelle eine Entschuldigung, oder ich verklage Sie!" Er richtete drohend den Zeigefinger auf English. „Ich verklage ihn und die ganze Zeitung!"

„Ich fürchte, da werden Sie kein Glück haben", erklärte Harcourt. „Klagen können Sie nur, wenn es um Ihren eigenen Ruf geht. Sehen Sie, es ist so: In unserer Rechtsordnung gibt es keine Verleumdung von Verstorbenen."

Einen Augenblick herrschte Stille. Dann meinte Billson ungläubig: „Aber dieser Mensch hat doch geschrieben, daß mein Vater nicht tot sei."

„Aber Sie halten ihn für tot, und Sie wollen ja klagen. So geht es einfach nicht, Mr. Billson. Und wenn Sie mir nicht glauben, empfehle ich Ihnen, sich mit Ihrem eigenen Anwalt zu beraten. Ich lege Ihnen das sogar in Ihrem eigenen Interesse dringend nahe."

Billson warf seinen Stuhl um, als er aufsprang. „Und ob ich mir juristischen Beistand hole!" schrie er und starrte English an. „Ihnen werde ich's zeigen, Sie mieser Schreiberling!" Und damit knallte er die Tür hinter sich zu.

Harcourt griff nach der Zeitung und blätterte Englishs Artikel auf.

„Sind wir aus dem Schneider?" fragte Graydon.

„Rein rechtlich schon", erwiderte Harcourt, setzte dann aber pikiert hinzu: „Zum moralischen Aspekt steht mir natürlich kein Urteil zu. Sollte die Witwe klagen, sieht es freilich anders aus. Hier ist unmißverständlich dargelegt, daß sie sich bei einem Versicherungsbetrug zum Komplizen ihres Mannes gemacht habe. Denn wie anders hätte Billson sich in den Genuß der Versicherungssumme setzen sollen?"

Graydon wandte sich beunruhigt an English: „Was wissen Sie von der Witwe?"

„Die ist kein Problem. Sie ist vor gut einem Jahr gestorben. Im Krieg hatte sie einen Norweger geheiratet, seitdem hieß sie Aarvik. Auf die Idee, eine Story über Billson zu schreiben, kam ich übrigens, als ich von ihrem Tod las."

Graydon grinste English an. „Das ist wohl gerade noch einmal gutgegangen, Mike."

Icн gab noch einen aus für English. „Paul Billson hatte also überhaupt keine Chance?"

English lachte. „Nicht die geringste. Seinen Ruf habe ich ja nicht angegriffen."

„Glauben Sie wirklich, daß Peter Billson seinen Tod inszenierte, um die Versicherung zu betrügen?"

„Schon möglich", meinte English. „Jedenfalls gibt's so 'ne prima Story."

„Aber glauben Sie selbst es auch?"

„Spielt das eine Rolle, was ich glaube?" English nahm einen Schluck. „Natürlich glaube ich's nicht. Ich nehme schon an, daß Billson draufgegangen ist."

Sein Zynismus machte mich für einen Moment sprachlos. „Hatte Billson eigentlich bei dem Wettflug eine Chance?" fragte ich dann.

„Aber sicher. Er war der heiße Favorit. Die Northrop, die er flog, war eine der besten Maschinen ihrer Zeit. Und ein Klassepilot war er auch."

„Wer hat denn die Rallye gewonnen?"

„Ein Deutscher namens Helmut Steiner. Ich glaube, Billson hätte gewinnen können, wenn er am Leben geblieben wäre."

„Übrigens", sagte ich, „mir würde es ein Vergnügen sein, als Zeuge für Billson aufzutreten und zu beschwören, Sie hätten mir selbst erzählt, daß Sie Billsons Vater für tot halten – im Gegensatz zu den Behauptungen in Ihrem kleinen Schmutzartikel."

Ich stand auf und ließ ihn sitzen. An der Tür der Kneipe blickte ich noch einmal zurück. Er saß in der Ecke und sah aus, als hätte ihn jemand in den Bauch getreten.

4. Kapitel

Ich aß früh zu Mittag, und dabei kam ich auf die Idee, Paul Billsons Halbschwester anzurufen. Ich rechnete nicht damit, sie an einem Werktag daheim zu erreichen, aber nach dem dritten Klingeln wurde das Telefon abgehoben.

„Alix Aarvik am Apparat."

Ich erklärte ihr, wer und was ich sei, und sagte schließlich: „Aber Sie haben wohl auch nichts von Ihrem Bruder gehört, Miß Aarvik."

„Leider nein, Mr. Stafford."

„Ich möchte mich mal mit Ihnen über Paul unterhalten. Kann ich vorbeikommen?"

„Ja, von mir aus", sagte sie.

„In einer halben Stunde bin ich da." Ich legte auf und nahm ein Taxi nach Kensington.

Alix Aarvik war klein und dunkelhaarig und etwa dreißig Jahre alt. Die Wohnung war gemütlich, wenn auch sparsam möbliert. Im Flur standen zwei Koffer, ein dritter, noch offen, lag auf dem Tisch.

Sie sah, wie ich mich umblickte. „Sie haben mich gerade noch erwischt. Ich bin beim Packen."

Ich lächelte. „Eine neue Wohnung?"

Sie schüttelte den Kopf. „Ich wandere nach Kanada aus. Es ist allerdings nur eine Versetzung innerhalb des Konzerns. Ich fliege morgen nachmittag." Sie machte eine hilflose Geste. „Ich weiß nicht, ob es richtig ist. Ausgerechnet jetzt, wo Paul verschwunden ist. Aber ich muß an meine Stellung denken."

„Ja, natürlich", sagte ich und fand es überhaupt nicht natürlich. Ihrer Mutter waren hunderttausend Pfund in den Schoß gefallen, aber zu sehen war davon nichts. Weder bei Paul Billson noch bei Alix Aarvik. Auch Alix Aarviks Kleidung wirkte eher bescheiden, ganz sicher kleidete sie sich nicht wie eine wohlhabende Erbin.

Ich setzte mich auf einen Stuhl, den sie mir anbot, und sagte: „Nun erzählen Sie mir mal was von Paul. Beginnen wir mit der Beziehung zu seinem Vater."

„Er entwickelte so etwas wie Heldenverehrung für seinen Vater", berichtete sie. „Und das, obwohl er keinerlei persönliche Erinnerungen an ihn haben konnte. Paul war erst zwei Jahre alt, als Peter Billson starb. Von dem Flugzeugabsturz wissen Sie?"

„Da scheint es einige Zweifel zu geben", sagte ich.

Kummer zeigte sich in ihrem Blick. „Sie also auch?" Sie schüttelte den Kopf. „Gerade diese Ungewißheit war eine seelische Belastung für Paul. Er wünschte sich immer so sehr, daß sein Vater wirklich tot sei – lieber ein toter Held als ein lebendiger Schwindler. Ich habe Paul zu einem Psychiater geschickt. Der Psychiater hat mir gesagt, daß Paul an dem Konflikt zerbricht. Es muß schrecklich sein, einen Mann als Helden zu verehren – den eigenen Vater – und ihm gleichzeitig den Tod zu wünschen."

„Eine Neurose also. Welche Formen nahm das an?"

„Im allgemeinen rasendes Wüten gegen Ungerechtigkeit. In bezug auf seinen Vater wirkte sich das so aus: Peter Billson war ungerecht behandelt worden – noch im Tode geschmäht. Sie wissen von dem Prozeß?"

Ich nickte, und sie fuhr fort: „Er wollte den Namen seines Vaters reinwaschen."

„Warum sprechen Sie eigentlich von Paul immer nur in der Vergangenheitsform?" fragte ich behutsam.

Sie sah mich verschreckt an. „Ich ... ich weiß nicht ..." Sie flocht die Finger ineinander. „Ich glaube, er ist tot."

„Wie kommen Sie darauf?"

„Ich weiß nicht. Aber einen anderen Grund kann ich mir für sein Verschwinden nicht vorstellen."

„Diese Ungerechtigkeitsneurose – richtete sie sich auch gegen ihn selbst? Glaubte er, daß auch er ungerecht behandelt wurde?"

„Nein, nie!" antwortete sie mit Bestimmtheit. „Er machte sich immer nur Sorgen um andere. Schauen Sie, Mr. Stafford, ich will offen sein. Paul war nicht ...", sie zögerte, „... nicht übermäßig intelligent. Da Sie für den Werkschutz bei der Franklin-Technik zuständig sind, will ich Ihnen gleich sagen, Paul ist kein Dieb und Spitzbube. Sein seelisches Gleichgewicht mag gestört sein, aber unehrlich ist er nicht."

„Daran besteht kein Zweifel, Miß Aarvik."

„Paul wußte ... weiß, daß er es in dieser Welt nie zu etwas bringt, aber das hat ihn nie verbittert. Ich weiß, daß es ihm schwerfiel, mit nur zweihundertachtzig Pfund im Monat zurechtzukommen. Aber be-klagt hat er sich nie."

Ich machte den Mund auf, um ihr zu widersprechen, aber dann klappte ich ihn wieder zu. „Mehr hat er nicht bekommen?"

„Dreitausendvierhundert Pfund im Jahr – mehr war er wohl nicht wert", erklärte sie ein wenig traurig. „Aber das haben Sie ja bestimmt überprüft."

„Ja", sagte ich nachdenklich.

Paul hatte also seine Schwester beschwindelt, hatte ihr erzählt, nur dreitausendvierhundert Pfund im Jahr zu verdienen, während er in Wirklichkeit fast viermal soviel kassierte, wenngleich er auch nach den Worten von Hoyland – und nun auch seiner Schwester – wahrlich mehr nicht wert war. Da glaubt man, einen Mann genau eingeschätzt zu haben, sein Leben vor sich ausgebreitet zu sehen wie eine Landkar-te – und dann stolpert man plötzlich von einer Unstimmigkeit in die andere.

„Haben Sie ihm finanziell ausgeholfen?" erkundigte ich mich.

Sie zögerte. „Nicht direkt."

Behutsam zog ich ihr die Geschichte aus der Nase. Die Mutter war schwer krank gewesen und schließlich nach langer Bettlägerigkeit an Krebs gestorben. Alix hatte ihrer Mutter eine Krankenschwester für die Pflege zu Hause bezahlt und am Ende auch noch die Kosten für die Privatbehandlung durch einen Spezialisten übernommen. Das alles war sehr teuer gewesen und hatte sämtliche Ersparnisse von Miß Aar-vik aufgefressen.

„Und dann mußte Paul in Behandlung", sagte sie. „Zu dem Psychi-iater, von dem ich Ihnen erzählt habe."

Der Psychiater führte eine Praxis in London und war auch entspre-chend teuer.

Miß Aarvik hatte eine Vereinbarung mit dem Filialleiter ihrer Bank getroffen, der ihr daraufhin einen ansehnlichen Überziehungskredit eingeräumt hatte. „Ich zahle das ab, so schnell ich kann." Sie lächelte wehmütig. „Deshalb bin ich ja auch so froh über den Job in Kanada. Mein Gehalt ist dort viel höher."

Ich dachte an die zwanzigtausend Pfund, die Paul in Festgeldern angelegt hatte.

Jedenfalls, dies alles erklärte nun eindeutig Miß Aarviks sparsam möbliertes Apartment und ihre leicht aus der Mode gekommene Klei-dung. Sie hätte es besser verdient gehabt.

„Hat die Behandlung Paul geholfen?" wollte ich wissen.

„Ich glaube schon. In letzter Zeit war er bedeutend ruhiger, bis ..."

Bis English sich an seine giftspritzende Schreibmaschine setzte und
Paul durchdrehte, allen Mut zusammennahm, um dem Chefredakteur
die Leviten zu lesen – und dann zu verschwinden.

„Nun denken Sie einmal scharf nach. Niemand kennt Ihren Bruder
so gut wie Sie. Wenn er aus irgendeinem Grund aus seinem Alltags-
trott ausbricht – was kann er da im Schilde führen?"

„Ich kann mir da überhaupt nichts vorstellen, außer ... schon als
kleiner Junge träumte er immer davon, den Namen seines Vaters reinzuwaschen, indem er das Flugzeug findet. Er wollte nach Afrika fahren und danach suchen. Sie wissen ja, daß die Maschine nie gefunden
worden ist. Ein unrealisierbarer Traum, fürchte ich. Aber Paul war
immer ein unrealistischer Mensch."

Ich dachte darüber nach. Die Absturzstelle mußte irgendwo südlich
des Mittelmeeres und nördlich des Kongo liegen. In der Sahara also.
Nein, Billsons Vorhaben war nicht sehr realistisch.

„Natürlich hat er den Gedanken längst aufgegeben", sagte sie. „Für
solche Unternehmungen braucht man ja viel Geld, und Geld hatte er
nie."

Ihr jetzt zu sagen, daß Paul die Taschen voller Geld hatte, wäre eine
unnötige Grausamkeit gewesen. Aber ich hatte nun immerhin einen
Hinweis, wenn auch von zweifelhaftem Wert. „Neunzehnhundert-
sechsunddreißig", sagte ich, „das ist lange her. Ich glaube kaum, daß
man aus dieser Zeit noch viel findet. Was hielten Ihre Eltern von Pauls
Ideen?"

„Meine Mutter sagte immer: ‚Das verliert sich, wenn er erst
erwachsen ist.' Aber so erwachsen ist er nie geworden. Mutter hat bei
mir gelebt und ihn nicht oft gesehen. Ihr war es immer unangenehm,
wenn er soviel von seinem Vater sprach. Sie hielt es für ungesund."

„Und Ihr Vater – was hielt er davon?"

Sie lächelte dünn. „In Ihren Augen sind wir sicher eine komische
Familie. Auch ich habe meinen Vater nie gekannt. Er starb vor meiner
Geburt. Mutter hatte ihn im Krieg geheiratet, und er fiel an der Front.
Er war Norweger, wissen Sie."

„Aber eins begreife ich nicht. Ihrer Mutter sind vom Gericht hunderttausend Pfund zugesprochen worden. Was ist damit passiert? Da
müßte ihr doch etwas für ein sorgloses Alter übriggeblieben sein."

„Ich weiß es nicht", erwiderte sie mit einem Stirnrunzeln. „Das
habe ich mich auch oft gefragt. Mutter wollte nie darüber sprechen.
Sie müssen wissen, ich habe erst Jahre später von der Sache erfahren.
Da war ich schon dreizehn." Sie überließ sich einen Moment ihren
Erinnerungen. „Ich glaube, ich habe viel von meinem Vater in mir,

Thorsten Aarvik hieß er. Aber Paul ähnelte mehr meiner Mutter. Meine Mutter konnte sehr gedankenlos sein. Vielleicht ist etwas geschehen, worüber sie nachher aus Scham nicht sprechen wollte. Sie war nicht sehr intelligent, aber ich habe sie sehr liebgehabt."

Paul war also, wie es schien, der nicht allzu helle Sohn einer nicht allzu hellen Mutter. Damit kam ich nicht sehr weit. Ich stand auf. „Nun, jedenfalls vielen Dank, Miß Aarvik, für all die Hinweise. Sie waren sehr offen."

Sie erhob sich ebenfalls. „Ich danke Ihnen für Ihr Interesse, Mr. Stafford", meinte sie mit einem Lächeln. „Sie sind jedenfalls in Ihren Ermittlungen viel gründlicher als die Polizei. Glauben Sie, daß Sie Paul finden können?"

Ihre Frage brachte mich in ein Dilemma. Für die Franklin-Technik war der Fall erledigt; Billson hatte nicht die Portokasse geplündert, noch hatte er, soviel ich wußte, gegen die Sicherheitsbestimmungen verstoßen. Außerdem konnte ich das Franklin-Konto nicht mit weiteren Ermittlungskosten belasten.

In meinen Augen war Paul Billson ein Mann mit einer Macke, und Alix Aarvik war, soweit ich das beurteilen konnte, ohne ihn viel besser dran. Ich beschloß, meine Ermittlungsergebnisse der Polizei zu übergeben und mich von der Geschichte zurückzuziehen. „Dank Ihrer Hinweise besteht nun eine gewisse Wahrscheinlichkeit, daß Paul aufgespürt wird", sagte ich diplomatisch.

„Werden Sie mir schreiben, wenn ich Ihnen meine Adresse in Kanada gebe?"

„Selbstverständlich schreibe ich Ihnen."

Sie kritzelte eine Anschrift auf einen Stenoblock. „Eine Privatadresse habe ich noch nicht, aber Sie erreichen mich über die Firma, bei der ich arbeiten werde."

Ich warf einen Blick auf den Zettel. Die Firma hieß „Kisko-Nickel-Gesellschaft" in Vancouver. Ich hatte noch nie davon gehört. Ich faltete den Zettel zusammen und steckte ihn mir in die Brieftasche. Sie brachte mich zur Tür. Draußen wurde es schon dämmrig, und die Straßenbeleuchtung brannte.

Ich überlegte, wie ich nun am besten ein Taxi fände, und marschierte auf die Kensington Highstreet zu. Und wie ich da so vor mich hin ging, stieg ein Mann aus einem geparkten Auto. Er wartete, bis ich an ihm vorbeikam, und fragte dann: „Sie heißen Stafford?" Er hatte eine rauhe Stimme und nicht gerade den feinsten Akzent.

Auf der anderen Wagenseite fiel eine Tür ins Schloß, dort stieg noch jemand aus. „Ja, ich heiße Stafford."

„Ich hab dir was auszurichten. Steck deine verdammte Nase nicht in Dinge, die dich einen Dreck angehen. Hier hast du was, damit du's nicht vergißt. "

Er hieb mir die Faust urplötzlich in den Magen, haarscharf unter den Solarplexus. Ich rang nach Luft und kippte vornüber. Danach standen meine Chancen auf Null. Sie waren zu dritt, und während ich am Boden lag, fingen sie an, mich mit den Stiefeln zu bearbeiten. Es dauerte nicht lange, bis ich das Bewußtsein verlor.

5. KAPITEL

MIT manchen Leuten, die mich im Krankenhaus besuchten, hatte ich nicht gerechnet. So tauchte beispielsweise ein Mann von der Spionageabwehr auf, der wegen Billson ermittelte, weil die Franklin-Technik ja Rüstungsaufträge ausführte. Und natürlich kamen auch Polizisten, die mich zu dem Überfall befragten. Meine Frau hingegen blieb weg, wenn sie sich auch immerhin der Mühe unterzog, mir Blumen schicken zu lassen.

Und dann kam Lord Brinton. Er zog sich einen Stuhl heran und setzte sich. „Also, was ist denn nun eigentlich passiert, Max?"

„Ich bin zusammengeschlagen worden", erklärte ich geduldig.

„Soviel sehe ich auch", sagte er. „Warum nur?"

„Was weiß ich. Wie es scheint, habe ich meine Nase in Sachen gesteckt, die mich einen Dreck angehen, um den Sprecher des Überfallkommandos zu zitieren. "

„Eine Verwechslung?"

Ich versuchte den Kopf zu schütteln, unterließ es dann aber. „Gewiß nicht", antwortete ich. „Die Herren versicherten sich nachdrücklich meiner Identität. "

„Was hatten Sie überhaupt in Kensington zu suchen?"

„Ermittlungen." Ich erzählte ihm von Billson und was ich unternommen hatte. „Miß Aarvik ist jetzt sicher schon in Kanada", sagte ich.

„Ein schönes Land", bemerkte Brinton. „Bin dort geboren. Aber ich begreife nicht, was Ihre Ermittlungen mit dieser Prügelei zu tun haben sollen. "

„Ich auch nicht. Und die Polizei und die Spionageabwehr ebenfalls nicht. "

Sein Blick schärfte sich. „Wieso interessiert das die Abwehr?"

„Franklin-Technik baut Zubehör für Panzer. "

„Und deshalb ist die Abwehr hinter Billson her?"

„Anscheinend. Aber ohne viel Dampf. Nach allem, was man weiß, hat er nichts verbrochen."

„Nun, damit haben Sie ja nun ohnehin nichts mehr zu schaffen", sagte Brinton. „Wenn Sie hier herauskommen, hat Andrew McGovern bereits höchstpersönlich die Verantwortung für den Werkschutz bei der Franklin-Technik übernommen."

„Wie groß ist eigentlich das Stück vom Wensley-Kuchen, das Ihnen gehört?" fragte ich.

„Ungefähr dreißig Prozent. Warum?"

„Damit steht Ihnen dann ja wohl die Frage zu, warum Billson dreifach über seinen Wert bezahlt worden ist. Und warum daraus ein solches Geheimnis gemacht wird."

„Werde mich darum kümmern", versicherte Brinton. „Aber eines beschäftigt mich doch noch. Wenn Sie nicht wegen Billson Prügel bezogen haben, womit haben Sie sich sonst noch in letzter Zeit in die Nesseln gesetzt?"

„Mein Lebenswandel ist ohne jeden Fehl und Tadel."

Brinton brummte vor sich hin. „Niemand hat eine völlig lupenreine Weste. Sind Sie ganz sicher, daß Sie nicht ab und zu im falschen Bett geschlafen haben?"

Ich sah ihn nur an, und er sagte: „Nicht, daß ich Ihnen das unter den gegenwärtigen Umständen übelnehmen würde."

Aber dann ging er auch schon wieder.

CHARLIE MALLESON stattete mir ebenfalls einen Besuch ab. Er inspizierte meine Prachtkollektion von blauen Flecken und Abschürfungen und meinte: „Am besten läßt du dich eine Zeitlang mal nicht mehr auf der Straße blicken."

„Wie läuft das Geschäft?"

„Durchwachsen. Wie lange, glaubst du, fällst du aus?"

„Ich bin wahrscheinlich in ein paar Wochen wieder im Sattel."

„Nimm dir Zeit", riet Charlie. „Jack Ellis probiert gerade aus, ob ihm deine Schuhe passen."

„Nicht schlecht. Vielleicht sollten wir ihn zum Direktor befördern."

„Einverstanden", erklärte Charlie. „Dem alten Brinton ist es sicher auch recht. Sag mal, Max, wann hast du eigentlich das letztemal Urlaub gemacht?"

Ich grinste. „Urlaub? Vielleicht vor zwei Jahren."

„Vor vier Jahren", korrigierte er. „Du machst dich kaputt. Wenn du

mich fragst: Fahr jetzt in die Ferien. Mach mal einen Abstecher in die
Karibik und leg dich in die Sonne. "

Ich blickte zum Fenster hinaus und in den Londoner Regen. „Hört
sich gut an. "

Der Vorschlag gefiel mir bei längerem Nachdenken immer besser.
Vielleicht konnte ich mit Gloria wegfahren. Vielleicht ließen sich so
die Risse in unserer Ehe wieder kitten.

„Ich überleg's mir", sagte ich. „Aber vorher möchte ich noch einmal mit Jack sprechen. "

Dann ging Charlie und versprach mir, Jack Ellis vorbeizuschicken.

Eine wirklich überraschende Besucherin war Alix Aarvik. „Setzen
Sie sich, Miß Aarvik", forderte ich sie auf. „Wieso sind Sie nicht in
Kanada?"

Sie sank in den Lederklubsessel, den Brinton zu meiner Bequem-
lichkeit hergeschafft hatte. „Ich hab's mir anders überlegt. Ich habe auf
den Job verzichtet. "

„Ach! Wieso das?"

Sie sah mich an. „Tut mir leid, was Ihnen zugestoßen ist, Mr. Stafford. "

Ich lachte und sagte: „Berufsrisiko. "

„Wegen Ihrer Suche nach Paul?"

„Ich wüßte nicht, wieso. "

„Die Polizei war wieder bei mir", berichtete sie. „Und dann kamen
andere, keine gewöhnlichen Polizisten. "

„Die Spionageabwehr. Paul arbeitete immerhin in einem Rüstungs-
betrieb. Darf ich fragen, warum Sie den Job in Kanada haben schie-
ßenlassen?"

Sie zögerte. „Mr. Stafford, etwa eine Viertelstunde nach Ihrem
Besuch ging ich zum Briefkasten. Da sah ich ein paar Dutzend Meter
vom Haus entfernt einen Krankenwagen stehen. In den wurden Sie
gerade hineingeschoben. Ich glaubte, Sie wären tot. "

„Es muß ein Schock für Sie gewesen sein", sagte ich langsam. „Es
tut mir leid. "

„Konnten Sie sehen, wer Sie überfallen hat?"

„Ihr Bruder war's nicht, wenn Sie das meinen. "

Die Spannung fiel von ihr ab. „Ich mußte es einfach wissen. Ich
hätte nicht in dieser Ungewißheit abreisen können. Und die Polizei
wollte mir nichts sagen. " Und plötzlich kamen ihr die Tränen. „Was
ist nur mit Paul geschehen, Mr. Stafford? Was macht er nur?"

„Ich weiß es nicht. Wenn Sie nun den Job in Kanada ablehnen, hat
das Folgen?"

„Ich glaube nicht", antwortete sie. „Sir Andrew war trotzdem sehr nett."

Ein Schauer lief mir über den Rücken. „Sie meinen den Chef der Wensley-Gruppe?"

„Sir Andrew McGovern. Ich bin seine Sekretärin. Kennen Sie ihn?"

„Ich hatte noch nicht das Vergnügen. Wie kommt es, daß Sie für ihn arbeiten, Miß Aarvik?"

„Ich habe vor acht Jahren bei der Franklin-Technik angefangen. Vor vier Jahren wurde ich zur Konzernleitung in London versetzt – das heißt zur Wensley-Holding-GmbH."

„Kenne ich", sagte ich. „Wir sind dort für den Werkschutz zuständig." Allerdings nicht mehr lange, setzte ich in Gedanken hinzu. „Wie sind Sie also an den Job bei Franklin-Technik gekommen?"

„Die Firma, bei der ich vorher war, ist pleite gegangen. Ich brauchte eine neue Stellung, und Paul hat mir zu Franklin geraten. Er arbeitete schon lange dort, und er sagte, es sei eine gute Firma."

Das war es auch – für Paul Billson. Und da ich nun schon am Schloß des Geheimnistresors fummelte, konnte ich die Tür auch ganz aufziehen. Zum Beispiel: Bezog auch Miß Aarvik ein so überhöhtes Gehalt wie ihr Bruder? „Hätten Sie etwas dagegen, mir zu sagen, wieviel Sie im Augenblick verdienen, Miß Aarvik?"

Sie sah mich überrascht an. „Keineswegs. Ich bekomme fünftausendzweihundert Pfund im Jahr – brutto."

Ich seufzte. Das übliche für eine Chefsekretärin, nichts Außergewöhnliches.

„Aber warum die Versetzung nach Kanada?" fragte ich.

„Sir Andrew tat so, als würde ich ihm damit einen Gefallen erweisen. Die Firma, die ich übernehmen sollte – Kisko-Nickel –, wird zur Zeit umorganisiert. Und ich sollte dabei das Chefsekretariat neu gestalten helfen, sozusagen als Leihgabe auf ein Jahr."

„Wann wurde Ihnen der Job angeboten?"

„Es kam ziemlich überraschend – erst am vergangenen Montag."

Ich legte die Stirn in Falten. Das war der Tag, als Hoyland wegen Billsons Verschwinden angerufen hatte. Irgend etwas war komisch daran. Ich lächelte sie an. „Nun, Sie sehen ja, daß ich noch sehr lebendig bin. Und der Überfall hat nicht nur nach Meinung der Polizei, sondern auch nach Ansicht meiner Geschäftspartner nichts mit Ihrem Bruder zu tun. Gehen Sie ruhig zu Sir Andrew McGovern und sagen Sie ihm, Sie hätten sich alles noch einmal überlegt und würden nun doch den Job in Kanada annehmen."

„Und Paul?"

„Für Paul können Sie gar nichts tun. Man wird ihn finden, aber für
Sie ist es besser, wenn Sie das den Profis überlassen. Ich schreibe Ihnen
nach Kanada."

Sie nickte. „Vielleicht ist es wirklich so am besten."

„Noch eins. Ich würde an Ihrer Stelle kein Wort darüber verlieren,
daß dieser Rat von mir stammt. Am besten unterschlagen Sie ganz,
daß Sie mich überhaupt kennengelernt haben. Meine Firma steht im
Augenblick nicht auf gutem Fuße mit Sir Andrew. Er hat dem Staf-
ford-Sicherheitsdienst gekündigt und baut sich für die Wensley-
Gruppe eine hauseigene Werkschutzorganisation auf. Es wäre gewiß
ungeschickt, mich jetzt zu erwähnen."

Ihre Augen weiteten sich. „Hat das was mit Paul zu tun?"

„Überhaupt nicht. Das war schon vorher ..." Ich hielt inne. Nein,
es war nicht vorher passiert. Nicht, ehe ich von Billsons Verschwinden erfahren hatte. Brinton hatte uns damit auf der Gesellschafterversammlung überfallen – an dem Nachmittag, als ich von meinem
Besuch bei der Franklin-Technik zurückkam.

MIR hing das Krankenhaus bald zum Hals heraus, vor allem das
Essen. Die Schwester hatte mir gerade ein sogenanntes Mittagsmahl
hingestellt, das mit einer wäßrigen Suppe begann und mit einem
ebenso wäßrigen Pudding endete. Als mein Arzt hereinspazierte, hielt
ich ihm das Tablett unter die Nase. „Haben Sie schon mal so etwas
gegessen? Mir reicht's jetzt. Hiermit entlasse ich mich."

„Aber Sie sind doch noch gar nicht soweit."

„Und ich werde auch nie soweit sein, wenn ich solches Zeug essen
muß. Ich gehe nach Hause, damit ich endlich mal was Anständiges in
den Magen kriege."

Er zuckte die Achseln. „Nun, von mir aus", sagte er. „Aber ich ver-
schreibe Ihnen noch eine Woche absolute Ruhe, und anschließend will
ich Sie zur Nachuntersuchung hier wiedersehen."

Ich nahm ein Taxi, fuhr nach Hause und erwischte Gloria mit einem
anderen Mann im Bett. Den Mann kannte ich nicht. Ich zeigte mit dem
Finger auf die Schlafzimmertür und brüllte: „Raus!"

Der Kerl riß seine Kleider an sich und machte sich davon.

Schweigend blickte ich auf das zerwühlte Bettzeug, unter dem Gloria sich versteckte. „Aber im Krankenhaus haben sie doch gesagt –"

„Halt's Maul!"

Dumm von ihr, nicht mit mir zu rechnen. Sie ging zum Gegenangriff über und informierte mich ausführlich, was für ein Mann ich
nach ihrer Ansicht war. Genauer: Was für ein Mann ich nach ihrer

Ansicht nicht war. Sie lieferte eine Zusammenfassung der dunkleren Seiten unserer siebenjährigen Ehe und ließ mich dann auch wissen, daß der soeben entfleuchte Bettgenosse längst nicht ihr erster gewesen und ob es denn vielleicht allein ihre Schuld sei, daß es so weit gekommen war.

Ich stritt mich nicht mit ihr, ich knallte ihr eine. Das erste Mal in meinem Leben schlug ich eine Frau.

Sie tastete ihre Wange ab und sah mich ungläubig an. Ich schenkte ihr keine weitere Beachtung mehr, ging zum Kleiderschrank, zog einen Koffer aus dem oberen Fach und fing mit dem Packen an. Schließlich brach ich das Schweigen. „Du hörst von meinem Anwalt. Bis dahin kannst du hier wohnen bleiben."

Dazu fiel ihr nichts ein, also nahm ich den Koffer und verließ das Schlafzimmer. Als ich die Haustür erreichte, hörte ich Gloria von oben rufen: „Komm doch zurück, Max!"

Ohne zu antworten, trat ich ins Freie. Leise zog ich die Tür hinter mir zu und schloß damit auch eine Epoche meines Lebens ab.

6. Kapitel

Wenn ich Gloria nicht verlassen hätte, wäre ich wohl kaum weiter in den Fall Billson eingestiegen. Als Sicherheitsrisiko war Billson nicht mehr einzustufen. Es war vereinbart, daß ich in die Ferien fuhr, teils zu meinem eigenen Wohl und teils, um Jack Ellis freie Bahn zu lassen. Das Dumme war nur, daß bei mir einfach nicht die richtige Urlaubsstimmung aufkommen wollte.

Ich war Mitglied in einem guten Londoner Klub und ließ Jack Ellis dort antanzen. Ellis war vor vier Jahren zu uns gestoßen. Er war clever und lernbegierig. Und trotz seiner siebenundzwanzig Jahre war er bereits tüchtig in seinem Job und wurde immer tüchtiger.

Ich zog mich mit ihm ins Kartenspielzimmer zurück, das nachmittags immer unbesetzt war. Eine Weile sprachen wir übers Geschäft, dann schilderte ich ihm den neuesten Stand der Affäre Billson. Er fand die ganze Geschichte auch reichlich rätselhaft.

„Jack", sagte ich, „ich möchte, daß Sie Billson finden."

„Aber das ist doch nicht mehr unser Bier. Abgesehen davon, daß die Wensley-Leute ihren Sicherheitsdienst selbst organisieren wollen, liegt gegen Billson nichts vor."

„Als wir unser Unternehmen aufzogen, legten wir ein paar Spielregeln fest", erklärte ich. „Wenn ein Bandit sich mit unseren Leuten anlegt, dann weiß er genau, daß er nicht nur von der Polizei, sondern auch von uns gejagt wird. Klar? Und in diesem Fall ist ein Angehöriger der Stafford-Sicherheits-Beratungs-GmbH überfallen worden. Ich bin zwar nicht auf persönliche Rache aus, aber diese Kerle will ich leiden sehen."

„Na gut – aber was hat Billson damit zu tun?"

„Es muß irgendwie mit ihm zusammenhängen. Also schaffen Sie ihn mir her. Die Polizei tut nicht viel in der Sache, weil keine Anhaltspunkte für ein Verbrechen vorliegen." Ich überlegte einen Augenblick. „Ach ja, noch etwas. Die Sache geht niemanden etwas an – außer uns beide und die Leute, die von Ihnen dafür eingesetzt werden."

„Auch nicht Charlie Malleson?"

„Auch ihn nicht. Ich habe den Verdacht, daß auf einer höheren Ebene mit gezinkten Karten gespielt wird. Über Sir Andrew McGovern brauche ich eine komplette Akte. Untersucht werden muß insbesondere jede Beziehung, die zwischen ihm und Paul Billson bestehen könnte, ebenso zwischen ihm und seiner Sekretärin, Alix Aarvik."

„In Ordnung", sagte Jack. „Ich mach mich sofort auf die Socken."

Ich hielt ihn noch kurz zurück. „Behandeln Sie das als Routinesache. Die Auftraggeber heißen Michelmore, Veasey & Templeton; die Rechnungen werden in der üblichen Weise gestellt." Als er fragend die Brauen hob, fügte ich hinzu: „Das sind meine Anwälte."

„Alles klar."

„Und viel Glück im neuen Job. Wenn Sie nicht allzu viele Schnitzer machen, dürfen Sie auf dem Chefstuhl sitzen bleiben. Ich bin für Höheres ausersehen. Zum Beispiel, demnächst das europäische Festland zu erobern."

Ein glücklicher Mann schritt von dannen.

WIR hetzten die Bluthunde auf Paul Billson. Niemand in der sogenannten zivilisierten Gesellschaft kann völlig im Anonymen bleiben. Sein Name ist auf vielen Formularen registriert – Führerschein, Rundfunk- und Fernsehgebührenüberweisung, Steuerkarte, Versicherungsanträge, Telefon-, Gas- und Stromrechnungen, Paßanträge, Visaanträge, Ratenzahlungsverträge …

Jack erhöhte das Honorar von Michelmore, Veasey & Templeton um ein paar Prozentpunkte, und schon tröpfelten Informationen herein.

Paul Billson hatte einen Tag nach seinem Verschwinden einen Paßantrag gestellt. Er war persönlich zum Londoner Paßamt gegangen, um die Formulare auszufüllen. Am selben Tag hatte er dann noch einen internationalen Führerschein beantragt. Am nächsten Tag kaufte er einen Landrover – freiweg aus dem Ausstellungsraum eines Londoner Werkshändlers –, zahlte bar auf den Tisch des Hauses und fuhr davon.

Die Spur verlor sich bis zu dem Tag, an dem er sich seinen Paß abholte. Dann enthüllte ein flinker Rundgang durch die Konsulate – auch dafür hatten wir einen Spezialisten –, daß Billson Visa für die Staaten Niger, Mali, Tschad und Libyen beantragt und erhalten hatte. Das führte uns zu der Frage, was er mit dem Landrover gemacht hatte. Er hatte sich die grüne Versicherungskarte für Auslandsreisen beschafft, aber eine Überprüfung der Reedereien erbrachte nichts. Doch dann wurde unser Mann am Flughafen Heathrow mit einer Rechnung fündig, aus der hervorging, daß ein Mr. Billson einen Landrover per Luftfracht nach Algier geschickt hatte.

Was Jack über Billsons Finanzen ausgegraben hatte, war einfach unglaublich. Die zwanzigtausend Pfund auf Pauls Festgeldkonto waren nur die Spitze eines Eisberges. In Wirklichkeit verfügte Billson über mehr als neunzigtausend Pfund. „Weiß der Teufel, woher er so viel Kohle hat", wunderte sich Jack.

„Ich weiß es", sagte ich. „Gespart hat er's. Bis er sich verdünnisierte, verdiente er dreizehntausend Pfund im Jahr und gab nur rund ein Viertel davon aus. Wenn man das über etliche Jahre betreibt, vielleicht auch noch behutsam investiert, kann man tatsächlich unterm Strich zweiundneunzigtausend Pfund gutmachen."

„Es sind auch noch andere Leute hinter Billson her. Wir sind da auf Verfolgerspuren gestoßen. Nach Polizei sieht es aber nicht aus."

„Die Spionageabwehr also?"

„Könnte sein."

Ich griff zum Telefonhörer. Da einige unserer Kunden, wie etwa Franklin-Technik, Rüstungsaufträge hatten, war der Kontakt mit der Abwehr betriebsnotwendig für die Firma Stafford.

Der Mann, den ich anrief, gab sich höflich-belustigt. „Billson ist uns schnuppe. Was Sie uns mitgeteilt haben, ist von uns überprüft worden – wir haben sogar diesen miesen Journalisten interviewt –, aber für uns ist Billson ein Fall für den Psychiater, weiter nichts."

„Vielen Dank."

Ich legte den Hörer auf und sagte zu Jack: „Die bei der Abwehr winken ab, aber sagen sie die Wahrheit?" Ich vertiefte mich wieder in den Ermittlungsbericht. „Algier! Aber warum hat Billson dann kein algerisches Visum beantragt?"

„Braucht er nicht. Kein Visazwang für britische Staatsbürger." Jack
schob mir eine dünne Mappe zu. „Über Sir Andrew McGovern.
Beziehungen zu Billson gleich Null – abgesehen davon, daß sie sich
beide auf dem Werksgelände der Franklin-Technik bewegen. Beziehungen zu Alix Aarvik – Null. Ein reines Arbeitsverhältnis. Die Kisko-Nickel-Gesellschaft wird tatsächlich umorganisiert, und zwar aufgrund einer Fusion, die auf McGoverns Mist gewachsen ist. Aber Alix
Aarvik ist nicht nach Kanada gereist. Sie arbeitet weiterhin als McGoverns Sekretärin. "

Ich zuckte die Achseln, verkniff mir aber einen Kommentar.
„Nichts Handfestes also bei McGovern", faßte Jack zusammen.
„Brinton scheint ihn jedenfalls nicht in der Tasche zu haben. "

„Im Gegenteil. Brinton hat Ärger mit ihm. Deshalb haben wir ja
den Wensley-Vertrag verloren. "

„Wenn die beiden Streit haben, kaschieren sie es überzeugend",
fügte Jack hinzu. „McGovern hat vor zwei Tagen Brinton bei sich zu
Hause zu Gast gehabt. "

„Wenn ein Brinton einem McGovern auf die Schulter klopft", sagte
ich, „dann nur, weil er nach der richtigen Stelle fürs Messer sucht. Vielen Dank, Jack, saubere Arbeit. "

Als er gegangen war, rief ich bei der Wensley-Holding an und ließ
mich mit Miß Aarvik verbinden. „Sie sind also doch nicht in Kanada",
stellte ich fest.

„Sir Andrew hat es sich anders überlegt. "

„Wirklich? Miß Aarvik, ich habe einige Auskünfte über Ihren Bruder, die Sie zur Kenntnis nehmen sollten. Wollen Sie heute abend mit
mir essen gehen?"

Sie zögerte, dann meinte sie: „Doch, warum nicht. Und ich danke
Ihnen für Ihr Interesse an meinem Bruder, Mr. Stafford. "

„Ich hole Sie um halb acht zu Hause ab", sagte ich.

Ich führte Alix Aarvik in ein französisches Restaurant, ein Lokal
ohne viel Schnickschnack mit guter Küche. Nachdem wir die Speise-
karte studiert und bestellt hatten, kam ich bei einem Glas Sherry zum
Thema. Ich erzählte Alix, wo Paul Billson war.

„Er sucht also doch das Flugzeug", stellte sie fest. „Aber das ist völlig unmöglich. Er ist überhaupt nicht der Typ, der ..." Sie brach
plötzlich ab. „Wie kann er sich das leisten?"

Ich seufzte. Nun war der Schock für Alix fällig. „Er hat Sie hinters
Licht geführt. Wahrscheinlich schon seit langem. Sein Jahresgehalt bei
der Franklin-Technik betrug dreizehntausend Pfund. "

Sie wurde blaß. „Daß er mir das angetan hat!" flüsterte sie. „Mich hat er alle Rechnungen bezahlen lassen, nicht einen Penny hat er für Mutter beigesteuert!"

„Tut mir leid, daß ich Ihnen den Schock verpassen mußte, aber ich finde, Sie haben Anspruch auf diese Auskunft. Er hat wohl doch seinen Kindertraum nie aufgegeben. Dafür hat er all sein Geld gespart."

„Auf meine Kosten!" Sie lachte bitter. „Aber Sie müssen sich irren, Mr. Stafford. Ich weiß doch, was Paul bei der Franklin-Technik geleistet hat. Die können ihm nicht so viel bezahlt haben."

„Das ist auch so ein Rätsel. Tatsache ist, daß Ihr Bruder, als er sich verdünnisierte, neunzigtausend Pfund in der Tasche hatte – er hat sich von der Bank alle seine Ersparnisse auszahlen lassen." Ich nahm einen Schluck Sherry. „Offenbar hat Ihr Bruder sich aufgemacht, das Flugzeug seines Vaters zu finden. Warum sollte er sich sonst mit einem Landrover nach Algier verziehen? Er sucht nach einem Flugzeug, das vor über vierzig Jahren abgestürzt ist – und das ist sehr lange her. Wissen Sie, wie groß die Sahara ist?"

Sie schüttelte den Kopf, und ich sagte grimmig: „Rund neun Millionen Quadratkilometer – ungefähr so groß wie die Vereinigten Staaten, aber sehr viel leerer. Paul sucht die sprichwörtliche Nadel im Heuhaufen, nur mit dem Unterschied, daß die Nadel vielleicht nicht einmal mehr da ist."

„Was wollen Sie damit sagen?"

„Angenommen, dieser Hendrik van Niekirk hat tatsächlich Peter Billson nach dem angeblichen Absturz in Durban gesehen. Dann wette ich zehn gegen eins, daß Peter Billson das Flugzeug nicht so stehengelassen hat, daß der nächstbeste mit der Nase darauf stößt. Wenn er tatsächlich ein Versicherungsschwindler war, dann mußte er das Flugzeug im Mittelmeer untergehen lassen. Anschließend dürfte er mit einem Schlauchboot an Land gerudert sein. Paul sucht etwas in der Wüste, was gar nicht existiert."

„Das will ich nicht gehört haben", erwiderte sie kalt. „Sie gehen davon aus, daß meine Mutter bei dem Versicherungsschwindel mitgemacht hat."

„Tut mir leid. Mir gefällt das auch nicht, aber wir müssen auch diese Möglichkeit in Betracht ziehen. In meinem Geschäft, Miß Aarvik, hat man immer alles in Betracht zu ziehen."

Der Kellner unterbrach uns. Bei einem Entrecote sagte ich: „Wenigstens wissen Sie jetzt, wo Ihr Bruder ist. Irgendwo in Nordafrika."

„Wir müssen ihn zurückholen", betonte sie. „Mr. Stafford, ich habe nicht viel Geld, aber kann nicht Ihr Detektivbüro nach ihm fahnden?"

„Ich habe kein Detektivbüro. Ich betreibe einen Sicherheitsdienst. Das wird oft verwechselt. Aber warum wollen Sie eigentlich Ihren Bruder wiederhaben? Sie haben soeben erfahren, daß er Sie jahrelang hinters Licht geführt hat."

„Er ist mein Bruder", sagte sie schlicht. „Er ist alles, was ich an Familie habe."

Sie sah so kummervoll drein, daß sie mir leid tat. Ich glaube, in diesem Augenblick sind die Würfel gefallen. Ich sagte behutsam: „Es gibt eine Möglichkeit – nur eine Möglichkeit, wohlgemerkt –, daß ich mich unter Umständen in der nächsten Zeit nach Nordafrika begebe. Ich würde mich dann umhören und schauen, ob ich Paul finden kann."

Sie strahlte. „Das ist sehr lieb von Ihnen."

„Freuen Sie sich nicht zu früh", warnte ich. „Erst müssen wir ihn finden. Immerhin, wir haben ein paar Pluspunkte auf unserer Seite. Zum einen gibt es große Gebiete der Sahara, wo er gewiß nicht nach dem Flugzeug suchen wird."

„Ach! Und welche Gebiete?"

„Die bewohnten Regionen – die Sahara ist nicht überall unwegsame Wüste. Außerdem wäre Peter Billsons geplante Flugroute in Betracht zu ziehen. Damit erhalten wir grobe Anhaltswerte, wo sich das Flugzeug befinden könnte. Ob es Leute gibt, die sich nach vierzig Jahren noch daran erinnern?"

Sie schüttelte entmutigt den Kopf. Dann sagte sie zögernd: „Im Wissenschaftlichen Museum gibt es eine Abteilung für Geschichte der Luftfahrt, dort arbeitet ein Mann, den Paul öfter besucht hat – ein Luftfahrthistoriker, glaube ich. Er muß Gott weiß was für Unterlagen in seinem Archiv haben."

„Ich gehe der Sache nach", versprach ich.

Sie lächelte mich an. „Sie haben es geschafft, daß ich mich jetzt schon viel wohler fühle. Vielen Dank."

Ich schlief unruhig in dieser Nacht. Lange lag ich mit offenen Augen da. Schließlich knipste ich die Nachttischlampe an.

Ich dachte über Andrew McGovern nach. Zuerst hatte er Alix nach Kanada versetzen wollen, und dann hatte er sie doch nicht über den Atlantik geschickt. Warum? Offenbar gab es ab einem bestimmten Zeitpunkt keinen Grund mehr, sie aus dem Verkehr zu ziehen. Unmittelbar nach meinem Besuch bei Alix war ich zusammengedroschen worden – war das die Alternative zu Alix' Kanadareise? Oder hatte das alles nichts miteinander zu tun? Lauter Zufälle? Aber war eine solche Häufung von Zufällen noch wahrscheinlich?

An diesen Berechnungen ging noch mehr nicht auf. Was war eigentlich wirklich auf unserer Gesellschafterversammlung vor sich gegangen? Legte McGovern mir etwa auf dem Umweg über Brinton Daumenschrauben an? Brinton hatte gesagt, McGovern setze ihn unter Druck – aber was konnte denn ein McGovern schon gegen einen Hai wie Brinton in der Hand haben? Wenn wirklich McGovern die Fäden zog, blieb immer noch die Frage nach dem Warum.

Und dann dieser Paul Billson. Seit er in mein Leben getreten war, hatte es nur noch Schereien gegeben. Alles schien sich um ihn zu drehen – um einen Mann mit einer Macke. Das durfte doch nicht wahr sein!

Ich zwang mich, weiter logisch darüber nachzudenken. Wenn sich tatsächlich alles um Paul Billson drehte, dann mußte ich einfach mit diesem Mann reden. Vielleicht war Algier doch keine schlechte Idee.

Ich machte das Licht aus und schlief ein. Drei Tage später saß ich im Flugzeug nach Algier.

7. KAPITEL

DEN Aufenthaltsort von Paul Billson zu finden bereitete viel Mühe. Mein Französisch ist zwar ganz gut, mein Arabisch jedoch gleich Null, und das machte den Weg durch die byzantinischen Kompliziertheiten der algerischen Bürokratie auch nicht gerade leichter.

Als auch auf der zwanzigsten Behörde die gleichen Beamtengesichter meinen Paß der mir nun schon sattsam geläufigen fünfzehnminütigen Routineinspektion unterzogen, trieb meine Gereiztheit gefährlich dem Siedepunkt entgegen.

Mein Hotel lag in der Stadtmitte von Algier, gleich beim Nationalmuseum, und als ich eines frühen Abends heimkehrte, war ich völlig entmutigt. Eine Woche verschärftes Algier hatte ich nun bereits hinter mir, und immer noch drehte ich mich im Kreis. Aber wenn ich nicht einmal in der Stadt Billsons Spur aufzunehmen vermochte, welche Hoffnungen konnte mir dann die Wüste bieten?

Ich stapfte durch die Hotelhalle, um mir an der Rezeption meinen Zimmerschlüssel abzuholen. Da sprach mich ein hochgewachsener Araber an, der wie fast alle die Dschellaba, das weite Männergewand seines Volkes, trug.

„Monsieur Stafford?"

„Ja, der bin ich."

Wortlos händigte er mir einen Briefumschlag aus, der nur mit meinem Zunamen und sonst mit nichts beschriftet war. In dem Umschlag lag ein Zettel, ohne Anrede und Unterschrift; nur zwei handgeschriebene Zeilen: *Wie ich erfahre, suchen Sie Paul Billson. Warum kommen Sie nicht zu mir?*

Ich sah den Araber an: „Von wem stammt das?"

Seine Antwort war eine Geste zum Ausgang des Hotels hin: „Folgen Sie mir."

Ich überlegte einen Augenblick, dann nickte ich. Vor dem Hotel öffnete der Araber die Tür eines großen Mercedes. Ich nahm in dem Wagen Platz, er schlug die Tür zu und setzte sich hinters Steuer. Als er den Motor anließ, sagte ich: „Wohin fahren wir?"

„Nach Bouzarea." Von da an konzentrierte er sich aufs Fahren und blieb mir jede Antwort schuldig.

Die Straßen von Bouzarea kletterten steil zu den Bergen hinauf. Dahinter dehnte sich das Mittelmeer, dessen Horizont sich mit dem nun einsetzenden Sonnenuntergang verdunkelte. Schon flammten in den Straßen Lichterketten auf.

Der Wagen bog in eine Nebenstraße ein. Wir fuhren nun eine endlose Mauer entlang, die nur von einer schmalen Pforte unterbrochen wurde. Der Wagen hielt an. Mein schweigsamer arabischer Chauffeur stieg aus, hielt mir die Wagentür auf und wies auf die schmale Pforte, die im nächsten Augenblick auch schon von innen geöffnet wurde. Ich trat in einen mauerumgürteten Park – nur wenig kleiner als der große Park von Windsor. In einiger Entfernung erblickte ich ein langgestrecktes Haus im maurischen Stil, mit flachem Dach.

Hinter mir schnappte die Mauerpforte ins Schloß, und wieder stand ich einem Araber gegenüber; diesmal war es ein alter Mann mit einem zerfurchten Gesicht. Ich folgte ihm durch den Park zu dem Gebäude. Er führte mich in einen Innenhof, wo er in einer versteckten Nische verschwand. Auf einer Chaiselongue lag eine Frau. „Stafford?"

„Ja. Max Stafford."

Die Frau war etwa sechzig – mindestens, schätzte ich – und in einem Stil gekleidet, den man bei aller Höflichkeit altmodisch nennen mußte. Sie hatte weißes Haar. Ihr Gesicht war braun gegerbt wie Schuhleder. Ein Netzwerk tiefer Fältchen rund um die Augen verriet, daß sie zuviel in der Sonne gewesen war, und diese Augen waren von einem überraschenden Blau. Die blauen Augen und das weiße Haar ergaben eine aufsehenerregende Kombination. Und sie rauchte die dickste und längste Havannazigarre, die ich je gesehen hatte.

„Was für ein Gift nehmen Sie gewöhnlich? Scotch? Bourbon? Gin?" Sie sprach unverkennbar amerikanisches Englisch.

„Ich lasse mich nie von Fremden zum Trinken verführen", erwiderte ich schmunzelnd.

Sie lachte. „Ich heiße Hesther Raulier. Setzen Sie sich, Max Stafford. Aber vorher schenken Sie sich ein."

Auf einer fahrbaren Bar stand eine Menge Flaschen. Ich goß mir einen Scotch ein und füllte mit Wasser aus einem silbernen Krug auf. Dann setzte ich mich in einen Korbsessel, und sie fragte: „Was treiben Sie denn so in Algier?"

„Ich suche Paul Billson."

„Warum?"

Ich klopfte an meinen Scotch. „Was geht Sie das an?"

„Ich sage Ihnen was, wenn Sie mir was sagen. Sind Sie gekommen, um Paul etwas anzutun?"

„Warum sollte ich ihm etwas antun?"

„Pauls Vater war ein Freund von mir."

Das war eine Überraschung, also rückte auch ich mit einer Information heraus. „Seine Schwester macht sich Sorgen um ihn."

Jetzt wurde ihre Stimme scharf. „Seine Schwester? Daß Peter Billson eine Tochter hatte, ist mir neu."

„Er hatte auch keine. Seine Witwe heiratete wieder. Im Krieg. Einen Norweger, der ums Leben kam. Alix Aarvik ist Pauls Halbschwester."

„Arme Helen; sie hat es sicher nicht leicht gehabt."

„Sie haben Helen gekannt?"

„Ich kannte sie beide. Paul sagte mir, Helen sei gestorben. Von einer Schwester war nie die Rede."

„Das sieht ihm ähnlich."

„Was soll das heißen?"

„Er hat sie ziemlich mies behandelt. Wer spricht schon gern von Leuten, die man schlecht behandelt hat. Soviel will ich Ihnen sagen – Paul war seiner Mutter in den letzten Jahren ihres Lebens keine große Hilfe." Ich nahm einen Schluck. „Wie kommen Sie auf die Idee, daß ich Paul was antun will?"

Sie sah mich geradeheraus an. „Ehe ich Ihnen das sage, muß ich Sie viel besser kennen, Max Stafford."

„Und ich müßte auch noch eine Menge mehr von Ihnen wissen."

Sie lächelte schwach. „Wir haben wohl eine längere Talk-Show vor uns. Da bleiben Sie am besten gleich zum Essen."

„Vielen Dank. Aber sagen Sie mir eins: Wo befindet sich Paul jetzt?"

„Kommen Sie mit", forderte sie mich auf und führte mich in den Garten. Sie zeigte nach Süden, auf eine niedrige Bergkette, die im

Zwielicht eben noch auszumachen war. „Sehen Sie diese Hügelland-schaft? Das sind die Ausläufer des Atlasgebirges. Paul Billson ist in dieser Richtung und übers Gebirge hinweg unterwegs zur Hölle. "

Bis es Zeit zum Essen war, hatte sich unsere Unterhaltung ein wenig gelockert. Diese ältliche Dame mit dem amerikanischen Slang machte mich neugierig. Ich gab ihr einen sorgsam abgefaßten Bericht, der nicht zuviel verriet, und schloß mit den Worten: „Das wär's, und deshalb bin ich hier. "

Sie trank Whiskey, als hätte sie unten im Park ihre eigene Destille-rie. „Die Geschichte klingt wahrscheinlich", sagte sie ironisch. „Ein großer, bedeutender Mann wie Sie läßt alles stehen und liegen, kommt nach Algier und sucht Paul. Sind Sie scharf auf Alix Aarvik?"

„Ich kenne sie kaum. Außerdem ist sie mir zu jung. "

„Keinem Mann ist ein Mädchen zu jung. Lassen Sie sich etwas Bes-seres einfallen, Max. "

„Es ist eben eine Verkettung seltsamer Zufälle", sagte ich amüsiert. „Außerdem lasse ich mich gerade von meiner Frau scheiden, und ich hatte einfach Lust, eine Zeitlang abzuhauen. "

„Okay, und wie hoch ist Ihre Provision? Was kriegen Sie dafür?"

„Ich weiß nicht, wovon Sie reden. "

Sie durchbohrte mich mit ihrem kaltblauen Blick. „Hören Sie zu, Freundchen, kommen Sie mir nicht zu frech. Entweder Sie sagen mir, was ich wissen will, oder Sie erfahren überhaupt nichts. "

Ich seufzte. „Vielleicht habe ich etwas dagegen, auf offener Straße verdroschen zu werden. " Dann erzählte ich ihr auch noch den Rest.

Sie schwieg eine Weile, dann sagte sie: „Da haben Sie sich ja eine irre Geschichte zusammengefaselt – aber ich glaube Ihnen trotzdem. So was kann man nicht aus dem Ärmel schütteln. "

„Und nun bin ich an der Reihe. Wie kommt es, daß Sie in Algier leben?"

Sie sah mich überrascht an. „Ich bin hier geboren. " Wie sie es dar-stellte, war ihr Vater französisch-arabischer Abstammung und ihre Mutter Kanadierin gewesen. Wie diese eigenwillige Verbindung zustande gekommen war, darüber schwieg sie sich aus. Ihre Mutter mußte eine charakterstarke Frau gewesen sein, denn Hesther wurde auf ein Internat in Kanada geschickt, anstatt, wie die meisten Töchter reicher französischer Kolonialisten, nach Frankreich.

In Kanada hatte sie Peter Billson kennengelernt. „Er war natürlich älter als ich", sagte sie. „Lassen Sie mich nachrechnen. Das muß 1933 gewesen sein, ich war also siebzehn. "

Und Billson war dreißig. Zu dieser Zeit hatte er sich schon einen Namen gemacht.

„Für mich war Peter ein Idol", erzählte Hesther. „Heutzutage stehen Teenager auf langhaarige Sänger; seinerzeit waren Piloten die Stars."

„Was war er für ein Mann?"

„Er war ein Mann", sagte sie schlicht. „Peter Billson war ein tüchtiger Pilot, er war tapfer und ehrgeizig."

„Wie gut kannten Sie ihn?"

Sie sah mich von der Seite an. „Ungefähr so gut, wie eine Frau einen Mann nur kennen kann. 1933 war das Jahr, in dem ich meine Unschuld verlor."

„War das vor Billsons Hochzeit?"

Hesther schüttelte den Kopf. „Es war die Hölle für mich, als ich einmal mit Helen bei Kaffee und Kuchen Konversation machen mußte."

„Und wie lange waren Sie mit ihm befreundet?"

„Bis zu seinem Tod. Ich hätte 1934 nach Algier heimkommen sollen, aber es gelang mir, meinen Aufenthalt noch um ein Jahr zu verlängern – wegen Peter. Er besuchte mich jedesmal, wenn er nach Toronto kam. Dann, 1935, mußte ich doch heimfahren, weil meine Mutter drohte, mir keine Schecks mehr zu schicken. Das nächstemal sah ich Peter, als er hier bei der Flugzeug-Rallye London–Kapstadt landete. Das war 1936. Ich stand am Flugplatz. Ich sah, wie er startete. Und ich sah ihn nie wieder."

Ich gönnte ihr ein paar Augenblicke Nostalgie, dann brach ich das unbehagliche Schweigen. „Kannten Sie Peters Flugplan?"

„Ich weiß nicht viel darüber. Ich war ein junges Mädchen von zwanzig, müssen Sie bedenken – kein Techniker. Die Northrop war eine aufgemotzte Frachtmaschine, und Jock Anderson hatte im Frachtraum zusätzliche Treibstofftanks installiert. Dem Plan nach sollte Peter von Algier aus nach Kano in Nigeria fliegen. Die Wüstenüberquerung war die schwierigste Etappe, deshalb flog Jock mit einem Mechanikerteam hier ein, um dem Flugzeug noch einmal einen gründlichen Check zu verpassen, ehe Peter startete."

„Jock Anderson – wer war das?"

„Der Chefmechaniker. Peter und Jock kannten sich schon lange. Peter flog die Maschinen und nahm sie hart ran, und Jock sorgte dafür, daß sie sich nicht in ihre Einzelteile auflösten. Jock war ein tüchtiger Mechaniker."

„Und was wurde später aus ihm?"

„Als Peter vermißt wurde, drehte er durch. Drei Tage lang stand er bis über die Halskrause im Alkohol, dann wurde er nüchtern und verließ Algier. Seitdem habe ich ihn nicht mehr wiedergesehen."

„Was halten Sie von Paul Billson?"

„Hysterisch und verrückt. Kein Vergleich mit seinem Vater."

„Und wie haben Sie Paul kennengelernt?"

„Genauso, wie ich Sie kennengelernt habe. Ich habe meine Ohren überall in dieser Stadt, und als ich von einem Mann hörte, der sich nach Peter Billson erkundigte, wurde ich neugierig. Also ließ ich ihn kommen."

„Und wo ist er jetzt?"

„Auf und davon, um nach dem lieben Papi zu suchen. Jetzt wird er wohl schon in Tamanrasset sein."

„Wo ist das?"

„Da geht man in die Wüste rein, immer nach Süden, bis man aus der Wüste wieder rauskommt. Und da liegt Tamanrasset, im Ahaggargebiet, ungefähr zweitausend Kilometer südlich von hier. Wenn man im Ahaggargebiet etwas suchen will, ist Tamanrasset ein guter Ausgangspunkt."

„Wie groß ist das Ahaggargebiet?"

„Menschenskind, was weiß ich! Augenblick mal." Sie ging weg und kam mit einem Buch zurück. „Das *Annexe du Hoggar* – das ist der Verwaltungsbezirk – umfaßt 380000 Quadratkilometer." Sie sah mich an. „Ob das groß ist, müssen Sie sich selbst ausrechnen."

Ich rechnete es mir aus und kam auf die dreifache Größe Englands. „Paul Billson ist wirklich verrückt", sagte ich. „Wieviel Menschen leben da?"

Hesther sah im Buch nach. „Ungefähr zwölftausend."

„Ziemlich dünnbesiedelte Gegend."

„Haben Sie vor, hinter ihm herzufahren?"

„Gedanken dieser Art sind mir bereits in den Sinn gekommen", gab ich zu. „Was mich vermuten läßt, daß ich wahrscheinlich auch eine Meise habe."

„Nicht unbedingt. Es dürfte nicht allzu schwer sein, ihn zu finden. Nach Tamanrasset zu kommen ist kein Problem. Es gibt jede Woche ein paar Flüge dorthin."

„Das macht die Sache schon leichter."

Sie nickte. „Und dann brauchen Sie nur noch in Tamanrasset zu warten, bis er sich sehen läßt. Wenn er im Ahaggar ist und Benzin braucht, muß er sowieso wieder nach Tamanrasset zurück." Sie überlegte einen Augenblick. „Anders ist es, wenn Sie ihn verfolgen wollen. Dann brauchen Sie natürlich einen Führer. Luke Byrne hält sich gewöhnlich um diese Jahreszeit in Tamanrasset auf – der Job könnte ihm gefallen."

„Wer ist Luke Byrne?"

Sie lachte. „Noch so ein Spinner. Könnte ihn schon jucken, einen Verrückten zu jagen. Wenn Sie nach Tamanrasset wollen, brauchen Sie eine Genehmigung. Wenn Sie es selber versuchen, dauert es zwei Wochen – ich kann sie Ihnen in zwei Tagen besorgen. Was werden Sie tun, wenn Sie Paul Billson finden?"

Ich zuckte die Achseln. „Ihn überreden, nach England heimzukehren, falls ich das schaffe."

„Es wird schwer sein, ihn von seiner Besessenheit abzubringen."

„Was glauben Sie, liegt Peter Billsons Leiche irgendwo da draußen?" fragte ich.

„Natürlich. Das heißt, was davon noch übrig ist. Ich weiß schon, worauf Sie anspielen; ich habe auch von diesem Hundesohn aus Südafrika gelesen, der Peter in Durban gesehen haben will. Ich habe mich oft gefragt, was dieser Mistkerl an Bestechungsgeldern kassiert haben mag. Ich will Ihnen eins sagen, Max: Peter Billson war wirklich kein Heiliger, aber in Geldsachen war er ehrlich. Und Helen war fast ein Engel; mir kann niemand erzählen, daß sie für eine halbe Million Dollar einen Meineid geleistet hat. Das war einfach nicht ihre Art." Sie seufzte. „Reden wir nicht mehr davon. Es ist nicht meine Art, so intensiv in die Vergangenheit zu schauen."

Ich sah Hesther bis zu meiner Abreise nicht mehr wieder, aber sie schien über recht brauchbare Beziehungen zu verfügen, denn ich war bereits anderthalb Tage später abreisebereit, hatte meine Reisegenehmigung und ein Flugticket. Beides lieferte mir ihr arabischer Chauffeur im Hotel ab. Die Kosten hatte sie übernommen. In einem Begleitbrief schrieb sie:

> Ich hoffe, es macht Ihnen nichts aus, daß ich das Flugticket gekauft habe. Es ist nur, weil ich meinen Teil beitragen möchte – im Gedenken an P. B. Wenn Sie diesen Trottel Paul finden, stecken Sie ihn in einen Sack und schicken Sie ihn mir nach Algier.
>
> Ich habe Luke Byrne telegrafiert, und er erwartet Sie. Sie finden ihn im Hotel „Tin-Hinan". Grüßen Sie ihn von mir.
>
> Ich weiß nicht, ob es etwas zu bedeuten hat, aber es sucht noch jemand nach Paul – ein Mann namens Kissack. Ich weiß nichts von ihm, weil er bereits abgehauen war, ehe ich die Spürhunde auf ihn ansetzen konnte. Viel Glück, und schauen Sie mal wieder vorbei.
>
> Hesther

8. Kapitel

Ich wußte nicht, was ich von Tamanrasset zu erwarten hatte, aber es war, verglichen mit Algier, eine andere Welt. Aus der Luft sah man nur ein paar verstreute Häuser inmitten eines grünen Flimmerns, am Fuße rauher Berge. Wenn man von der Landepiste in die sogenannte Stadt wollte, mußte man sich auf einen Lastwagen schwingen, der über eine Asphaltstraße rumpelte, vorbei an hohen, eckigen Säulen, die den Eingang der Stadt bildeten.

Tamanrasset war nicht viel mehr als ein Dorf. Aber es war die Metropole des Ahaggargebietes. Die Hauptstraße war breit, Akazien warfen Schatten, und links und rechts standen einstöckige Häuser, die offenbar aus getrocknetem Schlamm gebaut waren; vermutlich würden sie die nächsten halbwegs anständigen Regenschauer nicht überstehen. Der Lastwagenchauffeur ließ seine Hupe dröhnen, um sich einen Weg zwischen den Fußgängern hindurchzubahnen, und diese Fußgänger waren hochgewachsene Männer in blauen und weißen Gewändern, und sie drängten sich in der Straßenmitte, als sei der Verbrennungsmotor noch nicht erfunden worden.

Der Lastwagen hielt vor dem Hotel Tin-Hinan, wo es einen Hof im Schatten von Bäumen, mit dünnbeinigen Metalltischen und Stühlen gab; Leute saßen dort und tranken. Ich ging in die staubige Hotelhalle und wartete, bis jemand Notiz von mir nahm. Einen Empfangschef gab es nicht.

Schließlich fragte mich ein weißgewandeter Mann in gebrochenem Französisch, was er für mich tun könne.

„Eigentlich müßte für mich ein Zimmer reserviert sein. Mein Name ist Stafford", antwortete ich.

Seine Augenbrauen hoben sich. „Ah, Monsieur Stafford! Monsieur Byrne wartet schon auf Sie." Er steuerte auf einen Torbogen zu. „Voilà!"

Ich sah mir den Mann an, der dahinter an einem Tisch saß. Er trug ein langes blaues Gewand und einen weißen Turban, und er sah nicht so aus, als hörte er auf einen guten amerikanischen Namen wie Byrne. Ich trat an den Tisch und fragte zögernd: „Mr. Byrne?"

„Ja", sagte er und wandte mir sein Gesicht zu. Unter buschigen weißen Augenbrauen lagen blaue Augen, die mich aus einem tiefgebräunten Gesicht anstarrten, und dieses Gesicht war so hager, daß die Nase wie ein Schnabel daraus hervorstach. Unter der Nase befand sich ein breiter Mund mit fest aufeinandergepreßten Lippen; das Kinn konnte ich nicht sehen, da er sich die Falten seines Turbans um den Hals geschlungen hatte, aber seine Wangen schmückte ein weißer Bart. Er mochte um die sechzig Jahre alt sein.

„Mein Name ist Stafford", stellte ich mich vor.

„Setzen Sie sich, Mr. Stafford. Ein Bier?" Er sprach englisch mit einem amerikanischen Akzent.

Ich setzte mich, und er winkte dem Kellner. *Deux bières.* Er wandte sich wieder mir zu. „Hesther hat mir von Ihnen berichtet. Sie brauchen Hilfe."

„Könnte sein. Ich suche einen Mann namens Billson. Er muß sich hier in der Gegend herumtreiben. Dieser Billson ist auf der Suche nach einem abgestürzten Flugzeug. Gibt es in dieser Gegend viele?"

„Etliche."

„Das Flugzeug, um das es hier geht, ist vor vierzig Jahren abgestürzt."

Byrne zuckte nicht mit der Wimper. „Scheint sich um nicht gerade neuwertigen Schrott zu handeln."

Der Kellner kam und stellte zwei Flaschen Bier und zwei Gläser hin. Byrne nickte ihm kurz zu, und er ging wieder. Offenbar hatte Byrne im Hotel Tin-Hinan Kredit.

Ich goß mir mein Bier ein. „Ich habe mir sagen lassen, daß der Ahaggar eine weitläufige Gegend ist – sehr gebirgig. Könnte ja sein, daß ein abgestürztes Flugzeug nicht gefunden wird."

„Kaum", sagte Byrne. „Es wäre bestimmt gefunden worden. Wie ist Billson hierhergekommen? Mit dem Flugzeug?"

„Er hat einen Landrover."

„Seit wann ist er hier?"

Ich zuckte die Achseln. „Keine Ahnung. Eine Woche. Vielleicht zwei."

Byrne schwieg eine Weile. Schließlich fragte er: „Wie gut kennen Sie Hesther Raulier?"

„Eigentlich kaum. Ich habe sie erst vor zwei Tagen kennengelernt."

„Sie mag Sie", meinte er. „Haben Sie Gepäck?"

Ich zeigte mit dem Daumen zum Hotel. „Steht da drinnen."

„Lassen Sie es stehen, wir holen es später ab. Ich lagere kurz vor Tamanrasset. Machen wir einen Spaziergang." Er stand auf und bewerkstelligte irgend etwas Kompliziertes mit seinem Turban. Als er damit fertig war, verbarg sich sein Gesicht hinter dem Tuch, nur in Augenhöhe war ein Schlitz frei. Wir verließen das Hotel und traten auf die Hauptstraße. Byrne war hochgewachsen, aber nicht größer als die anderen Männer, die in ähnlicher Kleidung träge die Straße bevölkerten. Ich war deutlich ein Fremdkörper in dieser Szenerie.

„Ziehen Sie sich immer wie ein Araber an?" fragte ich.

„Sie müssen noch viel lernen, Stafford. Diese Burschen sind keine Araber. Sie sind Tuareg."

Byrnes Camp lag etwa drei Kilometer vor der Stadt. Es bestand aus drei großen Lederzelten, die im Halbkreis aufgebaut waren, mit der Rückseite zum Wind. Ein kleines Feuer loderte. In einiger Entfernung standen Kamele.

Als wir uns näherten, erhob sich neben dem Feuer ein Mann. „Das ist Mokhtar", erklärte Byrne. „Er wird sich um Sie kümmern, während ich fort bin."

„Wohin gehen Sie?"

„In der Stadt herumschnüffeln. Aber erst erzählen Sie mir von Billson."

Byrne schritt zum Feuer hinüber, und die Männer führten eine kurze Unterhaltung. Auch Mokhtar war groß und trug einen Schleier. Byrne winkte mich ins mittlere Zelt. Wir ließen uns auf weichen Kissen nieder.

„Und warum will dieser Billson überhaupt ein vierzig Jahre altes Flugzeugwrack finden?" fragte Byrne.

Ich erzählte die ganze Geschichte. Eben als ich damit zu Ende gekommen war, setzte Mokhtar ein Kupfertablett vor Byrne nieder, auf dem eine Kanne mit geschwungener Schnauze und zwei Messingtassen standen. „Mögen Sie Minztee?" fragte Byrne.

„Hab ich noch nie probiert."

„Ist gar nicht mal so schlecht." Er goß ein und reichte mir eine Tasse. „Würden Sie sagen, daß dieser Billson ganz richtig im Kopf ist?"

„Nein, würde ich nicht sagen. Er hat eine fixe Idee."

„Dachte ich mir." Er setzte seine Tasse an und trank, und ich folgte seinem Beispiel. Der Tee hatte ein starkes Minzearoma und war übersüß.

„Und was hat Hesther damit zu tun?" wollte Byrne wissen.

„Sie war mit Billsons Vater befreundet."

„Wie gut?"

Ich sah ihm in die Augen. „Wenn sie es Ihnen sagen will, wird sie es Ihnen schon noch erzählen."

Er lächelte. „In Ordnung, Stafford. Ich sehe, Sie sind vorsichtig."

„Welche Chancen hat Billson, das Flugzeug zu finden?" fragte ich.

„Im Ahaggar? Überhaupt keine. Weil es da kein Flugzeug gibt.

Weiter im Norden liegen ein paar Flugzeugwracks." Er stand auf. „Ich komme in ein paar Stunden wieder."

Ich sah ihm nach, als er in seinem lässigen, fast trägen Gang, der, wie ich festgestellt hatte, für die Tuareg typisch war, davonschritt.

Es dauerte drei Stunden, bis Byrne zurückkam. Er ritt auf einem Kamel. Die Sonne ging unter, und die Dornenbäume warfen lange Schatten. Das Tier ließ sich schaukelnd auf die Knie nieder, und Byrne glitt aus dem Sattel, kam ins Zelt und trug meine Reisetasche. Das Kamel schnaubte, als Mokhtar es wieder auf die Beine trieb und wegführte.

Byrne setzte sich. „Ich habe die Spur Ihres Mannes gefunden."

„Wo steckt er?"

Er zeigte nach Norden. „Da draußen irgendwo – im Gebirge. Ist vor fünf Tagen fortgefahren. Hat im Fort Laperrine eine Genehmigung beantragt, aber keine bekommen. Da ist er eben ohne gefahren. Wirklich ein Narr."

„Warum hat er keine Genehmigung bekommen?"

„Es gibt keine für einen Mann allein."

„Er wird zurückkommen", erklärte ich. „Hesther sagt, Tamanrasset sei der einzige Ort, wo es Benzin gibt."

„Dann müßte er bereits wieder hier sein. Paul Billson ist ein Idiot. Hat aufgetankt und ist losgefahren. Keine Reservekanister. Da fünf Tage vergangen sind, ist er überfällig. Wenn er auch keine Wasserreserven bei sich führt, ist er jetzt schon tot."

„Wie komme ich dorthin?" fragte ich gleichmütig.

Byrne sah mich lange an, dann seufzte er. „Wenn ich nicht wüßte, daß Hesther viel von Ihnen hält, würde ich Ihnen jetzt sagen: Gehen Sie zur Hölle. Aber so, wie die Dinge liegen, sage ich: Wir brechen auf, sobald es hell wird." Er zog eine Grimasse. „Muß sogar meinem Grundsatz untreu werden und mich in einen Stinkpott setzen."

Was er damit meinte, wußte ich nicht, also sagte ich nur: „Danke."

Wir gingen früh schlafen. Eine Weile lag ich noch im Zelteingang auf dem Rücken und starrte zum Himmel über der Wüste hinauf, der so sehr voller Sterne war, daß man meinte, mit ausgestrecktem Arm eine Handvoll pflücken zu können. Und unwillkürlich fragte ich mich, auf was ich mich da eigentlich eingelassen hatte.

BYRNES „Stinkpott" entpuppte sich als ein reichlich zerbeulter Toyota-Landcruiser. Aber der Motor lief hübsch rund, und auch die Reifen waren gut.

Wir fuhren im trüben Licht des Morgengrauens los: Byrne am

Steuer, ich neben ihm und Mokhtar hinten. Rund um den Wagen
waren Kanister mit Benzin und Wasser festgezurrt, und ich bemerkte,
daß Mokhtar unauffällig ein Gewehr in den Wagen gelegt hatte.
Mokhtar hatte auch ein Schwert bei sich, ungefähr einen Meter zwanzig lang, in einer roten Lederscheide.

Wir fuhren auf einer holprigen Spur nordwärts, und ich fragte:
„Wohin geht's eigentlich?"

Byrne zeigte mit einem Finger in Fahrtrichtung. „Atakor", antwortete er knapp und überließ es mir, mir einen Vers darauf zu machen.
Ich schwieg eine Weile, und dann fragte ich: „Haben Sie eine Genehmigung?"

„Nein", erwiderte Byrne kurz angebunden.

Die Landschaft wechselte. Zuerst waren wir durch eine Geröllebene
gefahren, dann waren niedrige Hügel gekommen, bar jeglicher Vegetation, und nun ging es bergan. Vor uns lag ein Gebirge, wie ich es
noch nie gesehen hatte. Die meisten Gebirge erheben sich in sanfter
Steigung aus den Ebenen, dieses hier jedoch ragte fast senkrecht him-
melan.

Nach zwei Stunden holpriger Fahrerei gelangten wir in ein Tal, in
dem ein kleines Zeltlager stand. Hier gab es ein wenig Vegetation,
nicht viel, aber es waren Ziegen und Schafe zu sehen. Kamele ästen an
dornigen Akazien, und vor uns erhoben sich, weit auseinandergezo-
gen, ein paar Lederzelte. Byrne brachte den Wagen zum Stehen,
Mokhtar stieg aus und ging zu den Zelten. „Diese Leute gehören zum
Tégéhé-Mellet-Stamm", sagte Byrne. „Mokhtar erkundigt sich bei
ihnen. Wenn ein Landrover in der Nähe war, wissen sie es."

„Wozu das Schwert?"

Byrne lachte. „Ohne Schwert fühlt Mokhtar sich so unbekleidet
wie Sie ohne Hosen."

„Diese Teg-Dingsbums ... Ist das ein Tuaregstamm?"

„Richtig. Die Tuareg-Konföderation im Ahaggar besteht aus drei
Stämmen – den Kel-Rela, den Tégéhé-Mellet und den Taitoq.
Mokhtar gehört zu den Kel-Rela, und zwar zum Aristokratenclan.
Deshalb ist auch er zu den Leuten gegangen und nicht ich."

„Ein Aristokrat?"

„Mokhtar ist mit dem Amenokal verwandt – das ist der Chef, der
Oberhäuptling der Ahaggar-Konföderation."

Mokhtar kam zurück, drei Männer aus dem Camp begleiteten ihn.
Alle waren verschleiert und trugen diese langen, fließenden blauen
und weißen Gewänder, die typisch für die Tuareg zu sein schienen. Ich
fragte mich, wie sie es schafften, ihre Kleidung in dieser staubigen

Wildnis immer so sauberzuhalten. Als sie näher kamen, richtete sich Byrne hastig seinen Schleier, so daß sein Gesicht verdeckt war.

Eine zeremonielle Begrüßung fand statt und dann eine langwierige Unterhaltung, von der ich kein einziges Wort verstand. Nach einiger Zeit griff Byrne in den Wagen und holte eine Keksbüchse heraus. Er entnahm ein paar kleine Päckchen und verteilte sie in der Runde, dann leistete auch Mokhtar seinen Beitrag. Die Tuareg bedankten sich mit anmutigen Verbeugungen.

Als er den Motor wieder anließ, sagte Byrne: „Billson ist vor vier Tagen vorbeigekommen."

„Welche Richtung?"

„Richtung Assekrem – oder darüber hinaus. Und das ist nicht als Scherz zu verstehen."

„Was soll das bedeuten?"

Er sah mich nachdenklich an. „Assekrem ist ein Wort aus der Tamascheksprache. Es bedeutet ‚das Ende der Welt'."

Wir fuhren weiter. Nach einer Weile fragte ich: „Was haben Sie eigentlich vorhin diesen Männern gegeben?"

„Aspirin, Nadeln und Salz. Solche Dinge sind hierzulande viel wert."

Drei Stunden später hielten wir wieder an. Wir hatten uns stetig in das Gebirge hineinbewegt, das Byrne Atakor nannte, und hatten überhaupt nichts Lebendes zu Gesicht bekommen außer dünnem, sonnenverbranntem Gras und verstreut wachsenden Dornenbäumen.

Und dann, auf ein Wort von Mokhtar, hielten wir mitten in dieser Einöde an. Mokhtar stieg aus, ging ein paar Schritte zurück und starrte auf den Boden. Er richtete sich wieder auf, kam zum Wagen und tauschte ein paar Worte mit Byrne, dann nahm er das Gewehr und entfernte sich. Diesmal hatte er sein Schwert im Wagen gelassen.

Wir setzten unsere Fahrt fort. „Wohin geht er?" fragte ich.

„Etwas zu essen schießen. In der Nähe sind Gazellen. Wir fahren noch ein Stück, dann warten wir auf ihn."

Wir fuhren knapp fünf Kilometer und gelangten an die Ruine eines Gebäudes. Byrne hielt an. „Das reicht. Hier warten wir."

Ich stieg aus und reckte mich und sah zu dem Gebäude hin. Es war schon als Ruine errichtet worden.

Byrne nickte zu dem gigantischen Felsen hin, der vor uns tausend Meter in den Himmel ragte. „*Ilamen*", sagte er. „Der Finger Gottes." Ich ging auf das Gebäude zu, aber er rief scharf hinter mir her: „Gehen Sie da nicht rein!"

„Warum nicht? Was ist das?"

„Die Tuareg halten nicht viel vom Bauen", sagte er. „Aber sie sind
Moslems. Theoretisch jedenfalls. Das ist eine Moschee. Schon ziemlich gut ausgeführt. Hier ist ein heiliger Ort. Wüstenmoscheen bestehen sonst nur aus einigen Steinen, die ein Stück Erde eingrenzen."

Byrne entfachte ein Feuerchen und erhitzte Wasser für Tee in einem
kleinen Kessel. Zwischendurch ging er zum Wagen und holte Brotfla-
den. Sie waren hart und wenig würzig, aber mit Kamelkäse doch ganz
genießbar. Es knirschte zwischen den Zähnen; im Mehl mußte Sand
gewesen sein.

Byrne schenkte Minztee ein und reichte mir eine Tasse. „Sie sind
Privatdetektiv?" fragte er. Das war das erste Mal, daß er ein gewisses
Interesse an mir zeigte.

Ich lachte. „Nein." Ich erklärte ihm, was ich in England so trieb.

„Für Ihren Beruf herrscht hierzulande wenig Bedarf", meinte er.
„Wie sind Sie denn in diese Sparte geraten?"

„Das einzige, was ich gelernt habe", antwortete ich. „Dafür bin ich
ausgebildet worden. Ich war bei der Armee, im Geheimdienstbereich,
als Oberst. Aber dann habe ich meinen Abschied eingereicht und den
Laden aufgezogen, den ich nun seit sieben Jahren betreibe."

„Schmalspuroberst", meinte Byrne mit einem Grinsen. „Ich hab's
selber nur zum Sergeant gebracht."

„Im Krieg?" fragte ich.

„Ja. Ich war Pilot und habe damals in der Wüste eine Bruchlandung
gebaut. Irgendwie gefiel mir, was mir dann auf dem langen Fußmarsch zurück zu meiner Einheit vor die Augen kam. Nie im Leben
hatte ich so viel Fläche, so viel offenes Land gesehen, und die Wüste ist
sauber. Wissen Sie, man kommt hier eine ganze Zeit ohne Waschen
aus und bleibt trotzdem sauber. Man stinkt hier nicht. Jedenfalls gefiel
mir die Gegend. Von den Menschen läßt sich nicht dasselbe sagen." Er
goß sich noch eine Tasse Minztee ein. „Die Chaamba-Araber in der
Gegend von El Golea sind nicht so übel, aber diese Hunde im
Maghreb! Die schneiden noch eine Zehncentmünze in Scheiben und
verkaufen sie für einen Dollar."

„Was ist das – der Maghreb?"

„Der Küstenstreifen zwischen dem Mittelmeer und dem Atlasge-
birge." Er hielt inne. „Wie dem auch sei, Anfang dreiundvierzig
bekam ich einen Brief von daheim. Mein Vater war gestorben, und
mehr hatte ich an Familie nicht. Da zog mich nichts mehr in die Staaten. Als die Armee nordwärts marschierte, ging ich nach Süden, um
mir freundlichere Leute als die Araber zu suchen. Die habe ich gefunden, und da bin ich geblieben, bis heute."

„Sie sind desertiert?"

„So nennt man das wohl", gab er zu.

Ich lächelte. „Was haben Sie vor dem Krieg gemacht?"

„Da war ich Fischer", sagte er.

„Jetzt sind Sie aber ganz schön weit von der See weg."

„Ja, aber ich kann Ihnen eine Gegend bei Bilma zeigen – das ist unten in Niger und fast zweitausend Kilometer vom nächsten Ozean entfernt –, wo man Hunderte von Muscheln im Sand findet. Manche sind sogar sehr schön. Das Meer ist früher mal dort gewesen – und hat sich wieder zurückgezogen."

„Sind Sie jemals wieder in den Staaten gewesen?"

„Nein. Ich bin seit fünfunddreißig Jahren hier und will auch hier sterben", sagte er zufrieden.

Mokhtar blieb lange weg, fast fünf Stunden; als er zurückkam, trug er eine bereits ausgenommene Gazelle über der Schulter. Byrne half ihm beim Zerlegen, und während der ganzen Zeit sprachen sie miteinander. Schließlich kam er zu mir herüber und blinzelte in die Sonne. „Es wird spät. Ich schätze, wir bleiben die Nacht über hier. Billson muß jetzt zwischen hier und Assekrem sein – wenn er sich überhaupt noch irgendwo befindet. Wenn das der Fall ist, treffen wir ihn morgen."

„Einverstanden."

„Außerdem haben wir frisches Fleisch. Mokhtar hat das Tier zwanzig Kilometer weit verfolgt und mit einem Schuß erlegt."

„Sie meinen, er ist zwanzig Kilometer zu Fuß gelaufen?"

„Mehr. Er mußte ja auch zu uns zurückkommen. Aber er hat ein Stück abgekürzt. Also sagen wir: knapp dreißig. Für einen Targi ist das nichts."

Und so verbrachten wir dann die Nacht im Schatten des Ilamen. Ich lag im Freien, hatte mich mit einer Dschellaba zugedeckt, die Byrne mir lieh, und sah zu dem phantastischen Sternenhimmel empor.

Ich dachte über Byrne nach. Hesther Raulier hatte ihn mit Billson verglichen, hatte ihn „noch so ein Spinner" genannt, aber Byrnes Spinnerei unterschied sich deutlich von der neurotischen Besessenheit Billsons. Er strahlte eine Friedfertigkeit und Besonnenheit aus, die sehr tröstlich wirkten.

Die Nacht war mild und still. Ich wurde mir plötzlich der wunderlichen Ungereimtheiten in Max Stafford bewußt, diesem stets unter Volldampf stehenden Geschäftemacher aus der City von London, der nun unter dem Finger Gottes lag, nicht sehr weit vom Ende der Welt.

Und plötzlich spielte London keine Rolle mehr. Die kleinkarierte

Geschäftigkeit unserer sogenannten Zivilisation schien von mir abzu-
fallen. Ich fühlte mich unglaublich glücklich und schlief ein.

Im fahlen Licht des Morgens nahm ich Bewegungen und Geräusche
wahr. Ich hob den Kopf und sah Byrne, wie er aus mitgeführten Kanistern den Wagen auftankte. Als ich mich aufstützte, bemerkte ich
Mokhtar in der Wüstenmoschee. Auf den Knien nach Osten gewandt,
absolvierte er das Morgenritual des Islam. Ich wartete seine Gebete ab.
Dann stand ich auf.

Eine halbe Stunde später, nach einem Frühstück, das aus kaltem,
geröstetem Wildbret, Brot und heißem Minztee bestand, waren wir
schon wieder unterwegs. Nach und nach blieb die majestätische Spitze
des Ilamen zurück, und neue Ansichten von bizarr geformten Felsen
taten sich vor uns auf. Die sogenannte Straße war nur daran erkennbar, daß die Felsbrocken hier eine Spur kleiner als anderswo waren,
den Wagen schüttelte es heftig. Auf der ganzen Strecke nach Atakor
sah ich keine einzige Menschenseele.

Fast drei Stunden später wies Byrne voraus: „Assekrem!"

Vor uns lag ein großer Hügel, und obendrauf bemerkte ich ein
Gebilde, das nach einem Gebäude aussah. „Ist das ein Haus?" fragte
ich.

„Die Einsiedelei. Ich erkläre es Ihnen später."

Byrne hielt am Fuße des Berges an. „Und nun klettern wir auf den
Gipfel", verkündete er.

„Um Gottes willen, warum?"

„Um zu sehen, was auf der anderen Seite ist", meinte er scherzhaft.
„Kommen Sie schon!"

Und so erklommen wir den Assekrem. Es war keineswegs eine
Bergsteigerleistung. Ein Pfad führte im Zickzack den Berg hoch, steil,
doch nicht unbezwingbar; ich geriet trotzdem außer Atem und
schnappte nach Luft. Auf halbem Weg hielt Byrne freundlicherweise
für eine Atempause an; ihm war nichts anzumerken.

„Das macht die Höhe. Oben sind wir fast auf dreitausend Meter",
erklärte er.

Ich sah in die Ebene hinab, wo der Wagen stand, in dessen Schatten
Mokhtar sich niedergelassen hatte. „Dieser Berg ist doch nicht dreitausend Meter hoch."

„Über dem Meeresspiegel", präzisierte Byrne. „Tamanrasset liegt
bereits anderthalbtausend Meter hoch."

„Was ist das für eine Einsiedelei?"

„Schon mal von Charles de Foucauld gehört?"

„Nein."

„Ein Franzose, Trappistenmönch. In seiner Jugend angeblich ein Draufgänger, aber in Marokko hat ihn die Religion erwischt. Er legte ein Gelübde ab und kam in die Wüste, um den Tuareg zu helfen. Vermutlich hat er ihnen auch auf seine Weise geholfen. Fast alles, was die Welt von den Tuareg weiß, kommt von de Foucauld.“

„Wann war das?“

„So um 1905. Damals lebte er in Tamanrasset, und das war kaum ein Dorf. 1911 siedelte er sich hier an und baute mit eigenen Händen diese Einsiedelei. Er war Mystiker und brauchte einen Ort für seine Meditationen.“

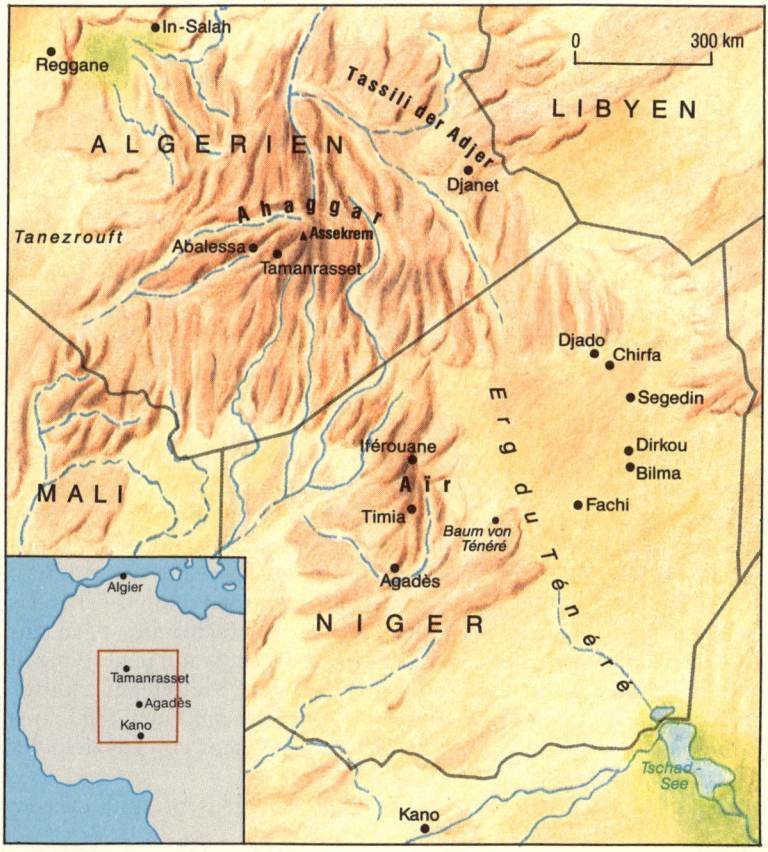

„Byrne", sagte ich, „müssen wir wirklich den Berg hochklettern?"

„Ich will jemand besuchen, der auf dem Gipfel wohnt", erwiderte er.

Ich kraxelte weiter hinter ihm her. Ein einfaches Gebäude stand auf dem Gipfel des Assekrem, drei kleine Zimmer, aus rohem Stein. Zwei Männer lebten hier oben, dunkelhäutig, mit negroiden Gesichtszügen.

„Nichts anfassen", ermahnte mich Byrne beiläufig. „Was hier rumsteht, stammt alles von de Foucauld. Reliquien."

Er sprach mit den Männern, und ich sah mich neugierig um. Ein schmuckloser Holztisch, ein paar Bücher darauf, ein paar altmodische Schreibfedern, ein ausgetrocknetes Tintenfaß. In der Ecke eine Holzpritsche mit daumendicker Matratze – sie mußte so bequem sein wie Beton. An der Wand hing ein Muttergottesbild.

Byrne trat neben mich. „Billson ist vor drei Tagen unten vorbeigekommen. Es kann auch nur zwei Tage her sein, denn am Tag darauf kam noch ein zweiter Wagen. In welchem Wagen Billson saß, läßt sich nicht rekonstruieren. Aber ein Wagen kam gestern zurück."

„Wir haben keinen gesehen."

„Wahrscheinlich auf der anderen Piste – über Akar-Akar." Er rieb sich nachdenklich das Kinn und sah mich an. Mir fiel auf, daß er im Gespräch mit den beiden Dunkelhäutigen seinen Schleier vom Gesicht genommen hatte. „Ich zeige Ihnen jetzt etwas Erschreckendes", sagte er unvermittelt. „Dann begreifen Sie, warum de Foucauld hier gebaut hat."

Er trat ins Freie, und ich folgte ihm in einen Hof, dessen Boden der gewachsene Fels des Gipfelplateaus bildete. Vor einer Brüstung aus lose aufgeschichteten Steinen wies Byrne nach Norden. „Irgendwo dort treibt sich Ihr entlaufener Buchhalter herum."

Ich hielt die Luft an. Unter der Brüstung fielen die Felsen schwindelerregend steil ab, und vor uns lag die atemberaubendste Landschaft, die mir je vor Augen gekommen war. Da reihte sich ein Berg hinter den anderen, bis sie sich in der blauen Ferne verloren – aber das waren nicht die zahmen Berge des schottischen Hochlandes, nicht einmal die halbzahmen der Schweizer Alpen. Irgendwann in der Vorzeit mußte Mutter Erde hier die schrecklichsten Kämpfe durchlitten haben, schartiges Urgestein hatte ihr mit steinernen Klauen den Bauch aufgerissen. Nichts war hier regelmäßig, ein Chaos von Lavafeldern. Ein mörderisches Land.

„Das ist die Kudia", sagte Byrne. „Das Land jenseits des Endes der Welt."

Ich sagte nichts. Aber wenn der Trappistenmönch Charles de Foucauld sich diesen Ort für seine Meditationen gewählt hatte – hatte er
dann zu Gott gebetet oder zum Teufel?

9. Kapitel

DIE dunkelhäutigen Männer waren uns zur Brüstung gefolgt, und
Byrne hatte sein Gespräch mit ihnen wiederaufgenommen. Sie gesti-
kulierten viel und zeigten in die Gegend.

„Die Männer sagen, irgendwo da draußen habe es vor zwei Tagen
gebrannt", erklärte Byrne.

„Was soll denn in dieser Landschaft brennen?"

„Keine Ahnung." Er fingerte in seinem Brustbeutel und brachte
einen Kompaß zum Vorschein, hielt ihn vors Auge und peilte.

„Wie weit entfernt war das Feuer?"

„Weiß ich nicht. Sie sagen, sie hätten eine dunkle Rauchsäule gesehen. Das schauen wir uns einmal an. Nach meiner Peilung muß es
genau nördlich gewesen sein."

„Was für eine Entfernung?"

„Höchstens fünfundsiebzig Kilometer." Er steckte den Kompaß
wieder weg; einem anderen Beutel entnahm er ein paar Päckchen, die
er den beiden Männern überreichte. Wir verabschiedeten uns mit fei-
erlichen Gebärden. „Salz und Tabak", sagte er zu mir.

Beim Abstieg auf dem steilen Felspfad konnte ich meine Neugier
nicht mehr bezähmen: „Eins kapier ich nicht ... Dieser Schleier, den
Sie tragen. Manchmal geben Sie sich Mühe, sich bis zu den Augen zu
verhüllen, und manchmal ist es Ihnen wieder völlig egal. Vorhin, da
oben, haben Sie den Männern Ihr Gesicht gezeigt. Ich komme einfach
nicht richtig hinter das Prinzip."

Byrne blieb stehen. „Na schön, ich will's Ihnen erklären. Es geht
um die Spielregeln des Landes. Wenn Sie irgendwo hinkommen und
sich nicht wie alle anderen benehmen, sind Sie sehr schnell tot." Er
führte die Hand zu seinem Kopftuch. „Das ist ein *chech*. Übrigens
weiß niemand, weshalb die Tuareg diese Schleier tragen. Ich trage dieses Tuch, weil es praktisch ist. Es hält mir den Staub aus der Kehle.
Außerdem mindert es auch noch den Wasserverlust des Körpers." Er
ließ sich auf einem Felsbrocken nieder und zeigte nach unten. „Haben
Sie Mokhtars Gesicht gesehen?"

„Ja. Daß ich es sehe, scheint ihm nichts auszumachen."

„Natürlich nicht. Er ist ein Adliger der Kel-Rela. Die Stammesgesellschaften hierzulande sind durch eine fein abgestimmte Klassenstrukturierung geprägt. Es gilt als höflich, vor Höherstehenden das Gesicht zu verhüllen und in geringerem Maße auch vor Ebenbürtigen. Wenn Mokhtar vor seinem Amenokal steht, sieht man bis auf die Augen überhaupt nichts mehr von ihm. "

Er wies mit dem Daumen in die Höhe. „Diese Burschen da oben sind Haratins. Sie wurden von den Tuareg besiegt und versklavt, also sind sie auf gar keinen Fall Höherstehende für mich, und folglich brauche ich vor ihnen den Schleier auch nicht hochzuziehen. "

„Aber Sie sind doch kein Tuareg?"

„In der männlichen Singularform heißt das ‚Targi'", belehrte mich Byrne. „Und Amerikaner war ich längst nicht so lange, wie ich als Targi lebe. Sie jedoch, mein Lieber", er richtete einen Finger auf mich, „Sie werden jede Menge Tuareggesichter zu sehen kriegen. Sie sind nämlich ein Europäer, und so was ist hierzulande nichts wert. Haben Sie's jetzt kapiert?"

Ich nickte.

„Also dann, auf, marsch, marsch. Damit wir endlich von diesem verdammten Felsen wegkommen. "

Wenn Atakor schon schlimm gewesen war, was war dann die Kudia? Es gab nur einen Vergleich: Das Fegefeuer hatte ich hinter mir, jetzt kam die Hölle. Die Piste nach Atakor war eine Autobahn, verglichen mit dem, was wir in der Kudia unter die Räder bekamen.

Als wir den Assekrem hinter uns gelassen und uns in die leblose Wildnis der Kudia gestürzt hatten, legten wir in den ersten zwei Stunden kaum zehn Kilometer zurück – Schrittgeschwindigkeit. Kein Stück Boden über fünf Meter Breite ist in der Kudia eben. Wir holperten von Fels zu Fels, ich wurde im Wagen umhergeworfen, bis ich so viele Beulen und Kratzer wie unsere Karre hatte und mich sterbenselend fühlte. Außer den Felsbrocken gab es aber auch noch das Gebirge selbst, und da wir nicht die Steilwände hochfahren konnten, mußten wir sie umgehen; Byrne behielt den Kompaß im Auge, damit wir bei all der Kurverei nicht die Richtung verloren.

Mokhtar lief die meiste Zeit neben dem Wagen her und hatte dabei auch kaum Mühe, mit uns Schritt zu halten. Er besaß einen scharfen Blick für Stellen, wo das Durchkommen verhältnismäßig günstig war. Einmal hielt er uns an, um uns auf einem Sandfleck Reifenspuren zu zeigen. Byrne hockte sich neben ihm nieder, um die Abdrücke zu untersuchen.

Als wir wieder losfuhren, sagte Byrne: „Zwei Spuren übereinander. Ein Fahrzeug ist reingefahren, eins ist rausgekommen. "

Wir schafften zehn Kilometer in zwei Stunden – dann machten wir eine Pause. Die Kudia ist völlig vegetationslos, aber Mokhtar hatte in kluger Voraussicht seine Wartezeit am Fuß des Assekrem genutzt und ein Bündel Akazienzweige aufgesammelt. Damit entfachte er nun ein Feuer, und bald kochte Wasser für den unvermeidlichen Minztee.

Wir saßen im Schatten des Toyota. Die Sonne sank dem Westen zu. Es war die heißeste Zeit des Tages. Die Felsen waren glühend genug, um Spiegeleier zu braten.

Ich machte Byrne darauf aufmerksam. Er grinste nur. „Jetzt ist Winter. Möchten Sie nicht mal im Sommer herkommen? Deshalb wollten die Behörden Billson auch keine Genehmigung geben. Mit Einbruch der Nacht fällt die Temperatur jedoch schnell. Läßt man da Wasser im Freien stehen, hat man morgens um drei einen Zentimeter Eis drauf. Wenn sich Billson verirrt hat, ist er jetzt entweder versengt oder erfroren."

Mokhtar war verschwunden; plötzlich tauchte er knapp zweihundert Meter entfernt auf einem Felsbrocken auf, gab einen schrillen Pfiff von sich und ruderte mit den Armen. „Er hat was gefunden", sagte Byrne und erhob sich.

Wir kletterten zu Mokhtar hinüber, was uns in dem unwegsamen Gelände zehn Minuten kostete. Als wir auf fünfzig Meter heran waren, rief Mokhtar uns etwas zu. Byrne übersetzte es mir: „Er hat einen Wagen entdeckt. Schauen wir, ob es ein Landrover ist."

Mokhtar zeigte hinter sich, nach unten. Wir folgten seiner Weisung. Da unten, hinter dem Felsen, lag ein Fahrzeug, ein Landrover, völlig ausgebrannt. Von Billson keine Spur, und auch sonst war keine Menschenseele zu sehen. In diesem Augenblick fiel mir ein, daß ich Billson, selbst wenn er vor mir gelegen hätte, nicht identifizieren könnte. Idiotisch, daß ich kein Foto beschafft hatte.

„Der dunkle Rauch kann von den brennenden Reifen gekommen sein. Gehen wir mal näher ran."

Näher ranzugehen bedeutete, auf demselben Weg, den wir gekommen waren, wieder zurückzuklettern und dann den Felsen zu umrunden. Als der Landrover wieder in Sicht kam, sprach Byrne auf Mokhtar ein, und Mokhtar ging allein weiter und spähte auf den Boden. Nach einer Weile winkte er, und Byrne gesellte sich zu ihm. Wieder ein kurzes Gespräch, dann rief Byrne mich heran.

„Hier war noch ein zweiter Wagen. Die Reifenabdrücke liegen über den Landroverspuren. Der zweite Wagen ist in diese Richtung gefahren." Er zeigte zu unserem Toyota hin.

„Wo ist Billson?" Mein Mund war trocken.

Byrne nickte zu dem Landrover hinüber. „Wahrscheinlich da drin – was von ihm übrig ist. Schauen wir nach."

Der Landrover hatte einen Totalschaden. Die ausgeglühte Karosserie saß auf dem Boden auf, das Stahlgeflecht der verbrannten Reifen bildete mit den Felgen ein einziges Gewirr. Die Scheiben waren zerbrochen, das Glas stellenweise geschmolzen, die Windschutzscheibe undurchsichtig. Byrne riß am Türgriff auf der Fahrerseite und fluchte, als er nur den Griff in der Hand hielt. Er ging um das Wrack herum und zog auf der anderen Seite die Tür auf; ich sah ihm über die Schulter. Die Polsterung war verbrannt, nur die geschwärzten Sprungfedern ragten noch hervor. Aber nirgends eine Leiche.

Wir gingen um den Wagen herum und brachen die Hecktür auf. Auf der Ladefläche fanden wir dürftige Überreste von etwas, das wohl einmal zwei Koffer gewesen waren. Wieder keine Leiche. „Vermutlich hat ihn der andere Wagen mitgenommen", sagte ich.

„Möglich", erwiderte Byrne. „Hatte Paul Billson Feinde?"

„Könnte sein. Aber kaum Feinde, die ihn bis mitten in die Sahara hinein verfolgen, um ihn umzulegen."

„Hm", brummte Byrne und setzte die Untersuchung fort. Neben dem Wagen lag ein Kanister, den hob er nun auf; er öffnete den Verschluß und roch hinein. „In diesem Kanister war Benzin. Er ist leer."

„Vielleicht ist ihm ein Unglück passiert, als er auftanken wollte", spekulierte ich.

„Wo ist dann die Leiche?"

„Hab ich doch gesagt – der andere Wagen hat ihn gerettet."

Byrne trat ein paar Schritte zurück und sah sich wieder den Landrover an. Er sprach mehr zu sich selbst als zu mir. „Also hundertsiebenundzwanzig Liter im Tank, plus zwanzig im Kanister. Macht hundertsiebenundvierzig. Um bis hierher zu kommen, brauchte er allein schon neunzig. Also war er auch ohne den Brand schon in Schwierigkeiten. Für den Rückweg nach Tamanrasset hätte es auf keinen Fall mehr gereicht." Er verstummte und musterte weiter den Wagen. „Komisch", sagte er, „ich hab schon oft ausgebrannte Autos in der Wüste gefunden. Aber so wie hier sah das nie aus. Da waren nie alle vier Reifen komplett weggebrannt. Da gab es auch nie so viel Brandschaden am vorderen Teil." Er bückte sich, um den Tank zu untersuchen. Schließlich kroch er ganz unter den Wagen.

Als er wieder hervorkam, hielt er ein Stück Metall in der Hand. „Das lag auf dem Boden." Er richtete sich auf. Was er gefunden hatte, war eine kleine Drehverschlußkappe, von der ein abgebrochener Draht herabhing. „Mit diesem Ding kann man den Tank entleeren;

der Draht, der es verschlossen hält, ist gekappt worden", erklärte er.
„Damit ist die Sache klar. Jemand hat den Wagen mit Benzin aus dem
Kanister übergossen; aber das reichte diesem Jemand nicht, er
brauchte mehr Sprit. Also entnahm er noch einmal zwanzig Liter aus
dem Tank, vielleicht auch mehr. Autoreifen verbrennen nämlich so
leicht nicht ganz. Dann hat er ein Streichholz draufgeworfen und ist
abmarschiert. Und jemand, der das tut, rettet keinen Billson."
    „Aber wo ist dann Billson?"
    „Keine Ahnung. Vielleicht finden wir seine Leiche in der Nähe."
    Mir fiel etwas ein. „Ich hatte in England einen Mitarbeiter auf Bill-
son angesetzt. Der Mann war der Ansicht, daß auch noch andere Leute
hinter Billson her sind. Und dann – Hesther Raulier ..." Ich zog
meine Brieftasche heraus und suchte den Zettel, den sie dem Flugticket beigefügt hatte. Ich reichte ihn Byrne.
    Er las die paar Zeilen und sagte dann: „Kennen Sie diesen Kissack?"
    „Nie gehört."
    „Ich auch nicht." Er reichte mir den Zettel zurück.
    „Noch etwas", bemerkte ich. „Billson dürfte eine Menge Geld mit
sich geführt haben. So um die neunzigtausend Pfund."
    Byrne pfiff durch die Zähne. Er drehte sich um und hantierte im
Ladeteil des Landrover herum, wo von den zwei Koffern nur noch
Schlösser, Scharniere, Metallrahmen und ein Haufen Asche übrigge-
blieben waren. „Ob Billson sein Geld in den Koffern hatte, als das
Feuer gelegt wurde, können wir ohne Labor nicht feststellen", befand
Byrne nach einer Weile. „War allgemein bekannt, daß Billson mit dem
Zaster unterwegs war?"
    „Ich glaube kaum", antwortete ich. „Es ist auch nur eine persönli-
che Vermutung."
    „Vielleicht hatte jemand anderer dieselbe Vermutung. Und eine
Menge Leute sind schon für weniger Geld umgelegt worden."
    Als wir von dem Landrover fortgingen, sagte ich: „Ich wüßte trotz-
dem gern, was Billson hier gesucht hat."
    „Das abgestürzte Flugzeug. Und er hätte es auch fast gefunden. Es
liegt sieben Kilometer weiter nördlich. Billson muß in Tamanrasset
davon gehört haben."
    „Aber das kann doch nicht –", begann ich.
    „Natürlich ist es nicht das Flugzeug seines Vaters. Eine französische
Militärmaschine, die im Zweiten Weltkrieg notlanden mußte. Die
Besatzung ist mit einem Hubschrauber herausgeholt worden. Später
kamen die Franzosen noch einmal zurück, um Motoren und Instrumente auszubauen. Den Rest ließen sie zum Verrotten liegen."

Byrne fing wieder ein Gespräch mit Mokhtar an, und ich setzte mich auf einen Stein. Während ich über Billsons Schicksal nachgrübelte, wanderte mein Blick über den Felsbrocken, auf dem ich saß. Plötzlich fiel mir eine Ameise auf. Und die lief über einen kleinen braunen Fleck. Dann sah ich noch eine Ameise. Und noch eine. Ich blickte genauer hin: Eine ganze Kolonne von Ameisen zog da zwischen einem Spalt im Stein und dem Fleck hin und her.

Ich stand auf, sah zu dem Landrover hin, zog eine gedachte Linie, die ich über meinen Standpunkt hinaus verlängerte, und ging ihr nach. Und siehe da – zehn Meter weiter fand ich wieder einen Stein mit einem Fleck drauf. Und in einiger Entfernung noch einen. Ich drehte mich um. „He!"

„Was gibt's?"

„Ich glaube, ich hab was gefunden."

Byrne kam mit Mokhtar heran.

„Ist das trockenes Blut?" fragte ich.

Mokhtar machte sich die Spitze des kleinen Fingers feucht, rieb über den Fleck, schnupperte behutsam an seiner Fingerspitze, und dann sagte er ein Wort. Byrne übersetzte es. „Ja", meinte er. „Das ist Blut."

„Die Flecken bilden eine gerade Linie vom Landrover her." Ich drehte mich um und zeigte auf eine enge Kluft in dem Felsengewirr. „Ich glaube, er ist dort hinaufgegangen."

„Also los. Mokhtar geht zuerst hoch. Er kann das besser als wir. Er sieht Spuren, von denen wir nicht einmal etwas ahnen."

Billson – falls es Billsons Blut war – mußte die Kluft hinaufgeklettert sein. Wir trafen auf immer größere Flecken. Und schließlich fanden wir ihn. Regungslos lag er mit dem Gesicht nach unten in einer engen Spalte zwischen zwei Felsen; dort war ein wenig Schatten. Der Sand, auf dem er lag, war blutgetränkt.

Byrne drehte ihn behutsam um. „Ist das Billson?"

„Was weiß ich! Ich habe Billson noch nie gesehen."

Byrne tastete den ganzen Körper ab. Das Gesicht war aufgedunsen und geschwollen, die Haut schwärzlich. Und was überhaupt nicht in die Landschaft paßte – er trug einen normalen Anzug. Sogar ich hatte vor meiner Abreise so viel Verstand gehabt, mich bei meinem Schneider zu erkundigen, was der feine Mann in der Sahara trägt – freilich war das, was er mir dann genäht hatte, hierzulande völlig unnütz. Die Wahrscheinlichkeit wuchs, daß es sich um Billson handelte.

„Wer immer das ist – er hat ein Loch im Fell", bekundete Byrne. „Angeschossen."

„Er lebt", stellte ich fest.

„Nicht mehr lange, wenn wir nichts unternehmen." Byrne redete auf Mokhtar ein, der sich daraufhin entfernte. Dann bettete Byrne den Mann bequemer, griff ihm in die Jacke und zog einen Paß und eine Brieftasche hervor. „Es ist Paul Billson." Er gab mir Paß und Brieftasche. In der Brieftasche fand ich einen Packen algerischer Banknoten, ein kleineres Bündel englischer Fünfpfundscheine und ein paar Papiere. Ich steckte mir alles in die Tasche.

Byrne zeigte auf Billson. „Noch eine Nacht hier draußen, und er ist hin. Wenn wir versuchen ihn abzutransportieren, ist das nicht viel besser für ihn. Wir wissen ja, wie die Strecke bis Assekrem aussieht. Ob er das in seinem Zustand durchsteht ..."

„Die alte Entscheidung zwischen zwei Übeln ..."

„Ja. Also – wir holen ihn raus und hoffen, daß er's überlebt." Er sah auf ihn hinab. „Nun möchte ich doch gern wissen, wie gut Hesther seinen Alten gekannt hat. In dem Brief an Sie hat sie geschrieben, sie würde mir telegrafieren. Ich hab's Ihnen nicht gesagt – aber das Telegramm war zehn Seiten lang."

„Ist das Blut gestillt?" fragte ich.

„Ja. Ich hab ihm einen Hemdzipfel in die Schußwunde gestopft. Wir können nicht viel machen, bis Mokhtar zurückkommt."

„Sie wußten also von Paul Billson, bevor ich kam."

„Na klar. Aber da war er schon auf und davon. Hesthers Telegramm erreichte mich am Morgen, nachmittags kamen Sie."

„Also haben Sie mich schon eine hübsche Weile an der Nase herumgeführt."

„Ich brauchte Zeit, um mir ein Bild von Ihnen zu machen", erklärte Byrne. „Ich gehe nicht gern mit Leuten auf Tour, denen ich nicht traue."

„Ich hab also die Prüfung bestanden", sagte ich.

Er grinste. „Um Haaresbreite."

Ein Schatten fiel über uns. Mokhtar kam mit Verbandszeug, Wasser und Sandleitern zurück. Die Sandleitern wurden normalerweise, wie Byrne mir vorher schon einmal erklärt hatte, unter die Räder geschoben, wenn der Toyota im Sand steckenblieb. Sie bestanden aus Stahlrohren und konnten auf einen Meter achtzig ausgezogen werden.

Byrne riß einen Streifen Tuch ab, tauchte ihn ins Wasser und schob ihn Billson in den Mund – behutsam, damit er nicht erstickte. Dann legte er einen Verband an, während ich mit Mokhtar die Leitern zusammenbaute. So hatten wir eine Trage.

Eine ganze Stunde brauchten wir, bis wir mit Billson die relativ kurze Strecke bis zu unserem Toyota zurückgelegt hatten.

Wir befanden uns zwei Stunden tief in der Kudia, aber mit Billson im Wagen dauerte es vier Stunden bis zum Assekrem. Byrne suchte im felsübersäten Ödland die Spur so sorgsam aus wie nur möglich, trotzdem wäre es für Billson die Hölle gewesen, falls er etwas gespürt hätte. Aber zu seinem Glück wachte er aus seiner Bewußtlosigkeit nicht auf. Ich kümmerte mich um ihn, so gut ich konnte, benetzte ihm das Gesicht, versuchte, ihm Wasser einzuflößen.

Zu meinem Erstaunen fuhr Byrne an der Abzweigung des Assekrempfades vorbei. Erst fünf Kilometer weiter schlugen wir unser Lager auf; Mokhtar holte eine zusammengerollte Decke aus dem Heckraum des Toyota und baute daraus einen Windschutz, hinter den wir Billson betteten. Unterdessen war die Nacht hereingebrochen; im gespensterhaft gleißenden Schein einer Gasdrucklampe legte Byrne unserem Halbtoten einen neuen Verband an.

Mokhtar bestrich Billsons schwarzverfärbte Gesichtshaut mit einer Salbe. „Wenn wir bloß irgendwie Wasser in seinen Leib reinkriegten", sagte Byrne, „dann hätte er eine Überlebenschance. Es ist nur eine Schulterwunde. Die Kugel ist glatt durchgeschlagen. Knochen sind nicht verletzt. Aber daß er so lange der Sonne und dem Nachtfrost ausgesetzt war, hat ihn fertiggemacht."

„Warum haben Sie nicht am Assekrem angehalten?" fragte ich. „Die Burschen auf dem Fels hätten sicher etwas gehabt, um ihm zu helfen."

„Nein, nicht das Geringste." Er nickte zum Toyota hinüber. „In meinem Erste-Hilfe-Kasten hab ich mehr Zeug, als es sonst im ganzen Ahaggargebiet gibt. Und außerdem ist Billson ohne Genehmigung hier herausgefahren."

„Sie doch auch."

„Ich hab ja auch gar nicht erst eine beantragt. Sie können versichert sein – als Billson aus Tamanrasset verschwand, wußte man sofort genau, wohin. An allen Ausfallstraßen stehen Polizeiposten, und da er an keiner Kontrollstelle vorgefahren ist, ist die Lage klar. Wenn er jetzt plötzlich wieder in Tamanrasset erscheint, wird er verhaftet."

„Zumindest kommt er dann sofort ins Krankenhaus. Und sobald er aus dem Krankenhaus entlassen wird, bürge ich mit einer Kaution für ihn."

„Da müßten Sie viel Geld haben", versetzte Byrne trocken. „Weil der Kerl nämlich eine Schußwunde spazierenführt. Und in diesem Punkt unterscheiden sich algerische Polizisten keineswegs von ihren Kollegen in anderen Ländern: Bei rätselhaften Schußwunden werden sie hellwach. Da Billson gegen das Gesetz verstoßen hat, kann das

Gefängnis für ihn bedeuten – und nicht einmal meinem schlimmsten Feind wünsche ich ein algerisches Gefängnis. "

„Allmählich werden mir unsere Probleme klar", erklärte ich nachdenklich.

„Das ist noch nicht alles", sagte Byrne gnadenlos, „denn jetzt kommt das Schlimmste. Angenommen, wir bringen Billson nach Tamanrasset und legen ihn ins Krankenhaus. Tamanrasset ist ein Dorf, und binnen zwölf Stunden weiß jeder von dem Ausländer, der da mit einer Kugel im Pelz im Bett liegt – auch der Kerl, der auf ihn geschossen hat ... "

„... und der im Augenblick noch Billson für tot hält", warf ich ein.

„... und den Billson identifizieren kann. Was hindert den Schuft, es noch einmal zu probieren, und diesmal richtig?"

„Gibt es außer Tamanrasset noch eine andere Möglichkeit?"

„Sicher", meinte Byrne. „Aber die muß mir erst noch einfallen. "

Er ging zum Wagen hinüber und kam mit einem Gewehr zurück. Von Mokhtar ließ er sich ein volles Magazin reichen, das dieser aus seiner Brusttasche hervorholte. Ein metallisches Klicken – er schob das Magazin in die Waffe. „Ich darf wohl annehmen, daß Sie damit umzugehen wissen, Herr Oberst?"

„Ich hab das mal gelernt. "

„Könnte sein, daß Sie sich wieder daran erinnern müssen. Wir teilen Wachen ein für diese Nacht. "

Ich kniff die Augen zusammen. „Sie rechnen mit Ärger?"

„Nicht unbedingt. Aber Billson muß die ganze Nacht über beobachtet werden. " Er hielt das Gewehr hoch. „Im Fall einer Überraschung ... "

ICH hatte die Mitternachtswache übernommen, um sowohl Byrne als auch Mokhtar eine ununterbrochene Schlafrunde zu verschaffen.

Billson rührte sich nicht. Aber sein Atem ging regelmäßig, und mir kam es auch vor, als sähe er schon ein wenig besser aus. Gegen Ende meiner Wache fing er an, sich zu bewegen, gerade, als ich Byrne wecken wollte. Er murmelte vor sich hin, zusammenhangloses Gebrabbel. Ich legte ihm die Hand auf die Stirn, Fieber hatte er nicht.

Ich rüttelte Byrne wach. „Billson kommt zu sich. "

„Gut. Ich kümmere mich um ihn. " Byrne sah zum Himmel hoch, um die Zeit abzuschätzen; eine Uhr trug er nicht. „Legen Sie sich schlafen. Wir brechen früh auf. "

Es war ziemlich kalt geworden. Ich wickelte mich in meine Dschellaba, legte mich lang und schlief sofort ein.

Am Morgen ging es Billson allem Anschein nach etwas besser. Er war noch immer benommen, und ich zweifelte, ob er schon wußte, wo er war oder was um ihn vorging. Wir betteten ihn hinten im Toyota auf die Kamelhaardecke und zusätzlich noch auf ein paar Dschellabas. „Sobald wir aus dem Hochland von Atakor raus sind", sagte Byrne, „kann ich Kamelmilch besorgen und vielleicht sogar heiße Suppe. Das hilft am besten."

Byrne sagte auch, wir hätten eine lange Strecke vor uns, also fuhr er schneller. Hinter der Atakor trafen wir wieder auf das Tuareglager, wo wir auf dem Hinweg haltgemacht hatten. Die Tuareg packten eben ihre Zelte zusammen, um weiterzuziehen, aber Mokhtar machte trotzdem bei ihnen noch eine warme Kamelmilch locker.

Byrne hatte eine Dschellaba über Billson geworfen und stand Wache neben dem Wagen. „Muß ja nicht gleich jeder unser Frachtgut sehen", sagte er.

Wir ließen das Lager hinter uns und hielten erst in einiger Entfernung wieder an, um Billson mit einem Löffel die Kamelmilch einzuflößen. Danach machte er schon einen besseren Eindruck, allerdings fing jetzt die Haut an, sich in langen Streifen von seinem Gesicht und seinen Händen abzuschälen. Mokhtar rieb ihn noch einmal mit seiner Salbe ein, und schon ging es weiter.

Byrne fuhr scharf und schnell, wir legten nur wenige Atempausen ein, meistens lediglich, um aus den Kanistern nachzutanken. Billson trank endlich seine Milch und konnte bald auch Wasser zu sich nehmen, was zumindest einige seiner Lebensgeister wiedererweckte; richtig bei Sinnen war er immer noch nicht.

„Wohin geht es jetzt?" fragte ich Byrne.

„Im weiten Bogen um Tamanrasset herum und auf die gegenüberliegende Seite nach Abalessa."

Als Abalessa endlich in der Ferne auftauchte, erwies es sich als ein Buckel am Horizont. Wir fuhren aber nicht ganz hin, sondern schlugen anderthalb Kilometer davor unser Lager auf.

Wir hatten noch Gazellenfleisch; daraus kochte Mokhtar eine Brühe für Billson, bevor er Minztee aufbrühte. „Kaltes Bier kriegen Sie morgen in Tamanrasset", brummte Byrne.

„Aber ich dachte –"

„Nein, Billson nicht", sagte er. „Der bleibt hier bei Mokhtar. Nur Sie und ich. Wir müssen Sie wieder legal machen."

Ich kratzte mir übers Kinn. In den letzten Tagen hatte ich mich nicht rasiert, und ich spürte die Stoppeln. „Das müssen Sie mir erklären", forderte ich ihn auf.

„Also passen Sie auf. Genaugenommen hätten Sie sich bei Ihrer Ankunft in Tamanrasset beim Polizeiposten im Fort Laperrine anmelden müssen. Da Ihr Name auf der Passagierliste des Flugzeuges stand, fragt sich die Polizei natürlich, wo Sie abgeblieben sind."

„Das muß einem doch gesagt werden."

„Ich sag's Ihnen ja jetzt. Hätten Sie sich ordnungsgemäß im Hotel eingeschrieben, wär's Ihnen da schon gesagt worden." Er wies auf den Buckel in der Ferne. „Das da drüben, das ist Ihr Alibi. Das Grabmal von Tin-Hinan. Übrigens auch mein Alibi."

„Tin-Hinan? So heißt doch das Hotel. Liegt da der frühere Besitzer begraben?"

Er grinste. „Nein – die legendäre Urgroßmutter der Tuareg. In Ihrem Gepäck habe ich eine Kamera gesehen. Stimmt's?"

„Ja, ich hab eine Kamera dabei."

„Dann steigen wir morgen auf den Buckel, und Sie knipsen ein paar Filme runter, die wir anschließend in Tamanrasset zum Entwickeln geben. Das beweist, daß wir hier waren, falls jemand dumm fragt."

„Wie lange bleiben wir in Tamanrasset?"

„So lang wie nötig, um den kleinen Fettwanst hinterm Schreibtisch zu überzeugen, daß wir uns im Rahmen der Gesetze bewegen – keine Sekunde länger. Die Geschichte, die wir erzählen, lautet folgendermaßen: Sie sind nach Tamanrasset gekommen, haben mich zufällig getroffen und nach dem Grabmal von Tin-Hinan gefragt – Sie hatten davon gehört, es ist berühmt. Daraufhin habe ich gesagt, ich könnte es Ihnen zeigen, und wir haben uns sogleich auf den Weg gemacht. Hier sind wir dann auch die ganze Zeit geblieben. Und erst gestern abend bin ich dahintergekommen, daß Sie überhaupt noch nicht richtig angemeldet sind, also habe ich Sie schnurstracks zu den Polypen gebracht, damit Sie das nachholen. Alles kapiert?"

Ich wiederholte die Story in groben Zügen.

„Es kommt noch mehr. Der Fettwanst will dann wissen, was Sie weiter vorhaben, und dann sagen Sie ihm, daß Sie nach Süden wollen, nach Agadès – das liegt in Niger."

Ich sah ihn groß an. „Ach ja – da will ich hin?"

„Dringend", sagte Byrne. Er zeigte auf Billson. „Wir müssen unser Schaf hier raus aus Algerien und ins Trockene bringen. Und zwar sehr schnell."

„Aber ich hab kein Visum für Niger."

„Sie kommen ohne Visum durch. Halten Sie sich an mich."

„Haben Sie denn ein Visum für Niger?"

„Ich brauch keins. Ich bin da zu Hause. Ich nenne da einen hübschen kleinen Besitz mein eigen, im Aïrgebirge nördlich von Agadès. Einmal im Jahr fahre ich nach Tamanrasset hoch, um ein paar Dinge für Hesther zu regeln. Hesther macht hier Geschäfte."

Mokhtar servierte den Tee. Ich fühlte mich nach der langen Tagesfahrt behaglich müde.

„Und was treiben Sie da unten in Niger?" fragte ich neugierig. Irgendwie mußte sich Byrne ja seinen Lebensunterhalt verdienen.

„Ich bin Kamelzüchter", antwortete er. „Außerdem habe ich noch ein paar Salzkarawanen rüber nach Bilma laufen."

„Wie viele Kamele haben Sie?"

Er rechnete nach. „Packtiere und Zuchtherde zusammengenommen – so dreihundert, würde ich sagen. Ich hatte einmal mehr, aber dann kam diese verdammte Trockenheit. Jetzt baue ich die Herde wieder auf."

„Und wer kümmert sich im Augenblick darum?"

Er lächelte. „Wenn's in Arizona wäre, würde man Mokhtars Bruder wohl den ‚Vormann der Ranch' nennen. Hamiada heißt er." Er reckte sich. „Ich schätze, ich leg mich mal ein paar Stunden aufs Ohr."

„Essen Sie nichts?"

„Morgen in Tamanrasset. Da hauen wir dann so richtig rein. Was wir bei uns haben, reicht allenfalls für Mokhtar und Billson, bis wir wieder zurückkommen. Wecken Sie mich um Mitternacht."

Und damit ging auch ich an diesem Abend hungrig schlafen, aber es machte mir nichts aus. Ich blickte mich um: Mokhtar schlief fest, Billson ebenso. Allem Anschein nach war die Wache an mich gefallen.

Gegen elf wachte Billson auf und gab zum erstenmal zusammenhängende Sätze von sich. Er murmelte vor sich hin: „Es ist dunkel. Wieso ist es dunkel?"

„Weil es Nacht ist", sagte ich sanft.

„Wer sind Sie?" Seine Stimme klang schwach, aber klar.

„Ich heiße Stafford. Machen Sie sich keine Sorgen, Paul. Sie sind in Sicherheit."

Eine Zeitlang blieb er still, dann sagte er: „Er hat auf mich geschossen."

„Ich weiß", entgegnete ich. „Aber jetzt ist alles in Ordnung. Schlafen Sie – wir reden morgen über alles."

Er beruhigte sich, und als ich fünf Minuten später nach ihm sah, hatte er die Augen geschlossen und atmete tief.

Um Mitternacht weckte ich Byrne auf und berichtete ihm davon. Dann legte auch ich mich schlafen.

10. KAPITEL

VIEL Zeit hatten wir am Morgen für Billson nicht, denn Byrne wollte nach Tamanrasset, und wir mußten ja noch auf der Anhöhe von Abalessa die Fotos machen. So konnten wir nur ein paar Worte wechseln. Billson wirkte ziemlich schwach, aber er war bei klarem Bewußtsein. Er nahm etliche Löffel von der Suppe zu sich, die Mokhtar zubereitet hatte, und schaffte es auch, ein paar Brocken Fleisch runterzuschlucken. Als ich mich neben ihn kniete, fragte er: „Wer sind Sie?"

„Ich bin Max Stafford. Ihre Schwester hat mich geschickt, um nach Ihnen zu suchen."

„Alix? Wieso weiß sie, wohin ich gereist bin?"

„Das war nicht schwer zu erraten", gab ich trocken zurück. „Es ist Ihnen hoffentlich klar, was für einen verdammten Unfug Sie angerichtet haben – einfach so abzuhauen."

Er schluckte. „Ja . . . allerdings", sagte er zögernd. Er blickte an mir vorbei. „Wer sind diese Araber?"

„Es sind keine Araber. Jetzt hören Sie mir gut zu, Paul. Ihr größter Fehler war, ohne Genehmigung ins Hochland von Atakor hineinzufahren. Wußten Sie denn nicht, daß Ihr Sprit nicht für die Rückfahrt reichen würde?" Seine Augen weiteten sich, und er schüttelte den Kopf. „Und dann wurden Sie niedergeschossen. Wer hat auf Sie geschossen – und warum?"

Er zog die Stirn in Falten und schüttelte wieder den Kopf. „Kann mich kaum erinnern."

„Macht nichts", sagte ich freundlich. „Jetzt werden Sie erst einmal gesund, Paul – falls die Polizei Sie findet, wird man Sie verhaften und ins Gefängnis bringen. Wir wollen versuchen, das zu verhindern."

„Sind Sie endlich soweit?" rief Byrne. Ich drehte mich um. Aus seiner Stimme klang Ungeduld.

„Komme schon", antwortete ich und stand auf. „Bleiben Sie ruhig liegen."

Byrne war deutlicher. „Hör zu, Schwachkopf!" herrschte er Billson an. „Du bleibst bei diesem Mann hier und rührst dich keinen Fußbreit vom Fleck. Eine falsche Bewegung, und Mokhtar brät dir eins über, daß dir Hören und Sehen vergeht. Verstanden?"

Paul nickte schwach. Mokhtar hatte sich sein Schwert umgegürtet und stellte aufdringlich sein Gewehr zur Schau. Byrne stapfte von dannen, und ich folgte ihm.

Die Ruinen auf dem Abalessa-Hügel kamen mir gar nicht tuareg-artig vor. „Französisch?" fragte ich. „Fremdenlegion?"

„Nein, keinesfalls!" sagte Byrne. „Viel älter. Nach einer Theorie soll es der südlichste Vorposten der Römer gewesen sein. Aber wie dem auch sei, fangen Sie endlich mit dem Fotografieren an. Machen Sie auch ein paar Bilder von mir – ich mach dann ein paar, wo Sie mit drauf sind, wie sich das für Touristen gehört."

Ich knipste einen Film herunter, Byrne machte ein paar Schnapp-schüsse von mir, und dann gingen wir auch schon, obwohl ich gern noch eine Weile geblieben wäre.

Abalessa liegt knapp hundert Kilometer von Tamanrasset entfernt, und wir bewältigten die Strecke in ungefähr zweieinhalb Stunden – was wir der Tatsache zu verdanken hatten, daß das letzte Stück asphal-tiert war.

Byrne fuhr am Hotel Tin-Hinan vor. „Gehen Sie rein und machen Sie Ihren Frieden mit der zivilisierten Welt. Ich höre mich in der Zwi-schenzeit in der Stadt um. Wir treffen uns in einer Stunde wieder hier. Trinken Sie ein Bier, bis ich komme."

„Übernachten wir im Hotel?" wollte ich wissen.

„Nein. Sie bleiben bei mir. Aber für die Zimmerreservierung wer-den Sie wohl zahlen müssen. Geben Sie mir den Film."

Ich nahm den Film aus der Kamera, reichte ihn ihm und stieg aus; er fuhr wild hupend davon. Im Hotel brach augenblicklich die erwartete Aufregung los, doch ließen sich die Vorwürfe mühelos durch groß-zügige Bezahlung für das nicht benutzte Zimmer zum Schweigen bringen. Der Geschäftsführer sagte, daß die Polizei sich nach mir erkundigt habe. Ich versprach reuevoll, mich auf der Stelle beim Polizeiposten vorzuführen.

Daraufhin setzte ich mich in den Innenhof und ließ mir ein Bier kommen, und nie im Leben ist mir ein köstlicheres Gebräu durch die Kehle geflossen. Nichts hatte sich in Tamanrasset geändert, seit ich hier eingeflogen war, aber jetzt sah ich es mit neuen Augen. Ich hatte mich verändert. Die paar Tage in der Bergwildnis hatten einen ande-ren Menschen aus mir gemacht: gelassener, viel eher bereit, mich auf andere Gegebenheiten einzustellen.

Eigentlich brauchte ich auch andere Klamotten. Ich sah an mir hinab. Der Tropenanzug aus dem feinen Londoner Schneideratelier wies deutliche Spuren meiner Wüstenfahrt auf. Aber ich sah keine Möglichkeit, mich in Tamanrasset rasch in europäischem Stil einzu-kleiden.

Ich war gerade bei meinem zweiten Glas Bier, als Byrne wieder auftauchte. Seine erste Amtshandlung bestand in der Bestellung eines Bieres, die zweite darin, das Glas in einem Zug zu leeren. Er ließ sich gleich ein neues kommen, dann erst sagte er: „In der Stadt ist niemand, der Kissack heißt."

„Aha", meinte ich nur.

„Das besagt natürlich nichts. Sich einen neuen Namen zuzulegen, schafft jeder leicht." Er nahm erneut einen Schluck Bier. „Eine deutsche Touristengruppe treibt sich hier in Tamanrasset herum. Ein paar haben sogar Lederhosen an", berichtete er mit einem Lachen.

Ich fand das wenig komisch. Lederhosen waren in der Wüste auch nicht viel lächerlicher als mein Anzug. „Was Neues zum Anziehen könnte mir auch nicht schaden", sagte ich.

Er sah mich prüfend an. „Warten Sie, bis wir weiter nach Süden kommen. Hier gibt's kaum was. Agadès ist da besser. Ihre Fotos sind übrigens in einer Stunde fertig." Er leerte sein Glas. „Und nun sagen Sie der Polizei mal Ihre Geschichte auf."

Vor dem Eingang zum Polizeiposten fragte er noch: „Haben Sie Ihren Paß auch dabei?"

Ich zog ihn aus der Tasche, zögerte aber. „Augenblick mal, wirkt das nicht komisch, wenn ich nach Niger will und kein entsprechendes Visum habe?"

„Kein Problem", versicherte Byrne. „Das kümmert den Bullen nicht. Ihn interessiert nur, daß Algerien Sie endlich vom Hals hat. Und jetzt gehen Sie schon rein und mimen den dämlichen Touristen. Ich stehe gleich hinter Ihnen."

Also machte ich dem fettleibigen Bürokratentyp hinter dem Schreibtisch meine Aufwartung und legte ihm den Paß vor die Nase.

„Ich hatte Sie bereits früher erwartet, Monsieur Stafford", ließ er sich kühl vernehmen. „Was hat Sie aufgehalten?" Er sprach französisch mit rauhem Akzent.

Merde! sagte Byrne. „Die paar Tage!" Es hätte mich eigentlich nicht überraschen müssen, daß Byrne auch französisch sprach.

„Dreieinhalb Tage, Monsieur Byrne!" stellte der Beamte ungerührt fest.

„Ich hab natürlich angenommen, daß er sich angemeldet hätte", erklärte Byrne. „Erst gestern abend habe ich sein Versäumnis festgestellt. Und daraufhin sind wir ja auch unverzüglich hierhergekommen."

„Wo waren Sie?"

„Abalessa", antwortete Byrne und fügte noch etwas Gutturales hinzu. Es mußte wohl Arabisch sein.

„Nicht irgendwo anders?"

„Wo soll man hier sonst schon hin?" brummte Byrne.

„Ich fürchte, es war mein Fehler", schaltete ich mich ein. „Ich habe natürlich sofort die Chance wahrgenommen, nach Abalessa zu fahren, als ich Mr. Byrne kennenlernte. Daß man sich anmelden muß, habe ich erst gestern abend durch Mr. Byrne erfahren. Ein faszinierender Ort, Abalessa", fügte ich hinzu, „ich glaube allerdings nicht, daß er römischen Ursprungs ist."

Der Polizist ging darauf nicht ein. „Bleiben Sie lange in Tamanrasset, Monsieur Stafford?"

„Nein, ich fahre nach Agadès."

„Mit Monsieur Byrne?"

„Ja."

Er nahm meinen Paß an sich und war plötzlich besser gelaunt. „Ihr Touristen macht uns immer Ärger. Ihr wollt einfach nicht begreifen, daß man sich an die Vorschriften halten muß. Da ist jetzt noch so ein Engländer, nach dem wir suchen. Solche Dinge kosten uns immer viel Zeit." Er blätterte den Paß auf, verglich mich mit meinem Foto, stempelte eine der Seiten und schob ihn mir über den Tisch zu. „Diese *fiches* sind in dreifacher Ausfertigung auszufüllen. Monsieur Byrne wird Ihnen gewiß behilflich sein, falls Sie nicht wissen, wie man so was macht." Er wies auf einen Nebentisch.

Das *fiche* war eine Formularkarte, etwas kleiner als eine Postkarte; ich überflog die in Arabisch und Französisch gedruckten Fragen und sagte zu Byrne: „Der übliche Bürokratenkram – aber was gebe ich unter der Rubrik ‚Stammeszugehörigkeit' an?"

„Streichen Sie's einfach durch", empfahl Byrne.

Ich füllte brav alle drei *fiches* aus und legte sie dem Beamten wieder auf den Schreibtisch.

„Wann reisen Sie nach Niger ab?" fragte er.

Ich sah Byrne an, und der sagte: „Sofort. Wir müssen nur noch einmal nach Abalessa zurück, da haben wir noch Gepäck."

Der Beamte nickte. „Versäumen Sie nicht, sich bei der Kontrollstelle an der Stadtgrenze zu melden. Sie haben die unglückliche Angewohnheit, Monsieur Byrne, immer wieder die Kontrollposten zu umgehen."

„Ich? Niemals!" erklärte Byrne, ganz gekränkte Rechtschaffenheit.

Wir gingen und wurden auch durch einen Mann mit einer Maschinenpistole nicht weiter behelligt, der vor dem Büro stand. Auf der Straße fragte ich dann: „Was haben Sie dem da drinnen eigentlich vorhin auf arabisch gesagt?"

Byrne lächelte. „Daß Sie ein dümmlicher Tourist seien, der wie alle Touristen nicht bis drei zählen könne, und auch noch, daß wir Fotos zum Entwickeln gegeben hatten. Wenn wir Glück haben, überprüft er das."

Wir gingen einkaufen. Byrne schien überall bestens bekannt zu sein, und in jeder Ladenbude wurden wir mit gutgelaunter Blödelei und Gelächter empfangen. Byrne erstand Salz, Zucker und Mehl; überall kaufte er nur kleine Mengen, um bei möglichst vielen Händlern Kunde zu sein. Schließlich kaufte er mir auf meinen Wunsch auch noch eine Landkarte, und dann war es Zeit für ein letztes Bier im Hotel.

Als wir uns an den Tisch setzten, sagte er: „Keine Spur von Kissack, aber jetzt wissen alle Bescheid und hören sich um."

Die Landkarte zeigte West- und Nordafrika in einem Maßstab von vierzig Kilometer pro Zentimeter und war trotzdem immer noch eine Riesenkarte; ich legte sie in handlichere Falten und schaute mir die Gegend um Tamanrasset an. Das Gebiet, in dem wir uns in den letzten Tagen getummelt hatten, war nur ein erstaunlich kleiner Fleck auf der Karte – ich konnte es mit dem Daumen zudecken.

„Wohin fahren wir?"

Byrne nahm die Karte und legte einen Finger auf Tamanrasset. „Von hier aus nach Süden, aber nicht auf der Hauptstraße. Wir nehmen diese Piste hier, und sobald wir Fort Flatters erreicht haben, sind wir in Niger." Er drehte die Karte um. „So kommen wir von Norden her in den Aïr, über Iférouane und danach Timia. Ich wohne ungefähr hier. Der Aïr ist gutes Land."

Ich maß die Entfernung mit meinem Daumen. Luftlinie rund sechshundert Kilometer, Fahrstrecke vielleicht neunhundert, und das alles durch menschenleere Wüstenei.

Ich sagte: „Hier steht *erg* – was heißt das?"

Byrne schnalzte mit der Zunge. „Das läßt sich vielleicht am besten mit ‚Sandmeer' umschreiben."

Ich stellte erleichtert fest, daß auf der Strecke zum Aïr nirgendwo *erg* eingezeichnet stand.

Wir tranken unser Bier aus und schlenderten dann über die Straße, um die Fotos abzuholen. Plötzlich stieß Byrne mich an. „Schauen Sie mal da!" Aus einer Toreinfahrt gleich vor uns kam ein Polizist heraus, überquerte die Straße und verschwand im Polizeigebäude „Was hab ich Ihnen gesagt!" meinte Byrne. „Die Kerle haben tatsächlich unsere Fotos kontrolliert."

„Das hätte ich nicht gedacht. Mißtrauische Bande."

Wir nahmen die Fotos an uns, holten den Toyota aus der Servicestation, wo er aufgetankt und die Wasserreserven aufgefüllt worden waren, und fuhren nach Abalessa zurück.

Mokhtar meldete keine besonderen Vorkommnisse, aber Billson wurde plötzlich geschwätzig und wollte unbedingt mit uns reden. Er wirkte auch schon viel kräftiger; mit Mokhtar hatte er sich nicht unterhalten können, jetzt sprudelte er fast über.

Byrne wollte nichts davon wissen. „Jetzt haben wir keine Zeit. Wir müssen erst mal von hier verschwinden. Nichts wie weg."

Da wir Tamanrasset durchqueren mußten, legten wir Billson hinten im Wagen flach und deckten ihn mit einem Haufen Dschellabas zu. Ich atmete erst auf, als wir die Polizeistation hinter uns gelassen hatten. Sechs Kilometer hinter der Stadt befreiten wir Billson von seiner Tarnung.

Byrne sah ihn nachdenklich an. „Können Sie gehen?"

„Zu Fuß gehen?"

„Ja, genau das", sagte Byrne. „Hinter der Biegung steht ein Kontrollposten der Polizei. Jede Wette, daß der Hundesohn in der Stadt die Jungs hier scharfgemacht hat auf mich. Also sollten Sie jetzt zu Fuß weiter. Nicht weit – zwei, drei Kilometer. Mokhtar geht mit Ihnen."

„Ich glaube, das schaff ich schon", erklärte Billson.

Byrne nickte zufrieden und redete auf Mokhtar ein. Ich setzte mich wieder in den Wagen, Byrne stieg ein, und wir fuhren weiter. Billson und Mokhtar verschwanden zwischen den Felsen an der Straße.

Byrne hatte richtig vermutet. Am Kontrollpunkt nahmen die Beamten den ganzen Wagen auseinander. Sie öffneten jeden Beutel, jeden Kanister, jedes Behältnis, das Zusammenpacken überließen sie freilich uns. Lange brüteten sie über meinem Paß, und die *fiches* mußte ich noch einmal ausfüllen. In dreifacher Ausfertigung.

Endlich durften wir weiterfahren; kurz hinter dem Posten bog Byrne von der Piste ab und folgte einer Spur, an der nicht einmal ein Wegweiser stand. Er fuhr noch ein Stück, dann hielt er an einer Stelle, die sich durch nichts von der Umgebung unterschied. „Hier sind wir mit Mokhtar verabredet", sagte er.

Wir stiegen aus, und ich breitete die Karte aus. Nach einer Weile sagte ich: „Die müßten doch längst hier sein. Wir sind ziemlich lange am Kontrollposten festgehalten worden – und so lange kann es doch nicht dauern, drei Kilometer zu marschieren."

„Sind wohl eher sieben oder acht", meinte Byrne gelassen. „Wenn ich gleich acht gesagt hätte, wäre Billson bestimmt auf der Stelle umgefallen."

„Sie sind wirklich ein freundlicher Mensch", sagte ich.

Als Mokhtar schließlich irgendwann wie aus dem Boden gewachsen am Wegrand auftauchte, trug er Billson wie einen Sack über der Schulter. Wir betteten ihn hinten in den Wagen und brachten ihn mit frischem Wasser wieder zu sich.

Wir näherten uns dem Aïr in bequemen Etappen, pro Tag legten wir kaum mehr als hundertfünfzig Kilometer zurück. Auf einem Dachgepäckträger führten wir jetzt Zelte mit, und während Byrne und Mokhtar sie am Abend aufbauten, legte ich Billson einen neuen Verband an. Die Wunde war sauber und begann schon zu heilen.

„Ich weiß überhaupt nicht, was hier vorgeht", sagte er. „Wer sind Sie eigentlich?"

„Hab ich Ihnen doch gesagt – Max Stafford."

„Damit kann ich nichts anfangen."

„Wenn ich Ihnen sage, daß ich bei der Franklin-Technik für den Werkschutz zuständig war – können Sie dann damit etwas anfangen?"

„Um Himmels willen! Soll das heißen, daß Sie bloß wegen meiner überstürzten Abreise die ganze Zeit hinter mir her sind?"

„Nicht nur – aber das spielt dabei auch eine Rolle."

Er blickte in die Runde. „Wo sind wir denn hier?"

„Südöstlich von Tamanrasset."

„Und wohin fahren wir?"

„Nach Niger. Wir müssen aus Algerien raus. Sie werden von der Polizei gesucht. Sie haben gegen diverse Gesetze verstoßen."

„Warum tun Sie das alles für mich?"

Ich zurrte den Verband mit einem letzten Knoten fest und schnitt die losen Enden ab. „Das möchte ich auch gern wissen. Bis jetzt habe ich durch Sie nichts als Ärger gehabt. Erinnern Sie sich an den Mann, der auf Sie geschossen hat?"

„Leider nur bruchstückhaft. Ich hielt an, weil ein Reifen Luft verlor. Eben als ich den Reifen wechseln wollte, kam ein Range Rover. Ich dachte, man würde mir helfen. Er kam bis auf zehn Meter heran. Dann schoß der Fahrer auf mich."

„Einfach so?"

„Einfach so. Ich spürte einen Schlag in meiner Schulter. Das warf mich um. Weh getan hat es nicht. Da noch nicht."

„Haben Sie den Mann gesehen?"

„Ja. Er ... sie jagten mich. Sie waren zu zweit."

„Waren es Araber oder Tuareg?"

„Nein. Weiße – wie Sie und ich."

„Und der Mann hat nichts gesagt, bevor er auf Sie schoß?"

„Nein. Der Wagen hielt einfach an, und dann wurde auch schon geschossen."

Ich seufzte. „Und dann?"

„Ich brach zusammen. Sie konnten mich dann nicht mehr sehen, denn ich lag hinter dem Landrover. Gleich in der Nähe war ein Spalt zwischen zwei Felsen, da habe ich mich durchgezwängt. Ich hörte, wie die Männer aus dem Wagen stiegen. Ich kroch zwischen den Felsen durch und dann eine Art Einschnitt hoch."

„Wurde weiter auf Sie geschossen?"

Er nickte. „Nur der eine Mann schoß. Aber er traf mich nicht." Er tastete nach der Schulter. „Dann kamen die Schmerzen, und mir wurde schwindelig. Danach erinnere ich mich an nichts mehr."

Billson war zusammengebrochen und zum Glück in eine Felsspalte gekrochen, wo er nicht gesehen werden konnte. Die Männer hatten sicher nach ihm gesucht, ihn aber nicht gefunden. Aber seinen Landrover in Brand zu setzen war genauso gut, wie ihm den Garaus zu machen. Daß ein Mann mit einer Schußwunde und ohne Wasser aus der Kudia hinauskommt, ist schlechterdings unvorstellbar.

„Wie haben Sie mich gefunden?"

„Wir haben nach Ihnen gesucht."

„Das ist unmöglich. Niemand wußte, wohin ich gefahren war."

„Mein lieber Paul, die Spur, die Sie hinter sich hergezogen haben, war so breit wie eine Autobahn", sagte ich. „Für mich war's kein Problem, und allem Anschein nach für andere Leute auch nicht. Haben Sie Feinde? Haßt jemand Sie so sehr, daß er auf Ihr Leben aus ist? Sagt Ihnen der Name Kissack etwas?"

„Nein. Nicht das geringste." Er brütete eine Weile. „Was ist aus meinem Landrover geworden? Wo ist er?"

„Die Männer haben ihn in Brand gesteckt."

Das traf ihn wie ein Faustschlag. „Verbrannt!" flüsterte er. „Aber was ist mit . . ." Er hielt plötzlich inne.

„Wieviel Geld hatten Sie in den Koffern?" fragte ich sanft.

Er gab keine Antwort, also sagte ich es ihm. „Meine Schätzung beläuft sich auf neunzigtausend Pfund, minus drei- oder viertausend, die Sie für Flugkosten und ähnliches ausgegeben haben."

Er nickte dumpf.

„Ob die Männer noch die Koffer durchsucht haben, ehe sie alles mit Benzin übergossen, spielt jetzt auch keine Rolle mehr. Weg ist weg." Ich stand auf und sah auf ihn hinab. „Sie haben sich eine verdammte Menge Strafpunkte eingehandelt, Paul. Vor allem haben Sie jetzt auch noch die Algerier am Hals. Wenn die Sie mit der Kugel in der Schulter finden, steht noch weiterer Kummer ins Haus. Menschenskind, Sie sind wirklich eine wandelnde Katastrophe!"

„Tut mir leid, wenn ich Unannehmlichkeiten verursacht habe", murmelte er.

Diese arg untertriebene Bemerkung erfüllte mich mit stillem Zorn. Ich fuchtelte ihm vor der Nase herum und rief: „Paul – der Teufel soll Sie holen, wenn Sie von jetzt an auch nur noch einen Finger rühren, ohne erst Byrne oder mich zu fragen! Verstanden?"

Er drehte den Kopf zu Byrne hin. „Meinen Sie ihn?"

„Ja. Das ist Byrne."

Byrne hatte die Zelte aufgebaut und Mokhtar ein Feuer entfacht. Ich erzählte Byrne, was ich von Billson erfahren hatte. „Zwei Europäer in einem Range Rover also", überlegte er. „Die Spur dürfte nicht schwer aufzunehmen sein. Und sie haben einfach so auf ihn geschossen? Kaum zu glauben."

„Immerhin hat er in seinen Koffern sechsundachtzigtausend Pfund in der Gegend herumkutschiert. Ich glaube nicht, daß das Geld mit dem Landrover in Flammen aufgegangen ist. Wahrscheinlich hat Paul unterwegs einmal das Maul zu weit aufgerissen."

„Sie könnten recht haben. Aber damit haben wir noch keine Erklärung für diesen geheimnisvollen Mr. Kissack."

An diesem Abend gab es Hammelfleisch, denn Mokhtar hatte am Morgen in Abalessa einem vorüberziehenden Targi ein Schaf abgekauft. Einen Teil davon röstete er nun auf dem Feuer; wir aßen mit den Fingern, und es schmeckte köstlich. Byrne drängte Billson zuzugreifen. „Ich muß Sie jetzt hochpäppeln", sagte er. „Wenn wir nach Fort Flatters kommen, haben Sie wieder einen Fußmarsch vor sich."

„Wie weit denn diesmal?"

„Dreißig Kilometer etwa. Wir müssen Sie am algerischen Grenzposten vorbeischaffen." Er wandte sich an mich. „Ihnen steht auch ein Spaziergang bevor. Um den nigrischen Grenzposten herum."

Darauf freute ich mich jetzt schon.

Am nächsten Abend nahm ich mir Billson noch einmal vor. Ich legte ihm einen neuen Verband an. Die Wunde sah jetzt schon viel besser aus. Als ich das Verbandszeug wieder einpackte, fragte ich: „Was haben Sie eigentlich bei Franklin verdient, Paul?"

„Zweihundertachtzig Pfund im Monat", entgegnete er.

„Sie sind ein verdammter Schwindler!" fuhr ich ihn an. „Ihr Gehalt betrug dreizehntausend Pfund im Jahr, fast das Vierfache. Also, was haben Sie verdient? Ich möchte es von Ihnen selbst hören."

„Ja, ja! Es waren dreizehntausend."

„Sind Sie ernsthaft der Meinung, daß Ihre Arbeitsleistung der Firma Franklin-Technik dreizehntausend Pfund wert sein mußte?"

„Natürlich. Sonst hätte ich es ja nicht gekriegt."

„Das glauben Sie doch wohl selbst nicht." Wieder schwieg er.

„Wissen Sie nicht, daß Mr. Isaacson Ihnen bereits vor zehn Jahren den Stuhl vor die Tür setzen wollte – aber der geschäftsführende Direktor verhinderte es."

„Davon weiß ich nichts."

„Dann wissen Sie wohl auch nicht, daß Mr. Stewart Sie ebenfalls feuern wollte, als er aus Glasgow kam und die Buchhaltung umorganisierte – und daß abermals der geschäftsführende Direktor sich sträubte? Wer ist Ihr Schutzengel, Paul?"

„Ich weiß wirklich nicht, wovon Sie reden, Mr. Stafford."

„Mensch, Ihren Job hätte jeder sechzehnjährige Laufbursche mit links gemacht. Machen Sie mir doch nicht weis, daß Ihre Leistung dreizehntausend Pfund im Jahr wert war."

Er wich meinem Blick aus. „Vielleicht nicht", murmelte er.

„Also, wieso ist Ihnen so viel bezahlt worden? Wen haben Sie erpreßt?"

Das brachte ihn endlich auf die Palme. „Was Sie da sagen, ist eine schändliche Unterstellung!" brauste er auf. „Es steht Ihnen nicht zu, mir –"

Ich schnitt ihm das Wort ab. „Wie sind Sie überhaupt an den Job gekommen?"

„Ist mir angeboten worden. Eines Tages kam ein Brief."

„Wann war das?"

„Das muß 1963 gewesen sein."

„Und von wem kam der Brief?"

„Von dem geschäftsführenden Direktor der Franklin-Technik. Der Mann hieß McGovern oder so."

McGovern! Damals also geschäftsführender Direktor der Franklin-Technik, später Aufsichtsratsvorsitzender, nun Präsident der gesamten Wensley-Gruppe. Sir Andrew McGovern, dessen Name wie ein roter Faden durch das ganze Leben von Paul Billson lief und der nun auch, seit Billsons Verschwinden, seinen eigenen Werkschutz aufziehen wollte.

„Was stand in dem Brief?" fragte ich.

„McGovern bot mir eine gut dotierte Stellung an." Billson blickte auf. „Die habe ich angenommen."

„Haben Sie sich nie Gedanken darüber gemacht, warum McGovern ausgerechnet Ihnen ein derartiges Angebot machte?"

„Doch, doch. Natürlich hat es mich überrascht." Billson starrte mich an. „Aber hätte ich das Geld ablehnen sollen?"

„Und nun sagen Sie mir mal, warum McGovern Sie so gewaltig überbezahlt hat?"

„Ich weiß es nicht." Billson zuckte die Achseln und sagte noch einmal, fast wütend: „Ich hab's Ihnen doch schon erklärt – ich weiß es wirklich nicht. Jahrelang habe ich darüber nachgedacht und bin auf keine Antwort gekommen."

Ich nahm mir ein anderes Thema vor. „Wieso hat dann auch Alix für McGovern gearbeitet?"

„Im Schreibbüro war eine Stelle frei. Das habe ich ihr erzählt, und sie hat sich beworben. Sie wurde eingestellt, blieb aber nicht lange dort. Sie wurde McGoverns Sekretärin, und als der nach London umzog, nahm er sie mit. Alix ist ein kluges Mädchen – sie hat Köpfchen."

„Wußte McGovern, daß Alix Ihre Halbschwester ist?"

„Keine Ahnung. Ich hab's ihm nicht gesagt." Er stieß einen tiefen Seufzer aus. „Ich hatte nicht die Stellung, in der man mit Direktoren auf Tuchfühlung ist."

„Bliebe noch eine Sache zu klären", sagte ich. „Sie haben Ihr überhöhtes Gehalt vor Ihrer Schwester verschwiegen. Warum?"

„Ach Mensch ... Hätte sie's gewußt, hätte sie auch den Grund wissen wollen. Bestimmt hätte sie nachgebohrt und wäre am Ende noch dahintergekommen. Ich wollte es einfach nicht wissen."

Na klar – er hatte Angst, daß Alix dann all die schönen goldenen Blättchen vom Geldbaum runterschütteln würde. Wenn Billson auch keine große Leuchte war, auf seine Art war er schon raffiniert.

„Alix gegenüber haben Sie sich reichlich mies benommen", betonte ich. „Sie haben doch gewußt, daß sie finanziell in der Klemme war und bei der Bank ein Darlehen aufnehmen mußte. Und das sogar, um Ihnen zu helfen."

Er sagte nichts. Er ließ nur den feinen Sand aus der einen Hand in die andere rieseln. Offenbar war es Ausdruck seiner Verlegenheit.

„Aber der Psychiater hat Ihnen auch nicht viel weitergeholfen, oder? Sie haben sich in eine fixe Idee verrannt."

„Was wissen Sie schon davon!" sagte er weinerlich. „Sie wissen doch nicht, weshalb ich hier bin."

„Halten Sie mich eigentlich für blöd? Sie sind hier, weil Sie das Flugzeug Ihres Vaters finden wollen."

Er sperrte den Mund auf. „Woher wissen Sie das? Das hat niemand gewußt!"

„Ach Paul! Wenn Sie wüßten, wie durchsichtig das alles ist! Sie haben in der Sonntagsbeilage den Artikel von Michael English gelesen, und da ist Ihnen der Kragen geplatzt. Ich habe mit English gesprochen; er hat mir erzählt, was sich in der Chefredaktion abgespielt hat. "

„Sie haben mit English gesprochen?" Er ließ den Sand fallen. „Warum verfolgen Sie mich? Warum sind Sie hier?"

„Nehmen wir mal an, ich tu's Alix zuliebe, und lassen wir es damit gut sein. Einverstanden?" Das war vielleicht sogar die Wahrheit, wenn auch nur zum Teil. „Sie macht sich Sorgen um Sie – und der Teufel soll mich holen, wenn Sie so viel Kummer wert sind. "

„Wäre ich nicht angeschossen worden, hätte ich es auch gefunden", verkündete er. „Ich meine, das Flugzeug. Ich war nur noch ein paar Kilometer vorm Ziel. "

„Da irren Sie sich, mein Lieber", sagte ich, „das abgestürzte Flugzeug ist eine französische Maschine. Byrne weiß das genau, Sie brauchen ihn nur zu fragen. Menschenskind, können Sie denn nicht ein einziges Mal in Ihrem Leben erst nachdenken, bevor Sie handeln? Sie haben doch nichts als Mist gemacht, seit Sie von Ihrem Arbeitsplatz abgehauen sind!"

Ich wartete keine Antwort ab, sondern stand auf und ließ ihn sitzen. Langsam entfernte ich mich ein paar hundert Meter vom Lager und setzte mich in die Landschaft, um nachzudenken. Was das verzwickteste war – ich glaubte Billson. Und damit gelangte ich zu McGovern.

Ich dachte lange über diese Stütze der britischen Industrie nach. Was waren seine Motive? In welche zwielichtigen Geschäfte war er möglicherweise verwickelt? Sosehr ich auch darüber nachsann, ich kam der Antwort keinen Schritt näher.

UND weiter ging die Fahrt nach Süden. Mokhtar führte Billson zu Fuß in weitem Bogen um den algerischen Grenzposten herum, während Byrne mit mir den direkten Weg einschlug. Es gab wieder *fiches* zum Ausfüllen. Wir fuhren weiter und warteten im Niemandsland zwischen der algerischen Grenzwache und dem nigerischen Ort Fort Flatters auf Billson. Dort war ich dann mit Marschieren an der Reihe. Mokhtar führte mich auf einem langen Umweg um das Fort. Falls die beiden Grenzposten ihre Unterlagen verglichen, konnten sie hier wie dort feststellen, daß zwei Männer durchgefahren waren.

Als ich mit Mokhtar jenseits von Fort Flatters wieder auf unseren Geländewagen traf, schien Byrnes Laune sich beträchtlich gebessert zu haben. Mit wundgelaufenen Füßen ließ ich mich auf den Beifahrersitz fallen. Byrne sagte fröhlich: „Willkommen daheim. "

Wir fuhren noch etwa hundertzwanzig Kilometer in nigrisches Gebiet hinein, dann schlugen wir unser Lager für die Nacht auf. Am nächsten Tag wurde die Szenerie menschenwürdiger: endlich mehr Vegetation – zwar immer noch Dornenbäume, aber schließlich sogar hinter den Bergen auch Gras. Zum erstenmal nach langer Zeit bekam ich auch wieder fließendes Wasser zu sehen: einen Bach, der mindestens dreißig Zentimeter breit war.

„Der Aïr", sagte Byrne, „ist eine Art von Sahel-Landzunge, die sich in die Wüste hineinschiebt."

„Was ist Sahel?"

„Der Sahel ist das Savannenland zwischen der Wüste und dem Wald im Süden."

„Viel anders als in der Wüste sieht es aber hier auch nicht aus."

„Es ist aber anders", beharrte Byrne. „Im Oberland fallen bis zu fünfzehn Zentimeter Regen im Jahr."

„Ist das viel?"

„Eine ganze Menge mehr als in Tamanrasset", sagte er. „Da regnet es manchmal zehn Jahre nicht."

In einem Dörfchen namens Iférouane hielten wir an. Auch hier lebten Tuareg, aber sie wirkten seßhafter. Es gab auch mehr Tiere zu sehen – Kamelherden, Schafe, Ziegen.

Byrne schien in Iférouane wohlbekannt und gern gesehen zu sein. Wir blieben einen Tag, dann reisten wir über rauhes Land nach Süden weiter, bis wir nach Timia und damit an Byrnes Wohnsitz gelangten.

Seit Fort Flatters hatte Billson mich gemieden. Im Wagen konnte er sich mir zwar nicht entziehen, aber er sprach nicht. Außerhalb des Wagens ging er mir aus dem Weg. Ich hatte wohl aus meiner Mißachtung für ihn keinen Hehl gemacht, und das gefiel ihm natürlich wenig.

Byrne war doch nicht so sehr Targi geworden, als daß er darauf verzichtet hätte, sich ein Haus zu bauen. Es lag an einem Hang, der wohl im Aïr für liebreizend bewaldet gelten mußte. Die Tuareg lebten in dieser Gegend nicht in Lederzelten wie in der Wüste des Nordens, sondern in Grashütten, die geschickt aus auseinandernehmbaren Teilflächen gebaut waren; so konnten die Hütten im Bedarfsfall, in Einzelteile zerlegt, auf Kamelrücken gepackt werden. Byrne hatte sich jedoch ein festes Haus gebaut – klein zwar, aber doch ein Haus mit festen Mauern –, ein dauerhafter Wohnsitz und damit ein fremdartiges Gebilde für jeden Targi.

Es war spät am Abend, als wir eintrafen; wir nahmen eine Mahlzeit zu uns und legten uns gleich darauf schlafen. Am nächsten Morgen jedoch führte Byrne mir sein Königreich vor. Gleich in der Nähe befand sich ein Hüttendorf, und er sprach mit einem Mann, den er mir als Hamiada vorstellte – Mokhtars Bruder. Hamiada war groß, selbst für einen Targi, und was ich oberhalb des Schleiers von seiner Haut sehen konnte, war so hell wie meine.

„Der größte Teil der Herde weidet draußen, zwanzig Kilometer weg", sagte Byrne zu mir. „Ich fahre morgen zu den Tieren hinaus – wollen Sie mit?"

„Möchte ich gerne. Aber was machen wir mit Billson?"

Billson hatte am Morgen, als wir fortgegangen waren, noch geschlafen.

„Über Billson muß ich mal mit Ihnen sprechen. Aber später. Jetzt möchte ich Ihnen etwas zeigen."

Hamiada war inzwischen fortgegangen, kam aber bald mit einem Kamel wieder – mit einem der größten Tiere, die ich je gesehen hatte. Auch die Farbe hatte ich zuvor noch nie gesehen – ein eigenartiges Rauchgrau. „Das ist die Schönheitskönigin meiner Herde", erklärte Byrne stolz. „Sie heißt Yendschelan."

„Ein richtiges Prachtexemplar", sagte ich. „Ein Rennkamel?"

Er lachte auf. „So was gibt's nicht. Das ist ein Mehari – ein Reitkamel."

„Ich dachte immer, es gäbe auch Rennkamele."

„Kamele laufen nicht, außer man zwingt sie dazu. Und wenn sie zu lange laufen, fallen sie tot um. Kommen Sie morgen mit, dann kriegen Sie eins zum Reiten."

Wir schauten uns noch ein paar Tiere aus Byrnes Herde an, die in der Nähe weideten, und ich sah ihnen zu, wie sie sich Akazienzweige mitsamt den fingerlangen Dornen einverleibten. Ihre Mäuler mußten eisenhart sein. Dann nahmen wir eine gastfreundliche Einladung von Hamiada an – es gab kalten Ziegenbraten, Brot und Kamelmilch –, und unvermittelt sagte Byrne: „Übrigens – Billson. Was haben Sie mit ihm vor?"

Ich seufzte. „Weiß ich nicht genau. Vielleicht, wenn wir ihn weiter südlich, nach Nigeria, bringen, können wir ihn in ein Flugzeug nach England setzen."

Byrne nickte. „Ja, von Kano aus gibt's Flüge nach Lagos. Und dann ab nach Hause mit ihm." Er schwieg und kaute nachdenklich wie seine Kamele. „Aber ich weiß nicht, ob das wirklich so gut ist. Wenn er nun heimkommt und weiß, daß er nie wieder zurückkehren kann, haut's ihm wahrscheinlich auch noch die letzten Tassen aus dem Schrank."

„Was schlagen Sie vor? Daß wir auf seine Hirngespinste eingehen?"

„Hirngespinste? Was das Flugzeug betrifft – ich habe mit Billson gesprochen, und was er mir erzählt hat, ergibt auf eine verquere Art und Weise doch einen Sinn. "

„Wollen Sie damit sagen, Sie hätten sich von ihm einreden lassen, daß das Flugzeug immer noch hier irgendwo in der Gegend rumliegt?"

„Muß wohl", meinte er schlicht. „Es ist ja nie gefunden worden. "

„Wo würden Sie denn mit Suchen anfangen?"

Byrne leerte eine Schüssel Kamelmilch. „Billson hat den letzten Flug seines Vaters genau studiert. Er weiß zum Beispiel genau, daß sein Alter damals beim Start in Algier in einem großen Bogen Kano ansteuern wollte. " Er grinste. „Ich habe mir Ihre Karte ausgeborgt und den Kurs nachgezeichnet. "

„Und zu welcher Schlußfolgerung sind Sie gekommen?"

„Also: Die Gesamtstrecke beträgt zweitausendachthundert Kilometer. Sein Kurs müßte ihn hundertfünfzig Kilometer östlich von Tamanrasset über den Ahaggar geführt haben. Und dann weiter genau über uns weg und dann haargenau auch über Agadès weg. So ganz verrückt war Paul Billson nicht, als er im Ahaggar nach einem Flugzeug suchte. Natürlich hätte er sich zuvor mit jemandem beraten müssen – mit mir zum Beispiel. "

„Hat Billson noch weitere Einzelheiten herausgefunden?"

„Ja. Zum Beispiel die, daß alle Piloten in dieser Rallye die große Bogenstrecke wählten, denn zwischen zwei Punkten auf der Erdoberfläche stellt ein Bogen die kürzeste Entfernung dar. Nun liegt Agadès genau auf diesem Kurs und bildete daher einen brauchbaren Orientierungspunkt. Außerdem schrieb das Rallyereglement vor, daß auf dieser Etappe alle Maschinen Agadès in geringer Höhe zu überfliegen hatten – Agadès war ein Checkpoint. Alle Flugzeuge wurden beim Überflug von Agadès identifiziert – außer zweien. Und eins der beiden Flugzeuge, die über Agadès nicht gesehen wurden, war Billsons Northrop. "

„Und das andere?"

„Ein Italiener, der sich verfranzt hatte. Ist aber dann trotzdem noch in Kano angekommen. "

„Vielleicht ist Billson in schlechtes Wetter geraten", sagte ich, „und wurde zur Landung gezwungen. "

„Zur Landung ist er allerdings gezwungen worden", bestätigte Byrne, „aber nicht vom Wetter. Paul Billson hat auch das gründlich recherchiert. Die Wetterlage war gut – keine Sandstürme. "

„Die Gründlichkeit eines Besessenen", stellte ich fest.

„Sei's drum", meinte Byrne, „aber immerhin gründlich. Wenn

Peter Billson zu einer Notlandung gezwungen wurde, dann mußte sich das nördlich von Agadès abgespielt haben. Eins ist dabei sicher – im Aïr ist er nicht runtergekommen. Hier leben zu viele Menschen, das Flugzeug wäre gefunden worden. Das gleiche gilt für das Gebiet nördlich des Ahaggar. Wenn er dort runtergekommen wäre, hätten die Chaamba-Beduinen ihn gefunden."

„Damit bleibt nur das Ahaggargebiet übrig – aber Sie sind überzeugt, daß es da nicht sein kann. Nun haben Sie sich in die Ecke manövriert."

„Es gibt noch andere Möglichkeiten", hielt Byrne dagegen. „Billson war schließlich nicht der einzige Rekordflieger, der in der Sahara verlorengegangen ist. Einer zum Beispiel, Lancaster hieß er, ist 1933 in der Tanezrouft, südlich von Reggane, runtergekommen. Der ist erst 1962 entdeckt worden, und da war es auch immer noch eine Sensation."

Ich rechnete das nach. „Neunundzwanzig Jahre."

„Er saß noch bei seinem Flugzeug, und er hatte Tagebuch geführt, bis er krepierte."

„Wo ist denn das genau, wo dieser Lancaster eine Bruchlandung gebaut hat?"

„In der Tanezrouft, ungefähr zweihundert Kilometer südlich von Reggane. Eine Teufelsgegend – *reg*, das bedeutet Geröllebene, und die erstreckt sich dort viel weiter, als das Auge reicht."

„Hat man nicht nach ihm gesucht?"

„Aber sicher. Aus der Luft und zu Lande. Das Dumme war nur, daß die meiste Zeit in der falschen Gegend gesucht wurde – in Richtung Gao, wo Lancaster ursprünglich hinwollte. Er hatte sich jedoch in einem Sandsturm verirrt und war vom Kurs abgekommen. Jedenfalls hatte er, da er eine luftgekühlte Maschine flog, nur zehn Liter Wasser bei sich. Er ist nach acht Tagen krepiert und nach neunundzwanzig Jahren von einer französischen Patrouille gefunden worden."

„Nun gut", sagte ich. „Ein Punkt für Sie. Peter Billson kann also mitsamt seinem Flugzeug immer noch in der Wüste stecken. Aber schlagen Sie ernsthaft vor, daß wir uns dort auf die Suche machen – in dieser Tanezrouft?"

„Keineswegs. Ich will damit nur deutlich machen, daß auch Billson vom Kurs abgekommen sein könnte." Er machte eine bedeutungsvolle Pause und fragte dann: „Wären Sie bereit, das Geld für fünf Kamele einzusetzen, um Paul zu helfen, seinen alten Herrn zu finden?"

„Was ist denn ein Kamel wert?"

„Ein ordinäres Lasttier kostet rund hundert Pfund. Ein anständiges

Mehari kommt auf hundertfünfzig bis zweihundert. Sagen wir – alles in allem fünfhundert?"

„Ich soll fünfhundert Pfund ausspucken", sagte ich vorsichtig, „damit Paul seinen Alten wieder an Land zieht?"

„Ich würde genausoviel hinlegen", betonte er. „In Kamelen. Wir setzen die Kamele als Belohnung für sachdienliche Mitteilungen aus, die zur Auffindung eines 1936 abgestürzten Flugzeugs führen. Zahlbar nach Besichtigung."

„Das kann doch ewig dauern, bis sich das von der Belohnung rumspricht! Zwei Monate? Drei Monate? So viel Zeit hab ich hier nicht zu verschwenden."

Byrne lachte still vor sich hin. „Was wissen Sie schon von der Wüste! Jeden Tag fahren Lastwagen von Agadès nach Tamanrasset hoch – zwei Tage Fahrzeit, wenn's viel ist. Und von Tamanrasset bis In-Salah ist es auch nur eine Tagesreise. Von Agadès ostwärts nach Bilma – zwei Tage. In mindestens sechs Tagen läßt sich die Nachricht vom Finderlohn über alle wichtigen Oasen in der Wüste verbreiten. Wenn eine Nachricht wichtig genug ist, dann ist die ganze Wüste ein riesiger Lautsprecher. Und zehn Kamele als großes Los – das ist hierzulande eine ziemlich wichtige Nachricht."

Ich war skeptisch. „Und alles nur über Mundpropaganda?"

„Mundpropaganda?" schnaubte Byrne. „Zehntausend Flugblätter werden verteilt! In Arabisch natürlich. Und wer nicht lesen kann, geht damit, sobald er von zehn Kamelen hört, zum öffentlichen Briefschreiber, um es sich Wort für Wort vorlesen zu lassen."

„Wo wollen Sie hier zehntausend Flugblätter drucken lassen?"

„Ich setz den Text heute abend noch auf", sagte Byrne. „Morgen lass' ich ihn dann in Agadès fotokopieren. Dort in der Bank steht ein Vervielfältigungsapparat."

„Also gut ... ich steige mit ein. Nicht für Billson. Aber ich möchte zu Hause gern erzählen können, daß ich einmal an einer flächendeckenden Werbekampagne in der Sahara beteiligt war. Wie geht's jetzt weiter? Soll ich Ihnen einen Scheck ausschreiben?"

„Was soll ich denn hier mit einem Scheck?" fragte er. „Nein, ich finanziere Ihre Beteiligung vor, und Sie zahlen in Algier an Hesther, wie und wann Sie können. Nur schade, daß wir kein Bild von dem Flugzeug haben. Paul hatte Fotos, aber die sind mit dem Landrover verbrannt."

„Da kann ich aushelfen. Ich habe Fotokopien bei mir, die ich mir in der Luftfahrtabteilung des Wissenschaftlichen Museums in London beschafft habe. Nicht Billsons Flugzeug – aber genau derselbe Typ."

„Das ist gut", lobte Byrne. „Die bringen wir mit auf das Flugblatt."
Er stand auf. „Nur eins haben wir vielleicht nicht bedacht."
„Und zwar?"

„Wenn der Bursche, der auf Paul geschossen hat, sich immer noch
in der Gegend rumtreibt und ebenfalls von den Flugblättern erfährt,
dann lockt es ihn hierher wie ein Honigtopf die Hornisse. Das kann
noch ganz interessant werden."

11. KAPITEL

BILLSON fand unser Vorhaben offenbar so selbstverständlich, als
wären wir ihm das schuldig. Er hielt es nicht einmal für nötig, ein
Dankeschön von sich zu geben. Byrne setzte sich hin, um das Flugblatt zu entwerfen, und ich spazierte von dannen, um über alles nachzudenken.

Am nächsten Tag fuhr ich mit Byrne nach Agadès. Billson blieb,
weil Byrne darauf bestand, zu Hause. „Ich will nicht, daß man Sie in
Agadès zu sehen bekommt", knurrte er. „Sie fallen da auf wie der
Baum von Ténéré. Und keinen Schritt vor die Tür. Verstanden?"

Billson verstand. Weniger, was Byrne sagte, sondern vielmehr, wie
er es sagte – das drang ihm in den dicken Schädel. Im Wegfahren
meinte Byrne: „Und Hamiada wird schon dafür sorgen, daß er drinnen bleibt." Eine Spur von Belustigung klang in seiner Stimme mit.

„Was ist das für ein Baum, den Sie vorhin erwähnten?" fragte ich.

„Der Baum von Ténéré?" Er wies nach Osten. „Der steht da draußen irgendwo. Der einzige Baum übrigens, soviel ich weiß, der auf
einer Karte verzeichnet ist. Schauen Sie nach."

Das tat ich dann auch – und da stand er: *Arbre du Ténéré,* etwa zweihundert Kilometer nordöstlich von Agadès. „Warum ist dieser Baum
eingezeichnet?"

„Weil fünfzig Kilometer im Umkreis kein anderer Baum steht",
sagte er. „Der einsamste Baum der Welt. Ein sehr alter Baum – steht
schon Hunderte von Jahren da. Nebendran ist ein Brunnen, aber das
Wasser ist miserabel."

Bis Agadès waren es über hundertsechzig Kilometer auf holpriger
Piste. Wir brauchten fünf Stunden für die Fahrt.

Agadès schien nach Sahara-Begriffen ein blühendes Städtchen zu
sein. Da stand sogar, was ich in Tamanrasset nicht gesehen hatte, eine
Moschee. Wir parkten den Wagen vor dem „Hôtel de l'Aïr", wo wir
ein Bier tranken, dann begab Byrne sich zur Bank, um die Flugblätter

anfertigen zu lassen. „Wenn Sie Lust haben", sagte er im Weggehen, „können Sie hier einkaufen. Haben Sie Geld dabei?"

Ich holte meine Brieftasche hervor und zählte den Inhalt nach. Ich hatte da in algerischer Währung den Gegenwert von hundert Pfund in Reiseschecks, außerdem ein paar Kreditkarten.

„Mit dem Zeug können Sie hier nicht viel anfangen." Byrne zog ein kleines Bündel Geld in Landeswährung aus seiner Tasche. „Hier. Nehmen Sie das. Ich schreibe Ihnen alles auf die Rechnung, wenn Sie heimfliegen."

Ich ging über die staubige Straße und stellte bald fest, daß der amerikanische Einfluß sich auch schon bis Agadès ausgebreitet hatte – da stand doch tatsächlich ein Supermarkt! Ich kaufte mir zwei Paar Jeans, einige Hemden, zwei Stangen englische Zigaretten und zwei Flaschen Scotch.

Nachdem ich meine Ausbeute im Toyota verstaut hatte, genehmigte ich mir noch ein Bier, bis Byrne kam. Wir fuhren dann den Wagen zur Tankstelle, wo wir auftankten.

Der Heimweg nach Timia bescherte uns ein weiteres Nachtlager im Freien, und am folgenden Tag trafen wir wieder auf Byrnes Besitz ein.

Danach passierte fürs erste nicht viel, außer daß ich an einen neuen Anzug kam und Kamelreiten lernte, und das eine hing mit dem anderen zusammen. Byrne fuhr zu seiner Herde raus, und als ich mich zu meiner ersten Kamelreitstunde in Jeans vorstellte, schüttelte er den Kopf. „So geht's nicht", sagte er. „So geht es wirklich nicht."

Da zog ich mich eben wie ein Targi an – locker fallende, sackartige Hosen aus schwarzer Baumwolle, die eng um die Knöchel saßen, dazu eine weiße Gandura, wie das Tuareggewand heißt, und noch eine blaue Gandura darüber. Außerdem noch eine Dschellaba, für kalte Tage oder nachts. Dies alles wurde schließlich im wahrsten Sinne des Wortes von einem *chech* gekrönt – der bestand aus fast sechs Metern schwarzer Baumwolle, fast einen halben Meter breit, und Byrne gab sich viel Mühe, mir zu zeigen, wie man sich das alles um Kopf und Gesicht wickelt.

Als ich mich endlich mit diesem ganzen Staat herausgeputzt hatte, kam ich mir ziemlich merkwürdig vor. Doch meine Befangenheit verlor sich schnell, denn es schaute niemand hin, außer Billson. Er dachte nicht daran, seine Kleidung zu wechseln oder auf einem Kamel zu reiten.

Ein Kamel wird, wie ich nun feststellte, nicht wie ein Pferd vom Maul her geführt. Sobald man im Sattel sitzt – in einem Tuaregsattel natürlich, mit sesselartiger Rückenlehne und Sattelknauf vorn –, legt man dem Tier die nackten Füße ins Genick und dirigiert es, indem man, je nachdem, die eine oder die andere Nackenseite reibt. Auf einem Kamel zu sitzen, während es sich vom Boden erhebt, kommt freilich einem Erdbebenerlebnis nahe und stürzt den unerfahrenen Reiter in Panik – aber nur, bis man sich daran gewöhnt hat.

Ich brach mit Byrne, Hamiada und zwei mitgeführten Lasttieren zu den Weidegründen der Kamelherde auf. Billson ließen wir auf Byrnes Anwesen zurück. Wir wollten eine Woche unterwegs sein, denn frühestens in vierzehn Tagen war, wie Byrne erklärte, eine brauchbare Antwort auf unsere Flugblattkampagne zu erwarten. Byrne hatte den Besitzer der Tankstelle in Agadès eingespannt, um die Flugblätter in Packungen zu fünfhundert Stück auf die zwanzig wichtigsten Oasen südlich des Atlasgebirges zu verteilen.

„Und so viel Zeit braucht Billson auch, um wieder einigermaßen in Form zu kommen", erklärte Byrne. „Denn eins ist sicher – wenn wir das Flugzeug überhaupt finden, dann in der lausigsten Gegend, die Sie je gesehen haben."

Rückblickend halte ich die Wandertage im Aïr für die idyllischste Zeit meines Lebens. Unser Lebensrhythmus paßte sich dem langsamen Schritt der Kamele an, das Land war weit und leer.

Wir fanden die Herde, schauten uns die Tiere an und stellten fest, daß sie in guter Verfassung waren. Beaufsichtigt wurden sie von einer Tuaregfamilie, deren Oberhaupt Radbane hieß.

Wir nahmen Radbanes Gastfreundschaft an und verbrachten zwei Tage in seinem Lager, dann ritten wir westwärts. Am neunten Tag, wir hatten unser Lager vor Timia aufgeschlagen, stieß Hamiada plötzlich einen Ruf aus und zeigte in die Richtung, aus der wir gekommen waren. Wir bekamen Besuch; drei Kamele näherten sich, zwei mit Reitern.

„Das ist Billson", stellte Byrne fest, und sein Gesicht verfinsterte sich. Es mußte schon etwas Wichtiges passiert sein, wenn Billson auf ein Kamel geklettert war.

Sie kamen zum Lager, und nun sah ich, daß Billsons Kamel von einem Targi, der neben ihm ritt, am Zügel geführt wurde. Die Kamele ließen sich auf die Knie nieder, und Billson schaukelte heftig im Sattel. Mühevoll ließ er sich zu Boden gleiten; er trug immer noch seinen unpassenden Londoner Konfektionsanzug, der inzwischen längst abgetragen und schmuddelig wirkte. Er selbst war grau im Gesicht und sah übermüdet aus.

Byrne und Hamiada sprachen mit dem Targi. Ich holte eine Whiskyflasche aus meiner Satteltasche, goß eines von diesen

Messingtäßchen voll, aus denen wir sonst Tee tranken, und reichte es
Billson.

„Was machen Sie hier draußen?" fragte ich.

„Ich hab ihn gesehen", erklärte er. „Den Mann, der auf mich
geschossen hat. Er war in Timia und fragte die Leute aus. Dann kam er
auf Byrnes Farm." Er machte eine Pause. „In seinem Range Rover."

„Und Sie haben ihn wiedererkannt?"

Billson nickte. „Ich fand's langweilig im Haus. Ich konnte mich mit
niemandem unterhalten. Da bin ich eben zu den Tuareg gegangen. Da
war einer, der ein bißchen Französisch spricht, ungefähr so viel wie
ich, aber wir konnten uns verständlich machen. Ich saß vor seiner
Hütte, und da sah ich den Range Rover kommen. Ich verzog mich ins
Innere, aber ich konnte durch die Ritzen sehen. Ja, das war der Mann.
Ich habe ihn wiedererkannt."

„War er allein?"

„Nein, der andere war auch bei ihm."

„Und was passierte dann?" Ich blickte auf. Byrne war herüberge-
kommen und hörte uns zu.

„Er fing an, die Leute auszufragen. Auf französisch. Er kam aber
damit nicht weit – bis er an den Mann geriet, mit dem ich gesprochen
hatte."

„Das muß der alte Bukrum sein", sagte Byrne.

„Sie sprachen eine Weile mit dem Mann, dann gingen sie weg", fuhr
Billson fort. „Bukrum kam zu mir und sagte, sie hätten gefragt, ob
Europäer in der Nähe seien. Sie hätten auch mich beschrieben – meine
Kleidung." Er zupfte an seiner Jacke. „Aber Bukrum hat ihnen nichts
gesagt."

Byrne lächelte grimmig. „Natürlich nicht. Ich hab ihm verboten,
was zu sagen. Ich habe es allen verboten. Können Sie den Mann
beschreiben?"

„Der Mann, der die Fragen stellte – der auf mich geschossen hat –,
war fast einsachtzig groß, aber er wirkte nicht kräftig. Er war dünn
und sonnenverbrannt und hatte blondes Haar. Der andere war breiter,
aber kleiner. Dunkles Haar und blaß."

„Beide europäisch gekleidet?"

„Ja." Billson streckte seine Beine, als schmerzten sie ihn. „Bukrum
meinte, ich solle lieber zu Ihnen reiten, weil die Männer vielleicht
zurückkämen."

„Ich reite mit Hamiada nach Timia", beschloß Byrne. „Wir werden
uns dort umhören, ob jemand etwas über die beiden Kerle weiß.
Allein kommen wir schneller voran. Dieser Mann", er zeigte auf den

Targi, der mit Hamiada sprach, „heißt Azelouane. Er ist Bukrums Sohn. Er wird euch zu einer Stelle in den Bergen hinter Timia führen; dort wartet ihr, bis ihr Bescheid von mir bekommt. Es gibt dort Wasser." Sein Blick fiel auf die drei Kamele, die Azelouane mitgebracht hatte. „Heute bleibt ihr noch hier, die Tiere müssen sich erholen. Morgen bei Tagesanbruch brecht ihr auf." Zehn Minuten später war er mit Hamiada davongeritten.

WIR brauchten zwei Tage, um die Stelle in den Bergen hinter Timia zu erreichen. Wir fanden einen kleinen Teich vor, den Azelouane ein *guelta* nannte. Er sprach ebenfalls ein paar Brocken Französisch. So konnten wir uns mit der zusätzlichen Hilfe von Handzeichen und Gesten einigermaßen unterhalten. Wir lagerten dort drei Tage lang, bis Byrne wiederkam.

Während der ganzen Zeit gab Billson sich mürrisch. Richtige Angst hatte er eigentlich erst jetzt. Wahrscheinlich hatte er sich bisher eingeredet, er sei einer Verwechslung zum Opfer gefallen. Die plötzliche Gewißheit, daß er weiterverfolgt wurde, erschütterte ihn sichtlich.

Byrne kam spät am Abend; hoch auf seinem Lieblingskamel Yendschelan tauchte er wie ein Gespenst aus der Dunkelheit auf. Yendschelan sank auf die Knie, und Byrne glitt aus dem Sattel. Azelouane nahm dem Tier den Sattel ab, während ich Tee aufbrühte. Es war ein kalter Abend.

Byrne setzte sich ans Feuer und kauerte sich in seine Dschellaba.

„Haben Sie was rausgefunden?" fragte ich ihn.

„Ja. Einer der beiden heißt Kissack. Ein Engländer. Der andere heißt Bailly. Franzose, glaube ich. Sie suchen den ganzen Aïr nach Billson ab." Dann fügte er hinzu: „Nach mir suchen sie auch. Nur von Ihnen wissen sie nichts."

„Was wollen denn die Kerle von Ihnen?"

„Mein Name steht auf den Flugblättern", sagte er. „Aber das hab ich vorausgesehen. Hat ja keinen Zweck, eine Belohnung auszusetzen und dann nicht den Namen und die Adresse anzugeben, wo man sie sich abholen kann."

„Wo sind sie jetzt?"

„Unterwegs nach Agadès. Zum Auftanken. Werden aber wohl zurückkommen."

„Daraus läßt sich folgendes schließen – sie fahnden nicht nur nach Billson; sie sind auch hinter jedem her, der nach dem Flugzeug sucht. Billsons Name stand nicht auf dem Flugblatt, oder?"

„Nein", sagte Byrne knapp.

„Da haben wir's", stellte ich fest. „Es geht um das Flugzeug." Ich legte die Hand auf seinen Arm. „Paß lieber auf dich auf, Luke. Unserem Billson haben sie ohne Anruf eine Kugel verpaßt. Dir könnte es genauso gehen." Ich wurde mir bewußt, daß ich ihn zum erstenmal geduzt hatte.

Er nickte. „So weit bin ich mit dem Nachdenken auch schon gekommen."

„Wieso hat jemand was dagegen, daß wir Billsons alte Kiste finden?" überlegte ich laut.

„Keine Ahnung." Byrne fummelte unter seiner Dschellaba und brachte schließlich einen Zettel zum Vorschein. „Die ersten Ergebnisse", verkündete er. „Vielleicht hätten wir nur ein Kamel ausschreiben sollen, jetzt kriegen wir jedes jämmerliche Stück Schrott angeboten, das irgendwo in der Sahara rumliegt. Fünfzehn Meldungen bis jetzt, davon fünf Doppelmeldungen. Bleiben also unterm Strich zehn. Sechs davon kenne ich. Bleiben vier. Davon kommen drei wiederum nicht in Frage, weil sie in Gegenden liegen, wo jeder Absturz beobachtet worden wäre. Endresultat: eine einzige gute Nummer."

„Und wo liegt diese eine Maschine?"

„Im Nordosten, oben im Tassili der Adjer. Aber auch dabei ist ein Haken. Das liegt meilenweit von Peter Billsons Kurs ab."

„Wie weit ab?"

„Fünfzehn Grad. Ich hab zwar immer behauptet, daß Billson vom Kurs abgekommen sein muß – deshalb ist er ja auch bei der Suchaktion nicht gefunden worden. Aber fünfzehn Grad ist zuviel."

Ich reichte ihm eine Tasse Tee. „Und was machen wir nun?"

„Abwarten, ob noch weitere Meldungen eintrudeln. Und Kissack aus dem Weg gehen. So, und jetzt bin ich müde." Damit rollte er sich, wo er saß, in seine Dschellaba und schaltete, plötzlich wie immer, ab.

Byrne hatte Lebensmittel mitgebracht – Hirse, die in einem Mörser zerstoßen und dann zu einem dünnen Brei verkocht wurde, wozu es dann Dattelmus gab; außerdem Mehl und Salz für Pfannkuchen. Azelouane ging los und fand eine Ziege, der er die Kehle durchschnitt, und somit hatten wir auch frisches Fleisch. So verbrachten wir in unserem Camp, einen halben Tagesritt vor Timia, die Zeit, ohne uns vom Fleck zu rühren. Nur einmal, nach drei Tagen, verließ Byrne unser Bergnest; er ritt früh am Morgen fort und kam spät am Abend zurück. Kissack war, wie er zu berichten wußte, weiter aktiv. „Alle Dörfer klappert er ab. Vor allem Timia zieht ihn immer wieder an. Der Schweinehund weiß, daß ich da wohne."

„Sei bloß vorsichtig."

Er lachte. „Ich stand zwei Meter neben ihm. Aber für ihn war ich nur ein Targi wie jeder andere. Wie soll er auch wissen, wer ich bin, wenn's ihm keiner sagt? Meine Leute würden ihm mitten in der Tanezrouft nicht mal einen Schluck Wasser geben." Es war unüberhörbar, wie stolz er „meine Leute" sagte.

Der Tuaregschleier hat schon Vorteile, dachte ich; ebenso die Tatsache, daß alle Tuareg gleichermaßen in Blau und Weiß gekleidet sind.

„Es sind auch noch 'ne Menge Meldungen eingegangen", erzählte Byrne weiter. „Zweiundzwanzig."

„Ist was Interessantes dabei?"

Er zuckte die Achseln. „Neu ist nach wie vor nur das Wrack im Tassili der Adjer. Komm, wir reden mal mit Billson. Wo ist er?"

„Unten am *guelta*. Da sitzt er die meiste Zeit und schaut sich das Wasser an."

Wir fanden Billson, wie ich vermutet hatte, am sandigen Rand des Teiches. Byrne setzte sich auf einen Stein und sagte: „Paul, ich muß mit Ihnen reden. Ich schätze, daß kein Mensch auf der Welt über den letzten Flug Ihres Vaters besser Bescheid weiß als Sie. Ich möchte Ihre Meinung zu einer Frage hören."

Die Sonne versank hinter den Bergen, aber es war noch einigermaßen hell. Byrne breitete meine Afrikakarte auf dem Sand aus und zog mit dem Finger eine Linie. „Von Algier nach Kano – so verläuft doch der große Bogen, den Ihr Vater fliegen wollte. Richtig?"

Billson betrachtete den Kurs, den Byrne bezeichnet hatte. „Ja."

Byrne holte einen Bleistiftstummel aus seiner Brusttasche. „Nun liegt uns eine interessante Meldung von dieser Stelle vor." Er zeichnete ein Kreuz auf die Karte.

Billson drehte die Karte. „Ausgeschlossen", sagte er bestimmt.

„Und wieso?"

„Mein Vater war ein guter Flieger. So weit wäre er nie von seinem Kurs abgekommen."

„Merken Sie sich, ich war auch Pilot", erwiderte Byrne. „Ich weiß also, wovon ich rede. Um welche Tageszeit startete Ihr Vater in Algier?"

„Er war kurz nach Mittag in Algier gelandet. Er tankte nicht sofort auf, weil der Mechaniker erst die Maschine überholen sollte. Diese Frau in Algier hat gesagt . . ."

„Sie meinen Hesther Raulier?"

„Ja."

„Dann nennen Sie sie gefälligst auch beim Namen. Sie ist nicht ‚diese Frau in Algier'. Verstanden? Also weiter."

„Hesther Raulier sagte, es habe deswegen eine Meinungsverschiedenheit gegeben. Mein Vater wollte sofort auftanken und weiterfliegen, aber der Mechaniker sagte, erst müsse die Maschine überholt werden."

Ich mischte mich ein: „Paul, wurde bei dieser Rallye die Wartungszeit der Gesamtflugzeit gutgeschrieben, oder ging es einfach nur darum, wer zuerst in Kapstadt eintraf?"

„Wer zuerst in Kapstadt landete, war Sieger."

Ich wandte mich an Byrne. „Dann bedeutete jede Minute am Boden verlorene Zeit. Kein Wunder, daß er unverzüglich weiterfliegen wollte."

Byrne nickte. „Wer setzte sich durch?"

„Offenbar der Mechaniker", erklärte Paul. „Mrs. Raulier sagte, sie habe meinen Vater in ein Hotel gebracht, wo er sich kurz schlafen legte."

„Und wann ist er gestartet?"

„Nachmittags um fünf."

„Für den Großteil der Strecke bedeutete das also Nachtflug", sagte Byrne. „An der Landschaft konnte er sich nicht orientieren. Keine Bodensicht."

„Hesther Raulier sagte, mein Vater habe deswegen Bedenken geäußert. Nicht wegen des Nachtflugs – aber weil er dann bei Dunkelheit in Kano landen müßte. Er wußte nicht, ob die Landebahn in Kano befeuert war."

„Klar, daß ihm das Sorgen machte", meinte Byrne. „Die Northrop hatte eine Reisefluggeschwindigkeit von über dreihundert Stundenkilometern, aber sicher holte Billson noch einiges mehr heraus. Nehmen wir acht Stunden Flugzeit bis Kano an. Dann hätte er dort um ein Uhr nachts landen müssen. Aber so weit ist er nicht gekommen."

Es war dunkel geworden, auf der Karte war nichts mehr zu sehen. „Wie geht's jetzt weiter?" fragte ich.

„Das hängt von Paul ab", antwortete Byrne. „Ich bleibe dabei – das Flugzeug ist vom Kurs abgekommen." Er legte die Hand auf die Karte. „Das muß Billsons Flugzeug sein."

„Bist du bereit, uns dorthin zu bringen?" fragte ich ihn.

„Wenn Paul das will."

Ich sah Billson an. Sein Gesicht konnte ich nicht erkennen, aber seine Gesten verrieten Unentschlossenheit. Schließlich ließ er sich zögernd vernehmen: „Ja ... in Ordnung." Wieder keine Silbe von Dankeschön.

Byrne klatschte in die Hände. „Aufbruch bei Morgengrauen."

12. Kapitel

Es war elf Uhr, als wir am nächsten Vormittag vor Byrnes Haus von den Kamelen absaßen. Byrne war vorausgeritten, um auszuspähen, ob sein Anwesen vor fremden Augen sicher war. „Wir müssen nun zuerst zum Auftanken nach Agadès", sagte er zu mir, „aber ohne Billson; vielleicht ist Kissack dort. Ich habe Hamiada vorausgeschickt. Er hält sich mit Kamelen vor Agadès bereit, um Paul um die Stadt herumzuführen."

Das brachte mich auf eine Frage. „Seit wir aus Algerien kamen, habe ich Mokhtar nicht mehr gesehen. Hat er sich etwa in Luft aufgelöst?"

Byrne lachte. „Mokhtar befindet sich jetzt bereits auf halber Strecke nach Bilma. Mokhtar ist mein *madugu*."

„Was heißt das?"

„Mein Karawanenführer. Er bringt Hirse nach Bilma und lädt dort Salz auf. Wahrscheinlich holen wir ihn hinter Fachi ein."

„Wir fahren nach Bilma?"

„Durch Bilma hindurch", berichtigte Byrne. „Und dann in die Hölle und das Land jenseits davon."

Ich nahm mir meine kostbare Karte vor – und was ich da sah, wollte mir ganz und gar nicht gefallen. Allem Anschein nach stand uns eine Durchquerung des Erg du Ténéré bevor – und eine Piste war nicht eingezeichnet. Offenbar sollte ich nun doch noch den Baum von Ténéré zu sehen bekommen.

Byrne hatte unterdessen eine Pistole gereinigt; nun ölte er sie, und eine zweite hatte er neben sich liegen. „Komm her", forderte er mich auf. „Such dir was Passendes aus."

Es waren beides deutsche Waffen, eine Walther und eine Luger.

Ich entschied mich für die Walther, und Byrne nickte anerkennend. „Billson würde ich solche Dinger aber nicht zum Spielen geben", empfahl ich.

„Keine Sorge", meinte er. „Ich habe wenig Lust, mir von ihm aus Versehen ein Loch in den Pelz brennen zu lassen."

Er reichte mir eine Schachtel Munition und ein Reservemagazin.

Ich lud die Magazine und klinkte eins in den Pistolenkolben ein.

„In dem Wandschrank hinter dir hängt ein Gürtel und dazu ein Halfter", meinte Byrne.

Nun konnte ich aufrüsten. Das Halfter hatte eine Tasche für das

Reservemagazin, den Gürtel schnallte ich mir unter der Gandura um die Hüften. Die Ärmellöcher einer Gandura sind ziemlich weit geschnitten, so daß man mühelos beide Arme unter das Gewand ziehen kann.

Wir brachen noch in derselben Stunde auf, nur Byrne, Billson und ich im Toyota. Vier Stunden später bog Byrne von der Fahrspur ab; wir fanden Hamiada und sein Lager in einem Palmenhain. „Hier steigen Sie aus", sagte Byrne zu Billson. „Hamiada bringt Sie auf die andere Seite von Agadès. Wir sehen uns heute abend wieder." Er wechselte noch einige Worte mit Hamiada, dann holperten wir querfeldein auf die Fahrspur zurück.

An der Tankstelle in Agadès versorgten wir uns mit Benzin und Wasser; und schon waren wir wieder unterwegs.

Vor der Moschee stieß Byrne mich an. „Schau mal dort!" Er nickte zum Hôtel de l'Aïr hinüber. Da parkte ein Range Rover.

„Kissack?"

„Könnte sein. Sehen wir uns das mal genauer an." Er steuerte den Toyota über die staubige Straße und stellte ihn neben dem Range Rover ab. Wir stiegen aus, und Byrne unterzog den Wagen einer eingehenden Betrachtung. Dann brachte er ein Messer zum Vorschein und hockte sich vor das Hinterrad.

„Was machst du denn da?"

Er richtete sich schon wieder auf und steckte das Messer ein. „Ich hab nur ein Zeichen in den Reifen geschnitten", erklärte er. „Reden wir doch mal ein Wörtchen mit dem Mann."

„Hältst du das für klug?"

„Er sucht mich doch, oder? Wenn einer auf mich schießt, möchte ich ihn schon gern vorher kennen. Also zieh dir deinen Schleier hoch, und setz dich nicht hin, wenn wir jetzt reingehen, bleib nur immer hinter mir stehen. Und was auch passiert: Halt die Schnauze!" Er griff hinter sich in den Toyota und holte ein Schwert raus.

„Häng dir das um."

Ich gürtete mir das Schwert auf den Rücken, wie ich es bei Mokhtar gesehen hatte, und folgte Byrne ins Hotel. Na schön, nun war ich eben ein Targi, als Verkleidung war das nicht schlecht.

Byrne ging zur Bar und befragte den Barmann; dieser zeigte mit dem Daumen auf den Gastraum. Der war leer – nur an einem Tisch saßen zwei Männer. Paul hatte die beiden gut beschrieben. Kissack war groß, mager und blond; weniger sonnengebräunt als vielmehr von der Sonne verbrannt. Bailly war dunkler, ihm machte die Sonne weniger aus.

Byrne trat zu ihnen. „Ich bin Byrne. Wie ich höre, suchen Sie mich."

Kissack blickte hoch, und seine Augen weiteten sich. „Sie sind Byrne?"

„Ja." Byrne zog den Schleier herab. Wirklich schade, daß Kissack nicht wissen konnte, daß das ein Zeichen von Geringschätzung war.

Kissack lächelte. „Aber setzen Sie sich, Mr. Byrne. Trinken Sie was?" Kein Zweifel, Kissack war Engländer, aus London, dem Akzent nach zu urteilen.

„Danke." Byrne setzte sich. „Ich trinke ein Bier." Kissacks Blick heftete sich nachdenklich auf meine exotische Gestalt. Byrne wies mit dem Daumen auf mich. „Er trinkt nichts, das ist gegen seine Religion. Höchstens Limonade."

Kissack hob den Arm, der Kellner kam und nahm die Bestellung entgegen. „Mein Name ist Kissack. Das ist Monsieur Bailly."

Bailly brummte nur, und Byrne nickte knapp. Kissack begann mit dem Ausfragen. „Wie ich höre, interessieren Sie sich für abgestürzte Flugzeuge, Mr. Byrne."

„Ja."

Kissacks Augen verengten sich zu schmalen Schlitzen. „Und darf ich fragen, warum?"

„Vielleicht weil ich selber mal Flieger war."

„Ach so. Also ein mehr allgemeines Interesse." Kissack warf Bailly einen flüchtigen Blick zu, der gab aber wiederum nur einen Brummton von sich. „Irgendein Flugzeug, an dem Sie besonders interessiert sind?"

„Eigentlich nicht. Interessant sind sie alle." Byrne spielte Katz und Maus mit Kissack. Ich schob das Limonadenglas unter meinen Schleier und schlürfte.

„Gibt's noch Wracks aus der Zeit vor dem Krieg?" wollte Kissack wissen.

„Da gibt's nicht mehr viele. Aber warum sind Sie daran interessiert, Mr. Kissack?"

„Ich bin Reporter", antwortete Kissack. „Ich mache Recherchen."

„In der Sahara?" fragte Byrne spöttisch.

Kissack breitete die Hände aus. „Hobbyferien. Wollte eigentlich nur ein bißchen in der Gegend herumreisen, aber dann hat meine journalistische Neugier die Oberhand gewonnen."

Byrne nickte zu Bailly hin. „Auch Reporter?"

„Nein, nein. Monsieur Bailly ist mein Führer. Wie lange leben Sie schon hier, Mr. Byrne?"

„Fünfunddreißig Jahre."

„Ich möchte gern mit Ihnen reden. Macht Spaß, sich mal wieder mit einem Menschen in der eigenen Sprache unterhalten zu können. Ich spreche nur wenig Französisch und Monsieur Bailly überhaupt kein Englisch." Kissack war ein verdammter Lügner, denn Bailly hing wie ein Blutegel an Byrnes Lippen. „Trinken Sie doch noch ein Bier mit uns, Mr. Byrne?" fragte Kissack zuckersüß.

Byrne spielte den Zögernden, dann entgegnete er: „Na schön, also noch ein Bier. Wenn Sie mich ausfragen wollen, nehm ich's als Honorar."

„Ausgezeichnet", meinte Kissack begeistert und winkte dem Kellner. „Ich brauche noch ein bißchen Lokalkolorit für meine Recherchen – Bailly kann es mir nur schwer vermitteln."

„Ich will mein Bestes versuchen", sagte Byrne bescheiden. Der Kellner nahm wieder die Bestellung auf, und ich gab ihm mein leeres Glas.

„Ist Ihnen übrigens schon mal ein Mann namens Billson begegnet?" fragte Kissack wie nebenbei.

„Kenn ich nur vom Hörensagen. Nicht persönlich."

„Ach! Wissen Sie, wo er ist?"

„Er ist tot, Mr. Kissack", erklärte Byrne.

„Wissen Sie das genau?"

„Den Totenschein habe ich nicht gesehen. Aber ich schätze schon, daß er tot ist. Seine Kiste ist vor über vierzig Jahren zu Bruch gegangen."

Kissacks Stimme war belegt. „Den Billson meine ich nicht."

„Ach", sagte Byrne, „ich dachte, Sie interessieren sich für Flugzeuge." Der Kellner stellte das Bier vor ihm auf den Tisch.

„Ihr Billson", sagte Kissack geduldig, „wann ist das passiert?"

„Das war 1936 bei der London-Kapstadt-Rallye." Byrne zuckte die Achseln. „Und er ist nicht mein Billson."

„Wissen Sie vielleicht, wo das Flugzeug dieses Billson ist?"

„Das weiß niemand. Die Wüste hält vieles verborgen. Nicht, daß ich uninteressiert daran wäre."

„Sie suchen es nicht zufällig gerade jetzt?" fragte Kissack.

„Warum, zum Teufel, sollte ich das tun? Ich weiß mit meiner Zeit etwas anderes anzufangen. Wenn man irgendwann dieses Flugzeug findet, liegt es bestimmt in einem verflucht unwegsamen Teil der Wüste, sonst wär schon längst jemand darüber gestolpert."

Kissack schob seine Hand in die Brusttasche. Er holte einen Zettel heraus, den er auseinanderfaltete und auf den Tisch legte. „Ich selbst kann das nicht lesen, aber Bailly hat es mir übersetzt", sagte er. „Ich fand es außergewöhnlich interessant."

„Nun ja, als Reporter."

„Und Sie behaupten immer noch, daß Sie nicht nach diesem Flugzeug suchen?"

„Nur so nebenbei." Byrne zeigte auf das Flugblatt. „Solche Dinger lasse ich alle drei, vier Jahre verteilen – so aufs Geratewohl. Ich sagte es Ihnen schon, ich war Kriegsflieger. Sogar hier in Nordafrika. Flugzeuge in der Wüste interessieren mich nun mal."

„Teures Hobby", meinte Kissack. „Zehn Kamele kosten doch allerhand."

„Für Sie vielleicht." Byrne hob die Schultern. „Ich bin Züchter."

Kissack holte tief Luft, dann sagte er: „Der Mann, den ich suche, heißt Paul Billson."

„Paul Billson." Byrne schmeckte den Namen mit einem Schluck Bier ab. „Paul Billson." Er schüttelte den Kopf. „Kann nicht behaupten, daß ich den Namen schon mal gehört hätte. Irgendwie verwandt?"

„Weiß ich nicht", erwiderte Kissack scheinheilig. Er pochte mit dem Zeigefinger auf das Flugblatt. „Hat das schon was gebracht?"

„Bis jetzt nicht. Dieselben Einsendungen wie bei meiner letzten Flugblattaktion."

Kissack sah ihn lange wortlos an. Byrne machte Anstalten aufzustehen. „Möchten Sie sonst noch was wissen?"

„Im Augenblick nicht", sagte Kissack.

Byrne stand auf. „Sie wissen ja, wo ich zu finden bin, wenn Sie mich brauchen. Da oben in Timia. Nett, Sie kennengelernt zu haben, Mr. Kissack. Hoffe, Ihnen weitergeholfen zu haben." Freundlich nickte er Bailly zu.

Als wir vom Hotel wegfuhren, sagte Byrne zu mir: „Der Kerl verursacht mir Gänsehaut."

„Aber warum sucht er immer noch nach Paul? Er muß ihn doch längst als tot abgehakt haben."

„Ich fürchte, Mr. Kissack hat den Schock seines Lebens gehabt. Erst legt er Paul um, dann wird die ganze verdammte Sahara mit Fragebogen nach abgestürzten Flugzeugen überschwemmt, und die kommen dann auch noch aus Niger. Das kann einen Mann schon sehr verwirren."

Ich lachte. „Ein irres Garn, das du ihm da vorgesponnen hast."

„Leider nicht ganz reißfest", antwortete Byrne. „Wenn er sich umhört, kommt er schnell dahinter, daß ich noch nie im Leben solche

Flugblätter verteilt habe. Ich hoffe nur, daß er daraufhin dann nach
Timia fährt – damit gewinnen wir Vorsprung. Wenn er seine Zeit in
Timia verschwendet, sind wir schon jenseits von Bilma, ehe er mit-
kriegt, daß wir ihm durch die Lappen gegangen sind. "

ACHT Kilometer hinter Agadès bogen wir von der Straße ab und
fuhren querfeldein zum Treffpunkt mit Hamiada. Dieser hatte bereits
das Lager aufgeschlagen und ein Zelt aufgebaut. Wir legten uns früh
schlafen, um zeitig zur Durchquerung der Ténéré aufzubrechen.

Am Morgen gab ich Billson eine der Jeans und eins der Hemden, die
ich gekauft hatte. „Sie können nicht andauernd in einem Büroanzug
durch die Wüste marschieren. Ziehen Sie lieber das hier an. Kissack
hat Ihre Beschreibung und weiß, was Sie tragen. "

Billson wechselte schnell die Kleidung.

Hamiada ritt mit den Kamelen nach Timia zurück. Wir brachen in
die entgegengesetzte Richtung auf, erst genau nach Osten, dann
bogen wir leicht in nordöstlicher Richtung ab. Die ersten achtzig Kilometer strengten uns kaum an; die Piste war einigermaßen befahrbar,
aber dann verlor sich die Fahrspur, wir gerieten auf schwierigen
Boden; bald kamen Sandverwehungen und schließlich Dünen.

Byrne wies auf eine halbmondförmige Düne, an der wir vorüber-
fuhren. „Wanderdünen", erklärte er. „Ständig in Bewegung. Der
Wind treibt sie vor sich her. Nicht sehr schnell – aber sie wandern.
Deshalb gibt es hier auch keine Piste. "

Allmählich machten die Wanderdünen größeren Sandgebilden
Platz, einer Hügellandschaft aus Sand. Byrne steuerte geschickt und
schlängelte sich zwischen den Dünen durch. Während wir dahinroll-
ten, verbreitete er sich über die unterschiedlichen Sandarten.

„In dieser Gegend geht's noch ganz gut", sagte er. „Hier könnte
man wenigstens noch gefahrlos anhalten. Schlimm ist nur der *fech-
fech*. "

„Was ist das?"

„Es gibt Zeiten hoher Luftfeuchtigkeit – jedenfalls nach Wüsten-
maßstäben. In Winternächten gefriert die Luftfeuchtigkeit und bildet
auf der Sandoberfläche Eis. Dadurch entsteht eine Kruste über dem
weichen Sand; die ist zwar auch noch befahrbar, aber wenn du
anhältst, brichst du durch bis zu den Achsen. Kamelen macht das
natürlich nichts aus. "

Nach einiger Zeit flachten die Dünen zur Ebene ab, und wiederum
einige Zeit später rief Byrne: „Der Baum!" In der Ferne, am Horizont
voraus, war ein schwarzer Punkt zu sehen, der sich dann als einsamer

Dornenbaum mit weit ausgebreiteten Zweigen entpuppte. Auch der Brunnen war da, in einiger Entfernung, und der ganze Boden ringsum war mit Kamelmist übersät.

„Wir machen hier Rast und genehmigen uns eine Mahlzeit", verkündete Byrne. „Aber nicht am Brunnen."

Wir fuhren in einiger Entfernung vorbei, und plötzlich sagte Billson: „Da steht ein Mann an dem Baum."

„Tatsächlich", bestätigte Byrne. „Ein Mann allein. Das ist ungewöhnlich. Fahren wir mal hin und fragen ihn, wer er ist."

Unter dem Baum hielt Byrne an. Der Mann war kein Targi; er trug keinen Schleier, und seine Haut war dunkelbraun. Er war auch kleiner als die Tuareg und nicht sehr gut gekleidet. Er trug eine schwarze Gandura, sein Kopftuch war wirr verschlungen.

Byrne stieg aus und sprach eine Zeitlang mit dem Mann, dann kam er zum Wagen zurück. „Ein Teda aus dem Tibesti. Er steht schon seit drei Tagen hier und wartet, daß jemand vorbeikommt. Er will nach Osten und kann allein nicht weiter."

„Wie ist er denn bis hierher gekommen?"

„Zu Fuß. Hat's gerade noch so eben geschafft. Die zwei letzten Tage ohne Wasser. Hast du was dagegen, wenn wir ihn mitnehmen?"

„Es ist dein Wagen", sagte ich. „Und du bist der Boß."

Byrne nickte und winkte dem Mann. Langsam schritt der Fremde auf den Toyota zu. Er hatte einen alten Ziegenlederbeutel bei sich, der – wie Byrne erklärte – *gerba* genannt wird und in dem die Wüstenbewohner Wasser mit sich führen. Byrne zeigte auf den Beutel und deutete auf den Brunnen. Der Mann entleerte, auf ein Wort von Byrne, die *gerba* in den Sand.

„Man kann's natürlich trinken, wenn's unbedingt sein muß", sagte Byrne. „Aber wirklich nur im Notfall. Vor ein paar Jahren ist eine Antilope in den Brunnen gestürzt, und seitdem ist das Wasser miserabel."

Als wir weiterfuhren, fragte ich: „Wie heißt der Mann?"

„Das hat er nicht gesagt. Er hat nur gesagt, früher hätte er den Namen Konti getragen. Das bedeutet, daß er ein Mörder ist."

Ich drehte mich um und sah mir den Mann hinten im Wagen an. „Was um Himmels willen –"

„Schon gut", meinte Byrne besänftigend. „Er wird uns nicht umbringen. Das ist kein Berufsmörder. Wahrscheinlich hat er zu Hause jemanden aus Blutrache umgebracht und mußte dann verduften. Jetzt glaubt er wohl, ungefährdet wieder heimkehren zu können, oder er hat Bescheid bekommen, daß die Familie das Blutgeld bezahlt hat." Byrne hielt den Wagen einen guten Kilometer hinter dem Baum an. Wir stiegen aus.

Unsere Mahlzeit bestand aus Brot, Käse und Minztee, und unser Mörder langte auch kräftig zu. „Frag ihn doch nach seinem Namen", bat ich Byrne. „Ich kann ihn doch nicht ständig ‚der Mann, der früher Konti hieß' nennen."

Während Byrne mit dem Mann sprach, sagte Billson plötzlich: „Wenn ein Mörder im Wagen ist, fahre ich nicht weiter mit. Ich bin nicht gefragt worden, ob er sich uns anschließen darf."

Byrne brach abrupt sein Gespräch ab und knöpfte sich Billson vor. „Dann werden Sie den Rest des Weges zu Fuß zurücklegen müssen, die Richtung können Sie sich aussuchen. Dieser Mann ist vermutlich ein besserer Mensch als Sie. Es kümmert mich einen Dreck, was Ihnen paßt oder nicht paßt. Kapiert?" Er wartete keine Antwort ab und unterhielt sich weiter mit dem Mörder.

Billsons Gesicht nahm die Farbe von roten Beten an. Er verfiel in schmollendes Schweigen.

Byrne hatte sein Gespräch beendet und berichtete mir. „Er hat nichts dagegen, wenn man ihn nun wieder Konti nennt. Vor drei Jahren hat er im Tibesti einen Mann getötet, und er ist seitdem auf der Flucht. Vor kurzem hat er erfahren, daß das Blutgeld entrichtet ist, also darf er nun wieder heim."

Wir fuhren schnell und gelangten bald in eine Region, in der sich die Dünen immer höher auftürmten, beinahe hundert Meter hoch. Da Byrne die ganze Zeit am Steuer gesessen hatte, bot ich ihm an, ihn abzulösen. Aber davon wollte er nichts wissen. „Später vielleicht, nicht hier. Du bleibst nur im Sand stecken. Durch weichen Sand zu fahren ist eine Kunst."

Wir erreichten Fachi, eine kleine, elende Oase. Die Menschen, die hier lebten, waren negroid, die Frauen trugen Ringe in den Nasen.

Wir hielten nur an, um die Wasserkanister aufzufüllen und eine Ziege zu kaufen, die Byrne sachverständig schlachtete und zerlegte. Unser Nachtlager bauten wir zehn Kilometer weiter auf, als die Sonne eben hinter den Horizont sank. Wir kochten und aßen, dann legten wir uns schlafen. Als der Morgen graute, waren wir bereits wieder unterwegs.

Kilometer um Kilometer legten wir durch die erstarrten Wogen des Dünenmeeres zurück, manchmal auch, wenn kein Umweg möglich war, über die Dünen hinweg. Einmal sagte ich zu Byrne: „Wie zum Teufel weißt du bloß immer, wo es langgeht?"

„Es ist eben eine Kunst", erwiderte er. „Du mußt wissen, welcher

Wind in den letzten Monaten vorherrschte. Der Wind bestimmt den Winkel der Dünenkämme – und daran kann man sich orientieren. Außerdem mußt du immer die Sonne im Auge behalten."

Es war fast Mittag, als Byrne beim Überqueren eines Dünenkammes sagte: „Da ist die *azelai*."

„Was ist das?"

„Die Karawane, die Mokhtar nach Bilma führt. In Fachi waren sie vor zwei Tagen."

Die Karawane bestand aus etwa dreihundert Kamelen und etwa zwanzig Kameltreibern. „Fünfzig Kamele gehören mir", erklärte Byrne, dann begrüßte er Mokhtar. Mit dem lässigen, langsamen Schlendergang des Targi kam er auf uns zu, sah mich überrascht an und sagte dann etwas zu Byrne, der auflachte. „Mokhtar glaubt, ich hätte dich zum wahren Glauben bekehrt."

Wir kletterten wieder in den Toyota, und weiter ging die Fahrt; die Karawane, die im Fünfkilometertempo dahinzog, blieb schnell hinter uns zurück.

Gegen drei Uhr an diesem Nachmittag platzte der rechte Vorderreifen, und das Lenkrad schlug in Byrnes Händen heftig aus. Er brachte den Wagen zum Stehen.

Ein Peitschenschlag – und die Windschutzscheibe zersplitterte. Ich hatte in Korea oft genug unter Beschuß gelegen, ich wußte, wie sich das anhört, ich brauchte nicht erst eine zersplitterte Windschutzscheibe zu sehen. „Volle Deckung!" schrie ich. „Feuerüberfall!"

Ich riß am Türgriff und ließ mich in den Sand fallen. Die Schüsse kamen von rechts, also robbte ich um den Wagen, um Deckung zu haben. Einen knappen Meter neben mir spritzte eine Sandfontäne hoch. Billson war noch im Wagen, da er nicht so schnell schaltete; Byrne zog ihn heraus. Ich entdeckte, daß ich die Walther in der Hand hielt, ich mußte sie reflexartig aus dem Halfter gezogen haben.

Der Beschuß dauerte an; knappe, scharfe Detonationen erfüllten die trockene Luft. Aber es schlugen keine Kugeln mehr in unserer Nähe ein. Byrne stieß mich an. „Dort drüben!" Er zeigte auf die Düne hinter uns.

Konti, der Teda, rannte die Düne hoch und war fast schon auf dem Kamm, etwa zwanzig Meter über uns; die Gandura flatterte hinter ihm her, rings um ihn spritzte der Sand auf. Als er den Grat erreicht hatte, eine Silhouette am Himmel, schien er zu stolpern, er stürzte mehr auf die andere Seite, als er sprang, und war verschwunden. Es fielen keine Schüsse mehr.

„Ob's ihn erwischt hat?"

„Weiß nicht", sagte Byrne, öffnete die Hecktür des Toyota und holte das Lee-Enfield-Gewehr heraus. „Ich nehme an, Kissack hat uns überholt." Er zog ein volles Magazin aus seinem Brustbeutel und lud die Waffe.

Wieder fiel ein Schuß – ein dumpfer Schlag und dann das Sausen eines von Metall abprallenden Querschlägers. Der Wagen bebte auf seiner Federung. „Diese Banditen haben uns festgenagelt!" schimpfte Byrne. „Abhauen ist nicht mehr drin, dann erwischen sie uns." Er sah zur Düne hinter uns hoch. „Konti hat's nur geschafft, weil er so überraschend gespurtet ist. Schätze, es ist nicht das erste Mal, daß auf ihn geballert wird."

Ich sah mich nach Billson um. Er kauerte am Hinterrad und machte sich ganz klein. Byrne folgte meinem Blick. „Auf den brauchen wir nicht zu zählen."

Wieder ein Schuß – und eine sanfte Explosion, als nun auch aus dem zweiten Reifen die Luft entwich. Byrne sagte: „Wenn er das noch mal macht, sind wir im Eimer. Ich hab nur zwei Ersatzreifen. Schau doch mal, ob du die Kanaille nicht ausmachen kannst."

Vorsichtig hob ich den Kopf, um durch die Seitenfenster des Toyotas zu spähen. Die Düne gegenüber war etwa dreißig Meter hoch. Ich suchte die Kammlinie ab. Wieder knallte ein Schuß, der den Wagen traf, und in diesem Augenblick bemerkte ich eine flüchtige Bewegung auf der Düne.

Ich duckte mich. „Oben auf der Düne, etwa zwanzig Grad nach links."

„Entfernung?"

„Schwer zu schätzen. Zweihundertfünfzig bis dreihundert Meter. Und dann auch noch bergauf."

Byrne setzte ein Zielfernrohr auf das Gewehr. „Halt die Pistole bereit. Flankensicherung."

Ich stand halb geduckt, während Byrne den Lauf durch das offene Seitenfenster des Wagens schob. Ich sicherte seitwärts, aber da rührte sich nichts. „Jetzt seh ich ihn", sagte Byrne leise. Beide Gewehre feuerten gleichzeitig, und Byrne ging sofort in Deckung. Der Wagen schaukelte in seiner Federung. „Schätze, ich hab ihm Sand in die Augen gepfeffert", meinte er.

Nun war es ganz still in der Wüste, lediglich vom Kühler kam ab und zu ein leises Gurgeln. Ich wollte schon glauben, daß Byrne den Schützen erwischt hatte, da fiel wieder ein Schuß. Die Kugel kam durch die beiden offenen Wagenfenster gepeitscht.

„Möchte wetten, daß er die Stellung gewechselt hat", sagte Byrne.

„Vielleicht kann ich ihn noch einmal dazu zwingen. Dann versuchen wir einen Ausbruch und einen Flankenangriff."

„Ich bin bereit."

Der nächste Schuß hatte verheerende Folgen; er traf das Rad, hinter dem Billson kauerte, und zischend entwich die Luft aus dem Reifen.

„Das hat uns noch gefehlt!" schimpfte Byrne. „Auf drei Rädern kommen wir nicht weit, aber dafür hab ich den Mistkerl jetzt wieder im Auge."

Er hob das Gewehr und machte sich schußfertig. „Nicht schießen, Luke!" schrie ich entsetzt.

„Was ist?"

Jetzt wußte ich, was das gurgelnde Geräusch bedeutete. „Es hat entweder den Tank oder einen Kanister erwischt. Riechst du nichts?" Er schnupperte. Benzingestank. „Wenn du feuerst, gehen wir mit einem Donnerschlag hoch. Ein Funke genügt."

Er zog das Gewehr zurück, und in diesem Augenblick hatten wir beide denselben Gedanken. Es genügte auch nur ein Funke von einem am Wagen abprallenden Querschläger, um den Benzindunst in Brand zu setzen.

„Dann hilft uns jetzt nur noch ein Ausbruchsversuch. Jeder in eine andere Richtung. Wie's scheint, schießt nur einer auf uns, er kann uns nicht beide gleichzeitig erwischen."

„Was ist mit Billson?"

„Er kann machen, was er will."

Eine Kugel schmetterte in den Scheinwerfer, und Glas flog.

„Also los", sagte ich. „Unmittelbar nach dem nächsten Schuß." Byrne nickte.

Aber es gab keinen nächsten Schuß mehr. In der Ferne schrie ein Mensch auf – das durchdringende Heulen eines Menschen in nackter Todesangst, das nicht enden wollte. Ich starrte Byrne an. „Was ist das?"

Der Schrei hielt immer noch an, wandelte sich dann in kreischendes Schluchzen; ein Mensch rang nach Luft. „Da tut einem was weh, soviel ist klar", meinte Byrne. Jetzt fielen Schüsse in der Ferne; keine Gewehrschüsse, sondern Pistolenschüsse. Dann brach das Schreien ab. Alles war wieder still. Wir lauschten.

Aus der Ferne drang das unverkennbare Geräusch eines Automotors zu uns, den jemand vergeblich anzuwerfen suchte. Das Geräusch kam noch ein paarmal, dann mußte der Motor angesprungen sein, lief aber so leise, daß wir nichts mehr hörten. „Vielleicht hauen sie ab", mutmaßte Byrne.

„Vielleicht nur ein Trick, um uns aus der Deckung zu locken."

Byrne nickte. Wir blieben.

Zehn Minuten vergingen, dann ertönte ein Ruf. Ich spähte zur Düne hoch, blieb aber in Deckung. Da oben stand Konti und winkte uns herbei. Wir kletterten die Düne hoch, und Konti fing sofort an, auf Byrne einzureden. Er zeigte auf die Senke hinter der Düne; Byrne marschierte mit Konti los, und ich versuchte, sie einzuholen. Wir sahen Reifenspuren – und wir sahen auch, daß jemand Blut verloren hatte, mindestens einen halben Liter. Byrne hockte sich nieder und zeigte auf eine Stelle, wo ein Reifen über den blutgetränkten Sand gerollt war. „Kissack", sagte er. „Das ist das Zeichen, das ich in den Hinterreifen geschnitten habe."

„Was ist passiert?"

„Konti hat uns wahrscheinlich das Leben gerettet."

„Aber wie?"

Byrne sprach wieder ein paar Minuten mit Konti, dann sagte er zu mir: „Konti erzählt, daß drei Männer hier waren. Nach seiner Beschreibung Kissack, Bailly und anscheinend noch ein Araber. Kissack und der Araber lagen auf der Düne, Kissack war der Schütze; Bailly stand beim Wagen. Da hat Konti sich angeschlichen und mit einem Messer nach Bailly geworfen."

„Mit einem Messer?" fragte ich verblüfft. „Und deswegen hat Bailly solch ein Geschrei gemacht?"

„Du hast das Messer nicht gesehen", betonte Byrne. „Nachdem Bailly getroffen war, ist es in den Sand gefallen. Konti mußte es sich erst wieder holen, ehe er uns rief."

Byrne sagte Konti ein paar Worte und streckte die Hand aus. Konti griff unter sein Gewand und brachte ein Messer zum Vorschein, wie ich es noch nie gesehen hatte. Die Klinge war etwa vierzig Zentimeter lang und aus daumendickem Stahl geschliffen. Der Griff war im Halbkreis gebogen, und zwei weitere Klingen, im rechten Winkel aufgesetzt, ragten – mit Widerhaken an den Enden – daraus hervor. Da war eine Vielzahl von Schnittkanten, und jede einzelne war rasiermesserscharf. Außerdem war das ganze Ding ziemlich verrostet.

„Das ist ein *museri*", sagte Byrne. „Das Wurfmesser der Teda. Es wird waagrecht aus der Hüfte geworfen und kann ein Pferd im vollen Galopp fällen. Es wird zur Jagd verwendet, aber es kann einem Menschen auch noch auf fünfzig Meter den Fuß abhacken. Bailly hat überhaupt nicht mitgekriegt, was ihn da erwischt hat; aber Konti sagt, es hätte ihm den linken Fuß fast abgehackt und den rechten schwer verletzt."

Ich sah auf die rostigen Klingen. „Und wenn ihn nicht der Blutverlust umbringt, dann stirbt er an Blutvergiftung", bemerkte ich.

„Ich will's hoffen", sagte Byrne barsch. Er gab Konti die Waffe.

Wir kehrten zurück zum Toyota. Der Sachschaden war beträchtlich. Drei Reifen in Fetzen geschossen, und nur zwei Reservereifen vorhanden. Aber das war noch nicht das Schlimmste: Auch der Tank hatte ein Loch.

Kurz vor der Schießerei hatten wir den Tank aus den Kanistern aufgefüllt – selbst mit heilen Reifen hätten wir nicht genug Sprit für die Weiterfahrt nach Bilma gehabt.

„Wir haben ausreichend Wasser und Lebensmittel", sagte ich, „wir brauchen uns nur in den Sand zu setzen und zu warten, bis Mokhtar vorbeikommt, dann lassen wir uns per Anhalter auf einem Kamel mitnehmen."

„Ja", meinte Byrne, „soweit ganz gut. Bis auf einen Punkt. Mokhtar kommt hier nicht vorbei!"

13. KAPITEL

BILLSON zitterte noch lange. Ich nahm es ihm nicht weiter übel. Kein Wunder also, daß er nun zu unserem Kriegsrat nichts Wesentliches beitrug. Freilich, auch Konti vermochte uns kaum weiterzuhelfen. Die Ténéré gehörte nicht zu seinen Jagdgründen. Fazit: Entscheidungsfähig war nur Byrne.

Aber ihm fiel im Augenblick auch nicht viel mehr ein als: „Ein Glück, daß Konti eine *gerba* hat – wir werden jetzt wohl ein Stück zu Fuß gehen müssen."

„Wie weit?" fragte ich.

„Die Karawanenstraße verläuft gut zwanzig Kilometer weiter südlich. Wir brauchen Wasser unterwegs – soviel wir mitschleppen können."

Zuerst einmal füllten wir Wasser aus den Kanistern in die *gerba* um. Dann sah Byrne mich an. „Wieviel Gewicht kannst du übernehmen?"

„Zwanzig Kilo."

Byrne schüttelte den Kopf. „Zuviel. Je ein gut halbvoller Kanister für dich und Paul, höchstens zwölf Liter für jeden. Konti kann seine *gerba* tragen, das ist er gewöhnt."

Wir nahmen einen vollen Kanister und teilten den Inhalt auf zwei Kanister auf, dann brachten wir Trageschlaufen an, die wir gut abfütterten, damit sie nicht scheuerten.

Anschließend teilte Byrne jedem eine Dschellaba zu. „Nachts wird's kalt!" Der Kanister, den er für sich selbst bereitstellte, war bis obenhin voll – ein mörderisches Gewicht für einen Mann um die Sechzig.

Wir schlugen uns noch einmal den Bauch voll und stopften uns dann, was noch an Brot, Käse und Fleisch übrig war, in die Brusttaschen unserer Ganduras. „Trinkt, bis ihr platzt!" rief Byrne. „Im Körper trägt Wasser sich leichter als auf dem Körper. Jedes Kamel weiß das."

Ich fand, daß wir uns für einen Zwanzigkilometermarsch zuviel Wasser aufhalsten – es sei denn, Byrne sah Zwischenfälle voraus, die er uns verschwieg. Das machte mich unruhig.

Gern beschwöre ich meine Erinnerungen an diese Wüstenwanderung nicht herauf. Doch immer wieder drängt sich mir dieser weiche und dennoch knirschende Sand in den Sinn. Sand. Sand. Sand. Kilometerweit Sand. Immer wenn ich heute auch nur das kleinste Fleckchen Sand erblicke, spüre ich wieder das grausame Ziehen dieses verfluchten Kanisters an meinen Schultern.

Wir durchquerten die erste Senke und kletterten die Düne dahinter hoch, dann die nächste, die nächste und wieder die nächste, und alle diese Dünen waren zwanzig bis vierzig Meter hoch. Ich beobachtete Byrne, wie er vor mir eine Talsenke durchquerte. Jetzt kam ich dahinter, daß der lässige, schlurfende Gang der Tuareg seinen Sinn hat – für Leute, die sich viel auf Sand bewegen, ist es die kräftesparendste Art, von der Stelle zu kommen. Ich versuchte, es nachzuahmen, doch ohne viel Erfolg.

Die Sonne sank, warf lange Schatten in die Wellentäler. Byrne winkte ungeduldig. Torkelnd und rutschend brachten wir den Abhang hinter uns. Wie oft auf dieser qualvollen Wanderung verlor ich bei diesen steilen Abstiegen das Gleichgewicht! Der Kanister auf meinem Rücken schien mich schneller vorwärts zu schieben, als ich die Füße aus dem Sand ziehen konnte. Stolpern, Torkeln, Fallen, Aufstehen. Weiter. Weiter.

Wenn ich schon so litt, wie stand dann Billson die Strapaze durch? Er hatte die letzten fünfzehn Jahre in ein und demselben miesen Büro in Luton gehockt und fast nichts getan, um fit zu bleiben. Doch seltsam, auf dieser Dünenwanderung beklagte er sich nicht ein einziges Mal. Stur kletterte er die sandigen Hänge hoch, stur rappelte er sich immer wieder auf, wenn er ins Rutschen gekommen und gestürzt war, stur hielt er unser Tempo mit – und das war, da Byrne voranschritt, keineswegs gemächlich. Als die Sonne unter den Horizont tauchte, hielten wir auf einem Dünenkamm an, und Byrne sagte: „Das reicht. Abschnallen."

Die Kanister loszuwerden, die mit jedem Schritt an Gewicht zugenommen zu haben schienen, war eine große Erleichterung. Billson ließ sich, wo er stand, in den Sand fallen; sein Gesicht wirkte selbst im roten Schein der untergehenden Sonne grau. Jetzt fiel mir ein, daß er erst vor kurzer Zeit einen Schuß in die Schulter verpaßt bekommen hatte. „Warten Sie, Paul", sagte ich. „Ich helf Ihnen." Ich nahm ihm seine Last ab. „Wie geht's der Schulter?"

„Geht schon", murmelte er dumpf.

„Lassen Sie mich mal nachschauen." Er japste nach Luft und ließ sich von mir das Hemd aufknöpfen. Es war gerade noch so viel Licht, daß ich seine Schulter untersuchen konnte. Die Wunde, die bisher ganz gut verheilt war, sah rot und entzündet aus. Die improvisierten Tragegurte am Kanister hatten sie wundgescheuert. „Luke", rief ich, „komm mal her und sieh dir das an!"

Byrne untersuchte die aufgeschürfte Wunde. „Wir trinken zuerst das Wasser aus seinem Kanister", entschied er.

„Ich kann auch noch etwas in meinen Kanister übernehmen", bot ich an.

„Auch eine Möglichkeit", sagte Byrne gleichmütig. „Laßt uns erst mal was essen."

Das Abendessen war kalt und kaum appetitanregend. Das Licht verebbte im Westen, die Temperatur fiel, und Sterne blinkten auf. „Zieht euch die Dschellabas an", wies Byrne uns an.

„Wieviel haben wir geschafft?" fragte ich, als ich mir das Gewand umhing.

„Zweieinhalb Kilometer, vielleicht drei."

„Mehr nicht? Acht oder zehn hätte ich mindestens gerechnet."

„Ist schon mehr, als ich uns zugetraut habe." Byrne nickte Billson zu. „Füll jetzt einen Teil von seinem Wasser um, bevor wir weitermarschieren."

„Weiter...? Willst du denn im Dunkeln weitermarschieren?"

„Aber sicher. Wir haben's verdammt eilig. Keine Angst, ich hab einen Kompaß. Und später geht der Mond auf."

Ich übernahm die Hälfte von Billsons Wasser – Byrne wuchtete sich seinen immer noch randvollen Kanister auf den Buckel und versammelte uns um sich. „Bis jetzt habt ihr unterwegs nicht viel geredet. Das war auch gut so, das spart Luft. Von nun an wird geredet, damit keiner den Anschluß verliert. Wir werden jetzt langsamer vorankommen, aber es geht um jeden Meter."

Er stieg die Düne hinab. Die Orientierung war schwierig in der
Dunkelheit; Byrne brummte ständig: „Ho! Ho! Ho!" vor sich hin. Ich
fühlte mich stark genug, ein Lied erklingen zu lassen.

Ich weiß nicht, wie lange wir durch die Dunkelheit gestolpert
sind – mir kam's wie Stunden vor. Später erzählte Byrne, es sei Mitternacht gewesen, als er anhalten ließ; damit hätten wir bei diesem
sechsstündigen Nachtmarsch knapp fünf Kilometer zurückgelegt.
Auf halbem Weg einen Hang hinauf rief er: „Okay, Jungs! Das wär's.
Buddelt euch ein."

Dankbar ließ ich den Kanister von meinem Rücken gleiten und
massierte mir die schmerzenden Schultern. Im Mondschein sah ich
Billson auf dem Boden liegen. Ich kroch zu ihm hin und half ihm aus
den Tragegurten; dann wickelte ich die Dschellaba um ihn und baute
eine Sandrampe neben ihm auf, damit er im Schlaf nicht die Düne hin-
abrollte. Kaum war ich damit fertig, da war er auch schon eingeschlafen.

Ich schleppte mich über den Sand zu Byrne hin. „Was soll die verdammte Schinderei? Paul ist halb tot."

„Wenn wir morgen abend nicht am Ziel sind, wird er ganz tot sein",
sagte Byrne ungerührt. „Eine *azelai* rastet nicht bei Sonnenuntergang.
Mokhtar reitet jeden Abend bis elf. Er hat's natürlich leichter. Die
Karawane folgt immer nur den Talsenken."

„Wie orientiert er sich nachts in der Wüste?"

„An den Sternen. Und mit Hilfe seiner Erfahrung. Ich will versuchen, vor Sonnenuntergang eine Stelle zu erreichen, die er im Laufe
des Abends passieren muß. Eine *azelai* bewegt sich fast völlig lautlos
vorwärts. In der Nacht merkst du nicht einmal, wenn eine Karawane
zweihundert Meter entfernt von dir vorbeizieht. Deshalb möchte ich
am Ziel sein, solange noch etwas zu sehen ist."

„Und wenn wir die Karawane verpassen?"

„Dann müssen wir bis Bilma zu Fuß gehen. Deshalb führen wir so
viel Wasser mit. Konti und ich, wir würden es schaffen. Du könntest
es mit viel Glück auch schaffen. Aber Billson nie."

Das war deutlich genug. Ich buddelte mir einen Graben in den
Hang, wickelte die Dschellaba enger um mich und sah noch lange zu
dem pockennarbigen Mond hoch, bevor ich einschlief.

Am Morgen tranken wir das Wasser aus, das Billson noch hatte,
damit wir seinen Kanister stehenlassen konnten.

Es war noch dämmrig, das Frühstück war dürftig und schnell hin-
untergeschlungen. Ich schnallte mir den verhaßten Kanister um und
war marschbereit.

Da meldete sich Billson zu Wort. „Stafford, warum gießen wir nicht die Hälfte von Ihrem Wasser in diesen Kanister?" Er gab dem leeren Kanister einen Tritt. „Den kann ich doch tragen."

Ich sah ihn überrascht an. Das war das erste Mal, daß er sich anbot, auch einmal etwas für andere zu tun. „Fragen Sie lieber Byrne", antwortete ich. „Der hat einen vollen Kanister."

Byrne trat neben ihn. „Zeig mal die Schulter her." Er sah sich die Wunde an und schüttelte den Kopf. „Das schaffst du nicht, Paul. Wenn das noch weiter schürft und wenn da noch mehr Sand reinkommt, kriegst du Wundbrand. Und jetzt nichts wie weg."

Und so machten wir uns auf den Weg. Billson behauptete sich ganz gut. Er sprach nicht viel und hielt mit uns Schritt – immer ein paar Meter vor Konti. Byrne hatte offenbar Konti als Nachhut eingeteilt, um auf Billson zu achten.

Mittagsrast zu machen hatte wenig Sinn, denn zu essen hatten wir nichts mehr. Also tranken wir nur von dem Wasser in Byrnes Kanister. So war endlich, als es gleich darauf weiterging, auch seine Last um ein paar Liter leichter.

An diesem Tag war ich von Herzen froh, daß ich meine Tuaregmaskerade samt Schleier trug. Billson litt – neben allem anderen – auch noch unter irrsinnigem Sonnenbrand; dagegen war ich geschützt. An den Rest des Tages erinnere ich mich nur als ein ständiges Flimmern vor den Augen, ein Flimmern der Erschöpfung. Stunde um Stunde ging es dahin, in einem dumpfen, tranceartigen Trott, bis ich in Byrne hineintaumelte, der stehengeblieben war.

„Gerade noch rechtzeitig", hörte ich Byrne sagen. Er sah zur Sonne hin. „In einer Dreiviertelstunde ist es Nacht."

„Wir sind da?" fragte ich mit dicker Zunge. Ich sah die Düne hinab. Die Senke vor der nächsten Düne sah wie alle anderen aus, die wir durchquert hatten.

„Ja", versicherte Byrne. „Hier kommt Mokhtar vorbei."

Ich sah mich um. „Wo ist Billson?"

„Vielleicht einen halben Kilometer hinter uns. Konti kümmert sich um ihn. Komm, wir steigen nach unten."

Am Fuß der Düne drehte ich mich um. Billson und Konti zeichneten sich vor dem Himmel als Silhouetten ab. „Du meinst wirklich, wir können jetzt Rast machen?"

„Nein", sagte Byrne gnadenlos. Er ging die Senke entlang, und ich schlurfte hinter ihm her. Nach rund zweihundert Metern weitete sich das Tal zwischen den Dünen. Byrne blieb stehen. „Das ist die Stelle. Wie breit ist deiner Schätzung nach das Tal?"

„Vierhundert Meter."

„Breiter. Sechshundert. Wir müssen hier drei Gräben talaufwärts und talabwärts ziehen, jeder Graben mindestens zehn Meter lang, wenn's geht, mehr."

Das hörte sich nach Arbeit an. „Wie tief?"

„Nicht sehr. Gerade so, daß du in der Nacht den Graben mit den Füßen wahrnehmen kannst. Diese Nacht müssen wir alle Wache stehen."

Die Idee war einfach und gut. Die Gräben teilten das Tal in vier gleich große Bereiche auf, und jeder von uns hatte dann seinen 150-Meter-Streifen abzupatrouillieren. Sobald er auf einen Graben stieß, hatte er eine Kehrtwendung zu absolvieren. Wenn die Karawane durchkam, mußte rein rechnerisch einer von uns mit einem Kamel zusammenstoßen. Und das Auf- und Abmarschieren würde uns auch wach halten, erklärte Byrne.

Byrne zeigte mir die Stelle, an der ich meinen Graben ausheben sollte, aber ehe ich daran ging, setzte ich meinen Kanister ab und genehmigte mir einen tüchtigen Schluck Wasser. Ich buddelte mit den Händen, weil ich nichts anderes zum Buddeln hatte, und häufte den Sand seitlich auf. Auch Billson und Konti, die inzwischen den Abhang hinter sich gebracht hatten, wurden zur Arbeit eingeteilt; als die Dunkelheit hereinbrach, hatten wir getan, was wir konnten.

Dann kam das Auf- und Abpatrouillieren, jeder für sich in seinem Sektor, aber insgesamt über die ganze Breite des Dünentals hinweg. Ich war völlig fertig, und das langsame Herumstapfen im Sand machte mich auch nicht munterer. Immer wieder stießen meine müden Füße gegen den Grabenrand, immer wieder machte ich eine Kehrtwendung.

Die Nacht zog sich hin, und meine Schritte wurden langsamer. Plötzlich hallte ein Schrei aus Kontis Mund durch die Dunkelheit. Ihm folgten Schreckensrufe: *„Hai! Hai! Hai!"* Männer versuchten, ein ausbrechendes Kamel zu beruhigen. Und dann kamen ein paar Tuareg von hinten auf uns zu – vom Talausgang her. Die Hälfte der Karawane war bereits an uns vorbeigezogen, ohne daß jemand etwas bemerkt hatte, und nur durch Zufall war Konti mit jemandem zusammengestoßen.

UND so ritt ich hoch zu Kamel auf Bilma zu. Billson ebenfalls. Aber Byrne ging schon am zweiten Tag wieder zu Fuß, Konti marschierte die ganze Strecke. Diese Männer waren einfach nicht kleinzukriegen. Mokhtar hatte in dem Tal, in dem wir gefunden wurden, das Nachtlager aufgeschlagen. Aber schon früh am Morgen waren wir mit der Karawane weitergezogen – bis spät in die Nacht hinein.

Einen halben Tag später sollte ich endlich Flecken von Grün vor die Augen bekommen, die erste Spur von Vegetation seit Fachi. Und bald konnte ich auch einzelne Dattelpalmen ausmachen. Byrne eilte an die Karawanenspitze, um sich mit Mokhtar zu besprechen, dann wartete er auf mich. „Wir gehen nicht mit nach Bilma hinein", verkündete er. „Kann sein, daß Kissack dort ist. Wir müssen vorsichtig sein. Wir trennen uns an den Salzwerken Kalala von der Karawane."

Kalala entpuppte sich als eine Ebene mit Haufen aufgeworfener Erde – die Salzwerke. Die Ebene war voll von Menschen und Kamelen, hier lagerten mehrere Karawanen. Von unseren Kamelen wurde alles abgeladen.

„Du bleibst hier, Max", sagte Byrne. „Paß auf, daß Paul sich nicht verläuft. Ich gehe morgen nach Bilma und versuche, mir einen Wagen zu borgen, damit ich meinen Toyota aus der Wüste holen kann. Außerdem hör ich mich mal nach Kissack um."

„Paß auf dich auf."

„Ich bin nur ein Targi wie tausend andere", meinte er. „Der Schleier ist sehr nützlich."

Nachdem er gegangen war, gesellte ich mich zu Billson, und wir schauten uns zusammen die Salzwerke an. Billson war wieder einigermaßen bei Kräften. Im allgemeinen wird ein Kamelritt nicht als Erholungskur angesehen, aber mit einer Dünenwanderung verglichen, ist er ein Genuß. Mokhtar hatte eine Salbe beschafft, von der auch Byrne viel hielt, und Billsons Wunde heilte nun schnell.

Billson war auch bei bester Laune, und für einen Mann, der sich normalerweise in schmollendes Schweigen hüllte, gab er sich ziemlich geschwätzig. Vielleicht lag es an der Wüste.

Die Salzpfannen kamen mir vor wie aus einem der weniger bekömmlichen Kapitel aus Dantes „Inferno". Aus Schächten wurde die salzhaltige Erde ausgegraben und auf Pfannen geschaufelt, wo sich dann, wenn das Wasser unter der heißen Sonne verdunstete, das Salz absetzte. Dieses unreine Salz wurde nun mühsam abgekratzt und in Formen zu Säulen von etwa einem Meter Höhe gepreßt.

Wir gingen zu unserer Karawane zurück und ruhten uns aus. Auch die Kamele ruhten sich aus; manche hatten sich, nachdem sie abgeladen waren, flach auf die Seite gelegt. Das hatte ich noch nie bei Kamelen gesehen. Ich schaute mir das gerade an, als Mokhtar vorbeikam. Er dachte angestrengt nach, dann fand er das Wort, das er suchte: „Müde – sehr müde."

Ich nickte. Ich wäre auch müde gewesen, wenn ich einen Monat lang, sechzehn Stunden jeden Tag, marschiert wäre. Das hatte Mokhtar hinter sich – und er wirkte frisch wie der Frühling. Das Kamel, vor dem ich hockte, war hingegen abgehärmt, unter der mageren Haut zeichneten sich die Rippen ab. „Es ist dünn", sagte ich.

Mokhtar erwiderte etwas auf tamaschek, was ich nicht verstand. Dann nahm er das Kamel beim Halfter und trieb es auf die Beine. Er winkte mir, also folgte ich ihm und dem Kamel ein paar hundert Meter zu einem Steintrog, der mühsam mit Wasser aus einem Brunnen gefüllt wurde. Das Kamel senkte den Kopf und fing an zu trinken. Es trank zehn Minuten ununterbrochen und füllte sich vor meinen Augen richtiggehend auf. Es mußte fast hundert Liter getrunken haben – vor mir stand das wohlgerundetste und wohlgenährteste Tier, das ich je gesehen hatte.

Byrne kam erst am nächsten Vormittag zurück, aber er kam in seinem Toyota. Abgesehen von der zersplitterten Windschutzscheibe, sah der Wagen nicht viel anders aus als vor dem Beschuß; aber die Kiste hatte ja schon immer jede Menge Beulen gehabt.

Billson und ich waren gut ausgeruht – eine bequem durchschlafene Nacht wirkt Wunder –, doch zum erstenmal sah nun Byrne übermüdet aus. „Du mußt dich mal anständig ausschlafen", sagte ich.

Er nickte. „Heute nachmittag ruhe ich mich aus, und heute abend gehe ich früh schlafen. Aber vorher haben wir noch was zu erledigen. Steig ein."

Ich kletterte in den Wagen, und Byrne fuhr los.

„Wohin soll's denn gehen?"

„Wir lauern einer Horde von Touristen auf", erklärte er zu meiner Überraschung. „Sprichst du Deutsch?"

„So lala."

„Vielleicht kommen wir damit hin. Kissack ist in Bilma. Er hat Bailly ins Krankenhaus gebracht, oder was man hier dafür hält, und eine Geschichte von einem Autounfall erzählt, um Baillys Fußverletzung zu erklären. Das hat man ihm auch geglaubt, weil es hier keinen Arzt gibt. Bailly soll morgen ausgeflogen werden."

„Und was haben die deutschen Touristen damit zu tun?"

„Mir ist eingefallen, daß Kissack von dir nichts weiß."

Damit konnte Byrne recht haben. In England hatte ich niemandem erzählt, wohin ich geflogen war. Dort dachten alle, ich sonnte mich, wie Charlie Malleson es vorgeschlagen hatte, irgendwo in der Karibik. Und wenn ich auch auf Tuchfühlung an Kissack herangekommen war – er mußte mich für einen namenlosen Targi gehalten haben. Nur zweimal hatte er mich gesehen: im Hôtel de l'Aïr und im Visier seines Gewehres.

„Ich möchte, daß du dich an Kissack ranmachst und rauskriegst, was er vorhat", erklärte Byrne.

„Und was ist mit diesen deutschen Touristen?"

„Ich habe mit einem Touristenführer aus der Ténéré gesprochen, mit einem Targi namens Rhossi. Der hat mir erzählt, daß heute eine deutsche Reisegruppe von Norden runterkommt – er soll mit den Leuten die Ténéré durchqueren."

„Na und?"

„In Bilma halten sich nicht sehr viele Europäer auf. Du kannst also nicht einfach reinmarschieren und Kissack anquatschen. Du würdest sofort der Polizei auffallen, und die würden dann deine Papiere sehen wollen. Nachdem du illegal nach Niger eingereist bist, ist das wohl wenig empfehlenswert. Aber wenn du mit einem Haufen Touristen ankommst, fällst du nicht auf. Ich setz dich ein paar Kilometer vor Bilma ab. Du mußt dann per Anhalter weiterkommen."

Das konnte klappen. Europäer würden immer einen anderen Europäer auf der Straße auflesen. „Was soll ich denn diesen Touristen erzählen?"

„Zehn Kilometer vor Bilma, gleich neben der Straße, gibt es Felsmalereien. Erzähl ihnen halt, du wärst dahin spaziert, aber jetzt wärst du zu müde, zu Fuß heimzulaufen. Wär ganz gut, wenn du dir vorher die Felsmalereien ansehen würdest."

Also fuhren wir die Piste entlang, die von Bilma nach Norden führt, und schauten uns die Felszeichnungen an. Es waren eigentlich mehr Ritzungen, die in das senkrechte Gestein geschnitten waren. Die Motive waren recht interessant: allerhand Vieh mit gespreizten Hörnern, ein Reiter auf einem Pferd, und dann noch, ganz überraschend, ein Elefant. „Ein Elefant?"

„Warum nicht?" fragte Byrne. „Was meinst du denn, wo Hannibal die Elefanten für seine Alpenüberquerung herhatte? Der Nordafrikanische Elefant ist vor zweitausend Jahren ausgestorben. Ich hab allerdings noch Skelette gesehen. Es waren Zwergelefanten, halb so groß wie der Indische Elefant."

Ich sah mir noch einmal die Zeichnungen an. „Wie alt?"

„Vielleicht zweitausend Jahre. Allerdings nicht so alt wie die Malereien im Tassili." Er musterte mich. „Am besten, du ziehst dir jetzt was anderes an."

Und damit verwandelte ich mich wieder in einen Europäer. Hemd und Hose wirkten beengend nach der Freiheit, die mir die Gandura gewährt hatte. Byrne fuhr auf die Piste nach Bilma zurück. „Der Reiseleiter wird wahrscheinlich alle Pässe einsammeln und zur Überprüfung im Fort vorlegen. Dich wird er nicht nach dem Paß fragen. Misch dich einfach unter die Leute, damit es so aussieht, als gehörtest du dazu. Kurz danach wird sich die Gruppe auflösen, um sich Bilma anzuschauen. Das ist dann deine Chance, Kissack aufzustöbern."

„Und wo finde ich Kissack?"

„Du mußt eben Ausschau halten. Achte auf einen Range Rover. Außerdem gibt es noch einen vergammelten Schuppen, der sich Restaurant nennt. Auf jeden Fall kriegst du da ein Bier."

Er setzte mich am Straßenrand ab und fuhr davon. Freundlicherweise ließ er mir etwas Wasser da – in einer Feldflasche, die ihren verschlungenen Schicksalsweg offenbar in der britischen Armee begonnen hatte.

Die deutsche Reisegruppe erschien nach etwa drei Stunden Wartezeit: achtzehn Leute in vier Landrovern mit verlängertem Radstand. Ich stellte mich auf die Piste und hob die Hand. Gleich der erste Landrover hielt. Mein Deutsch, das ich einmal bei der britischen Rheinarmee gelernt hatte, war grammatikalisch etwa so wie Byrnes Französisch, aber ich kam einigermaßen zurecht.

Der Fahrer des Autos, das ich angehalten hatte, war auch der Reiseleiter; er war gern bereit, mich bis nach Bilma mitzunehmen. Neugierig sah er mich an. „Was hat Sie denn in diese Wildnis geführt?"

„Ich bin von Bilma aus hierherspaziert, um mir die Felszeichnungen anzusehen", antwortete ich mit einem Lächeln. „Aber ich möchte nicht gern noch einmal die ganze Strecke zu Fuß gehen."

„Ich wußte gar nicht, daß es auch hier Felszeichnungen gibt. Im Norden, am Col des Chandeliers, da gibt es ja viele. Aber hier?"

„Doch, doch. Nur drei Kilometer von hier landeinwärts."

„Können Sie uns das zeigen? Es würde meine Leute bestimmt interessieren."

„Selbstverständlich. Mit größtem Vergnügen."

So stand ich kurz darauf wieder vor dem zweitausendjährigen Vieh, dem Pferd und dem Elefanten. Ein Glück, daß Byrne mit mir diesen Abstecher gemacht hatte. Wir verbrachten etwa zwanzig Minuten zwischen den Felsen, und die Deutschen knipsten fleißig mit ihren japanischen Kameras. Es war eine gemischte Gesellschaft: Teenager, aber auch ältere Leute. Kaum eine halbe Stunde später fuhren wir die lange Steigung hinauf, die zum Fort in Bilma führt. Die Landrover wurden vor dem Tor in Reih und Glied geparkt, und ich öffnete die Tür. „Vielen Dank fürs Mitnehmen."

Der Fahrer nickte. „Mein Name ist Helmut Schäffer. Vielleicht sehen wir uns noch auf ein Bier im Restaurant?"

„Eine gute Idee. Ich heiße Max Stafford."

Er sammelte nun die Pässe ein, trug den Stapel ins Fort, und die Reisegesellschaft zerstreute sich. Ich schlenderte lässig davon und hielt mich an ein Trio, das offenbar das Restaurant ansteuern wollte.

Auch dieses war genau so, wie Byrne es beschrieben hatte – ein vergammelter Schuppen. Die Touristen warfen skeptische Blicke auf das sonnengebleichte Schild und die abbröckelnden Mauern, entschlossen sich aber dann doch, einen Vorstoß zu wagen. Ich folgte ihnen.

Die Wände waren nackt, an der einen Seite gab es eine Theke, außerdem ein paar altgediente Tische, unordentlich verteilte Stühle und an zwei Wänden eine Bank. Auf der Bank an einem Ecktisch saß Kissack.

Der Mann neben Kissack trug Landestracht, aber ein Targi war er nicht, denn er hatte keinen Schleier. Wahrscheinlich der Araber, den Konti gesehen hatte. Kissack stocherte in einem Omelett.

Ich ging durch den Gastraum zu ihm hin, baute mich vor seinem Tisch auf und fragte ihn auf deutsch, ob er das Omelett empfehlen könne.

Kissack sah mich an und fragte: „Wie? Sprechen Sie kein Englisch?"

Ich produzierte ein Lächeln, obgleich mir nicht danach zumute war, diesen Mörder anzulächeln, und plapperte in fröhlichem Englisch drauflos: „Ich wollte fragen, ob das Omelett in Ordnung ist. *Sorry*, aber ich war die ganze Zeit mit diesen Leuten da drüben unterwegs, da spricht man schon automatisch deutsch."

„Das Omelett ist nicht schlecht", brummte er.

„Vielen Dank. Mit einem Bier kriegt man's sicher runter."

Ich setzte mich an den Nebentisch, dicht neben ihn.

Er wandte sich ab und sprach leise mit dem Araber. Während der Kellner kam, dröhnte ein Flugzeug niedrig über die Stadt. Kissack machte eine hastige Bewegung, der Araber stand auf und ging hinaus. Ich bestellte mir ein Bier und ein Omelett. Dann drehte ich mich um und schaute durch das Fenster. Der Araber ging zum Fort hinauf.

Bald kam auch das Bier, ein nicht allzu sauberes Glas wurde mir hingestellt. Ich schenkte mir aus der Bierflasche ein und fragte mich, wie ich Kissack angehen sollte. Schließlich entschied ich mich für die dummdreiste Tour: „Haben wir uns nicht schon einmal gesehen?" fragte ich ihn.

Er musterte mich von der Seite. „Woher kommen Sie denn?"

„Aus dem Norden. Über den Col des Chandeliers."

„Da bin ich nie gewesen." Er wandte sich wieder seinem Teller zu.

„Dann muß es in England gewesen sein."

„Nein", meinte er patzig.

„Ich hätte schwören können ...", beharrte ich.

Kissack blaffte mich an: „Hören Sie mal zu, Mensch – ich war seit zehn Jahren nicht mehr in England!" Das war eine deutliche Abfuhr. Für ihn war das Thema beendet.

Ich trank, wartete auf mein Omelett und war sauer auf Kissack. Ich wollte soeben schwereres Geschütz auffahren, als jemand durch den Gastraum „Herr Stafford!" rief. Ich zuckte zusammen.

Schäffer kam auf mich zu. Ich warf einen Seitenblick auf Kissack, aber offenbar bedeutete diesem mein Name nichts. Erleichtert atmete ich auf. „Hallo, Helmut!" sagte ich und hoffte, daß diese Vertraulichkeit ihn nicht überraschte. „Wie wär's mit einem Bier?"

Er setzte sich zu mir, und im selben Augenblick bedauerte ich auch schon meine Einladung. Schäffer konnte mir unwissentlich ein Bein stellen, indem er verriet, daß ich nicht zu seinem Verein gehörte. Zum Glück war sein Englisch nicht sehr gut.

„Hat alles geklappt im Fort?" fragte ich ihn auf deutsch.

Er hob die Schultern. „Die haben jetzt keine Zeit für uns. Aus Agadès ist ein Flugzeug angekommen, um einen Kranken auszufliegen. Ich habe die Pässe im Fort gelassen und hole sie erst später ab."

Der Kellner stellte ein Omelett vor mich hin, und ich orderte ein Bier für Schäffer. Kissack bestellte sich ebenfalls noch ein Bier, also wollte er noch eine Zeitlang bleiben. Ich ging ihn noch einmal an: „Aber wissen Sie, ich habe Sie doch schon irgendwo einmal gesehen."

Er gab ein gelangweiltes Grunzen von sich.

„Kann es nicht in Tamanrasset gewesen sein? Sie fuhren da einen Range Rover."

Das saß. Er führte sein Glas halbwegs zum Mund und nicht weiter. Mit kaltem Blick schätzte er mich ab. „Worauf wollen Sie eigentlich hinaus, Sportsfreund?"

„Ach, nichts", sagte ich kühl. „So was beschäftigt mich halt. Aber nun freue ich mich, daß ich mich doch nicht getäuscht habe. Sie waren also in Tamanrasset."

„Na wennschon! Was geht das Sie an?"

Ich nahm mein Omelett in Angriff. „Nichts."

„Wann waren Sie in Tamanrasset?" fragte Kissack plötzlich.

„Offenbar als Sie auch da waren", konterte ich. „Ach, da fällt mir gerade ein – haben Sie etwas von dem Burschen gehört, der in Tamanrasset verschwunden ist? Ebenfalls Engländer. War eine ziemliche Aufregung, als ich abfuhr."

Kissack fuhr sich mit der Zunge über die Lippen. „Wie hieß denn dieser Engländer?"

„Wilson", sagte ich. „Nein, das stimmt nicht. Williamson? Nein, auch nicht. Mein Gedächtnis spielt mir wirklich Streiche. Erst diese Sache mit Ihnen, jetzt dieser Engländer – wie hieß er doch gleich?" Ich zog die Stirn in Falten. „Billson!" verkündete ich triumphierend. „Ja, so hieß er. Die Polizei war ziemlich aus dem Häuschen, aber Sie wissen ja, wie diese Algerier sind. Verdammte Bürokraten mit Maschinenpistolen!"

Der Kellner brachte das Bier für Schäffer, und auch Kissack erhielt Nachschub.

„Was ist mit diesem Billson passiert?" fragte Kissack. Seine Stimme war mehr als beherrscht.

Ich antwortete nicht gleich, sondern schob mir ein Stück Omelett in den Mund. Nun hatte ich Kissack so fest an der Angel, daß er Fragen stellte, das war schon ein Fortschritt. Ich schluckte den Bissen hinunter und sagte: „Er ist ohne Genehmigung ins Hochland von Atakor gefahren und nicht mehr zurückgekommen. Die wildesten Gerüchte liefen in der Stadt um, als ich abreiste."

„Was für Gerüchte?"

„Ach, das Übliche, wenn so etwas passiert. Zum größten Teil natürlich völlig unglaubwürdig."

„Was für Gerüchte?"

Ich zuckte die Achseln. „Also, zum Beispiel hörte ich, sein Landrover wäre völlig ausgebrannt hinter dem Assekrem gefunden worden. Kennen Sie die Gegend?"

„Nicht sehr gut", antwortete Kissack verkrampft.

„Ja, und dann sagten die Leute auch, der Leichnam wäre rausgeholt worden und dieser Billson wäre an einem Sonnenstich gestorben. Aber dann behaupteten andere Leute, nein, er wäre noch am Leben gewesen, als man ihn fand, aber es hätte jemand auf ihn geschossen. Wie gesagt, lauter unglaubwürdiges Gewäsch. So etwas passiert doch heutzutage gar nicht mehr, meinen Sie nicht auch? Die Wüste ist doch jetzt ziemlich zivilisiert."

„Worüber sprechen Sie?" fragte Schäffer. Er grinste. „Ich spreche Tamaschek besser als Englisch. Ich höre die ganze Zeit Tamanrasset und Atakor und Assekrem."

„Ach, es geht um einen Engländer, der in der Nähe von Tamanrasset verschwunden sein soll."

Kissack machte ein finsteres Gesicht. „Gibt's auch Gerüchte darüber, was schließlich aus diesem Billson geworden ist?"

„Zuletzt habe ich gehört, er läge unter Polizeibewachung in Tamanrasset im Krankenhaus. Aber das ist sicher auch wieder nur ein Gerücht."

Kissack schwieg und goß sich endlich sein Bier ein. Er dachte scharf nach, fast konnte man sehen, wie sich die Rädchen in seinem Gehirn drehten. Ich wandte mich wieder Schäffer zu und redete mit ihm – auf deutsch – über die Probleme einer Ténéré-Durchquerung. Einige Zeit später sagte Kissack: „Stafford – Sie heißen doch Stafford, oder?"

„Ja, was ist?"

„Wie sind Sie von Tamanrasset hierhergekommen?"

Ich versuchte, mir die Landkarte wieder vor Augen zu führen, und sagte locker: „Von Tamanrasset aus bin ich nach Djanet geflogen und dann mit der Reisegesellschaft nach Süden gefahren. Warum?"

„Was haben Sie in Tamanrasset gemacht?"

„Ich wüßte nicht, was Sie das anginge, aber ich interessiere mich für Charles de Foucauld; ich wollte sehen, wie und wo er gelebt hat."

„Sie sind ein verdammter Lügner!" fauchte Kissack. „Die Reisegruppen, die von Djanet kommen, müssen sowieso durch Tamanrasset. Warum also sollten Sie zweimal dort gewesen sein?"

Ich stand langsam auf. „Weil ich mich in Agadès von der Gruppe trennte und nach Kano weiterreiste. Deshalb. So – und nun stehen Sie auf und zeigen Sie, daß Sie ein Kerl sind. Lügner lasse ich mich von niemandem nennen!"

Kissack sah zu mir hoch, rührte sich aber nicht. Schäffer fragte: „Was ist los?" Den Wortwechsel hatte er nicht mitbekommen, aber was in der Luft lag, war auch ohne Sprachkenntnisse zu verstehen.

„Dieser Mann hat mich einen Lügner geschimpft!" schrie ich. Plötzlich überkam mich eine unbändige Wut auf Kissack. Ich packte ihn am Hemd und riß ihn hoch. Der Tisch stürzte um, Glas zersplitterte am Boden. Kissack griff mit der Hand in seine Jacke; ich rammte ihm meinen Ellenbogen in die Rippen und spürte, daß er da eine Waffe hatte.

Schäffer packte mich von hinten und drängte mich zur Seite. „Mensch, Stafford, machen Sie doch keinen Ärger!" stieß er hervor. „Das Gefängnis hier ist nicht sehr angenehm."

Kissack hielt seine Hand unter der Jacke. Ich schüttelte Schäffer ab und drohte Kissack mit dem Finger. „Sie wollen auch keine Polizei hier haben, stimmt's? Nicht mit diesem Ding da in der Jacke. Da hätten Sie allerhand zu erklären."

Der Barmann kam mit einem Stück Eisenrohr in der Hand von hinten heran, blieb aber stehen, als Schäffer auf arabisch auf ihn einredete. Kissack zog seine Hand leer aus der Jacke. „Ich weiß nicht, wovon Sie

reden." Mit flatterndem Blick sah er auf den Barmann. „Das hier ist
sowieso ein lausiger Laden." Er griff in seine Tasche, zog ein paar
Geldscheine heraus und warf sie auf den Boden. Dann ging er.

„Herr Schäffer", wandte ich mich an meinen Begleiter, „sagen Sie
dem Wirt, daß ich für den Schaden aufkomme. Ihr Arabisch ist besser
als mein Französisch."

Er nickte und gab ein paar Sätze auf arabisch von sich. Der Barmann
nickte kurz und unfreundlich, hob das Geld vom Boden auf und verzog sich wieder hinter seine Theke. Schäffer wandte sich an mich.
„Brechen Sie hier lieber keinen Streit vom Zaun, Mr. Stafford."

„Ich bin provoziert worden", antwortete ich. Ich schaute durchs
Fenster und sah Kissack auf die Ansammlung schmutzfarbener Häuser
zugehen, die Bilma darstellten. Die Sache war verpatzt. Ich hatte
nichts Wertvolles aus ihm herausgebracht. Schlimmer: Nun hatte er
sicher Verdacht geschöpft.

Aber vielleicht war doch noch etwas aus der Situation herauszuho-
len. Ich mußte nur schnell sein. Ich ging an die Theke und bezahlte.
Dann eilte ich auf die Straße und sah mich nach Kissack um. Wenn ich
ihn allein erwischte, würde er mir noch allerhand erzählen müssen –
Pistole hin oder her.

BILMA muß nach alten Plänen des Labyrinths von Dädalus erbaut
worden sein: keine Straßen, nur ein Gewirr von Gassen und Durch-
gängen. Es war nicht leicht, Kissack im Auge zu behalten; zweimal
verlor ich ihn und mußte kreuz und quer nach ihm suchen. Ich folgte
ihm immer tiefer in den Irrgarten.

Als ich wieder einmal an einer Mauerecke hinter Kissack herspähte,
öffnete er eben eine Tür, hinter der er verschwand. Ich ging ihm nach,
schaute mir die Tür und die fensterlose Mauer an. Über die Mauer zu
klettern wäre zu auffällig gewesen, also stieß ich vorsichtig die Tür auf
und glitt ins Haus. Ich stand in einem Innenhof, der gerade groß genug
für Kissacks Range Rover war – damit war er allerdings auch schon
ausgefüllt. Schnell kroch ich unter den Wagen – mit einem Dankgebet
an den Hersteller für die großzügige Bodenfreiheit. Ich hatte mich in
meinem Schlupfloch kaum häuslich eingerichtet, da ging auch schon
die Tür auf, und mehrere Männer traten in den Hof. Ich zählte die Füße
und teilte durch zwei – vier Männer.

„Wo ist denn nur Kissack?" fragte einer von ihnen auf französisch.
Dann rief er laut: „Kissack!"

„Ich bin im Haus!" kam Kissacks Stimme.

Der französischsprechende Monsieur verwandelte sich in einen

englischsprechenden Gentleman. Wobei ihm zum Gentleman allerdings die guten Manieren fehlten. „Kommen Sie sofort raus!" blaffte
er. Eine Tür schlug zu, ein fünftes Fußpaar trat in mein beschränktes
Blickfeld – Kissacks Füße.

„Sie glauben doch nicht etwa, daß ich freiwillig diese flohverpestete
Hundehütte da betrete!" schimpfte Kissacks Gegenüber.

„Hallo, Lash", antwortete Kissack nur.

„Sparen Sie sich Ihre Verzierungen", sagte Lash. „Und für Sie
immer noch Mister Lash." Er verfiel wieder ins Französische. „Ver-
zieht euch für die nächste halbe Stunde!" scheuchte er seine Begleiter.
„Aber bleibt auffindbar."

„Wie wär's mit dem Restaurant?" fragte einer.

„Von mir aus. Aber bleibt gefälligst dort sitzen." Die drei gingen,
und die Tür zur Straße schlug zu.

„Womit, zum Teufel, verbringen Sie eigentlich Ihre Zeit, Kissack?"
wollte Lash wissen.

„Ich tue, was mir gesagt wird", versetzte Kissack bockig.

„Nichts als Mist gebaut haben Sie!" fuhr Lash ihn an. „Wir haben
einen Vertrag über die Liquidierung Billsons – und der Mann läuft
immer noch putzmunter in der Gegend herum. Wieso?"

„Herrgott, das weiß ich doch nicht! Er müßte wirklich tot sein. Ich
hab ihm in der gottverlassensten Gegend, die es gibt, eine Kugel verpaßt. Er kann da nicht einfach rausmarschiert sein."

„Also hat er Hilfe gehabt. Und als nächstes hat einer eine Reklame-
kampagne für dieses verdammte Flugzeug gestartet. Menschenskind –
Flugblätter in der ganzen Wüste! Kissack, unser Plan sah vor, keinerlei
Aufmerksamkeit auf dieses Flugzeug zu lenken. Dank Ihrer hervorra-
genden Arbeit sucht nun jeder lausige Araber nebst Familie nach dieser
Maschine."

„Dafür kann ich doch nichts!" schrie Kissack. „Von diesem Byrne
habe ich nichts gewußt."

„Ist das der Mann, der die Flugblätter verteilen läßt?"

„Ja. Ein verkalkter Amerikaner, der auf Eingeborener macht."

„Ich hab keine Lust, hier herumzustehen und mir das Gehirn braten
zu lassen!" schimpfte Lash. „Steigen Sie in den Wagen."

Der Range Rover schaukelte auf seiner Federung.

Ich nutzte die Gelegenheit, um mich etwas bequemer hinzulegen.
Durch Lash ändert sich alles, überlegte ich. Kissack hatte zweimal ver-
sagt und daraufhin Verstärkung angefordert – und gekommen war der
Boß persönlich. Nach allem, was ich gehört hatte, hatte Lash deutlich
mehr Biß als Kissack.

Und hören konnte ich sie immer noch, denn die Fenster des Wagens standen offen. Lash sagte gerade: „Als ich von den Flugblättern erfuhr, gab ich Ihnen Anweisung, in Agadès zu bleiben. Ich komme an und muß feststellen, daß Sie in diese verdammte Wüste abgebraust sind. Und als nächstes müssen wir uns erzählen lassen, daß es Bailly bei einem Autounfall erwischt hat. Wie ist das eigentlich passiert?"

„War kein Unfall", gestand Kissack. Dann berichtete er, wie er uns überfallen hatte. „Ich hatte die ganze Bande festgenagelt – alle, bis auf einen, der mir entwischt ist. Zu Fuß kann er nicht weit kommen, dachte ich mir. Die Burschen hatten keine Chance mehr. Da schreit sich Bailly plötzlich die Seele aus dem Leib."

„Was war passiert?"

„Der Araber hat ihm was verpaßt. Was oder wie weiß ich nicht, aber seinen Fuß ist Bailly los. Der Araber verduftete."

„Schiß haben Sie gehabt", grollte Lash.

„Den hätten Sie auch gehabt, wenn Sie Baillys Fuß gesehen hätten", konterte Kissack. „Er hat überhaupt nicht aufgehört zu schreien. Ich mußte ihm eins über den Schädel ziehen, damit er still war."

„Sie haben ihn dann in den Wagen gesetzt und nach Bilma gebracht. Kissack, Sie sind ein Dummkopf."

„Was hätten wir denn sonst machen können?"

„Wenn Ihnen Baillys Geschrei auf die Nerven ging, hätten Sie ihn ja umlegen können. Dann hätten Sie sich auch weiter um die Bande kümmern können. Die hatten Sie doch festgenagelt, wie Sie behaupten."

„Herrgott noch mal, Sie ..." Kissack blieb die Stimme weg. „Sie sind eine eiskalte Bestie."

„Ich bin Realist", hielt Lash dagegen. „Was waren das überhaupt für Leute, mit denen Sie sich da angelegt haben?"

„Der eine war Byrne, der Mann, der die Flugblätter verteilen läßt. In Agadès hatte er mich für dumm verkaufen wollen, aber das habe ich durchschaut. Und der andere war wohl Billson. Außerdem waren noch zwei Araber dabei."

„Araber oder Tuareg?"

„Für mich sehen die alle gleich aus."

„Ich wiederhole, Kissack, Sie sind ein Dummkopf. Trugen die Männer Schleier?"

„Byrne – ja. Und noch einer. Der dritte, der Bailly erwischt hat, trug keinen."

Eine Pause trat ein, wohl weil Lash nachdenken mußte. Schließlich fragte er: „Was ist aus den Männern geworden?"

„Keine Ahnung. Hier sind sie nicht. Den Toyota hab ich ganz schön zusammengeballert. Von den Reifen ist nur einer heil geblieben. Und aus diesem Sand kommt keiner mehr raus."

„Das haben Sie schon einmal gesagt, da ging's um Billson, und da haben Sie sich auch geirrt." Lash machte aus seiner Verachtung keinen Hehl. „Jede Wette, daß Sie sich auch diesmal irren. Vor dem Abflug von Algier habe ich mir die Mühe gemacht, Erkundigungen über diesen Amerikaner, diesen Byrne, einzuziehen. Der Mann lebt seit fünfunddreißig Jahren in der Wüste, Kissack. Wenn Sie ihn nicht umgelegt haben, dann ist er auch aus der Wüste rausgekommen, denn da kennt er sich aus. Haben Sie ihn umgelegt?"

„Nein", antwortete Kissack gereizt.

„Morgen fahren wir raus, und dann will ich einen zerschossenen Toyota einsam in der Wüste liegen sehen und ein paar Leichen in zumutbarer Entfernung. Aber wehe, da ist nichts. Dann werden Sie sich wünschen, Sie wären an Baillys Stelle."

„Der Toyota wird dastehen, Mr. Lash. Ich weiß, wo meine Kugeln getroffen haben."

„Wetten Sie nicht zu hoch darauf", sagte Lash kühl. „Ich setze nämlich dagegen. Der Wagen wird nicht mehr dastehen. Aber hatte ich Ihnen nicht gesagt, Sie sollten in Agadès auf mich warten? Warum sind Sie dann nicht dort geblieben?"

„Erinnern Sie sich nicht mehr, was Sie mir gesagt haben?" hielt Kissack in einem Anfall von Mut dagegen. „Sie sagten, wir hätten einen Vertrag über die Liquidierung von Billson, und Sie fragten, wieso er noch am Leben sei. Ich habe nur meine Arbeit gemacht."

„Gütiger Himmel!" Lash wurde nun heftig. „Durch diese Flugblätter hat sich doch alles geändert! Das hätte selbst ein Kretin wie Sie kapieren müssen. Billson tot oder lebendig – das ist doch jetzt völlig gleichgültig. Das Flugzeug wird nun auf jeden Fall gefunden. Und damit sitzt mein Auftraggeber in der Klemme. Und das wird ihn nicht freuen. Wenn das abgestürzte Flugzeug Byrne ein paar tausend Pfund wert ist, dann wird sich jeder, der es findet, ausrechnen können, daß es auch einem anderen etwas wert ist, ganz gleich, ob Billson nun am Leben ist oder nicht."

„Was ist bloß an diesem verdammten Flugzeug dran?"

„Das ist nicht Ihre Sache. Wissen Sie, wohin Byrne und Billson unterwegs waren?"

„Ich hab die beiden nicht gefragt."

„Ich wette, daß die beiden noch immer in der Nähe sind. Wir werden sie finden. Und Sie machen keinen Finger gegen sie krumm, hören

Sie? Im Gegenteil. Wenn sie in Schwierigkeiten geraten, helfen wir ihnen sogar. Kapiert? Im Gegensatz zu uns weiß Byrne vielleicht schon, wo das Flugzeug ist – dank seines Reklamefeldzuges. Also lassen wir ihn die Kiste finden, und, wenn nötig, helfen wir ihm sogar dabei. Und damit haben wir dann alle schön beisammen: Byrne, Billson und das Flugzeug – drei Fliegen mit einer Klappe. "

„Bravo!" sagte Kissack.

„Und damit Sie nicht wieder Mist bauen, bin ich dabei", betonte Lash. „Fällt Ihnen sonst etwas ein, was ich wissen muß? Egal, wie unwichtig es Ihnen scheint. "

„Eigentlich nichts. Außer daß in Tamanrasset allerhand komische Gerüchte im Umlauf sind. Zum Beispiel, daß Billson dort in einer Art von Gefängnislazarett liegen soll. Aber das kann ja nicht sein, wenn er in der Ténéré war. "

„Wann haben Sie das gehört?"

„Heute – im Restaurant. Ein englischer Tourist, der mit deutschen Touristen unterwegs ist, hat da dumm herumgequatscht. Billson am Sonnenstich gestorben, Billson am Leben, aber im Gefängnis – jede Menge Gerüchte, die dieser Stafford verbreitet. "

„Was war das für ein Name, den Sie da genannt haben?"

„Stafford nennt er sich. Das heißt, vorgestellt hat er sich nicht, aber sein deutscher Freund hat ihn Stafford genannt. "

„Ach, du großer Gott!" murmelte Lash vor sich hin. „Hat dieser Stafford erzählt, woher er gekommen ist? Sie sagen, er wäre in Tamanrasset gewesen?"

„Er kam von Djanet runter mit den Deutschen. Er wäre von Tamanrasset nach Djanet geflogen, hat er gesagt. Ich fand das ein bißchen komisch, aber er hatte eine Erklärung dafür. "

„Und er hatte einen deutschen Freund?" Das schien Lash zu verwirren.

„Richtig. Der Reiseleiter. Die beiden haben auch eine Menge Deutsch gequatscht. "

„Er kam aus dem Norden mit den Deutschen? Wann war das?"

„Gar nicht lange her. Als ich im Restaurant war, trafen sie ein. "

„Dann sitzt er vielleicht noch da?"

„Er saß noch da, als ich ging. "

„Kommen Sie. Schauen wir, ob er noch im Restaurant sitzt. "

„Wer ist dieser Mann?" fragte Kissack.

Sie stiegen aus dem Range Rover und gingen über den Hof. „Dieser Mann", hörte ich Lash noch sagen, „bedeutet Ärger. "

Und dann fiel die Tür in der Mauer ins Schloß.

14. KAPITEL

ICH kroch unter dem Range Rover hervor und blickte mich um. Eine Frage hatte mich schon die ganze Zeit über beschäftigt. Wie war der Wagen in den Hof gekommen? Durch Bilma konnte er nicht gefahren worden sein – nicht durch Gassen, die gerade einen Meter breit waren. Das Rätsel löste sich beim Anblick einer großen Doppeltür. Ich öffnete die Flügel und schaute hinaus. Ich stand am Stadtrand. Das Restaurant mußte auf der anderen Seite der Stadt liegen. Um so besser.

Die fünf Kilometer nach Kalala brachte ich im Dauerlauf hinter mich, und in meinem Kopf kreiste all das, was ich gehört hatte. Am interessantesten fand ich dabei natürlich, daß Lash mich kannte – oder jedenfalls von mir wußte – und daß er überrascht war, weil ich mich in Bilma herumtrieb. Ich vermutete, daß es Lash gewesen war, der mich in Kensington zusammengedroschen hatte. Mit ihm hatte ich noch eine Rechnung zu begleichen.

Als ich zur Karawane zurückkam, hatte Byrne sich schon schlafen gelegt, aber Billson war noch wach. „Wo waren Sie?" fragte er. Sein Blick fiel auf meinen europäischen Aufzug. „Und warum haben Sie sich umgezogen? Byrne wollte mir nichts sagen, als er zurückkam. "

Wenn Byrne es für richtig gehalten hatte, den Mund zu halten, durfte ich wohl auch nichts sagen. Billson hatte sich zwar in den letzten Tagen gebessert, aber wenn er nun erfuhr, was ich herausgefunden hatte, drehte er vielleicht doch wieder durch.

„Ich bin nur mal so durch Bilma geschlendert", erklärte ich ganz beiläufig.

„Haben Sie den Range Rover gesehen?"

„Wenn er in Bilma ist, muß er gut versteckt sein", sagte ich, und das war nicht einmal gelogen.

„Gibt's was Neues von Kissack?"

Weder Byrne noch ich hatten Paul davon erzählt, daß wir Kissack und Bailly in Agadès begegnet waren. Also schwindelte ich: „Ich würde Kissack nicht einmal erkennen, wenn ich neben ihm stünde. Und er mich auch nicht. Nur ruhig Blut, Paul. Hier sind Sie sicher. "

Ich ging zu dem Toyota, holte mir mein Tuaregzeug heraus und fühlte mich in der Gandura gleich wieder wohler. Es war einfach vernünftig, die Kleidung zu tragen, die von den Tuareg für die hier herrschenden Bedingungen entwickelt worden war. Mir war darin kühl, und ich fühlte mich frei.

Sobald Billson eingeschlafen war, weckte ich Byrne und erzählte ihm alles. Als ich geendet hatte, meinte er: „Gut gemacht, Max; aber du hast auch viel Schwein gehabt."

„Und ob", gab ich zu. „Im Restaurant habe ich eine Menge verpatzt."

„Eins versteh ich nicht", meinte Byrne. „Du hast einen Vertrag erwähnt. Was ist das für ein Vertrag?"

„Du bist zu lange von der Zivilisation weg. Das ist ein Wort aus dem amerikanischen Unterweltjargon. Wenn du einen Mann umlegen willst und nicht den Nerv hast, es selbst zu tun, setzt du einen sogenannten Vertrag auf und gibst dem Killer ein Erfolgshonorar."

„Das nennst du Zivilisation? Wenn hier draußen einer einen töten will, dann macht er das selber – wie Konti."

Ich lächelte, aber diesmal geriet es mir etwas schief. „Bei uns nennt man das eben Arbeitsteilung."

Byrne überlegte eine Weile, dann fragte er: „Wer will Paul umlegen lassen? Und mich dazu?"

„Ich glaube, ich stehe jetzt auch auf der Liste", sagte ich. „Trotzdem weiß ich nicht, wer dahintersteckt, Luke. Aber ein Name, der mir immer wieder in den Sinn kommt, ist Sir Andrew McGovern."

„Ein britischer Adliger?" sagte Byrne erstaunt.

„Ich habe dir noch nie viel vom englischen Teil der ganzen Geschichte erzählt. Aber da du nun auch auf Lashs Liste stehst, mußt du alles wissen." Ich schilderte ihm die Fakten, soweit sie mir bekannt waren. „Alle Spuren führen zu McGovern", faßte ich am Ende zusammen. Ich zählte die einzelnen Punkte an den Fingern ab. „Zuallererst hat er unserem Paulchen einen Job gegeben und ihn unverschämt überbezahlt. Als Paul seinen Rappel kriegte und verduftete, hat McGovern den Werkschutzvertrag mit meiner Firma gekündigt. Und zwar für die gesamte Wensley-Gruppe. Für die Franklin-Technik allein konnte er ihn nicht kündigen, das hätte verdächtig ausgesehen, verstehst du? Er wollte verhindern, daß ich mich zu intensiv um Paul und seine Verhältnisse kümmere. Dann hat er versucht, Pauls Schwester mit einer Versetzung nach Kanada aus dem Weg zu schaffen, ehe ich sie aufsuchen konnte. Das klappte nicht, also ließ er den Plan fallen und behielt sie in England. Und zu genau diesem Zeitpunkt wurde ich verprügelt und damit gewarnt. Alles geht auf McGovern zurück."

„Na schön", meinte Byrne. „Aber nun mußt du mir auch noch sagen, warum das alles so ist. Warum sollte ein geadelter Brite wegen eines Flugzeugs, das 1936 abgestürzt ist, sich solche Umstände machen?"

„Ich wollte, ich wüßte es. Aber wenn ich wieder nach London komme, wird mir Andrew McGovern sehr viele Fragen beantworten müssen."

„Das formulierst du besser anders", sagte Byrne trocken. „Falls du je nach London heimkehrst. Wie alt ist dieser McGovern?"

„Zwischen fünfundfünfzig und sechzig."

„Nehmen wir sechzig an. Dann war er 1936 also achtzehn."

„Oder dreizehn, wenn wir den unteren Wert annehmen", gab ich zu bedenken. „Das gibt immer weniger Sinn. Was hätte ein Halbwüchsiger schon damit zu tun haben können?"

Byrne winkte ab. „Halten wir uns an die Gegenwart. Hast du dir Lash anschauen können?"

Ich schüttelte den Kopf. „Nur die Füße. Ich hab unter dem Range Rover flach auf dem Bauch gelegen. Auch die anderen habe ich nicht zu sehen bekommen. Nur Kissack und seinen arabischen Kumpan."

„Lashs Plan sieht also so aus, daß nichts geschehen soll, bis wir das Flugzeug gefunden haben?"

„Im Augenblick jedenfalls", bestätigte ich. „Er kann sich das immer noch anders überlegen."

„Das Risiko müssen wir eingehen. Also, wir wissen, was er vorhat, aber er weiß nicht, daß wir das wissen; das gibt uns einen Vorteil. Er will uns helfen, bis wir das Flugzeug finden – okay, mir soll's recht sein. Ich schlage vor, daß wir uns von ihm helfen lassen. Zu diesem Zweck muß er sich erst einmal zeigen."

„Vielleicht. Aber vielleicht will er auch nur aus dem Hintergrund die Drähte ziehen."

„Glaub ich nicht. Nach dem, was du mir erzählst, müssen die anderen Typen bei ihm angeheuerte Schläger sein. Würdest du diesen Lash an der Stimme wiedererkennen?"

„Sicher. Außer, er ist so schlau und verstellt sie."

„So weit, so gut." Byrne lächelte. „Wenn diese Typen uns folgen und uns sogar helfen wollen, Max, dann würde es mich nicht wundern, wenn sie auf einmal in große Schwierigkeiten gerieten. Die Wüste kann arg gefährlich sein, besonders wenn da noch irgendwo ein bißchen nachgeholfen wird."

„Wieviel von alledem lassen wir Paul wissen?" fragte ich.

„Kein Sterbenswort! Er soll froh sein, daß er mitfahren darf!"

Wir brachen am frühen Morgen auf, auch Konti war mit von der Partie. „Wir nehmen ihn bis Djado mit", sagte Byrne. „Von dort aus geht er nach Osten, heim in den Tibesti."

Wir fuhren offen durch Bilma und am Fort vorbei. Ich sah keinen Kissack und auch niemanden, der nach Lash aussah. Dann nahmen wir die Piste nach Norden. Hinter Bilma sagte Byrne: „Vierzig Kilometer voraus liegt der Militärposten Dirkou, dort muß ich zum Auftanken Station machen. Du fährst nicht mit rein – da wollen sie bloß wieder deine Papiere sehen, und du hast ja keine. Ich setze dich kurz davor zusammen mit Konti ab. Konti mag nämlich auch keine Soldaten."

Als in der Ferne Palmenhaine in Sicht kamen, hielt er an. „Marschiert schnurgerade darauf zu. So gelangt ihr an die Straße auf der anderen Seite des Postens. Wartet dort auf mich."

Ich stieg mit Konti aus. Wir machten uns auf den Weg durch die Wüste, die hier, Gott sei Dank, eben war. Nach einer halben Stunde erreichten wir die Piste. Das Warten begann. Wir hockten uns hinter einen günstig gelegenen Felsen. Bald hörten wir Motorgeräusche. Ich spähte um den Felsen – der Toyota näherte sich. Wir traten auf die Piste, und Byrne hielt eben so lange an, daß wir einsteigen konnten.

Er wies mit dem Daumen auf Dirkou hinter uns. „Würdest du sagen, daß Lash groß ist?"

„Ich kenne nur seine Schuhgröße. Mittel etwa."

„Da ist ein Engländer in der Stadt. Kam zwanzig Minuten nach mir an."

„Sag bloß nicht, in einem Range Rover."

„Nein, in einer alten Kiste, fast so verbeult wie meine. Ziemlich groß, ziemlich breit gebaut, dunkles Haar."

„War jemand bei ihm?"

„Zwei Typen. So, wie sie arabisch miteinander sprachen, müssen sie aus dem Maghreb sein. Aus Algier vermutlich. Der Engländer redet französisch mit ihnen, was sie aber nicht sehr gut beherrschen."

„Das paßt zusammen."

„Wenn sie aus Dirkou rauskommen, werden sie mehr als zwanzig Minuten hinter uns liegen", sagte Byrne und grinste. „Ich hab einem der Herren beim Militärposten eine Flasche Whisky vermacht. Zum Dank ist er jetzt gerade dabei, dem Engländer höchst offiziell den Wagen auseinanderzunehmen."

Vom Rücksitz meldete sich eine Stimme. „Wovon redet ihr?" wollte Billson wissen. „Was war das für ein Mann in der Stadt?"

„Hat vielleicht gar nichts mit Kissack zu tun", antwortete Byrne. „Aber ich geh gern auf Nummer Sicher."

„Machen Sie sich keine Sorgen, Paul", sagte ich.

Die Piste war schlecht und wurde stetig schlechter. Hin und wieder rumpelten wir an einem Dorf mit dem unvermeidlichen Palmenhain

vorbei. Wir bewegten uns den ganzen Tag vorwärts, aber nicht nur
die Fahrspur wurde immer schlechter, sondern auch das Wetter. Wind
kam auf, der den Sand in die Luft trieb, und Staub drang überall in den
Wagen ein. Auch hier erwies sich der Tuaregschleier wieder einmal als
äußerst praktisch.

Das Unheil ereilte uns am Nachmittag. Aus den hinteren Bereichen
des Wagens drang ein mahlendes Geräusch, und mit Bocksprüngen
kam der Toyota im weichen Sand zum Stehen.

„Verdammter Mist!" schimpfte Byrne. „Da muß was mit der Kurbelwelle sein."

Wir stiegen aus und sahen uns den Schaden an. Die Hinterräder
waren fast bis zu den Achsen in den feinen Sand eingesunken. Selbst
wenn die Kurbelwelle heil war, würde es eine Heidenarbeit sein, den
Wagen wieder freizukriegen. Und wenn die Kurbelwelle hin war,
steckten wir wohl für alle Zeiten fest. Byrne kramte zwei Wagenheber
aus den Tiefen des Toyota-Laderaums hervor und legte sie in den
Sand. „Nun artet unser Ausflug in harte Arbeit aus", meinte er. „Holt
mal die Sandleitern vom Dach."

Ich machte mit Billson die Sandleitern los. Byrne wandte sich an
Billson. „Tust du mir einen Gefallen?" fragte er.

„Klar. Was denn?"

„Steig auf die Anhöhe da hinten, und halt die Augen offen. Wenn du
Leute kommen siehst, gibst du Zeichen."

Billson stapfte die Spur zurück.

Byrne lachte. „Niemand hält so scharf Ausguck wie er. Denn niemandem ist die eigene Haut so teuer wie ihm."

„Ich halte meine Haut auch für ziemlich wertvoll", kommentierte
ich.

Eine Stunde später wußten wir genau, wie schlimm es um uns
stand. „Das Getriebe ist völlig hin", erklärte Byrne.

Ich betrachtete finster den aufgebockten Toyota. „Wie kommen
wir nun weiter? Wieder mal zu Fuß?"

„Ein Stück voraus liegt ein Ort namens Segedin. Etwa zehn Kilometer von hier. Viel ist da nicht los, aber vielleicht gibt's ein Kamelge-
spann, das uns rauszieht."

„Und dann? Das Getriebe ist hin. Eine Werkstatt gibt's wohl nicht
in Segedin?"

Byrne lachte. „Kaum. Aber ich hab ein Ersatzgetriebe im Wagen.
Die Dinger gehen immer kaputt, da hab ich's mir angewöhnt, immer
eins als Reserve mitzunehmen. Aber ich möchte gern unter ein Dach
kommen, ehe ich's auswechsle. Wird bis zum Abend ganz schön stür-

misch werden, und der verdammte Sand dringt überall ein. Das ist
Gift für ein Getriebe."

„Also gut. Wer marschiert los? Ich kann die Sprache nicht."

Byrne grinste. „Ich hab schon vor einer halben Stunde Konti losge-
schickt, weil ich ahnte, was ich unterm Wagen zu sehen bekommen
würde."

Ich sah mich um, und tatsächlich, Konti war weg. Aber nun stürzte
Billson außer Atem die Anhöhe herab. „Da kommen Leute!" schrie er.
„In fünf Minuten sind sie hier!"

„Und wie sieht das aus, was da kommt?"

„Ein Wagen. Ich glaube, der Wagen, den wir in Dirkou gesehen
haben."

Byrne ließ den rechten Arm unter der Gandura verschwinden, und
als der wieder zum Vorschein kam, hielt er eine Pistole in der Hand. Er
entsicherte die Waffe und steckte sie wieder weg. Billson machte
große Augen. „Setz dich vorn in den Wagen!" kommandierte Byrne.

Billson wieselte um den Wagen, und ich machte ebenfalls meine
Pistole schußfertig.

„Wenn's Lash ist, werden wir bald wissen, wie hilfsbereit er wirklich ist", sagte Byrne. „Zieh den Schleier hoch und halt den Mund!" Er
stellte eine Ölkanne auf den Boden. „Wenn du seine Stimme wieder-
erkennst, stößt du wie zufällig die Kanne um."

Wir warteten. Der Wagen kam über die Anhöhe und zog eine
Staubwolke hinter sich her, die vom Wind seitwärts verweht wurde.
Dann verlangsamte er die Fahrt und kam dicht vor uns zum Stehen.
Der Fahrer war offensichtlich kein Europäer, wohl aber der Mann,
den Byrne beschrieben hatte: einigermaßen groß, mit dunklem Haar.
Er stieg aus. Seine Blicke huschten zwischen Byrne und mir hin und
her, dann zu Billson vorn in unserem Wagen. „Panne? Kann ich Ihnen
helfen?"

Was Billson ihm antwortete, hörte ich nicht, denn ich machte einen
halben Schritt zur Seite, scheppernd fiel die Ölkanne um. Byrne erhob
die Stimme. „Panne – ja, Mann, das kann man wohl sagen. Das ganze
Getriebe ist im Eimer."

Lash drehte den Kopf und blickte Byrne an, dann kam er langsam
auf das Heck des Wagens zu. „Sie sind Amerikaner?"

„Wir Amerikaner kommen halt rum in der Welt."

„Sehr amerikanisch sehen Sie nicht gerade aus." Lash mimte den
Belustigten. Er nickte zu mir hin. „Dann ist er wohl auch Amerikaner,
was?"

„Der nicht", erklärte Byrne. „Der ist Engländer wie Sie."

Lash zog die Brauen hoch und sagte nichts. Byrne hatte richtig gehandelt. Lash wußte, daß ich mit von der Partie war, und mich zu verstellen hatte keinen Zweck, die Tarnung hätte sich nur aufrechterhalten lassen, wenn ich den Taubstummen gespielt hätte.

Lash bückte sich und guckte unter den Toyota, dann sagte er: „Ja, ich würde sagen, Sie stecken in Schwierigkeiten." Er richtete sich wieder auf. „Übrigens ist mein Name Lash – John Lash."

„Ich bin Luke Byrne, das ist Max Stafford, und unser Freund im Wagen heißt Paul Billson. Das mit dem Getriebe ist nicht so schlimm. Ich hab ein Ersatzstück bei mir. Aber es wär sehr nett von Ihnen, wenn Sie mich ein paar Kilometer abschleppen könnten."

„Kein Problem." Lash ging zu seinem Wagen und redete auf seine Männer ein. Ich konnte zwar hören, daß er französisch sprach, aber den Inhalt seiner Worte bekam ich nicht mit. Er machte keine Anstalten, uns seine Freunde vorzustellen.

Byrne nahm den Arm aus der Gandura, seine Hand war leer. Unauffällig steckte auch ich meine Waffe wieder ins Halfter. Byrne inszenierte die Abschleppaktion. „Erst die Sandleitern unterlegen, bevor wir den Wagen wieder runterlassen; dann geht's leichter."

Die beiden Begleiter Lashs stiegen aus dem Wagen. Ich ging ans vordere Ende unseres Toyotas. Billson flüsterte mir zu: „Das ist der Mann, den wir in Dirkou gesehen haben."

„Na und?"

„Ist Byrne nicht mißtrauisch?"

„Mensch, Paul", sagte ich. „Das ist ein guter Samariter, der uns aus der Klemme hilft. Kriegen Sie jetzt bloß nicht den Verfolgungswahn. Los, raus jetzt und anpacken!"

Wir schoben die Sandleitern unter die Hinterräder, ließen den Toyota darauf hinab und zogen die Wagenheber fort. Ein Abschleppseil hatte Lash nicht dabei, wohl aber Byrne, und innerhalb von zehn Minuten waren wir fahrbereit. Da bemerkte ich, daß einer von Lashs Freunden verschwunden war.

Lash und der zweite Mann stiegen in den Wagen und starteten. Ich flüsterte Byrne zu: „Wo ist der andere Spitzbube?"

„Der ist über die Anhöhe gegangen. Ich schätze, daß er zurückläuft, um Kissack zu stoppen. Der Range Rover wird nicht mehr weit weg sein."

Ja, das klang wahrscheinlich. Lash konnte nicht daran gelegen sein, daß wir Kissack sahen. „Sprich nicht über Lash, solange er uns abschleppt, sonst dreht Billson durch", warnte ich Byrne.

Es lief alles glatt. Lashs Wagen zog uns mühelos aus dem Sand. Die eine Sandleiter überstand den Kraftakt allerdings nicht. Byrne schmiß das verdrehte Stück Schrott weg. Als wir das Werkzeug aufsammelten, das noch herumlag, kam auch der verschwundene Mann im Laufschritt wieder über die Piste heran. Er sah unsere Blicke und machte sich umständlich den Hosenschlitz zu. Byrne zwinkerte mir zu und grinste.

Und so schleppte uns der Mann, der uns töten wollte, nach Segedin ab. Der Ort hatte nicht viel zu bieten, aber wir entdeckten eine Ruine, von der noch drei Mauern und ein verfallenes Dach erhalten waren, und das reichte uns, um den Toyota vor dem Wind zu schützen.

Lash half uns sogar, den Wagen zwischen die Mauern zu schieben. „Wenn Sie nichts dagegen haben", erklärte er, „bleib ich ebenfalls über Nacht hier. Vielleicht kann ich Ihnen beim Reparieren helfen. Außerdem habe ich wenig Lust, in einen Sandsturm zu geraten."

„Wenn Sie bleiben wollen, dann tun Sie das", meinte Byrne. „Dies ist ein freies Land. Und vielen Dank auch für Ihre Hilfe, Mr. Lash; Sie haben uns aus einer schlimmen Klemme herausgeholfen. Aber es ist wirklich nicht nötig, daß Sie sich die Hände schmutzig machen."

Aber Lash half trotzdem. Er meinte wohl, es läge in unserem Interesse, uns so schnell wie möglich wieder flottzumachen. Seine Helfershelfer verdünnisierten sich, wohl um Kissack auf dem laufenden zu halten. Eine große Hilfe war Lash allerdings nicht, und seine Rolle beschränkte sich darauf, Werkzeug zuzureichen.

Wir arbeiteten im Schein von Notlampen und wurden erst spät am Abend fertig. Dann räumten wir auf und bereiteten uns ein Abendessen, und da endlich tauchte auch Konti wieder auf. Byrne sprach kurz mit ihm, dann sagte er zu mir: „Konti ist die ganze Strecke zu diesem Kaff hier zu Fuß gegangen, hat aber niemanden vorgefunden. Dann ist er noch einmal zu unserem Haltepunkt auf der Piste zurückmarschiert, auch ohne Erfolg."

Lash spendierte nach dem Essen eine Flasche Whisky. Ich akzeptierte einen Schluck, Billson ebenfalls, aber Byrne lehnte höflich ab. „Wo sind denn Ihre Freunde geblieben, Mr. Lash?"

Lash zog die Brauen hoch. „Meine Freunde? Ach, Sie meinen ... Nun, sie führen mich durch die Gegend, Fremdenführer von Beruf."

Byrne zuckte bei der unverschämten Behauptung nicht einmal mit der Wimper. „Die Herren ziehen ihr eigenes Essen vor", schloß Lash. Er blickte in die Finsternis um uns. „Was ist das für ein Ort?"

„Segedin. Früher lebten hier einmal drei oder vier Kanuri-Familien. Sie sind wohl fortgezogen, seit ich das letzte Mal hier war. Was ist Ihr Ziel, Mr. Lash?"

Lash zuckte die Achseln. „Ich habe nichts Besonderes vor. Ich schau mir die Gegend an." Das sollte wohl eine Erklärung dafür sein, daß er so unvermittelt aus dem Nichts aufgetaucht war. Aber es war ein dümmliches Alibi. Selbst einem Greenhorn wie mir war längst klargeworden, daß Wüstendurchquerungen sorgfältig geplant werden – mit präzise berechneten Treibstoff- und Wasserreserven. Kein vernünftiger Mensch würde wie ein Schmetterling kreuz und quer durch die Wüste flattern.

Lash nahm einen Schluck von seinem Whisky. „Und Sie?"

„So ungefähr das gleiche", sagte Byrne ausweichend.

Lash machte oberflächliche Konversation und tischte uns auf, er sei Direktor einer Verpackungsfirma in Birmingham und genieße den Urlaub in dieser völlig anderen Umgebung. Er versuchte mir aus der Nase zu ziehen, was ich in England trieb, und da er sicher sowieso schon alles über mich wußte, gab ich ihm wahrheitsgemäß Auskunft. „Zur Zeit", schloß ich, „erhole ich mich von einer Krankheit."

Er versuchte noch, Billson auszuhorchen, kam aber nicht weit damit. Schließlich wünschte er eine gute Nacht und legte sich in seinem Wagen schlafen. Kurz darauf trat Konti aus der Finsternis, und Byrne befragte ihn eindringlich.

Billson wandte sich an mich. „Neugierig, dieser Lash, finden Sie nicht?"

„Nein, eigentlich nicht. Ganz gewöhnlicher Signalaustausch zwischen Schiffen, die sich in der Nacht begegnen, meiner Meinung nach."

„Mir ist er unsympathisch!" Billson zog die Dschellaba über sich.

Ein paar Minuten später, außer Billsons Hörweite, sagte Byrne: „Kissack kampiert zwei Kilometer von hier. Konti hat ihn ausgespäht." Er kicherte. „Bequem wird Kissack nicht schlafen. Der Wind wird heftiger."

„Teilen wir diese Nacht Wachen ein?"

Byrne schüttelte den Kopf. „Konti wacht die ganze Nacht."

„Bißchen hart für den Jungen, oder?"

„Überhaupt nicht. Er schläft sich morgen im Toyota aus. Für einen Teda ist Schlafen auf der Reise ein ungewohnter Luxus."

Am nächsten Morgen hatte sich der Sturm gelegt. Lash war fort mit seinem Wagen. „Ist vor der Dämmerung schon abgehauen", sagte Byrne.

„Was nun?" fragte ich.

„Weiter nach Chirfa und Djanet."

Chirfa liegt über hundertfünfzig Kilometer nördlich von Segedin:

ein Tuareglager um eine verlassene Festung der Fremdenlegion. Byrne kaufte einem der Einheimischen einen Esel ab, den er Konti schenkte. „Er trennt sich hier von uns", erklärte er, „und geht nun nach Osten, in den Tibesti."

„Wie weit ist es bis in den Tibesti?"

„Fünfhundert Kilometer etwa, drüben im Tschad."

„Und das geht er alles zu Fuß?"

„Sicher. Aber mit dem Esel hat er's leichter."

„Mein Gott!" Ich sah ihm nach, bis er außer Sicht war.

„Wir sind fast auf der ganzen Strecke verfolgt worden", berichtete Byrne. „Zwei Wagen. Aber vor einer Stunde hab ich sie aus den Augen verloren."

„Lash und Kissack."

„Sicher. Zu dumm, daß sie mir verlorengegangen sind. Das sind so Typen, die ich gern ständig im Auge behalte."

UNGEFÄHR zehn Kilometer hinter Chirfa quälten wir uns einen Paß hoch, den Col des Chandeliers, der für seine Felszeichnungen bekannt ist. Oben angekommen, hielt Byrne an – unter einem Felsen, in den eine etwa sieben Meter hohe, barbarische Speerwerferfigur eingeritzt war. Er kletterte ein Stück den Felsen hoch, bis er die Strecke übersehen konnte, die wir gefahren waren. „Niemand in Sicht", meldete er, als er wieder bei uns stand. Er machte ein enttäuschtes Gesicht. „Möchte schon gern wissen, wo die Kanaille geblieben ist."

„Ich hab's geahnt", sagte Billson. „Sie meinen Lash."

Byrne zuckte die Achseln. „Ja, ich meine Lash."

„Wer ist das? Ich habe gleich gewußt, daß an dem etwas faul ist."

Ich seufzte. „Warum soll er's nicht erfahren, Luke? Lash ist der Boß von Kissack."

Billson fühlte sich hintergangen. „Warum habt ihr mir das nicht früher gesagt?"

„Ihnen gehen immer so schnell die Nerven durch", erklärte ich. „Wir haben in Bilma rausgekriegt, wer er ist."

„Aber wer ist das?"

„Ich weiß es nicht ganz genau. Aber ich vermute, daß er eine große Nummer in der Londoner Unterwelt ist." Ich wandte mich an Byrne: „Laß uns weiterfahren."

Byrne schüttelte den Kopf. „Entweder sind sie hinter uns oder vor uns. Wenn sie vor uns sind, laufen wir ihnen früher oder später in die Arme. Wenn sie hinter uns sind, möchte ich es gern wissen. Paul, klettere hoch und steh Wache!"

Billson kraxelte zu der Stelle hinauf, die Byrne ihm angewiesen hatte. „Wir geben ihnen eine Stunde", entschied Byrne. Er ging ein Stück weg, und ich folgte ihm. „Du würdest mir doch nichts verschweigen, Max, oder?" wandte er sich an mich. „Ich meine, ist da irgendwas, das du mir noch nicht erzählt hast?"

„Du weißt genausoviel wie ich."

„Dann weiß vielleicht Billson mehr. Wir müssen einmal ernsthaft mit ihm reden."

Ich schüttelte den Kopf. „Habe ich doch längst. Ich hab ihn völlig auseinandergenommen. Er weiß nichts."

Byrne gab einen Laut der Überraschung von sich, bückte sich und hob etwas vom Boden auf. Er schaute es sich an, dann reichte er es mir. „Für dich. Ein Souvenir aus der Sahara."

Ich hielt eine kleine, aus Stein gehauene Klinge in der Hand, etwa vier Zentimeter lang und halb so breit, hübsch poliert: die Schneide war noch scharf.

„Ein kleines Hackmesserchen", sagte Byrne.

„Von den Tuareg?"

„Aber nein! Von seinem Volk." Er zeigte zu dem riesigen Speerwerfer im Felsen hoch. „Wenn du die Augen aufmachst, findest du Dutzende solcher Dinger hier. Dreitausend Jahre alt – vielleicht noch älter."

Ich ließ ehrfürchtig meine Finger über den polierten Stein gleiten. Drei Jahrtausende!

Eine Dreiviertelstunde später rief Billson von seinem Ausguck. Ich lief schnell zum Wagen.

Byrne hockte schon oben auf dem Felsen. „Etwa sechs Kilometer entfernt", berichtete er, als er wieder herunterkam. „Zwei Wagen – wie ich's mir gedacht habe. Fahren wir los!" Und weiter ging es; wir holperten die andere Seite des Col des Chandeliers hinunter und fuhren dann Richtung Nordwesten.

Ich schaute immer wieder hinter uns, und nach einiger Zeit sah ich dann auch endlich zwei winzige Punkte, die Staubwolken hinter sich herzogen wie Kometenschweife. Sie hielten immer den gleichen Abstand, fielen nicht zurück, holten nicht auf, und so blieb es die nächsten Stunden. Wir fuhren an einem Richtzeichen vorbei, das neben der Piste stand.

„Bake 593", sagte Byrne zu mir. „Wirf einen Blick auf den Kilometerzähler. Wenn wir genau fünfzig mehr drauf haben, sagst du mir Bescheid."

Also behielt ich gehorsam den Zähler im Auge. Die Zahlen tickten dahin. Keiner von uns sagte viel. Als die fünfzig Kilometer voll waren, rief ich: „Jetzt!"

„Noch nicht", meinte Byrne und fuhr noch fünfhundert Meter weiter. Er stieg aus und schwang sich aufs Wagendach, um Ausschau zu halten. Als er sich wieder hinters Lenkrad klemmte, sagte er: „Möchte nämlich nicht, daß die uns verpassen."

„Warum nicht?"

Er wies nach links. „Was du da siehst oder nicht siehst, ist – ob man es glaubt oder nicht – eine Piste, und die nehmen wir nun. Jetzt werden wir sehen, wie tüchtig Lashs sogenannte Reiseführer sind." Fünf Minuten ließ er noch verstreichen, dann bogen wir holpernd auf die kaum erkennbare Nebenpiste ab.

Die Landschaft veränderte sich. Wir bewegten uns auf einer Geröllebene, die sich flach wie ein Billardtisch von Horizont zu Horizont erstreckte.

„Das ist ein *reg*", erklärte Byrne. „Nicht schlecht zum Fahren, wenn einem die Monotonie nichts ausmacht. Ich nehme an, daß das früher einmal Meeresboden war."

Monoton war es, weiß Gott, und ein paarmal fielen mir die Augen zu. Auch Billson war eingedöst. Die Kilometer zogen unter unseren Rädern dahin, doch die Landschaft blieb sich immer gleich. Irgendwann einmal sagte ich: „Das muß die größte Ebene in der Wüste sein."

„Keineswegs", widersprach Byrne. „Die größte ist die Tanezrouft. So groß wie Frankreich. Daneben sieht die hier aus wie eine Briefmarke. Bald wird sich die Landschaft verändern. Dann wird's hart."

Und so kam es auch. Zuerst tauchten vereinzelte Wanderdünen auf, gelbe Halbmonde vor schwarzem Geröll, dann ausgedehntere Flecken Sand, die wir umfuhren. Schließlich gab es mehr Sand als Geröll, und da war dann kein Umfahren mehr möglich. „Jetzt wird's tückisch", kündigte Byrne an. „Das hier ist *fech-fech* – der Sand mit der Kruste, durch die man leicht einbricht."

Ich erinnerte mich an seine früheren Warnungen und machte ein bedenkliches Gesicht.

Byrne sah mich von der Seite an und grinste. „Kein Problem, solange man die Geschwindigkeit gleichmäßig beibehält. Bös wird's nur, wenn man plötzlich Tempo wegnimmt. Jede Wette, daß Lashs Schwachköpfe das nicht wissen."

„Dir war also klar, daß es hier so aussieht?"

„Na sicher. Hab selber hier vor zwanzig Jahren mal festgesessen. Um diese Jahreszeit gibt's hier meistens *fech-fech*."

„Für mich sieht's wie gewöhnlicher Sand aus", bemerkte ich.

„Die Farbe ist anders. Schau mal hinter uns – wir wirbeln längst
nicht so viel Staub auf wie vorher. "

Wir fuhren eine Stunde gleichmäßig dahin, dann schlug Byrne eine
andere Richtung ein, und kurz darauf hielt er an. Wieder kletterte er
aufs Wagendach, und diesmal grinste er breit, als er weiterfuhr.

„Nichts zu sehen. Mr. Lash hat uns zwar in Segedin aus der Klemme
geholfen, aber ich weiß nicht, ob wir ihm nun unsererseits behilflich
sein sollen. " Er wies nach vorn. „Wir stoßen gleich auf die Hauptpiste
nach Djanet. Keine schlechte Aussicht alles in allem. Denn Djanet
heißt auf arabisch ‚Paradies‘. "

DAS „Paradies" war halb auf Wüstenboden und halb an einem Fels-
hang gelegen und bot mehr Annehmlichkeiten als die meisten Oasen-
städte. Das Hotel war spartanisch, aber sauber; untergebracht wurde
man in Grashütten, an deren Wänden bunte Decken hingen, und sogar
die Duschen funktionierten. Während das Wasser an mir hinabrie-
selte, fiel mir eine Bemerkung von Byrne ein, und wie er wieder einmal recht gehabt hatte – die Wüste ist sauber, und in der Wüste stinkt
der Mensch nicht: Dies war meine erste Dusche seit einem Monat.

Byrne hatte den Toyota auf dem Hotelgelände abgestellt und sich in
der Stadt auf die Suche nach seinem Informanten gemacht, dem vor-
aussichtlichen Gewinner des Finderlohns von zehn Kamelen. Später
stellte er uns zwei Tuareg vor, Atitel nebst Sohn Hami. „Hast du noch
die Fotos von der Northrop?" fragte er mich.

„Aber sicher. " Ich holte sie aus meiner Reisetasche.

Er breitete die Bilder vor den Tuareg aus, fragte nun Atitel und
zeigte dabei immer wieder auf das Flugzeug. Eine elegant gebaute
Maschine: langgestreckt und schlank. Der zugehörige Text beschrieb
die Northrop Delta als einmotoriges Flugzeug für den Fracht- und
Postverkehr.

Schließlich wandte sich Byrne an mich. „Das könnte es sein. Atitel
sagt, daß ein eiserner Vogel oben im Tassili liegt, drei Tagereisen von
Tamrit entfernt. "

„Wie weit ist das von hier aus?"

„Vielleicht siebzig Kilometer. Aber mit dem Toyota schaffen wir's
nicht bis auf die Hochebene dort. Wir werden wohl zu Fuß gehen müssen. " Er pochte auf die Fotos. „Atitel versichert, daß das Wrack im
Tassili ganz genauso aussieht. "

„Na prima. Wann geht's los?"

Ein großes Palaver fing an, auch mit Hami, der sich wohl ebenfalls
zu Gehör bringen wollte; es dauerte eine Viertelstunde, bis Byrne ver-

kündete: „Er sagt, er kann erst morgen aufbrechen, vielleicht auch erst übermorgen, die beiden müssen erst noch ein paar Esel einfangen, die sich verlaufen haben. Das Flugzeug soll fünfzig Kilometer vor Tamrit liegen, am Rand einer Hochebene. Dort schaffen wir kaum fünfzehn Kilometer am Tag, wir müssen also Wasser für eine Woche, besser für zehn Tage mitnehmen. Das bedeutet Lasttiere und mehr Esel, als er im Augenblick zur Hand hat." Er wandte sich wieder an Atitel, Geld wechselte die Hände.

Byrne hielt die Fotos hoch. „Kann ich die behalten? Ich muß ein paar Berechnungen anstellen."

Ich nickte. „Wo ist eigentlich Billson?"

„Der steht noch immer unter der Dusche." Byrne lachte. Dann setzte er sich an den Tisch und fing an, mit seinem uralten Bleistift-stummel die technischen Daten der Northrop nachzurechnen.

Am dritten Tag verließen wir Djanet im Toyota; von Lash hatten wir noch nichts gesehen.

Wir hatten Kurs aufs Gebirge genommen, auf steile Felsen. In einem Tamariskenhain, wo Esel grasten, kam der Wagen holpernd zum Ste-hen. Atitel und Hami erwarteten uns bereits und begrüßten uns, als wir ausstiegen.

„Wohin geht's denn nun?"

Byrne hob den Arm auf fünfundvierzig Grad, und ich bekam fast Genickstarre, als ich seiner Weisung folgend in die Höhe starrte. „Da oben geht's rauf", sagte er.

„Na dann viel Spaß", bemerkte ich. Die Felsen erhoben sich senk-recht fast siebenhundert Meter hoch. Byrne zeigte auf eine Kluft, die sich V-förmig eng in das Massiv schnitt.

„Verdammt, ich bin doch kein Bergsteiger!"

„Esel auch nicht, aber wo Esel vorankommen, schafft's auch der Mensch, und so steil, wie's aussieht, ist es nicht." Er blinzelte in die Sonne. „Also los. Wenn's Nacht wird, will ich oben sein."

Er trieb Atitel und Hami an, damit die Esel endlich beladen würden. Die ziegenledernen *gerbas* liegen natürlich Eseln angenehmer auf dem Rücken als Kanister, die immer scheuern, aber wir hatten nicht genug *gerbas*, deshalb mußten wir den armen Tieren auch Kanister aufbin-den. Wasser für Mensch und Tier machte den größten Anteil der Last aus.

„Ich rechne mit zehn Tagen", meinte Byrne.

Also luden wir zehn Tagesrationen Wasser und Lebensmittel für fünf Männer und sieben Esel auf, und Byrne band auch noch ein tuchumhülltes Paket dazu, in dem es metallisch scheppertе. Zu guter

Letzt zurrte er sein Lee-Enfield-Gewehr sorgsam fest. „In zehn Minuten bin ich wieder da", sagte er und rumpelte mit dem Toyota davon.

„Na, wie geht's?" fragte ich Billson. „Glauben Sie, daß Sie es schaffen?"

Er schaute die Felsen hoch. „Ich glaube schon, ich hab ja nichts zu tragen."

Billson sah angestrengt und blaß aus, trotz der Sonnenbräune. Fit war er sicher auch in England nie gewesen. Und was er seitdem durchgemacht hatte, ließ sich nicht gerade als Erholungsurlaub bezeichnen. „Vielleicht ersparen Sie sich lieber diese Klettertour", sagte ich. „Ich sprech mal mit Byrne darüber."

„Auf keinen Fall!" entgegnete er scharf. „Ich komme mit. Vielleicht ist . . ." Er schluckte. „Vielleicht ist mein Vater da oben."

Byrne kam zu Fuß zurück. „Wo ich den Wagen hinbugsiert habe, findet ihn so leicht niemand. Also, los jetzt!"

Und damit begannen wir den Aufstieg. Zunächst kamen wir noch ganz gut voran, denn bis zum Fuß der Felsen stieg der Boden einigermaßen sanft an. Die Schlucht war dann breiter als vermutet – unten etwa achthundert Meter breit, zum Gipfel hin freilich enger. Ein Pfad verlief im Zickzack von einer Seite zur anderen, so daß wir für je hundert Meter Luftlinie etwa sechshundert marschieren mußten – oder klettern.

Es war eine mühsame Plackerei, die zunächst nur die Wadenmuskeln anstrengte, bald aber auch Herz und Lunge.

Vielleicht wären wir schneller am Gipfel gewesen, hätte Billson uns nicht immer wieder am Weitergehen gehindert. Wir hielten häufig an, damit er aufholen und sich verschnaufen konnte. Aber für diese Atempausen war auch ich dankbar. Nur Atitel und Hami schien der Aufstieg kaum Mühe zu bereiten; wenn wir Rast machten, rauchten sie ein paar Züge; ging es dann weiter, drückten sie sparsam die Glut aus und verwahrten die Kippe für die nächste Pause in der Tasche.

Wir brauchten vier Stunden, um die knapp siebenhundert Meter Höhe zu bewältigen, und ich glaube, daß wir damit nicht einmal anderthalb Kilometer Strecke zurücklegten. Sobald wir oben auf dem Plateau standen, fachten Atitel und Hami das unvermeidliche kleine Tuareg-Lagerfeuer an und kochten Teewasser. „Geschafft?" fragte ich atemlos.

„Fast. Das Schlimmste jedenfalls." Byrne wies auf die untergehende Sonne. „Schätze achtzig Kilometer Sicht." Der Ausblick war in der Tat phantastisch: fahlbraune Gebirge im Vordergrund, die sich in die Ferne hinein über Blau zu Purpur färbten.

Ich schlürfte süßen Tee aus einer kleinen Messingtasse. Billson lag völlig erschöpft auf dem Rücken. Ich ging zu ihm. „Trinken Sie einen Schluck, Paul."

„Später", japste er.

„Max!" hörte ich Byrne rufen, leise, aber doch mit einem dringlichen Unterton. Er stand am Rand der Schlucht und sah auf die Ebene hinab.

Ich trat neben ihn. In der Wüste dort unten, etwa drei Kilometer entfernt, bewegte sich etwas im Sand.

„Ich glaube, wir bekommen Gesellschaft. Es sind zwei Wagen."

„Aber wie, zum Teufel, kann Lash wissen, wo wir sind?"

Byrne zuckte die Achseln. „Wer von Djanet aus durch das Tassili will, muß hier vorbei. Lash wird in Djanet herumgefragt haben. Kein Problem, unsere Spur aufzunehmen – ein paar Erkundigungen im Hotel ..."

„Wir hätten uns nicht so auffällig benehmen sollen."

„Wie sonst? Man kann in Djanet nicht Männer und Tiere anheuern, ohne daß es sich herumspricht."

„Also gibt's Ärger."

„Wohl kaum", sagte Byrne ungerührt. „Im Dunkeln wagen sie sich nicht in den Fels, und die Sonne geht in einer Stunde unter. Bis morgen werden sie wohl warten müssen. Und bis dahin sind wir verschwunden." Er warf einen Blick auf Billson. „Sobald er wieder fit ist, ziehen wir weiter."

„Wohin?"

„Über die Höhen da drüben. Nach Tamrit und Assakao."

Wir wanderten durch das Bett längst versiegter Ströme, die sich vorzeiten tief in den weichen Sandsteinboden eingeschnitten hatten. Sie bildeten nun Schluchten, die Wände von niedrigen Höhlen durchsetzt. Als die Austrocknung einsetzte, nahm der Wind seine Jahrtausendarbeit auf und schmirgelte phantastische Skulpturen, Türme und Säulen aus dem weichen Sandstein heraus; manche ragten nun bis zu siebzig Meter hoch, andere lagen wie gefällte Bäume da – der Wind hatte sie an den Sockeln abgenagt. Das Land war trocken wie ein Kamelknochen in der Ténéré, von der Sonne gehärtet wie ein mumifizierter Leichnam.

Das alles sah ich in der letzten Stunde vor Sonnenuntergang; dann, auf Byrnes Drängen, marschierten wir im Schein einer Lampe und des Mondes noch bis neun Uhr weiter, ehe wir unser Lager aufschlugen. Billson war einem Zusammenbruch nahe, und auch ich hatte mich seit unserem Gewaltmarsch über die Dünen der Ténéré nicht wieder so erschöpft gefühlt. Zu müde zum Essen, wickelte ich mich in die Dschellaba und legte mich in einer der flachen Felshöhlen schlafen.

Es war schon Tag, als ich aufwachte. Ein dunkelhäutiger Mann starrte auf mich herab. Er trug nur einen Lendenschurz und einen Speer in der Hand. Hinter ihm eine Viehherde – wohlgenährte Tiere mit scheckigem Fell und Hörnern. Und im Hintergrund Jäger mit Pfeil und Bogen, etliche schußbereit.

Ich richtete mich hastig auf und blinzelte aus verschlafenen Augen. Der Mann war nur Farbe an der Höhlenwand, auch das Vieh und die Jäger. Vor der Höhle hockte Byrne und machte Wasser heiß. Hinter ihm befestigte Hami *gerbas* am Zaumzeug eines Esels.

„Luke!" rief ich. „Hast du das gesehen?"

Er blickte auf. „Zeit, daß du aufwachst. Natürlich hab ich das gesehen – eine Tassilifreske."

Mein Blick wanderte zu der Malerei zurück. „Wie alt ist das?"

Byrne trat in die Höhle. „Dreitausend Jahre, können auch vier sein." Er ging die Höhlenwand entlang. „Das hier ist vielleicht älter, dieses Mufflon."

Ich rappelte mich hoch. Das Wildschaf war gröber dargestellt als die anderen Figuren.

„Achttausend Jahre", sagte Byrne. „Oder älter, was weiß ich."
Nun suchte ich die Wände sorgfältig nach weiteren Schätzen ab.

„Dafür ist keine Zeit!" rief Byrne schroff. „Wir haben noch einiges
vor uns. Weck Billson auf!"

Zögernd riß ich mich los, weckte Billson und half beim Zubereiten
des Frühstücks. Kaum eine halbe Stunde später zogen wir bereits
durch das Schluchtengewirr des Tassili. Und in der Stunde darauf sah
ich grüne Bäume, riesengroß, fast zwanzig Meter hoch manchmal,
mit weit ausladenden, doch verbogenen, knorrigen Ästen. „Hier muß
Wasser sein", stellte ich fest.

„Zypressen", sagte Byrne. „Die haben oft Saugwurzeln, die pfeil-
gerade dreißig Meter tief in die Erde gehen. Diese Bäume sind älter als
Methusalem."

Die Bäume blieben hinter uns zurück; wir marschierten schweigend, alles war Stille, außer dem Rasseln von Steinen und dem
Schnauben der Esel und einem gelegentlichen Wort zwischen Atitel
und Hami.

Mittags legten wir eine kurze Rast ein, aßen ein wenig, dasselbe
taten wir noch einmal bei Sonnenuntergang, dann drangen wir weit in
den mondbeschienenen Abend vor. Ich hielt das für riskant und sagte

es auch, aber Byrne gab sich zuversichtlich. Auch diesmal hielten wir gegen neun Uhr an, und ich fand abermals eine Höhle für mich. Zu meiner Überraschung war ich nicht sehr müde.

Auch Billson fühlte sich besser als am Tag zuvor. Bei unseren Wüstenwanderungen bildete er stets das Schlußlicht. Er sprach wenig, verlor kein Wort über die Dinge, die er sah, wie wunderlich sie auch sein mochten, setzte stets nur stur einen Fuß vor den anderen. Alles in allem war es so, als wäre er gar nicht mit von der Partie.

Wir kauten Datteln und getrocknetes Hammelfleisch, und ich fragte Byrne nach unserem Vorankommen. „Nicht übel", konstatierte er. „Atitel meint, wir könnten in knapp anderthalb Tagen am Ziel sein. Morgen vor Sonnenuntergang, sagt er, treffen wir auf eine Landmarke, die er kennt."

„Was mag aus Lash geworden sein?" fragte ich. „Und Kissack?"

„Was wohl! In Djanet lagen sie mindestens acht Stunden zurück, heute abend kannst du weitere drei Stunden dazurechnen, denn bei Dunkelheit werden sie nicht weitergehen. Ich schätze, daß wir ihnen einen vollen Tag voraus sind. Außerdem kennen sie unser Ziel nicht."

„Wir hinterlassen Spuren, Abdrücke im Sand und Eselsmist."

Byrne nickte. „Sicher. Aber wir sind auch weite Strecken über felsigen Boden gegangen, ohne Spuren. Wenn sie wissen, wie man Spuren liest, können sie uns folgen, aber das braucht Zeit. Und das bringt uns einen weiteren Tag Vorsprung, vielleicht auch zwei. Auf dem Rückweg könnten wir ihnen allerdings in die Arme laufen."

„Schöne Aussichten."

Er grinste. „Atitel wird uns auf einem anderen Weg heimführen."

Beim Aufwachen am folgenden Morgen suchte ich gespannt die Höhlenwände ab. Zu meiner Enttäuschung war es nur nackter Fels. Hami hatte im heißen Sand unter einem Feuer Brot gebacken, die Kruste war knusprig und schmeckte gut, wenn man nichts gegen zwischen den Zähnen knirschenden Sand hatte. Atitel übernahm die Führung unserer kleinen Karawane durch das Ödland des Tassili der Adjer.

Das Schlimmste, was uns überhaupt passieren konnte, widerfuhr uns an diesem Nachmittag. Wir bahnten uns einen Weg durch eine ungewöhnlich aufreibende Landschaft. Der Wind hatte hier die Sandsteinsäulen besonders ungnädig bearbeitet. Zahlreiche von ihnen waren kurz überm Boden gefällt worden; im Sturz waren sie zerbrochen und zerschmettert. In diesem Trümmergelände kamen wir nur mühsam voran.

Plötzlich wieherte der von Atitel geführte Esel auf, brach aus und stieß Atitel so heftig in den Rücken, daß er stürzte. Er schrie auf, Byrne rannte zu ihm und stampfte auf den Boden. Ich eilte hinzu – eine Schlange. „Eine Hornviper", sagte Byrne und zertrat mit seinem Absatz den Kopf des Reptils. „Hat den Esel erschreckt."

Das Biest hatte weit mehr angerichtet, denn Atitel hielt sich das Bein und stöhnte. Byrne hockte sich zu ihm und untersuchte das Bein. „Gebrochen", sagte er leise.

„Und nun?"

„Nun schienen wir's erst mal."

Leicht gesagt, denn außer dem Gewehrlauf führten wir nichts Geeignetes mit. Unerwarteterweise kam Billson auf eine brauchbare Idee. Er pochte gegen einen Kanister am Rücken eines Esels; es klang hohl.

„Wir könnten ihn mit Steinen bearbeiten", schlug er vor. „Platt-machen, versteht ihr? Daraus ließe sich schon eine Art Schiene for-men."

„Da haben wir Besseres als Steine", meinte Byrne. Von einer Esels-last band er das Bündel los, das er mitgebracht hatte, und entnahm ihm einen Hammer und einen Meißel. „Legt den Kanister auf den Boden."

Der Widerhall von Byrnes Hammerschlägen erfüllte die Wüste, das Echo sprang von Säule zu Säule, aber schließlich konnten wir Atitels Bein schienen; zuvor packten wir Fetzen einer zerrissenen Dschellaba um den gebrochenen Knochen, und mit Stoffstreifen schnürten wir das gehämmerte Metall fest. Atitel hatte zu stöhnen aufgehört und verfolgte verwundert, was wir da für ihn fabrizierten.

Byrne hockte sich zu unserem Verwundeten und begann eine Unterhaltung mit ihm, die sich arg in die Länge zog. Atitel zeichnete mit dem Finger in den Sand.

Endlich erhob Byrne sich vom Boden. „Also: Atitel und Hami keh-ren um. Der alte Mann kann einen Esel reiten, und Hami wird einen zweiten Esel mit Wasser und Essen mitnehmen. Hami bringt Atitel nach Tamrit und holt Hilfe aus Djanet."

„Und wenn sie Lash in die Arme laufen?" sorgte ich mich.

„Sie wissen über Lash Bescheid. Sie werden ihm aus dem Weg gehen. Hami kennt einen Nebenpfad." Er lachte. „Ich hab ihnen erklärt, daß es um eine Blutrache geht – das haben sie begriffen."

„Und wir?"

„Wir gehen weiter. Wie Atitel behauptet, ist die Landmarke, nach der er sich orientieren wollte, nicht zu verfehlen. Eine riesige Fels-säule, fast siebzig Meter hoch und von oben bis zur Mitte gespalten – als ob jemand einen Keil hineingetrieben hätte. Atitel sagt, wir brauchten nur in der gleichen Richtung wie bisher weiterzumarschieren. In ein paar Stunden müßten wir die Säule sehen. "

„Und das Flugzeug?" Schrill tönte Billsons Stimme.

„Etwa drei Kilometer nordwestlich von der gespaltenen Säule. "

Das war reichlich vage. Atitels Vorstellungen von nordwestlich mußten nicht unbedingt mit Byrnes Kompaß übereinstimmen. Und „etwa drei Kilometer" klang ebenfalls wenig verläßlich – das konnten genausogut zwei oder vier sein.

„Luke, kannst du uns denn auch nach Tamrit zurückführen?" fragte ich. „Ich könnt's nicht. "

„Klar. Ich hab bisher ständig Kompaßpeilungen vorgenommen." Byrnes Blick wanderte von mir zu Billson. „Nun, was ist?"

Billson nickte heftig, also blieb mir nur ein Achselzucken. Wenn das eine Abstimmung gewesen sein sollte, war ich überstimmt.

Wir packten die Eselslasten um, und dann machten sich die beiden Tuareg auf den Rückweg; Atitel saß auf dem Esel, den Hami am Zügel führte, und Atitels Bein stand grotesk im rechten Winkel ab. Und dann waren wir noch zu dritt – mit fünf Eseln. Zwei führte ich, Billson ebenfalls zwei, Byrne nur einen, damit er noch eine Hand für seinen Kompaß frei hatte.

Ich war verblüfft, als wir tatsächlich nach zweistündigem Marsch Atitels Landmarke ansichtig wurden. Das durfte nicht wahr sein, daß auf einmal für uns etwas glattging. Aber da stand die Landmarke unverkennbar: ein schlanker Turm, dem ein Gigant mit schwingender Axt von der Spitze abwärts einen Hieb verpaßt hatte.

Am Sockel schlugen wir wieder unser Lager auf.

Die Nachtruhe währte nicht allzu lange. Am frühen Morgen, sobald das Licht ausreichte, brachen wir auf. Im ganzen Leben hatte ich nie, auch in der Armee nicht, so viele Aufbrüche im Morgengrauen mitgemacht wie hier in der Wüste. Wir marschierten drei Kilometer, wobei Byrne die Richtung und das Tempo angab. Das dauerte eine Stunde. Dann blieben wir inmitten der Steinwüste stehen, luden die Esel ab und banden sie an, damit sie uns nicht davonliefen. Die Landschaft war ein Chaos aus Felsensäulen, ein Labyrinth von Verstecken. Vielleicht lagen die Überreste von Peter Billsons Flugzeug nur hundert Meter von uns entfernt, aber wie sollten wir es wissen?

Mitten in die Stille hinein sagte ich: „Und wenn das Wrack ausgebrannt ist?"

„Nein", antwortete Byrne. „Atitel hat gesagt, es sei intakt. Dieses Flugzeug hätte immer noch seine Flügel. Es wäre genau wie das Flugzeug auf dem Bild. "

„Aber das ist doch unglaublich. Du meinst, Billson ist mitten in der Nacht in diesem Steinlabyrinth gelandet, ohne Bruch zu machen?"

„Mein Vater war ein sehr guter Pilot!" protestierte Paul Billson.

„Also, es gilt jetzt mit äußerster Sorgfalt vorzugehen", erklärte Byrne. „Niemand marschiert allein los. Wir bleiben ständig miteinander in Sicht- und Rufverbindung. Wenn einer die anderen nicht mehr sieht – sofort rufen." Er richtete seinen Blick auf Billson: „In diesem Gewirr kann einer verdammt schnell verlorengehen, also merk dir das!"

Billson murmelte Zustimmung.

„Wir schwärmen in Schützenlinie aus, Paul in der Mitte", sagte Byrne. „Die Richtung gebe ich an."

Und so begann die Suche. Wir teilten das Suchgebiet in vier überlappende Streifen, damit wir nichts übersahen, und es war harte Arbeit. Das ganze Gebiet mußte durchkämmt werden, und das bedeutete, in dieser Trümmerwüstenei über jeden Felsen zu kraxeln und hinter jede Säule zu spähen.

Wir suchten den ganzen Tag und fanden nur Felsen.

An diesem Abend verkroch sich Billson entmutigt in seine Dschellaba, warf ziellos einen Stein von einer Hand in die andere und stierte vor sich hin. Ich fühlte mich auch nicht wohl in meiner Haut. „Luke, was denkst du?"

Byrne zuckte die Achseln. „Vielleicht hat Atitel sich in Richtung und Entfernung verschätzt. Wir suchen morgen weiter. Schlaft endlich."

„Mein Gott", seufzte ich. „Schon mal was von der Nadel im Heuhaufen gehört?"

Byrne brummte. „Wenn's so leicht zu entdecken wäre, hätte man's schon vor Jahren gefunden. Atitel sagt, er wäre auch nur durch Zufall darauf gestoßen, vor vier Jahren. Er war hier heraufgekommen, um wilde Kamelfohlen zu fangen, und hatte sich verirrt."

„Warum meldete er es nicht, als er nach Djanet zurückkam?"

„Er dachte sich nichts dabei. Wenn da eine Leiche gewesen wäre, hätte er es wohl gemeldet. Aber er sagt, es hätte keine Leiche in der Nähe gelegen."

„Ob Billson versucht hat, zu Fuß ..."

„Das wär verdammt idiotisch gewesen."

Billson wurde lebendig. „Das hätte mein Vater nie getan. Er kannte das Reglement genau. Alle Piloten hatten Anweisungen, im Fall einer Notlandung beim Flugzeug zu bleiben."

WIR fanden das Flugzeug am nächsten Morgen, nur zehn Minuten nach der Wiederaufnahme unserer Suche. Ich hatte mich eine Säule hochgehangelt, die umgestürzt, aber dabei nicht auseinandergebrochen war, und wollte schauen, was auf der anderen Seite lag. Auf der anderen Seite war ein zwanzig Meter breiter Graben, und darin saß ein Flugzeug, so jungfräulich, als hätte es der Hersteller eben erst geliefert!

„Luke!" schrie ich. „Paul! Hier!"

Ich wieselte von der Säule in den Graben hinunter, und die beiden purzelten außer Atem hinter mir her.

„Das ist es!" schrie Billson. „Das ist wirklich das Flugzeug meines Vaters!"

Ich sah Byrne an. „Wirklich?"

„Das ist eine Northrop Delta", sagte er und ließ seine Hand ehrfürchtig über den Rumpf gleiten. „Ja, natürlich! Das ist Peter Billsons Maschine! Schau nur!"

Vierzig Jahre Flugsand hatten die aufgemalten Kennzeichen abgeschmirgelt, aber zu erkennen waren immer noch die Umrisse von Buchstaben, und die bildeten ein Wort: *Luftikus*.

„O Gott!" sagte Billson und sank über die Tragfläche. Plötzlich brach er in Tränen aus. All seine jahrzehntelang aufgestauten Empfindungen brachen sich jetzt mit einemmal Bahn; er stand einfach nur da und heulte.

Wir gingen ein Stück den Graben entlang, vom Flugzeug weg, dann drehte sich Byrne um und sagte: „Aber wie, zum Teufel, hat er es hier hineingesetzt?"

Ich sah, was er meinte. Links und rechts von jedem Tragflächenende war nicht mehr viel Spielraum, und vor dem Flugzeug verengte sich der Graben stark: Wäre die Maschine nur noch zwei, drei Meter weitergerollt, hätte es ihr die Tragflächen abgerissen. In diesem Sinne äußerte ich mich.

„Das meine ich nicht", betonte Byrne. Er blickte forschend über das Terrain ringsum. „Die Maschine steckt praktisch in einem Loch. Wie hat er sie bloß da hineinbugsiert?" Er schüttelte den Kopf und sah zum Himmel hoch. „Er muß die Kiste runtergebracht haben wie einen Hubschrauber."

„Ist das möglich?"

„Unwahrscheinlich. Stell es dir so vor: Der Mann hat Probleme. Es ist Nacht, und irgendwas klappt nicht, also muß er runter. Er sieht keinen Meter Boden, seine Landegeschwindigkeit beträgt fast hundert Stundenkilometer. Und trotzdem setzt er das Ding genau hier auf die Räder."

Ich sah mich um. „Kein Wunder, daß es nie gefunden wurde. Wer hätte auch im Tassili danach suchen sollen?"

„Holen wir unser Zeug", meinte Byrne. „Wir schlagen hier unser Lager auf."

Er sagte Billson Bescheid, dann gingen wir zu unseren Eseln, beluden sie wieder und führten sie zum Flugzeug. Ein Zugang zu dem Graben war schwierig zu finden, aber schließlich entdeckten wir eine schmale Kluft, durch die wir einen Esel nach dem anderen hinabführen konnten. Wir luden wieder ab und bauten unsere Zelte in dem freien Raum gleich hinter der *Luftikus* auf. Dann brachten wir die Esel wieder hinaus, banden ihnen die Hinterbeine zusammen und überließen es ihnen, sich an der spärlichen Vegetation gütlich zu tun.

Billson hatte unterdessen seine Fassung wiedergefunden, aber seine Augen waren immer noch rot. „Ihr müßt schon entschuldigen", sagte er.

„Schon gut, Paul", sagte ich. „Wir verstehen, wie Ihnen zumute ist."

Byrne schritt die Entfernung von der Felswand am Grabenende bis zum Leitwerk der Maschine ab. „Nicht mal sechzig Meter", stellte er fest. „Ich glaub's immer noch nicht."

Ich faßte das Leitwerk an. „Sieht aus, als könnte die Maschine jeden Augenblick wieder starten."

„Wohl kaum." Byrne wies auf das Heckrad, das keine Luft mehr im Reifen hatte. Er trat dagegen, und der Reifen zerfiel vor unseren Augen. „Das ist der schwache Punkt. Das Flugzeug an sich ist fabelhaft erhalten – Ganzmetall. Dem kann die Wüste nichts anhaben. Auch der Motor wird noch in Ordnung sein, nur das eingetrocknete Öl müßte entfernt werden, dann läuft er wieder wie neu. Aber sämtliche Verkleidungen dürften hin sein, die Dichtungen und alles, was aus Gummi ist. Und etwaige Plastikteile auch."

Als Billson zu uns trat, fragte Byrne ihn: „Stört es dich, wenn ich mal einen Blick ins Cockpit werfe?" Billson machte ein verwundertes Gesicht – mit Recht, denn das war das erste Mal, daß Byrne ihn um sein Einverständnis fragte. Byrne empfand das wohl auch, denn er fügte hinzu: „Ich schätze, es ist dein Flugzeug – dein Erbe, Paul."

Billson schluckte, und in seinen Augen schimmerten wieder Tränen. „Nein", sagte er heiser. „Es stört mich nicht."

Byrne ging ums Heck, setzte seinen Fuß auf die Tragfläche und schwang sich hinauf, um in die Kanzel zu schauen. Das Kanzeldach war zurückgeschoben. „Jede Menge Sand drin!" rief er zu uns herunter.

Ich holte währenddessen meine Kamera aus dem Zelt. Ich reinigte die Linse, so gut es ging, dann legte ich einen Film ein und machte mich ans Fotografieren.

Byrne war unterdessen ins Cockpit geklettert und fummelte an den Schaltern. Das Seitenruder bewegte sich zwar, aber es quietschte und knirschte. Das Höhenruder ging glatter auf und ab.

Billson stand neben dem Flugzeug, tat nichts, sah nur die *Luftikus* an. Nie habe ich einen Mann mit solch friedlichem Gesichtsausdruck gesehen; ich hoffte sehr, daß er nun von allem, was ihn bedrückt hatte, geheilt wäre.

Ich verknipste einen ganzen Film, fotografierte aus den verschiedensten Blickwinkeln, machte auch zwei Fotos von dem fast ausgelöschten Namen am Rumpf. Dann nahm ich den Film wieder aus der Kamera und verwahrte ihn in der dazugehörigen Dose bei meinem Rasierzeug.

Byrne saß noch immer in der Kanzel. „Komm rauf!" rief er mir zu. Ich setzte meinen Fuß auf den Tritt und hievte mich hoch. Byrne hielt seinen Taschenkompaß in der Hand. „Schau dir mal das an!" Er pochte auf ein Instrument oben an der Windschutzscheibe.

„Was ist das?"

„Der Kompaß. Er steht auf hundertzweiundachtzig Grad." Daneben hielt er seinen Taschenkompaß, so daß ich ihn ablesen konnte. „Meiner zeigt hundertfünfundsiebzig Grad an."

„Sieben Grad Differenz. Welcher stimmt?"

„Meiner zeigt nicht falsch an", antwortete er mit Bestimmtheit.

„Mit einer Mißweisung von sieben Grad ist aber Billsons Kursabweichung von fünfzehn Grad nicht zu erklären."

„Eigentlich nicht." Er reichte mir den Taschenkompaß. „Stell dich dort hinten hin – weit vom Flugzeug weg! Dann peil das Seitenruder an! Du mußt genau in der Richtung des Flugzeuges stehen. Dann lies den Wert ab und komm wieder her und sag ihn mir!"

Ich kletterte von der Maschine und ging bis zu unserem Gepäck zurück. Wie geheißen, peilte ich das Seitenruder an und las nun hundertachtundsechzig Grad ab. Ich glaubte, einen Fehler gemacht zu haben, überprüfte meinen Standort, versuchte es noch einmal – und bekam dasselbe Ergebnis. Ich ging wieder zu Byrne. „Hundertachtundsechzig Grad."

Er nickte. „Vierzehn Grad Differenz. Das dürfte reichen, damit sich einer bis hierher verirrt." Er pochte abermals auf den Flugzeugkompaß. „Stell's dir mal vor: Nachtflug. Er richtet sich also nach dem Kompaß. Nehmen wir nun an, er nimmt Kurs auf achtzig Grad. Aber in Wirklichkeit fliegt er sechsundsechzig Grad – und kommt gewaltig vom Kurs ab. "

„Hat der Kompaß eine so starke Abweichung?"

„Sieht so aus. Und die kann er erst seit Algier haben, denn dort ist Peter Billson ja ohne Schwierigkeiten angekommen. "

„Warum zeigt dein Kompaß im Flugzeug anders an als draußen?" wollte ich wissen.

„Die magnetische Abweichung", erwiderte er. „Hier gibt's ja eine Menge Eisen. Vorn sitzt ein ganzer Eisenklotz, der Motor. Der allein beeinträchtigt schon die Kompaßweisung enorm. "

„Aber ist das dann nicht bei allen Flugzeugen so?" hakte ich nach.

„Doch doch, natürlich. Nehmen wir an, du baust dir ein Flugzeug. Du nimmst einen prima Kompaß, steckst ihn ins Flugzeug – und er zeigt wegen des Eisens ringsum falsch an. Was nun? Du mußt ihn regulieren, damit er wieder so anzeigt wie vor dem Einbau." Er wies auf den Kompaß. „Deshalb werden Magnete angebracht, an genau berechneten Stellen, um die Wirkung der Eisenteile auszugleichen. "

„Aha, und nun denkst du, es ist vielleicht ein Magnet abgefallen – wegen der Vibration oder so. "

„Quatsch", sagte er brüsk. „Die können nicht runterfallen. Die werden festgeschraubt. Und noch etwas – jeder Kompaß, egal, wie gut er ist, hat je nach dem Kurs, den du fliegst, eine gewisse Mißweisung. Schau hier – die Nadel zeigt immer in dieselbe Richtung, zum magnetischen Nordpol; bei Kurswechsel schwenkst du also dein ganzes Eisen um die Nadel herum. "

„Das wird immer komplizierter. "

„Aber das ist der entscheidende Punkt. Jeder Kompaß in jedem Flugzeug wird jeweils für sich getestet, denn jedes Flugzeug hat unterschiedliche magnetische Eigenschaften, auch beim gleichen Modell. Zu diesem Zweck wird ein Flugzeug über verschiedene Routen geflogen, dabei werden die Kompaßweisungen gecheckt, und ein Kompaßabstimmer reguliert die Magnete. Das ist ein Job für Leute mit Fingerspitzengefühl, eher Kunst als Wissenschaft. Er nimmt komplizierte Berechnungen vor, dann erstellt er für die Restirrtümer eine Mißweisungstabelle. Ich suche schon die ganze Zeit nach Billsons Mißweisungstabelle und kann sie nicht finden. "

„Kein Wunder, nach zweiundvierzig Jahren. "

„Du kannst deinen letzten Penny darauf verwetten, daß Billson vor dem Wettflug seinen Kompaß genau überprüfen ließ. Sein Leben hing ja davon ab. "

„Aber der Kompaß hat ihn im Stich gelassen. "

„Ja – aber erst nach Algier. Und so leicht weicht kein Kompaß um vierzehn Grad ab."

Ich starrte ihn an. „Sabotage!"

„Könnte schon sein. Etwas anderes fällt mir auch nicht ein." Er runzelte die Stirn. „Ich möchte den Kompaß ausbauen. Bei meinem Werkzeug habe ich einen Schraubenzieher."

„Hast du das hier erwartet?"

„Irgendwas in der Art habe ich schon erwartet. Vergiß nicht, daß jemand Killer auf uns gehetzt hat, um das Auffinden dieses Flugzeugs zu verhindern."

„Ich hol den Schraubenzieher."

Als ich aus der Kanzel stieg, hielt Byrne mich kurz zurück: „Sag aber Billson nichts", mahnte er.

Billson saß ein Stück vom Flugzeug entfernt auf einem Felsen und hing seinen Gedanken nach. Ich schmuggelte den Schraubenzieher in meiner Gandura an ihm vorbei.

Byrne drehte die vier Schrauben heraus, von denen der Kompaß gehalten wurde, und behutsam ruckelte er das Gerät aus der Halterung. Aufmerksam drehte er es in den Händen. „Ja ...", sagte er gedehnt. „Siehst du die beiden Messinghülsen hier? Darin stecken kleine Polmagneten. Und mit dieser Schraube hier kann man die Hülsen wie eine Schere bewegen – auf diese Weise nimmt der Kompaßabstimmer die Regulierung vor. Und das ist die Sperrnut – die verhindert, daß die Magnethülsen sich noch nach der Justierung selbsttätig bewegen."

Er prüfte mit den Fingern die Sperre. „Blockiert. Das bedeutet ..."

„... daß der Kompaß, wenn er eine Mißweisung von vierzehn Grad hat, absichtlich so eingestellt worden ist?"

„Genau", sagte Byrne.

15. KAPITEL

SABOTAGE! Ein häßliches Wort, noch häßlicher die Tat. „Wieviel Zeit braucht man dafür?" fragte ich.

„In höchstens fünfzehn Minuten läßt sich das alles leicht erledigen."

„Ich nehme den Kompaß mit nach England", beschloß ich. „So, wie er ist. Mir kommen da ein paar seltsame Ideen."

„Der Kompaß erzählt die Geschichte nur halb", sagte Byrne. „Die andere Hälfte müssen wir erst noch rauskriegen: Warum die Notlandung? Ich muß mir die Maschine noch genauer ansehen."

„Ja, gut, dann mach das mal!" Ich stieg von der Tragfläche hinab und gesellte mich zu Billson. „Tja, Paul, das wär's. Endstation."

„Ja", sagte er. „Endstation." Billson sah zu mir hoch. „Und mein Vater war doch kein Schwindler. Der Südafrikaner in dem Prozeß hat gelogen."

„Nein, er war kein Schwindler", bestätigte ich. Ich ging wie die Katze um den heißen Brei. „Byrne versucht, den Defekt zu finden, der die *Luftikus* zur Landung gezwungen hat. Sie haben doch nichts dagegen?"

„Natürlich nicht. Ich möcht's ja selber gern wissen." Er rieb sich geistesabwesend die Stirn. „Diese Zeitung in England – ob die wohl jetzt eine Richtigstellung bringt?"

„Eine Richtigstellung? Mensch, Paul – und nicht nur das. Schlagzeilen wird's geben! Ein ganz neuer Sachverhalt!" Aber besser wär's schon, dachte ich, wenn wir auch tatsächlich die Leiche fänden.

Ich blickte in die Runde und versuchte, mich in Peter Billsons Situation zu versetzen. Paul Billson und Byrne waren beide überzeugt, er habe das einzig Richtige getan und sei bei der *Luftikus* geblieben, wie es ja auch das Reglement vorsah. Er rechnete gewiß mit einer Suchaktion aus der Luft. Nur mit einem rechnete er nicht: daß kein Mensch auch nur im Traum daran denken könnte, das Tassiligebiet abzusuchen.

Wenn er also nicht abgehauen war – wo war er dann? Atitel hatte keine Leiche gesehen, aber hatte er danach gesucht?

Ich sagte Paul nichts über meinen Gedankengang und kletterte auf die umgestürzte Felssäule, von der aus ich die *Luftikus* entdeckt hatte. Billsons erste Reaktion mußte gewesen sein: weg aus der Sonne. Also suchte ich nach einer Höhle.

Eine halbe Stunde später entdeckte ich Überreste eines menschlichen Körpers. Der Fundort: eine dieser niedrigen ausgewaschenen Höhlen, die typisch für das Tassili sind; Malereien von Jagdszenen bedeckten die Höhlenwände. Die Aasfresser der Wüste hatten sich über den Leichnam hergemacht, Teile fehlten. Der Rest war halb vom Flugsand verweht. Ein stumpf glänzender Gegenstand zog meinen Blick an: eine Blechbüchse, vielleicht eine alte Keksdose.

Ich ließ alles liegen, wie es war, und ging sofort zurück.

Byrne saß jetzt oben auf dem Flugzeug, über einer geöffneten Luke im Rumpf. „Ich glaub, ich hab's", sagte er, als ich zu ihm hochkletterte.

„Ich hab auch was", verkündete ich. „Die Leiche."

„Ach!" meinte er. Er drehte langsam den Kopf, sah zu Billson hinab, dann wieder auf mich. „Sieht übel aus, was?"

„Ziemlich. Billson hab ich noch nichts gesagt. "

„Wirst nicht drum herumkommen", meinte er entschieden. „Er muß es wissen, und er muß ihn sehen. Wenn nicht, quält er sich sein Leben lang mit Fragen." Ich wußte, wie recht er hatte. „Aber schauen wir uns erst mal das hier an. "

„Was hast du gefunden?"

„Wenn du ins Cockpit blickst, siehst du links einen Messinggriff. Das ist eine Art Zweiwegschaltung, mit der die Treibstoffzufuhr zum Motor reguliert wird. So, wie sie eingestellt ist, bezieht der Motor seinen Treibstoff aus dem Haupttank. In dieser Stellung hab ich ihn auch vorgefunden. Wenn du nun den Griff in die Gegenstellung drehst, bezieht der Motor den Treibstoff aus dem Zusatztank, den Billson sich in den Frachtraum hat einbauen lassen. "

„Treibstoffzufuhr aus dem Haupttank, als er zur Notlandung ansetzen mußte?"

„Genau." Er zog die Fotos, die ich ihm gegeben hatte, aus der Gandura. „Den technischen Daten entnehme ich, daß der Haupttank ein Fassungsvermögen von 1473 Litern besaß – gut für 2736 Kilometer bei normaler Reisefluggeschwindigkeit. Nun handelte es sich aber um einen Wettflug. Also flog Billson mit voller Pulle. Nehmen wir eine entsprechend verminderte Reichweite an: sagen wir, gut 2400 Kilometer. Die Strecke Algier – Kano beträgt aber 2880 Kilometer – also etwa vierhundertachtzig Kilometer mehr. "

„Deshalb der Zusatztank. "

„Richtig. Denn er brauchte ja noch Sprit für etwa fünfhundert Kilometer über die Normalreichweite hinaus. Mindestens. Er mußte mit Gegenwind rechnen, und sicher wollte er auch nicht mit dem letzten Tropfen in finsterer afrikanischer Nacht den Flughafen Kano suchen müssen. Ich habe versucht, wie Billson zu rechnen, und bin dabei zu der Schlußfolgerung gekommen, daß er noch etwa sechshundertsechzig Liter im Zusatztank mitgenommen haben dürfte. Und weißt du, was daraus folgt?"

„Sag's mir. "

„Das ist, bei dem Kurs, den er flog, genau die Menge für die Strecke Algier bis zu dieser Stelle hier. "

„Du meinst also, in dem Augenblick, da er vom Zusatztank auf den Haupttank umschaltete, fiel der Motor aus. War der Haupttank leer?"

„Keinesfalls! Das Auftanken hat Billson bestimmt persönlich überwacht. Außerdem gibt's Kontrollanzeiger im Cockpit. Der Motor hat ausgesetzt, aber nicht, weil der Tank leer war. "

„Weswegen dann?"

„Das muß ich noch rausfinden, indem ich den Haupttank öffne. Glaubst du, daß Billson was dagegen hat?"

„Ich kann ihn fragen."

Billson hatte nichts dagegen. Im Gegenteil, als Byrne mit Hammer und Meißel der *Luftikus* zu Leibe rückte, entwickelte Billson eine ungewohnt brennende Neugier.

Byrne kniete sich vor den mittleren Teil des Rumpfes, setzte den Meißel an und holte mit dem Hammer aus. Mit hartem, metallischem Klirren traf der Hammer auf den Meißel. Immer wieder schlug er zu. Allmählich entstand ein Loch im Leib der *Luftikus*.

Schließlich bog Byrne ein Stück Aluminium nach außen, so daß er in den Tank schauen konnte. Braunes Pulver fiel von der Innenwand auf den Sand.

„Was ist das für ein Pulver?"

„Auf einem Tankboden bilden sich immer Rückstände", erklärte Byrne. „Vollkommen rein ist Treibstoff nie. Außerdem treten chemische Veränderungen auf. In diesem Tank waren über dreizehnhundert Liter; weiß der Teufel, was sich da beim Verdunsten abgespielt hat. Ständiger Temperaturwechsel, wie in dieser Gegend, kann alle möglichen Reaktionen verursacht haben."

„Trotzdem", befand ich, „eine Musterprobe von diesem Zeugs möchte ich mir schon gern mitnehmen."

Ich holte eine Seifenschachtel aus meinem Waschzeug und entnahm die Seife. Wir füllten ein wenig von dem braunen Pulver in die Schachtel ab, ich stülpte den Deckel wieder darauf und klebte zur Sicherheit noch Heftpflaster aus Byrnes Erste-Hilfe-Kasten darüber.

Inzwischen war es Mittag geworden, und wir ließen uns zu einem Imbiß nieder. „Wann machen wir uns eigentlich wieder auf den Rückweg?" fragte Billson beim Essen.

Byrne sah mich an, wir hatten denselben Gedanken – es stand uns noch eine Beerdigung bevor. „Morgen in der Frühe", antwortete Byrne.

Ich sagte Billson immer noch nichts, bis wir gegessen und unseren Tee getrunken hatten. Ich legte auch erst noch einen neuen Film in meine Kamera ein, denn ich wollte über eine vollständige Dokumentation verfügen können. Dann sagte ich: „Paul, behalten Sie jetzt bitte die Nerven – ich hab Ihnen was mitzuteilen."

Er riß den Kopf hoch und starrte mich aus weit geöffneten Augen an. „Ihr habt ihn gefunden! Ihr habt meinen Vater gefunden!"

„Ja, Paul."

Er sprang auf die Füße. „Wo?"

„Nicht weit von hier. Sind Sie ganz sicher, daß Sie ihn sehen wollen? Luke und ich – wir könnten das Nötige tun."

Er schüttelte langsam den Kopf. „Nein, nein … ich muß ihn sehen."

„Gut. Ich bringe Sie hin."

Zu dritt gingen wir zu der Höhle. Paul strömten die Tränen nur so übers Gesicht, als er auf das hinabsah, was noch von seinem Vater übrig war.

Ich machte ein paar Fotos, und dann gingen wir daran, das Gerippe vom Sand zu befreien. Unter der dünnen Lage Sand, die Billsons letzte Ruhestätte geworden war, fing gleich der Fels an; ein Grab in der Erde war also undenkbar. So schichteten wir denn aus Steinen eine Art von Hünengrab über Peter Billson auf, und sein Sohn schluchzte die ganze Zeit. Dann gingen wir zur *Luftikus* zurück, und Byrne trug die Dose unterm Arm, die neben dem Gerippe gelegen hatte. Wir hatten auch ein paar Dinge mit Peter Billson bestattet, so zwei Pakete mit der Firmenaufschrift BROCK – das war ein pyrotechnisches Werk. In dem einen Paket waren Leuchtraketen, in dem anderen Rauchsignale, alle unbenutzt, denn Billson hatte ein Rettungsflugzeug weder zu sehen noch zu hören bekommen.

Wir standen neben der *Luftikus*, und Byrne hielt Paul Billson die Keksdose hin. „Gehört dir", sagte er nur.

Paul nahm die Dose an sich, setzte sich in den Sand und öffnete sie mit zitternden Fingern. In der Dose kam allerhand Papierkram zum Vorschein.

In den letzten Tagen seines Lebens hatte Peter Billson ein Tagebuch geführt – in seinem Logbuch. Ich habe nicht vor, Einzelheiten daraus bekanntzugeben, es ist einfach zu erschütternd. Darüber hinaus enthielt die Dose Billsons Fluglizenz, einen versiegelten Umschlag mit der Aufschrift *Für meine geliebte Helen*, eine abgewetzte Brieftasche aus Leder, eine Pfeife und einen leeren Tabaksbeutel, eine Treibstoff-Kreditkarte von Shell, ein Bündel Geldscheine – britisches, französisches und nigerianisches Geld – sowie etlichen Krimskrams.

Paul nahm den an seine Mutter adressierten Brief in die Hand, seine Unterlippe zitterte. „Warum war ich so mies zu ihr?" flüsterte er. Er reichte mir den Brief hin. „Verbrennen Sie das, bitte. Machen Sie es nicht auf."

Ich nickte. Byrne bückte sich und holte eine Karte heraus. „Die Tabelle mit der Kompaßabweichung", sagte er. „Mißweisung auf keiner Route stärker als anderthalb Grad." Er hielt sie mir hin. „Solange man sie kennt, spielt eine Mißweisung überhaupt keine Rolle."

Auf der Karte war eine Kompaßrose aufgedruckt, rundherum waren mit Tinte Zahlen eingetragen. Daneben die Unterschrift des Sachverständigen, der die Kompaßjustierung vorgenommen hatte, datiert vom 4. Januar 1936. Ich drehte die Karte um. Da war ein Satz auf die Rückseite gekritzelt. *Ich hätte verdammt gern noch gewußt, ob das blöde Ding stimmt.*

Ich stieß Byrne an und zeigte es ihm. „Am Schluß hat er etwas geahnt", flüsterte ich.

Dem Tagebuch konnte Byrne entnehmen, was er über die Landung wissen wollte. „Er war wirklich ein guter Flieger, Paul", sagte er. „Da steht genau, wie er runtergekommen ist. Der Motor hatte ausgesetzt, und er ging im Gleitflug nieder. Der Mond stand tief, und plötzlich sah er Felsen, die sich vor dem Mond abzeichneten. Er ließ die Maschine durchsacken, stellte sie dabei mit der Nase hoch, damit verlor er gleichzeitig Tempo und Auftrieb; fast senkrecht fiel er aus dem Himmel."

Dann las ich das Logbuch. Mit elf Litern Wasser hatte Billson zwölf Tage durchgehalten. Am Anfang wirkte die Handschrift noch fest und entschlossen. Zum Ende hin verfiel sie in Gekritzel. Während der letzten Tage hatte er offenbar Fieber und Halluzinationen, die gemalten Jäger auf der Höhlenwand wurden für ihn lebendig. Die letzte Eintragung wies überraschend wieder eine feste Handschrift auf; sie enthielt die Bitte, sich gut um seine Frau und seinen Sohn zu kümmern. Der Gedanke an die 100000-Pfund-Lebensversicherung muß ihm ein Trost gewesen sein.

Byrne stand mit einem Brummen auf. „Ein Kerl wie Billson verdient Besseres als einen Haufen Steine. Ihm steht eine Grabinschrift zu." Er ging zur *Luftikus*, und bald hörte man ihn hämmern. Er montierte den Propeller der *Luftikus* ab.

Das brachte mich auf einen Gedanken. Ich suchte das Stück Aluminium, das wir aus dem Rumpf geschnitten hatten; mit Hammer und Meißel stanzte ich nun Buchstaben ein. Paul kam heran, sah, was ich machte, und half mit. Als ich fertig war, sagte ich: „Das wär's, Paul."

„Noch nicht", meinte er. „Ich schreib noch etwas dazu."

Nun führte er den Meißel, während ich hämmerte, und so entstand eine vierte Zeile. Unsere grobschlächtige Grabplatte las sich nun so:

PETER BILLSON
Flieger
1903–1936
Flieg, Peter, flieg

Als wir alles fertig hatten, schickte sich die Sonne eben zum Untergang an. Wir bereiteten uns ein Abendessen und gingen früh schlafen. In der Morgendämmerung half ich Byrne, zusammen mit Paul, die beiden letzten Bolzen zu entfernen, mit denen der Propeller am Schaft befestigt war; mit Hilfe von zusammengebundenem Eselszaumzeug seilten wir die Luftschraube dann ab. Byrne und ich schleppten sie zum Grab, Paul trug uns das Schild hinterher. Neben dem Grab stellten wir den Propeller senkrecht auf, und Byrne befestigte das Schild mit Draht, den er in der *Luftikus* gefunden hatte.

Dann standen wir eine Zeitlang da. „Schätze, Billson war nach Tausenden von Jahren der erste Mensch, der diese Höhlenmalerei gesehen hat", sagte Byrne. „Vielleicht stehen der Propeller und die Inschrift ebenfalls in tausend Jahren noch hier. Aluminium rostet nicht. Es ist ein schönes Denkmal."

Nach einer Weile gingen wir weg und überließen Paul seinen Gedanken.

Obwohl wir den Eseln die Hinterbeine zusammengebunden hatten, waren sie doch auf der Suche nach Nahrung ziemlich weit davongehoppelt. Es dauerte lange, bis wir sie wiedergefunden hatten, und dann noch einmal eine Stunde, bis wir sie wieder im Camp hatten. Paul kam nun auch, mit bekümmerter Miene, und half uns beim Aufladen. Es war Zeit zu gehen.

Wir warfen einen letzten langen Blick auf die *Luftikus*, dann mußten wir uns auf das schwierige Geschäft konzentrieren, die Esel durch den engen Durchlaß im Fels zu locken.

Als wir sie endlich draußen hatten, sagte Byrne: „Also, auf nach Tamrit. Drei Tage schätze ich."

„Macht's euch was aus, noch eine Minute zu warten?" fragte Paul. „Ich will nur eben ..." Er schluckte heftig und sah mich an. „Wir haben kein Bild von dem Schild auf dem Grab."

Ich sah Byrne an. „In Ordnung, Paul", sagte er. „Aber höchstens eine Viertelstunde. Binde die Esel fest an. Wir gehen schon voraus." Er zeigte die Richtung. „Da lang."

Ich machte meine Tasche los, holte die Kamera heraus und gab ihm den Apparat. Er verschwand in der Schlucht.

„Gehen wir", sagte Byrne. „Er holt uns schon ein."

Wir legten gemächlich ein paar hundert Meter durch die Felslandschaft zurück. Irgendwann sah ich mich um und sagte: „Vielleicht warten wir doch lieber auf Paul."

„Was?" fragte Byrne abwesend. Er hatte seinen Blick am Boden. „Hier waren Kamele."

Nun sah ich auch die riesigen Fußabdrücke. „Du hast doch gesagt, hier lebten Wildkamele."

Byrne ließ sich auf die Knie nieder. „Wildkamele reparieren sich nicht selber die Füße." Er zeichnete eine Linie über einen Fußabdruck. „Hier hat sich eins in den Fuß geschnitten, und jemand hat ihm einen Lederflicken aufgesetzt." Er stand auf und suchte die Umgebung ab. „Da haben wir's schon."

Ich drehte mich um. Auf unserer Spur näherte sich ein Kamelreiter – der Araber, der bei Kissack gewesen war! Er gab einen schrillen Pfiff von sich, von vorn antworteten andere Pfiffe. Sie waren zu fünft: Kissack und der Araber und Lash mit seinen beiden Schlägertypen, allesamt hoch zu Kamel, nebst sechs Packtieren.

Lash sah aus der gewaltigen Höhe, die ein Kamel einem Mann verleiht, auf uns herab. „Mr. Byrne", sagte er wohlgelaunt. „Und Mr. Stafford. Ein interessantes Zusammentreffen. Hätte nicht erwartet, Ihnen hier zu begegnen. Auf der Suche nach Höhlenmalereien, nehm ich an."

„Sie sind ziemlich weit von Kano abgekommen, Stafford", höhnte Kissack. „Sie haben sich wohl in der Richtung geirrt."

„Und einer fehlt." Lash schnipste mit den Fingern. „Wie hieß er doch gleich? Ach ja – Billson. Und die Tuareg", fügte er hinzu, „die bei Ihnen waren."

Byrne ließ den Zügel seines Esels fallen und stellte den Fuß darauf. „Billson ist krank geworden. Die Tuareg haben ihn nach Djanet zurückgebracht."

„Merkwürdig, daß wir ihm nicht begegnet sind", meinte Lash. Er winkte dem Araber, der dicht an ihn herankam. Lash warf ihm die Kamelzügel zu, der Araber überredete das Kamel, sich auf die Knie herabzulassen, und Lash stieg ungeschickt ab.

Die anderen Männer saßen ebenfalls ab. „Haben Sie Ihre Zunge verschluckt, Mr. Stafford?" ging Lash mich an.

„Bis jetzt war's mir nicht interessant genug, um was zu sagen."

„Kommt noch", versicherte er. „Todsicher. Kissack haben Sie ja bereits kennengelernt, den brauch ich also nicht vorzustellen. Und meine Freunde sprechen leider nicht Englisch."

„Freunde!" sagte ich. „Neulich waren es Reiseführer."

Lash lächelte dünn. „Aus der Richtung, die Sie einschlagen, ersehe ich, daß Sie nach Tamrit zurückkehren. Gehe ich recht in der Annahme, daß Sie gefunden haben, was Sie suchten?"

„Natürlich. Hübsche Höhlenmalereien", erklärte Byrne. „Meiner Meinung nach bisher unentdeckte."

„Sie haben keine Fresken gesucht!" fuhr Lash ihn an. „Wollen wir nicht endlich das Katz-und-Maus-Spiel sein lassen? Sie haben ein Flugzeug gesucht. Haben Sie es gefunden?"

„Ich wüßte nicht, was Sie das angeht", sagte ich.

Lash sah mich unfreundlich an. „Geht es Sie denn etwas an? Schon in London wollten Sie sich nicht warnen lassen. Sie müssen ja unbedingt den sturen Helden spielen und Ihre Nase in Dinge stecken, die Ihnen nicht bekommen."

Jetzt war es klar. Meine blauen Flecken verdankte ich Lash. „Wer bezahlt Sie?" fragte ich.

„Immer noch mit der Nase in anderer Leute Angelegenheiten? Das ist gefährlich. Also, wo ist Billson?"

„Sie haben's eben gehört", antwortete ich. „Er ist vor drei Tagen nach Djanet zurück. Er hatte eine Verletzung, die sich entzündete." Ich zeigte auf meine Schulter. „Hier."

Lashs Mienenspiel war ein Erlebnis, denn was ich da sagte, konnte den Umständen nach stimmen. „Und das Flugzeug – wo ist das?"

„Was für ein Flugzeug?" fragte Byrne.

Lash gab einen Seufzer von sich. „Passen Sie auf, Byrne. Spielen Sie nicht mit mir. Das wäre einfach dumm." Er wandte sich ab und fing an, leise auf den Araber einzureden. Der Araber stieg wieder auf sein Kamel und ritt auf unserer Spur zurück. Wenn er weit genug reiten würde, mußte er die Esel finden, die Paul vor der Felsspalte angebunden zurückgelassen hatte. Vielleicht fand er sogar Paul.

Lash drehte sich wieder nach uns um. „Also, wo ist das Flugzeug? Und fragen Sie nicht ständig, was für ein Flugzeug. Es handelt sich um eine Northrop Delta mit dem Namen *Luftikus*. Peter Billson stürzte damit 1936 hier irgendwo ab."

Noch ehe Byrne etwas erwidern konnte, erklärte Kissack: „Sie verschwenden Ihre Zeit, Mr. Lash. Lassen Sie es mich mal versuchen."

„Einverstanden", sagte Lash gelangweilt. „Versuchen wir's auf Ihre Art."

Plötzlich lag eine Pistole in Kissacks Hand. Er machte ein paar Schritte auf zu und sah uns abschätzend an. „Der alte Bock kennt sich in der Wüste besser aus als Stafford, schätze ich. Also brauchen wir Byrne als Führer." Ich starrte auf die Pistole, die er nun hob. Die Mündung zielte genau zwischen meine Augen. „Byrne, wenn Sie's uns nicht sagen, ist Stafford eine Leiche."

Es schien mir eine Ewigkeit, bis Byrne sagte: „Okay. Es liegt zehn Kilometer in der Richtung, aus der wir kamen."

„Durchsucht sie!" befahl Lash.

Natürlich fanden sie unsere Pistolen. Kissack durchwühlte die Lasten unserer drei Esel. „Sie hatten doch ein Gewehr – wo ist es?"

Jetzt fiel mir ein, daß wir es einem von Pauls Eseln aufgepackt hatten.

„Das hab ich in der Ténéré weggeworfen", sagte Byrne. „Zuviel Sand, Ladehemmung. Der einzige Grund übrigens, warum Sie noch am Leben sind, Kissack."

„Helfen Sie mir auf das verdammte Kamel!" befahl Lash. Sie saßen alle auf, und nun brachten sie auch alle ihre Pistolen zum Vorschein – außer Lash, der unbewaffnet schien. „Kehrt, marsch!" kommandierte er. „Und nun führen Sie uns zu dem Flugzeug. Und keine Tricks, Byrne!"

Wir gingen auf unserer Spur zurück. Ich fragte mich, wo Paul geblieben war.

Wir waren noch nicht lange unterwegs, da kam der Araber zurück und brachte sein Kamel neben Lash zum Stehen. Es wurde allerhand geflüstert, dann rief Lash: „Halt!" Er sagte seidenweich: „Schon wieder Tricks, Byrne? Ich habe Sie gewarnt. Folgen Sie Zayid."

Der Araber setzte sich an die Spitze und bog nach links ab. So mußten wir unmittelbar an die Stelle gelangen, wo wir Paul zurückgelassen hatten. Zayid war offenbar ein guter Spurenleser.

Wir erreichten den Felsspalt, aber da standen keine Esel, und auch von Paul war nichts zu sehen.

Lash diskutierte jetzt mit Zayid auf französisch, wobei der Araber auf die Abdrücke der Eselshufe im Sand wies, die zu dem Spalt führten. „Kissack", befahl Lash, „gehen Sie mal da runter, und berichten Sie mir, was dahinter ist!"

Kissack kletterte vom Kamel und schlich, mit der gezogenen Pistole im Anschlag, durch den Felsdurchlaß. Er wurde unseren Blicken entzogen, weil der Abstieg auf halber Höhe um einen Felsvorsprung führte. Plötzlich ertönten Schreie, dann hetzte Kissack wieder die Kluft hoch und schrie aufgeregt: „Da steht es, Mr. Lash! Da unten ist das Flugzeug!"

„Wirklich? Zayid!" Der Araber half ihm wieder beim Absitzen. „Na, dann schauen wir uns doch mal dieses Flugzeug an, das sich unerklärlicherweise zehn Kilometer von Mr. Byrnes Positionsangabe entfernt befindet."

Wir mußten mit. Die Kamele waren zu groß für den Durchlaß; Zayid band ihnen die Hinterbeine zusammen und überließ sie sich selbst, nur unsere Esel scheuchten sie durch die schmale Kluft. Und da stand die *Luftikus* immer noch genauso, wie wir sie verlassen hatten.

Zayid und Lashs Gorillas aus Algier zeigten kein sonderliches Interesse, wohl aber Lash und Kissack. Sie gingen auf die Maschine zu.

Lash zog ein Stück Papier aus der Tasche, entfaltete es, studierte es
und verglich es mit dem Ding vor seinen Augen. Er suchte die Rumpf-
seite ab, dann gab er bekannt: „Jawohl, das ist sie."

„Herrgott!" schrie Kissack und hüpfte hoch und nieder. „Fünfzehntausend Pfund! Fünfzehn Riesen!"

„Halten Sie doch Ihre verfluchte Schnauze!" fauchte Lash. „Sie
reden zuviel." Er drehte sich um und starrte uns an. „Ihr da – hierher!"
Ich wurde mit Byrne vorwärts gestoßen, und Lash zeigte auf das
Loch, das wir in den Rumpf geschnitten hatten. „Habt ihr das
gemacht?"

„Ja", erwiderte Byrne.

„Warum?"

„Wir fanden Billsons Leiche. Wir wollten ihm eine Grabinschrift
machen." Er nickte zur Maschine hoch. „Deshalb haben wir auch den
Propeller abgenommen."

„Sie haben die Leiche begraben?"

„Was noch übrig war. Der Boden ist dort ziemlich hart. Wir haben
Steine über ihm aufgeschichtet."

„Wo liegt die Leiche?"

Byrne sagte es ihm. „Holen Sie den Propeller her, Kissack!"
kommandierte Lash. „Nehmen Sie Zayid mit. Aber vorher fesselt ihr
mir die beiden. Hände auf den Rücken und die Fußgelenke zusammen."

Wir wurden gefesselt; dann ließen sie uns unter der Felswand liegen.
Kissack und Zayid machten sich auf die Suche nach dem Grab, Lash
und die anderen zwei verschwanden in dem Felsdurchlaß. Was sie vor-
hatten, war mir unklar. „Luke", sagte ich, „es tut mir leid, daß ich dich
da reingeritten habe."

Er brummte nur und wand sich in seinen Fesseln, und in seinem
Kampf mit den Stricken fiel er über mich; ich prallte heftig auf den
Boden, und ein Stein drückte mich schmerzhaft gegen das Brustbein.
Ich japste nach Luft, als ich mich wieder aufsetzte, und schaute dann
auf den Sand, wo ich hingestürzt war. Da war der Abdruck meines
Körpers zu sehen, aber kein Stein. Aber ich hatte doch einen Stein
gespürt. „Luke, erinnerst du dich noch an die steinerne Axtklinge, die
du am Col des Chandeliers gefunden hast? Die steckt in der Tasche
meiner Gandura. Ob du die rausholen kannst?"

Ich ließ mich auf die Seite fallen, und er wand sich mit dem Rücken
zu mir so lange hin und her, bis seine gefesselten Hände meine Brust

erreichten. Schließlich manövrierte er seine Hände in meine Tasche und tastete darin herum.

„Ich hab's." Langsam kamen seine Hände unter meiner Nase wieder zum Vorschein; das Souvenir aus grauer Vorzeit hielt er zwischen den Fingern. Die Schneide war schön scharf.

„Sie wollen sich in die Freiheit beißen?" tönte eine belustigte Stimme hinter uns. Byrne ließ die Klinge fallen, und ich rollte mich darüber. „Für Lederriemen braucht man allerdings sehr gesunde Zähne", sagte Lash.

Von den Felsen her schepperte es metallisch. Lash wandte sich um. Seine Gorillas kamen durch den Durchlaß, und jeder trug zwei Kanister. An der *Luftikus* setzten sie sie ab, dann gingen sie wieder. Lash richtete seine Aufmerksamkeit auf uns. „Byrne, Sie sind ein verdammter Lügner. Es war alles gelogen, jedes Wort. Der Standort der Maschine, die angebliche Suche nach Fresken, alles. Warum also sollte Ihre Auskunft über Billson keine Lüge sein? Wo ist er?"

„Er hat sich vor drei Tagen von uns getrennt", sagte Byrne. „Die Schulter sah übel aus, und es wurde immer schlimmer. Da hat Ihr Kissack ihn nämlich mit einer Kugel getroffen. Schon in der Ténéré ging's ihm mies, und nun hatte sich die Wunde wieder geöffnet, aber gesagt hat er nichts, der verdammte Idiot, weil er doch unbedingt Papis Flugzeug finden wollte."

„So. Das von Kissack wißt ihr beiden Schlauberger also auch." Lash funkelte uns an. „Jedenfalls gehe ich kein Risiko ein. Aus Nordafrika kommt euer Billson nicht mehr hinaus. Er ist ein toter Mann, so tot wie ihr."

Er schritt von dannen, und Byrne sagte: „Ein wahrer Gemütsmensch."

„Aber ich möchte wirklich mal gern wissen, wohin unser Paulchen sich verkrümelt hat", meinte ich.

„Ich weiß es nicht, und ich setze jetzt auch keine Hoffnungen in einen Kerl wie ihn. Wo ist denn die verdammte Klinge?"

Ich tastete volle fünf Minuten im Sand herum. „Hab sie."

„Dann halt sie fest, und verlier sie nicht wieder. Vielleicht haben wir doch noch eine Chance."

Kissack und Zayid kamen zurück, sie schleppten den Propeller. Kissack zeigte Lash das Grabschild, und der lachte. Aber sie warfen es nicht weg. Lash ging damit zu den Eseln und verstaute es. Dann kletterte er auf die Tragfläche der *Luftikus* und schaute ins Cockpit. „Gleich sieht er, daß der Kompaß fehlt", murmelte ich.

„Vielleicht auch nicht", hoffte Byrne.

Lash inspizierte die Kanzel nur oberflächlich, kletterte auf dem Rumpf herum, machte die Frachtluke auf und spähte hinein.

Lashs Gorillas kamen schon wieder in die Schlucht und schleppten noch eine Reihe Kanister an. Jetzt waren es insgesamt zwölf, und offenbar holten sie noch weitere. Ein Kanister faßt zwanzig Liter – nicht ganz –, also standen da jetzt zweihundertvierzig Liter im Sand bereit. „Was wollen die nur mit all dem Wasser?" wunderte ich mich.

„Wie kommst du darauf, daß das Wasser ist? Denk an Pauls Landrover. Demnächst gibt's ein Feuerchen."

Um Beweismittel zu zerstören? Beweise wofür? Ich sah ihnen zu, wie sie den Propeller wieder anbrachten. Das nutzte ich aus, um mit dem Feilen an Byrnes Lederriemen anzufangen. Ich säbelte mit der scharfen, polierten Klinge in der Gegend von Byrnes Handgelenken herum.

Plötzlich sagte er: „Hör auf! Die Burschen sind fertig." Ich schloß meine Hand um die Klinge und drehte mich auf die andere Seite, so daß ich die *Luftikus* nun wieder im Blickfeld hatte. Lash stand auf der Tragfläche und ließ sich von Kissack und Zayid Kanister um Kanister hochreichen, die er jeweils in den Zusatztank entleerte. Die beiden Gorillas schleppten immer noch weitere Kanister an. Lash füllte 220 Liter in den Tank, weitere 220 standen bereit.

„Drei Kamellasten", stellte Byrne fest. „Ich hatte mich schon über die vielen Packtiere gewundert."

Ich sah, wie Lash von der Maschine herabkletterte. „So richtig abgestürzt sieht sie ja eigentlich nicht aus", sagte er nachdenklich zu Kissack. „Ich meine, es sieht nicht nach einem echten Absturz mit daraus resultierendem Feuer aus. Wir werden das Heck heben und die Maschine kopfüber auf den Motor stellen müssen."

„Das Ding ist aber verdammt schwer", versetzte Kissack unwillig.

„So schwer auch wieder nicht. Und wir sind fünf. Wir brauchen nur den Schwanz anzuheben und die Steine darunterzusetzen. Wenn der Haufen Steine hoch genug ist, fällt sie nach vorn wie eine Wippe. Aber vielleicht erst ein bißchen Benzin, glaube ich."

Lash kletterte noch mal auf die Tragfläche. Kissack reichte ihm einen vollen Kanister, und Lash goß das Benzin in die Kanzel, dann einen zweiten Kanister in den Frachtraum. Das Ganze wiederholte er mit zwei weiteren Kanistern. Über der Maschine flimmerte der Benzindunst. Jetzt war das Ding wie eine Bombe; ein Funke, und es flog in die Luft.

Die ganze Bande versammelte sich um das Leitwerk und fing an zu stemmen; einer legte Steine unter, und allmählich hob sich das Heck immer höher. Ich machte mich wieder mit meinem Stein an der Fessel zwischen Byrnes Handgelenken zu schaffen. So sah ich nicht, wie die *Luftikus* vornüber kippte, aber als ich mich umdrehte, bildete der Rumpf einen Winkel von fünfundvierzig Grad, und das Heck zeigte himmelwärts.

Nun schütteten sie noch einmal Benzin in die Maschine, und mit dem letzten Kanister legte Kissack eine Zündspur quer über den Sand, denn er wollte wohl nicht so nah sein, wenn er sein Feuerchen entzündete. Er schien ein erfahrener Brandstifter zu sein.

Zuerst passierte gar nichts. Im gleißenden Sonnenlicht war es unmöglich, die Flammen auf die *Luftikus* zurasen zu sehen. Doch dann, fast unerwartet, explodierte sie wie ein Feuerball. Die Esel wieherten und brachen furchtsam aus. Lash schrie: „Schafft die verdammten Esel weg!" Er hatte wohl nicht vorausgesehen, welche Hitze so viel brennendes Benzin in diesem Graben hier erzeugen konnte. Sie trieben die Esel zusammen aus der Felsspalte, dann verschwanden auch sie selbst zwischen den Felsen. Uns ließen sie liegen.

Ich nutzte die Gelegenheit, um weiter an Byrnes Fesseln zu säbeln, doch er riß sich von mir los. „Um Himmels willen!" schrie er. „Roll dich an den Felsen, und halt den Kopf unten! Jetzt geht jeden Augenblick der Tank hoch!"

Wir kauerten uns gegen die Felsen, die Gesichter vom Flugzeug weggewandt. Zwanzig Meter hinter uns explodierte der Tank wie eine Bombe, eine sengende Hitzewelle packte nach mir. Als ich wieder zur *Luftikus* sah, war sie in viele Teile zerbrochen, Heckteil und Leitwerk lagen in einiger Entfernung vom vorderen Rumpf, auch eine Tragfläche war abgebrochen.

Und meine steinerne Klinge hatte ich auch verloren.

Danach erstarben die Flammen ziemlich bald, und Lash kam zurück. Er bestaunte das Wrack. „Wirklich saubere Arbeit", sagte er zufrieden. „Ich hatte schon daran gedacht, Sprengstoff zu verwenden, aber dann hätte es wohl nicht so echt ausgesehen." Er winkte Kissack herbei. „Stellen Sie die beiden auf die Füße! Wir statten dem Grab einen Besuch ab."

Kissack bückte sich und schnitt mir die Fußfesseln durch. Ich rappelte mich mühsam hoch. Lash ging mit Zayid voran, dann folgte ich mit Byrne; Kissack stapfte mit der Pistole im Anschlag hinter uns her. Den Abschluß bildeten die beiden Gorillas.

Der Steinhügel war verwüstet, und Peter Billsons Schädel lugte hervor. „Na schön", sagte Lash ohne jede Spur einer Empfindung, „die Leiche haben wir zwar, aber so können wir sie nicht liegenlassen, nicht wahr? Ich meine, der Mann kann sich ja schlecht nach dem Tod selbst begraben haben."

Er gab ein paar Befehle auf französisch, und seine Leute bauten das Hünengrab wieder ab. „Wieso wußten Sie, daß die Maschine in Brand gesetzt werden mußte?" fragte ich.

Lash zuckte die Achseln. „Gewußt hab ich's nicht. Wäre sie vor vierzig Jahren ausgebrannt, hätte ich mir allerhand Mühe ersparen können. Aber ich wollte kein Risiko eingehen. Ich gehe nie Risiken ein. Ich habe mich auf alles vorbereitet."

Der Leichnam war nun zur Gänze ausgegraben. „Genauso haben Sie ihn gefunden?" wollte Lash wissen.

„Ja."

„Ich glaube Ihnen nicht. Er muß eine Nachricht hinterlassen haben – seine Papiere." Er starrte uns an. „Wo steckt das Zeug?"

„Wahrscheinlich haben Sie es soeben verbrannt", sagte Byrne. „Sie haben die Maschine nicht besonders sorgfältig durchsucht."

„Aber Sie", versetzte Lash und wandte sich dann an Kissack. „Sobald wir unten sind, müssen die Esel abgeladen und das gesamte Gepäck durchsucht werden."

„Geht in Ordnung", sagte Kissack. Er hielt die Pistole lässig in der Hand, die Mündung zeigte zu Boden.

Um Billsons Papiere machte ich mir keine Sorgen, denn Paul hatte sie – wo immer Paul sich nun befinden mochte, und das war inzwischen wohl weit von uns entfernt. Aber wenn unser Gepäck durchsucht wurde, mußte der Kompaß zum Vorschein kommen.

Ich sagte: „Kissack?"

„Was ist?"

„Als Sie Pauls Landrover in Brand setzten, haben Sie ihn da vorher durchsucht?"

„Warum, zum Teufel? Nein, hab ich nicht."

„Sie bekommen fünfzehntausend Pfund für diesen Job, stimmt's? Ich schätze, Lash kassiert zehnmal soviel. Hat Lash Ihnen nichts gesagt?"

„Was gesagt? Nun reden Sie schon, Mann! Was hat Billsons Landrover mit meinen fünfzehn Riesen zu schaffen?"

Ich zuckte die Achseln. „Es ist ja nur, weil Billson jede Menge gebündeltes Bares mit sich herumschleppte. Ich kann's gar nicht glauben, daß Lash Ihnen nichts davon gesagt hat."

„Wieviel?" Kissack war heiser.

„Sechsundachtzigtausend Pfund. In den Koffern hinten im Landrover."

Kissack machte große Augen und nahm sich Lash vor. „Stimmt das?"

„Wie soll ich das wissen? Verdammt noch mal, glauben Sie vielleicht, ich hätte ruhig daneben gestanden, wenn Geld durch den Kamin gejagt wird? Ich bin doch nicht –"

Er hatte nicht mehr die Zeit, den Satz zu Ende zu bringen. In nächster Nähe gab es einen erschütternden Knall, und Kissacks Schädeldecke flog in die Luft. Er ging in die Knie, ließ dabei die Pistole fallen und kippte dann vornüber.

Paul Billson hatte schon immer einen Hang zu Überreaktionen gehabt.

EIN Armeegewehr, selbst eins aus dem Ersten Weltkrieg, ist für das Töten von Menschen aus tausend Metern Entfernung gebaut, und selbst für einen durchschnittlichen Schützen ist es auf vierhundert Meter ein handliches Instrument. Paul Billson war kein guter Schütze, im Gegenteil, er war überhaupt kein Schütze und gab auch später zu, daß es der erste Schuß war, den er je im Leben abgefeuert hatte, aber sogar ein Paul Billson konnte aus der Entfernung von nur fünfzehn Metern Kissack nicht verfehlen.

Wie er berichtete, hatte er am Grab seine Fotos gemacht und anschließend noch etwa zehn Minuten im stillen Gebet verbracht. Dann war er mit den beiden Eseln der Strecke gefolgt, die Byrne ihm gezeigt hatte. Als er uns sah, umzingelten uns bereits Lashs Männer auf ihren Kamelen, und er hatte sich zurückgezogen. Zum Glück für ihn war er uns über felsigem Boden gefolgt, sonst wären seine Spuren wohl von Zayid entdeckt worden. Er beobachtete, wie wir in Gefangenschaft geführt wurden, und war ratlos.

Sein erster Impuls war wohl Flucht, jedoch wohin hätte er fliehen sollen? Drei Tage Fußmarsch bis Tamrit – aber wer hätte ihm den Weg zeigen können? Letzten Endes entschloß er sich, in der Nähe zu bleiben. Und dann entdeckte er Byrnes Lee-Enfield im Gepäck seiner Esel.

Er nahm den Eseln das Gepäck ab, band ihnen die Hinterbeine zusammen, wie er es von uns gesehen hatte, und ließ die Tiere frei. Dann sah er sich das Gewehr an, versuchte, hinter das Funktionsprinzip zu kommen, hütete sich aber wohlweislich vor dem Abzug. Mehr oder weniger aus Zufall drückte er an einem Hebel, und das Magazin fiel ihm in die Hand. Es war leer.

Er durchsuchte das Gepäck und stieß schließlich auf ein Päckchen mit elf Patronen.

Tatsächlich fand er heraus, daß das Magazin fünf Patronen aufnehmen konnte. Dann stieß er das Magazin ins Gewehr, arbeitete an einem Hebel herum und wurde für seinen zähen Fleiß damit belohnt, daß sich eine Patrone glatt in den Lauf schieben ließ. Nun hatte er das Ding wenigstens schon einmal geladen.

Vom Hörensagen wußte er, daß es so etwas wie eine Sicherung gab, und nach längerem Suchen entdeckte er tatsächlich einen kleinen Schalthebel seitlich, der je nach Stellung einen roten Punkt bedeckte oder freigab. Sein Problem war freilich nun, daß er nicht wußte, in welcher Stellung die Waffe gesichert oder entsichert war. Den Abzug mit leerem Lauf auszuprobieren war ihm nicht in den Sinn gekommen. Zu guter Letzt überlegte er allerdings, daß Rot Gefahr bedeutet, demzufolge mußte beim Erscheinen des roten Punktes die Waffe entsichert sein. Er hielt also fürs erste den roten Punkt wieder bedeckt und stand nun mit dem Gewehr in der Hand da, unschlüssig, was jetzt am besten zu tun sei. Immerhin erachtete er es für wenig sinnvoll, durch die schmale Kluft, die inzwischen zu einem belebten Durchgang für alle *Luftikus*-Besucher geworden war, Lash und Genossen in die Arme zu laufen. Statt dessen suchte er sich einen Zugang aus einer anderen Richtung. Und das war schon mal sehr gut.

Er füllte Wasser in eine Feldflasche ab, steckte sich die restlichen sechs Patronen in die Tasche und brach zu seinem Erkundungsgang auf. Die Richtung zum Felsdurchlaß kannte er, also setzte er sich nun im rechten Winkel dazu in Marsch; er schlich um den Sockel einer Felsensäule, zählte zweihundert Schritte ab, dann wandte er sich nach links und drang weiter vor.

Nach fünf Minuten hielt er an, weil er Stimmen hörte. Vorsichtig spähte er um eine Felsnase und erblickte Kissack und Zayid, die in kaum fünf Meter Entfernung an ihm vorbeispazierten. Sie schleppten einen Propeller.

Er mußte sich nahe beim Grab seines Vaters befinden. Nun suchte er den Weg zu der Höhle, in der sein Vater bestattet lag. Die Steine, die wir über die sterblichen Überreste seines Vaters geschichtet hatten, waren rücksichtslos zur Seite geworfen worden; er sah den weißen Schädel seines Vaters, das erregte ihn sehr, und er bebte vor Wut.

Er setzte sich auf einen Felsen, so daß er vom Grab aus nicht zu sehen war, und wartete auf neue Einfälle.

Bald sah er Rauch aufsteigen, dann hörte er einen dumpfen Knall nebst diversen Echos; der Tank der *Luftikus* war explodiert. Er schloß daraus richtig, daß die *Luftikus* zerstört wurde.

Von einem Spalt in den Felsen konnte er auf das Grab schauen. Paul

hatte, obwohl er das kaum begriff, eine Schießscharte vor sich: zwei
Steine, die auf einem dritten standen, der Zwischenraum zwischen
beiden knapp ein Meter. Das Grab lag etwa zehn Meter entfernt. Es
waren sogar zwei Simse vorhanden, auf die er beim Zielen seine Ellbogen stützen konnte.

Der Zufall und die Umstände hatten Paul zur rechten Zeit an den
rechten Platz gestellt. Bald hörte er Stimmen.

Wenig später feuerte er das Gewehr ab.

DIE Mündungsexplosion eines aus nächster Nähe abgefeuerten
Armeegewehrs kann recht beängstigend sein. Dieser einzelne Schuß,
der so unerwartet fiel, ließ jeden zur Salzsäule erstarren – dieweil Kissack tödlich getroffen zu Boden stürzte.

Die Kugel war Kissack durch den Hinterkopf gedrungen; sie flog in
die Höhle, zickzackte als Querschläger von Wand zu Wand, drang
surrend wieder ins Freie. Doch das allein löste nicht die Erstarrung,
sondern vielmehr das metallisch-trockene Klicken, als Paul nun ungeschickt langsam den Lademechanismus betätigte, um sein Gewehr
erneut schußfertig zu machen. Lash hatte plötzlich eine Pistole in der
Hand; im selben Augenblick hechtete Byrne nach der Waffe, die Kissack entfallen war. Es fällt schwer, einen Mann umzurempeln wie auf
dem Rugbyplatz, wenn man beide Hände auf dem Rücken gefesselt
hat, aber ich tat mein Bestes und warf mich gegen die Beine von Lash.
Er feuerte die Pistole ab, ich verspürte einen schmetternden Schlag im
linken Arm und fiel auf die Seite. Aber ich hatte Lash zu Fall gebracht.

Byrne, der die Hände rechtzeitig freibekommen hatte, schoß über
mich hinweg; aus dem Augenwinkel sah ich Zayid zu Boden gehen.
Paul leistete mit einem weiteren Donnerschuß einen eindrucksvollen
Beitrag zur allgemeinen Verwirrung, gerade als Lash die Pistole auf
Byrne anlegte. Byrne jagte Lash drei Kugeln in den Leib, der schüt-
telte sich wie in Krämpfen und sank tot zu Boden.

Paul feuerte abermals, die Kugel prallte als Querschläger von Fels zu
Fels. Als das Echo erstarb, rief Byrne: „Paul, hör auf, um Gottes willen, du bringst uns alle um!"

Ich versuchte hochzukommen. Als ich endlich aufrecht saß und
mich umblickte, sah ich Zayid, Kissack und Lash am Boden liegen.
Die beiden Gorillas waren verschwunden. Und alles hatte höchstens
zwanzig Sekunden gedauert.

Byrne rief wieder: „Komm raus, Paul! Zeig dich!"

Und da kam unser Paulchen auch tatsächlich hinter einem Felsen
zum Vorschein, das Gesicht weiß wie Mehl, die Hände zitternd.

Byrne lief ihm entgegen und konnte eben noch das Gewehr auffangen, das Paul aus den Händen fiel. „Hast du das Magazin gefüllt?"

Paul nickte wortlos.

„Noch Munition?"

Paul führte die Hand in seine Tasche und händigte Byrne die Patronen aus. Byrne zog den Ladebolzen zurück, die leere Messinghülse flog aus dem Lauf. Er rammte den Bolzen nach vorn und ließ ihn einschnappen. Dann trat er zu Lash und überzeugte sich, daß dieser auch wirklich tot war. Byrne richtete sich auf und sah zu mir herüber. „Bist du verwundet?" fragte er besorgt.

„Mich hat's am Arm erwischt."

Er seufzte auf. „Ihr beide wartet hier", sagte er, dann stapfte er davon.

„Ist dir was passiert?" fragte Paul.

„Hilf mir hoch." Mein linker Arm fing nun an, stark zu schmerzen. Als er mich auf die Beine gehievt hatte, sagte ich: „Das hast du gut gemacht, Paul, sehr gut."

„Wirklich?" meinte er nur. „Aber wozu das alles, Max?"

„Ich weiß es nicht", gestand ich. „Aber ich komm schon noch dahinter. Willst du mir nicht endlich die Fesseln durchschneiden? Aber Vorsicht, mein Arm."

Byrne kam nach einer halben Stunde wieder. Das Gewehr hatte er sich über die Schulter geworfen, zwei Packesel führte er an den Zügeln. Er stellte das Gewehr an einem Felsen ab und hielt mir beide Hände hin. „Weiß überhaupt nicht, wann ich freigekommen bin", sagte er. „Hast du prima gemacht, mit deiner Klinge."

„Was ist mit den beiden Gorillas?"

Er wies auf Lash. „Der Zahlmeister ist tot – kein Geld, kein Krieg. Ich hab ihnen drei Kamele und Wasser gegeben und sie zum Teufel gejagt. Die kommen uns nicht mehr in die Quere." Er warf Paul die Eselszügel zu und band eine kleine Kiste vom Gepäck los. „Laß mal deinen Arm sehen."

Er bescheinigte mir einen Armbruch, was ich längst wußte, und legte mir den Arm in eine improvisierte Schlinge. „Dich bringen wir jetzt lieber heim in die Zivilisation", sagte er dann.

Paul half ihm, die drei Toten auf Kamele zu binden, dann gingen die beiden fort, wohin, weiß ich nicht, aber nach zwei Stunden kamen sie ohne die Leichen zurück. In der Zwischenzeit hatte ich über Peter Billsons Überresten das Hünengrab wieder errichtet. Byrne legte das Schild darauf. „Auf den Propeller müssen wir diesmal verzichten", meinte er. „Den kriegen wir nicht mehr vom Wrack los."

Wir säuberten den Boden im Umkreis der Höhle, lasen die Patro-
nenhülsen und andere Indizien auf, dann gingen wir noch einmal zur
Luftikus zurück. Paul starrte auf den brandschwarzen Trümmerhaufen
und schüttelte den Kopf. „Warum das alles?" fragte er immer wieder.

Niemand konnte seine Frage beantworten.

„In der Morgendämmerung brechen wir auf", sagte Byrne. „Aber
diesmal reiten wir auf den Kamelen. "

16. KAPITEL

NACH der Hölle, die hinter uns lag, war Djanet das Paradies. Vier
Tagesritte hatten uns hierhergeführt, und Byrne brachte mich sofort
nach unserer Ankunft in einem behaglichen Hotelzimmer unter. Er
ging gleich wieder, vermutlich, um Atitel die frohe Botschaft zu überbringen, daß sein Beinbruch letzten Endes doch zehn Kamele wert
war – lieferbar in wenigen Wochen in Bilma. Außerdem ging er zur
Post und schickte Hesther Raulier ein Telegramm. Ich weiß nicht, was
er ihr gekabelt hatte, jedenfalls kündigte Hesther daraufhin ein Char-
terflugzeug an, das Paul und mich nach Algier ausfliegen würde. „Du
mußt dir schleunigst den Arm in Ordnung bringen lassen", sagte
Byrne. „Aber nicht hier. Hesther kennt die richtigen Leute in Algier.
Da wird das ganz diskret erledigt. "

Ich nickte. „Wir haben noch etwas zu tun", erklärte ich. „Gibt's hier
in Djanet so was wie einen Notar?"

„Na klar. Wozu?"

„Ich möchte alles, was wir an der *Luftikus* defekt vorgefunden
haben, schriftlich niederlegen – die Sache mit dem Kompaß und dem
Zeug auf dem Tankboden. Und ich möchte, daß du das vor einem
Notar bestätigst. Ich werde es auch unterschreiben, aber Paul lassen
wir aus der Sache raus. Ob es hier irgendwo eine Schreibmaschine
gibt?"

„Im Hotelbüro", erwiderte er. „Die leih ich mir aus. "

Einen halben Tag lang schrieb ich an dieser eidesstattlichen Erklärung; ich flocht zahlreiche Verweise auf Byrnes Erklärungen ein, um
die technischen Details möglichst einleuchtend darzustellen. Oben-
drein mußte ich das Ganze mit einer Hand tippen. Am folgenden Morgen suchten wir den Notar auf; wir unterschrieben jede Seite einzeln,
und jedes Blatt bekam auch das notarielle Siegel. Daß der Notar vom
Inhalt nichts verstand, spielte keine Rolle, er hatte ja lediglich unsere
Unterschriften zu beglaubigen.

Dann brachte ich meine Seifendose zum Vorschein, die steckten wir in einen Umschlag, auch der wurde versiegelt. Auf die Umschlagklappe setzten wir ebenfalls unsere Unterschriften.

Als wir vor dem Haus des Notars wieder auf der Straße standen, fragte Byrne: „Hast du dir schon ein paar Gedanken gemacht?"

„Jede Menge", antwortete ich. „Aber alle sind ziemlich wirr."

„Ist ja auch anders nicht möglich. Wenn du was hörst, gib mir Bescheid."

„Ist doch klar", versicherte ich.

Wir speisten zu dritt in einem Restaurant, dann fuhr Byrne uns zum Hotel, wo wir unser Gepäck abholten, und anschließend die paar Kilometer nach In-Debiren; da gab es eine Landepiste, und da wartete eine Piper Comanche auf uns. Und Paul Billson, der vor noch nicht allzulanger Zeit nie ein Dankeswort über die Lippen gebracht hatte, verabschiedete sich nun von Byrne mit einer rührend herzlichen Umarmung.

„Paul, steig schon mal ein", forderte ich ihn schließlich auf. „Ich muß noch ein letztes Wort mit Luke reden." Sobald er außer Hörweite war, sagte ich: „Mit ‚Danke' allein kann man nie abgelten, was du für uns . . ."

Byrne lächelte. „Dein Wort in Gottes Ohr." Er hielt mir einen Umschlag unter die Nase, versiegelt und an mich adressiert. „Das ist für dich. Ich hab dir ja gesagt, du kriegst eine Rechnung. Du kannst das bei Hesther erledigen."

Ich grinste und steckte den Umschlag ungeöffnet in die Tasche meiner Gandura. „Und was fängst du nun an?"

„Heim in den Aïr und zu meinen Geschäften – heim in ein stilleres Leben. Grüß Hesther von mir."

Wir reichten uns die Hände. „Paß gut auf dich auf."

Ich kletterte in die Comanche. Die Maschine drehte noch eine Runde über der Piste. Byrne hatte den Start nicht abgewartet. Der Toyota war schon, eine Staubwolke hinter sich herziehend, auf dem Weg nach Süden.

Auf diesem Flug nach Norden war ich lange mit meinen Gedanken beschäftigt und starrte in das grenzenlose Schmutzigbraun hinab, das unter uns dahinglitt. Schließlich holte ich Byrnes Umschlag aus der Tasche und reichte ihn Paul. „Machst du mir das mal auf?"

„Natürlich." Er riß ein Ende ab, schüttelte den Inhalt heraus und reichte mir alles.

Byrnes Rechnung war zahlbar in Pfund Sterling und bestand aus mehreren säuberlich aufgeführten Einzelposten. Seine eigenen Dienste veranschlagte er unter der Rubrik „Reiseführer" mit dreißig Pfund pro Tag – mal dreiunddreißig Tage macht 990 Pfund. Dann kamen die Benzinrechnungen – soundsoviel Liter à soundsoviel, plus Öl und neue Reifen; dann Gebühren für Mietkamele sowie der Ankauf von fünf Kamelen. Schließlich noch die Hälfte der Kosten für den Ankauf eines neuen Toyota. Insgesamt kostete mich das alles etwas über siebentausend Pfund.

Zuschlag für Lebensrettung war nicht erhoben. Dieser Byrne war schon ein Teufelskerl.

„Ich freu mich schon jetzt auf das Gesicht dieses Chefredakteurs", meinte Paul nach einer Weile.

„Ach, Paul", sagte ich, „tu mir einen Gefallen. Zieh jetzt in London keine große Show ab. Sag keiner Menschenseele ein Sterbenswörtchen, bis ich dir grünes Licht dafür gebe. Bitte!"

„Ja, wieso denn?"

Ich seufzte. „Ich kann dir das jetzt nicht erklären. Glaub mir, es ist zu deinem eigenen Wohl. Von Lash und Kissack darfst du sowieso niemand was erzählen."

Wieder fragte er: „Wieso?"

„Menschenskind, Paul! Du hast einen Mann getötet! Paß auf – du kannst den Zeitungen alles erzählen, wie wir die *Luftikus* und den Leichnam deines Vaters gefunden haben. Aber laß mir Zeit. Ich muß erst rauskriegen, was wirklich dahintersteckt."

„In Ordnung", sagte er. „Ich halt den Mund, bis du grünes Licht gibst." Er schwieg eine Zeitlang, dann meinte er: „Eigentlich kann ich mich kaum noch an meinen Vater erinnern. Ich war erst zwei, als er starb. Ich erinnere mich nur noch, wie er mich manchmal auf sein Knie setzte und Hoppe-Hoppe-Reiter mit mir spielte. Aber meinen Stiefvater mochte ich überhaupt nicht."

Ich sah ihn von der Seite an. „Aarvik? Was war mit dem?"

„Ach nein, Aarvik meine ich nicht. Der kam erst später. Ich meine den anderen."

„Soll das heißen, daß deine Mutter dreimal verheiratet war?" fragte ich verblüfft.

„Ja, natürlich. Hast du das nicht gewußt?"

„Nein", gestand ich nachdenklich. „Das nicht. Wie hieß er?"

„Daran kann ich mich nicht erinnern. Er war selten zu Hause, und ich war noch klein. Als ich vier war, kam er überhaupt nicht mehr. Es ist alles schon so lange her."

Nach dieser Enthüllung schwieg er. Mir aber ging der unbekannte Stiefvater noch im Kopf herum, als wir schon in Algier landeten.

Die Comanche rollte vor dem Hangar aus, der große Mercedes mit dem arabischen Chauffeur stand bereits dort, und bald wurden wir in üppiger Behaglichkeit die Anhöhen von Bouzarea hinaufkutschiert, von wo aus man ganz Algier überblickt.

Wir hielten vor der Mauer mit dem Pförtchen, das sich wieder so leise und geheimnisvoll öffnete wie damals, und ich ging mit Paul auf das Haus zu.

Hesther Raulier lag wieder auf der Chaiselongue, und wenn sie nicht ein anderes Kleid angehabt hätte, wäre ich überzeugt gewesen, sie hätte sich nie fortbewegt. Als wir näher traten, legte sie die Zigarre beiseite und stand auf.

Plötzlich überzogen tausend Lachfältchen ihr Gesicht, und sie rief heiser: „Mensch, Stafford! Was soll der Mummenschanz? Bewerben Sie sich für eine Rolle in dem Film ‚Die Wüste lebt‘?"

HESTHER steckte mich bald ins Bett und bestellte einen Arzt, der, wie es schien, nur auf ihren Anruf gewartet hatte. Eine Erklärung hatte sie parat: „In Lukes Telegramm standen ein paar Worte, die Übles vermuten ließen, also alarmierte ich Fakhri. Der kennt sich mit Schußwunden aus und hält auch die Schnauze."

Dr. Fakhri untersuchte meinen Arm und sagte mir dann, daß die Kugel noch drinsteckte. Er nahm eine örtliche Betäubung vor, schnitt die Kugel heraus, vernähte die Wunde und legte eine Schiene an.

Und dann wollte Hesther endlich wissen, was genau in den zurückliegenden Wochen passiert war.

Ich lieferte ihr eine gekürzte Fassung der Ereignisse und schloß: „Was wir allerdings ohne Luke Byrne angefangen hätten, mag ich mir gar nicht vorstellen."

„Luke ist ein braver Kerl", sagte sie schlicht. „Aber worum ging's denn eigentlich?"

„Alle Spuren führen nach England. Ich nehme an, daß Paul die Dinge ins Rollen brachte, aber damit hat er wohl auch gleichzeitig eine Zeitbombe, die zweiundvierzig Jahre lang versteckt lag, zum Ticken gebracht. Ich habe noch ein paar Nachforschungen anzustellen, und sobald ich die Antworten weiß, geb ich Bescheid."

„Dann viel Glück", sagte sie. „Sie können übrigens nicht als Targi verkleidet nach England fliegen. Morgen kommt ein Schneider, und übermorgen haben Sie einen Anzug. Paul auch."

Wir blieben vier Tage in Algier, eigentlich nur, weil ich mich von Fakhris Schnitzelei erholen mußte. Ich faulenzte und las die englischen Zeitungen, die Hesther mir besorgte.

Am vierten Tag flogen wir mit einer algerischen Linienmaschine nach Paris-Orly und stiegen dort um nach London.

In London regnete es, und es sah aus, als hätte es seit meiner Abreise auch keine Stunde aufgehört zu regnen.

Von Orly aus hatte ich mir für diesen Spätnachmittag an den Londoner Flughafen Heathrow einen Mietwagen mit Fahrer bestellt, da ich mich ja mit meinem kaputten Arm nicht selber ans Steuer setzen konnte. Ich ließ mich mit Paul ins „Post House Hotel" bringen, dort waren zwei nebeneinanderliegende Zimmer reserviert, und in dem einen brachte ich nun Paul unter. Paul war natürlich völlig pleite. Fürs erste konnte mir das nur recht sein, denn so rührte er sich schon nicht vom Fleck. Also gab ich ihm auch kein Geld, sondern wies ihn an: „Paul, bleib hier, bis ich wiederkomme. Wenn du was brauchst, bestell's auf meine Rechnung. Aber geh nicht aus dem Hotel."

„Was hast du vor?"

„Ich hab was zu erledigen", antwortete ich ausweichend.

In der Hotelhalle löste ich eine Handvoll Reiseschecks ein, scheuchte den Fahrer aus dem Klubsessel und gab als Fahrziel Marlow an. Wir fuhren durch die Umgebung von Heathrow. Der Wagen hielt vor Jack Ellis' Haus an, ich ging durch den Vorgarten und klingelte. Judy Ellis machte auf und sah mich verunsichert an: „Sie wünschen?"

Jacks Frau hatte ich erst drei- oder viermal gesehen. „Ist Jack zu Hause?" fragte ich. „Mein Name ist Max Stafford."

„Ach, ich habe Sie überhaupt nicht erkannt. Ja, er ist eben nach Hause gekommen. Treten Sie näher." Nun machte sie die Tür ganz auf und bat mich in den Flur. „Jack!" rief sie ins Haus, „Mr. Stafford ist da."

Ich stand schon in der Tür zum Wohnzimmer; Ellis legte die Zeitung beiseite und erhob sich staunend aus dem Sessel. „Max? Wirklich?"

Nun ja, ich trug einen Bart sowie einen hellen Anzug von deutlich ausländischem Zuschnitt, dazu noch den linken Arm in einer schwarzen Schlinge. „Hallo, Jack", sagte ich nur.

„Mensch, Max! Kommen Sie rein!" Er schien sich zu freuen, daß ich da war.

„Also, Jack", sagte ich, „das ist kein Privatbesuch. Ich muß dienstlich mit Ihnen reden."

„Ja, es gibt viel zu besprechen. Wo waren Sie? Kommen Sie in mein Arbeitszimmer."

Im Vorübergehen bedachte ich Judy mit einem freundlichen

Lächeln, dann machten wir die Tür hinter uns zu. Jack bot mir einen Sessel an und fragte sofort: „Was ist mit Ihrem Arm?"

„Nur gebrochen", sagte ich.

„Mann, bin ich froh, daß Sie wieder da sind. Sie sind einfach verschwunden, und ich wußte nicht, wo ich suchen sollte. Bei uns ist die Hölle los!"

„So lange war ich doch gar nicht fort – kaum mehr als einen Monat", sagte ich sanft. „In der kurzen Zeit kann Ihnen doch nicht alles aus der Hand geglitten sein."

„Ich fürchte, doch." Da war Bitterkeit in seiner Stimme. „Aber ich hatte von Anfang an nicht viel in der Hand. Oder?"

„Nun geben Sie mir erst einmal was zu trinken, dann setzen Sie sich hin und erzählen mir alles der Reihe nach", beruhigte ich ihn.

Er atmete tief durch. „Entschuldigung." Er ging ein Tablett mit Flaschen und Gläsern holen. „Ist Scotch recht?" Ich nickte, und noch während er einschenkte, legte er los. „Sie waren kaum weg, da änderten sich schon die Firmenrichtlinien."

„Was heißt das?"

„Nur ein kleines Beispiel: Wir arbeiten jetzt mit Wachhunden ohne Hundeführer."

„Und zwar zuerst bei der Firma Electronomics", vermutete ich.

Er sah mich ungläubig an. „Woher wissen Sie das?" fragte er.

„Macht nichts. Berichten Sie weiter."

Er setzte sich hin, blickte finster in das Glas in seinen Händen. „Das Schlimmste ist, daß wir jetzt über beide Ohren in der Industriespionage stecken. In den knapp sechs Wochen Ihrer Abwesenheit habe ich bereits drei Einschleusungsmanöver durchgeführt."

„Tatsächlich? Um Gottes willen. Auf wessen Anweisung?"

„Charlie Malleson hat mich in die Mangel genommen."

Ich starrte ihn an. „Aber Jack, Charlie kann Ihnen doch keine Befehle erteilen! Er ist lediglich ein Buchhalter. Wieso hat Charlie Sie unter Druck gesetzt?"

Jack wurde zornig. „Was, zum Teufel, kann ich tun? Ich besitze keine Firmenanteile, aber Charlie brachte Brinton mit ins Spiel, der hat ihm den Rücken gestärkt, und wenn die Bosse ‚spring' sagen, dann springst du eben. Max, letzte Woche war ich drauf und dran zu kündigen, ich hab nur noch durchgehalten, weil ich hoffte, Sie kommen zurück." Er richtete einen Finger auf mich. „Jeden Augenblick erwarte ich jetzt die Anweisung, bei einem unserer eigenen Kunden eine Einschleusung durchzuführen. Das ist doch ein Witz, oder? Dafür bin ich nicht in diese Firma gekommen."

„Wirklich nicht die feine englische Art", bestätigte ich. „Aber nicht die Ruhe verlieren, Jack. Sie sagen, Charlie hat Lord Brinton mit ins Spiel gebracht? Kommt der oft in die Firma?"

„Zwei- oder dreimal in der Woche."

„Hat er Zugang zu den Unterlagen, zu den Akten?"

Jack hob die Schultern. „Durch mich nicht. Über Charlie – weiß ich nicht."

„Vor meiner Abreise habe ich mit Charlie über Sie gesprochen. Wir waren uns einig, daß Sie geschäftsführender Direktor werden, sobald Sie sich in meinem Job bewähren. Damit hätten Sie dann auch Anspruch auf eine Firmenbeteiligung. Ich wollte unterdessen für uns den europäischen Markt erschließen – Verträge mit den Multinationalen und so weiter. Hat Charlie Ihnen nichts davon gesagt?"

„Kein Wort."

„Nun seh ich schon klarer. Erinnern Sie sich an die letzte Aktion vor meiner Abreise?"

Er nickte. „Diese Sache mit dem Halbtrottel Billson."

„Richtig. Ich hab ihn inzwischen gefunden, und das führt zu anderen Dingen. Ich möchte gern, daß Sie das Kundenkonto Michelmore, Veasey & Templeton wieder eröffnen, aber in aller Stille. Keine offizielle Akte, sämtliche Einzelheiten bleiben unter Verschluß."

„So wie letztes Mal?"

„Genauso. Niemand darf Wind davon bekommen – schon gar nicht Charlie oder Brinton. Und nun folgendes . . ." Jacks Augen wurden immer größer, als ich ihm meine Wunschliste diktierte. Am Schluß sagte ich noch: „Ach ja, dieser Gutachter für die chemischen Analysen muß unbedingt bei Gericht zugelassen sein, ist das klar?"

Jack sah von seinem Notizbuch hoch. „Ziemlich viel auf einmal."

„Sie werden es schaffen. Machen Sie sich keine Sorgen wegen der Vorgänge in der Firma, das läuft bald wieder rund. Sie arbeiten weiter wie bisher. Nur eins noch, Jack: Ich bin nicht in England. Sie haben mich auch heute abend nicht gesehen. Eines Tages tauche ich völlig unerwartet im Büro auf. Verstanden?"

Er grinste. „Sie wollen sie in flagranti erwischen?"

„So ungefähr."

Und damit verabschiedete ich mich von Jack. Ich gab dem Fahrer die Adresse von Alix Aarvik in Kensington. Unterwegs lehnte ich mich in die Wagenpolster zurück und dachte über die beiden miesen Schurken in meiner Firma nach und wieso die sich eigentlich einbildeten, sie könnten mit ihrer Gaunerei durchkommen. Ich besaß ja einundfünfzig Prozent der Firmenanteile.

Alix Aarvik war zu Hause, und auch sie freute sich sehr, als sie mich wiedersah. Sie führte mich gleich ins Wohnzimmer und sagte: „Um Gottes willen, Sie sind verletzt!"

„Nichts, was nicht wieder heilen würde", betonte ich. „Geht es Ihnen gut?"

„Ganz gut, ja, danke. Möchten Sie Kaffee?"

„Danke, gern."

Sie mimte ein paar Minuten Hausmütterchen, dann sagte ich: „Miß Aarvik, ich habe Ihren Bruder gefunden. Er ist wohlauf, und er befindet sich bereits in England."

Sie ließ sich auf einen Stuhl fallen. „Gott sei Dank!"

„Danken Sie lieber einem Herrn namens Byrne, der hat nämlich unser Paulchen aus den meisten Klemmen herausgezogen."

„Wo war er denn?"

„In Nordafrika. Er hat auch seinen Vater gefunden, Miß Aarvik."

Sie schlug die Hand vor den Mund. „Ich nehme an, daß die Geschichte bald in den Zeitungen Schlagzeilen macht. Es wird zu einer vollkommenen Rehabilitierung von Peter Billson kommen. Die Spekulationen sind vom Tisch."

„Ach, ich bin ja so froh!" rief sie. „Wo ist denn Paul jetzt?"

Ich überlegte, ob ich sie ins Vertrauen ziehen konnte, entschied mich aber dagegen. Vorsichtig sagte ich: „Wissen Sie, wenn Zeitungsleute in Eile sind, unterlaufen ihnen meistens Ungenauigkeiten. In einigen Tagen werden wir eine Pressekonferenz abhalten, und im Augenblick feile ich mit Paul noch an unserer Erklärung für die Öffentlichkeit. Es ist mir lieber, wenn er nicht gestört wird, bis es soweit ist."

Sie nickte verständnisvoll. „Ja, natürlich", meinte sie. „Ich kenne ja meinen Paul. Es ist sicher besser so."

„Sie werden Veränderungen an Paul feststellen", sagte ich. „Er ist ganz anders geworden."

„Wie anders?"

Ich zuckte die Achseln. „Ein besserer Mensch."

„Waren Sie mit Paul zusammen, als die ... Leiche gefunden wurde?"

„Ja. Auch Mr. Byrne. Wir halfen Paul bei der Bestattung."

„Wer ist dieser Byrne?"

„Man könnte sagen: ein weißer Targi. Aber viele Tuareg sind so weiß wie wir. Er sagt immer, früher wäre er einmal Amerikaner gewesen. Ein wirklich feiner Kerl. Ihr Bruder verdankt ihm viel."

„Sie auch, nicht wahr?"

Ich nickte, dann wechselte ich das Thema. „Sie arbeiten immer noch als Sekretärin bei Andrew McGovern?"

„Ja."

„Sie müssen mir einen Gefallen tun. Ich möchte ihn kennenlernen."

„Das läßt sich leicht machen", versicherte sie.

„Wie ich mir das vorstelle, ist es vielleicht doch nicht so leicht. Ich möchte ihn nicht in seinem Büro kennenlernen, und außerdem ohne daß er weiß, wer ich bin. Die Sache müßte diskret gehandhabt werden – ein Kundenauftrag."

„Das ist allerdings schwierig", sagte sie nachdenklich. „Zum Essen verabredet er sich meistens mit Geschäftsfreunden. Für übermorgen mittag hat McGovern keine Verabredung. Bei schönem Wetter geht er dann immer im Park von Lincoln's Inn Fields spazieren. Wenn es nicht regnet, wird er sicher dort anzutreffen sein. Würden Sie ihn erkennen?"

„Sicher."

Ich wollte mich verabschieden, aber sie sagte noch: „Wann darf ich Paul sehen?"

„Bald. In einer Woche, allenfalls in zehn Tagen."

Wenn ich in zehn Tagen nicht in der Hand hatte, was ich suchte, würde ich es wahrscheinlich nie in die Hand bekommen.

Ich überließ Jack Ellis nicht die ganze Arbeit. So verbrachte ich zum Beispiel einen höchst ergiebigen Vormittag im Zentralstandesamt, und auf dem Weg zu meiner Begegnung mit McGovern stattete ich dem Buchladen von Hatchards einen Besuch ab und blätterte die jüngste Ausgabe des Nachschlagewerks „Whitaker's Almanac" durch. Ich fand dort zwar auf Anhieb, was ich suchte, aber ich kaufte den Almanach trotzdem. Er paßte ganz gut zu meiner Indizienakte.

Acht Tage später hatte ich alles zusammen, was ich brauchte. Abends rief ich Ellis zu Hause an. „Geben Sie mir Bescheid, sobald Lord Brinton das nächste Mal in unserem Laden auftaucht."

„In Ordnung, Max."

Von da an rührte ich mich nicht mehr vom Telefon weg.

Ich drückte auf den Knopf im Lift und schwebte zu dem Stockwerk hoch, das die Geschäftsräume der Stafford-Sicherheits-Beratungs-GmbH beherbergte.

Dort betrat ich die vertrauten Gänge, marschierte am Empfang vorbei und schnurstracks auf mein Büro zu. Barbara, die Empfangsdame, rief hinter mir her: „Hören Sie mal, Sie können doch nicht einfach . . ."

Ich grinste sie an. „Erkennen Sie Ihren eigenen Chef nicht mehr?"

„Ach, Mr. Stafford!" rief sie, aber da war ich schon weiter. In meinem Vorzimmer begrüßte ich Joyce, beantwortete ihre Frage nach meinem verletzten Arm und ging dann durch zu Jack Ellis. „Tag, Jack. Haben Sie den ganzen Kram beisammen?"

„Alles da." Er schloß die Schreibtischschublade auf. „Das chemische Gutachten und die Heiratsurkunde. Es war 1937, nicht 1936."

Ich nickte. „Natürlich, die Trauerzeit." Ich schloß mit einer Hand meinen Aktenkoffer auf und warf die Dokumente hinein. „Ist Brinton da?"

„Seine Lordschaft befinden sich bei Charlie."

„Prima. Wenn Sie einen kleinen Schlagabtausch mögen, kommen Sie gleich auf Ihre Kosten."

Ohne Voranmeldung marschierte ich in Charlies Zimmer, das Geflatter seiner Sekretärin übersah ich. Charlie saß hinterm Schreibtisch und Brinton neben ihm.

Zunächst starrte mich Charlie mit ausdruckslosem Gesicht an, aber dann fiel der Groschen. „Max!"

„Hallo, Charlie." Ich nickte Brinton zu. „Mylord."

„Ja, hol mich der Teufel!" sagte Brinton. „Wo sind denn Sie entsprungen? Wie ich sehe, haben Sie sich am Arm verletzt. Wie haben Sie das zustande gebracht?"

„Skifahren hat so seine Tücken." Das war eine wahrheitsgemäße Behauptung, wenn auch keine Antwort auf Brintons Frage. Ich zog mir einen Stuhl heran, setzte mich und stellte den Aktenkoffer neben mich auf den Boden.

„Ja, wo waren Sie denn? Gstaad?" Brinton machte mal wieder ganz auf jovial, aber Charlies Gesicht hatte einen gehetzten Ausdruck.

„Ich hab da ein paar reichlich komische Geschichten über die Firma gehört", sagte ich, „da bin ich eben wieder zurückgekommen."

Brintons Lächeln hielt immer noch an. „Von Ellis, vermute ich. Nun, es stimmt sogar. Wir haben einige Änderungen vorgenommen, um die Gewinnmarge zu erhöhen."

„Ohne mein Wissen", betonte ich, „und ohne meine Zustimmung."

„Was ist denn in Sie gefahren, Max?" tönte Brinton. „Mögen Sie auf einmal kein Geld mehr?"

„Genauso gern wie jeder andere – aber ich habe meine eigenen Vorstellungen davon, wie ich es mir verdienen möchte." Ich wandte mich an Charlie. „Aus dem Electronomics-Vertrag hast du diese Klausel über Wachhunde ohne Hundeführer nicht herausgenommen. Die ganze Geschichte ist also schon damals ausgekocht worden. Was, zum

Teufel, fällt dir eigentlich ein?" Er gab keine Antwort, also sagte ich: „Schön, dann fangen wir mal ganz von vorn an."

Es klang fast bedauernd, als Brinton sich einschaltete. „Ich fürchte, daraus wird wohl nichts, Max. So viel haben Sie hier nicht mehr zu sagen."

„Da werden Sie sich aber wundern. Ich besitze einundfünfzig Prozent der Geschäftsanteile – die Kontrollmehrheit."

Er schüttelte den Kopf. „Das war einmal. Sie sind nicht auf dem laufenden. Sie haben einen Fehler begangen, den elementaren Fehler eines verliebten Mannes. Sie haben einmal jemandem vertraut."

Da wußte ich es. „Gloria ...!"

„Tja, Gloria. Sie sind überstürzt abgereist, und in der Eile haben Sie nicht mehr an die sieben Prozent gedacht, die Sie ihr einmal überschrieben hatten. Die habe ich nun gekauft."

„Sieben plus fünfundzwanzig ergibt zweiunddreißig", sagte ich. „Das reicht leider nicht fürs Kontrollieren."

Das Grinsen in seinem Gesicht nahm deutlich etwas Verschlagenes an. „Doch", sagte er. „Wenn Charlie mit mir zusammen stimmt. Und das tut er. Ich hatte in letzter Zeit den Eindruck, daß er sich Sorgen um seine finanzielle Lage macht. Es liegt also eindeutig in seinem Interesse, die Gewinne der Firma zu steigern."

„Du würdest tatsächlich mit ihm stimmen?" fragte ich Charlie ganz leise.

Er schluckte. „Ich muß doch."

„Mein Gott, ihr seid ein sauberes Paar. Kein Wunder, daß ihr mich beide bekniet habt, in Urlaub zu fahren. Damit Brinton sich Glorias Anteile grapschen konnte."

Brinton kicherte. „Es war Glorias Idee, ehrlich. Sie kam zu mir und bot mir ihre Anteile an. Max, Sie sind ein Einfaltspinsel. Sie glauben doch nicht, ich würde all diese kostbaren Informationen in Ihren Akten brachliegen lassen. Aus dem, was da liegt, kann man Millionen machen."

„Ich durfte also für Sie den sauberen Ruf der Firma aufbauen – und jetzt mißbrauchen Sie ihn. Ist es nicht so?"

„So könnte man es sehen", erklärte er sorglos. „Aber immer im Rahmen der Legalität."

„Brinton, ich habe Ihnen etwas unter vier Augen mitzuteilen", sagte ich. „Es kann nicht in Ihrem Interesse liegen, daß Charlie davon erfährt."

„Was Sie mir zu sagen haben, kann jeder hören."

„Wie Sie wollen. Kissack kommt nicht mehr zurück."

„Wer ist Kissack?"

Kein Gewinn auf diese Nummer. Nun gut, von Kissack wußte er vielleicht nichts, der hatte zu tief unten auf der Rangliste gestanden. Ich versuchte es noch einmal. „Und Lash kommt auch nicht mehr zurück."

Hauptgewinn! Ich sah es an der Veränderung in seinem Gesicht. Aber noch hielt er sich gut. „Und wer ist Lash?"

„Lash ist der Mann, der die Leute angeheuert hat, von denen ich zusammengeschlagen wurde", erwiderte ich bedächtig. „Und Lash ist außerdem der Mann, der Kissack anheuerte – einen berufsmäßigen Kil–"

Plötzlich stemmte Brinton sich hoch. „Ich kann nicht den ganzen Tag hier herumsitzen. Ich habe in meinem Laden auch noch etwas zu tun. Sie können mitkommen und Ihren Unsinn dort loswerden." Schwerfällig tappte er zur Tür.

Ich jubelte innerlich. Endlich hatte ich den alten Miesling am Schlafittchen. Und er wußte es. Er ging voraus; ich blieb noch einmal in der Tür stehen und sah mir Charlie an. „Du Laus!" sagte ich. „Mit dir rechne ich später ab."

Ich fuhr mit Brinton in die Tiefgarage hinab, dort setzten wir uns in seinen Rolls-Royce, bewältigten schweigend die kurze Strecke bis in eine andere Tiefgarage. Dann schwebten wir abermals mit einem Lift hoch, und erst in seinem Penthouse machte er den Mund auf. „Stafford, seien Sie vorsichtig mit Ihren Behauptungen."

Ich grinste nur, ging an ihm vorbei, setzte mich in einen Lehnsessel am Kamin und stellte meinen Aktenkoffer ab.

Er ließ sich in einen Sessel gegenüber fallen. „Nun, was gibt's?" fragte er.

„Ich möchte Ihnen die Geschichte von einem brillanten, ehrgeizigen jungen Mechaniker erzählen, der eine Frau heiratete, die soeben an viel Geld gekommen war. In der Lotterie hatte sie es nicht gewonnen, aber das Leben ihres verstorbenen Gatten war mit hunderttausend Pfund versichert gewesen. Das war 1937 und daher viel mehr wert als jetzt – etwa eine halbe Million nach heutigen Begriffen."

Ich legte eine Pause ein, aber Brinton sagte nichts. Er starrte mich nur mit kaltem Blick an. „Die Frau wußte jedoch nicht, daß dieser brillante junge Mechaniker – übrigens Kanadier wie Sie, Lord Brinton – ihren Mann ermordet hatte. Sein Name war John Greenville Anderson, allgemein bekannt als Jock. Er war 1898 zur Welt gekommen, und damit wäre er heute – auch wieder so ein Zufall – genauso alt wie Sie."

„Wenn Sie das je in der Öffentlichkeit wiederholen, zerre ich Sie vor Gericht und lasse Sie in der Luft zerreißen!" zischte Brinton.

„Ihr Name hat mich stutzig gemacht", sagte ich. „Brinton besagt überhaupt nichts, weder hier noch in Kanada. In der Grafschaft Norfolk gibt es zwar ein Dorf namens Brinton, aber da sind Sie meines Wissens nie gewesen."

Ich beugte mich vor und öffnete den Aktenkoffer. „Beweisstück Nummer eins – Fotokopie einer Seite aus ,Whitaker's Almanac'." Ich las die betreffende Zeile. „,Geadelt 1947, Brinton (I.), John Greenville Anderson, geboren 1898.' Ein recht anonymer Adelstitel, finden Sie nicht auch?"

„Machen Sie nur weiter mit dem geschmacklosen Unfug."

„Beweisstück Nummer zwei – eine Kopie des Eintrags Ihrer Eheschließung mit Helen Billson, 1937, im zentralen Standesamtsregister. Lange haben Sie's aber nicht bei ihr ausgehalten, Jock! Gerade so lange, um ihr einen Teil ihres Geldes abzuluchsen. Hunderttausend Riesen waren genau das, was Sie für den Aufbau einer kleinen Ingenieurfirma brauchten. Aber dann kam der Krieg, und wie da das Geld nur so reinströmte! Sie waren in den Flugzeugbau eingestiegen, natürlich, wo sonst. Am Ende des Krieges hatten Sie aus Ihrer Mitgift ein paar Millionen gemacht und zusätzlich auch noch den Dank des Vaterlands in Form eines Adelstitels kassiert – für die Spenden, die Sie großzügig den richtigen Parteien zukommen ließen."

Er preßte die Lippen aufeinander. „Ich bin ein sehr geduldiger Mensch. Sie amüsieren mich. Ich möchte das Märchen gern bis zu Ende hören."

„Also, bitte. 1947 hatten Sie allerdings gerade erst angefangen. Sie entdeckten Ihr geschicktes Händchen für Finanzgeschäfte, im Grundstücksboom der fünfziger Jahre machten Sie Millionen. Und die machen Sie immer noch, denn Geld zeugt Geld. Und alles verdanken Sie dem Mord an Peter Billson, dessen Witwe Sie ehelichten."

„Und wie soll ich Peter Billson umgebracht haben?"

„Bei der Flugrallye London – Kapstadt 1936 waren Sie Billsons Mechaniker. In Algier verzögerten Sie seinen Abflug, so daß er bei Nacht nach Kano fliegen mußte. Sie manipulierten seinen Kompaß, so daß er vom Kurs abkam."

„Das können Sie nie beweisen. Jetzt geraten Sie auf dünnes Eis, Stafford."

„Beweisstück Nummer drei – ein Farbfoto, darstellend die *Luftikus*, Billsons Flugzeug, von mir selbst vor kaum zwei Wochen aufgenommen. Beachten Sie bitte, wie unversehrt die Maschine ist. Beweisstück

Nummer vier – eine eidesstattliche Erklärung, notariell beglaubigt und von mir selbst sowie dem Zeugen unterzeichnet, der den Kompaß ausgebaut und überprüft hat. "

Brinton studierte das Foto, dann las er das Dokument. Ich fuhr mit meinen Darlegungen fort. „Das ist übrigens auch eine Fotokopie – wie alle diese Dokumente. Soweit es sich um amtliche Registereintragungen handelt, befinden sich die Originale bei den zuständigen Amtsstellen, alle übrigen in meinem Banksafe. Sollte mir etwas zustoßen, hat mein Anwalt Anweisung, entsprechende Schritte zu unternehmen. "

Er runzelte die Stirn. „Wer ist Luke Byrne?"

„Ein Flugzeugingenieur", antwortete ich, indem ich die Wahrheit ein wenig zurechtbog. „Beachten Sie bitte, daß er eine Substanz erwähnt, die im Haupttank vorgefunden wurde. Anbei liegt das Gutachten des Sachverständigen, der das Zeugs analysiert hat. Er stellte fest, daß Sie Zucker in den Tank geschüttet haben, und als Billson vom Zusatztank umschaltete, starb ihm der Motor ab." Ich lehnte mich zurück. „Aber kommen wir auf die heutige Zeit zu sprechen. "

„Was ist mit der heutigen Zeit?"

„Es machte Sie nervös, als Sie erfuhren, daß Paul Billson sich brennend für alles interessierte, was seinen Vater betraf. Paul war der einzige Mensch auf der Welt, dem Sie ein Motiv und die Besessenheit zutrauten, sich auf die Suche nach der *Luftikus* zu machen – eben, um den Namen seines Vaters reinzuwaschen. Wegen Alix Aarvik machten Sie sich weniger Sorgen, aber bei Paul witterten Sie Gefahr. Darüber habe ich mich kürzlich erst mit Andrew McGovern unterhalten. "

Brinton riß den Kopf hoch. „Mit McGovern?"

„Ja – hat er Ihnen nichts erzählt? Ich fürchte, ich habe ihm eine Heidenangst eingejagt. Er hatte nichts dagegen, Paul zu beschäftigen, denn Sie zahlten ja Pauls übertriebenes Gehalt. McGovern dachte sich nicht viel dabei. Seiner Meinung nach war Paul lediglich ein jugendlicher Fehltritt von Ihnen, um dessen Wohlergehen Sie sich nun in rührender Weise kümmerten. Aber mit einem Gehalt, von dem Paul wußte, daß er es nicht wert war, hielten Sie ihn fünfzehn Jahre lang angepflockt. Die Ironie der Geschichte ist indessen, daß Sie auf diesem Umweg Pauls Ausflug in die Sahara finanzierten, als er dann schließlich doch durchdrehte. Ich behaupte, daß Ihre Zahlungen über die Wensley-Gruppe nachgewiesen werden können. "

Seine Lippen zuckten. „Das bezweifle ich. "

„McGovern hat mir auch noch etwas anderes erzählt. Es war nie seine Absicht, den Werkschutzvertrag der Stafford-GmbH mit der Wensley-Gruppe zu kündigen – das war Ihre Idee. Sie haben ihm

Dampf gemacht. Ich weiß nicht, was Sie gegen McGovern in der Hand haben, aber Sie haben davon Gebrauch gemacht. Damit wollten Sie meine Ermittlungen in der Billson-Sache zum Abbruch bringen. Sie haben auch McGovern veranlaßt, Alix Aarvik nach Kanada abzuschieben. Aber ich erwischte Pauls Halbschwester noch vor ihrer Abreise. Daraufhin ließen Sie mich von Lash zusammendreschen. Ich habe das Gefühl, McGovern mag Sie nicht mehr. Das wird auch der Grund sein, daß er Ihnen unser Gespräch nicht gemeldet hat. Das – und weil ich ihm geraten habe, in seinem eigenen Interesse den Umgang mit Ihnen einzuschränken."

Brinton ließ das Thema McGovern mit einem Fingerschnipsen unter den Tisch fallen. „Sie sagten, Lash kommt nicht mehr zurück – was ist mit ihm?"

„Zwei Lungenschüsse und ein Schuß in die Herzgegend – das ist mit ihm. Drei tote Männer liegen da unten in der Felswüste, und ein weiterer mußte sich den Fuß amputieren lassen – geht alles auf Ihr Konto, Jock. Alles, weil Sie eine Heidenangst hatten, Paul Billson könnte etwas finden. Deshalb haben Sie seine Ermordung in Auftrag gegeben." Ich zeigte auf meinen Arm in der Schlinge. „Das war nicht in Gstaad, Brinton – das war im Tassili! Dafür sind Sie mir einiges schuldig."

„Nichts bin ich Ihnen schuldig", knurrte er verächtlich.

„Wir kommen nun zu einem Mann namens Thorsten Aarvik, der Helen Billson heiratete." Ich zog die Fotokopie der Heiratsurkunde aus dem Aktenkoffer. „Es hat mir einen Schock versetzt, als ich das fand – denn rechtlich war sie zu diesem Zeitpunkt noch eine Anderson, nicht wahr? Helen hatte Sie aus den Augen verloren, also riskierte sie es, Aarvik zu heiraten, ohne von Ihnen geschieden zu sein. Es war Krieg, alles ging drunter und drüber, außerdem war sie nicht sehr helle. Sie jedoch wußten immer, wo sie war, denn Sie ließen sie beobachten. Ich weiß zwar nicht genau, wie Sie ihr das Geld abgenommen haben, aber auf jeden Fall benutzten Sie Helens bigamistische Eheschließung, um ihr für den Rest des Lebens den Mund zu stopfen."

„Sie können mir nichts anhängen, nicht nach all den Jahren."

„Ich denke doch. Für Mord gibt es keine Verjährung, Jock."

„Hören Sie endlich auf, mich Jock zu nennen!" sagte er wütend.

„Sie sind nun ein alter Mann", sagte ich. „Achtzig Jahre. Sie werden bald sterben. Die Todesstrafe ist abgeschafft. Sie werden also höchstwahrscheinlich in einem Gefängnislazarett verenden. Es sei denn …"

Plötzlich war er ganz wach. Er roch einen Handel. „Es sei denn, was?"

„Wozu Sie ins Zuchthaus bringen? Man entwickelt heutzutage viel Zartgefühl für alte Mörder, und das würde mich nicht zufriedenstellen, und den Menschen, die Sie zeitlebens betrogen haben, hilft es auch nicht."

Ich zog einen Taschenrechner hervor, drückte ein paar Tasten und schrieb die Summe auf ein Blatt Papier. Es war eine hübsche, wenn auch keine runde Summe: 1 714 425,68 Pfund. Ich warf ihm den Zettel hin. „Hunderttausend plus die Zinsen für zweiundvierzig Jahre. Bei einem wirklich großzügigen Zinssatz von sieben Prozent."

Er starrte die Zahl ungläubig an. „Selbst wenn Scotland Yard oder der Staatsanwalt nichts unternimmt – für die Zeitungen wäre es ein Fressen", setzte ich ihn weiter unter Druck. „Stellen Sie sich nur mal die Schlagzeilen vor: Lady Brinton geht in bitterster Armut an Krebs zugrunde, während Lord Brinton die Puppen tanzen läßt. Hübsch, nicht wahr? Ihr Name wird stinken, Euer Lordschaft, und kein Mensch wird je wieder etwas mit Ihnen zu tun haben wollen." Ich hielt ihm drohend den Zeigefinger unter die Nase. „Noch eins – Paul Billson weiß davon nichts. Aber ich könnte ihn aufklären. Der Bursche bringt Sie um. Gegen den haben Sie heute keine Chance mehr. Also, nun nehmen Sie schon endlich Ihr Scheckbuch zur Hand."

„Diese Summe? Sie glauben doch nicht im Ernst, daß ich so flüssig bin."

„Keine Mätzchen. Jede Bank in der City leiht Ihnen die Kohle, da brauchen Sie nur zum Telefon zu greifen. Probieren Sie's doch mal."

Er stand auf. „Sie sind ein harter Bursche."

„Ich hatte einen guten Lehrmeister. Sie schreiben jetzt zwei Schecks aus. Einen zugunsten der Peter-Billson-Gedächtnisstiftung über anderthalb Millionen. Den Rest für mich – meine Zwölfeinhalb-Prozent-Provision. Die Unkosten waren ziemlich hoch. Außerdem kriege ich Glorias Anteile, und Sie verkaufen Ihre Anteile an der Stafford-GmbH. Mir ist es ganz gleich, wohin Sie sie verkaufen, aber an Charlie Malleson nicht."

„Und wie soll ich wissen, daß Sie nicht widerrufen? Ich will alle Dokumente. Die Originale."

„Nicht eines davon kriegen Sie! Die sind meine Lebensversicherung. Ich möchte es nicht wieder mit einem neuen Lash zu tun bekommen."

Er setzte sich hin und schrieb die Schecks aus.

An diesem Nachmittag schlenderte ich lange durch die Straßen von London. In meiner Tasche befanden sich Schecks über mehr Geld, als ich je in meinem Leben mit mir herumgetragen hatte. Alix Aarvik und

Paul Billson hatten nun ausgesorgt. Die Stiftung hatte ich erfunden, damit Paul das Geld nicht bar auf die Hand bekam – das verdiente er nun auch wieder nicht. Aber der nicht allzu helle Sohn einer nicht allzu hellen Mutter brauchte nun nicht mehr in die muffige Bude bei der Witwe Harrison zurück.

Was mich betraf – zwölfeinhalb Prozent waren ein vertretbares Honorar. Es reichte, um Charlie Mallesons Anteile zu erwerben, eine bedauerliche Notwendigkeit, aber zusammenarbeiten konnte ich nun nicht mehr mit ihm. Jack Ellis würde weiter Karriere machen und auch seinen Firmenanteil bekommen. Und Byrne würde unerwarteterweise etwas mehr bekommen als die lächerlichen Posten, die er fürs Lebensretten und Sich-beschießen-Lassen in Rechnung gestellt hatte.

Bei dem Gedanken an Byrne blieb ich plötzlich stehen. Eine schreckliche Leere überkam mich. Ich sehnte mich danach, bei Byrne und Mokhtar und Hamiada zu sein, bei dem fröhlichen Mann, der einmal Konti geheißen hatte und ein Mörder war. Mich drängte es, wieder abends am Lagerfeuer zu sitzen und die Freiheit des Targi zu empfinden.

Mitten im Gedränge der eiligen Londoner blieb ich stehen und dachte nach. Und als ich weiterging, wußte ich eines ganz sicher: Ich würde Byrne das Honorar persönlich überbringen!

Desmond Bagley

Afrika hat im Leben des 1983 verstorbenen englischen Erfolgsautors Desmond Bagley immer eine bedeutende Rolle gespielt. Als Sohn eines Bergarbeiters in bescheidenen Verhältnissen aufgewachsen, erhoffte sich Bagley vom Aufenthalt auf dem Schwarzen Kontinent eine Erweiterung seines Horizonts und ein abenteuerliches, nicht von der Zivilisation durchreglementiertes Dasein. Gleich nach dem Zweiten Weltkrieg setzte er als Zweiundzwanzigjähriger seinen Traum von der Ferne in die Tat um und gelangte über Uganda, Kenia und Rhodesien schließlich nach Südafrika, wo er sich 1950 niederließ. Nachdem sich Bagley mit wechselnden Jobs über Wasser gehalten hatte, darunter auch in der Verwaltung von Kohle- und Goldbergwerken, brachte ihm Johannesburg Glück. Hier lernte er seine Frau Joan kennen, und hier schrieb er auch seinen ersten Roman, der vom Goldschmuggel handelte. Ihm folgten eine Reihe weltweit erfolgreicher Bücher, unter anderem *Schneetiger* und *Blindlings*, die ebenfalls in den Auswahlbüchern erschienen sind.

Bagley, der 1964 nach England zurückkehrte, nutzte seine Zeit in Afrika zu ausgedehnten Reisen durch die Länder zwischen Mittelmeer und Kap der Guten Hoffnung. Eines seiner beeindruckendsten Erlebnisse bildete die Durchquerung der Sahara, die ihn zu dem Roman *Atemlos* inspirierte. In ihm vermittelt er dem Leser jene Faszination, die er selbst bei der Begegnung mit der überraschend vielfältigen Wüstenregion empfand.

In der Fähigkeit, seinen Figuren und Landschaften Leben einzuhauchen, liegt sicher auch der Schlüssel zu Bagleys schriftstellerischem Erfolg, ebenso wie in einer Maxime, die er einmal folgendermaßen in Worte faßte: „Ich bin altmodisch genug zu glauben, daß jede Geschichte einen Anfang, eine Mitte und einen richtigen Schluß haben sollte."

Illustrationen
von Rita Mühlbauer

Das Lied der
DELPHINE

Eine Kurzfassung des Buches von
FEDERICA DE CESCO

Yuriko lebt in einem Fischerdorf im Südwesten Japans. Ihr bester Freund ist „ruka" – ein Delphin. Einst hat der zutrauliche Tümmler das Mädchen vor dem Ertrinken bewahrt. Nun fürchtet Yuriko um sein Leben. Zu Recht. Denn die Fischer des Dorfes sehen in den Delphinen nur unliebsame Eindringlinge, die den Fischbestand schmälern. Als Yuriko begreift, daß nichts die aufgebrachten Männer davon abbringen wird, alle Delphine in der Bucht zu töten, faßt sie einen ungewöhnlichen Plan.

YURIKO kraulte entspannt mit gleichmäßigen Bewegungen um die Klippen. In der Bucht war das Meer ruhig wie ein Bergsee und schimmerte grünlich; am Rande der Bucht brach sich die Brandung an der kleinen „Dracheninsel", und noch weiter draußen begann das tiefe Blau der offenen See. Yuriko brauchte viel Bewegung und ging jeden Tag nach der Schule eine Stunde schwimmen. Hinterher fühlte sie sich immer erfrischt.

Die Insel Iki, wo Yuriko geboren und aufgewachsen war, befindet sich im Südwesten von Japan, in der Meerenge von Tsuschima. Katsumoto, der Hauptort, hat nicht mehr als fünftausend Einwohner, die zum größten Teil Fischer sind. Seine halbmondförmige Hafenanlage öffnet sich gegen Westen zum Meer; der Leuchtturm steht auf einer schmalen, felsigen Landzunge, die in einen Sandstrand übergeht. Der Strand steigt steil zu einem kargen, mit uralten Kiefern und immergrünen Sakakibüschen bewachsenen Hügel an.

Katsumoto selbst besteht vorwiegend aus verwitterten Holzhäusern mit blauen und smaragdgrünen Ziegeldächern. Es gibt nur wenige moderne Bauten: das vor kurzem errichtete Einkaufszentrum, die Küstenwache, die Post, die Schule, die Fischereigenossenschaft, ein paar Imbißstuben und Cafés.

Yuriko schwamm ohne Anstrengung. Der Meeresboden unter ihr fiel sanft ab, die Felsen waren mit Muscheln verkrustet. Rötlicher, mit Schaum durchsetzter Tang trieb dicht an der Oberfläche.

Yurikos Atem ging ruhig. Sie war erst dreizehn, aber ihre Muskeln waren schon gut entwickelt. Schon viermal hatte sie bei Schülermeisterschaften in Nagasaki, der Stadt auf dem Festland, den ersten Preis gewonnen. Die Siegestrophäen standen im Wohnzimmer. Hiro, ihr Vater, war offensichtlich stolz darauf, während Naomi, ihre Mutter, nur lächelte; schließlich gehörte sie zum Stamm der „Ama", deren Frauen seit Menschengedenken nach Muscheln und Perlen tauchten! Selber schwamm Naomi seit ihrem Unfall vor zwei Jahren jedoch nur noch selten.

Der Meeresgrund fiel jetzt steiler ab. Yuriko hob den Kopf. Zwischen Pinien leuchteten die roten Pfosten eines „Torii". Das mächtige

Portal mit den zwei großen Querbalken spiegelte sich im Wasser. Dahinter führten zweihundert moosbewachsene Steinstufen zu einem alten Schintoschrein. Das Heiligtum war Sajori-Hime geweiht, der „Herrin der großen Wasser". Sajori-Hime galt als Schutzgottheit der Insel. Es war verboten, vor dem Portal ihres Heiligtums zu schwimmen; auch die Fischerboote machten einen Bogen, um die heiligen Gewässer nicht zu entweihen.

So änderte Yuriko die Richtung und schwamm auf den Sandstrand zu; allmählich wurde sie müde.

Plötzlich erblickte sie einen großen Schatten. Er tauchte aus dem Halbdunkel des Meeres mit ruhigen, mühelosen Bewegungen der Helle entgegen. Yurikos Herz klopfte. Ein Hai? Riesengroß und völlig lautlos glitt der Schatten unter ihr dahin. Auf einmal schoß das Tier wie ein Blitz an die Oberfläche und sprang fast aus dem Wasser. Dicht vor sich sah Yuriko einen nach vorne gewölbten Kopf mit weit geöffnetem, schnabelähnlichem Maul. Sie hörte einen seltsamen Pfeifton und spürte auf der Haut leichte, wellenartig sich ausbreitende Schwingungen – die Schallwellen des Tieres. Ihre Furcht verwandelte sich in ein befreites Auflachen. Ein Delphin! Yuriko wußte, er würde ihr nichts tun.

In der Meerenge wurden häufig Delphinschwärme gesichtet. Die Fischer jedoch sprachen von ihnen wie von Schädlingen, weil die Delphine sich von Meeresgetier und Fischen ernähren; mit ihren Harpunen machten die Fischer Jagd auf die Delphine und veranstalteten regelrechte Gemetzel.

Das Tier blickte Yuriko aus einem seiner sanften braunen Augen an, und als sie lachte, stieß es einen kräftigen Wasserstrahl durch sein Blasloch. Dann ließ es sich wieder sinken und glitt nur in geringer Entfernung von dem Mädchen durch die Fluten. Yuriko rollte sich herum, hielt sich die Nase zu, tauchte den Kopf unter Wasser und schaute in die Tiefe. Sie sah, wie der Delphin einen Kreis zog und dann, umspült von seinen Luftbläschen, wieder auf sie zuschoß. Schon tauchte er vor ihr auf, holte schnaubend Luft und ließ ein schrilles Schnattern hören, das wie eine Lachkaskade wirkte.

„Ruka! Was tust du hier?" rief Yuriko ihm fröhlich zu.*

Wie zur Antwort warf der Delphin seinen mächtigen Kopf hin und her, pfiff, kreischte und schnatterte von neuem.

„Ruka! Paß auf!" schrie Yuriko. „Ich zeige dir, wie ich tauche!" Sie holte tief Luft, um ihre Lunge bis zum äußersten zu füllen, und versank

---

* Iruka: japanisch für Delphin. „Ruka" ist die Verkleinerungsform.

dann im Wasser. Freudig erregt sah sie, daß das Tier näher an sie
herankam. Sie spürte seine Schallwellen am ganzen Körper, während
sein großer, bronzefarbener Leib mit dem weißen Bauch sich neben
ihr in einem Strudel aus Luftblasen drehte. Das Mädchen und der Delphin tauchten fast zur gleichen Zeit wieder aus dem Wasser. „Nun,
Ruka, was sagst du dazu?" rief Yuriko atemlos. Für eine Weile vergaß
sie ihre Müdigkeit und drehte sich übermütig in den Wellen. Der Delphin wich nicht von ihrer Seite. Doch allmählich fühlte sich Yuriko
erschöpft.

„Ruka! Ich kann nicht mehr!" keuchte sie. „Ein andermal vielleicht ...!" Zu ihrem Erstaunen schien der Delphin den Sinn ihrer
Worte zu erfassen. Er schwamm ruhig neben ihr her, dem Ufer entgegen. Dann, auf einmal, schwang er den Kopf aus dem Wasser empor,
ließ sein eigentümliches Schnattern hören, wendete und tauchte blitzschnell unter Yuriko weg. Sie sah seinen Schatten auf dem Meeresgrund davongleiten. Dann war er verschwunden.

Yuriko hatte das Ufer fast erreicht und watete durchs seichte Wasser. Es war erst Mai, doch tagsüber erreichten die Temperaturen
schon dreißig Grad. Kleider und Schulmappe hatte sie im Schatten
einer Kiefer gelassen. Sie stapfte durch den Sand zum Baum und zog
ein kleines Handtuch aus ihrer Mappe. Sorgfältig trocknete sie sich ab,
schlüpfte aus dem nassen roten Badeanzug, zog die Unterwäsche an
und knöpfte ihre Bluse zu. Sie schüttelte gerade den Sand aus ihrem
blauen Faltenrock, als sie im gleißenden Sonnenlicht die Gestalt der
alten Oschiba erkannte. Sie hielt einen Plastikeimer in der Hand und
suchte in den Pfützen nach Muscheln, die die Flut zurückgelassen
hatte.

Oschiba war früher eine „Miko-san", eine Priesterin, gewesen. Jetzt
lebte sie in einem kleinen Haus am Hügel, wo sie ihren winzigen Garten besorgte. Oschiba war in der Heilkunde erfahren und kannte die
Eigenschaften der Pflanzen, ihrer Wurzeln, Blätter und Samen. Viele
Leute gingen lieber zu ihr als zum Arzt.

Die alte Frau war klein und gedrungen. Ihr rundes Gesicht glich
einem runzeligen rötlichen Apfel. Sie hatte die breiten Hände und die
kräftigen Füße einer Bergbäuerin. Ihre Haut war vom Wind rauh und
rissig geworden. Sie trug eine dunkelblaue Pluderhose, darüber einen
weißen Kittel. Das graue Haar hielt sie in einem Knoten zusammenge-
steckt. Nur ihre Augen, nachtschwarz und von einer Klarheit, die sie
fast durchsichtig erscheinen ließen, paßten nicht zu ihrer eher derben
Erscheinung.

Yuriko zog ihren Rock an und grüßte höflich. Oschiba stellte den

Eimer in den Sand und lächelte. Für eine alte Frau hatte sie auffallend schöne und sehr weiße Zähne.

„Ich sah dich schwimmen", sagte sie mit warmer, freundlicher Stimme.

Yuriko strahlte sie an. „Ich habe mit einem Delphin gespielt!"

Oschiba nickte. Sie war nicht überrascht. „Tiere erkennen ihre Freunde. Und es ist kein Zufall, daß der Delphin dir vor dem Heiligtum begegnet ist. Delphine sind Kinder der Herrin der Wasser. Sie bringen uns eine Botschaft, aber wir Menschen wollen sie nicht hören."

„Warum denn nicht?"

„Weil wir meinen, uns sei ein Recht auf die Natur überliefert: ‚Der Mensch soll herrschen über die Fische im Meer und über die Vögel unter dem Himmel und über das Vieh und über die ganze Erde und über alles Gewürm, das auf Erden kriecht.' Mit dem vermeintlichen Anspruch, der sich daraus ableitet, haben wir uns gegen die Erde gewandt. Wir begannen, die Tiere des Gewinns wegen zu töten und unseren Planeten aus Habgier zu verwüsten. Seit dreitausend Jahren rufen die Delphine uns zu: ‚Wir sind einander ähnlich!', aber unsere Ohren sind wie taub. Wir vergessen, daß für uns alle Tiere einmal Lehrer waren. Zwar möchten wir uns seit jeher die Stärke und Klugheit der Tiere zunutze machen und uns einige ihrer Fähigkeiten aneignen. Doch das Band zwischen ihnen und uns ist durchschnitten . . ."

Yuriko verstand nicht alles, was Oschiba sagte, doch sie hörte aufmerksam zu. „Was soll ich tun, wenn Ruka wiederkommt?"

„Mit ihm spielen und lachen", entgegnete Oschiba. „Aber betrachte ihn nicht als dein Spielzeug, sondern als deinen Lehrmeister, denn im Meer bist du nur ein Gast."

Nachdenklich schaute Yuriko Oschiba an. Die Worte der alten Frau leuchteten ihr ein.

Oschiba hob ihren Eimer auf. „Gleich regnet es. Geh nach Hause, sonst erkältest du dich." Sie wandte sich ab und stapfte mit schweren Schritten durch den Sand davon. Yuriko nahm ihre Schulmappe und die Turnschuhe in die Hand und machte sich barfuß auf den Weg ins Dorf. Die Sonne brannte, der Himmel war klar. Wie kam Oschiba bloß auf die Idee, daß es regnen würde?

Als Yuriko den Kiesstrand beim Hafen erreichte, zog sie ihre Turnschuhe an; hier hatte die Brandung eine Menge Strandgut an Land geschwemmt: Dosen, Korken, Mattenfetzen, Flaschen, Bretter und alle möglichen aufgeplatzten und fauligen Früchte. Während Yuriko vorsichtig über den Kies ging, erschien eine Wolke hinter dem Hügel und verdeckte die Sonne. Sofort kam ein kalter Wind auf, das Meer wurde grau und schäumte. Oschiba hatte sich also nicht getäuscht.

Im Hafen schaukelten die Fischkutter mit lautem Schwappen auf und ab, die Ankerketten klirrten. Einige ältere Frauen saßen auf niedrigen Schemeln und besserten die grünen Fischernetze aus. Die Bewohner von Katsumoto waren meist kleine, kräftig gebaute Menschen. Sonne und Wind hatten ihre Haut braun gebrannt. Aus einer Kneipe drang laute Rockmusik. Ein paar Jugendliche standen an ihre Motorräder gelehnt und tranken Cola. Yuriko war in dem Alter, in dem man ältere Jungen albern findet. Doch schielte sie sehnsüchtig auf die Miniröcke der Mädchen. Sie freute sich bereits jetzt auf die Ferien, in denen sie ihre marineblaue Schuluniform ablegen und Jeans und Shorts tragen konnte.

Am Morgen hatte der Markt stattgefunden. Einige Männer säuberten nun mit Wasserschläuchen den Boden. Sie hatten große Plastikschürzen umgebunden und stapften in Gummistiefeln durch die Pfützen.

Ein großer junger Mann kam aus der Kneipe, schwenkte eine Bierflasche und reichte sie seinen Freunden weiter. Sie tranken, lachten und schlugen sich übermütig auf die Schultern. Der junge Mann hatte einen breiten Rücken und auffallend starke Muskeln an den Armen. In seinem ebenmäßigen Gesicht funkelten Augen, so schwarz wie Kohle. Taro Kobajaschi war als Raufbold bekannt. Die Mutter hatte Yuriko geraten, ihm aus dem Weg zu gehen. „Er trinkt, und dann verliert er die Beherrschung." Taros jüngster Bruder, Goro, ging mit ihr in die gleiche Klasse. Er war ebenso streitsüchtig wie sein älterer Bruder, und Yuriko ärgerte sich oft über ihn.

Sie ging rasch an den Männern vorbei und bog in die Hauptstraße ein. Es roch nach Seetang und gebratenem Fisch.

Yuriko wohnte in einem alten Haus oberhalb des Dorfes, das ihre Eltern vor drei Jahren renoviert hatten. Das Haus hatte breite verglaste Türen, die mit Schiebeläden von innen verschlossen wurden. Das Schrägdach war mit grünen Ziegeln neu gedeckt, und die elektrische Heizung hatten ihre Eltern installiert. Die einzelnen Räume, durch Schiebetüren miteinander verbunden, waren mit den üblichen Binsenmatten ausgelegt. Im Erdgeschoß befanden sich der Wohnraum, das Schlafzimmer der Eltern, die Küche und das Bad. Yuriko schlief im ersten Stock, in dem sich auch das Arbeitszimmer ihres Vaters befand. Ein Schreibtisch, zwei große Bücherregale und ein Aktenschrank nahmen fast den ganzen Raum ein. Hiro war Lehrer.

Yuriko lief durch den Garten und zog ihre Turnschuhe im Vorraum aus. Auf ihr fröhliches „Ich bin wieder da!" erschien ihre Mutter im Türrahmen.

„Du siehst ja ganz durchfroren aus", stellte Naomi fest. „Das Teewasser kocht schon."

„Es regnet!" rief Yuriko.

„Das wundert mich nicht. Ich hatte den ganzen Tag Schmerzen im Fuß."

Vor zwei Jahren, als Naomi nahe der Werft nach Perlmuscheln getaucht hatte, hatte sich ihr linker Fuß in dem Seil verwickelt, das sie an ihrem Boot befestigt hatte. Und als eine hohe Welle das Boot gegen die Mauer schleuderte, war ihr Fuß zerschmettert worden. Man hatte sie mit der Fähre nach Nagasaki ins Krankenhaus gebracht. Monatelang hatte sie im Krankenhaus gelegen, ihr Fuß war mehrmals operiert worden. Jetzt konnte sie wieder gehen, aber die Fußknochen hatten ihre Beweglichkeit verloren; Naomi zog das Bein leicht nach und hatte das Tauchen aufgeben müssen.

Yurikos Mutter hantierte einen Augenblick in der Küche und brachte ein Tablett mit, auf dem zwei schöne Keramikbecher und eine Schachtel mit süßem Bohnenkuchen standen. Sie kniete auf dem Sitzkissen und hörte aufmerksam zu, während Yuriko von der Begegnung mit Ruka und dem anschließenden Gespräch mit Oschiba berichtete.

„Ich erinnere mich noch an die Geschichten meiner Großmutter", meinte Naomi nachdenklich. „Man erzählte sich bei den Ama, daß Menschen und Delphine früher miteinander befreundet waren. Die Delphine schwammen mit den Taucherinnen um die Wette und halfen ihnen bei der Muschelsuche. Mädchen und Jungen kletterten auf die Delphine wie Reiter auf ihre Pferde und ließen sich von ihnen weit auf das offene Meer hinaustragen. Und wenn die Kinder genug hatten, machten die Delphine kehrt und brachten ihre Gefährten ans Ufer zurück."

Yuriko war begeistert. „Wenn ich doch auch auf Ruka reiten könnte!"

„Wohl kaum, mein Kind. Das sind ja nur Sagen."

Draußen ertönte Motorgeräusch: Eine Vespa kam den Weg herauf und hielt vor dem Haus. Yurikos Vater stellte seinen Motorroller in den kleinen Schuppen, der ihm als Garage diente, und streifte sich im Vorraum die Schuhe von den Füßen, bevor er den Wohnraum betrat. Das nasse Hemd klebte ihm auf der Haut, aber er lachte.

„Der Regen hört gleich wieder auf. Im Norden ist der Himmel schon blau."

Hiro ließ sich auf einem Sitzkissen nieder. Er war ein hochgewachsener, schlanker Mann, dessen durchdringend blickende Augen im Gegensatz zu seinen sanften Gesichtszügen standen. Sein Haar, das er vorne kurz und hinten lang trug, fiel glatt und schwarz über den Kragen seines Hemdes.

Hiro stammte aus Osaka, der zweitgrößten Stadt Japans. Er war gerade mit seinem Studium fertig gewesen, als eine Lehrerstelle in Katsumoto ausgeschrieben wurde. Hiro hatte sich beworben und die Stelle erhalten. Seit fünfzehn Jahren lebte er nun auf der Insel. Für die Bewohner war er jahrelang „der Fremde" geblieben, vor allem, als er sich in Naomi verliebte. Es kam selten vor, daß eine Ama außerhalb ihrer Sippe heiratete, und Naomi hatte sich deswegen mit ihrer Familie überworfen. Erst nach Yurikos Geburt hatten die Schwiegereltern aufgehört, Hiro die kalte Schulter zu zeigen. Doch Yuriko sah die Großeltern nur selten.

„Zieh besser dein Hemd aus", sagte Naomi. Hiro folgte ihrem Rat. Naomi holte ein Handtuch und rieb ihm den Rücken trocken. „Yuriko hat einen Delphin gesehen", erzählte sie. „Er zeigte sich sehr zutraulich und spielte mit ihr."

Hiro runzelte die Stirn. „Das war sicher ein Tümmler – und so nahe am Ufer? Das gefällt mir nicht! Wenn die Schwärme in die Bucht kommen, geht das Gemetzel wieder los."

„Warum töten denn die Fischer die Tümmler?" fragte Yuriko.

„Größtenteils aus Dummheit", sagte Hiro. „Sie essen sie nicht, sondern machen daraus Hundefutter und Düngemittel."

„Sie sollten die Tümmler in Ruhe lassen", meinte Naomi. „Die Tiere bleiben ja nur einige Tage in der Bucht. Ich kann es nicht ertragen, wie sie sie erschlagen. Und überall dieser Gestank!"

Yuriko stockte der Atem. Eine Erinnerung stieg in ihr hoch. Sie mochte sieben oder acht Jahre alt gewesen sein, als ein Delphinschwarm in die Netze gegangen war. Man hatte die Tiere mit einem Kran an Land gezogen und sie mit Harpunen und Beilen getötet. Die Mole war rot und glitschig von Blut gewesen. Der süßliche, durchdringende Verwesungsgeruch hatte die Luft verpestet.

„Glaubst du, daß so was noch einmal passieren kann?" fragte sie besorgt ihren Vater.

Hiro zog sich einen Pullover über. „Wir müssen damit rechnen. Die Industriefischerei in Iki hat keine Zukunft. Die Gewässer liefern nicht mehr genug für den Fang. Die Fischer sagen, wenn die Tümmler kommen, verschlingen sie einen Teil der Fische und vertreiben den Rest, so daß für sie nichts mehr übrigbleibt."

„Aber das Meer gehört doch nicht ihnen allein!" rief Yuriko empört. „Die Delphine dürfen so viele Fische fressen, wie sie wollen!" Hiro schmunzelte. „Erzähle das mal den Fischern! Zum Glück kommen die Delphine nicht jedes Jahr hier vorbei. Ich habe schon mehrmals versucht, deswegen mit den Fischern zu reden. Hoffnungslos! Aber Watanabe kann vielleicht etwas unternehmen."

Tetsuda Watanabe war der Bürgermeister von Katsumoto. Yuriko kannte ihn als einen freundlichen alten Mann mit feinem, silbergrauem Haar.

„Er sieht es bestimmt nicht gern", fuhr Hiro fort, „wenn der japanische Tierschutzverein Alarm schlägt und fünfzig Fernsehreporter aus dem In- und Ausland in Katsumoto aufkreuzen. Die Öffentlichkeit reagiert empfindlich auf das Abschlachten gewisser Tierarten. Watanabes Vater war auch Fischer. Er kennt seine Leute und kann sie vielleicht zur Vernunft bringen."

Nach diesem Gespräch stieg Yuriko nachdenklich in ihr Zimmer hinauf. Der Regen hatte aufgehört. Nur das leise Blubbern in der Dachrinne und das Geräusch des Wassers, das in den Sand tropfte, waren noch zu hören. Yuriko blickte aus dem Fenster. Der Himmel war klar bis auf ein paar Wolkenfetzen, und hinter dem Hügel leuchtete das Meer hellgrün.

Yuriko setzte sich an ihren Schreibtisch vor den Computer. Viele japanische Kinder, vor allem Mädchen, besaßen einen. Yurikos Vater wollte, daß seine Tochter an einem computerunterstützten Unterricht teilnahm, und hatte dafür gesorgt, daß für Yuriko ein gutes Lernprogramm gespeichert wurde. Sie sollte, obwohl sie auf einer kleinen Insel lebte, eine Ausbildung bekommen, die ihr die besten Chancen für die Zukunft gab. Der Unterricht war vor allem auf Mathematik und Physik ausgerichtet. Nach der Schule wollte Yuriko in Nagasaki Physik studieren.

Yuriko nahm ihr Lehrheft heraus und las einige Minuten darin. Dann schaltete sie den Computer ein und ließ ihre Finger über die Tastatur gleiten. Ihre Augen waren auf den Bildschirm gerichtet, doch sie dachte an den Delphin. Würde sie ihn wiedersehen?

2

AM NÄCHSTEN Tag war Yuriko in der Schule nicht bei der Sache. Als Frau Sato, die Lehrerin, in der Japanischstunde vor der Tafel auf und ab ging und diktierte, paßte sie nicht auf.

Beim Mittagessen in der Schulkantine fragte Kenzo, der neben ihr saß: „Gehst du heute wieder schwimmen?"

Yuriko nickte. „Gleich nach der Schule."

„Darf ich mitkommen?"

Yuriko warf ihm einen freundlichen, aber etwas geringschätzigen Blick zu. Kenzos Mutter war auch eine Ama, sein Vater Bootsbauer. Kenzo schwamm nicht schlecht, aber er wurde schnell müde. Bei den Ama war es ja sowieso bekannt, daß Jungen nicht so gut schwammen wie Mädchen. Tauchen galt als Sache der Mädchen und Frauen. Aber Kenzo war immerhin Yurikos bester Freund: Sie spielten zusammen am Strand und fuhren oft mit dem Boot los.

„Meinetwegen. Aber du darfst keine Angst haben."

„Wie meinst du das?" fragte Kenzo überrascht.

Yuriko setzte eine geheimnisvolle Miene auf. „Wart's ab!"

Am frühen Nachmittag hatten sie Zeichnen. Yuriko mischte sorgfältig ihre Wasserfarben und machte sich ans Werk. Nach einer Weile ging Frau Sato durch die Klasse und besah sich die Arbeiten der Schüler. Interessiert betrachtete sie das Bild, das Yuriko malte. Es zeigte ein Mädchen in rotem Badeanzug, das im dunkelgrünen Meer auf einem fischartigen Tier ritt.

„Das ist aber hübsch!" Frau Sato hielt das Bild hoch, damit alle es sehen konnten. Yuriko errötete vor Freude.

„Was ist das wohl für ein Tier?" fragte Frau Sato die Schüler. Goro, der immer ein großes Mundwerk hatte, hob blitzschnell die Hand. „Ein Hai!"

Schallendes Gelächter brach los. Yuriko wandte sich ärgerlich zu ihm um. „Das ist ein Delphin! Ein Tümmler!"

„Und warum reitet denn das Mädchen auf dem Tümmler?" wollte Frau Sato wissen.

„Vielleicht, weil die beiden Freunde sind", entgegnete Yuriko.

Goro grinste höhnisch. „Wie kann man sich denn mit einem Fisch befreunden? Der kommt in den Kochtopf und fertig!"

„Delphine sind keine Fische, sondern Säugetiere! Die haben ein größeres Gehirn als du!" fauchte Yuriko. Die Schüler kicherten. Frau Sato gebot Ruhe. Sie versprach den Kindern, die schönsten Arbeiten im Klassenraum aufzuhängen.

Nach der Schule machten sich Yuriko und Kenzo auf den Weg zum Meer. Die Nachmittagssonne brannte heiß vom Himmel.

„Glaubst du wirklich, daß man auf einem Delphin reiten kann?" fragte Kenzo, nachdem sie eine Weile schweigend nebeneinander hergegangen waren.

Sie hatten den Sandstrand erreicht, und Yuriko bückte sich, um ihre Turnschuhe auszuziehen. „Ich möchte es mal versuchen!"

„Dann müßtest du zuerst einen zähmen", meinte Kenzo.

„Das läßt sich bestimmt machen", sagte Yuriko leichthin.

Sie gingen an einigen Netzen vorbei, die am Strand zum Trocknen aufgehängt waren. Die nassen Bleigewichte baumelten hin und her, und es roch nach Teer. Etwas weiter weg spendeten baumbewachsene Klippen wohltuenden Schatten. Yuriko und Kenzo legten ihre Mappen in den Schatten der Bäume. Mit der Natürlichkeit von Kindern, die zusammen aufwachsen, zogen sie ihre Schuluniform aus und streiften das Badezeug über.

Yuriko lief als erste zum Meer. Hier fiel der Boden steil ab. Sie nahm etwas Wasser in die hohle Hand und besprengte sich Oberkörper und Nacken. Dann glitt sie kopfüber in die Wogen und schwamm mit offenen Augen nahe unter der Oberfläche. Unter Wasser stiegen Felsen wie ein Gebirge zum Ufer empor. Ein Schwarm schimmernder Fische breitete sich fächerförmig aus.

Auch Kenzo warf sich ins Wasser, aber trotz aller Bemühungen konnte er Yuriko nicht einholen. Die See war kühl und klar, und der aufgeschreckte Fischschwarm stob unruhig nach allen Seiten. Wenn die Kinder den Kopf aus dem Wasser hoben, sahen sie die Hitze über dem Sand flimmern.

Eine junge Möwe ging aufs Wasser nieder und schaukelte auf den Wellen. Plötzlich flog sie auf und flatterte davon, während Kenzo einen dunklen, strichförmigen Schatten auf dem Meeresgrund entlanggleiten sah, der sich ihnen mit rasender Geschwindigkeit näherte. Kenzo öffnete den Mund, um einen Warnruf auszustoßen, doch eine kleine Welle schwappte ihm ins Gesicht, und er schluckte Salzwasser. Keuchend ging er unter und kam prustend wieder hoch, als dicht vor Yuriko ein dicker, glänzender Kopf mit schnabelähnlichem Maul aus dem Wasser tauchte. Fassungslos vor Staunen vernahm Kenzo das seltsame Schnattern und Pfeifen, das aus dem Maul des Tieres kam, und hörte Yuriko lachen. Das Schnattern, das hierauf folgte, klang auch wie ein Lachen.

„Ruka!" rief Yuriko. „Willst du mit uns spielen?"

Sie nahm übermütig einen Mundvoll Wasser und spuckte es in die Luft. Sofort ließ der Delphin eine Wasserfontäne aus seinem Blasloch sprühen. Dann tauchte er plötzlich wieder unter Wasser.

„War das deine Überraschung?" fragte Kenzo.

Yuriko wandte ihm strahlend ihr nasses Gesicht zu. „Da staunst du, nicht wahr?"

„Bist du sicher, daß er nicht beißt?" fragte Kenzo furchtsam. „Er hat so spitze Zähne!"

Yuriko schüttelte lachend den Kopf. „Keine Angst! Er will nur ..."

Sie sprach den Satz nicht zu Ende, denn plötzlich schoß der Delphin in seiner ganzen Größe aus dem Wasser. Der dunkle Körper mit dem weißschimmernden Bauch hob sich mit wunderbarer Leichtigkeit. Die Kinder hatten den Eindruck, als ob er über sie hinwegflöge. Dann tauchte der Tümmler fast senkrecht wieder ins grünblau glitzernde Wasser ein und sauste in einem Wirbel aus gurgelnden Luftblasen in die Tiefe. Yuriko und Kenzo kreischten vor Vergnügen.

„Er spielt mit uns!" rief Kenzo ungläubig und fasziniert. „Er spielt wirklich mit uns!" Er versuchte in die Tiefe des Wassers zu spähen. „Wo ist er denn jetzt?"

„Paß auf, er kommt gleich wieder!" meinte Yuriko.

Und richtig: Hinter ihnen klatschte das Wasser laut auf. Schnatternd und pfeifend kam der Tümmler an die Oberfläche. Er machte sich offensichtlich einen Spaß daraus, sie zu necken.

„Beim nächsten Mal", rief Yuriko, „tauche ich mit ihm!" Sie wartete, bis das Tier wieder unter Wasser glitt, atmete tief ein und warf sich kopfüber nach unten.

Kenzo tauchte hinter ihr her, aber tiefer als drei Meter kam er nicht. Weit unter sich sah er Yuriko wie einen weißen Geist neben der langen, dunklen Gestalt des Delphins schwimmen. Es schien Kenzo, als ob das Tier seine Bahn der des Mädchens anpaßte. Dann ging Kenzo die Luft aus. Er schwamm nach oben, keuchte, holte Atem und wartete auf Yuriko.

Yuriko spürte in ihrem Kopf den Druck des Wassers. Sie schätzte, daß sie schon eine Tiefe von acht Metern erreicht hatte. Der Delphin glitt neben ihr her, sie fühlte seine mächtigen Schwingungen, die ihren Körper in sanftes Schaukeln versetzten. Ruka blickte zurück. Sie bemerkte, wie er – um eine Berührung mit ihr zu vermeiden – eine Flosse sorgsam an den Körper zog. Sein Rücken schimmerte wie dunkles Silber.

Yurikos Lungen brannten. Flecken tanzten vor ihren Augen. Sie schwamm aufwärts, dem Licht entgegen. Während sie halb betäubt durchs Wasser glitt, fühlte sie, wie Ruka ganz nahe zu ihr herankam. Sie spürte den vorsichtigen, liebevollen Schub seines Mauls, der sie wie einen Spielball nach oben warf. Sie kam an die Oberfläche, zitternd und keuchend, füllte ihre Lungen mit Luft und atmete stoßweise, während Ruka zufrieden schnatterte und einen Wasserstrahl in hohem Bogen aus seinem Blasloch sprühte.

Kenzo ließ sich von einer Welle zu Yuriko hinübertragen. „Bist du aber lange unten geblieben! Mehr als eine Minute!"

Yuriko lachte und legte sich auf den Rücken, um sich auszuruhen. „Ich hatte ganz vergessen, daß ich kein Tümmler bin!"

Ruka zog weite Kreise um sie herum. Hier und da sah man seinen dunklen Rücken mit der spitzen Flosse sich aus dem Wasser wölben.

Auf einmal stieß Kenzo einen Schrei aus. „Mein Bein!"

„Was ist los? Hat dich irgend etwas gebissen?"

Kenzos Gesicht war vor Schmerz verzerrt. „Ich ... ich habe einen Krampf!" stöhnte er. „Ich glaube, ich kann nicht mehr schwimmen!"

„Nur keine Aufregung!" rief Yuriko und kraulte auf ihn zu.

Sie blieb dicht neben ihm, während er, ächzend vor Schmerzen, dem Strand entgegenschwamm. Kenzos Zehen waren steif, er konnte das Bein kaum mehr bewegen, der bohrende Schmerz zog bis in seine Hüfte hinauf.

Yuriko schob ihrem Freund die Arme unter die Achselhöhlen und hielt ihn, auf dem Rücken schwimmend, über Wasser. Ruka war weit draußen im Meer verschwunden.

Endlich spürte sie Boden unter den Füßen. Sie zerrte Kenzo hoch und stützte ihn. Stöhnend humpelte er an den Strand. Schwerfällig setzte er sich hin, und Yuriko kniete sich neben ihn. Wie Naomi es ihr beigebracht hatte, massierte sie sein Bein, bis sich seine Muskeln langsam entspannten und der Schmerz nachließ. Kenzo lächelte sie unsicher an.

„Es tut mir leid ...", ächzte er kleinlaut. „So was passiert mir sonst nie!"

„Das kommt von der kalten Strömung draußen. Wir sind eben keine Delphine!"

„Du schwimmst fast so gut wie Ruka", stellte Kenzo ohne Neid fest. Er stand ungeschickt auf und machte zaghaft einen Schritt. Erleichtert merkte er, daß er wieder gehen konnte.

„Alles in Ordnung?" fragte Yuriko.

Er nickte. Sie kleideten sich an und stapften müde durch den Sand. Die Schatten der Kiefern wurden länger. Es war sehr still an diesem Spätnachmittag, nur in der Ferne hörte man das Tuckern eines Kutters. Im Dünengras zirpte eine Grille.

„Nimmst du mich wieder mit, wenn Ruka das nächste Mal kommt?" Kenzos Frage klang zögernd, doch zu seiner Erleichterung lächelte Yuriko.

„Aber sicher", sagte sie herzlich, „er ist ja auch dein Freund."

3

NAOMI saß auf der Türschwelle und nähte mit winzigen Stichen die Stoffbahnen ihres Kimonos zusammen, den sie in Regenwasser gewaschen hatte. Besonders kostbare Kimonos wurden vor dem Waschen immer aufgetrennt. Naomi besaß nur zwei solcher Kleidungsstücke für festliche Anlässe – einen für den Sommer und einen für den Winter. Atemlos lief Yuriko durch den Garten und ließ sich neben ihrer Mutter auf der Schwelle nieder. „Stell dir vor, Ruka war heute wieder da!"

„Das freut mich für dich."

„Manchmal möchte ich auch ein Delphin sein, im Wasser leben . . ."
Naomi lächelte und fädelte den Faden wieder in die Nadel ein. „Ich kenne dieses Gefühl."

„Du auch? Wirklich?" fragte Yuriko interessiert.

Naomi warf ihre dichten Haarsträhnen aus der Stirn. „Manchmal, wenn ich tauchte, stellte ich mir vor, wie es wäre, in der Meerestiefe zu leben – in dieser geheimnisvollen Welt wechselnder Strömungen. Der Ozean ist die Wiege der Menschheit. Wir Frauen können seinen Zauber spüren. Die Männer jedoch wollen die See bezwingen und fürchten sie, weil sie die Stärkere ist."

„Ich mache mir Sorgen wegen Ruka. Er ist so zutraulich!"

„Solange er allein bleibt, droht ihm keine Gefahr", erwiderte Naomi. „Vielleicht sind Delphine sogar klüger als Menschen. Sie sollen hochentwickelte Gehirne haben. Möglicherweise könnten wir sogar von ihnen lernen. Delphine führen keine Kriege. Streit und Mißgunst liegen ihnen fern. Sie leben in Einklang mit sich selbst und der Schöpfung . . ."

Yuriko stand auf, spülte ihren nassen Badeanzug aus und hängte ihn zum Trocknen über die Leine. Inzwischen hatte Naomi ihre Näharbeit beendet. Sie breitete den Kimono sorgfältig über einem Bambusrahmen aus. „Ist er nicht wieder schön geworden? Der Stoff wirkt wie neu!" Sie wandte sich ihrer Tochter zu. „Hast du schon deine Hausaufgaben gemacht?"

Yuriko schüttelte den Kopf. „Später. Ich will nicht, daß Ruka was passiert. Ich gehe zum Heiligtum und bete für ihn."

„Dann beeile dich aber. In einer halben Stunde ist es dunkel."

Yuriko lief die Hauptstraße entlang und grüßte im Vorbeigehen einige Leute. Die Schaufenster waren schon erleuchtet. Unten am

Hafen, vor der Kneipe, standen die Jungen mit ihren Motorrädern. Rockmusik dröhnte aus der Jukebox. Es roch nach gebratenem Fisch, Auspuffgasen und weichem Teer.

Die zweihundert Stufen, die zum Heiligtum führten, waren mit Moos bewachsen. Sie schlängelten sich zwischen Sakakibüschen, Hagebuttensträuchern und Oleander hoch, der den ganzen Sommer hindurch rot und weiß blühte. Kiefern krallten ihre verkrüppelten Wurzeln in den Boden. Etwas höher am Hang wuchsen große Eichen. Hier begann der heilige Hain der Göttin. Dieser Hain war uralt. Die Inselbewohner erzählten, daß er seit jeher dagewesen sei.

Im Abendlicht lief Yuriko die letzten Stufen zum Heiligtum hinauf. Der Schrein der Göttin, auf Pfähle gebaut, war sehr alt und ziemlich klein. Im Laufe der Jahre hatte das verwitterte Gebälk eine dunkle Bronzefärbung angenommen. Das braune Strohdach mit den geschweift zulaufenden Spitzen war stellenweise mit Moos bedeckt. Es wurde von karminroten Pfosten gestützt, zwischen denen hölzerne Türflügel angebracht waren, die ins Innere des Heiligtums führten. Auf dem schlichten Altar stand der „Schatz" des Schreins: ein großer, bronzener Spiegel, der auf einem flügelähnlichen Holzgestell ruhte. Dieser Spiegel war das Sinnbild der Sonne und stellte die „Heilige Gegenwart" dar. Über dem Altar hing eine „Schimenawa", die „Schnur der Läuterung", ein armdickes Tau aus Reisstroh, an dem weiße Votivbänder baumelten.

Yuriko zog ein Geldstück aus ihrer Tasche und warf es in den kleinen Opferstock. Dann bewegte sie das Seil, an dem die Glocke im Dachfirst befestigt war. Das helle Läuten zerriß die Stille. Yuriko klatschte dreimal in die Hände, um die Aufmerksamkeit der Göttin auf sich zu lenken. Sie faltete die Hände, senkte den Kopf und formte mit den Lippen lautlose Worte.

„Ehrwürdige Sajori-Hime, Herrin der Wasser! Beschütze Ruka vor den Netzen und den Harpunen. Mach, daß kein Delphinschwarm in die Bucht kommt. Mach auch, daß die Fischer genug Fische fangen, denn sie leben ja davon. Und ... bitte! Ich möchte so gerne mal auf Ruka reiten!"

Schwarz ragte der Schrein gegen den klaren Himmel auf. Die untergehende Sonne leuchtete am Himmel rot wie Mohn. Plötzlich kam ein kühler Wind auf.

Yuriko verneigte sich und wollte gehen. Als sie sich umwandte, sah sie, wie eine hellgekleidete Gestalt sich im Schatten der Bäume bewegte. Es war die alte Oschiba. Sie hielt einen Besen aus Reisstroh und ein Plastikkehrblech in der Hand. Die Ärmel ihrer weißen Kittelschürze waren über die Schultern gerafft, und sie trug ein blau-weißes Tuch um ihr Haar geschlungen. Sie fegte lose Blätter auf das Kehrblech und schüttete sie in einen Plastiksack.

Yuriko stieg leichtfüßig die Stufen hinunter und grüßte höflich. Oschiba nickte ihr freundlich zu.

„Hast du ein Gebet gesprochen?"

„Ja, für Ruka", antwortete sie. „Ich will nicht, daß die Fischer ihn fangen."

Oschiba nickte vor sich hin. „Der Delphin ist also wieder zu dir gekommen."

Es war mehr eine Feststellung als eine Frage. Yuriko nickte eifrig und berichtete, wie Ruka mit ihr und Kenzo gespielt hatte. Während sie sprach, bückte sich Oschiba mit leichtem Ächzen und band den Plastiksack zusammen. „Nur die Gottheit kennt die Zukunft. Vieles bleibt uns Menschen verborgen, und das ist gut so. Wüßten wir mehr, wüchse unser Hochmut zum Himmel." Oschiba schlurfte zu einem Schuppen, der zu dem Heiligtum gehörte. Verschiedene Werkzeuge wurden dort aufbewahrt.

Yuriko lief hinter Oschiba her. „Aber Ruka? Ist er in Gefahr?"

Die alte Frau stellte den Abfallsack in eine Ecke, schüttelte sorgfältig den Besen aus und hängte ihn zu den anderen Geräten in einen Verschlag. „Sorge dich nicht um Ruka", meinte sie freundlich. „Die Herrin der Wasser hat tausend und aber tausend Kinder und kennt ein jedes von ihnen. Ruka ist ihr lieb und teuer. Sie wird ihm ein Meer schenken, das größer und tiefer ist als alle Gewässer dieser Welt..." Sie verzog plötzlich das Gesicht, hustete und rieb sich den Rücken. „Ich bin müde. Geh nach Hause, Kind. Gleich wird es Nacht. Spiele mit Ruka so oft du willst. Aber hüte dich vor den schwarzen Wassern!"

Yuriko lief den Weg zurück, der in der Dämmerung kaum noch zu erkennen war. Der Wind hatte sich gelegt. Kein Blatt bewegte sich, keine Grille zirpte. Die rote Lichtwelle am Himmelssaum verblaßte, und die Meeresoberfläche nahm die Farbe von Asche an. Wie ein Echo hallte der Klang von Oschibas Worten in Yurikos Ohr: „Hüte dich vor den schwarzen Wassern!" Was wollte sie damit sagen?

4

KENZO hatte einen großen Fehler: Er konnte den Mund nicht halten. Am nächsten Tag erzählte er die Sache mit dem Delphin allen Schülern. Als Yuriko auf den Schulhof kam, empfing Goro sie mit schallendem Gelächter. „Ein Fisch! Jetzt spielt sie gar mit einem Fisch! Warte nur! Bald fängt ihn mein großer Bruder und macht Hundefutter aus ihm!"

Goro war mit seinen dreizehn Jahren schon groß und kräftig. Mit dem kurzen Hals, dem Stoppelhaar und dem breiten Gesicht wirkte er wie ein muskulöses, eigensinniges Stierkalb.

„Ich habe dir schon mal gesagt, daß Delphine keine Fische sind!" entgegnete Yuriko.

„Haben sie nicht Flossen? Na also!" Triumphierend schaute er sie an. „Taro hat gesagt, wenn sie in die Bucht kommen, versperren die Fischer ihnen den Rückweg. Dann werden alle gefangen und kleingehackt!"

Yuriko ballte die Fäuste und schrie: „Dann ist dein Bruder ein gemeiner Mörder!"

Goros Augen wurden schmal. „Sag das noch mal, und du erlebst was!"

Yuriko warf herausfordernd den Kopf zurück. „Ich habe keine Angst vor dir!"

„Warte nur, bis dein Delphin auf der Mole liegt und stinkt!" schrie Goro. „Dann kotzt du in eine Ecke, und ich lach mich schief!"

Wie eine wütende Katze warf Yuriko sich auf ihn. Sie schlug Goros Hände, die er zur Abwehr erhoben hatte, mit einer blitzschnellen Bewegung auseinander und traf ihn mit der geballten Faust an der Kehle. Goro taumelte überrascht zurück, dann packte er Yuriko und hob sie hoch, um sie zu Boden zu schleudern. Aber Yuriko entwand sich ihm geschmeidig und trat ihn gegen das Schienbein. Mit seinem rechten Arm nahm Goro Yuriko in die Zange und drückte ihren Kopf gegen seine Hüfte. Yuriko versuchte sich zu befreien, doch Goro hatte sie fest im Griff.

Die anderen Mädchen der Klasse kicherten, die Jungen schlugen sich vor Vergnügen auf die Schenkel, nur Kenzo schwieg verlegen. Schließlich war er an allem schuld.

Yurikos Haar war zerrauft, ihr Gesicht gerötet, Tränen standen ihr in den Augen. Während Goro sie im Kreis herumschleifte, schob sie ihren linken Arm tastend über seine Schulter bis ans Gesicht und versetzte ihrem Klassenkameraden einen Fausthieb auf die Nase. Überrascht ließ er sie los. Die Mädchen klatschten Beifall, die Jungen brüllten so laut, daß es über den ganzen Schulhof schallte. Yuriko atmete keuchend. Manchmal hatte sie mit ihrem Vater zum Spaß gerungen, und er hatte ihr einige Kniffe beigebracht. Doch dann sah sie das Blut, das über Goros Mund in seinen Hemdkragen lief. Er blutete stark aus der Nase. Goro wischte sich mit dem Handrücken die Nase ab, starrte auf die dicken roten Tropfen und blickte dann hilflos um sich.

„Hinlegen! Flach hinlegen!" rief ein Mädchen.

Doch Goro bückte sich wutentbrannt und schleuderte Yuriko eine Handvoll Sand ins Gesicht. Yuriko taumelte zurück. Ihre Augen brannten, sie hustete und würgte.

„Was geht hier vor?" rief eine Stimme. Es war Frau Sato, die mit ihren Lehrbüchern unterm Arm über den Hof kam. „Schämst du dich nicht, Goro, Yuriko Sand ins Gesicht zu werfen?"

„Aber sie hat doch angefangen!"

Frau Sato wandte sich überrascht an Yuriko, die sich die tränenblinden Augen rieb. „Stimmt das, Yuriko?"

„Er hat gesagt, daß sein Bruder die Delphine fangen wird, um Hundefutter aus ihnen zu machen!"

Frau Sato war fassungslos. „Aber Kinder! Ihr seid doch wirklich zu alt, um euch wegen so einer Dummheit zu prügeln!"

„Sie hat gesagt, daß mein Bruder ein Mörder ist!" schrie Goro aufgebracht.

„Yuriko, ist das wahr?"

Yuriko hob trotzig das Kinn. „Leute, die Delphine töten, sind Mörder!"

„Ein intelligentes Mädchen wie du sollte sich über die Bedeutung eines solchen Wortes im klaren sein", meinte die Lehrerin streng. „Es ist schlimm, so etwas zu behaupten. Du solltest dich bei Goro entschuldigen."

Yuriko schüttelte den Kopf. „Nein! Niemals!"

Frau Satos Stimme klang scharf. „Wenn du dich nicht sofort entschuldigst, mußt du nachsitzen."

Yuriko preßte die Lippen zusammen und schwieg. Die Schüler stießen sich an, und Kenzo trat unbehaglich von einem Fuß auf den anderen. Jemand hatte Goro ein Taschentuch gegeben, und er drückte es gegen seine blutende Nase. Als es läutete, schwieg Yuriko noch immer.

„Du hast noch Zeit, es dir zu überlegen", sagte Frau Sato.

Nach der Schule saß Yuriko nachmittags allein im Klassenzimmer und schrieb ihre Strafarbeit. Noch immer bebte sie vor Empörung. Es war das erste Mal, daß sie nachsitzen mußte. Womöglich blieb ihr deswegen keine Zeit mehr, schwimmen zu gehen, und sie würde Ruka verpassen. Das hatte sie nun davon! Aber sich bei Goro entschuldigen? Niemals!

Frau Sato kam ins Klassenzimmer. Sie hatte im Lehrerzimmer Hefte

korrigiert. Ihre Miene wirkte kühler denn je. „Nun, Yuriko? Hast du
es dir überlegt?"

Yuriko schüttelte verbissen den Kopf.

„Schade", meinte Frau Sato. „Ich hielt dich immer für vernünftig."
Sie betrachtete Yuriko nachdenklich. Yuriko bemerkte, wie in den
Augen der Lehrerin plötzlich Verständnis aufleuchtete.

„Sind wieder Delphine in der Bucht? Hast du welche gesehen?"

„Einen einzigen", entgegnete Yuriko.

„Dann können wir von Glück reden." Frau Sato seufzte. „Hoffentlich kommen nicht noch mehr. Aber du solltest dich trotzdem bei
Goro entschuldigen."

Yurikos Gesicht wurde wieder verschlossen. Sie schwieg.

Als Frau Sato erneut sprach, klang ihre Stimme spürbar sanfter.
„Einfache Menschen sind Opfer ihrer Unwissenheit. Du kannst sie
nicht verurteilen, sondern nur bedauern und vielleicht belehren." Sie
legte ihre Hefte aufs Pult. „Willst du mal darüber nachdenken?"

„Ja", hauchte Yuriko.

Der Anflug eines Lächelns glitt über Frau Satos Gesicht. „Du kannst
gehen", sagte sie.

5

YURIKO lief über den Strand. Es war schon später Nachmittag, aber die
Sonne war noch heiß, und vielleicht wartete Ruka doch noch auf sie.
Hastig entledigte sie sich ihrer Schuluniform, zog ihren Badeanzug an
und warf sich in die Wellen. Das Wasser war kälter als am Tag zuvor
und weniger klar. Yuriko kraulte rasch in die Bucht hinaus und schrie
vor Freude auf, als sie plötzlich den vertrauten dunklen Schatten dicht
unter sich dahingleiten sah.

„Ruka!"

Schon tauchte der große Kopf mit der gewölbten Stirn neben ihr aus
dem Wasser. Yuriko sah eines der braunen, freundlich schimmernden
Augen auf sich gerichtet. Sie ließ sich wie ein Korken auf den Wellen
treiben, während der Tümmler seine Freude durch einen Schwall von
Pfeif- und Zischlauten zum Ausdruck brachte.

„Weißt du auch", rief Yuriko ihm zu, „daß ich deinetwegen nachsitzen mußte?"

Der Tümmler öffnete das Maul, quakte und gurrte, wobei er immer
wieder mit dem Kopf nickte, als ob er „ja, ja, ja!" sagen wollte, was
sehr drollig aussah. Von Zeit zu Zeit tauchte er geschmeidig unter,

glitt dicht an Yuriko vorbei und strich sanft mit seinem Maul an ihren Beinen auf und ab. Er schwamm um sie herum, dann unter ihr durch, und einmal, als sie die Hand ausstreckte, bekam sie seine Rückenflosse zu fassen; sie fühlte sich überraschend rauh und hart an. Yuriko versuchte, die Flosse festzuhalten. Es gelang ihr auch, und für einige berauschende Sekunden fühlte sie sich mit großer Geschwindigkeit durch die Wellen gezogen. Doch die Flosse war grob wie Schmirgelpapier und schürfte ihre Handfläche auf. Der Schmerz zwang Yuriko, ihren Griff zu lockern. Aufklatschend fiel sie zurück ins Wasser. Jetzt war ihr klar, warum der Delphin so sorgsam darauf bedacht war, sie nicht mit den Flossen zu berühren: Er wollte ihr nicht weh tun. Wieder setzte sie die erstaunliche Klugheit dieses Tieres in Erstaunen.

Sie spielten eine ganze Weile zusammen. Yuriko konzentrierte sich darauf, Rukas Tönen zu lauschen und sie so genau wie möglich nachzuahmen. Der Erfolg war verblüffend: Ruka geriet außer Rand und Band und fuhr mit eifrigem Ja-ja-ja-Nicken im Kreis herum. Yuriko war überwältigt. War es möglich, die Sprache der Delphine zu erlernen? Was für ein Erlebnis würde das sein! Was könnte ihr Ruka alles erzählen! Inzwischen pfiff, quakte und schnatterte der Tümmler in freudiger Ausgelassenheit. Sein geschmeidiger Körper drehte und wendete sich in den Wellen. Yuriko hatte jedes Zeitgefühl verloren. Erst als ihre Muskeln vor Kälte steif wurden, schwamm sie an den Strand zurück. Ruka begleitete sie, wobei er sie mit immer größerem Abstand umkreiste, wie um ihr mitzuteilen: „Weiter komme ich nicht mit!" Yuriko verstand und hob den Arm zum Abschied.

„Nimm dich vor den Schiffen in acht!" rief sie ihm zu. „Geh nicht dahin, wo die Fischer sind. Die glauben, du bist ein Fisch, und töten dich mit der Harpune!"

Wie als Antwort sprang Ruka ein letztes Mal aus den Wellen. Er klatschte in das grünliche Wasser zurück, wendete und schwamm dem offenen Meer entgegen. Die Wellentäler verschluckten ihn.

Yuriko war zu lange im Wasser geblieben. Ihre Lippen hatten sich bläulich verfärbt, sie klapperte mit den Zähnen, und eine Gänsehaut überzog ihren Körper. Rasch trocknete sie sich ab, wrang ihren nassen Badeanzug aus und zog sich an. Als sie nach Hause kam, stand Hiros Vespa schon im Schuppen. Yuriko band ihre Turnschuhe auf.

„Ich bin da!" rief sie aus dem Vorraum.

Naomi bereitete das Abendessen zu, und Hiro half ihr dabei. Er trug eine ihrer Schürzen und kam gerade aus der Küche.

„Wo warst du denn so lange?" fragte er und ging zurück in die Küche.

„Ich . . . ich mußte nachsitzen. "

Hiro setzte den Reis auf. „So? Weshalb denn?"

Yuriko machte ein finsteres Gesicht. „Ich . . . ich habe mich mit Goro geprügelt. "

Hiro hob die Brauen. „Wie kamst du denn dazu?" Er ging in den Wohnraum und ließ sich auf einem Sitzkissen nieder. Nun wartete er auf eine Erklärung. Da trat auch Naomi aus der Küche. Sie brachte einige kleine Schüsseln mit, die sie auf den Tisch stellte. Beide, Vater und Mutter, hörten schweigend zu, als Yuriko von dem Streit erzählte. Ihre Mienen waren ernst, aber nicht verstimmt. Yuriko sah, wie sie verstohlen einen Blick tauschten. Als sie zu Ende erzählt hatte, sagte Hiro ruhig: „Ich teile die Meinung von Frau Sato. Du solltest dich bei Goro entschuldigen. "

Yurikos Unterlippe zitterte. Aber was konnte sie anderes von ihm erwarten? Lehrer mußten ja schließlich zusammenhalten!

Hiro sah, wie Yurikos Augen von Tränen glänzten. Liebevoll zog er das Mädchen an sich, doch sie hielt den Rücken steif und drehte das Gesicht von ihm weg.

„Hör zu", meinte Hiro mit seiner freundlichen, ruhigen Stimme. „Ich weiß, du magst Goro nicht. Stell dir jetzt mal vor, ihr steht beide auf einer Treppe. Da er nicht so gescheit ist wie du, steht er eine Stufe tiefer. Jetzt schreist du ihn an und prügelst dich mit ihm. Was geschieht? Du steigst eine Stufe hinunter. Dabei sollte es Goro sein, der zu dir heraufsteigt. Verstehst du, was ich meine?"

Yuriko senkte den Kopf. „An meiner Stelle", stieß sie mit erstickter Stimme hervor, „würde Goro sich bestimmt nicht entschuldigen. "

„Das glaube ich auch", entgegnete Hiro. Naomi lächelte.

Yuriko überlegte. „Wenn ich mich entschuldige, bin ich dann klüger als er?"

Hiro lachte. „Aber sicher. Vielleicht lernt er auch daraus und steigt eine Stufe höher. "

Am nächsten Morgen wartete Yuriko vor dem Schultor auf Goro. Schon von weitem sah sie ihn. Yuriko spürte die gewohnte Ablehnung ihm gegenüber, doch sie bezwang sich.

Als Goro sie erblickte, verlangsamte er den Schritt. Er zog die Brauen zusammen, so daß sie wie ein dicker, düsterer Strich in seinem Gesicht wirkten. Die anderen Schüler warteten gespannt, und Kenzo wurde es immer unbehaglicher zumute. Würde die Schlägerei wieder losgehen?

Goro öffnete den Mund. „Verschwinde!" krähte er. „Sonst haue ich dir –"

220 DAS LIED DER DELPHINE

Yuriko ließ ihn gar nicht ausreden. „Bitte entschuldige", unterbrach sie ihn mit sanfter, deutlicher Stimme. „Es tut mir leid wegen gestern."

Goro blieben die Schimpfworte im Hals stecken. Er starrte sie an, wurde dunkelrot und kratzte sich verunsichert zwischen den Schulterblättern. „Ist schon gut", knurrte er, bevor er mit gesenktem Kopf an ihr vorbeistürmte.

„Warum hast du dich denn bei diesem Ekel entschuldigt?" fragte Kenzo verblüfft. „Haben deine Eltern Krach geschlagen?"

Yuriko lächelte friedfertig. „Nein. Den Entschluß habe ich selbst gefaßt. Schließlich bin ich klüger als er."

6

AM SONNTAG hätte Yuriko gerne länger geschlafen, aber aus Gewohnheit erwachte sie wie jeden Morgen um halb sieben. Die Sonne schimmerte durch die mit Reispapier bespannte Schiebetür, und der sanft schaukelnde Zweig eines Pflaumenbaumes zeichnete sich wie ein Scherenschnitt ab. Yuriko stand auf, wusch und kämmte sich. Sie zog weiße Shorts und ein rot-weiß gestreiftes T-Shirt an. Leise, um ihre Eltern nicht zu wecken, ging sie in die Küche. Sie steckte die Gasflamme an, setzte Teewasser auf und wärmte die Misosuppe, die sie täglich zum Frühstück zu sich nahmen. Als alles fertig war, ging sie zum Schlafzimmer der Eltern und klopfte behutsam an die Schiebetür.

„Ja?" fragte Naomis verschlafene Stimme.

Leise schob Yuriko die Tür zurück. Die Eltern lagen auf den „Futons", den wattierten Matratzen, die abends auf dem Boden ausgebreitet wurden. Ein zweiter, leichterer Futon, mit Daunen gefüllt, diente als Decke. Jeden Morgen wurde das Bettzeug gelüftet und in einen Wandschrank gelegt.

„Das Frühstück ist fertig!" verkündete Yuriko.

„Dann muß ich ja wohl deinen Vater wecken!" Naomi lachte. Als sie sich über Hiro beugte, streifte ihr langes Haar sein Gesicht.

Hiro blinzelte. „Ich bin schon wach!" murmelte er und zog Naomi an sich. Yuriko kicherte und machte die Schiebetür wieder zu. Im Wohnzimmer goß sie Tee auf und füllte die heiße Misosuppe in die Schalen. Es dauerte nicht lange, da kamen die Eltern schon. Beide trugen einen blau-weiß gemusterten Hauskimono mit einer schlichten Schärpe um die Hüften. Hiro zog die Haustür auf, räkelte sich und atmete tief die kühle klare Morgenluft ein.

„Bei diesem Wetter", meinte er, „sollten wir mit dem Boot hinaus-
fahren!"

Yuriko klatschte freudestrahlend in die Hände. „Vielleicht sehen
wir Ruka!"

„Glaubst du nicht, daß er sich vor dem Boot fürchtet?" fragte Hiro.

„Sicher nicht! Wenn ich ihn rufe, kommt er sofort. Gestern haben
wir sogar zusammen gesungen!"

Naomi füllte die Schalen mit Suppe. „Ich finde, das ist eine gute
Idee", sagte sie. „Wir nehmen etwas zu essen mit und fahren zur Dracheninsel hinüber."

Wie jeden Tag fand auch sonntags am Hafen der Fischmarkt statt.
Die Boote lagen vor Anker, und die blauen, kurzen Wellen klatschten
gegen die Planken. Das Wasser war verschmutzt und strotzte von
Abfällen. Rufe und Stimmengewirr erfüllten die Luft. Es roch nach
Seetang, Fisch, Auspuffgasen, Rost und Teer. Der Boden war eine
einzige Pfütze.

Yuriko und ihre Eltern gingen auf die Mole zu. Hiro trug den Pick-
nickkorb. Naomi hatte einen Overall aus gebleichtem Jeansstoff an.
Alle Bewohner von Katsumoto kannten sich, und fast jeder grüßte.
Oft blieben Hiro und Naomi stehen, um einige Worte mit den Leuten
zu wechseln.

Die Fische waren auf zerstoßenem Eis ausgelegt, ihre Schuppen
leuchteten gelb und rot in der Sonne. Lebende Krebse und Hummer
bewegten tastend ihre Beine und Fühler, kleine Aale schwammen in
Behältern. Die Marktfrauen nahmen sie heraus, nagelten ihnen blitzschnell den Kopf auf einem Holzbrett fest und zogen ihnen mit einer
einzigen Bewegung die Haut ab. Berge von Krabben und Muscheln
sowie gelatineartige Tintenfische häuften sich auf den Verkaufsstän-
den. Dutzende von Möwen, die von den Abfällen angelockt wurden,
flatterten schreiend auseinander oder segelten in steilem Flug in den
Himmel.

„Nun, Etsu-san, was ging denn heute in die Netze?" fragte Naomi
eine stämmige, rotwangige Frau, die mit geübtem Griff einen großen
Heilbutt ausnahm.

Etsu-san lachte fröhlich und wies auf einen Behälter, in dem einige
armdicke Muränen schwammen. Muränen waren ein seltener Fang,
und Naomi sparte nicht mit Komplimenten. Doch Etsu-san winkte
ab. „Schon recht, aber wer weiß, was morgen ist. Bei der Dracheninsel wurden wieder Delphine gesichtet."

Hiro fühlte, wie Yuriko, die neben ihm stand, erstarrte. Er nickte
mit sachlicher Miene. „Viele?" fragte er.

„Ein ganzer Schwarm", entgegnete Etsu-san. „Bei Vollmond kommen sie in die Bucht."

„Vielleicht ziehen sie auch weiter", meinte Naomi.

„Wohl kaum. Na ja, dann haben die Männer wieder ein paar Tage mehr zu tun."

Yuriko wandte rasch den Blick ab. Diese Frau, die so gutmütig lachte, war unfähig, für Delphine ein Gefühl aufzubringen. Sie würde Ruka den Kopf abhacken und ihn mit der gleichen Selbstverständlichkeit zerstückeln wie diesen Heilbutt. Nicht im Traum käme ihr in den Sinn, daß Delphine Kreaturen waren, die zwar nicht der Menschengattung angehörten, aber dennoch Wesen mit Geist und Verstand waren, die Angst verspürten und Schmerzen empfanden. Das helle Sonnenlicht schien sich plötzlich zu verdunkeln. Yuriko wurde es flau im Magen. Dann fühlte sie, wie Hiro ihr beruhigend die Hand auf die Schulter legte.

Am Ende der Mole befanden sich die Liegeplätze einiger Ruder- und Segelboote. Hier war das Wasser wieder klar. Naomis weißgestrichenes Boot schwankte leicht hin und her, als sie einstiegen. Es war ein Ruderboot, das auch einen kleinen Außenbordmotor hatte. Hiro ließ den Motor anspringen. Wie eine weiße Wolke erhoben sich Hunderte von Möwen, Seeschwalben und Austernfischern in die Luft, die in dem Geröll und in den Pfützen Nahrung gesucht hatten.

Naomi steuerte das Boot aus dem Hafen. Yuriko saß im Heck und ließ eine Hand über den Bootsrand baumeln. Der Fahrtwind wirbelte ihr das Haar ins Gesicht. Die Mole glitt vorüber, der Deich mit den großen Steinblöcken kam näher, dahinter erhob sich der weißgestrichene Leuchtturm. Das Dorf wirkte in der Morgensonne malerisch und friedlich. Naomi nahm Kurs auf Tatsunoschima, die Dracheninsel.

Hiro brach als erster das Schweigen. „Nun, wo ist denn dein Freund?" fragte er Yuriko.

„Er kommt sicher bald!" Yuriko wirkte wieder gelöst; draußen auf dem Meer war ihre Beklommenheit sofort verschwunden. Zuversichtlich spähte sie ins Wasser und rief den Tümmler ein paarmal beim Namen. Aber alles blieb ruhig.

Die Überfahrt bis zur Dracheninsel dauerte knapp eine Viertelstunde. Das unbewohnte Gelände war felsig. Naomi steuerte auf einige schaumumspülte Riffe zu. Yuriko wußte, daß ihre Mutter früher hier getaucht hatte. Plötzlich stellte Naomi den Motor ab und ließ das Boot in der leichten Brandung schaukeln. Sie beugte sich über den Rand.

„An dieser Stelle ist das Meer nur fünfzehn Meter tief. Unter Wasser sind Felsen, an denen man die besten Awabimuscheln findet."

Die Awabimuschel, eine Art Auster, wird in Japan als besonderer Leckerbissen geschätzt.

„Ob ich es wohl noch schaffe?" Naomis Stimme klang unsicher.

Hiro sah sie lange an. Seine Augen schimmerten zärtlich.

„Warum denn nicht?" meinte er schließlich.

„Ich tauche hier. Vielleicht gelingt es mir heute."

Hiro legte die Ruder in die Gabeln. Naomis Anweisungen folgend, ruderte er mit kraftvollen, gleichmäßigen Schlägen näher an die Felsen heran.

„Hier muß es sein", sagte Naomi, die aufmerksam ins Wasser spähte. Auf einmal hob sie den Arm. „Warte! Der Seetang ist schon ziemlich dicht."

Hiro zog die Ruder ein. Naomi knöpfte ihren Overall auf. Darunter trug sie nur eine winzige schwarze Badehose. Ihr Oberkörper war nackt, wie es bei den Taucherinnen üblich ist. Geschickt schlang sie ein weißes Stirnband um ihr Haar. Hiro knotete das Seil auf, das um die Ruderbank gewickelt war. Dann band Naomi sich einen Riemen mit Bleigewichten um die Taille, und das Seil wurde daran befestigt. Schließlich setzte Naomi die Taucherbrille auf und ließ sich ins Wasser gleiten. Sie zog pfeifend die Luft ein und schoß kopfüber in die Tiefe. Sekunden vergingen. Hiro und Yuriko schwiegen. Plötzlich spürte Hiro einen Ruck und zog das Seil schnell ein. Wie eine weiße Erscheinung leuchtete Naomis Körper im kristallklaren Wasser auf. Ihre Finger krallten sich am Bootsrand fest. Mit einer heftigen Bewegung riß sie ihre Taucherbrille weg und wandte ihnen ihr schmerzverzerrtes Gesicht zu.

„Unmöglich . . .", keuchte sie. „Ich schaffe es nicht!"

„Welche Tiefe hast du denn erreicht?" Hiros Stimme klang betont ruhig.

„Vier Meter . . . vielleicht fünf, aber nicht mehr!" stammelte sie mit bleichen Lippen. „Es ist vorbei . . ." Sie zitterte zunehmend heftiger. „Zwischen Fuß und Knie . . . scheint keine Verbindung mehr zu bestehen. Ich dachte, es hätte sich gebessert mit der Zeit . . ."

„Komm", sagte Hiro sanft. Er half ihr, ins Boot zu klettern. Triefend, mit klappernden Zähnen, ließ sie sich auf der Bank nieder. Hiro nahm ein Handtuch und begann, seine Frau abzutrocknen. Sie saß zusammengesunken da. Plötzlich hob sie den Kopf und sah ihn an. Es waren keine Wassertropfen, sondern Tränen, die ihr über die Wangen liefen. Hiro tupfte voller Zärtlichkeit ihr nasses Gesicht ab. Worte waren überflüssig. Er wußte, was sie empfand. Einen magischen Augenblick lang sah er das schöne, lachende Mädchen mit dem weißen Stirnband in dem herabflutenden Haar vor sich, das vor fünfzehn Jahren in der roten Abenddämmerung vor seinen Augen dem Meer entstiegen war – ein Bild, das in seiner Erinnerung nie verblassen würde.

Taucherinnen übten ihren Beruf so lange aus, wie ihre Kraft dazu ausreichte. Selbst Großmütter vermochten noch über eine Minute in zehn Meter Tiefe zu verbringen und mit der Spitzhacke Schwämme und Muscheln von den Felsen zu lösen. Naomi weinte still vor sich hin; sie wehrte sich nicht dagegen, daß Hiro sie wie ein Kind abtrocknete und ihr ein Handtuch über die Schultern legte. Doch auf einmal richtete sie ihren Blick auf Yuriko. Ein fester, entschlossener Zug umspielte ihren Mund.

„Versuch du es mal. Vielleicht erwischst du eine Muschel!"

Yuriko war es nicht gewohnt, an einem Seil zu tauchen. Aber sie befolgte die Anweisungen ihrer Mutter, setzte die Taucherbrille auf und knotete den Riemen mit den Bleigewichten um ihre Taille. Naomi gab ihr eine kleine Spitzhacke mit. Yuriko sprang aus dem Boot, tauchte weich wie eine Feder ins Wasser und kam wieder an die Oberfläche. Sie füllte ihre Lunge bis zum Äußersten, dann tauchte sie. Das Wasser war leuchtend grün, wo die Sonnenstrahlen es durchbrachen, doch weiter unten nahm es eine diesige, kobaltblaue Färbung an. Tief unter sich sah Yuriko die Umrisse eines Felsens, der mit Seetang bedeckt war. Umsprudelt von Luftbläschen, schwamm sie auf den Felsen zu, der wie ein schwarzer Kegel aus der Tiefe ragte. Sie erreichte ihn und klammerte sich an einem Stein fest. Ihre Hand tastete durch wogenden braunen Tang und giftgrünes Seegras, bis sie das glatte Oval einer Muschel zu fassen bekam. Mit der Spitzhacke löste sie die Muschel. Dann begann ihre Lunge zu schmerzen. Sie spürte, wie Hiro sie hinaufzog, und sie preßte die Hände – wie ihre Mutter es ihr beigebracht hatte – fest an den Körper, um dem Wasser möglichst wenig Widerstand entgegenzusetzen. Keuchend kam sie an die Oberfläche, hielt sich erschöpft am Bootsrand fest und zeigte stolz die Muschel, die in ihrer Handfläche schimmerte. Sie ließ ihre Beute in den Holzbehälter fallen, den ihre Mutter ihr reichte.

Naomi lächelte anerkennend. „Sie hat gut zwölf Meter erreicht", sagte sie zu Hiro. „Unsere Tochter ist noch besser, als ich es war in ihrem Alter."

„Ich versuche es noch einmal!" rief Yuriko. „Vielleicht finde ich noch eine Muschel!"

Wieder holte sie Luft und tauchte. Hiro und Naomi sahen sie wie einen leuchtenden Pfeil in der Tiefe schwimmen. Im gleichen Augenblick bemerkte Hiro, wie ein großer dunkler Schatten langsam unter dem Boot herglitt.

Er war vor Schreck wie gelähmt. Normalerweise gab es keine Haie in den Gewässern vor Iki, trotzdem konnte es vorkommen, daß sich so ein Ungeheuer in die Bucht verirrte. Heftig zog er am Seil, aber da umklammerte Naomis Hand seinen Arm.

„Warte . . ., das ist kein Hai!"

„Du meinst, es ist der Delphin?"

Sie nickte. Beide beugten sich über den Bootsrand, spähten angespannt in die Wellen.

Im fahlen grünen Dunst der oberen Wasserschichten sah Yuriko die torpedoartige Gestalt auf sich zukommen. Sie wußte sofort Bescheid. Zugleich spürte sie den Ruck an der Leine und schoß nach oben. Beide – das Mädchen und der Tümmler – tauchten fast gleichzeitig mit dem Kopf aus dem Wasser. Das Boot begann zu schaukeln, und Yuriko brach in Lachen aus.

„Nicht so stürmisch, Ruka! Gleich kentert das Boot, und unser Essen wird naß!"

Ruka stieß einen Wasserstrahl aus, wobei er ein deutliches, sehr kräftiges „Schniff" hervorbrachte. Eine Reihe heller Pfiffe und Kreischtöne folgten, die Hiro verblüfft mit dem Quietschen einer Tür verglich. Auf einmal sprang der Tümmler aus dem Wasser, vollführte eine Vierteldrehung in der Luft und ließ sich dann, laut aufklatschend, bäuchlings ins Meer zurückfallen.

„Unglaublich!" stieß Hiro hervor. „Hast du jemals Ähnliches erlebt?"

„Nein", erwiderte Naomi. „Bei den Ama gibt es viele Geschichten über Delphine, die sich mit Menschen befreundeten. Aber es ist das erste Mal, daß ich es mit eigenen Augen sehe."

„Und jetzt schwimmen wir zusammen!" rief Yuriko voller Stolz. Sie warf sich in die Wellen und kraulte übermütig neben dem Tümmler her. Ruka paßte sich ihrer Geschwindigkeit an, war ihr so nahe, daß sie ihn mit der Hand berühren konnte. Trotzdem achtete er darauf, sie nicht mit seiner rauhen Flosse zu streifen. Yurikos Haarschopf tauchte in den Wellen unter und wieder auf. Hiro starrte den beiden fasziniert nach. Er hatte das Gefühl, zwei Kreaturen des Wassers zu sehen. Seine Blicke wanderten zu Naomi hinüber. Sie saß still im Heck des Bootes, aber der schmerzliche Ausdruck in ihrem Gesicht war verschwunden. Ihre Züge wirkten heiter, sie lächelte beinahe. Hiro spürte, daß Naomi

bewußt an der Verbindung teilnahm, die sich vor ihren Augen voll-
zog. Beide – die Frau und das Mädchen – lebten im Einklang mit der
Natur. Ein seltsames Glücksgefühl erfüllte Hiro, als er spürte, wie
auch bei ihm die Schranken gefallen waren, die die Menschen von den
Tieren trennten.

7

YURIKO und Kenzo kauerten im feuchten Sand und fröstelten im
Wind, der ihnen über den nassen Rücken strich. Sie hatten im Meer
geschwommen, mit Ruka gespielt und getaucht. Jetzt waren sie
müde. Kenzo stocherte mit einem Stöckchen in einer der Pfützen
herum. „Wie verständigen sich wohl die Delphine untereinander?
Auch mit Quaken und Quietschen?"

„Mein Vater hat mir ein Buch mitgebracht", sagte Yuriko. „Darin
steht, daß Delphine sich untereinander mit Schallwellen verständlich
machen. Sie setzen diese auch bei der Jagd ein, denn die Fische hören
sie nicht. Kein anderes Tier kann so hohe Töne hören wie ein Delphin."

„Obwohl sie keine Ohren haben?" fragte Kenzo erstaunt.

Yuriko nickte. „Früher, vor Millionen von Jahren, hatten auch die
Delphine Ohren. Aber die haben sich im Laufe der Zeit zurückgebil-
det, sie brauchen sie ja nicht; die Schwingungen der Schallwellen neh-
men die Delphine mit dem gesamten Schädel auf. Ich habe mal die
Hand vor Rukas Maul gelegt: Man kann die Schallwellen wie ein
leichtes Prickeln auf der Handfläche spüren. Ein eigentümliches
Gefühl! Auch beim Ausatmen erzeugen die Delphine Laute: mit dem
Körper, mit der Stimme und sogar mit den Schwanzflossen. Jedes
Platschen ist ein Signal."

„Glaubst du", fragte Kenzo, „daß Ruka zu jedem Menschen so
zutraulich ist wie zu uns? Oder gibt es auch Leute, die er nicht mag?"

Diese Frage beschäftigte auch Yuriko. „Ich weiß es nicht. Aber ich
glaube, Tiere fühlen, ob wir gut oder böse sind. Vielleicht senden auch
wir Schallwellen aus, ohne daß wir es wissen."

„Mag sein. Wir finden ja auch manche Leute nett und andere nicht.
Man kann nicht sagen, warum. Man spürt es einfach. Aber vielleicht
können sich die Delphine gar nicht vorstellen, daß es böse Menschen
gibt."

„Das wäre schlimm." Yuriko seufzte. „Ich habe oft Angst um
Ruka. Wenn die Fischer ihn sehen, werden sie ihn töten."

Die Flut stieg, und es wurde immer kühler. Yuriko und Kenzo zogen sich an und schlenderten zum Hafen. Der Wind kräuselte die dunkelblaue Oberfläche des Meeres. Einige Boote, deren farbiger Flaggenschmuck einen erfolgreichen Fangtag anzeigte, legten an der Mole an. Die Fischer fingen den ersten Anprall mit dem Bootshaken ab und zogen ihre Kutter, von Eisenring zu Eisenring greifend, in die richtige Lage. Tuckernde Motoren wurden abgestellt. Yuriko sah Goros älteren Bruder Taro vor der Kajüte seines Kutters *Joschi-Maru* stehen. Vor sich hatte er einen Wassereimer stehen und wusch sich Hals und Gesicht, die voller Ölflecken waren. Yuriko wandte den Blick ab. Ihr Gesicht wirkte hart, fast feindselig. „Gehen wir", sagte sie schroff zu Kenzo.

8

DIE See war ruhig und spiegelglatt, und der fruchtige Geruch des Wassers stieg Yuriko an diesem Tag besonders stark in die Nase. Ruka war auffallend zutraulich. Oft kam er so nahe an Yuriko heran, daß sie seine feste, leicht gefurchte Haut streicheln konnte. Die meiste Zeit schwamm er dicht unter der Oberfläche neben ihr her, so daß nur seine Rückenflosse, Finne genannt, aus den Wellen ragte, und schubste sie immer wieder sanft mit dem Maul. Nach einer Weile hatte Yuriko das seltsame Gefühl, daß der Tümmler sie in eine bestimmte Richtung führte. Dann und wann raste er mit hoher Geschwindigkeit voraus, um blitzschnell wieder zu wenden und dem Mädchen entgegenzuschwimmen. Wieder wunderte sich Yuriko über die spielerische Leichtigkeit seiner Kraft und über die Intelligenz, die er aufbrachte, um sich ihrem Tempo anzupassen und sie dennoch mit seinen Schwingungen nicht aus dem Gleichgewicht zu bringen. Doch auf einmal stutzte sie: Eine Spiegelung im Wasser erweckte die Illusion, daß Ruka sich verdoppelt hatte. War es sein Körper, der einen Schatten auf eine Sandbank im Meer warf? Erst als Ruka und sein Schatten in entgegengesetzter Richtung davonglitten, wurde es Yuriko schlagartig klar, daß noch ein anderer Delphin sie begleitete! Und wahrhaftig: Kaum tauchte Ruka seinen Kopf aus dem Wasser, als neben ihm auch schon ein zweiter silbrig schimmernder Kopf an die Oberfläche kam. Der fremde Tümmler sprühte einen kräftigen Strahl in die Höhe, stieß eine Reihe von Pieps- und Pfifflauten aus, bewegte heftig die Flossen und ließ die Kiefer in rascher Folge aufeinanderschlagen, was ein Geräusch erzeugte, das wie das Quaken einer Ente klang.

Yuriko wußte, daß Ruka ein männliches Tier war. Ihr kam der Gedanke, daß der andere Tümmler weiblich sein mußte. Plötzlich spürte sie einen seltsamen Stich im Herzen: Ruka hatte eine Familie, hatte sein eigenes Dasein im Meer, und das konnte sie nur in Bruchstücken miterleben. Doch diese für sie schmerzliche Erkenntnis wurde von einer großen Furcht verdrängt, als ihr bewußt wurde, daß die Fischer richtig vermutet hatten: Es waren noch mehr Delphine in der Bucht!

Als ob die beiden Tümmler ihre Gedanken erraten hätten, tauchten sie unter und schossen fast senkrecht ins leuchtende Wasser. Unwillkürlich holte Yuriko tief Luft, ahmte ihre Bewegungen nach und tauchte hinter ihnen her. In der kühlen, fahlgrünen Dämmerung schwebend, sah sie die beiden schwerelos Seite an Seite über einen muschelverkrusteten Felsrand gleiten. Auf einmal wendete Ruka, kam auf Yuriko zu. Sie hörte unter Wasser seinen Pfeifton, fühlte seine Schallwellen an ihrem Körper prickeln, während er in kurzer Entfernung neben ihr herschwamm und sie über die Felsen geleitete. An dieser Stelle fiel die Klippe steil ab, tauchte tief in das Dunkel. Dort, wo die Färbung des Meeres in ein Kobaltblau überging, glaubte Yuriko eine wimmelnde Front weißlicher Gestalten zu erkennen. Doch da ging ihr die Luft aus. Sie schwamm nach oben, kam keuchend an die Oberfläche, und um wieder zu Atem zu kommen, ließ sie sich von den Wellen tragen. Da tauchte Rukas feuchtglänzender Kopf neben ihr aus dem Wasser. Wieder führte er jene nickende Bewegung aus, als ob er „Ja, ja, ja" sagen wollte, und ließ plötzlich wieder das hohe, melodische Pfeifen hören, das – so schien es Yuriko – bei ihm höchste Zufriedenheit ausdrückte. Dann, sanft gurrend, sank er langsam ins Wasser zurück, als ob er sie einlade, ihm zu folgen. Yuriko atmete mehrmals tief ein und aus, füllte ihre Lunge mit Luft und tauchte dann kopfüber ins Wasser. Wie ein Stein ließ sie sich in die Tiefe fallen. Sie schwebte eben dem dunklen Blau der Schlucht zu, als plötzlich ein leuchtendsilberner Körper dem Licht entgegenschoß. Ein zweiter und ein dritter tauchten aus dem Spalt auf, in endloser Folge schwebten die Delphine an die Oberfläche: schwerelose, geschmeidige Gestalten. Von Luftblasen und Licht umflossen, glitten sie auf einer Silberbahn dahin, zogen hintereinander her, schwangen sich empor, stiegen höher, schwammen mit einer Leichtigkeit und Anmut, als wären sie körperlose Wesen.

Yurikos Brust schmerzte. Funken stoben vor ihren Augen, wurden zu flackernden Kreisen, und das Brausen des Meeres schwoll zu Donner an. Ein Messer schien ihr die Lunge zu durchbohren. Wie ein Delphin schoß sie aufwärts, der Luft entgegen. Sie kam an die Oberfläche, hustete und würgte. Ihr Herz klopfte wild und schmerzvoll. Sie wußte nicht, wie lange und wie tief sie getaucht war. Kraftlos schaukelte sie in den Wellen, fühlte ein Schluchzen in sich aufsteigen. Jetzt war ihr klar, warum Ruka sie an diese Stelle gelockt hatte: Er wollte ihr seine Sippe zeigen! Heiße Tränen stiegen ihr in die Augen. Sie wußte um die Gefahr, die den Delphinen drohte: Sobald die Fischer sie gefunden hatten, würde das Gemetzel losgehen.

Fast erschrak sie, als dicht neben ihr Wasser hochspritzte und Ruka mit einem lauten „Schniff!" hochsprang. Er pfiff und schnatterte vergnügt, nickte übermütig, und als seine Gefährtin neben ihm auftauchte, ging das Spiel erst richtig los. Beide vollführten einen hohen Sprung, drehten sich in der Luft und klatschten seitwärts ins Wasser, nur eine Handbreit voneinander entfernt. Doch Yuriko war die Lust zum Spielen vergangen. Sie schrie fast vor Verzweiflung.

„Ruka ... versteh doch! Ihr müßt weg von hier, so schnell wie möglich! Wenn die Fischer euch finden, seid ihr verloren!"

Doch Ruka und seine Gefährtin wiegten freudig die Köpfe, pfiffen, summten und schnatterten im Duett. Yuriko stöhnte. Es war hoffnungslos! Die gutmütigen Kreaturen konnten sich nicht vorstellen, daß andere ihnen etwas Böses antun wollten.

Yuriko weinte. Die Tränen auf ihrem Gesicht vermischten sich mit dem Salzwasser. Überraschenderweise schien der Tümmler ihre Traurigkeit zu spüren. Sein Pfeifen wurde zu einem beruhigenden Summen. Er schob sich ganz nahe an Yuriko heran, strich sanft mit seinem Maul an ihr auf und ab. Offensichtlich wollte er sie trösten und wunderte sich vielleicht, daß Yuriko um so heftiger schluchzte. Er fühlte ihren Schmerz, erkannte aber nicht dessen Ursache. Und Yuriko weinte noch mehr ob ihrer Unfähigkeit, sich dem Tümmler verständlich machen zu können.

Sie hatte nicht bemerkt, wie die Farbe des Himmels von Blau ins Weißliche gewechselt hatte. Doch mit einem Mal spürte sie, daß das Wasser kälter wurde; eine plötzlich auftretende Strömung ließ die Wellen höher und heftiger schlagen. Über die Sonne breitete sich eine Wolke aus. Ihr Schatten glitt über das Wasser und verwandelte das grünblaue Glitzern in stumpfes Grau. Yuriko blickte zur Küste hinüber. Selten war sie so weit hinausgeschwommen. Dennoch ängstigte sie sich nicht: Sie wußte, wie sie ihre Kräfte schonen konnte. Yuriko ließ sich von den Wellen tragen.

Ruka folgte ihr immer noch, aber seine Gefährtin war verschwunden. Der große graue Rücken des Tümmlers, der neben ihr im Wasser schimmerte, gab Yuriko ein Gefühl der Sicherheit. Die See roch jetzt stark nach faulendem Tang. Yuriko bemerkte, daß immer mehr Wolken den Himmel verfinsterten. Aus der Ferne dröhnte das Brausen der Sturmwellen herüber, die gegen die Riffe der Dracheninsel schlugen. Yuriko fiel auf, daß sie dieses Geräusch vorher nicht gehört hatte. Der Wind mußte sich gedreht haben. Sie hob den Kopf aus dem Wasser. Na ja, eine gute Strecke hatte sie schon geschafft. Ruka schwamm immer noch in ihrer Nähe. Plötzlich spürte Yuriko, wie der Wind ihr kalt ins Gesicht blies. Gischt spritzte auf, und sie verschluckte sich. Die Sonne war jetzt gänzlich verschwunden. Kurze Wellen hoben und senkten sich rasch. Ihre Farbe wechselte von düsterem Grau ins Schwärzliche. Auf einmal kamen Yuriko Oschibas Worte in den Sinn: „Hüte dich vor den schwarzen Wassern!" Sie fröstelte. Der Wellengang verstärkte sich zusehends. Yuriko fühlte, wie sie ermüdete, und bemerkte, daß die Strömung sie südwärts abtrieb. Sie würde nicht so schnell an Land kommen, wie sie gedacht hatte. Sie drehte sich auf den Rücken, um einige Augenblicke zu verschnaufen. Oschibas Warnung ging ihr nicht aus dem Kopf. Aber sie wollte sich nicht eingestehen, daß sie in Gefahr war.

Jetzt, da die Sonne verschwunden war, wurde es immer kälter. Die Wogen rauschten und schäumten. Yuriko wurde hochgehoben, schwebte sekundenlang auf dem Kamm und sackte dann kopfüber in das Wellental. Plötzlich zuckte ein violetter Schein im Westen auf. Durch das Tosen der Brandung hörte sie den Donnerschlag. Ein Gewitter zog auf. Zum ersten Mal spürte Yuriko richtige Angst. Der Donner kam näher. Bald ging das Rumpeln in ein ununterbrochenes Grollen über. Blitz auf Blitz schnellte aus den Wolken. Dann fegte eine Regenfront heran. Ein eiskalter Guß prasselte auf Yurikos Rücken und Schultern nieder. Sie zitterte am ganzen Körper und spürte, daß sie gegen diese Wassermassen nicht mehr ankam. Ihre Kräfte erlahmten. Die See zischte und tobte. Yuriko keuchte, schnappte nach Luft, während die Wellen sie wie einen Strohhalm hin und her schleuderten. Plötzlich spürte sie einen leichten Stoß an ihrer Seite. In ihrer Benommenheit nahm sie ihn zuerst kaum wahr, bis ihr ein vertrautes Schnaufen ins Ohr drang und sie dicht neben sich den Delphin schwimmen sah.

„Ruka!" schrie sie. „Hilf mir!"

Mit kältestarren Händen tastete sie sich an dem geschmeidigen Körper des Delphins entlang; sie packte seine Rückenflosse und versuchte mit letzter Kraft, sich an ihr hochzuziehen. Und wahrhaftig, Ruka tauchte leicht unter und kam unter dem Mädchen behutsam wieder hoch, so daß er sie mit seinem Körper aus dem Wasser hob. Yuriko preßte sich an die glitschige Haut, vermied es aber, die rauhe Rückenfinne zu berühren. Es war schwierig, sich auf dem Rücken des Delphins festzuhalten; schließlich gelang es ihr, indem sie sich auf ihn legte und seinen nassen Leib mit beiden Armen umklammerte. Ruka, der bisher nur langsam durch die Wellen geglitten war, spürte, daß Yuriko ihr Gleichgewicht gefunden hatte, und beschleunigte sein Tempo.

Wie von einem Torpedo wurde sie durch die tosende See gezogen; sie mußte aufpassen, daß sie in jedem Wellental Luft holte, bevor der Delphin wieder in die finsteren, gurgelnden Wassermassen eintauchte. Nur dank ihrer Selbstdisziplin und Körperbeherrschung, die sie sich beim täglichen Training erworben hatte, konnte Yuriko die rasende Fahrt überstehen und die Luft jeweils so lange anhalten, bis ihre Lunge zu bersten schien. Das Meer schäumte wie ein brodelnder Kessel, Donnerschlag folgte auf Donnerschlag. Während das weiße Netz der Blitze den ganzen Himmel überzog, raste der Tümmler unbeirrt durch die aufgewühlte See, das halb ohnmächtige Mädchen auf seinem Rücken tragend.

Plötzlich machte Ruka eine scharfe Wendung und warf sich seitwärts herum. Yuriko verlor den Halt und fiel aufschreiend ins Wasser. Sie ging unter, hustete und würgte, doch ihre Füße spürten festen Boden. Unwillkürlich streckte sie die Arme aus, als eine Welle sie bäuchlings in den Sand warf. Zitternd kam Yuriko auf die Beine, fiel wieder hin, kroch auf allen vieren weiter und blieb schließlich, vor Kälte und Erschöpfung schlotternd, im seichten Wasser liegen.

Ruka war verschwunden. Die brodelnde Sturzsee hatte ihn wieder mitgenommen. Yurikos ganzer Körper schmerzte; ihre Hände und Knie waren aufgeschürft und bluteten. Sie atmete stoßweise. Unbarmherzig prasselte der Regen auf sie nieder. Doch sie war gerettet, und sie wußte, daß sie ihr Leben dem Delphin verdankte. Als sie sich stöhnend aufrichtete und durch den grauen Regenvorhang blinzelte, sah sie das korallenrote Portal des Schreins wie ein geheimnisvolles Traumbild aus dem dunklen Wald hervorleuchten.

9

Yuriko konnte sich später kaum erinnern, wie sie nach Hause gekommen war. Sie sah sich durch den Garten taumeln. Sie entsann sich an das Licht hinter den milchigen Glasschiebetüren und wußte noch, daß

sie gerufen hatte. Als dann die Eltern die Tür aufschoben, lag sie wie
ein nasses, zitterndes Bündel vor dem Eingang.

Weder Hiro noch Naomi stellten ihr eine Frage. Hiro nahm Yuriko
auf die Arme und trug sie ins Haus. Er erhitzte schnell das Badewasser,
während Naomi dem Mädchen den nassen Badeanzug abstreifte.
Behutsam reinigte sie Yurikos Schürfwunden und wusch sie mit
einem Schwamm aus Seegras ab. Dann hob sie das Mädchen in die
Wanne. Langsam kam Yuriko wieder zur Besinnung.

Trotz des heißen Wassers fror sie bis ins Mark. Ihre Zähne klapperten, ein Schüttelfrost ließ sie zittern. Erst allmählich spürte sie, wie die
Wärme ihre verkrampften Muskeln lockerte und entspannte. Nach
einiger Zeit half Naomi ihr aus der Wanne heraus, wickelte sie in ein
Badetuch und rieb sie trocken. Yuriko, zum Umfallen müde, ließ alles
teilnahmslos mit sich geschehen. Dann hüllte Naomi sie in einen dick
wattierten Kimono und führte sie ins Wohnzimmer. Inzwischen hatte
Hiro die elektrische Heizung eingeschaltet. Yuriko schlürfte dankbar
die heiße Milch, die in einer Tasse für sie bereitstand.

„Nun?" fragte Hiro in ernstem Ton, als er sah, daß Yurikos Wangen
wieder Farbe bekamen.

Yuriko senkte den Kopf. „Ich ... ich wurde im Meer vom Gewitter
überrascht."

Naomis Augen funkelten. Erst jetzt merkte Yuriko, daß ihre Mutter zornig war. „Keine Ama ist so dumm und schwimmt hinaus, wenn
ein Gewitter aufzieht. Du hättest es den Wellen ansehen können",
meinte sie aufgebracht.

Yurikos Augen füllten sich mit Tränen. „Es tut mir leid ...", flüsterte sie heiser. „Es war wegen Ruka ..."

„Lohnt es sich wirklich", fragte Hiro kühl, „diesem Tümmler
zuliebe dein Leben aufs Spiel zu setzen?"

Yuriko brach in Schluchzen aus. „Er ist es doch, der mich gerettet
hat!"

Hiro und Naomi wechselten einen Blick. Dann stand Hiro abrupt
auf und holte ein Päckchen Zigaretten aus einer Schublade. Er zog eine
Zigarette heraus und zündete sie mit einem Streichholz an. Hiro
rauchte sehr selten; nur dann, wenn ihn etwas besonders beschäftigte.
Jetzt stieß er den Rauch durch die Nase und sah Yuriko erwartungsvoll
an, während Naomi keine Miene verzog und schwieg. Yuriko holte
tief Luft. Zuerst kamen die Worte stockend, doch allmählich nahm
ihre Stimme einen festeren Klang an. Die Eltern hörten ihr schweigend zu. Yuriko fühlte, wie sich deren Besorgnis und Zorn in Ergriffenheit verwandelte.

„Die Schlucht kenne ich", sagte Naomi schließlich. „Wie tief sie ist, weiß niemand genau. Wir nennen sie ‚Schlucht ohne Grund'. Sie ist sehr fischreich. Kein Wunder, daß sich die Delphine dort aufhalten."

„Morgen rede ich mit dem Bürgermeister", meinte Hiro finster. „Ein zweites Mal können wir so ein Gemetzel wie damals nicht verantworten. Sonst gibt es hier in zehn Jahren vielleicht keine Delphine mehr."

Er stockte, als Naomi den Finger auf ihre Lippen legte und auf Yuriko deutete: Das Mädchen hatte den Kopf auf ihre Arme gelegt und schlief.

Vorsichtig hob er die schlafende Yuriko hoch und trug sie die Treppe hinauf in ihr Zimmer, wo Naomi rasch das Bett bereitmachte. Hiro legte seine Tochter hin und zog ihr behutsam die Daunendecke bis ans Kinn. „Ob sie Fieber hat?" fragte er besorgt.

Naomi legte dem Mädchen die Hand auf die Stirn und schüttelte den Kopf. „Zum Glück nicht."

Sie knipste die Lampe aus. Draußen prasselte der Regen, und das Wasser plätscherte in der Dachrinne. Naomi und Hiro verließen das Zimmer und zogen leise die Schiebetür hinter sich zu.

10

AM NÄCHSTEN Morgen ließ Naomi Yuriko ausschlafen und entschuldigte sie telefonisch in der Schule. Da am folgenden Tag das Feuerfest stattfand, an dem die Kinder ohnehin schulfrei hatten, zeigte sich die Lehrerin entgegenkommend. Gegen zehn Uhr schlief Yuriko immer noch. Naomi nahm ihre Einkaufstasche und fuhr mit dem Rad zum Supermarkt.

Der Regen hatte erst in den frühen Morgenstunden aufgehört. Auf den Straßen glänzten große Pfützen in der Sonne. Meer und Himmel leuchteten wieder türkisblau, und die letzten Wolken hatten sich verzogen.

Am Hafen herrschte Hochbetrieb. Autos und Motorräder zwängten sich im Schrittempo durchs Gedränge. Naomi stieg ab und schob das Rad. Eine Anzahl Boote kam vom Fang zurück. An den Schiffswänden waren große hölzerne Behälter in Höhe der Wasserlinie befestigt. Die Behälter hatten Löcher, damit frisches Seewasser einströmen konnte. Darin schwammen alle möglichen Fischarten, auch Krebse, Hummer und Tintenfische. Die Tiere wurden aus den Behältern genommen, mit einem Schlag betäubt und sofort gewogen, bevor die Marktfrauen sie ausnahmen und auf ihre Stände legten. Da ... Naomi stockte der Atem. Ein Dutzend Delphine wurde mit einem Kran aus einem Kutter gehoben. Sie hingen an einem dicken Seil, das um ihre Schwanzflossen gebunden war. Die Tiere lebten noch, aber sie bewegten sich kaum mehr. Naomi wußte, daß gefangene Delphine eine Art Starrkrampf befällt, der sie völlig wehrlos macht. Mit einem heftigen Ruck wurden die Delphine auf der Mole zu Boden gelassen, wo Fischer in Gummistiefeln und -schürzen ihnen die Rückenfinne abschnitten und sie mit der Harpune töteten. Die verblutenden Tiere wurden auf einen großen Holztisch geworfen, wo ihnen die Marktfrauen sofort mit geübtem Griff den Leib aufschlitzten und sie ausnahmen.

Möwen kreisten aufgeregt über dem Hafen und warteten auf den Abfall. Die Planken waren rot von Blut. Naomis größte Sorge galt Yuriko. Wie sollte sie ihrer Tochter die schreckliche Nachricht beibringen?

Sie stellte ihr Fahrrad vor dem Supermarkt ab, erledigte ihre Einkäufe und fuhr schnell nach Hause. Als sie im Vorraum aus ihren Sandalen schlüpfte, hörte sie von oben Yurikos Stimme. Mit schweren Schritten stieg Naomi die Treppe hinauf. Yuriko, in Jeans und T-Shirt, lüftete eben ihr Bett und breitete die Daunendecke an der offenen Schiebetür aus.

„Wo warst du?" fragte sie ihre Mutter.

„Einkaufen." Naomi bemühte sich, ihrer Stimme einen ruhigen Klang zu geben. „Wie geht es dir?"

„Danke, gut!" Yuriko lächelte zerknirscht. „Aber die Schule?"

„Ich habe schon mit Frau Sato gesprochen."

Yuriko blickte sie stirnrunzelnd an. „Was hast du ihr denn gesagt?"

„Daß du dich gestern im Wasser erkältet hast." Naomi wandte sich schroff ab und humpelte die Treppe hinunter. Yuriko sah ihr betroffen nach. Ihre Mutter war nicht wie sonst. Wahrscheinlich hat sie sich zuviel Sorgen gemacht, dachte Yuriko voller Gewissensbisse.

Als sie nach unten kam, hantierte Naomi in der Küche. Sie warf ihrer Tochter einen Blick zu. „Dein Haar ist vom Salzwasser ganz stumpf. Du hast noch Zeit, es vor dem Essen zu waschen."

Während Yuriko ins Badezimmer ging, überprüfte Naomi geistesabwesend den Inhalt des Kühlschrankes. Was konnte sie nur tun, damit Yuriko heute im Haus blieb? Naomi seufzte. Früher oder später würde das Mädchen die schreckliche Nachricht doch erfahren. Sie setzte Wasser für die Nudeln auf, schnitt Gemüse in kleine Streifen und rieb Meerrettich. Eine Weile später kam Yuriko aus dem Badezim-

mer. Ihr frisch gewaschenes Haar glänzte seidenweich. Naomi nickte
ihr zu.

„Du kannst schon den Tisch decken."

Yuriko holte Schüsseln und Schalen aus dem Schrank und wartete,
bis ihre Mutter aus der Küche kam. Dann ließen sich beide auf den
Sitzkissen nieder. Naomi füllte zwei Schalen mit heißer Nudelsuppe,
warf eine Handvoll Garnelen hinein, streute Gewürzpulver darüber
und setzte sie Yuriko vor. Yuriko nahm ihre Stäbchen und begann zu
essen. Sie war hungrig, und es dauerte eine Weile, bis ihr Naomis
Schweigen auffiel.

„Bist du mir immer noch böse?" fragte sie scheu.

Naomi sah an ihr vorbei. „Nein, gar nicht."

Yuriko schlürfte nachdenklich ihre Nudelsuppe. „Ich muß Sajori-
Hime, der Herrin der Wasser, danken. Als ich für Ruka betete,
wünschte ich mir, auf ihm zu reiten. Jetzt ist mein Wunsch in Erfül-
lung gegangen."

Naomi nickte. Die Kehle war ihr wie zugeschnürt. Yuriko blickte
sie verstohlen an. Warum war sie bloß so kühl? Nach einer Weile sagte
Naomi in beiläufigem Ton: „Nach dem Essen legst du dich noch
etwas hin."

„Ich bin überhaupt nicht mehr müde!" protestierte Yuriko. „Ich
könnte sogar zur Schule gehen."

Sie hatte es eilig, ihr Erlebnis den Mitschülern zu berichten. Goro
würde ihr natürlich kein Wort glauben!

„Kommt nicht in Frage", erwiderte Naomi streng. „Du gehst ins
Bett."

„Aber ich bin doch nicht krank!"

Naomi stellte ihre Schale heftig hin. „Tu endlich, was man dir sagt!"

Yurikos Mund zuckte. Was war nur mit ihrer Mutter los? Eine
dumpfe Unruhe erfaßte sie. Doch Naomis abweisendes Gesicht ver-
bot ihr jede Frage.

Nach dem Essen half sie Naomi beim Abwaschen. Dann ging sie
schlechtgelaunt in ihr Zimmer und legte sich auf ihr Bett. Doch sie war
müder, als sie gedacht hatte, und schlief sofort ein.

Als sie erwachte und auf die Uhr sah, waren zwei Stunden vergangen. Yuriko gähnte und streckte sich. Durch die verglaste Schiebetür
drang ein unangenehmer, süßlicher Gestank, der in ihr eine ver-
schwommene Erinnerung weckte. Sie hörte ihren Vater im Wohnzimmer reden.

„... als sich das Gewitter gelegt hat, muß der Schwarm an die Küste
gekommen sein."

Yuriko setzte sich im Bett auf. Ihr Herz hämmerte wild. Naomis Antwort war sehr leise. Yuriko konnte die Worte nicht verstehen. Zitternd stand sie auf und schlüpfte in ihre Jeans. Das T-Shirt zog sie sich über den Kopf, als sie bereits auf der Treppe stand. Die Eltern, die unten Tee tranken, hörten das Geräusch ihrer nackten Füße. Sie wandten den Kopf und blickten ihr vom Tisch aus entgegen. Beide schwiegen befangen. Yuriko wußte plötzlich Bescheid.

„Die Fischer haben wieder Delphine gefangen, nicht wahr?"

Naomi nickte stumm, und Hiro sagte unglücklich: „Wir wußten nicht, wie wir dir die Sache beibringen sollten . . ."

Yurikos Augen glänzten wie im Fieber. „Vielleicht ist Ruka schon tot . . ."

„Du darfst nicht gleich das Schlimmste annehmen", entgegnete Hiro ohne Überzeugung.

Yuriko lief in den Vorraum und zog hastig ihre Turnschuhe an.

„Yuriko, wo willst du hin?" rief Naomi.

„Zum Hafen." Yurikos Stimme zitterte. „Ich muß wissen, ob Ruka was passiert ist."

Hiro stellte seinen Becher hin und stand auf. „Warte", sagte er, „ich komme mit."

11

Der Wind trug den Geruch immer stärker herüber. Der schwere, widerwärtige Gestank nach Blut und gekochtem Fisch kam von der Fischereigenossenschaft. Yuriko erinnerte sich, daß dort die großen Kessel standen, in denen das Delphinfleisch gekocht wurde, bevor man es, zerstampft und verpackt, an die verschiedenen Verarbeitungsbetriebe lieferte.

Um diese Zeit lag der Großteil der Fischerboote bereits im Hafen. Unzählige Möwen flatterten kreischend über den Masten. Einige Männer säuberten mit einem Wasserschlauch die blutigen Planken. Der große Holztisch, wo man die Fische ausgenommen hatte, war mit Eingeweideresten verschmiert. Hiro spürte, wie Yuriko schauderte, und legte ihr beruhigend die Hand auf die Schulter. Da! Das Mädchen erstickte einen Aufschrei. Taro Kobajaschis Kutter, die *Joschi-Maru*, hatte gerade angelegt. Der Name war in schwarzen Schriftzeichen auf den rostigen Bug gemalt. Die Joschi-Maru maß kaum sechs Meter, hatte eine halb überdachte Kajüte und stank nach totem Fisch. Gerade hob der Kran eine Anzahl gefangener Tümmler aus ihrem Rumpf.

Taro stand an der Reling und rief dem Mann, der den Kran bediente, einige Worte zu, damit er genau manövrierte. Zwei andere Fischer kurbelten die Netze hoch und breiteten sie aus, um zu sehen, wo sie zerrissen waren. Hiro kannte die beiden Männer. Der eine war Matsuo, Taros Onkel. Er hatte ein schlimmes Hüftleiden, aber wenn die Fischer zum Fang ausliefen, war er immer mit dabei und half, so gut er konnte. Der andere hieß Takeo und war kaum über zwanzig.

„Geh nicht zu nah heran", sagte Hiro rauh. Doch Yuriko hörte nicht auf ihn. Sie schüttelte seine Hand ab und lief auf den Kran mit den Tümmlern zu. Sie blickte zu Taro hinüber und schrie: „Lassen Sie die Delphine sofort wieder frei!"

Hiro stellte verblüfft fest, daß die Stimme seiner Tochter weder ängstlich noch flehend klang, sondern einen fast befehlenden Ton hatte.

Taro grinste. „Hast du nicht kürzlich Goro eins auf die Nase gegeben? Der Unglücksrabe hat sein ganzes Bettzeug mit Blut verschmiert. Hat er sich denn nicht gewehrt? So ein Hasenfuß!"

Onkel Matsuo entblößte grinsend seine schlechten Zähne. Yuriko schenkte ihm keinen Blick. Ihr Blick war fest auf Taro gerichtet.

„Machen Sie sofort die Delphine los!"

„Zu spät!" entgegnete der junge Fischer. „Die sind ja schon so gut wie gekocht!" Er lachte schallend über seinen eigenen Witz.

„Ich will aber nicht, daß sie getötet werden!" schrie Yuriko.

Taro verzog spöttisch die Lippen. „Warum denn nicht? Bist du etwa mit ihnen verwandt?"

Das Sprichwort „Die Taucherinnen sind die Schwestern der Fische und ebenso kalt" war eine bekannte Redensart auf der Insel. Yuriko starrte Taro haßerfüllt an.

„Die Delphine sind Geschöpfe wie wir!" flehte sie.

Taro nickte gewichtig. „Sicher. Und ich bin ein Aal!"

Die Männer lachten noch lauter, während Yuriko in ohnmächtiger Wut ihre Fäuste ballte.

„Achtung!" rief Takeo plötzlich.

Yuriko trat unwillkürlich zurück, der Kran senkte sich, und die Tümmler schlugen hart auf der Mole auf.

„Ruka!" schrie Yuriko verzweifelt.

„Weg da, Kleine!" Taro packte seine Harpune, schwang sich über die Reling und landete geschmeidig auf der Mole. Von Entsetzen wie gelähmt, mußte Yuriko zusehen, wie er die Harpune in einen der Delphine stieß und im zuckenden Körper hin und her zerrte. Erst als Taro die Harpune aus der Wunde zog und eine Blutfontäne aufspritzte, löste sich Yurikos Erstarrung. Sie stürzte sich schreiend auf Taro, trommelte mit den Fäusten auf seinen Rücken und versuchte, ihn von den Tümmlern wegzuzerren. Er stieß sie ungeduldig von sich.

„Du bist uns im Weg!"

Takeo und der alte Matsuo hatten ebenfalls ihre Harpunen geholt; sie erstachen die Delphine und trennten ihnen mit einem Hackbeil die große Rückenfinne ab. Bald war der Boden rot von Blut. Yuriko brach der kalte Schweiß aus. Es wurde ihr schwarz vor den Augen, das Essen kam ihr hoch, und sie übergab sich. Sie fühlte, wie Hiro sie stützte. Er zog sein Taschentuch hervor und wischte ihr behutsam das Gesicht ab. „Komm, wir gehen", sagte er halblaut, doch Yuriko schüttelte nur heftig den Kopf.

Etsu, die pausbäckige Marktfrau, kam mit einem Eimer und schüttete blutige Fischabfälle ins Meer. „Was ist denn mit der los?" fragte sie und deutete mit dem Kinn auf Yuriko. „Kann sie kein Blut sehen?"

„Bitte . . .?" murmelte Hiro. „Oh, guten Abend, Etsu-san! Ihr ist schlecht geworden, der Tümmler wegen. Kann man denn die Tiere nicht anders loswerden?"

„Wie denn?" Die Marktfrau zuckte gleichgültig die Achseln. „Die Schwärme ziehen vorbei und fressen alles, was ihnen in den Weg kommt. Nachher können wir sehen, was wir in die Netze kriegen."

Taro schnitt einem verendenden Tümmler die Flossen ab. Yuriko riß sich von ihrem Vater los.

„Hören Sie auf!" schrie sie. „Hören Sie sofort auf!"

Jetzt schüttelte Taro ärgerlich den Kopf und rief Hiro zu: „Gehen Sie doch endlich mit dem Mädchen weiter! Was soll diese Gefühlsduselei? Von den Viechern gibt es mehr als genug. Wir kennen uns aus in unserem Gewerbe." Taro nahm eine Bierdose, die auf einer Kiste stand, öffnete sie und nahm einen großen Schluck.

Yuriko schrie aus Leibeskräften: „Er hat mich doch gestern gerettet!"

Taro senkte die Bierdose und wischte sich mit dem Handrücken den Schaum von den Lippen. „Wer denn?" knurrte er.

„Ruka!" Yurikos Stimme überschlug sich. „Ein Delphin hat mich auf seinem Rücken zum Strand getragen!"

Betretenes Schweigen folgte. Die Mienen der Fischer drückten Überraschung aus. Fast alle waren mit den Ama verwandt. Und sie kannten deren Sagen. Dem alten Glauben nach verkörperten die Delphine die Lebenskraft des Meeres. Und hieß es nicht in der Überlieferung, daß die Delphine die Seelen der Verstorbenen ins Land der „Kami" – der Götter – geleiteten? Doch dieses Wissen schlummerte tief in ihrem Gedächtnis oder war fast gänzlich verdrängt. Die Fang- und Fischereiunternehmen führten allerlei gute Gründe für das Abschlachten der Delphine an, aber die Hauptursache war und blieb der Gewinn. Hiro wußte, daß keine Delphinschule den Fischschwär- men so schaden konnte, daß für die Fischer nichts mehr übrigblieb. Aus dem Fleisch der Delphine wurden Katzen- und Hundefutter, Düngemittel und Schuhcreme gewonnen, was der Genossenschaft zusätzlichen Verdienst einbrachte.

Taro ließ ein kicherndes Glucksen hören. „Bist du ganz sicher, daß dein Tümmler kein Schlauchboot war?" fragte er Yuriko.

Doch diesmal ging niemand auf Taros Witz ein, und Etsu gebot ihm ungeduldig zu schweigen. „Nun laß die Kleine doch reden!"

Yuriko erzählte, was sich zugetragen hatte. Wieder wunderte sich Hiro über ihre feste, unerschrockene Stimme. Sie erzählte mit gut gewählten, ergreifenden Worten. Hiro sah, daß sich immer mehr Leute um sie versammelten. Einige nickten nachdenklich und warfen den toten Delphinen scheue Blicke zu; offensichtlich fühlten sie sich unbehaglich.

Da schnitt Taro Yuriko mit einer schroffen Handbewegung das Wort ab: „Schon möglich, daß deine Geschichte stimmt. Jeder weiß doch, daß diese Tiere sich leicht zähmen lassen. Kürzlich sah man im Fernsehen, wie sie durch einen Reifen springen und Ball spielen. Was ist denn schon dabei? Jeder Hund wedelt mit dem Schwanz, wenn man ihm einen Knochen zeigt!"

Diese Ignoranz! Hiro seufzte. „Ich fürchte, so einfach darf man sich die Sache nicht machen. Seit Jahrtausenden fahren die Menschen mit ihren Booten zum Fischfang aufs Meer hinaus und jagen Wale und Delphine. Doch früher betrachteten sie die Welt als Ganzheit, achteten auch die nichtmenschlichen Geschöpfe. Heute behandeln wir das Tier als Ware, als Ding. Wir entwürdigen die Geheimnisse des Lebens, und wenn wir weiterhin so rücksichtslos vorgehen, treiben wir unsere eigene Vernichtung voran."

Taro spuckte auf die Planken und pflanzte sich herausfordernd vor Hiro auf. „Sie können es sich leisten, auf die Tränendrüsen der Leute zu drücken und über die Ganzheit der Welt zu reden", meinte er mit hämischer Stimme. „Sie werden ja vom Staat bezahlt und kriegen spä- ter Ihre Rente. Was wollen Sie eigentlich? Uns weismachen, daß wir grausame Profitmacher sind?"

Die Fischer murmelten zustimmend und nickten.

Ich habe mich getäuscht, dachte Hiro. Der Junge ist gescheiter, als ich dachte.

Als Taro merkte, daß man auch ihm zuhörte, fuhr er fort: „Ich verstehe nicht, warum Sie so viel Aufhebens machen." Er streckte seinen muskulösen Arm aus und zeigte auf die See. „Die Tümmler wollen leben? Gut. Wir auch! Und wer, glauben Sie, ist wichtiger?"

Hiro schüttelte den Kopf und schwieg. Die Fischer wandten sich ab, halb lachend, halb verdrossen. Taros Worte hatten sie an einer empfindlichen Stelle getroffen; einige Leute waren in den letzten Jahren zu Geld gekommen, aber manche führten noch ein ebenso hartes Dasein wie früher, und alle erinnerten sich an die Zeiten, da es weder eine Lebensversicherung noch eine Sozialrente gab. Iki war eine karge Insel. In schlechten Zeiten mußten die Familien hungern. So war es immer gewesen, bis sich die Fischereiindustrie entwickelt hatte. Aber die Ausbeutung der Küstengewässer hatte eine verhängnisvolle Kettenreaktion ausgelöst: Der Fischbestand nahm ständig ab, und damit war die Zukunft der Fischer bedroht. Viele junge Leute verließen deshalb die Insel und suchten sich Arbeit in den Städten.

Hiro legte Yuriko die Hand auf die Schulter, er merkte nicht, daß er laut dachte: „Unter solchen Voraussetzungen kann man von den Menschen nicht erwarten, daß sie weitsichtig denken oder planen. Man kann ihnen nichts vorwerfen; sie wissen wohl um das geheimnisvolle Band, das sie mit dem Meer verbindet, aber sie denken praktisch und wollen es darum nicht wahrhaben."

Yurikos Blicke wanderten über die Mole. Kein einziger Delphin rührte sich noch, alle waren tot. Tränen stiegen Yuriko in die Augen. Sie drückte sich zitternd an ihren Vater und blickte hilfesuchend zu ihm empor.

„Komm!" sagte er zärtlich. „Wir gehen zum Bürgermeister. Vielleicht weiß Herr Watanabe Rat."

12

HIRO und Yuriko marschierten den holprigen Fußweg entlang. Der Bürgermeister von Katsumoto wohnte etwas außerhalb des Dorfes in einem einfachen, schönen alten Haus mit einem Dach aus grünen Ziegeln. Ein niedriger Holzzaun umgab den Garten.

An der Tür war keine Klingel angebracht. Hiro klopfte. Nach einer Weile ertönte ein schlurfendes Geräusch. Eine ältere Frau – offenbar die Haushälterin – öffnete die Schiebetür und grüßte höflich. Sie trug den üblichen weißen Arbeitskittel über einem Kimono aus schlichtem braunem Tuch. Hiro fragte, ob der ehrenwerte Watanabe-san einige

Minuten Zeit für sie hätte. Nachdem sie ihre Schuhe im Vorraum abgestreift hatten, führte die Frau sie in ein großes, helles Zimmer, das von der Gartenveranda durch eine Schiebetür getrennt war.

Das Haus war ganz im traditionellen japanischen Stil eingerichtet. Die alten schwarzumrandeten Strohmatten schimmerten cremefarben. Um einen niedrigen Tisch lagen einige Sitzkissen. Auf einem Pult stand ein Tuschekasten aus schwarz-goldenem Lack, und eine Anzahl guter Pinsel, die zum Schönschreiben dienten, lagen daneben. In der „Tokonoma" – der geweihten Nische – hing ein Bild, das eine Nachtigall auf einem Pflaumenblütenzweig zeigte.

Leise Schritte ertönten im Gang, und Herr Watanabe betrat den Raum. Er trug einen dunklen Hauskimono und weiße Pantoffeln. Silbrigglänzendes Haar umrahmte sein schmales Gesicht mit der außergewöhnlich hohen Stirn; durch die tiefliegenden Augen und die blassen Lippen wirkte seine Miene abwesend und sorgenvoll. Yuriko wußte, daß Herr Watanabe kürzlich Witwer geworden war und sich immer mehr von den Geschäften seines Amtes zurückzog.

„Dürfen wir Sie einen Augenblick stören?" fragte Hiro nach der Begrüßung. „Es handelt sich um eine Angelegenheit, die die Fischer betrifft."

„Aber selbstverständlich." Watanabe bedeutete ihnen, auf den Sitzkissen Platz zu nehmen, und setzte sich schwerfällig ihnen gegenüber. Ein Hustenanfall schüttelte seinen hageren Körper, und er entschuldigte sich mit einem Lächeln.

„Wie Sie wissen, war ich lange krank. Mein Nachfolger, Omori-san, wird nächsten Monat mein Amt übernehmen."

Hiro kannte Jasuo Omori. Er war ein junger, ehrgeiziger Mann, der sich auf politischer Ebene sehr aktiv zeigte.

Yuriko hörte nur mit halbem Ohr zu. Sie hoffte, daß ihr Vater bald zur Sache kommen würde. Doch der Höflichkeit wegen konnte er nicht mit der Tür ins Haus fallen. Die Haushälterin brachte drei Schalen grünen Tee und für Yuriko einige Süßigkeiten. Erst als sie den Raum verließ und die Tür hinter sich zugeschoben hatte, fragte Watanabe: „Was kann ich für Sie tun?"

„Sind Sie davon unterrichtet", fragte Hiro, „daß sich ein Delphinschwarm in der Bucht aufhält?"

„Nein, das ist mir nicht bekannt." Der alte Mann schüttelte betrübt den Kopf. „Dann geht das Gemetzel also wieder los, und die Presse wird sich einschalten." Er seufzte hörbar. „Mir wäre es lieber, man würde über unser Dorf Erfreulicheres berichten."

Hiro nahm einen Schluck Tee. „Sicher, oft sind die Zeitungen nur sensationslüstern. Aber manchmal helfen sie auch, die Öffentlichkeit wachzurütteln und ihr einen heilsamen Schock zu versetzen. Was die Delphine betrifft: Ihr Wert läßt sich doch nicht mit dem Gewinn aufrechnen, der sich aus ihren Kadavern als Rohstoff für die chemische Industrie erzielen läßt! Ich habe meine Tochter mitgebracht, weil ich möchte, daß sie Ihnen ihr gestriges Erlebnis erzählt."

Yuriko errötete. Der Bürgermeister lächelte ihr freundlich zu. „Nun, kleines Fräulein?"

Yuriko holte tief Luft, sah Watanabe fest an und begann zu erzählen.

Eine ganze Weile verging, bis der alte Mann wieder das Wort ergriff. Seine Stimme klang müde.

„Es gibt Dinge im Himmel und auf Erden, die unser Begriffsvermögen übersteigen. In alten Zeiten, als die Sonnengöttin noch auf Erden waltete, verehrten wir das Leben und achteten den Tod. Unsere von der Technik beherrschte Kultur läßt uns hochmütig und herrschsüchtig werden." Er strich sich mit der Hand über die blasse Stirn. „Wir können die Fischer nicht verurteilen. Aber auch ich halte es für wünschenswert, daß Katsumoto nicht in den Ruf kommt, ein Schlachthof für Delphine zu sein. Ich werde tun, was ich kann. Morgen abend ist das Feuerfest, und die Leute haben anderes als Delphine im Kopf. Ich werde noch heute eine Gemeindeversammlung einberufen. Vielleicht läßt sich eine Lösung finden."

13

FÜR die Inselbewohner war das Feuerfest der Höhepunkt des Sommers. Schon frühmorgens wurden alle Kutter sorgfältig gereinigt, ihr Holz poliert und die Scheinwerfer geputzt. Die Nacht verbrachten die Fischer vor dem Schrein, sangen, tanzten und betranken sich zu Ehren der Göttin. Bei Sonnenaufgang stachen sie dann mit frischem Flaggenschmuck in See. Der Überlieferung nach fiel der erste Fang nach dem Feuerfest besonders segensreich aus.

Alle Kinder freuten sich monatelang auf das Fest. Nicht nur, weil schulfrei war, sondern weil es auch besondere Gerichte gab.

Aber Yuriko war unruhig. Sie wäre gerne am Morgen hinausgeschwommen, um sich zu vergewissern, daß Ruka noch lebte. Doch Naomi hatte es ihr verboten und gesagt, sie sei noch schonungsbedürftig.

„Außerdem, was soll denn Frau Sato denken? Du fehlst im Unterricht und gehst schwimmen!"

So hatte sich Yuriko schweren Herzens gefügt. Als Kenzo sie um zehn Uhr abholte, wirkte sie wieder fröhlich. Beide Kinder wollten zum Jahrmarkt, der gemäß dem Brauch im Vorhof des Schreins stattfand. Es wurde abgemacht, daß sich Yuriko dort später mit ihren Eltern treffen sollte.

Als sie das Haus verließen, fragte Kenzo besorgt: „Bist du immer noch erkältet?"

Yuriko kicherte hinter der vorgehaltenen Hand. „Soll ich dir ein Geheimnis verraten? Meine Mutter hat Frau Sato etwas vorgeschwindelt." Sie erzählte ihrem Freund, was sie mit Ruka erlebt hatte.

Kenzo starrte sie ungläubig an. „Yuriko, stimmt das wirklich?"

„Ehrenwort", entgegnete sie feierlich.

„Aber das ist ja wie ein Wunder!" rief Kenzo.

Yuriko lächelte zufrieden. „Ich hatte Sajori-Hime darum gebeten, mich auf Ruka reiten zu lassen. Heute werde ich ihr dafür danken." Sie ballte plötzlich die Fäuste. „Ich kann es nicht mit ansehen, wie die Fischer die Delphine abschlachten! Herr Watanabe hat versprochen, uns zu helfen."

Im hellen Sonnenlicht erklomm eine große Menschenmenge die Stufen, die über den Hügelhang zum Heiligtum führten. Viele Frauen trugen ihre schönen Festkimonos mit der kunstvoll geschlungenen Schärpe. Yuriko und Kenzo hatten wie fast alle Kinder blau-weiß bedruckte Jacken und kurze weiße Baumwollhosen an, denen man den lustigen Namen „Sarumata" (Affenschenkel) gegeben hatte. Diese ursprüngliche Fischertracht wurde in ganz Japan nicht nur von Kindern, sondern vielfach auch von Erwachsenen – Männern wie Frauen – bei Volksfesten getragen.

Das Heiligtum war festlich geschmückt. Die frisch gereinigte Schintoschnur hatte neue Votivbänder bekommen. Schwere Fässer mit Reiswein waren vor den Holztüren aufgestapelt. Kunstvoll errichtete Berge von Reisbällen, Äpfeln und besonders großen Mandarinen zierten den Altar.

An jedem Baum hingen weiße Papierschnitzel, auf die die Leute ihre Wünsche geschrieben hatten. Die Türen zum kleinen Nebengebäude standen offen, und man sah die „O Daiko", die mächtige Kulttrommel, die dann am Abend geschlagen würde.

Im Gedränge warfen Yuriko und Kenzo einige Münzen in den Opferstock und zogen das Seil, an dem die Glocke baumelte. Sie klatschten dreimal in die Hände und sprachen lautlos ihr Gebet vor dem leuchtenden Bronzespiegel. Yuriko dankte der Göttin für ihre Rettung und bat sie voller Inbrunst, die Delphine zu schützen.

Später saßen beide Kinder auf den Stufen, die zum Heiligtum führten, und aßen süße Reiskugeln mit braunem Zucker.

„Um was hast du gebetet?" fragte Yuriko Kenzo.

Er lächelte scheu. „Ich sage es dir nur, wenn du versprichst, mir nicht böse zu sein."

Sie versprach es, und Kenzo sagte: „Ich habe gebetet, daß ich auch mal auf Ruka reiten darf!"

Yuriko lachte und stand auf. „Und deswegen soll ich dir böse sein? Das wäre doch wunderbar!"

Die beiden leckten ihre klebrigen Finger ab und wanderten zu den Ständen, wo die Händler die verschiedensten Dinge anboten: wassergefüllte bunte Bälle, Papierlaternen, Fächer, Miniaturdrachen, Kunststoffmasken.

Am Nachmittag wirkte Katsumoto wie ausgestorben. Fast alle Bewohner hatten sich vor dem Schrein versammelt und warteten auf die Kultfackel, die von der Dorfjugend den Hügel hinaufgetragen wurde, um abends zu Ehren der Meeresgöttin verbrannt zu werden.

Yurikos Eltern waren auch eingetroffen. Yuriko war stolz auf ihre Mutter, die in ihrem blauen Kimono mit der farbigen Blumenstickerei besonders hübsch aussah. Ihre Mitschüler waren ebenfalls da, und natürlich fehlte auch Frau Sato nicht, die sich nach ihrem Befinden erkundigte. Yuriko stotterte vor Verlegenheit. Zum Glück sorgten laute Zurufe, Gelächter und Händeklatschen für Ablenkung. Alle Menschen liefen jetzt zur Steintreppe, wo gerade die Kultfackel hinaufgeschafft wurde. Im Gedränge verlor Yuriko die Lehrerin aus den Augen.

Kenzo und Yuriko zwängten sich durch die Menge und sahen bald den Festzug in seiner ganzen Farbenpracht. An die hundert junge Männer und Mädchen mußten es sein, die auf ihren Schultern ein riesiges, säulenförmiges Strohgebilde schleppten. Schwerfällig bewegte sich der Zug die Stufen hinauf. Die jungen Leute stolperten und schwankten unter ihrer Last, einige waren bereits angetrunken. Sie spornten sich gegenseitig an. Geschrei, Gelächter und Händeklatschen wurden immer lauter. Ab und zu schieden erschöpfte Träger aus, um zu verschnaufen, worauf andere für sie einsprangen. Unter den jungen Leuten erkannte Yuriko Taro. Sein angespanntes Gesicht war naß von Schweiß, und die weißen Zähne blitzten zwischen den verzerrten Lippen.

Endlich erreichte die Kultfackel ihren Bestimmungsort, wo die Träger sie abluden. Ächzend und schweißtriefend ließen sie sich zu Boden sinken und tranken Reiswein.

Doch die Kultfackel mußte jetzt aufgerichtet werden, und die jungen Leute machten sich wieder an die Arbeit. Zuerst rammten sie ein Bambusgestell in den Boden, hoben unter großer Anstrengung den oberen Teil der Kultfackel an und stützten ihn darauf. Dann befestigten sie vier armdicke Hanfseile. Sie teilten sich in zwei Gruppen. Die eine Gruppe zog an den Seilen, während die andere die Kultfackel an der gegenüberliegenden Seite hochstemmte.

Die Mädchen spornten die beiden Gruppen mit rhythmischem Rufen und Händeklatschen an. Auch die Kinder schrien vor Freude, als die Kultfackel sich langsam aufrichtete. Endlich stand sie aufrecht. Die Zuschauer jubelten. Die Kultfackel sah aus wie ein mächtiger Baumstamm, der sich nach oben verjüngte. Yuriko wußte, daß der obere Teil das Sonnenrad darstellte. Es war aus Schilfhalmen angefertigt und in zwölf Bündel aufgeteilt, die, nach unten gebogen, einen Kranz bildeten.

Hiro, der neben Naomi stand und das Aufrichten der Kultfackel betrachtete, berührte leicht den Arm seiner Frau. Sie folgte seinem Blick. Für die offiziellen Gäste war eine Tribüne errichtet worden, auf der Watanabe den Ehrenplatz einnahm. Er trug einen Kimono aus schwerer schwarzer Seide, in dem ein winziges weißes Familienwappen in Höhe von Brust und Schulterblättern eingewebt war. Neben ihm saß sein Nachfolger, Jasuo Omori. Er war ein stattlicher Mann mit fleischigem Gesicht und dicker Hornbrille. Als Watanabe den Kopf wandte, sah er zufällig zu Hiro hinüber. Ihre Blicke begegneten sich, und Hiro deutete einen Gruß an. Watanabes verbindliches Lächeln erlosch.

Hiro spürte einen Stich im Herzen. „Ich habe das Gefühl", sagte er, „daß Watanabe wegen der Delphine nichts erreicht hat."

„Kein Wunder", erwiderte Naomi bitter. „Omori ist Vorsitzender der Fischereigenossenschaft."

Der Tag ging zu Ende. Der Himmel färbte sich rot. Naomi, deren Fuß schmerzte, hatte sich etwas abseits auf einen Felsen gesetzt. Hiro bahnte sich mit einer Bierflasche und zwei Pappbechern einen Weg zu ihr. Er goß gerade Bier in einen Becher und reichte ihn Naomi, als sich eine Gestalt mit silbergrauem Haar aus der Menge löste und langsam auf sie zukam.

„Guten Abend, Watanabe-san", sagte Hiro und verbarg seine Überraschung. Der alte Mann erwiderte seinen Gruß und forderte Naomi mit höflicher Handbewegung auf, sitzen zu bleiben.

Leise und gemessen sprach er: „Es tut mir leid, aber ich konnte mich mit meinem Anliegen nicht durchsetzen."

Naomi und Hiro schwiegen betroffen. Sie ahnten, wie tief der alte Mann in seinem Stolz verletzt war.

„Wenn es um den Gewinn geht, denkt jeder nur an sich", fuhr Watanabe fort. „Wahrscheinlich bin ich etwas weltfremd geworden, daß ich dieser Tatsache nicht genügend Beachtung schenkte."

Hiro räusperte sich. „Sie haben getan, was in Ihrer Macht stand."

Watanabe schüttelte den Kopf mit seltsamer Heftigkeit. „Es geht nicht nur darum, daß ich einem Kind ein Versprechen gab. Noch bin ich Bürgermeister und treffe meine Entscheidungen zum Wohl unseres Dorfes. Wenn wir weiterhin die Delphine abschlachten, machen wir uns überall verhaßt. Die Öffentlichkeit muß wissen, was hier vorgeht. Sosehr ich Schlagzeilen verabscheue, aber auf lange Sicht sehe ich keine andere Möglichkeit, die Leute zur Vernunft zu bringen und unser Dorf vor der Schande zu bewahren."

Naomi und Hiro starrten ihn an. Zwei rote Flecken zeichneten sich deutlich auf seinem bleichen Gesicht ab.

„So habe ich beschlossen", sprach er, seine Erregung nur mühsam unterdrückend, „die Presse einzuschalten. Eine Agentur in Nagasaki wurde bereits benachrichtigt."

Naomi und Hiro stockte der Atem.

„Die Reporter werden morgen mit der ersten Fähre in Katsumoto eintreffen."

Der letzte Tagesschimmer war verblaßt, als der Priester vor dem Schrein in Erscheinung trat. Er war ein alter Mann mit feinen Gesichtszügen. Über seinem weißen Hosenrock trug er ein ebenfalls weißes Übergewand mit weiten Flügelärmeln. Seinen Kopf bedeckte eine schwarze Kappe. Neben ihm stand Oschiba, die ihm in ihrer Eigenschaft als ehemalige Priesterin als Gehilfin diente. Ihr bauschiger Hosenrock war orangerot, das Übergewand weiß. Sie hatte ihr Gesicht weiß geschminkt und ihr Haar im Nacken mit einem Reisstrohband zusammengebunden. In der Hand hielt sie eine angezündete Pechfackel, die stark schwelte. Auch an die Zuschauer waren Pechfackeln verteilt worden, die wie Hunderte von Feuerblumen in der Dunkelheit aufglühten. Die Menge teilte sich und bildete eine Gasse, durch die Oschiba den Priester zur Kultfackel geleitete. Dort überreichte sie ihm ihre Pechfackel, verneigte sich und trat zurück. In atemloser Stille hielt der Priester die Fackel hoch und zündete die Strohsäule an. Zuerst stieg nur ein dünner Rauchfaden auf, Flämmchen züngelten empor. Dann wurde der Rauch dichter und entrollte sich in Schwaden, das Feuer flackerte auf, während die Menge in Jubel ausbrach. Alle, die eine Fackel trugen, warfen sie in die Feuergarben.

Die Flammen schlugen brausend in die Höhe, knackend und zischend barst das Schilf und fiel in sich zusammen.

Inzwischen hatten einige Burschen die große Trommel auf eine Holzbühne gehoben. Die O Daiko war aus einem mächtigen Eichenstamm hergestellt und mit der Haut eines Rindes bespannt. Nun begannen die jungen Leute, nur mit einem Lendenschurz bekleidet, im Trommeln zu wetteifern. Einer nach dem anderen packte die Klöppel und rührte die Trommel, während die Zuschauer sie mit Zurufen anspornten.

Als Taro Kobajaschi auf die Bühne sprang, brach Jubel aus. Taro hatte den Ruf, der beste Trommler von Iki zu sein. Er verneigte sich nach allen Seiten, taumelte und stieß mit der Stirn an einen Pfosten, worauf er sich mit betretener Miene den Kopf rieb. Die Leute merkten, daß er völlig betrunken war, und lachten nur noch mehr.

Gemäß dem Brauch ging Taro vor dem Instrument in die Knie. Dann packte er die Klöppel. Zuerst dröhnten die Schläge wuchtig und langsam, dann steigerte er das Tempo, bis der Wirbel zu einem Orkan wurde, der weit über die Hügel hallte.

Yuriko hatte das Gefühl, daß ihr Körper vibrierte, daß die Trommelschläge mit dem Blut in ihren Adern kreisten.

Taros Schläge wurden immer heftiger und unkontrollierter. Plötzlich hielt er inne und wischte sich mit dem Ellbogen den Schweiß von der Stirn. Er schwankte leicht, wie in Trance. Schon sprang ein anderer Bursche auf die Bühne und riß ihm die Klöppel aus der Hand. Unter Beifallsstürmen torkelte Taro die Stufen hinunter und ließ sich erschöpft zu Boden sinken. Sein Freund Takeo reichte ihm einen Krug mit Reiswein. Taro setzte ihn an die Lippen und trank so gierig, daß ihm die Flüssigkeit über Hals und Brust lief.

„Morgen früh hat er keine Zeit, seinen Rausch auszuschlafen." Goro, der neben Yuriko stand, kicherte. „Er muß ja die Netze einholen."

Yuriko und Kenzo wechselten einen Blick, und Yuriko fragte: „Welche Netze denn? Es sind doch heute kaum Kutter ausgefahren."

Goro zeigte ein Grinsen, das trotz seiner Einfältigkeit voller Niedertracht war. „Ach so! Du weißt es nicht? Die *Joschi-Maru* und zwei andere Kutter waren schon vor Tagesanbruch bei der Dracheninsel. Taro und seine Freunde haben Netze durch die Fahrrinne gezogen und die Bucht versperrt. Morgen, beim ersten Fang, werden sie sehen, wie viele Delphine sie geschnappt haben!"

Yuriko starrte ihn an. Alles Blut war aus ihrem Gesicht gewichen. Ihre Stimme nahm einen schrillen Klang an, als sie rief: „Mein Vater

und ich waren gestern bei Herrn Watanabe. Er hat das Abschlachten der Delphine verboten!"

„Das glaubst du!" Goro ließ ein glucksendes Lachen hören. „Aber ich bin besser unterrichtet, denn mein Vater nahm auch an der Versammlung teil. Der alte Watanabe hat große Reden geschwungen. Aber jeder weiß doch, daß er schon fast senil ist! Alle Anwesenden haben gegen seinen Vorschlag gestimmt. Daraufhin ist der Alte fuchsteufelswild geworden und hat mit der Presse gedroht. Omori hat versucht, ihm das auszureden, aber Watanabe ist ein Dickschädel. Deswegen kam mein Bruder auf die Idee, die Netze zu spannen, bevor die Reporter sie bei der Arbeit stören."

Während Yuriko verzweifelt nach einer Antwort suchte, traten einige schwankende Gestalten vor ihr aus der Dunkelheit. Sie erkannte Taro, der in Begleitung von Takeo und einigen anderen Burschen durch die Menge wankte. Taros glasige Augen richteten sich auf Yuriko. Er streckte spöttisch grinsend den Finger nach ihr aus. „Kleine Schwester der Fische", lallte er, „morgen wirst du Tränen vergießen, denn ich habe die Netze ausgeworfen und deine Brüder gefangen!"

Die Burschen brachen in Gelächter aus. Yuriko preßte die Lippen zusammen und schwieg.

„Wenn deine wäßrigen Brüder so schlau sind, warum lassen sie sich dann fangen?" höhnte Taro. „Warum lassen sie sich in Stücke schneiden, zerstampfen und verpacken? He, kannst du mir das sagen?"

Yuriko spürte, wie ihr übel wurde. Doch sie ließ den Blick nicht von Taro ab, der so dicht vor ihr stand, daß sie das nervöse Flackern seiner Augen sah, die Unruhe hinter dem spöttischen Lächeln spürte. Es war seltsam genug, daß ein Erwachsener sich von einem schweigenden Kind aus der Fassung bringen ließ. War es Yurikos starrer, unnachgiebiger Blick, der Taro vor sich selbst bloßstellte? Er fühlte sich gedemütigt. Zügellose Wut stieg in ihm auf.

„Warte nur!" schrie er. „Ich fange ihn schon, deinen Tümmler! Ich werde ihm das Blut ablassen und dir seinen Kopf vor die Füße schmeißen!"

Eine plötzliche Stille trat ein. Und da sprach Yuriko. Laut und deutlich kamen die Worte über ihre Lippen, und es waren nicht die Worte eines Kindes: „Du hast das Feuerfest entweiht. Die Herrin der Wasser wird dich strafen."

Das Stroh zerbarst mit lautem Knall: Die Kultfackel fiel in sich zusammen. Freudengeschrei brach los.

Taro starrte Yuriko an, als hätte sie ihn geohrfeigt. Seine Lippen verzerrten sich. Keuchende Atemzüge hoben und senkten seine Brust. „He!" stieß er hervor. „Was meinst du damit?"

Er wollte sie packen, doch seine Hände griffen nach einem Schatten. Yuriko war verschwunden. An ihrer Stelle stand Oschiba, in ihrem orangerot-weißen Gewand der Priesterinnen.

„Geh", sagte sie ruhig. „Das ist eine Sache zwischen dir und der Göttin."

14

IM SCHATTEN eines Pfostens kauerte Kenzo neben Yuriko auf den Stufen des Heiligtums. Yuriko umfaßte ihre Knie mit beiden Armen und weinte.

Kein Mensch beachtete sie. Die meisten Leute drängten sich um die Tanzenden, die jetzt zwei Kreise bildeten – innen die Mädchen, außen die Jungen – und sich in entgegengesetzter Richtung um den Scheiterhaufen drehten. Der rötliche Feuerschein huschte über die Opfergaben auf dem Altar.

„Warum", schluchzte Yuriko, „kann man den Erwachsenen nicht trauen? Watanabe hatte doch versprochen, uns zu helfen!"

„Er hat es immerhin versucht", sagte Kenzo leise. „Die anderen haben gegen ihn gestimmt."

Yuriko schluckte ihre Tränen hinunter. Ein entschlossener Zug erschien um ihren Mund. „Ich will nicht, daß sie die Tümmler fangen."

„Ich auch nicht." Kenzo seufzte. „Aber wir können ihnen ja doch nicht helfen."

„Doch. Ich fahre in die Bucht und schneide die Netze auf. Kommst du mit?"

Kenzo starrte sie entsetzt an. „Das ist ja Wahnsinn. Da mach ich nicht mit!"

„Dann laß es bleiben." Yurikos Stimme klang kühl und verächtlich. „Ich komm auch allein zurecht."

Kenzo fuhr sich mit der Zunge über die Lippen. Wenn er Yuriko im Stich ließ, setzte er ihre Freundschaft aufs Spiel. „Was sagst du denn deinen Eltern?" fragte er.

„Nichts", erwiderte Yuriko ruhig. „Sonst würden sie mich nicht gehen lassen." Sie schluckte. „Versteh doch ... Ruka hat mir das Leben gerettet!"

„Ist schon gut ...", flüsterte Kenzo. „Ich ... ich helfe dir!"

Sie tauschten ein scheues Lächeln voller Zuneigung, und Kenzo hörte Yuriko befreit Atem holen.

„Hör zu ... Die Fischer fahren erst bei Sonnenaufgang raus." Yuriko blickte auf die Leuchtziffern ihrer Armbanduhr. „Jetzt ist es gleich elf. Meine Eltern haben gesagt, daß sie gegen Mitternacht aufbrechen wollen. Zu Hause lege ich mich hin und warte, bis sie schlafen. Dann stehe ich auf, wir nehmen das Boot und fahren los. Kannst du um drei Uhr am Hafen sein?"

Kenzo überlegte. Er teilte ein Zimmer mit seinem älteren Bruder. Aber der hatte mitgeholfen, die Kultfackel zu tragen, und war bestimmt zum Umfallen müde. „Ich glaube schon", meinte er.

„Gut", sagte Yuriko.

Kenzo hatte noch einen letzten Einwand. „Um acht Uhr fängt die Schule an. Werden wir dann wieder zurück sein?"

„Ganz bestimmt!"

15

HALB drei! Yuriko warf ihre Daunendecke zurück und stand leise auf. Sie bewegte sich sehr vorsichtig. Hastig zog sie ihren Badeanzug an, darüber Jeans, eine Hemdbluse und einen Pullover, denn draußen auf dem Meer war es kalt.

Im fahlen Schein des Mondes setzte sie sich an ihren Schreibtisch.

„Bitte, verzeiht mir", schrieb sie. „Ich weiß, daß Ihr mir nie erlauben würdet, das zu tun, was ich jetzt vorhabe. Aber ich muß Ruka helfen. Die Fischer haben Netze in der Bucht gespannt, um die Delphine zu fangen. Kenzo und ich fahren mit dem Boot zur Dracheninsel und versuchen, die Netze durchzuschneiden. Es tut mir leid, daß ich Euch Kummer mache, aber ich darf Ruka nicht im Stich lassen. Wenn Ihr mich nachher bestrafen wollt, so sehe ich es als ein Opfer an, das ich für Ruka bringen muß. Ich schulde ihm ja mein Leben!"

Sie nagte an ihrer Unterlippe und fügte hinzu: „Ich hoffe, daß ich früh genug zu Hause bin, um rechtzeitig zur Schule zu gehen. Ich liebe Euch. Yuriko."

Sie faltete den Brief, schob ihn in einen Umschlag und schlich geräuschlos die Treppe hinunter. Im Wohnzimmer ging sie zu dem kleinen Schintoaltar. Sie legte den Brief gut sichtbar vor den Schrein, damit ihre Eltern ihn dort fanden.

Auf Iki war Diebstahl nahezu unbekannt. Nachts blieben alle Türen offen, und so war es für Yuriko leicht, das Haus zu verlassen. Sie hatte ihre Schwimmflossen und zwei scharfe Küchenmesser in eine Plastiktasche gelegt, die sie sich über die Schulter hängte. Als sie die Straße hinunterlief, brach im Osten das Grau der Dämmerung hervor und berührte das schwarze Meer mit silbrigem Licht. Yuriko erschrak. Es wurde schneller hell, als sie gedacht hatte. Der Hafen wirkte dunkel und verlassen. Die Umrisse der Schiffe zeichneten sich schwarz vom Nachthimmel ab. Es war windstill und das Meer so ruhig wie ein See. Yuriko spähte aufgeregt über den Platz. Ihr Herz schlug bis zum Hals. Wo steckte nur Kenzo? Was, wenn er nicht kam? Würde sie fähig sein, ihr Vorhaben ohne seine Hilfe zu verwirklichen? Da – sie sah eine kleine, dunkle Gestalt über die Straße huschen. Sie hörte das leise Geräusch von Turnschuhschritten, einen hastigen Atem. „Tut mir leid ...", keuchte Kenzo. „Mein Bruder war ... stockbesoffen und wollte nicht schlafen! Zum Glück schnarcht er jetzt!"

Hastig liefen sie über die Mole zum hinteren Bootssteg. Yuriko hörte Kenzo mit den Zähnen klappern und wunderte sich über ihre eigene Ruhe. Mühelos fand sie das Boot in der Dunkelheit und sprang leichtfüßig hinein. Das Boot schaukelte. Kenzo stieg ein, als Yuriko bereits den Motor anließ.

„Der macht aber Krach", flüsterte er erschrocken.

„Na wenn schon", erwiderte sie achselzuckend.

Der Motor fing an zu knattern und sandte eine kleine Rauchwolke in die Dämmerung. Kenzo blickte ängstlich um sich. Das kleine Boot setzte sich in Bewegung und verließ tuckernd den Hafen. Kalte, feuchte Luft schlug ihnen entgegen.

Langsam verblaßten die Sterne. Während sich das Boot von der Küste entfernte, beschien das Morgenlicht das rote Portal des Heiligtums.

Nach einer Weile überließ Yuriko Kenzo das Steuer und spähte in die Wellen. Bald wurde die Strömung stärker. In der Nähe der Dracheninsel schäumte die Brandung. Das Boot schaukelte stark in den Wellen. Die Helligkeit nahm ständig zu – der Himmel färbte sich erst rot wie Rubin, dann gelb wie Bernstein.

Im Dämmerlicht wirkten die Felsen im Meer wie eine große schwarze Festung. Das Riff umschloß mehr als die Hälfte der Dracheninsel. Es gab nur eine knapp zweihundert Meter breite Fahrrinne, dort, wo die Klippen sich teilten und eine Art Kanal zum offenen Meer bildeten. An dieser Stelle hatten die Fischer ihre Netze gespannt.

Die Sonne ging auf. Fast im selben Augenblick streckte Kenzo mit einem Aufschrei den Arm aus. Von der Küste her schallte Motorengeräusch. Die Fischereiflotte von Katsumoto stach zum „ersten Fang" in

See und nahm Kurs auf die Dracheninsel. Die Kutter mit ihrem leuchtenden Flaggenschmuck hoben sich deutlich von dem grünen, dicht bewaldeten Küstenstreifen ab.

„Yuriko ... was nun?" keuchte Kenzo.

Yurikos Stimme klang fest, obgleich ihre Lippen bebten. „Keine Angst, wir werden vor ihnen dasein!" Sie kauerte am Bug und warnte Kenzo vor den Riffen. Plötzlich fing der Motor zu stottern an. Heftige Stöße erschütterten das Boot.

„Was ist los?" schrie Yuriko.

„Keine Ahnung!" rief Kenzo. „Da stimmt etwas nicht ..."

Er stellte den Motor ab. Yuriko kletterte rasch zu ihm hin und hob den Deckel des Motorkastens. Eine Hitzewelle schoß ihr ins Gesicht.

„Kein Benzin mehr!" stellte sie fest.

Sie starrten sich in wortlosem Entsetzen an, bevor Yuriko in fliegender Hast den Reservekanister aufschraubte. Auch er war leer! Erst jetzt erinnerte sie sich, daß ihr Vater das Reservebenzin bei ihrem letzten Ausflug aufgebraucht hatte. Yuriko hätte sich ohrfeigen können. Sie hatte an alles gedacht, nur nicht an das Wesentliche: das Benzin!

Sekundenlang saß sie da wie versteinert. Da rief Kenzo: „Die Ruder!"

Das brachte sie wieder zur Besinnung. Sie knallte den Kastendeckel zu, stieg über die Ruderbank und befestigte die Ruder in den Gabeln. Seite an Seite begannen die beiden Kinder, mit vereinten Kräften zu rudern.

Yuriko kämpfte gegen ihre Verzweiflung an. Sie wußte, daß sie den Wettlauf mit den Fischern verlieren würden. Mit dem Motor hätten sie die Insel in knapp zehn Minuten erreicht. Aber jetzt würden sie mehr als eine halbe Stunde dazu brauchen, denn die Dünung warf sie immer wieder zurück.

„Du ...", keuchte Kenzo nach einer Weile. „Wir werden nicht rechtzeitig in der Schule sein."

„Ist mir ganz egal!" fauchte Yuriko.

Inzwischen kamen immer mehr Kutter in Sicht, die im Umkreis von mehreren Kilometern auf und ab schaukelten. Der Wind trug das Tuckern der Motoren und das Geschrei aus den Lautsprechern Yuriko und Kenzo entgegen, die verbissen weiterruderten. Ihre Schultern schmerzten, an ihren Handflächen bildeten sich Blasen.

Ein breiter Kutter, der ein schwankendes Beiboot hinter sich her zog, holte sie als erster ein. Yuriko und Kenzo sahen, wie in den Netzen – neben einigen Fischen – auch zwei Tümmler schwer atmend dalagen. Mit ihren scharfen Zähnen hätten sie mühelos die Maschen durchbeißen können, doch sie rührten sich nicht. Die seltsame Lähmung, die gefangene Delphine befällt, machte sie unfähig zu handeln.

Yurikos Lippen wurden weiß, und Kenzo schüttelte traurig den Kopf. „Wir können ihnen nicht mehr helfen. "

Plötzlich fuhr ihm der Schreck in die Glieder: Vor ihrem Bug tauchte wie ein blasse Erscheinung ein großer Tierkadaver auf. Yuriko hob das Ruder und starrte wie gebannt auf den toten Delphin, den die Strömung vorbeitrug.

„Es sind noch mehr da", sagte Kenzo atemlos.

Das Meer hob und senkte die bleichen Kadaver, ließ sie in die Wellentäler gleiten und trieb sie an die Riffe. Es mußten einige Dutzend sein, die wie gewaltige, aufgedunsene Seegewächse an ihrem Boot vorbeitrieben.

„Sie haben keine Wunden", stammelte Kenzo. „Woran sind sie denn gestorben?"

„Ertrunken", entgegnete Yuriko bitter. „Wenn sie sich in den Netzen verfangen, können sie nicht mehr an die Oberfläche kommen, um zu atmen. "

Ihre schlimmste Befürchtung jedoch sprach sie nicht aus. Wenn Ruka schon tot war, wie sollte sie ihn erkennen?

Sie suchten einen Landeplatz. Endlich entdeckten sie einen halbkreisförmigen Sandstreifen und ruderten darauf zu. Als der Kiel auf dem Grund knirschte, sprangen sie aus dem Boot und schoben es ein Stück weiter, wobei sie bis zu den Hüften im Wasser wateten. Die Turnschuhe hatten sie anbehalten, um sich die Füße nicht an den scharfkantigen Muschelschalen zu verletzen. Schwitzend und keuchend zogen sie das Boot an Land und zerrten es den Strand hinauf. Yuriko befestigte die Bootsleine an einem dicken Felsbrocken. Dann nahm sie Naomis Taucherbrille aus dem Boot und warf sich ihre Plastiktasche über die Schulter. Der mit weißen und violetten Muscheln vermengte Sand war hart. Hier und da gab es glitschige oder schlikkige Stellen. Brauner Tang und giftgrünes Seegras klebten in den Pfützen.

Die Drehwadennetze waren durch die ganze Fahrrinne gespannt, deutlich konnte man die auf den Wellen schaukelnden Schwimmkörper erkennen.

„Über die Klippen geht's am schnellsten", meinte Yuriko. Die beiden Kinder machten sich auf den Weg. Ihre durchnäßten Turnschuhe gaben bei jedem Schritt ein schmatzendes Geräusch von sich. Schnell und geschmeidig kletterten sie über die Steine.

Plötzlich blieb Kenzo betroffen stehen. Auch hier hatten die Wellen eine Anzahl toter Delphine in die Felsspalten gespült. Yuriko sah aus, als würde sie in Tränen ausbrechen, doch sie sagte nur mit rauher Stimme: „Komm! Beeil dich!"

Einige Kutter näherten sich der Insel. Die Fischer hatten begonnen, die Netze einzuziehen. Der Wind trug die Rufe aus den Lautsprechern zu ihnen herüber. Dort, wo die Netze den Delphinen den Weg versperrten, war die See mit glitzerndem Schaum und mit Gischt bedeckt. In gleichmäßigem Rhythmus tauchte etwas Helles empor, zeigte sich blitzschnell und wendig an der Oberfläche, und ein Wasserstrahl spritzte hoch.

Kenzo blieb schwer atmend stehen. „Da unten sind ganz viele!"

„Wir müssen weiter", sagte Yuriko und sprang von einem Felsen zum anderen, bis sie eine Stelle erreichte, wo der Boden der Insel sanft abfiel.

Yuriko deutete wortlos hinunter. Hastig zog sie Jeans und Bluse aus, befestigte ihre Schwimmflossen und hielt Kenzo ein Messer hin, das er zögernd ergriff.

Mit Schwimmflossen und Taucherbrille versehen, stapfte Yuriko über das Ufer. Kenzo folgte ihr in Badehose und Turnschuhen. Als das Wasser ihre Schenkel umspülte, ließen sie sich von einer Welle erfassen und schwammen los. Das Meer war ziemlich kalt. Seegras flutete wie schimmerndes Haar hin und her.

In der Nähe der Schwimmkörper zog Yuriko die Taucherbrille über die Augen und blickte nach unten. Die Umrisse des riesigen Netzes waren deutlich im leuchtendgrünen Wasser zu sehen. Yuriko schwamm näher heran, atmete tief durch und tauchte. Dort, wo sich das Grün verdunkelte, sah sie hinter den Maschen ein Kommen und Gehen von schwarzweißen Leibern. Die gefangenen Delphine schwammen hilflos im Kreis, wobei sie die Maschen mit ihren Schallwellen unermüdlich, aber vergeblich abtasteten. Einige Tiere hatten sich bereits im Netz verfangen und waren ertrunken.

Yuriko schwamm an die Oberfläche und tauchte schnaufend neben Kenzo auf.

Mit wenigen Stößen erreichten sie die Schwimmkörper. Die Netze waren aus dickem, widerstandsfähigem Nylon, die Maschen glitschig und verhältnismäßig eng. Yuriko und Kenzo machten sich an die Arbeit. Sie mußten ihre ganze Kraft aufwenden, bis ihre Messer die ersten Maschen zu lösen vermochten. Beide keuchten vor Anstrengung. Endlich gab eine große Anzahl Maschen nach, die Gewichte zogen ganze Netzteile in die Tiefe.

„Geschafft!" rief Kenzo freudig.

„Das ist erst der Anfang" sagte Yuriko. „Warte, ich seh mal nach, wie es da unten aussieht!"

Sie atmete mehrmals tief durch und tauchte. Im wirren Spiel der Lichtreflexe stellte sie zufrieden fest, daß die Öffnung im beschädigten Netz groß genug war, um die Delphine hindurchzulassen. Doch – Yuriko traute ihren Augen nicht. Kein einziges Tier ergriff die Flucht! Unaufhörlich drehten die Tümmler ihre Kreise. Yuriko konnte sich ihr Verhalten nicht erklären, bis ihr klar wurde, daß die Delphine, buchstäblich blind vor Angst, den offenen Fluchtweg nicht wahrnahmen!

Verwirrt kam sie wieder an die Oberfläche. „Keine Ahnung, was los ist! Sie beachten das Loch gar nicht."

„Wieso denn?" rief Kenzo fassungslos.

Yuriko schniefte bedrückt. „Ist mir ein Rätsel. Wenn Ruka nur dabei wäre! Er würde mich bestimmt erkennen und wissen, daß ich ihm helfen will! Halt mal mein Messer, ich will versuchen, ihnen den Weg zu zeigen."

Kenzo hörte den typischen Pfeiflaut der Taucherinnen, als Yuriko kopfüber in die Wellen schoß und ihre Schwimmflossen durchs Wasser wirbelten.

Die Tümmler hatten die Anwesenheit des Mädchens bemerkt und schienen zu wissen, daß sie nichts Böses beabsichtigte. Durch das große Loch im Netz schwamm Yuriko auf die Delphine zu, glitt furchtlos an den gewaltigen, silbrig schimmernden Leibern vorbei. Sie schwamm einem Tümmler entgegen, streckte die Arme aus und deutete eine Bewegung an, um das Tier vor sich her zu treiben. Der Tümmler wendete geschmeidig und wich ihrer Berührung aus. Yuriko war verzweifelt. Wie konnte sie den Tieren begreiflich machen, daß ihr Leben nur durch sofortige Flucht zu retten war? Doch sie war schon zu lange unter Wasser. Schwarze und rote Flecken breiteten sich vor ihren Augen aus. Sie hatte nur noch einen Gedanken: Luft! In einer gurgelnden Lichtsäule schwamm sie mit letzter Kraft nach oben. Sie sah Kenzos Beine, die sich über ihr an der schimmernden Oberfläche bewegten, und tauchte mit solchem Schwung neben ihm auf, daß sie halb aus den Wellen schoß. Keuchend, am ganzen Leib zitternd, warf sie sich auf den Rücken und atmete stoßweise. Da drang wie von weit her Kenzos angsterfüllte Stimme in ihr Bewußtsein.

„Yuriko! Die Fischer sind da!"

Yuriko blickte zu den Kuttern hinüber. Eines der Schiffe näherte sich ihnen. Die Männer hatten bemerkt, daß die Netze beschädigt waren, und gleichzeitig auch die beiden Kinder entdeckt.

Die Fischer würden bestimmt Schadenersatz verlangen. Kenzo dachte an die Tracht Prügel, die ihm bevorstand, sobald die Sache seinem Vater zu Ohren kam. Auch bei Yuriko siegte die Vernunft. Das Risiko war zu groß. Sie mußten die Delphine ihrem Schicksal überlassen und hoffen, daß die Tiere ihre Chance endlich nutzten.

„Weg von hier!" flüsterte sie.

Mit eiligen Stößen kraulten sie auf den Strand zu. Das Geräusch des Motors dröhnte immer näher. Endlich fühlten sie Grund unter sich und wateten an Land, als eine wütende Stimme aus dem Lautsprecher dröhnte: „Halt! Stehenbleiben! Wer seid ihr?"

„Stell dich taub!" zischte Yuriko, während sie sich hastig ihrer Schwimmflossen entledigte und die Taucherbrille herunterriß. Der Kutter befand sich nur noch wenige Taulängen von den Riffen entfernt; man sah die Fischer an der Reling stehen und aufgeregt gestikulieren. Ohne auf die Drohungen und Befehle aus dem Lautsprecher zu achten, rannten Yuriko und Kenzo den Hang hinauf, stolperten atemlos über scharfkantiges Geröll. Endlich erreichten sie den Sandstrand. Yuriko machte die Leine des Bootes los. Die beiden Kinder mußten sich in den Sand knien, sich mit der Schulter gegen das Boot stemmen und mit aller Kraft stoßen, bevor es endlich freikam und sie einsteigen konnten. Keuchend befestigten sie die Ruder in den Gabeln, stießen sich ab und setzten das Boot in Bewegung.

Angstvoll richteten beide ihre Blicke auf die Kutter, die jetzt auf der anderen Inselseite hinter den Riffen sichtbar wurden. Die Fischer riefen einander etwas zu und kurbelten das Netz hoch.

Yuriko und Kenzo ruderten mit aller Kraft und hatten trotzdem das Gefühl, nur im Schneckentempo vorwärts zu kommen. Nach einer Weile platzten die Blasen an ihren Handflächen auf, und die Wunden begannen zu brennen.

Yuriko war so verzweifelt, daß ihr ständig die Tränen kamen. Sie hatte jede Hoffnung aufgegeben. Ruka war sicherlich schon längst gefangen.

Sie ruderten verbissen. Schon kehrten die ersten Kutter mit ihrem Fang in den Hafen zurück. Die Kinder hörten das Geräusch der Motoren, sahen die Bugwellen entlang den Schiffen schäumen. Der Flaggenschmuck leuchtete farbenprächtig in der Sonne. Yuriko und Kenzo schwiegen. Ihre Glieder waren wie aus Blei. Jeder Muskel schmerzte, und sie hatten entsetzlichen Durst. Langsam näherten sie sich der Küste.

Da sah Yuriko, wie Kenzos Augen sich vor Schreck weiteten. Sie folgte seinem Blick. Der Kadaver eines Delphins trieb in den Wellen.

Ein zweiter, dann ein dritter lebloser Körper schaukelte an ihrem Boot vorbei; alle waren mit der Harpune getötet worden. Als das Wasser flacher wurde, wußten sie plötzlich, warum die Strömung die toten Delphine in die Bucht trug. Eine große Menge Tiere war an der Küste von Iki gestrandet. Es mußten jene sein, die den Netzen entkommen waren. Da ihnen der Zugang zum offenen Meer versperrt war, hatten sie Zuflucht in den Küstengewässern gesucht. Doch die Wellen hatten sie an den Strand gespült. Yuriko wußte, daß das Gewicht der Delphine vom Wasser getragen wird. Doch sobald sie strandeten, brachen ihre zerbrechlichen Brustkorbknochen unter dem Gewicht der eigenen Masse, und sie erstickten. Offenbar war den Fischern dieser Umstand bekannt. Ein Dutzend Männer in Taucheranzügen, mit Harpunen und Beilen ausgerüstet, zog die Delphine mit Seilen an Land, um sie dann zu erstechen. Rötlicher Schaum schimmerte auf den Wellen, und an manchen Stellen war der Sand dunkel vor Blut.

Wie gelähmt durch den schrecklichen Anblick, achteten Yuriko und Kenzo nicht auf die Strömung, die ihr Boot auf den Torii zutrieb, das große Portal vor den Steinstufen des Heiligtums. Kenzo bemerkte es als erster.

„Yuriko . . . da dürfen wir nicht anlegen. "

„Das macht nichts", murmelte Yuriko. „Die Göttin wird es uns verzeihen." Sie ruderte hastig weiter. „Schnell!" keuchte sie. „Wir müssen den Delphinen helfen, wieder ins Wasser zu gelangen. Die Netze sind jetzt weg. Sie können das offene Meer erreichen. "

Endlich lief das Boot auf Grund. Sie sprangen ins seichte Wasser und schoben das Boot mit größter Anstrengung an den Strand. Die Delphine lagen auf der Seite im nassen Sand. Kleine, kristallklare Wellen umspülten ihre Körper. Bei den meisten lag das Blasloch im Wasser. Um Luft zu schöpfen, hätten sie sich umdrehen müssen, doch dazu waren sie zu schwach. Einige Tiere waren schon tot. Ihre Haut, so empfindlich wie eine Schleimhaut, mußte immer feucht bleiben; in der prallen Sonne verendeten die Delphine sofort.

Yuriko lief auf den nächstliegenden Tümmler zu. Das Tier krümmte sich schwach. Sie winkte Kenzo herbei, und mit vereinten Kräften, jede aufkommende Welle nutzend, schoben sie den Tümmler mit größter Mühe ins Wasser.

Beide achteten kaum auf die Menschen, die im Laufschritt über den Strand kamen. Erst als die Fremden sich näherten, schauten sie auf, und ihre Gleichgültigkeit verwandelte sich in Erstaunen. Yuriko und Kenzo hatten noch nie Reporter gesehen. Jemand muß sie herbestellt haben, ging es Yuriko durch den Kopf. Ihr Vater? Watanabe?

Ein Aufnahmeleiter schleppte eine Kamera auf seiner Schulter. Zwei Techniker, mit Kabeln und Zubehör beladen, liefen neben ihm her. Eine junge Frau mit kurzgeschnittenem Haar sprach in ihr Mikrofon. Über ihrer Schulter hing an einem Riemen ein schweres Tonbandgerät. Als letzter kam ein gelenkiger Mann, der mit einer Fototasche und einem Stativ beladen war. Er stellte sein Stativ in den Sand, schraubte einen Fotoapparat fest und knipste die Kinder, die jetzt bis zur Brusthöhe im Wasser standen. Sie stützten den Tümmler und warteten, bis das Tier seinen Orientierungssinn wiedergefunden und den Schock überwunden hatte. Endlich veränderte der Tümmler seine gefährliche Seitwärtshaltung und begann zu schwimmen. Kenzo stieß einen Freudenschrei aus, und Yuriko rief: „Ich zeige ihm die Richtung!"

Sie warf sich in die Wellen, ohne die Hand vom Rücken des Tümmlers zu nehmen. Er ließ sich willig von ihr führen. Schließlich gab ihm Yuriko einen kleinen Schubs und ließ ihn los. „So, jetzt kennst du den Weg!"

Der Tümmler schien ihre Gedanken zu verstehen. Er beschleunigte seine Geschwindigkeit und entfernte sich.

Yuriko schwamm zurück und watete an den Strand. Die junge Reporterin lief ihr entgegen. Ihr Gesicht drückte Ergriffenheit und Bewunderung aus.

„Wir sehen so etwas zum ersten Mal", gab sie freimütig zu. „Wie bringst du es nur fertig, das Vertrauen dieser Tiere zu gewinnen?"

Yuriko strich sich das nasse Haar aus dem Gesicht. „Delphine vertrauen allen Menschen", gab sie zur Antwort.

„Und dieses Vertrauen wird ihnen oft zum Verhängnis, nicht wahr? Seit heute früh filmen wir, wie die Tümmler abgeschlachtet werden. Den Fischern paßt das natürlich nicht. Manche werden sogar handgreiflich. Die Sendung soll die Öffentlichkeit aufmerksam machen und der Einsicht zum Durchbruch verhelfen, daß die Vernichtung der Meeressäugetiere nur kurzsichtigen egoistischen Interessen dient." Mit dem Anflug eines Lächelns hielt die Reporterin Yuriko das Mikrofon hin. „Auch du kannst zu dieser Sendung beitragen. Du scheinst die Delphine gut zu kennen. Möchtest du uns etwas über sie erzählen?"

Der Aufnahmeleiter trat näher an Yuriko heran. Das Mädchen blickte mit fast gleichgültigem Blick in die Kamera. Sie war sich kaum bewußt, daß dieses mechanische Auge ihr Bild Millionen Zuschauern in ganz Japan übermitteln würde.

„Es ist schlimm, Delphine zu töten", stieß sie hervor. „So schlimm, als ob man Menschen töten würde. Delphine können denken wie wir!"

„Du meinst, sie haben ein Bewußtsein?" fragte die Reporterin.

„Sie denken", wiederholte Yuriko, „nur auf andere Weise!"

„Wie meinst du das?"

„Vielleicht wissen wir mehr und können auch mehr", erklärte Yuriko. Sie suchte nach Worten, um sich besser verständlich zu machen. „Weil ... weil wir Hände haben, über Stimmbänder verfügen und den Dingen Namen geben. Aber die Delphine reden mit dem ganzen Körper! Sie lassen Lieder erklingen, sie sind glücklich." Yurikos Lippen zitterten. „Die Menschen sind schrecklich eitel. Sie sehen nicht ein, daß das Leben überhaupt – nicht bloß ihr eigenes Leben – ein Wunder auf dieser Erde ist!"

„Hast du mit Erwachsenen darüber gesprochen?" wollte die Reporterin wissen. „Oder sind das deine eigenen Gedanken?"

„Ich ... ich habe keine Zeit mehr", entgegnete Yuriko. „Sehen Sie doch! Die Tiere ersticken ja!"

In den folgenden zehn Minuten gelang es Yuriko und Kenzo, noch zwei andere Tümmler ins Wasser zu ziehen. Sie äußerten ihre Dankbarkeit durch Klirr- und Pfeiflaute. Soweit es in ihren Kräften stand, erleichterten sie die Arbeit der Kinder, indem sie sich auf die Rückenfinne stützten oder sich mit der Schwanzflosse abstießen. Die Fernsehleute filmten pausenlos, und der Fotograf, über sein Stativ gebeugt, machte eine Aufnahme nach der anderen. Vielleicht werden wir berühmt, dachte Kenzo voller Stolz, als Yuriko plötzlich einen Schreckensruf ausstieß. Einige Fischer in Taucheranzügen näherten sich mit raschen Schritten. Alle hielten Harpunen und Beile in den Händen. Sekundenlang hoffte Yuriko noch, daß die Fischer es nicht wagen würden, die Delphine vor den Augen der Reporter abzuschlachten. Doch an der herausfordernden Haltung der Männer war abzulesen, daß sie sich von den Presseleuten nicht einschüchtern lassen würden. Im Gegenteil, sie wollten ihr Recht vor den Eindringlingen geltend machen.

„Schnell!" rief sie Kenzo zu. „Vielleicht können wir noch einen retten!"

Sie watete auf den nächsten Delphin zu, der mit seinem Körper zur Hälfte im nassen Sand lag und die Schwanzflosse verzweifelt hin und her bewegte. Sie kniete neben dem Tier nieder und legte den Arm um den glatten, fein gefurchten Leib.

„Komm!" stöhnte sie. „Wir schaffen es noch! Gleich schwimmst du wieder!"

Der Tümmler ließ einen kläglichen Pfeifton hören. Eines seiner sanften braunen Augen richtete sich auf Yuriko. Mit großer Anstrengung hob er den schweren Kopf und rieb sein Maul an Yurikos Arm. Das Mädchen erstarrte.

„Ruka?"

Wieder stieß der Tümmler seinen dünnen, pfeifenden Klagelaut aus. Sein schnabelartiges Maul strich sanft an Yurikos Arm auf und ab.

„Kenzo, hilf mir!" schrie Yuriko aus Leibeskräften. „Ich habe Ruka gefunden!"

16

KENZO war in drei Sätzen bei Yuriko.

„Ist das wirklich Ruka?" stieß er atemlos hervor. Yuriko nickte mit zugeschnürter Kehle. „Hilf mir!" sagte sie.

Die Kinder umfaßten den Tümmler mit beiden Armen, schoben und zerrten ihn ins seichte Wasser. Immer wieder mußten sie anhalten, damit Ruka Atem schöpfen konnte. Yuriko streichelte den Tümmler und tröstete ihn, indem sie leise vor sich hin sang, gebrauchte abwechselnd Koseworte und jene Pfeiftöne, die sie von Ruka gelernt hatte. Der Aufnahmeleiter und beide Techniker standen mit nassen Hosenbeinen im Wasser. Die Kamera surrte, und die Reporterin sprach aufgeregt ins Mikrofon, doch Yuriko achtete weder auf sich noch auf die rasch näher kommenden Fischer. Kenzo sah als erster hinüber und stieß einen Warnruf aus.

„Yuriko ... da kommt Taro!"

Yuriko hob jäh den Kopf. Ihr Haar hing in tropfnassen Strähnen über ihre Augen. Sie strich es mit zitternden Händen zurück.

Die Fischer pflanzten sich drohend vor den Presseleuten auf.

„Jetzt ist aber Schluß!" herrschte Taro den Fotografen an.

Er trug einen schwarzen Taucheranzug und war barfuß. In der Hand hielt er eine Harpune, ein Hackbeil stak in seinem Gürtel, und um die Schulter hatte er ein Seil gewickelt. Mit ihm waren Takeo, der alte Matsuo und einige andere Männer gekommen. Alle sahen finster drein. Doch der Fotograf fuhr ungerührt fort, auf den Auslöser zu drücken.

„Ich rede mit Ihnen!" Taro wiegte gereizt die Harpune in seiner breiten, schwieligen Hand. „Wir haben die Schnauze voll von Ihrem blöden Getue. Was wollen Sie eigentlich? Uns in der Öffentlichkeit als Tierquäler abstempeln?"

Der Mann löste die Augen vom Sucher und blickte den jungen Fischer, der ihn um einen ganzen Kopf überragte, kühl an. „Ich fotografiere, was ich sehe."

Taro packte das Stativ, riß es mit Schwung hoch und ließ den Fotoapparat gegen einen Felsen krachen, so daß das Objektiv mit klirrendem Geräusch zerbrach. Er warf dem Fotografen das Stativ vor die Füße. „Werden Sie uns jetzt vielleicht anhören?"

Die Fernsehleute tauschten fragende Blicke und wichen leicht zurück. Der Fotograf bückte sich und hob das Stativ auf. Er schraubte die beschädigte Kamera los, nahm den Film aus dem Magazin und steckte ihn ein. Aus der Fototasche, die an seiner Schulter hing, entnahm er eine zweite Kamera und befestigte diese auf dem Stativ.

„Gehen Sie da weg!" sagte er zu Taro, „Sie stehen mir im Blickfeld!" Eisig fügte er hinzu: „Selbstverständlich werde ich Anzeige erstatten. Sie kennen ja wohl den Wert eines Varioobjektives mit Motorantrieb."

Taro starrte den Fotografen an, als ob er über ihn herfallen wollte, und wahrscheinlich hätte er das auch getan, wenn ihn nicht der alte Matsuo gepackt und zurückgehalten hätte.

Inzwischen war es Yuriko und Kenzo gelungen, Ruka ins Meer zu ziehen. Die Wellen schwappten um ihre Hüften, und Ruka hielt sich sichtbar aus eigener Kraft auf dem Wasser. Er machte die ersten, noch ungeschickten Schwimmversuche, als Taro, der eine Ablenkung für seine Wut suchte, plötzlich den Blick auf ihn richtete. Er riß das Seil von seiner Schulter und warf es mit blitzschneller Bewegung durch die Luft. Das Seil legte sich klatschend um Rukas Schwanzflosse. Taro zog die Schlinge so heftig an, daß der Tümmler mit einem Ruck im Wasser versank. Yuriko verlor das Gleichgewicht, und auch sie stürzte kopfüber in die Wellen. Schadenfroh brachen die Fischer in Gelächter aus. Hustend und würgend kam Yuriko wieder an die Oberfläche.

„Nein!" schrie sie. „Taro, tu ihm nichts! Bitte nicht!" Sie packte Rukas Fluke und hielt sich daran fest.

„Scher dich weg, du Fischfreundin!" zischte Taro. Zügellose Wut brannte in seinen Augen. Mit beiden Händen zog er am Seil und schleifte den Tümmler durchs Wasser. Yuriko, die sich an Ruka klammerte, wurde mitgeschleppt. Verzweifelt stürzte sich auch Kenzo auf den um sich schlagenden Tümmler und versuchte, die Schlinge zu lösen. Da packte ihn Taro so heftig am Arm, daß er vor Schmerz aufschrie, riß ihn hoch und stieß ihn in die Wellen. Dann hob er die Harpune und stieß sie mit aller Kraft in den bebenden Körper vor ihm.

Ruka bäumte sich auf, sein Maul öffnete sich; ein roter Sprühregen schoß aus seinem Blasloch. Yuriko schrie, als wäre sie selbst verletzt worden.

Taro wollte abermals zustoßen. Aber Yuriko warf sich vor die Harpune und schützte Ruka mit ihrem Körper.

„Onkel Matsuo", brüllte Taro, „hol sie da weg!"

Der Alte humpelte auf Yuriko zu. Er packte sie unter den Armen und zerrte sie weg, obwohl sie wie wild um sich schlug.

Laut auflachend wandte sich Taro den Fernsehleuten zu und höhnte: „Was glotzen Sie denn so? Nun filmen Sie doch! Ganz Japan soll sehen, wie gut die Fischer von Iki ihr Gewerbe verstehen!"

Er packte sein Hackbeil, hob es schwungvoll und trennte mit einem gewaltigen Hieb die Rückenfinne von Rukas Körper. Krachend schlugen die Kiefer des Tümmlers zusammen, sein schwerer Leib fiel auf die Seite. Und mit dem Blutstrahl, der aus der Wunde schoß, gellte Yurikos Schrei über den Strand.

Kenzo spürte, wie sich seine Arme mit Gänsehaut überzogen. Noch nie hatte er einen Menschen so laut und voller Verzweiflung schreien hören. Selbst der alte Matsuo lockerte seinen Griff und ließ das Mädchen los. Schlaff fiel Yuriko auf die Knie, dann kroch sie durch das rotschimmernde Wasser auf den Tümmler zu. Er lag auf der Seite. Yuriko sah, wie ein Schleier Rukas Pupillen überzog, wie seine Bewegungen immer langsamer, immer schwächer wurden.

Und plötzlich war es still, unheimlich still. Nur noch das Rauschen der Brandung war zu hören und das Surren der Filmkamera.

Die Fischer standen wie erstarrt. Die Männer ließen die Arme hängen, blickten zu Boden oder kratzten sich verlegen.

Schließlich schüttelte Taro, wie aus einer Trance erwachend, den Kopf. Er fuhr sich mit der Hand übers Gesicht, doch er brachte keinen Ton über die Lippen.

Alle sahen, wie Yuriko behutsam den Kopf des Tümmlers streichelte, um ihm das Sterben zu erleichtern. Verzweifelt preßte sie ihre Wange an die große, gewölbte Stirn. Sie war zu spät gekommen. Sie hatte ihn nicht mehr retten können. Ruka starb. Und als sich das letzte Beben in kalte, stumpfe Starrheit verwandelte, da erst hob Yuriko den Kopf. Doch ihre Augen sahen weder die Fischer noch die Presseleute, nicht einmal Kenzo. Yurikos lodernder Blick richtete sich auf den Torii, den die Mittagssonne beleuchtete. Einige Atemzüge lang rührte sie sich nicht. Dann erhob sie sich und ging mit langsamen, steifen Schritten dem Portal entgegen.

Erst jetzt, als wäre ein Bann gebrochen, kam wieder Leben in

Kenzo. Heftiges Schluchzen schüttelte seine Brust. Tränenblind wirbelte er herum, rannte auf die Fischer zu und schrie aus Leibeskräften: „Mörder! Verfluchte Mörder!" Er bückte sich, kratzte eine Handvoll Kiesel zusammen und warf sie nach Taro. Dieser hob instinktiv den Arm, um sein Gesicht zu schützen.

„Ich hasse euch!" kreischte Kenzo. „Ich hasse euch alle!" Schluchzend fiel er auf die Knie, dort, wo der Meeresschaum von Rukas Blut gerötet war, und beugte sein tränenüberströmtes Gesicht über den toten Tümmler.

„Verzeih uns!" flehte er. „Bitte, verzeih uns!"

17

YURIKO ging auf das Portal zu. Ihren Blick hielt sie auf den Torii gerichtet. Obwohl in der Nacht zuvor das Fest stattgefunden hatte, waren bereits alle Stände abgebaut und der Abfall eingesammelt worden. Aus dem gefegten und benetzten Sandboden stieg der herbe Geruch von nassem Staub. Nur der große Kreis aus bleicher Asche, die von der Kultfackel herrührte, war noch sichtbar. Die Asche galt als heilig, und es war Aufgabe des Windes, sie durch den Hain zu verstreuen.

Mit leichten, lautlosen Schritten näherte sich Yuriko dem Heiligtum. Die hölzernen Türflügel standen offen. Die Opfergaben lagen immer noch vor dem Altar, wo der Bronzespiegel wie eine Feuergarbe funkelte. Yuriko konnte den Glanz kaum ertragen. Sie stieg die Stufen hinauf. Noch nie hatte sie es gewagt, so lange in den heiligen Spiegel zu starren. Das Blut pochte in ihren Schläfen. Plötzlich löste sich der Schleier vor ihren Augen. Sie glaubte, ein Gesicht auf der funkelnden Fläche zu erkennen, ein Gesicht, das nicht von dieser Welt war. Es zeigte keine Güte, auch keinen Zorn, nur erhabene Heiterkeit. Und ohne die geringste Furcht zu empfinden, klatschte Yuriko dreimal in die Hände, um die Aufmerksamkeit dieses Wesens auf sich zu lenken. Stockend, aber deutlich redete sie: „Ehrwürdige Mutter. Die Menschen in diesem Dorf sind böse. Sie bekämpfen das Meer und vernichten den Geist in den Wassern."

Sie merkte nicht, daß eine gedrungene Gestalt aus den Büschen trat, eine alte Frau, die einen weißen Kittel über einer blauen Pluderhose trug und ein weißes Tuch um ihr Haar geschlungen hatte.

Reglos blieb Oschiba im Schatten der Bäume stehen. Ihr Blick war auf das Mädchen gerichtet, das jetzt beide Arme hob und die Hände dem Spiegel entgegenhielt. Die Worte, die sie aussprach, waren keine bewußt formulierten Worte, sondern Teile einer alten Beschwörungsformel, die aus dem Grund ihrer Erinnerung stiegen.

„Mutter, Du ewig strahlende, die Du alles beherrschst, was sich unter dem Himmel erstreckt, das Land und das Meer, laß nicht zu, daß Du geschmäht wurdest, sondern offenbare Deinen Zorn . . . "

Yuriko schwankte. Rote und gelbe Flecken drehten sich hinter ihren Lidern wie unter Wasser, wenn ihr die Luft ausging. Ihr Kopf schmerzte, ihr Puls raste, und das Licht verschwand in weiter Ferne. Die Dunkelheit war wie eine Welle, die schwarz und brausend über ihre Sinne flutete . . .

Oschiba sah das Mädchen auf die Steine stürzen. Sie stapfte hastig über den Hof, stieg ächzend die Stufen empor und kniete vor ihr nieder. Yuriko lag bewußtlos am Boden. Blut klebte in ihrem Haar. Sie mußte sich beim Fallen die Stirn verletzt haben. Oschiba schüttelte leise murmelnd und voller Mitleid den Kopf. Dann, mit überraschender Kraft, hob sie das ohnmächtige Mädchen hoch und trug es auf ihren Armen fort.

18

KÜHLE. Halbdunkel. Das Gemurmel leiser Stimmen. Beruhigende Hände legten einen feuchten Umschlag auf Yurikos Stirn. Das Mädchen stöhnte. Sie schlug die Augen auf und erkannte das besorgte Gesicht ihrer Mutter, das sich über sie beugte. Naomi hob behutsam Yurikos Kopf und setzte einen Becher an ihre Lippen. Yuriko nippte an einer warmen, bitteren Flüssigkeit. Sie trank hastig, bis der Becher leer war. Dann fiel sie erschöpft auf das Kissen zurück.

„Sie kommt wieder zu sich", sagte Oschiba. „Es ist nur eine leichte Gehirnerschütterung. Nichts Schlimmes."

Yuriko lag in ihrem Zimmer. Naomi streichelte ihre Hand. Im Dämmerlicht wirkte ihr Gesicht kummervoll und blaß, mit Schatten unter den Augen.

Yuriko bewegte mühsam die geschwollenen Lippen. „Hast du dir . . . Sorgen gemacht?"

Ein trauriges Lächeln zuckte um Naomis Mundwinkel. „Wir hatten ja deinen Brief." Oschiba nahm Yurikos Handgelenk zwischen ihre rauhen Finger und fühlte ihr den Puls, horchte mit den Fingerspitzen, wie es die japanische Heilkunde seit undenklichen Zeiten lehrt. Behutsam befühlte die alte Frau Yurikos Stirn.

„Sie hat Fieber und sollte einige Tage ruhen", meinte Oschiba schließlich. „Sie ist ziemlich hart auf die Steine gefallen."

Yuriko versuchte nachzudenken. „Warum ... habe ich denn Fieber?" stammelte sie.

„Du bist vor dem Schrein zusammengebrochen", erklärte Naomi. „Zum Glück hat Oschiba dich gefunden und nach Hause gebracht."

Yuriko hob die Hand, betastete ihre schmerzende Stirn.

Naomi umarmte ihre Tochter voller Mitgefühl. „Kenzo hat uns alles erzählt. Es tut mir ja so leid, mein Liebes. Sicher war Taro wieder mal betrunken. Wie sonst konnte er nur so herzlos sein!"

Ein Stöhnen brach aus Yuriko. Mit dem stechenden Schmerz, der in ihrem Kopf explodierte, kehrte auch die Erinnerung zurück. Ruka! Taro hatte Ruka ermordet. Nein, er war nicht betrunken gewesen. Yuriko hatte ihn auf dem Fest herausgefordert. Er hatte sich rächen wollen, zeigen wollen, daß er der Stärkere war. Yuriko weinte. Naomi holte ein Taschentuch, trocknete ihr sanft die Tränen ab und putzte ihr die Nase. „Ich weiß, mein Liebes, es ist furchtbar. Aber schlafe jetzt. Versuche zu schlafen ..."

Yuriko schloß die Augen. Ihre Lider waren schwer wie Blei. Sie hatte sich noch nie so elend gefühlt. Dann hörte sie ein Geräusch: *tap, tap, tap!*

„Was ist das?" hauchte sie und deutete mit der Hand nach oben.

„Das sind nur die Ziegel", beruhigte sie Naomi. „Hiro muß sie wieder mal befestigen. Sie klappern im Wind."

„Im Wind?" murmelte Yuriko. „Wo ... wo ist Vater?"

„Er hat heute Elternabend." Naomi sah auf die Uhr. „Es ist gleich acht. Er wird sicher vor zehn zurück sein."

Yuriko packte Naomis Hände. „Ruf ihn an! Er soll nach Hause kommen. Sofort!"

„Aber Yuriko! Ich kann ihn doch nicht mitten in der Versammlung stören."

„Ich habe Angst!" flüsterte Yuriko. „Der Wind! Hörst du ihn nicht? Sturm kommt auf!"

Naomi suchte erschrocken Oschibas Blick. „Oschiba-san, das Kind gefällt mir nicht. Sie glüht ja vor Fieber. Phantasiert sie?"

Die alte Frau schüttelte leicht den Kopf. „Nein. Etwas wird sich ereignen."

„Wie meinen Sie das?"

„Das Mädchen hat die Göttin gerufen. Sie gebrauchte dazu die Worte eines magischen Rituals, die eigentlich nur den Priestern bekannt sind."

Naomi starrte die alte Frau fassungslos an. „Aber woher kannte sie denn diese Worte?"

„Ich weiß es nicht", erwiderte Oschiba. „Sie muß sie irgendwo gehört oder gelesen haben. Doch als sie Zwiesprache mit der Göttin hielt, überschritt ihr Geist die Grenzen von Raum und Zeit. Manche Mädchen besitzen diese Gabe. Sie sehen Dinge, die andere nicht sehen, und wissen Worte, die andere nicht kennen."

„Auch Yuriko?" fragte Naomi mit bleichen Lippen.

Oschiba nickte ruhig. „Sie wurde mit dieser Gabe geboren. Es ist die Berührung der Göttin. Ich habe es schon lange bemerkt, aber ich schwieg, um das Kind nicht zu verwirren. Jetzt weiß sie um diese Gabe, und später wird sie lernen, ihre Kraft für die Gemeinschaft einzusetzen. In Yuriko verbindet sich die Vergangenheit mit der Zukunft. Es ist ein großes Glück, eine solche Tochter zu haben."

„Wird sie nicht leiden deswegen?" fragte Naomi gepreßt.

„Sie wird wissen, warum", erwiderte Oschiba sanft. „Und sie wird stark sein."

„Was soll ich tun?"

„Rufen Sie Hiro-san an", sagte Oschiba. „Das Meer ist zornig. Es ist besser, die Leute gehen nach Hause."

Naomi erhob sich und ging die Treppe hinunter ins Wohnzimmer. Sie knipste die Lampe an, nahm den Hörer ab und wählte eine Nummer. Sie hörte das ferne Läuten. Einmal ... dreimal ... fünfmal. Naomi wartete vergeblich. Im Lehrerzimmer nahm niemand ab. Folglich mußte die Versammlung in der Aula stattfinden. Naomi seufzte und legte den Hörer wieder auf.

Sie lauschte auf die Geräusche des Hauses, das im Wind bebte, auf das leise Knacken in den Möbeln. Oben auf dem Dach klapperten die Ziegel.

Naomi schob die Tür auf und sah nach draußen. Im Westen hingen die Wolken am Himmel, als hätte der Wind sie plattgedrückt. Hoch oben unter den grauen Fetzen zogen vier große schwarze Vögel dahin. Es waren Falken, die vor dem heraufziehenden Sturm landeinwärts flogen. Naomi hörte das Brausen der Brandung.

Sie zog die Tür wieder zu. Bei einem solchen Himmel war ein Irrtum ausgeschlossen. Naomi stellte das Radio an. Jede Stunde wurde ein Wetterbericht durchgegeben. Sie brauchte nur wenige Minuten zu warten, bis eine sachliche Stimme eine Sturmwarnung vorlas. Die vorausgesagte Windgeschwindigkeit in der Meerenge von Tsuschima sollte hundertvierzig Stundenkilometer erreichen. Die Bevölkerung in den betroffenen Gebieten wurde aufgefordert, Vorsichtsmaßnahmen zu treffen. Naomi nahm sich nicht die Zeit, noch weiter zuzuhören. Sie stellte das Radio ab. Sie mußte die Läden einhängen, die Sturmtür anbringen, und das war harte Arbeit. Schnell ging sie in den Vorraum und zog eine Strickjacke, ihren gelben Regenmantel und Gummistiefel an.

Auf der Treppe hörte sie ein Geräusch. Es war Yuriko, die, von Oschiba gestützt, langsam die Stufen herunterkam. Sie trug Jeans und einen Pullover. Ihr Haar hing in Strähnen um ihr bleiches Gesicht, ihre Stirn war blau und leicht geschwollen.

„Sie wollte nicht liegenbleiben", erklärte Oschiba.

„Ich helfe dir!" rief Yuriko.

Naomi schüttelte den Kopf. „Bleib im Haus. Du hast Fieber, und der Wind ist kalt. Ich komme schon allein zurecht."

Sie stapfte in den Garten hinaus. Die Wolkenfront schimmerte messingfarben und bronzegelb. Bald würde es regnen, man konnte es in der Luft riechen. Auf der Straße war kaum noch Verkehr. Überall befestigten die Leute hölzerne Fenster- und Türläden und versperrten die Schaufenster mit Brettern. Naomi fröstelte. In den letzten zehn Jahren war es manchmal vorgekommen, daß Dachziegel davongeflogen waren. Ihr Haus aber hatte dem Sturm immer standgehalten. Doch unten am Hafen wurden die Straßen oft überschwemmt.

Naomi ging in den Schuppen und schleppte, vor Anstrengung ächzend, die Sturmtür heraus. Oschiba half ihr, die Tür in die dafür vorgesehenen Haken einzuhängen und mit einem langen Eisenriegel zu befestigen.

„Jetzt die Fensterläden! Nein, Oschiba-san, bleiben Sie bitte bei Yuriko. Ich schaffe es schon!"

Naomis Fuß schmerzte, doch sie biß die Zähne zusammen. Die Luft knisterte, vibrierte, und die Windböen ließen sie taumeln. Unten im Dorf heulten gespenstisch die Hunde. Das Meer hatte sich in eine schwarze Fläche verwandelt, die von weißen Schaumkronen durchzogen war, und darüber wirbelten und rasten die Wolken.

Plötzlich klatschte ein eiskalter Tropfen auf Naomis Wange, dann ein zweiter. Die Läden ließen sich nur mit größter Mühe schließen; schon peitschte der Regen in Naomis Gesicht, trommelte auf ihren Rücken. Um die sechs Läden anzubringen, hatte sie fast eine halbe Stunde gebraucht, und jetzt mußte sie noch die zwei Fenster im ersten Stock dicht machen. Ihre Muskeln schmerzten, ihre Kehle war trocken von der Anstrengung.

Humpelnd schleppte sie die Läden vom Schuppen durch den eisigen Regen zum Haus. Da erhellte ein grelles Leuchten den Himmel. Eine gleißende Zickzacklinie teilte die Finsternis und schoß auf die Erde nieder. Ein ohrenbetäubender Donnerschlag schien den Boden in Stücke zu reißen. Naomi knickte mit dem Fuß um und unterdrückte einen Schmerzensschrei. Oschiba, das Haar vom Sturm verweht, hielt ihr die Tür auf. Im Haus war alles dunkel.

Yuriko rief aus dem Wohnzimmer: „Das Licht ist ausgegangen!"

Naomi lehnte beide Läden an die Außenwand und richtete keuchend ihren Blick auf das Dorf. Meer, Himmel und Küste waren pechschwarz. Auf ganz Iki brannte kein einziges Licht mehr. Selbst das Blinkfeuer des Leuchtturms war erloschen. Oschiba wiegte sorgenvoll den Kopf.

„Der Blitz hat die Hochspannungsleitung getroffen", erklärte sie.

„Im Küchenschrank sind Kerzen", sagte Naomi.

Yuriko erhob sich, tastete sich mit vorgestreckten Armen in die Küche und öffnete den Schrank. Sie fand eine Kerze und griff nach der Streichholzschachtel. Sie zündete die Kerze an. Die kleine goldene Flamme flackerte in der Zugluft.

Naomi und Oschiba schleppten die Läden die Treppe hinauf und befestigten sie dort an den Fenstern. Endlich konnte Naomi ihren nassen Regenmantel ausziehen.

Yuriko kauerte unten auf einem Sitzkissen. Oschiba hatte ihr eine Decke um die Schultern gelegt, dennoch zitterte das Mädchen. „Warum", klagte sie, „ist Papa noch immer nicht zurück?"

„Er soll jetzt lieber da bleiben, wo er ist. Es ist viel zu gefährlich draußen." Auch Naomi machte die Sorge um Hiro fast krank.

Der Sturm dröhnte wie ein rasender, stets gleichbleibender Trommelwirbel. Ein Ziegel nach dem anderen löste sich, rutschte über das Dach und zerbrach. Plötzlich riß der Wind einen Fensterladen los, der darauf zwei-, dreimal gegen die Hauswand schlug und dann wie ein welkes Blatt in die Höhe wirbelte und verschwand. Das Flackern der Blitze erhellte das Zimmer. Die Scheiben klirrten und bebten. Im Obergeschoß fiel ein schwerer Gegenstand zu Boden. Naomi hielt Yuriko in den Armen, wiegte sie sanft hin und her und streichelte sie. Doch auf einmal löste sich das Mädchen aus der Umarmung. Sie hob warnend die Hand. Jetzt hörten auch Naomi und Oschiba ein tiefes, dumpfes Rauschen. Es schwoll an und wurde zu donnerndem Getöse. Ein zweiter Laden löste sich, der Sturm riß ihn in einer Sekunde aus der Verankerung heraus. Im gleichen Augenblick zerbarsten klirrend die Scheiben in tausend glitzernde Scherben; ein eisiger Luftzug löschte die Kerze. Alle losen Gegenstände wurden durcheinandergewirbelt. In der Küche zerschlug Geschirr, das Sofa stieß an die Wand, sogar der

Tisch tanzte auf seinen vier Beinen, als ob ein gespenstisches Leben in ihm wohnte. Das Haus bebte, die Balken im Dachstuhl knarrten und zerrten an ihrer Verankerung, doch sie hielten stand. Naomi packte Yuriko und drückte sie an sich. Oschiba war gegen die Wand geschleudert worden. Ein Blutrinnsal lief aus ihrem Mund. Als sie aus dem Fenster blickten, sahen sie, wie sich auf dem Meer eine Wogenwand formte und der Küste entgegenrollte.

Die Flut wälzte sich auf den Hafen zu, Riesenwellen rissen die Ankerketten los, hoben die Schiffe wie Spielzeuge hoch und zerschmetterten sie an der Mole. Die Wassermassen fegten über die Hafenanlage, rasten die Straßen hinauf, bis ihre Kraft am Fuß des Hügels endlich verebbte. Dann sank die See wieder, gurgelnd und rauschend, Sturzbäche von abfließendem Wasser hinterlassend, die Trümmer, Bäume, Mattenfetzen mit sich trugen, ja sogar Autos, die sie gegen Wände schmetterten und zu Blechhaufen zermalmten.

19

GEGEN Mitternacht hörte es auf zu regnen. Der Sturm ließ nach. Man merkte es, weil jetzt die anderen Geräusche durch das Rauschen der Wellen drangen: Schreie, Rufe, das Heulen der Feuerwehrsirenen und der Krankenwagen, die sich auf den wenigen noch befahrbaren Straßen mühsam an Trümmern, abgerissenen Ästen und Sturzbächen vorbei einen Weg bahnten.

Die Hafenanlage war verwüstet, viele Wohnungen standen unter Wasser. Manche ältere Holzhäuser waren völlig zertrümmert. Doch das volle Ausmaß des Schadens würde erst bei Tageslicht festgestellt werden können.

Naomi fragte Oschiba, ob sie schlimm verletzt sei, doch diese schüttelte den Kopf.

Yuriko lag, in eine Wolldecke gewickelt, am Boden und war vor Erschöpfung eingeschlafen. Kein einziges Möbel stand mehr an seinem Platz, und eine ganze Menge Hausrat war aus dem Fenster geflogen. Das Radio fehlte, der Fernsehapparat lag in einer Ecke. Überall funkelten Glassplitter. Naomi hatte an ihren Armen mindestens ein Dutzend Wunden.

„Ich ... ich werde erst mal die Splitter zusammenfegen", stammelte sie. „Sonst verletzen wir uns noch die Füße!"

Vorsichtig tastete sie sich in die Küche. Ein Hocker war umgefallen, sie hob ihn auf. Der Kühlschrank hatte der Druckwelle standgehalten.

Sie drehte den Gashahn zu, um der Gefahr einer Explosion vorzubeugen; womöglich waren die Leitungen geplatzt. Der Wandschrank schien unbeschädigt. Als sie ihn öffnete, kullerten ihr verschiedene Geräte vor die Füße. Naomi nahm Handbesen und Schaufel heraus, ging ins Wohnzimmer zurück und begann, die Glasscherben aufzufegen. Noch immer war das Heulen der Krankenwagen zu hören, und man sah die blauen Blinklichter in der Dunkelheit aufblitzen. Naomi war den Tränen nahe.

„Sehen Sie die Sterne?" fragte Oschiba mit gelassener Stimme. Die alte Frau war neben Naomi getreten. „Sie wirken so friedlich, so ruhig. Und doch sind sie von den Flammen der Schöpfung, der Zerstörung und der ewigen Erneuerung umgeben. Nur wenn der Mensch den Frieden, den er bei den Sternen sucht, in sich trägt, erlebt er die wirkliche Kraft."

Sie legte Naomi mit einem Lächeln leicht die Hand auf die Schulter; es war nur eine flüchtige Berührung, aber sie gab Naomi Mut.

Um drei Uhr war der Himmel wieder klar; die Sterne funkelten über dem Meer und der verwüsteten Insel. Keiner schlief auf Iki. Das ständige Heulen der Sirenen hallte gespenstisch durch die Dunkelheit. Die Gasleitungen waren beschädigt worden, und das hatte bereits zahlreiche Brände ausgelöst. Die örtliche Wasserversorgung war unterbrochen, so daß das Feuer mit Löschgeräten, Sand und Eimern voll Wasser bekämpft werden mußte. Die Menschen arbeiteten im Licht von Suchscheinwerfern oder Petroleumlampen und folgten den Anweisungen, die die Polizei durch Lautsprecher gab.

Naomi verfiel in einen fieberhaften Tätigkeitsdrang; sie räumte auf, schob die Möbel an Ort und Stelle, brachte Trümmer weg. Nur die Arbeit ließ sie ihre Sorge um Hiro ertragen. Sie hatte Oschiba gebeten, sich auszuruhen. Jetzt saß die alte Frau auf einer Matte und hatte Yurikos Kopf auf ihren Schoß gebettet. Das Mädchen war aufgewacht, lag ganz ruhig da und starrte mit weit geöffneten Augen in die Dunkelheit. Oschiba spürte, daß Yuriko auf etwas wartete ...

Naomi, die die Bücher einsammelte und sie in die Regale stellte, sagte plötzlich mit zitternder Stimme: „Da brennt wieder ein Haus. Ganz nahe ..."

Yuriko fuhr mit einem Ruck hoch. „Wo denn?"

Naomi lehnte sich an das Fensterbrett und spähte hinaus: Feuersbrünste waren der Holzhäuser wegen sehr gefürchtet. Doch diesmal würden die vorangegangenen Regenfälle eine größere Ausbreitung des Feuers verhindern. Naomi wollte Yuriko sagen, daß sie keine Angst zu haben brauchte, aber das Kind stand schon neben ihr. Eine

Nachbarin lief eben am umgestürzten Zaun vorbei. Naomi beugte sich aus dem Fenster und rief ihr zu: „Wo brennt es denn?"

„Bei Etsu-san!" rief die Frau atemlos.

Yuriko stockte der Atem. In ihrer Erinnerung sah sie die fröhliche, pausbackige Marktfrau einen Eimer voll blutiger Abfälle ins Meer schütten.

„Etsu-san!" sagte Naomi bestürzt. „Ich muß sehen, was mit ihr los ist. Sie ist mit ihrem Mann allein; die Söhne leben beide in Nagasaki." Schon zog sie ihre Gummistiefel an, schob den Eisenriegel zurück und stieß die Tür auf. „Ich bin gleich wieder da!"

Erschöpft wischte Yuriko sich über die schweißnasse Stirn. In ihrem Kopf sprach eine Stimme und sagte ihr, daß der Augenblick gekommen war. Zähneklappernd setzte sich sich auf den Boden im Vorraum und schob ihre nackten Füße in die Turnschuhe. Oschiba trat lautlos zu ihr hin und sah auf sie hinunter.

Yuriko richtete sich auf, zog ihre Windjacke an und lief durch den Garten. Sie fror erbärmlich, doch innerlich fühlte sie sich wie eine brennende Schale.

Den ganzen Abend lang hatte sie während des Tosens des Orkans, des Rauschens der Sturmflut in stiller, fast besessener Heftigkeit diese letzte Prüfung herbeigesehnt. Sie hatte nicht geahnt, welche Form sie annehmen würde – die einer Feuer- oder Wasserprobe. Jetzt wußte sie Bescheid.

Sie hastete weiter, leichtfüßig, aber keuchend, lief an einem zertrümmerten Boot vorbei. Noch weiter unten war ein ganzes Dach auf die Straße gefegt worden. Zerbrochene Ziegel knirschten unter ihren Füßen. Männer waren dabei, die Trümmer wegzuräumen. Gleich dahinter kam das brennende Haus in Sicht. Das feuchte Holz entwickelte einen beißenden, stickigen Rauch. Leute bildeten eine Kette und reichten Eimer voll Wasser weiter, andere brachten Schubkarren voller Sand herbei und bekämpften damit die Flammen. Die Männer der Feuerwehr hatten Feuerlöschgeräte, die sie dort einsetzten, wo es am heftigsten brannte. Jedermann half. Die Bewohner von Iki waren es seit jeher gewohnt, einander bei Bränden und Katastrophen beizustehen. Yuriko kannte die meisten von ihnen. Der alte Matsuo tauchte keuchend mit einem Spaten auf; er stapfte an Yuriko vorbei, ohne sie zu beachten. Naomi hatte sich der Reihe von Männern und Frauen angeschlossen, die die Eimer mit Wasser weiterreichten. Etsu und ihr Mann Jotaro liefen immer wieder in ihr Haus und brachten alle möglichen Gegenstände in Sicherheit. Im ersten Stock schoß eine Stichflamme aus einem Fenster, loderte orangerot auf und fraß sich durch das Holz weiter. Etsu erschien auf der Schwelle, sie trug Bettzeug heraus. Wieder wollte sie in das brennende Haus zurück, doch ein Feuerwehrmann versperrte ihr diesmal den Weg.

„Dcr Hausaltar!" kreischte Etsu. „Der Hausaltar ist noch nicht draußen!"

Sie riß sich los und tauchte in den bläulichen Rauch ein. Jotaro wollte seiner Frau folgen, doch zwei Polizisten hielten ihn fest. Die Flammen, zuerst safranfarben und ockergelb, wurden blutrot. Sekunden vergingen, und Etsu war noch nicht wieder zum Vorschein gekommen. Jotaro schrie, tobte und schlug auf die Polizisten ein. Ein aufgeregtes Raunen stieg aus der Menge. Alle starrten in das Feuer. Nur Yuriko drehte den Flammen den Rücken zu und richtete den Blick auf die hohe Gestalt, die sich hastig und rücksichtslos einen Weg durch die Menschen bahnte. Und dann stand er vor ihr, der Mann, den sie mit soviel Leidenschaft erwartet hatte. Mit klatschnassem Haar, ein weißes Tuch um die Stirn geknotet, stellte sich Taro der Prüfung, zu der ihn Yuriko mit ihrer ganzen Kraft, ihrer ganzen Seele herausforderte. Und als wäre er auf die Begegnung gefaßt gewesen, trat er auf das Mädchen zu. Yuriko sah ihm ins Gesicht. Ihr Blick war ohne jedes Erbarmen.

Taro trug knielange Pluderhosen und eine Windjacke. Schweißtropfen glänzten auf seinem Gesicht, dessen Wangenknochen stark hervortraten. Die beiden maßen sich mit Blicken, unerbittlich, einige Herzschläge lang. Plötzlich leuchtete es sonderbar auf in Taros Augen. Er lachte kurz und spöttisch. Yuriko sah das Aufblitzen der schneeweißen Zähne, bevor er sich das Tuch von der Stirn riß und es um Mund und Nase knotete. Dann wandte er sich abrupt um und lief auf das Haus zu. Den Polizisten, der sich ihm in den Weg stellte, stieß er so heftig zurück, daß dieser taumelte. Sekundenlang war Taros dunkle Gestalt vor dem rötlichen Hintergrund sichtbar, dann verschwand er hinter dem wehenden Flammenvorhang.

Ein Seufzen, ein Stöhnen fast, stieg aus der Menge. Dann wurde das Schweigen so drückend, daß man nur das Lodern der Flammen vernahm.

Zuckend flackerte das Feuer auf, das jetzt hell und knisternd aus der Tür schlug. Und dann löste sich eine Gestalt aus der orangefarbenen Glut, die Gestalt eines Mannes, der einen leblosen Körper über der Schulter trug. Taro wankte durch den Rauch, an seiner Seite hingen die bloßen Füße der bewußtlosen Frau schlaff herunter. Einige Männer der Feuerwehr stürzten ihm entgegen und nahmen ihm seine Bürde ab. Dann riß sich Taro die Windjacke vom Leib. Yuriko sah, wie die Flammen seinen Pullover verbrannten und ihm Arme und Rücken versengten. Ein Mann warf eine Decke über ihn. Taro stürzte zu Boden, während die Männer die Flammen mit der Decke zu ersticken versuchten. Eine Weile noch wälzte sich Taro stöhnend im Schlamm, bis er schließlich still liegenblieb.

Wie von weit her drang Naomis Stimme an Yurikos Ohr. „Yuriko! Du solltest doch bei Oschiba bleiben!"

Die Mutter hatte ihren Eimer fallen lassen und lief nun auf das Mädchen zu, packte es an den Schultern und betastete es mit zitternden Händen, um sich zu vergewissern, daß es nicht verletzt war.

Da rief eine Stimme ihren Namen. Naomi hob den Kopf und sah Hiro, der sich im hellen Schein der Flammen durch die Menge drängte. Er lief ihr entgegen, und sie krallte sich an seinen Schultern fest. Ein trockenes Schluchzen schüttelte sie, ihre Zähne schlugen aufeinander. Hiro drückte seine Frau an sich, streichelte ihr wirres, von Schweiß und Nässe verklebtes Haar. Sein Hemd war zerrissen, und ein langer schwarzer Rußstreifen lief über seine Stirn und seine linke Wange.

„Ich konnte nicht früher kommen", sagte er mit schwankender Stimme, „das halbe Schulgebäude ist eingestürzt. Zum Glück wurde niemand ernsthaft verletzt, aber ich mußte mich um die Leute kümmern, und die Straßen stehen unter Wasser ..." Er versuchte zu lächeln. „Hast du dir auch nicht unnötige Sorgen gemacht?"

Naomis Lippen zuckten, und schließlich lächelte sie ebenfalls. „Ein wenig schon ... aber ich wußte, daß dir nichts passieren würde ..."

„Was ist mit dem Haus?" fragte Hiro.

Naomi wischte sich die Tränen aus den Augen, und ihr Lächeln wurde zu einem befreiten, dankbaren Auflachen. „Es sieht zwar ziemlich schlimm aus, aber es steht noch!"

„Und du, Yuriko?" wandte sich Hiro an seine Tochter. Er umfaßte ihre Schultern und blickte sie eindringlich an. Sie wandte ihm das Gesicht zu und streckte die Arme aus. Ihre Finger glitten zärtlich über seine Stirn, über seine Wangen. „Bist du verletzt?" hauchte sie.

Er schüttelte lächelnd den Kopf. „Nicht ein einziger Kratzer! Ich habe nur nasse Füße bekommen! Hast du große Angst gehabt?"

Sie antwortete nicht. Und dann, plötzlich, brach sie in lautes, heftiges Schluchzen aus. Hiro nahm sie in die Arme und drückte sie fest an sich. Yuriko legte ihren Kopf an Hiros Schulter; sie war nur noch ein krankes Kind, das in den Armen seines Vaters vor Erschöpfung und Erleichterung schluchzte.

20

EIN Monat war seit dem Sturm vergangen. Die Menschen auf Iki bauten ihre Häuser wieder auf und brachten die verwüsteten Gärten in Ordnung. Jeden Morgen kamen Arbeiter mit der Fähre vom Festland. Die Rohrleitungen wurden neu gelegt, die Straßen gepflastert, Betonmischer und Bohrmaschinen dröhnten den ganzen Tag. Eine Zeitlang hatten die gesunkenen Schiffe die Hafengewässer versperrt. Sie waren inzwischen geborgen worden, doch eine beachtliche Anzahl der Kutter mußte durch neue ersetzt werden. Nachmittags saßen die Frauen der Fischer vor ihren Häusern und flickten die Netze.

Yuriko ging den Weg zu Oschibas Haus hinauf. Es waren Ferien. Yuriko trug nicht die Schuluniform, sondern rote Shorts und ein ärmelloses T-Shirt. In der Hand hatte sie ein buntes Päckchen mit „Kachiwa-Mochi", ein Geschenk für die alte Frau. Das Gebäck aus Reisgelee war in Eichenblätter eingewickelt, die ihm einen zarten, frischen Sommerduft verliehen.

Oschiba bewohnte ein altes, niedriges Bauernhaus. Es war von einem winzigen Gemüsegarten umgeben, in dem sie in kleinen Beeten Schnittlauch, Bohnen, grüne Zwiebeln und verschiedene Heilkräuter gepflanzt hatte. Auch ihr Zaun war vom Unwetter geknickt worden, und Oschiba war gerade dabei, neue Pfähle einzuschlagen.

Yuriko verneigte sich höflich. „Meine Mutter schickt Ihnen Kachiwa-Mochi, zum Dank, daß Sie mich nach Hause gebracht haben."

„Ach, das war doch selbstverständlich", erwiderte Oschiba heiter. „Aber auf die Kachiwa-Mochi freue ich mich. Richte deiner Mutter meinen besten Dank aus."

Dann legte sie den Hammer beiseite. „Du hast sicher Durst. Komm herein, ich habe kalten Korntee."

Yuriko zog ihre Turnschuhe aus, trat über die Schwelle und blickte sich verstohlen um. Oschibas Behausung bestand nur aus zwei kleinen Räumen. Die alten Holzwände hatten im Laufe der Jahre ein bernsteinfarbenes Leuchten angenommen. Auch die Matten wirkten alt und ziemlich abgenutzt. In der Mitte des Raumes stand ein niedriger Tisch, davor lagen zwei Sitzkissen. An der Wand lehnte – wie in fast jedem japanischen Haus – ein schlichter Schinto-Holzaltar. Eine Anzahl verstaubter und vergilbter Bücher hatte auf einem wackeligen Bücherbrett Platz gefunden.

Oschiba bückte sich, steckte zwei Finger in die zwei kleinen Löcher eines Brettes im Fußboden und hob es in die Höhe; darunter verbarg sich eine winzige Vorratskammer, aus der Oschiba einen Tonkrug nahm. Sie füllte zwei Becher mit Korntee.

„Ich dachte, das Haus wäre durch den Sturm stärker beschädigt worden", sagte sie. „Aber die Bäume haben es geschützt. Ich mußte nur das Dach ausbessern und die abgebrochenen Zweige einsammeln." Oschiba löste das rote Band und wickelte die Kuchenschachtel aus dem Papier.

„Taro Kobajaschi wird übrigens bald aus dem Krankenhaus entlassen."

Yuriko fuhr zusammen. Dunkle Röte überflog ihr Gesicht. „Wie geht es ihm?"

„Den Umständen entsprechend. Haut von den Oberschenkeln mußte verpflanzt werden, damit er seinen rechten Arm wieder gebrauchen kann."

„Oschiba-sama, darf ich Sie etwas fragen?"

„Alles, was du willst!"

„Oschiba-sama, war es meine Schuld?"

Der Ausdruck der Alten wirkte fast belustigt. „Was denn, mein Kind?"

„Daß die Sturmflut kam."

Oschiba antwortete mit einer Gegenfrage: „War das wirklich dein Wunsch?"

Yurikos empfindsames, ausdrucksstarkes Gesicht wirkte plötzlich verschlossen und hart.

„Nun?" fragte Oschiba, als Yuriko nicht antwortete.

Yuriko neigte kaum merklich den Kopf. Ein nachsichtiges Lächeln umspielte Oschibas Lippen.

„Eines mußt du wissen. Kein Wesen aus Fleisch und Blut kann der Göttin seinen Willen aufzwingen. Ihre Augen überblicken Raum und Zeit, und ihr Wirken läßt sich nicht mit menschlichen Maßstäben messen. Denn wenngleich es dein Wunsch war, das Dorf zu strafen, hast du ihm in Wirklichkeit geholfen."

Verwirrung flackerte in Yurikos Augen. Oschiba trank gelassen einen Schluck Tee.

„Sobald es den Menschen gutgeht, neigen sie zu Hochmut und Eigennutz. Doch wenn ihnen die Natur ihren Zorn zeigt, erwachen in ihnen Hilfsbereitschaft, Mitgefühl und Nächstenliebe. Tiefe, bedeutungsvolle Bindungen entstehen, wenn die Menschen in der Gefahr zusammenfinden. Vor zwei Tagen kam Herr Omori, unser neuer Bürgermeister, zu mir. Er setzte mich darüber in Kenntnis, daß die

Fischer von Katsumoto Geld gesammelt haben, um den toten Delphinen ein Denkmal zu errichten. Sie fühlen sich schuldig, weil sie am Morgen des ‚ersten Fangs‘ die Meeresgöttin beleidigt haben. Außerdem hat die Presse einen vernichtenden Bericht über das Gemetzel veröffentlicht. Katsumoto kommt in schlechten Ruf. Jetzt ist Omori die Sache peinlich. Und die Fischer wollen ein Sühneopfer darbringen, um die Seelen der Delphine zu besänftigen, natürlich auch, um sich vor der Öffentlichkeit wieder ins rechte Licht zu rücken!" Oschiba schmunzelte. „Ich weiß, was in dir vorgeht. Aber hör endlich auf, dich mit Gewissensbissen zu plagen. Nicht dein Zorn, sondern die Qual der eigenen Schuld hat Taro in die Flammen getrieben. Er tilgte diese Schuld, indem er Etsu das Leben rettete."

In Yurikos Augen schimmerte es feucht. Langsam rollte eine Träne über ihre Wange, hinterließ eine glitzernde Spur auf ihrer Haut.

„Warum weinst du?" fragte Oschiba gütig. „Ruka ist nicht umsonst gestorben. Die Fischer von Katsumoto hatten den uralten Pakt mit dem Tierreich gebrochen. Jetzt haben sie erkennen müssen, daß sie eins mit der Natur sind, daß sie von ihr abhängen wie ein Blatt von einem Zweig. Und wenn der Mensch Frieden mit der Natur schließt, schließt er zugleich auch Frieden mit sich selbst."

21

WIEDER war ein Monat vergangen. Kenzo stieß das Gartentor auf und erblickte Naomi. Sie trug Holzschuhe, hatte eine blaue Schürze über ihre Jeans gebunden und hängte Wäsche auf.

„Guten Morgen", grüßte Kenzo. „Darf ich Yuriko besuchen?"

Naomi lächelte ihn an. „Sie ist in ihrem Zimmer."

Kenzo zog die Turnschuhe im Vorraum aus und lief die Treppe hinauf. Yuriko saß vor ihrem Computer. Sie nickte Kenzo zerstreut zu. Er lehnte sich an den Schreibtisch, stützte sein Kinn in die Hand und starrte neugierig auf den Bildschirm.

„Ich habe ein neues Programm entwickelt", erklärte Yuriko stolz. Kenzo sah ihr eine Weile zu.

„Ich möchte das auch lernen", meinte er schließlich.

„Das ist ganz einfach", erwiderte Yuriko. „Wenn du willst, bringe ich es dir bei."

„Aber nicht am letzten Ferientag!" rief Kenzo. „Ich möchte lieber schwimmen. Kommst du mit?"

„Warte, gleich", sagte Yuriko. Sie beendete das Programm und schaltete den Computer aus. Dann liefen sie miteinander die Treppe hinunter. Yuriko ging ins Badezimmer, zog ihren Badeanzug an, schlüpfte wieder in ihre Shorts und nahm ihr Handtuch vom Ständer. Danach streifte sie die Sandalen über und trat in den von der Augustsonne beschienenen Garten hinaus.

Naomi blickte ihnen lächelnd nach, als sie die Straße hinunterliefen. Dann hob sie ihren Wäschekorb auf und humpelte ins Haus.

Bald erreichten die Kinder den Strand. Ein funkelndes Flimmern lag über dem Sand, und der Horizont über dem Meer war wie eine scharfe blaue Linie. Das Denkmal für die Delphine hatte man an den Klippen angebracht, dort, wo sich die Sandküste bis zum Waldrand erstreckte. Es bestand aus einem steinernen Altar und einer großen Granitplatte, in der mit goldenen Schriftzeichen die Namen der Spender eingraviert waren. Obgleich Kenzo die Worte kannte, las er sie halblaut vor.

„Dieses Denkmal wurde von der Fischereigenossenschaft und dem Verkehrsverein von Katsumoto für die Erhaltung der Delphine gestiftet." Darunter stand in kleineren Schriftzeichen das Datum. Die Kinder klatschten dreimal in die Hände, um die Aufmerksamkeit der Göttin auf sich zu lenken.

„Lieber Ruka", betete Yuriko, „du fehlst mir so! Ich habe kaum noch Freude am Schwimmen. Es war viel schöner, als du noch da warst und wir zusammen spielten. Bitte, schicke mir einen Verwandten, der zu mir kommt und mein Freund wird."

Weiter unten am Strand hatten die Fischer einige Gerüste aufgestellt; dort wurden die beschädigten Boote instand gesetzt. Die Hammerschläge, vom Geräusch der Stimmen oder einem kurzen Gelächter begleitet, hallten in der Stille.

Yuriko und Kenzo gingen an den Gerüsten vorbei. Da verlangsamte das Mädchen seine Schritte und hielt plötzlich an. Ihr Gesicht bekam einen starren Ausdruck.

Kenzo sah Taro Kobajaschi vor einem der Boote stehen. Er trug die Jeans aufgekrempelt, hatte ein zerknittertes T-Shirt an, und in seinem Mundwinkel hing eine Zigarette. Er war gerade dabei, eine Planke aufzuheben, als er in der Bewegung stockte und sich seine schwarzen Augenbrauen leicht zusammenzogen. Dann ergriff er die Planke und richtete sich langsam auf. Yuriko starrte auf die dunkelrote, geschwollene Narbe, die seine rechte Gesichtshälfte von der Schläfe bis zum Halsansatz entstellte. Auch am Nacken und auf dem rechten Arm, wo die Haut verbrannt war, hatten sich breite rosa Flächen gebildet, die zu seiner Bräune in seltsamem Gegensatz standen.

Yuriko preßte die Lippen zusammen. Taros Miene blieb unbewegt.

Doch als sich ihre Blicke trafen, durchlief auch seine harten Züge ein leises Beben. Und während der junge Mann und das Mädchen sich schweigend gegenüberstanden, fühlte Kenzo in der Begegnung ihrer Blicke eine geheimnisvolle, schonungslose Übereinstimmung. Einige Atemzüge lang rührte sich keiner; doch plötzlich gab Taro nach. Er beugte den Kopf, trat einen Schritt zurück und stieß die Planke in den Sand.

Yuriko hob leicht ihr Kinn und ging dann schnell und stumm an Taro vorbei. Sie hatten kein Wort gewechselt; sie hatten sich alles nur mit Blicken gesagt. Er erkannte sie als seine Meisterin an, und sie akzeptierte seine Reue.

Über dem Meer war der Himmel blau wie eine Glockenblume. Licht und Schatten spielten an der Oberfläche der Wellen, während Yuriko schnell und kraftvoll kraulte. Kenzo, der hinter ihr schwamm, war bald außer Atem und blieb zurück.

Allmählich fiel der Boden ab, und bald war der Grund so tief, daß die See eine dunkelblaue Färbung annahm. Plötzlich fühlte Yuriko eine leichte Schwingung des Wassers. Ein Prickeln überzog ihre Haut. Sie füllte ihre Lunge mit Luft, und als sie tauchte, sah sie den großen, hellen Leib eines Delphins aus der Tiefe steigen. Langsam, die Richtung verändernd, glitt er ihr entgegen. Behutsam regte sich seine Fluke und erzeugte eine schimmernde Lichtsäule aus Luftbläschen. Sein Auge bewegte sich, als er vorüberzog. Yuriko vernahm einen dünnen, hohen Summton, einer singenden Kinderstimme ähnlich. Ihr Herz schlug so stürmisch, daß ihr die Luft ausging und sie an die Oberfläche steigen mußte. Und fast im selben Augenblick, als sie benommen aus dem Wasser tauchte, erschien in ihrer unmittelbaren Nähe ein großer, glänzender Kopf mit vorgewölbter Stirn und breitem, schnabelähnlichem Maul. Der Delphin warf vergnügt den Kopf hin und her und stieß das eigentümliche Schnattern und Kichern aus, das Yuriko so oft bei Ruka gehört hatte. Dann ließ er sich in die blauen Fluten zurücksinken, und das Wasser schlug leise über ihm zusammen.

Yuriko keuchte vor Erregung. Sie drehte Kenzo ihr freudestrahlendes, gerötetes Gesicht zu. „Hast du gesehen? Hast du gesehen?" wiederholte sie mit jubelnder Stimme. „Ruka schickt mir einen Delphin! Er wird mein Freund werden! Komm! Wir suchen ihn!" Und schon tauchte sie wieder in ein Wellental ein. Kenzo atmete tief ein und ließ sich von der Strömung und seinem Glücksgefühl davontragen.

Foto: Arena-Verlag

Federica de Cesco

Welche Voraussetzungen muß ein Autor mitbringen, um ein gutes Buch zu schreiben? Phantasie, Sensibilität, Aufgeschlossenheit, Erfahrung ... gewiß. Doch für Federica de Cesco gehört vor allem eines dazu – Verantwortung. „Ein Autor muß persönliche Probleme in den Hintergrund stellen und nicht nur sie in seinem Buch behandeln. Da er mit seinem Buch die Leser stark beeinflussen kann, trägt er ihnen gegenüber eine große Verantwortung und sollte sich dessen bewußt sein", erklärt die Schweizer Schriftstellerin, die mit fünfzehn Jahren ihren ersten Roman schrieb.

Mit ihrem Roman *Das Lied der Delphine* hat Federica de Cesco, die ihre Jugend in Ostafrika, Italien, Deutschland, Frankreich, Spanien und Belgien verbrachte, dem Leser nicht nur den Blick in eine andere Kultur ermöglicht. Sie ist vor allem ihrem eigenen Anspruch treu geblieben und hat ein Problem aufgegriffen, das auch viele Umweltschützer mit großer Sorge sehen. Laut einem Bericht der Londoner Umweltschutzorganisation EIA (Environmental Investigation Agency) vom 1. Juli 1990 werden in jedem Jahr etwa eine halbe Million Delphine, Tümmler und andere Kleinwale getötet. Vor allem in Japan ist die Jagd auf Delphine sehr verbreitet: Zehntausende fallen jährlich den Harpunen der Fischer zum Opfer. Um das Aussterben vieler Delphinarten zu verhindern, forderte die Londoner Umweltschutzorganisation die Internationale Walfangkommission auf, Kontrollen zum Schutz der Delphine durchzuführen.

Auf aktuelle Probleme wie dieses hinzuweisen und darüber hinaus Verständnis für die Handlungsweisen fremder Völker zu wecken, ist eine Stärke, die Federica de Cesco schon oft unter Beweis gestellt hat. Viele ihrer Bücher, die sich vor allem an Jugendliche wenden, wurden mit Literaturpreisen ausgezeichnet.

Heute lebt die Schriftstellerin zusammen mit ihrem Mann, dem japanischen Fotografen Kazuyuki Kitamura, am Genfer See. Doch schon vor ihrer Heirat galt die besondere Vorliebe der Autorin dem Land der roten Sonne, dessen Kultur ihr Denken prägte. Vor allem eines hat Federica de Cesco bei ihren Auslandsaufenthalten gelernt: hinter jedem Weltbild zuerst den Menschen zu suchen.

Eine Kurzfassung des Buches von
WILLIAM P. KENNEDY

Ins Deutsche übertragen von
Till Lohmeyer

Illustrationen von Dan Gonzalez

Er heißt Sharif und nennt sich „das flammende Schwert aus der Wüste". Er operiert von Libyen aus und möchte die Herzen aller Palästinenser gewinnen. Bislang ist er für die Geheimdienste ein unbeschriebenes Blatt – das macht ihn unberechenbar. Nun bereitet der gefährliche Terrorist eine spektakuläre Aktion vor, die die Amerikaner an ihrer verwundbarsten Stelle treffen soll.

Otis Brown, Antiterrorexperte beim CIA, setzt alle Hebel in Bewegung, um Sharif auf die Spur zu kommen. Welchem Ziel könnte der geplante Anschlag gelten? Fieberhaft versucht Brown aus der Vielzahl möglicher Objekte die wahrscheinlichsten herauszufinden. Ein gnadenloser Wettlauf mit der Zeit beginnt.

14. April, im Morgengrauen

Mit dem Mondschein hatte Billy Tepper nicht gerechnet. Stockdunkel waren die Zimmer in seiner Vorstellung gewesen, und er hatte geglaubt, daß er bei seinem Eintritt unsichtbar wäre. Bei gelegentlichen Besuchen hatte er sich kundig gemacht und sich jeden Raum genau angesehen, so daß er ohne weiteres imstande war, jede Lampe, jedes Radio und jedes Tonbandgerät auch bei völliger Dunkelheit zu finden. Es hätte natürlich länger gedauert, aber er hatte ja die ganze Nacht Zeit. Und wäre einer der Schüler zufällig noch wach gewesen, so hätte er die Finsternis genutzt, um unbemerkt zu bleiben.

Aber jetzt fiel Mondlicht durch die kleinen bleigefaßten Scheiben der Fenster, die fast bis zur Zimmerdecke reichten. Das karge Schlafraummobiliar war deutlich erkennbar, ebenso die Fotos von glücklichen Eltern und fein herausgeputzten Geschwistern auf den Schreibtischen, die Modellautos zwischen den Büchern im Regal und die herumliegenden Sportsachen. Das blaß schimmernde Licht erleichterte Billy natürlich das Auffinden und Einschalten der Lampen und Geräte, bot andererseits aber keine Tarnung mehr: Mit jeder Tür, die er öffnete, wuchs das Risiko, beim Betreten oder Verlassen des Zimmers von einem Mitschüler erwischt zu werden.

Vor Charlie Nobles Zimmer hielt er inne – die Hand hatte er bereits auf die Klinke gelegt. Es war vielleicht besser, diesen Raum zu übergehen. Charlie war gefährlich. Die kleine Petze ging beim „alten Mäuserich", dem Schuldirektor, ein und aus, und der glaubte ihm jedes Wort. Auch bestand im Falle einer Entdeckung nicht die geringste Chance, Charlie als Komplizen zu gewinnen. Er würde sofort seinen seidenen Morgenmantel überziehen, in den Neubau rüberwatscheln und beim Mäuserich an die Tür bummern. Zehn Minuten später stünde er, Billy Tepper, im Büro des Direktors und müßte sich dessen Drohungen anhören – unter anderem die, von der Schule verwiesen und zu seinem Vater nach Cincinnati zurückgeschickt zu werden.

Er ließ die Klinke los – und fragte sich im selben Moment, was der Streich überhaupt noch wert wäre, wenn Charlie Noble verschont bliebe. Allein das Schauspiel, wie Charlie erst zum Direktor und dann ans Telefon wetzen würde, war unbezahlbar. Gewiß würde Charlie in

den Vorstandsetagen von etwa fünf Banken an der amerikanischen
Ostküste die Telefondrähte zum Glühen bringen, bis er seinen Vater
endlich an der Strippe hatte und sich bei ihm beklagen konnte. Billy
öffnete vorsichtig die Tür und trat ein.

Auf Charlies Schreibtisch stapelten sich die Mappen, in denen die
Hausaufgaben abgeheftet wurden. Daneben stand ein gerahmtes
Foto, das Charlies Vater zeigte: steife Haltung, strenge Miene, in den
Händen ein silberner Brieföffner. Meine Güte, dachte Billy, was sind
das nur für Väter, die ihren Kindern Porträtfotos aus den Jahresberich-
ten ihrer Firmen schicken? Charlie schlummerte friedlich in seinem
Bett. Quer über dem Fußende lag der zusammengefaltete seidene
Morgenmantel, und aus den feinen Lederschuhen, die auf dem Fußbo-
den bereitstanden, lugten Schuhspanner hervor.

Billy knipste den Wandschalter an, aber im Zimmer blieb es dunkel.
Geräuschlos begab er sich zum Schreibtisch und knipste auch die
Schreibtischlampe an – wieder ohne sichtbare Folgen. Er stellte das
Radio auf volle Lautstärke, doch das Radio schwieg. Danach ging er
zum Tonbandgerät, drückte die Abspieltaste und drehte den Lautstärkeregler bis zum Anschlag auf. Er warf noch einen Blick auf den schla-
fenden Charlie, der die Hände unter dem Gesicht gefaltet hatte, verließ
lautlos das Zimmer und schloß die Tür hinter sich.

Jimmy Bradberrys Zimmer folgte als nächstes. Billy öffnete die
Tür. „Schnuffis" pfeifende Atemgeräusche waren unverkennbar.
Hier bestand keinerlei Gefahr. Der Junge war Asthmatiker und konnte
daher keinen Sport treiben, wodurch es ihm wiederum schwerfiel,
Freunde zu gewinnen. Er machte bei allem mit, nur um dazuzugehö-
ren. Sollte Schnuffi zufällig wach werden, so wollte Billy ihm ganz
einfach erzählen, was er im Schilde führte. Schnuffi würde sich krüm-
men vor Lachen – bis seine Lunge nicht mehr mit der Aufregung
Schritt halten konnte und er wieder einen seiner Hustenanfälle bekam.

Auf Schnuffis Schreibtisch stand kein Porträtfoto. Statt dessen hing
ein riesiges Pinnbrett an der Wand, das über und über bedeckt war mit
Ausschnitten aus der *Washington Post* und dem *Philadelphia Enquirer*.
Und jeder Ausschnitt zeigte ein Foto von Jimmys Vater, Senator Thomas Bradberry, der in dynamischer Pose entweder aufs Rednerpult
klopfte oder mit ausgestrecktem Zeigefinger Löcher in die Luft
bohrte. Die Bildunterschriften wiesen ihn als hartgesottenen Konser-
vativen aus. Armer Schnuffi, dachte Billy. Das Heimweh machte dem
Jungen schwer zu schaffen. Doch nachdem er an keiner der angesehe-
nen Privatschulen in den USA im Unterricht mitgekommen war,
hatte der gute Senator ihn ins Ausland abgeschoben.

Erneut knipste Billy sämtliche Lichtschalter an und drehte die Stereoanlage auf volle Lautstärke. Wiederum geschah nichts: Die Lampen blieben dunkel, die Stereoanlage schwieg. Bevor Billy den Raum verließ, steckte er noch einen elektrischen Rasierapparat in die Steckdose an der Wand und stellte das Gerät an.

Diese stille Prozedur wiederholte er in jedem Zimmer des obersten Stockwerks, in dem die Oberkläßler untergebracht waren, also Burschen im Alter von fünfzehn oder sechzehn Jahren, die in den Vereinigten Staaten die neunte oder zehnte Klasse besucht hätten. In einigen Zimmern hatte Billy richtig Angst. So wollte er sich keinesfalls mit Henry Giles anlegen, der bereits einsdreiundneunzig groß war. Henry war der Sohn eines texanischen Ölmillionärs, und der Familienrat hatte ihn ins Ausland geschickt. Wäre Henry in Houston geblieben, hätte er eine Gefängnisstrafe antreten müssen, weil er zwei Polizisten niedergeschlagen hatte. Auch im Zimmer von Joey Trotta fühlte sich Billy unbehaglich; Joey war ein eigenbrötlerischer Knabe mit dunklem Teint und dünnem Oberlippenbärtchen, und es hieß von ihm, er sei der Sohn eines berüchtigten Gangsters aus New Jersey. Es war sinnlos, jemanden gegen sich aufzubringen, der möglicherweise im väterlichen Geschäft schon einschlägige Erfahrungen beim Einbetonieren von in Ungnade gefallenen Partnern gesammelt hatte.

Aber Billy biß die Zähne zusammen und ließ kein einziges Zimmer aus. Er betätigte die Schalter sämtlicher Lampen, Radios, Stereoanlagen und sonstiger elektrischer Geräte. Und noch immer herrschten tiefste Dunkelheit und Stille auf dem Stockwerk. Billy schlich nun die Treppe hinunter in den ersten Stock. Dort befanden sich die Schlafräume der Siebt- und Achtkläßler, also der Dreizehn- und Vierzehnjährigen. Auch auf dieser Etage schlich er von Zimmer zu Zimmer, knipste alles an, was sich anknipsen ließ, und drehte alle Lautstärkeregler auf. Ein einziger Schläfer erwachte. Er setzte sich im Bett auf und starrte Billy mit glasigen Augen an. „Du träumst, schlaf weiter!" sagte Billy zu ihm, worauf der Junge gehorsam nickte und sich wieder die Decke über den Kopf zog.

Zum Schluß erreichte Billy das Erdgeschoß, in dem die Unterkläßler logierten, die überall – nur nicht im offiziellen Schriftverkehr der Schule – als „Frischlinge" bezeichnet wurden. Hier stellte sich Billy das Problem, daß die Frischlinge jeweils zu zweit ein Zimmer bewohnten. Wenn er also einen von ihnen versehentlich aufweckte, wachte höchstwahrscheinlich gleich auch ein zweiter auf. Frischlinge wurden immer gleich hysterisch und liefen dann heulend zu Miß Manetti, die Lehrerin und Kindertante in einem war.

Aber Billy hatte Glück. Die hohen Hecken, die das Gebäude umgaben, schirmten das Erdgeschoß vom Mondschein fast völlig ab. Die Zimmer waren dunkler, und Billy fühlte sich daher sicherer. Vor einer Tür hörte er Gemurmel und unterdrücktes Lachen. Das Zimmer blieb als einziges von seinem Besuch verschont. Einer der beiden Namen an der Tür war identisch mit einer bekannten Reifenmarke, was Billy jedoch nicht besonders beeindruckte. Die Hälfte der Schülerschaft trug Namen, die in der amerikanischen Öffentlichkeit bestens bekannt waren. Traf man hier einen Knaben namens Ford, so konnte man davon ausgehen, daß es sich tatsächlich um ein Zweiglein am Stammbaum der Automobildynastie handelte. Wer Kennedy hieß, gehörte wahrscheinlich zu *den* Kennedys. Der Frischling mit dem Reifennamen zählte in diesem Internat vermutlich eher noch zu den minderbemittelten Taschengeldempfängern.

Billy lachte stillvergnügt in sich hinein, als er die weit geschwungene Wendeltreppe hinaufstieg, die ihn zurück ins oberste Stockwerk führte. Ihm ging auf, daß er soeben eine Tour quer durch die Machtstrukturen der Vereinigten Staaten vollendet hatte. Unter den Eltern, deren Kinder er im Schlafzimmer besucht hatte, befanden sich zwei landesweit bekannte Politiker, drei Bankiers von internationalem Rang, ein Automobilhersteller, der Besitzer der zweitgrößten Computerfabrik des Landes, die Chefs einer Ölgesellschaft, eines landesweit operierenden Großhandelsunternehmens und einer regionalen Discountladenkette. Rechnete er sich selbst hinzu, war auch noch der größte Seifenhersteller des Landes beteiligt.

Noch ungefähr drei Minuten – dann würden die Schüler alle aus dem Schlaf hochfahren, aus ihren Betten springen und kreischend durch die Korridore stürmen. Und der „alte Mäuserich" würde ungefähr zwei Wochen brauchen, um empörte Eltern zu besänftigen, die ihre Kinder von der Schule zu nehmen gedachten. Gesteh's dir nur ein, sagte Billy zu sich selbst, das war bisher eine deiner besten Ideen. Dumm nur, daß das Schuljahr gerade erst angefangen hat!

Er schlüpfte in sein Zimmer und schloß die Tür hinter sich. Dann verschwand er im Wandschrank, knipste seine Taschenlampe an und schob die Kleiderbügel mit Jeans und Blazern beiseite. Im Schein der Lampe fand er seinen batteriebetriebenen tragbaren Personal Computer und kniete vor der Tastatur nieder. Er schloß einen alten Telefonhörer an der Schmalseite an und tippte den Befehl ein.

„Guten Morgen allerseits", flüsterte er. „Zeit zum Aufstehen!" Er überprüfte die Eingabe und drückte die RETURN-Taste.

Das Signal machte sich auf den Weg. Über die Telefonleitung

erreichte es den Schaltkasten, der am Ende des Flurs in einer Besenkammer untergebracht war. Von dort gelangte es durch ein Kabel ins Erdgeschoß und in den Neubau, der sich an das Hauptgebäude anschloß. In dessen Keller erreichte es schließlich jenen Punkt, an dem sämtliche Telefondrähte und Stromversorgungskabel zusammenkamen. Hier aktivierte das Telefonsignal ein Relais, das Billy am Hauptstromkabel angeschlossen hatte. Dadurch wurde die Stromversorgung des Hauses, die er vor seinem nächtlichen Rundgang per Computerbefehl unterbrochen hatte, automatisch wiederhergestellt.

Es war wie ein Blitzschlag: Im selben Augenblick gingen sämtliche Lampen im Gebäude an. In allen Zimmern fuhren die Schüler kerzengerade aus dem Schlaf. Eine Sekunde später brüllten die Radiogeräte los, in einem ungeheuren Getöse aus schreienden Stimmen und aufheulender Musik. Zu dem ohrenbetäubenden Lärm kam noch das Dröhnen von etwa drei Dutzend Stereoanlagen, deren überdimensionale Lautsprecher voll aufgedreht waren.

Schüler aller Altersklassen rissen bei ihrer panikartigen Flucht fast die Klinken aus den Zimmertüren.

Schnuffi Bradberry wurde, als er zur Tür hinausschoß, von Henry Giles über den Haufen gerannt, der mit seiner riesenhaften Gestalt, von Furcht und Schrecken getrieben, bereits gewaltigen Schub entwickelt hatte. Die von Charlie Noble aufgestoßene Zimmertür schwang zurück und klemmte seinen teuren Morgenmantel ein. Charlie merkte zwar, daß das Kleidungsstück riß, wagte vor lauter Angst jedoch nicht stehenzubleiben. Billy Tepper steckte nur den Kopf aus der Tür, beobachtete das allgemeine Tohuwabohu und fragte mit Unschuldsmiene, was eigentlich los sei.

Die Massenflucht der Oberkläßler durchs Treppenhaus wurde ein Stockwerk tiefer von einer Horde Siebt- und Achtkläßler gebremst, die dem entsetzlichen Getöse in ihren Zimmern zu entkommen suchte. Es gab Kollisionen, in deren Folge einige Schüler das Gleichgewicht verloren und, wild mit Armen und Beinen rudernd, die Treppe hinunterstürzten. Im Erdgeschoß schließlich empfing die älteren Schüler das grauenvolle Gejammer der Frischlinge, von denen die meisten schreckensstarr in ihren Betten liegengeblieben waren.

Billy murmelte Unverständliches vor sich hin. Er stand oben am Geländer und sah die geschwungene Treppe hinab. Seine Schulkameraden kamen ihm vor wie Passagiere der *Titanic*, die das sinkende Schiff verließen. Jeder war sich selbst der Nächste. Rücksichtslos drängten sich die größeren Jungen an den kleineren vorbei, um als erste den Ausgang zu erreichen.

Erst jetzt erkannte Billy die Tragweite seiner Tat. Wenn es Verletzte gab, drohte sein kleiner Streich zu einer Katastrophe zu werden.

Die Lehrer, die in dieser Nacht Aufsicht hatten, traten nach und nach auf den Plan und bemühten sich, den Jungen Erklärungen zu geben. Harold Hutchings, der Geschichte unterrichtete, hatte eine Hose über den Schlafanzug gezogen und verkündete im Brustton der Überzeugung: „Eine Bombe ist hochgegangen. Nur keine Panik. Beeilt euch, aber vermeidet jede Panik!"

„Eine Bombe ist hochgegangen!" riefen die Schüler Elias Metz zu, dem Mathematiklehrer, der vergeblich versuchte, ein wenig Ordnung in den Strom der Fliehenden zu bringen. Der Lehrer befahl den Schülern, langsam zu gehen, und drängte sich selbst zur Treppe durch.

Die Ober- und Mittelkläßler sammelten sich wenige Minuten später auf der Rasenfläche vor dem Hauptportal und starrten auf das Internatsgebäude. Obwohl der Lärm aus den Radios nach wie vor ohrenbetäubend war, konnten sie das hysterische Heulen hören, das aus den Zimmern im Erdgeschoß drang. „Wir müssen die Frischlinge rausholen!" rief Joey Trotta einigen älteren Schülern zu und startete einen Gegenangriff auf das Gebäude.

„Worauf wartet ihr noch?" Billy Tepper, der ebenfalls nach unten gegangen war, nahm Trottas Schlachtruf auf. „Los, holen wir die Frischlinge raus!" schrie er. Die Oberkläßler schlossen sich ihnen an; gemeinsam rannten sie die Freitreppe empor.

Am Portal trat ihnen Maria Manetti entgegen und hieß sie stehenbleiben. Sie trug einen schweren Bademantel über einem Herrenpyjama. Ihr langes dunkles Haar war zerzaust. Sie fixierte die Jungen mit funkelndem Blick. „Joey, Billy!" rief sie mit schneidender Stimme. „Ihr beide geht jetzt bitte von Zimmer zu Zimmer und stellt die Radios ab. Außerdem schaltet ihr mit Ausnahme der Deckenbeleuchtung alle Lampen aus. Habt ihr mich verstanden?"

„Jawohl, Miß Manetti", erwiderte Billy folgsam.

„Ihr anderen", fuhr Maria im Befehlston fort, „seht zu, daß ihr verschwindet! Hier muß niemand gerettet werden. Irgendwer hat sämtliche Lampen und Radios im Haus eingeschaltet, und Joey und Billy schalten sie jetzt wieder aus."

Die beiden Jungen entfernten sich rasch und liefen von Zimmer zu Zimmer. Kurze Zeit später ließ der Lärm nach, und die Festbeleuchtung ging aus. „So, das war's wohl, jetzt können wir ja wieder in unsere Zimmer zurückkehren", sagte Henry Giles zu seinen Kameraden.

In der Eingangshalle begegnete ihnen Edward Ferrand. „Sämtliche

Lampen und Radios sind angegangen", berichtete Henry dem Englischlehrer, der gleichzeitig Fußballtrainer war.

„Das ist mir bereits bekannt", erwiderte Ferrand mit saurer Miene. „Legt euch wieder schlafen. Morgen früh ist Training. Ich werd euch schon die Hammelbeine langziehen . . . "

Ferrand öffnete die Tür zum Erdgeschoßflur und erkannte sofort, daß Miß Manetti die Lage unter Kontrolle hatte. Die Frischlinge standen angstvoll in den Türen und hörten der Lehrerin zu, die ihnen erklärte, was passiert war. Zwei kleine Jungen preßten sich an sie und klammerten sich an den Gürtel ihres Bademantels wie an eine Rettungsleine. „Jemand hat sich einen Scherz erlaubt", sagte sie gerade, „und zwar nicht gerade einen sehr komischen."

Ferrand verließ das Gebäude durch den Haupteingang und sah sich augenblicklich von furchtsamen Mittelkläßlern umringt, zu denen sich ein ebenso furchtsamer Elias Metz gesellte. „Was ist los?" fragte der Mathematiklehrer.

„War nur ein Scherz", antwortete Ferrand, „jedenfalls hält irgendwer das für irrsinnig komisch. Die Kerle haben den Strom abgedreht und alle Lampen und Radios angestellt. Und dann haben sie den Strom wieder eingeschaltet. Schick deine Knaben wieder rein, Elias."

Metz nickte und führte seine Schützlinge in den Altbau zurück, hielt jedoch inne, als Dr. Enrico Palma im Portal erschien und aufgeregt die Stufen herunterhastete. Der Schuldirektor war vollständig angekleidet; er trug ein dunkles Sakko zu einer grauen Hose. Auf seiner spitzen Nase saß unverrückbar ein Kneifer, der ihm das Aussehen eines Gelehrten verlieh. Die Vorstellung, er könne zerzaust und würdelos vor seine Schüler treten, fand der Direktor offenbar bedrohlicher als jeden Bombenalarm.

„Sind alle draußen? Ist das Gebäude sicher? Wieso gehen Sie wieder hinein, Metz, obwohl Sie eigentlich hinausgehen sollten?" Palma machte winzige, rasche Schrittchen und redete im Gehen. Bei jeder Silbe, die er betonte, schien sein Kopf ein Stückchen emporzuschnellen – eine Marotte, die ihm zusammen mit seinen nagetierartigen Gesichtszügen und dem Schnauzbärtchen den Spitznamen „der alte Mäuserich" eingetragen hatte.

„Alles in Ordnung, Herr Direktor", erwiderte Metz und versuchte, eine Antwort auf den Fragenschwall zu finden. „Es handelt sich lediglich um . . . "

„Es war ein dummer Streich", erläuterte Ferrand. „Ein Scherz."

„Ein Streich?" fragte der Direktor zurück. „Ein Scherz? Ist es vielleicht komisch, kleine Kinder in Todesangst zu versetzen?" Er

rümpfte empört die Nase, und sein Schnauzbart zitterte wie die Tast-
haare einer Maus.

„Einer unserer Schüler hält das offenkundig für komisch", bestätigte Ferrand. „Sobald ich den Urheber des Streichs kenne, wird er
seine Meinung allerdings schnell ändern, dafür werde ich sorgen."

In diesem Augenblick kam Billy Tepper zur Tür heraus und schritt
die Treppe hinunter. „So, die Panik ist vorüber", sagte er beiläufig
und blickte in die Runde der Lehrer mit ihren strengen Mienen. „Alle
Frischlinge sind in ihren Betten. Glaube, ich leg mich am besten auch
wieder in die Heia. Gute Nacht, Herr Direktor." Der alte Mäuserich
nickte. „Gute Nacht, Mr. Metz, gute Nacht, Mr. Ferrand."

Billy war schon unterwegs zum Portal, als Ferrand ihn zurückrief.
„William Tepper!" Die Stimme klang alles andere als freundlich.
„Kann ich dich einen Augenblick sprechen? In meinem Zimmer,
wenn ich bitten darf."

Billy tat so, als unterdrücke er ein Gähnen. „Jetzt sofort?" fragte er.
„Ziemlich spät, nicht wahr? Ich glaube, wir haben in der zweiten
Stunde eine Klassenarbeit."

„Jetzt sofort", wiederholte Ferrand ohne eine Spur von Mitgefühl.

„Yes, Sir", antwortete Billy, machte auf der Treppe kehrt und ging
quer über den Rasen auf den Neubau zu. Edward Ferrands Zimmer
lag im ersten Stock.

Als der Lehrer das Zimmer betrat, saß Billy auf dem Stuhl
gegenüber dem Schreibtisch. Der Junge sprang auf, sah, wie Ferrand
um den Schreibtisch herumging und sich auf seinem Bürostuhl niederließ. Sein ganzes Gebaren ließ nichts Gutes ahnen. Er war fuchsteufelswild – so wild, wie Billy ihn noch nie erlebt hatte. Und mit Mr.
Ferrand geriet man besser nicht aneinander. Er war einsfünfundacht-
zig groß, und sein Körpergewicht konzentrierte sich vornehmlich auf
die Schulterpartie und die Arme. Kein Schüler konnte so schnell laufen
wie er, keiner brachte einen so weiten Torabstoß zustande. Mit seinem
kurzgeschnittenen dunklen Haar und dem glattrasierten, schmalen
Gesicht sah er aus wie ein erfolgreicher Athlet. Ferrand war imstande,
einen Schüler fertigzumachen. Billy neigte respektvoll den Kopf und
traf Anstalten, sich wieder hinzusetzen.

„Stehenbleiben, William Tepper!" befahl Ferrand.

„Was habe ich denn getan?" fragte Billy, ganz die entrüstete
Unschuld.

„Was du getan hast, ist uns beiden bestens bekannt", entgegnete
Ferrand. „Mich interessiert bloß, *wie* du es getan hast."

„Ich weiß gar nicht, wovon Sie reden, Mr. Ferrand."

„William Tepper, ich bin müde. Dein dämlicher Budenzauber hat mich um den Nachtschlaf gebracht. Ich gebe dir genau eine Minute Zeit für die Erklärung der technischen Einzelheiten."

Rasch überdachte Billy seine Lage. Ferrand war trotz seiner Strenge kein Pauker von der üblen Sorte. Schon zweimal war er von Ferrand bei einem seiner Streiche ertappt worden, und beide Male hatte der Lehrer darauf verzichtet, ihn anzuschwärzen. Wenn ich reinen Tisch mache, dachte Billy, gibt er mir vielleicht eine Chance. Aber gleichzeitig fiel ihm Ferrands letzte Warnung ein: „Noch einmal kommst du mir nicht ungeschoren davon, Billy", hatte er gedroht. „Beim nächsten Streich geht's nach Hause, in die väterliche Seifenfabrik ..."

Es war keineswegs so, daß Billy Cincinnati haßte. Nur – er wußte ganz genau, daß sein Vater ihn nicht dortbehalten würde. Wenn er von *Saint Anselm's American School* flog, würde Daddy ihn vielmehr auf ein neues privates Internat schicken, in ein anderes fremdes Land. Italien aber war immer noch besser als Deutschland – jedenfalls hatte sein Vater ihm das gesagt. „Saint Anselm ist eine feine Schule, Billy. Ich glaube, sie wird dir gut gefallen, und du wirst einiges mitbekommen. Wenn es dort aber nicht klappt, habe ich noch ein weiteres Internat in petto; es liegt in Deutschland, und die Schulleitung ist bekannt dafür, daß sie die preußische Tradition hochhält. Dort wird es dir mit Sicherheit *nicht* gefallen ..." Es war eine unverhohlene Drohung gewesen – genauso wie Vaters Ankündigung, ihn regelmäßig zu besuchen, wenn seine Geschäfte ihn nach Italien führten.

Billy entschied sich. Er konnte sein Geheimnis niemandem anvertrauen – nicht einmal einem netten Kerl wie Ferrand. „Es tut mir leid, Mr. Ferrand", erklärte er. „Ich weiß wirklich nicht, auf welche Weise ich Sie um Ihren Schlaf gebracht haben könnte." Und mit einem ungläubigen Lächeln fügte er hinzu: „Sie glauben doch nicht etwa, *ich* sei der Typ, der die Lampen und die Radios angeknipst hat?"

Ferrand erhob sich. „Du hast Stubenarrest", sagte er, „und zwar so lange, bis ich herausgefunden habe, wie du es angestellt hast. Gleich nach dem Fußballtraining morgen vormittag werde ich mich in einen Elektriker verwandeln und jedes einzelne Stromkabel in diesem Gebäude überprüfen. Und ich versichere dir, daß ich den Schalter oder das Relais oder was immer du benutzt hast, finden werde. Ich wette mit dir um die Höhe deines wöchentlichen Taschengelds, daß du morgen abend im Flugzeug nach Cincinnati sitzt."

Billy hielt nun den Zeitpunkt für gekommen, an das Mitleid seines Gegenübers zu appellieren. Seine Apfelbäckchen wirkten plötzlich eingefallen. „Bitte, Mr. Ferrand! Wenn Sie mich rausschmeißen, schickt mein Vater mich ins Straflager! Er hat sich schon eins ausgesucht. Es liegt in Deutschland und wird von ehemaligen Wehrmachtsoffizieren geleitet."

Ferrand verkniff sich ein Lächeln. „Wie heißt denn diese Schule?"

„Schiller-Internat", antwortete Billy. „In der letzten Schule, in der ich war, kannte ich jemanden, der dort ein Jahr verbracht hat. Unter den Schülern, so erzählte er mir, heißt die Penne nur ‚Schriller-Internat', wegen der schrillen Verzweiflungsschreie, die des Nachts aus den Schlafräumen dringen."

Jetzt mußte Ferrand doch lachen. „Vom Schiller-Internat habe ich auch schon gehört, Billy. Es handelt sich um eine sehr gute Schule, in der allerdings Wert auf Disziplin gelegt wird: für dich also genau das Richtige. Du kannst morgen schon die Koffer packen."

„Bitte, Mr. Ferrand! Woher nehmen Sie eigentlich die Überzeugung, daß ich diesen Streich ausgeheckt habe? Ich meine, es könnte schließlich auch jeder andere gewesen sein, nicht wahr?"

Ferrand ging um den Schreibtisch herum und öffnete die Tür. „Ich weiß, daß du es gewesen bist, Billy, genauso wie damals, als jemand beim Reisebüro anrief und Dr. Palmas Flug umbuchte, so daß der Herr Direktor anstatt in Paris in Moskau landete."

„Das ist ja schon ein Jahr her!" protestierte Billy. „Und ich habe meine Lehren daraus gezogen –"

„Nichts hast du gelernt", unterbrach ihn Ferrand. „Wer war es denn, der eine Weile danach in Miß Manettis Badezimmer eine versteckte Videokamera installiert und diese an den Fernsehapparat im Aufenthaltsraum angeschlossen hat?"

„Das hat ja gar nicht geklappt", gab Billy zurück, als ob der Fehlschlag die Anklage hinfällig machte.

„Ja, aber nur, weil Miß Manetti, ein paar Sekunden bevor sie sich ausziehen wollte, das Kamerageräusch aufgefallen ist."

„Ich habe mich bei ihr entschuldigt", erklärte Billy, „und sie hat mir verziehen."

„Richtig. Aber ich weiß seitdem, wo ich zu suchen habe, wenn wieder mal so ein Dummejungenstreich abgezogen wird. Du bist ein Gewohnheitstäter, Billy, deshalb bin ich auf dich gekommen. Und jetzt ab – pack deine Sachen!"

Billy bekam es mit der Angst zu tun. Er deutete auf die Tür. „Machen Sie sie bitte wieder zu, ich muß mit Ihnen reden."

Ferrand kniff die Augen zusammen. „Worüber?" fragte er, während er die Tür schloß.

„Über Stromabschaltungen und so", gestand Billy und sank geschlagen auf den Stuhl vor Ferrands Schreibtisch. Er brauchte zehn Minuten, um Ferrand die Schaltpläne aufzuskizzieren, mit deren Hilfe er es geschafft hatte, die Stromversorgung des Hauses durch einen Tastendruck auf seinem Heimcomputer lahmzulegen und danach wiederanzustellen. „Ich hielt das für einen tollen Spaß", bekundete er. „Wäre nie auf die Idee gekommen, daß sich dabei jemand verletzen könnte. Tut mir echt leid, Mr. Ferrand."

Der Lehrer gab sich Mühe, seine Bewunderung für Billys elektrotechnische Erfindungsgabe nicht zu zeigen. „Und du meinst, ich solle jetzt so tun, als sei überhaupt nichts vorgefallen?"

„Nein, aber ..." Billy entschloß sich zu einem Kompromißvorschlag. „Aber wenigstens erfährt mein Vater nichts davon, und ich werde nicht in dieses Straflager namens Schriller gesteckt."

„*Schiller*-Internat heißt das", korrigierte ihn der Lehrer. „Ich lasse mich darauf ein, aber nur unter einer Bedingung: Ich erwarte von dir eine ausführliche, schriftliche Erklärung des Vorfalls. Ein Geständnis. Gerichtet an den Direktor persönlich."

„An den alten Mäuserich?" platzte Billy heraus.

„Jawohl, an den alten Mäuserich. Und wähle die korrekte Anrede: Herrn Direktor Dr. Palma. Ich werde den Bekennerbrief fürs erste behalten. Aber eines schwöre ich dir, William Tepper: Das nächstemal, wenn in diesem Gebäude auch nur eine Glühbirne durchbrennt, werde ich das Schreiben eigenhändig unter der Tür des Direktors durchschieben. Und jetzt geh zurück auf dein Zimmer, und mach dich an die Arbeit! Ich möchte das Geständnis vor dem Training morgen vormittag in Händen haben. Sind wir uns darüber einig?"

Billy strahlte über das ganze Gesicht. „Vielen Dank, Mr. Ferrand. Und keine Angst, das war wirklich mein letzter Streich. Ehrlich."

Ferrand öffnete die Tür, und Billy machte sich aus dem Staub. Kaum war der Junge draußen, fing der Lehrer an zu lachen. Der Bursche ist genial, dachte er, ein ausgesprochen cleveres Kerlchen! Nie zuvor hatte Ferrand einen so begabten und phantasievollen Schüler in seiner Klasse gehabt. Konnte man einem Jungen ernsthaft böse sein, der es mit einem einzigen Anruf schaffte, den Direktor des Internats hinter den Eisernen Vorhang zu schicken? Nein. Und abgesehen davon: Ferrand schuldete Billy noch einen Gefallen. Die Geschichte mit der Videokamera hatte nämlich den Anlaß zu seinem ersten längeren Gespräch mit Maria Manetti gegeben. Und schließlich konnte er nicht den Jungen ans Messer liefern, dem er die Bekanntschaft seiner großen Liebe verdankte.

Er hoffte, daß Billy bereits am Schreibtisch saß und an seinem
Geständnis arbeitete. Nur – so wie er den jungen Tepper kannte, war
Skepsis angeraten. Wahrscheinlich arbeitete er inzwischen an einem
Schaltplan, mit dessen Hilfe er ganz Rom den Strom abdrehen konnte.

NACHMITTAGS

PAUL FRATTIANI war lediglich ein Kurier. Doch weil er Botschaften
von ganz bestimmten Leuten überbrachte, wurde er von Sharif
respektiert. Frattiani war einer der Repräsentanten von Albert Trotta,
und Trotta war Hauptkunde für das von Sharif in allen Teilen des
Nahen Ostens organisierte Haschisch. Mit Trottas Bargeld, das keine
Spuren hinterließ, kauften Sharifs Agenten in Ostdeutschland, Kuba,
Libyen und sogar in Israel Gewehre und Granaten.

Frattiani stieg die Außentreppe einer großen Wohnanlage in der
libyschen Hafenstadt Tripoli empor und setzte seinen Weg über den
Dachgarten fort. Keine fünf Schritte weiter traten ihm unvermittelt
zwei Männer in den Weg. Als er ihre Gesichter erkannte, lächelte er,
bis sein Blick auf ihre Maschinenpistolen fiel. Er blieb stehen, stellte
sein ledernes Aktenköfferchen ab und hob die Hände.

Einer der beiden Araber klopfte Frattiani ab. Er streifte ihm das
Hosenbein hoch und zog eine Pistole aus einem flachen Holster. Der
andere öffnete das Köfferchen, notierte die Zahl der darin enthaltenen
Banknotenbündel und ließ es wieder zuschnappen. „Sharif erwartet
Sie", sagte er und öffnete die Tür zum Penthaus.

„O Paul! Nett, Sie zu sehen." Sharif erhob sich von seinem Stuhl an
der Stirnseite eines einfachen Holztisches und ging seinem Gast entgegen. Er war hochgewachsen, schlank und durchtrainiert, ein Mann,
den man auf Anfang Dreißig schätzte, doch ließ sein dunkles, müde
wirkendes Gesicht den Schluß zu, daß er in Wirklichkeit viel älter war.
Er trug blaue Arbeitshosen und ein Hemd aus grober Baumwolle,
dessen Ärmel hochgekrempelt waren. Das buschige Haar war unge-
pflegt, das Gesicht von einem stoppeligen Bart bedeckt.

So kannte Frattiani den Araber, den er zwei- oder dreimal im Monat
zu treffen pflegte. Er war sich allerdings darüber im klaren, daß es auch
einen anderen Sharif gab, der gelegentlich in den Zeitungen abgebildet
war und in den Fernsehnachrichten auftrat. Dieser trug tadellose
Anzüge von europäischem Schnitt, sein Haar war perfekt gescheitelt,
und seine Oberlippe zierte ein bleistiftdünnes Bärtchen. Es gab aber
auch noch andere Versionen: den vollbärtigen Revolutionsführer in

Uniformjacke mit militärischen Auszeichnungen oder den arabischen Würdenträger im traditionellen Burnus.

Die diversen Kostümierungen paßten zu Sharifs facettenreicher Persönlichkeit. Für die meisten politischen Extremisten des Nahen Ostens war er ein Halbgott, das „Flammende Schwert aus der Wüste", dazu ausersehen, die Ungläubigen aus dem heiligen Land der Väter zu vertreiben. Für die Exilregierungen landloser Völker war er ein Rebell. Er selbst bezeichnete sich als legitimen Sprecher aller in Syrien und dem östlichen Libanon lebenden Palästinenser. Für alle amtierenden Regierungen im Nahen Osten bedeutete er eine konstante Gefahr, förderte er doch stets die revolutionären Kräfte unter den nationalen Minderheiten und verlangte Sitz und Stimme bei ihren Konferenzen. Für die Regierungen der westlichen Länder war er ein Terrorist. Und für Paul Frattiani war er ein Rauschgifthändler, dessen Stoff sein Boß in den Straßen von New York unter die Leute bringen ließ.

Sharif umarmte Frattiani und ging dann auf Distanz. „Wart ihr zufrieden mit der letzten Lieferung?" fragte er.

„Ihr Stoff ist immer einwandfrei", antwortete Frattiani und präsentierte ihm das Aktenköfferchen. „Weshalb wir uns bei Ihnen auch immer wieder gerne mit neuer Ware eindecken."

Sie sprachen ungezwungen miteinander, als wären sie gute Freunde. Sharif nahm das Köfferchen entgegen, kehrte zu seinem Stuhl zurück und bot Frattiani den Platz gegenüber an. „Bitte sehr", sagte er. „Wir trinken erst einmal eine Tasse Kaffee."

Frattiani nickte zustimmend und nahm Platz. Einer der Wächter brachte den Kaffee. In einer Hand trug er ein Tablett mit Kanne und Tassen, in der anderen hielt er die Maschinenpistole.

„Ich fürchte, daß ich Ihnen bald nichts mehr liefern kann", fuhr Sharif fort, während er seinem Gast den dickflüssigen Kaffee einschenkte. „Nach der nächsten Lieferung ist Schluß."

Frattiani verbarg seine Überraschung nicht. Das Geschäft zwischen Trotta und Sharif florierte, und beide Seiten profitierten davon. Außerdem war Haschisch für Sharif mehr als nur ein leicht verkäufliches Agrarprodukt – es war die Grundlage seiner Macht.

„Gibt es einen Konkurrenten? Stimmt der Preis nicht mehr?"

Sharif wies die Vermutungen mit einer Handbewegung zurück. „Nein, natürlich nicht. Es ist nur so, daß das Haschisch, was mich betrifft, seinen Zweck erfüllt hat. Es warten andere, wichtigere Aufgaben auf mich."

„Und was machen all diejenigen, die aus Ihrem Geschäft Nutzen ziehen?"

„Die Produktion geht weiter", erwiderte Sharif. „Die Leute werden bezahlt wie bisher. Nur werden die Geschäfte künftig von meinen Partnern abgewickelt, nicht mehr von mir persönlich."

„Mr. Trotta wird also weiterhin beliefert?" erkundigte sich Frattiani.

Sharif nippte an seiner Kaffeetasse und nickte. „Mr. Trottas Interessen werden nach wie vor gewahrt. Sie haben mein Wort."

„Und Ihre eigenen Interessen?" fragte Paul höflich. „Ich gehe davon aus, daß Sie auch weiterhin eine einflußreiche Position bekleiden werden."

Sharifs schwarze Augen funkelten. „Einflußreich?" wiederholte er. Dann lächelte er, und seine Zähne blitzten auf. „In ein paar Tagen wird mein Volk mich verehren. Ich werde der einzige Stern am Himmel des Orients sein."

Frattiani nickte langsam und gab Sharif auf diese Weise zu verstehen, daß er begriff. Sharif hatte also wieder einmal große Pläne. Seine Terroristen hatten in der Vergangenheit unter anderem Bombenanschläge auf amerikanische Dienststellen in Deutschland verübt, wobei zahlreiche Menschen ums Leben gekommen waren. Nach der Entführung eines israelischen Verkehrsflugzeugs hatten sie die Leichen einiger kurz zuvor ermordeter Passagiere einfach auf das Rollfeld geworfen.

Sharif hatte all diese Aktionen verteidigt. „Jeder Krieg fordert unschuldige Opfer", hatte er zu Frattiani gesagt. Was Sharif diesmal vorhatte, stellte jedoch alle vorausgegangenen Aktionen in den Schatten und war verwegen wie noch nie. So verwegen, daß er niemals wieder gezwungen sein würde, mit Haschisch zu handeln.

„Sie sind sich doch darüber im klaren, Sharif, daß niemand darauf eingeht, wenn Sie Forderungen stellen", gab Frattiani zu bedenken. „Geiseln, die Ihnen in die Hände fallen, sind so gut wie tot – es sei denn, Sie geben nach, was jedoch bedeuten würde, daß Sie Ihren Ruf verlören."

„Nein, diesmal wird alles ganz anders sein", korrigierte Sharif ihn. „Diesmal werden die Amerikaner meine Forderungen erfüllen müssen. Diesmal treffe ich sie mitten ins Herz. Sie werden die Geiseln nicht leiden lassen können. Nein, sie werden vielmehr darum betteln, meine Forderungen erfüllen zu dürfen ... Diesmal –" Er hielt inne, als er merkte, daß er bereits zuviel geredet hatte.

Schweigend leerten sie ihre Kaffeetassen. Dann erhob sich Sharif und gab seinem Gast damit zu verstehen, daß die Unterredung beendet war.

Als Frattiani auf den Dachgarten hinaustrat, standen die beiden Wachen schon bereit. Sie gaben ihm seine Pistole zurück und eskortierten ihn zu einem Wagen, an dessen Steuer einer von Sharifs Männern saß; Frattiani beeilte sich mit dem Einsteigen.

Die libyschen Beamten an der Paßkontrolle im Flughafengebäude winkten ihn durch. Er nahm die nächste Maschine nach Neapel, wo er von Verwandten Don Trottas abgeholt wurde, die die Interessen der Familie in Italien wahrnahmen.

„Ich habe meine Reisepläne geändert", sagte er zu einem der Italiener. „Bitte informieren Sie Signor Trotta, daß ich seinen Cousin in Virginia besuchen werde." Am Schalter stornierte Frattiani seinen Rückflug nach New York und buchte statt dessen einen Ersteklasseflug nach Washington.

Der Cousin des Chefs war kein Cousin. Er war bei der Regierung angestellt und arbeitete für den Geheimdienst CIA. Es war drei Jahre her, seit der CIA die Geschäftsverbindungen Don Trottas im Mittelmeerraum und im Nahen Osten kennen- und schätzengelernt hatte. Im Verlauf einer vom Justizministerium angeordneten Untersuchung über das organisierte Verbrechen war dem Direktor des Geheimdienstes die Professionalität und Perfektion der Trotta-Organisation aufgefallen. Besonders imponierten ihm die nachrichtendienstlichen Verbindungen, mit denen der Don seine Geschäfte absicherte. „Dieser Gangster verfügt über bessere Quellen als wir", hatte er zum Justizminister gesagt. „Im Vergleich mit Trottas Leuten wirkt sogar der KGB noch wie ein Haufen Amateure."

Das Justizministerium war fest entschlossen, Albert Trotta das Handwerk zu legen. Der CIA-Direktor dagegen hatte vor, sich seine Dienste zunutze zu machen. Obwohl der Justizminister vor Wut kochte, bemühte sich der Geheimdienstchef um eine Zusammenarbeit mit Trotta, und der Don war damit einverstanden. Als Einwanderer, der in Amerika sein Glück gemacht hatte, fühlte er sich seinem neuen Heimatland gegenüber in der Schuld. Und bislang hatte der Don noch immer seine Schulden beglichen.

Paul Frattiani setzte die zwischen Trotta und dem CIA getroffene Vereinbarung in Taten um. Auf seinen Besuchen in Syrien und Libyen hörte er genau zu. Er merkte sich die Namen der Mächtigen, die von seinen Gesprächspartnern erwähnt wurden, und notierte die Konferenzen, an denen sie teilnahmen. Mit wachem Blick registrierte er praktisch alles, was er sah. Er merkte sich zum Beispiel, welche Waffen seine Kontaktpersonen trugen und was auf den Lieferscheinen stand, die zum Teil noch auf den Munitionskisten klebten – Hinweise,

die ihm verrieten, welche politischen Gruppierungen von den Ost-
blockstaaten unterstützt wurden. Frattiani selbst hielt all diese Beob-
achtungen für eher nebensächlich – doch zeigte sich der Cousin des
Don immer sehr beeindruckt und hörte nicht auf, seine Dankbarkeit
zu beteuern.

Diesmal allerdings war es an Frattiani, eine wichtige Mitteilung zu
machen. Er saß auf einem Fensterplatz in einem Jumbo-Jet der Alitalia
und wußte, daß er einen heißen Tip hatte. Sharif plante einen spekta-
kulären Coup, der ihn mit einem Schlag zu einer der bedeutendsten
Persönlichkeiten der arabischen Welt machen würde.

Es gab nur zwei Ziele, die zu attackieren sich lohnte, weil dadurch
der Status quo in der Region erschüttert wurde. Das eine war Israel,
der verhaßte „Zionistenstaat". Und das andere waren die Vereinigten
Staaten. Jeder Terrorist, dem es gelang, die arroganten Amerikaner zu
Zugeständnissen zu zwingen, avancierte schnell zum Volkshelden.

Frattiani sah unten die Lichter von Paris vorüberziehen. Sharifs
erschreckende Bemerkung fiel ihm ein: „Diesmal treffe ich sie mitten
ins Herz. Sie werden die Geiseln nicht leiden lassen können . . ."

Wer waren die Geiseln, deren Gefangennahme Israel oder die Vereinigten Staaten „mitten ins Herz" treffen würde? fragte sich Frattiani.
Die Israelis waren doch bekannt für ihre kompromißlose Haltung.
Selbst damals in München, als ihr Olympiateam von Terroristen
bedroht wurde, hatten sie sämtliche Verhandlungen abgelehnt. Die
Vereinigten Staaten machten ebenfalls keine öffentlichen Zugeständnisse – also genau jene Zugeständnisse, die Sharif benötigte, um „der
einzige Stern am Himmel des Orients" zu werden.

Das Abendessen wurde serviert, und Frattiani stürzte einen Drink
hinunter. Was hatte es für einen Sinn, sich weiter den Kopf darüber zu
zerbrechen? Bisher wußte er ja nur, daß Sharif das perfekte Ziel für seinen Anschlag gefunden hatte und daß er bald zuschlagen würde – mit
Sicherheit vor Frattianis nächstem Besuch, der bereits in vierzehn
Tagen stattfinden sollte. Frattiani spürte, daß er erst zur Ruhe käme,
wenn er dem Cousin des Don sein Herz ausgeschüttet hatte.

„Hauptsache, es macht dir Spaß, Ferrand", murmelte Billy Tepper
vor sich hin, als er seine verschmutzten Fußballschuhe auszog. „Aber
eines sage ich dir: Rache ist süß."

Während des gesamten Trainings war der Lehrer hinter ihm herge-
wesen. Raumdeckung hatte die Devise geheißen – ein, milde ausgedrückt, völlig nutzloses Unterfangen, denn die jungen Amerikaner
hatten von den strategischen Finessen des Spiels nicht die geringste

Ahnung und rannten ziellos über das Feld. Nicht einer blieb von Ferrands Gebrüll verschont, doch nur Billy wurde bei jedem Deckungsfehler zu schier endlosen Platzrunden verdonnert.

„Ob er sich wirklich einbildet, daß wir die Italiener schlagen können?" fragte Billy, ohne daß jemand in der Nähe gewesen wäre, und zog sich das verschwitzte Trikot über den strohblonden Schopf. Ferrand hatte ein Freundschaftsspiel mit einer italienischen Schülermannschaft arrangiert. „Die Italiener kicken doch schon seit ihrer Geburt." Billy hatte hier in Italien Kinder gesehen, die unablässig den Ball von der Hacke über den Kopf zur Fußspitze und zurück beförderten und sich dabei noch angeregt unterhielten.

Als Billy einmal frei stehend das leere Tor verfehlte, hatte Ferrand voller Schadenfreude laut gelacht. „Wer zuletzt lacht, lacht am besten", murmelte der Junge jetzt. Bevor er sich allerdings an Ferrand rächen konnte, mußte er das Relais, mit dessen Hilfe er den Strom abgeschaltet hatte, so schnell wie möglich verschwinden lassen. Der Lehrer sollte keinerlei handfesten Beweis für die Tat in Händen halten, zu der sich Billy schriftlich hatte bekennen müssen.

Nachdem er geduscht und sich wieder angezogen hatte, ging er über den getäfelten Flur zur Toilette und schloß die Tür hinter sich. Er vergewisserte sich, daß er allein war, verschwand rasch in der hintersten Kabine und kletterte auf den Wasserkasten. In Sekundenschnelle hatte er das Abdeckgitter des Lüftungsschachts entfernt, sich mit einem Klimmzug hineingezwängt und die Abdeckung wieder eingesetzt. Der Schacht war gerade so geräumig, daß Billy sich noch darin bewegen konnte. Nach außen hin wirkte der Junge zart und zerbrechlich, was aber über seine wahren Kräfte hinwegtäuschte. Vermutlich trug die grenzenlose Energie, die seine Phantasie beflügelte, auch dazu bei, daß er stets schlank und drahtig blieb.

Er kroch ein Stück vorwärts, ehe er im Innern des Lüftungsschachts auf eine weitere Abdeckung stieß. Er hob sie hoch, schob sie zur Seite und ließ sich lautlos durch die Öffnung gleiten. Nun befand er sich in dem schmalen Raum zwischen dem Steinfundament des alten Gebäudes und den Zementplatten, die den Sockel des Neubaus bildeten. Nach außen hin war dieser Zwischenraum durch das übergreifende Dach und die Außenmauern abgeschottet. Billy hatte ihn rein zufällig entdeckt, als er eines Tages – er erinnerte sich nicht ungern daran – einfach hineingefallen war.

Damals war er in den Lüftungsschacht gekrochen, weil er hoffte, durch den blechverkleideten Tunnel zu den Aktenschränken im Direktorat zu gelangen. Am Vorabend einer wichtigen Prüfung hatte er in das unbesetzte Büro einsteigen und einen der vorbereiteten Prüfungsbögen „organisieren" wollen. Er kannte genügend Leute, die ihm die Fragen abgekauft hätten.

Beim Vordringen in den Schacht hatte dann plötzlich der Boden unter ihm nachgegeben, und er war in besagten Zwischenraum zwischen Alt- und Neubau gerutscht. Nachdem er im ersten Moment sein Schicksal verflucht hatte, hatte er die Taschenlampe angeknipst und herausgefunden, daß er in einem Pharaonengrab ungeahnter Möglichkeiten gelandet war, in dem er sich sogar aufrecht bewegen konnte. Sämtliche elektrische Leitungen, die Telefonkabel, die Wasser- und Gasrohre liefen durch diesen Raum. Wenn St. Anselm ein Nervensystem besaß, dann hatte er die Wirbelsäule gefunden.

Jetzt folgte Billy dem Stromkabel bis zu jener Stelle in der Wand des Neubaus, an der er bei einem seiner früheren Besuche eine Zementplatte gelockert hatte, die er nun herauszog. Im Schein seiner Taschenlampe kam die Rückseite der dort angebrachten Stromkreisunterbrecherschaltung zum Vorschein. Vorsichtig nahm er die Spule vom Hauptunterbrecher und entfernte sowohl die Drähte, die die Spule mit der Stromleitung verbanden, als auch den Signaldraht, den er zwischen der Spule und der daneben liegenden Telefonleitung installiert hatte. Er zog die von ihm selbst konstruierte Schaltung durch die Öffnung und wuchtete die Zementplatte wieder an Ort und Stelle. Jetzt konnte Ferrand das ganze Gebäude auseinandernehmen – den Beweis für den nächtlichen Feuerzauber würde er nicht mehr finden.

Billy griff nach der Taschenlampe, die er hinter der Stromleitung eingeklemmt hatte, und leuchtete in den obersten Winkel des Zwischenraums. Hoch über seinem Kopf, dort, wo die Außenmauern das Dach erreichten, bemerkte er ein Kabel, das bisher seiner Aufmerksamkeit entgangen war. Es kam aus der Mauer des Altbaus, durchquerte frei hängend den Raum und verschwand auf der anderen Seite in der Neubaumauer. Billy überlegte, welcher Teil des Altbaus sich wohl hinter der Stelle verbarg, an dem das Kabel die Mauer verließ. Was für Geräte befanden sich dahinter? Es mußte sich um irgendein Verbindungskabel handeln.

Natürlich! Es war gar keine Stromleitung, sondern ein Koaxialkabel für das Video-Überwachungssystem. Die Mauerkronen, sämtliche Eingänge sowie die Flure im Wohntrakt der Schüler wurden nachts von automatischen Videokameras überwacht. Eindringlinge konnten auf diese Weise vom Wachpersonal schnell entdeckt werden.

Billy starrte das Kabel an. Man brauchte bloß einen Videorecorder anschließen – schon änderte sich das Programm auf den Monitoren.

Seine fruchtbare Phantasie brachte ihn sofort auf eine Fülle von Ideen. Die Monitore waren im Pförtnerhäuschen am Haupteingang sowie im Wachbüro gleich gegenüber dem Sekretariat installiert. Das Lehrpersonal und die Sekretärinnen waren zum Schichtdienst verpflichtet, so daß das Wachbüro rund um die Uhr besetzt blieb. Schloß man einen Videorecorder an das Koaxialkabel an, so war es zum Beispiel möglich, einen Pornofilm über die Mattscheiben flimmern zu lassen. Mit der Zeitvorwahl ließ es sich sogar einrichten, zu Beginn der Vorstellung am Wachbüro vorbeizuschlendern und einen Blick hineinzuwerfen. Wenn die alte Vogelscheuche von Sekretärin gerade Dienst hatte, würde sie aufkreischen und in Ohnmacht fallen . . .

Billy konnte sich ein Grinsen nicht verkneifen, als er sich diese Szene vorstellte. Aber vorerst mußte er die Idee zurückstellen. Mr. Ferrand war im Augenblick wichtiger. Er knipste die Taschenlampe aus und orientierte sich an dem Lichtviereck, das aus der Schachtöffnung fiel. Ehe er jedoch den Rückweg antrat, betrachtete er noch einmal eingehend die Wände, die den Zwischenraum auf beiden Seiten begrenzten. Als er schließlich auf den Lüftungsschacht zuging, maß er die zurückgelegte Strecke methodisch mit Schritten aus.

In der Küche des Neubaus hatte Billy den versteckten Eingang zu einem alten Weinkeller entdeckt, dessen Treppe sich genau unterhalb des Punktes befand, auf dem er nun stand. Wenn es ihm gelang, im Weinkeller eine Videokamera zu installieren, dann konnte er das Übertragungskabel zur Treppe führen und über den Treppenschacht hinauf in seinen geheimen Zwischenraum. Und hier konnte er es mit der Überwachungsanlage verbinden.

Ein Schauer der Erregung durchfuhr ihn, und er schlug die Hand vor den Mund, um ein übermütiges Lachen zu ersticken. „Ferrand und die Manetti", murmelte er vor sich hin. Die beiden trafen sich manchmal im Weinkeller, wenn der Dienstplan sie übers Wochenende in der Schule festhielt. Er, Billy Tepper, konnte ihr Rendezvous filmen!

Die automatische Videokamera, die er in Miß Manettis Badezimmer installiert hatte, würde er nicht noch einmal verwenden. Das Motorengeräusch verriet sie. Nein, er wollte ein fest installiertes Übertragungsgerät benutzen. Das war technisch zwar etwas primitiver – doch wurde dieses Manko durch die Starbesetzung seiner Filmproduktion mehr als wettgemacht.

Zum Teufel mit der Idee, eine alte Vogelscheuche zu erschrecken! Dieses Epos verlangte ein anspruchvolleres Publikum. Auf jeden Fall den alten Mäuserich, das war sicher. Und so viele Lehrerinnen und

Lehrer, wie sich auftreiben ließen. Also mußte er die Begegnung extern aufzeichnen und danach einen Videorecorder mit dem Koaxialkabel verbinden. Außerdem mußte er den Recorder fernbedienen können – vielleicht mit Hilfe der Fernsteuerung von Schnuffi Bradberrys Modellflugzeug. Am Tag X brauchte er nur so lange in der Nähe des Sekretariats herumzuhängen, bis sich im Wachbüro gegenüber das geeignete Publikum versammelt hatte – und dann Vorhang auf!

Ein Klassiker, bei weitem sein bisher bester Trick. Und es war so einfach! Hatte er nicht irgendwo einmal gehört, daß die einfachsten Ideen die besten sind? Die Beschaffung und Montage des Geräts nahm höchstens ein, zwei Tage in Anspruch – und dann brauchte er nur noch zu warten, bis Ferrand und Miß Manetti wieder gemeinsam Nachtdienst hatten. Das Fernsehdebüt der beiden würde wahrscheinlich schon innerhalb der nächsten acht Tage über die Bühne gehen.

„Willst du Baseball spielen?" fragte er einen imaginären Edward Ferrand und zwängte sich wieder in den engen Luftschacht. „Na gut, dann spielen wir eben Baseball. Der alte Mäuserich wird dich so lange Platzrunden drehen lassen, bis du schwarz wirst."

15. APRIL, SPÄTNACHMITTAGS

OTIS BROWN sah nicht aus wie ein Spion. Seinen Kopf zierte nur noch ein dünner weißer Haarkranz, und die dicke Brille mit den randlosen Gläsern rutschte ihm immer wieder auf die Nasenspitze. Mit seiner zerbrechlich wirkenden Gestalt war er auch alles andere als der ideale Trenchcoatträger. Aber er verfügte über eine Reihe verborgener Qualitäten, mit deren Hilfe er zum führenden Antiterrorexperten des CIA aufgestiegen war.

Sein genauer Titel lautete „Chefanalytiker". Er sammelte Informationen aus Tausenden von Quellen, schrieb Computerprogramme, die die Datenflut nach Hunderten von Variablen ordneten, und untersuchte die Ergebnisse auf potentiell interessante Strukturen, die die allgemeinen Wahrscheinlichkeitsgesetze außer Kraft zu setzen schienen. Auf Grund seiner Warnungen hatte die italienische Polizei in der Toilette einer Boeing 727, kurz bevor die Passagiere zum Flug von Rom nach Athen an Bord kommen sollten, ein Versteck mit Schußwaffen und Handgranaten entdeckt. Und die britische Premierministerin hatte nach Browns Analyse möglicher IRA-Ziele eine Hotelreservierung rückgängig gemacht; tatsächlich wurde die ihr zugedachte Suite wenig später von einer Bombe zerstört.

Als Brown den streng gesicherten Konferenzraum des CIA-Hauptquartiers in Langley betrat, empfingen ihn seine Untergebenen stehend. Sie setzten sich erst, nachdem ihr Chef ein über zehn Kilogramm schweres Paket mit Computerauszügen auf den Konferenztisch gewuchtet und dann selbst Platz genommen hatte.

„Wir brauchen ein paar Hauptziele", begann Brown und klopfte auf den vor ihm liegenden Berg mit ausgedruckten Daten. „Ziele, auf die innerhalb der nächsten zwei Wochen ein Anschlag ausgeübt werden könnte." Er erklärte die Hintergründe. Eine zuverlässige Quelle hatte keine vierundzwanzig Stunden zuvor direkten Kontakt mit Sharif gehabt. Die Augen der Zuhörer weiteten sich bei der Erwähnung des Namens, der bei allen Analysen in jüngerer Zeit unvermeidlich Gegenstand der Untersuchung gewesen war. Sharif, fuhr Brown fort, habe angedeutet, daß er einen Anschlag auf ein bedeutendes Ziel plane, ein Ziel, dessen Inbesitznahme die betroffene Regierung zu sofortigen Konzessionen zwingen würde. Nur zwei Länder kamen für einen Anschlag dieser Größenordnung in Frage.

„Die Israelis haben wir alarmiert", fügte der Chefanalytiker hinzu. „Sie gehen der Sache nach. Wir hier konzentrieren uns auf unsere eigenen Interessen. Alle Anzeichen sprechen dafür, daß Sharif diesmal aufs Ganze geht."

„Liegt das Ziel in den Vereinigten Staaten?" fragte ein Assistent.

„Durchaus denkbar", antwortete Brown. „Aber keineswegs sicher. Die USA sind rund um den Globus präsent. Ein gegen unser Land gerichteter Anschlag kann daher überall stattfinden. Die am meisten gefährdeten Institutionen sind unterrichtet worden – Botschaften, Militärbasen, Konsulate. Es handelt sich im vorliegenden Fall allerdings um weit mehr als um eine gewöhnliche Drohung."

Browns Szenario verfehlte seine Wirkung; er sah es an den Mienen seiner Untergebenen. Terroristische Drohungen gehörten zum Alltagsgeschäft. Überall, wo es unzufriedene oder unterdrückte Bevölkerungsgruppen gab, konnte auch der letzte Narr damit rechnen, durch die Androhung eines Anschlags gegen einen realen oder eingebildeten Ausbeuter ernstgenommen zu werden. In den meisten Fällen stellte sich freilich bald heraus, daß die Sache blinder Alarm war – was aber nichts daran änderte, daß Brown und sein Expertenteam zunächst einmal von der Echtheit der Drohung ausgehen mußten.

„Meine Herren", sagte Brown und erhob sich ruckartig, „ich bin vom Wahrheitsgehalt der mir vorliegenden Informationen überzeugt. Ein Anschlag steht unmittelbar bevor – und zwar ein schwerer. Wenn wir nicht aufpassen, kann es passieren, daß wir durch eine Reihe von

Zinksärgen an unsere Pflichtvergessenheit erinnert werden. Ich verlange daher höchste Einsatzbereitschaft."

Jetzt hatte er die volle Aufmerksamkeit seiner Zuhörer. „Also", fuhr er fort, „worauf haben wir im einzelnen zu achten?" Er ging langsam um den Tisch herum. „Der Anschlag wird innerhalb der nächsten vierzehn Tage verübt, unser Informant ist sich dessen ganz sicher. Vielleicht aber auch schon innerhalb der nächsten Stunden."

„Es muß sich um eine sehr spektakuläre Aktion handeln", warf einer seiner Mitarbeiter ein. „Wenn Sharif dahintersteckt, ist das anders kaum vorstellbar."

Brown nickte zustimmend. „Wenn Sharif Erfolg haben will, braucht er eine Geisel, die für das betroffene Land so wertvoll ist, daß der Gedanke, ihr Leben aufs Spiel zu setzen, gar nicht erst aufkommt. Halten wir also die Augen offen. Nach den Auskünften unseres Informanten hat Sharif jemanden ausfindig gemacht, dessen Entführung uns mitten ins Herz treffen wird, wie er sagt. Es muß sich also um jemanden handeln, der sehr beliebt ist."

Aus den Mienen der Männer am Tisch sprach Ratlosigkeit. Dann meldete sich einer von ihnen zu Wort. „Die Nation hat sich darauf verpflichtet, terroristischen Forderungen nicht nachzugeben. Selbst wenn jemand auf die Idee kommt, den Präsidenten zu kidnappen, wird der Vizepräsident nicht nachgeben können. Er müßte so tun, als sei der Präsident ein Bürger wie jeder andere."

„Was, wenn sie sich beispielsweise den Papst schnappen?" fragte Otis Brown. Rund um den Tisch herrschte wieder betretenes Schweigen. „Können Sie sich vorstellen, daß die italienische Regierung aus lauter Prinzipientreue abwartet, bis der Heilige Vater auf die Rollbahn eines Flughafens geworfen wird? Wenn ein paar namenlose Touristen entführt werden, können wir zu unseren Grundsätzen stehen. Aber wenn die Terroristen die richtigen Leute erwischen, zwingen sie uns zu Kompromissen."

„Was meinen Sie damit?" fragte einer der Mitarbeiter mit gedämpfter Stimme. „Wen haben die Kerle im Visier?"

Brown schüttelte verzweifelt den Kopf. „Ich weiß es nicht. Aber ich bin sicher, daß der Schlag gegen die Vereinigten Staaten gerichtet ist und daß Sharif sich diesmal etwas ganz Besonderes ausgedacht hat. Nicht bloß ein paar Soldaten, Touristen oder Geschäftsleute, sondern irgend jemand, der uns sehr am Herzen liegt, dessen Leben wir nicht aufs Spiel setzen werden."

„Also können wir die ‚vorrangig gefährdeten Objekte' ignorieren", sagte ein Mitarbeiter.

„Wir werden überhaupt nichts ignorieren", verbesserte ihn Otis Brown, „sondern alle Fluggesellschaften warnen und sämtliche Flughäfen und Bahnhöfe in Alarmbereitschaft versetzen. Aber damit ist es nicht getan. Alle verfügbaren Informationen müssen von jedem denkbaren Blickwinkel aus unter die Lupe genommen werden. Machen Sie sich bei diesem Job auf 'ne Reihe Überstunden gefaßt."

Er kehrte zu seinem Platz an der Stirnseite des Tisches zurück und begann, umfangreiche Stöße Computerauszüge zu verteilen.

„Hier sind zum Beispiel fest gebuchte Überseereisen, die in den nächsten beiden Wochen stattfinden sollen." Der Mitarbeiter, der den Stapel entgegennahm, zuckte angesichts des Umfangs zusammen. „Achten Sie besonders auf die Zusammensetzung der Reisegruppen. Kirchenführer, Kinderchöre, Familienangehörige von Regierungsbeamten ... Uns interessiert jede größere Ansammlung möglicherweise gefährdeter Zielpersonen, egal wo." Der Mitarbeiter nickte.

„Hier sind Tagungen und Kongresse", fuhr Brown fort und schob einem anderen Mitarbeiter einen Stapel zu. „Uns interessieren sämtliche Zusammenkünfte von Fachleuten, vor allem in Städten, die im Brennpunkt des Interesses stehen. Und hier: persönliche Informationen über US-Regierungsbeamte und ihre Familien." Ein weiterer Papierstoß wanderte über den Tisch. „Kunstausstellungen", sagte Brown und deutete auf den nächsten Stapel.

Als alle Computerausdrucke verteilt waren, fragte er in die Runde: „Haben wir etwas vergessen?" Eine Lachsalve war die Antwort. Otis Brown, jedermann wußte es, vergaß nie etwas.

UNRUHIG ging Brown in seinem Büro auf und ab. Die Zeit nach der Verteilung der Aufträge war immer die schlimmste. Untätig mußte er warten, bis die ersten Resultate eingingen. „Was haben wir übersehen?" fragte er sich immer wieder.

Vier Stunden, nachdem er seine Mitarbeiter an die Arbeit geschickt hatte, wurde es vor den Fenstern seines Büros langsam dunkel. In Washington war es neun Uhr abends, in Mitteleuropa drei Uhr morgens, im Nahen Osten wurde es schon bald wieder hell. Ein neuer Tag brach an – vielleicht jener Tag, den Sharif auf seinem Kalender angekreuzt hatte, der Tag seiner siegreichen Attacke gegen die verhaßten Amerikaner ...

Ein Mitarbeiter stürmte ins Zimmer. „Ich hab da ein paar Sachen entdeckt, die interessant sein könnten", sagte er, zog einen Stuhl an Browns Schreibtisch heran und breitete seine Computerauszüge aus. „Das hier ist von der Reiseauskunft. Nächsten Dienstag ..." Er hatte eine bestimmte Zeile herausgesucht und deutete mit einem gespitzten Bleistift darauf. „Die Präsentation der neuesten Mode in Paris. Eine Gruppe von Ministerfrauen fliegt hin, alle in derselben Maschine. Sie sind auch alle in ein und demselben Hotel untergebracht."

Brown nickte. „Ja, das wär bestimmt ein großer Coup. Ich sehe schon die Fernsehbilder: Sharifs Guerilleros nehmen die verschwenderischen Ehefrauen der amerikanischen Führungselite als Geiseln und verlangen Millionen an Lösegeld."

„Da ist noch etwas", fügte der Mitarbeiter hinzu und deutete auf eine andere Seite. „Die Harlem Globetrotters. Sie spielen nächsten Mittwoch in Athen und kommen zweimal über den dortigen Flughafen – auf dem Hin- und auf dem Rückweg."

Die Hälfte aller Flugzeugentführungen in der Welt schien vom Athener Flughafen auszugehen. Brown wußte es. Und es gab kaum einen Amerikaner, der die Basketballzauberer nicht mochte.

„Und hier", fuhr der Mitarbeiter fort und blätterte in seinen Unterlagen. Eine Gruppe von Kirchenführern, darunter drei katholische Bischöfe und ein Oberhaupt der Methodisten, besucht die heiligen Stätten der Christenheit in Israel."

Brown nickte. „Auch eine Möglichkeit", erwiderte er, obwohl er keine der drei Varianten besonders aufregend fand. Sie waren einfach nicht spektakulär genug. „Sonst noch was?"

„Jetzt sind wir ungefähr zur Hälfte durch", erklärte der Mitarbeiter und packte seine Unterlagen ein. „Wir halten Sie auf dem laufenden."

Auf dem Weg hinaus stieß er in der Tür mit einem seiner Kollegen zusammen, der mit weiteren Informationen das Chefbüro betrat.

„Was haben Sie herausgefunden?" fragte Brown den Neuankömmling.

„Ich weiß, daß Sie voreilige Schlüsse nicht ausstehen können", begann der Mann. „Aber ich habe mich auf Überseeangelegenheiten konzentriert. Hier sind die Namen von über sechzig Jugendlichen – allesamt Söhne und Töchter von Regierungsmitgliedern –, die gegenwärtig an europäischen Schulen unterrichtet werden. Jeder von ihnen ist ein potentielles Entführungsopfer."

„Ein erschreckender Gedanke", meinte Brown. „Nur – ein einzelner amerikanischer Jugendlicher an irgendeiner höheren Schule gibt keinen sensationellen Fall ab."

„Wenn es sich aber um eine ganze Schule handelt? Sehen Sie, hier!" Der Mitarbeiter blätterte seine Unterlagen durch, bis er den gesuchten Eintrag fand. „St. Anselm's American School, gleich vor den Toren Roms. Schauen Sie mal, wie viele Sprößlinge von Regierungsmitgliedern und Senatoren dort sind! Selbst der Sohn des Oberscharfmachers Bradberry ist dort vertreten. Meinen Sie, der stimmt zu, daß die Schule gestürmt wird, solange sich sein Sohn darin aufhält?"

Brown prüfte die Liste aufmerksam.

„In der Schule sind nicht nur Politikerkinder", fuhr der Mitarbeiter fort. „Das ist die Gesamtliste der Schüler – und hier sind die Namen der Firmen, an denen ihre Familien beteiligt sind. Liest sich wie das ‚Who's who' der amerikanischen Industrie. Ausgeschlossen, daß die Eltern warten, bis die Kinder aus dem Fenster geworfen werden."

„Du lieber Himmel", murmelte Otis Brown. „Was ist das Wichtigste in Ihrem Leben?" fragte er den Mitarbeiter. „Was liegt Ihnen mehr am Herzen als alles andere? Für wessen Rettung würden Sie alles opfern?"

Der Mann zuckte die Schultern. „Für die Rettung meiner Kinder, nehme ich an."

Brown nickte. Es stimmte hundertprozentig. Die Söhne eines großen Teils der amerikanischen Machtelite besuchten diese Schule. Um diese Kinder zu retten, würden die Eltern von der Regierung verlangen, den Forderungen der Terroristen sofort nachzugeben. Das Objekt entsprach genau den Andeutungen, die Sharif gemacht hatte: Er würde die Amerikaner mitten ins Herz treffen.

Brown griff nach dem Telefonhörer und ließ sich mit dem amerikanischen Botschafter in Rom verbinden. Nie zuvor hatte der Mitarbeiter Otis Brown so entsetzt gesehen.

16. APRIL, IM MORGENGRAUEN

EDWARD FERRAND lächelte. Hinter ihm lagen die erregendsten Stunden, die er und Maria seit dem Beginn ihrer Freundschaft vor sechs Monaten miteinander verbracht hatten. Früher als üblich war es ihnen gelungen, sich von ihren Verpflichtungen in der Schule frei zu machen, wenngleich sie sich dafür über eine ihrer Verhaltensregeln hatten hinwegsetzen müssen. Normalerweise verließen sie das Schulgelände getrennt. Diesmal waren sie gemeinsam gegangen und hatten am Torhäuschen ihre Unterschriften in dem Buch nebeneinandergesetzt, mit dem der Pförtner Protokoll darüber führte, wer das Gelände betrat und wer es verließ. Da der Direktor an das moralische Verhalten seines Lehrkörpers gegenüber den Schülern gewisse Anforderungen stellte und da die beiden wußten, wie schnell man zum Lieblingsthema pubertärer Pausengespräche avancierte, hatten sie beschlossen, ihr

Verhältnis geheimzuhalten – allerdings war Ferrand das konspirative
Augenzwinkern nicht entgangen, mit dem sich die Burschen verständigten, wenn sie ihn mit Maria im Flur sprechen sahen. Einer wußte
mit Sicherheit Bescheid: Billy Tepper.

Fast zwei Stunden früher als sonst waren sie in dem kleinen Hotel
eingetroffen und hatten sich eine Flasche Landwein bestellt. Eine halbe
Stunde hatten sie auf dem kleinen Sofa gesessen, miteinander geredet
und sich den Wein schmecken lassen. Als die Flasche leer war, hatte
Maria ihr Übernachtungsköfferchen genommen und war im Badezimmer verschwunden. Ein Weilchen später war sie, züchtig in ein
Nachtgewand gehüllt, wieder herausgekommen.

„Ob ich dich jemals in Unterwäsche sehen werde?" hatte Ferrand
gefragt.

„Stehst du auf Unterwäsche? Runter mit dir auf die Straße vor das
Schaufenster eines Sex-Shops, zu all den anderen Lustmolchen!"

Ferrand hatte schallend gelacht – und nicht erst bei dieser Gelegenheit bemerkt, wie hoffnungslos er in Maria verliebt war. Längst
dachte er nicht mehr im Traum daran, den Lehrerberuf zum Schuljah-
resende an den Nagel zu hängen, um – wie er es vorgehabt hatte – eine
Karriere als Geschäftsmann in den Vereinigten Staaten zu beginnen.
Er wollte vielmehr versuchen, seinen Aufenthalt in St. Anselm um ein
weiteres Jahr zu verlängern – vorausgesetzt, Maria würde ihrem Plan,
selbst noch ein Jahr bei ihren geliebten Frischlingen zu bleiben, nicht
untreu werden.

Dann hatten sie sich geliebt, und als sie schließlich glücklich und
gelöst beieinanderlagen, hatte er sie gebeten, ihn zu heiraten. Das
Thema hatte früher immer wieder in der Luft gelegen, wenn sie sich
über ihre Pläne unterhielten oder über die Begeisterung sprachen, die
sie für ihre Zöglinge empfand, und ihre Liebe zu ihrem Heimatland
Italien. Und jetzt hatte Maria ja gesagt! Ferrand fühlte sich so hochge-
stimmt wie noch nie zuvor in seinem Leben.

Als sie vor dem Morgengrauen gingen, legten sie den Zimmerschlüssel auf den Tisch am Empfang und stiegen in Ferrands kleinen
Fiat. Es war nicht weit. Eine kurze Strecke fuhren sie auf der Autobahn, ehe sie in die kurvenreiche Nebenstraße einbogen, die nach St.
Anselm hinaufführte; bis zur Schule war es gerade noch eine Viertelstunde Fahrzeit. Das Internatsgebäude thronte auf einem Hügel inmitten eines dichten Pinienbestands und war wie eine mittelalterliche
Burg durch eine über vier Meter hohe Mauer von der Umgebung
abgeschirmt. Es gab nur eine Zufahrt, und diese endete direkt vor dem
einzigen Tor in der Mauer.

Für Ferrand dauerte der Heimweg allerdings immer etwas länger, denn er ließ es sich nicht nehmen, Maria am Tor abzusetzen. Danach fuhr er den Wagen zu der gemieteten Garage, die bei einem Bauernhaus auf halber Höhe des Hügels lag, und kehrte zu Fuß nach St. Anselm zurück. Es war ein Gebot der Höflichkeit – mit dem zusätzlichen Vorteil, daß ihre jeweilige Rückkehr zu unterschiedlichen Zeiten vermerkt wurde.

Ferrand legte den letzten Kilometer zurück und parkte den Wagen unmittelbar neben der Mauer. Maria beugte sich zu ihm hinüber und gab ihm einen flüchtigen Kuß, doch Ferrand zog sie näher zu sich heran und nahm sie in die Arme, um dem starken Gefühl der Zusammengehörigkeit Ausdruck zu verleihen, das er empfand. Minutenlang hielten sie sich eng umschlungen.

„Ich geh jetzt besser", sagte Maria schließlich und entwand sich seiner Umarmung. Einen Augenblick später war sie in der Toreinfahrt verschwunden. Ferrand legte den ersten Gang ein und fuhr bergab.

Maria durchschritt den steinernen Torbogen und ging auf das Pförtnerhäuschen zu, das von einer einsamen Schreibtischlampe und dem weißlichen Flimmern der Überwachungsmonitore erhellt wurde. Zu ihrer Überraschung mußte sie feststellen, daß das Häuschen leer war. Nie zuvor hatte sie erlebt, daß keiner der beiden alten Wachmänner, die Nachtdienst hatten, am Fenster saß.

Das Besucherbuch lag auf dem Tisch im Schatten. Als Maria sich darüber beugte, fielen ihr dunkle Flecken auf, die quer über die aufgeschlagene Seite verliefen. Dann bemerkte sie, daß eine der Fensterscheiben zersplittert war und ein spinnwebartiges Sprungmuster aufwies. In der Mitte des Spinnennetzes befand sich ein nicht mehr als bleistiftdickes, rundes Loch. Maria wandte sich wieder dem Schreibtisch zu und berührte einen der dunklen Spritzer auf dem Buch. Als sie die Fingerspitze unter die Lampe hielt, war sie tiefrot.

In ihrem Schock reagierte sie unüberlegt. Sie hätte kehrtmachen und auf der Straße Ferrand entgegenlaufen sollen. Gemeinsam hätten sie Hilfe holen können. Statt dessen eilte sie jedoch den Fahrweg entlang, der zum Internatsgebäude hinaufführte. Sie dachte nur daran, ihre Kinder zu schützen – vor dem oder den Unbekannten, die dem Nachtwächter so etwas angetan hatten.

Sie ging auf die beiden hellerleuchteten Gebäude zu, die eigentlich noch in tiefer Dunkelheit hätten liegen müssen, als plötzlich eine Gestalt zwischen den Büschen hervorstürzte und ihre Arme umklammerte. Maria versuchte zu schreien, brachte jedoch keinen Ton hervor. Sie wirbelte herum und schlug blindlings nach der schattenhaften

Gestalt; für einen Augenblick gelang es ihr sogar, sich loszureißen. Dann erkannte sie jedoch die Umrisse einer auf sie gerichteten Pistole. Als sie versuchte, die Waffe beiseite zu stoßen, wurde sie von einem heftigen Faustschlag an der Wange getroffen. Der Schmerz raubte ihr die Sinne, sie fiel zu Boden und schlug auf dem Pflaster auf.

Als sie zu sich kam, hörte sie Worte, gezischt in einer Sprache, die sie nicht verstand. Zwei finstere Gestalten packten sie an beiden Armen und schleiften sie den Weg entlang. Das Pflaster schabte wie rauhes Sandpapier über ihren Rücken. Die Männer schleppten sie die Treppe zum Neubau hoch und benutzten sie als Rammbock zum Aufstoßen der Tür. Schließlich warfen sie sie auf den gekachelten Fußboden des in gleißendes Licht getauchten Speisesaals.

Maria rappelte sich auf und schaute sich um. Im Saal befanden sich bereits einige andere Lehrer. Sie standen mit dem Rücken zu ihr und hatten die gestreckten Arme gegen die Wand gestemmt. Zwei von ihnen waren im Pyjama, ein dritter trug zur Schlafanzugjacke eine in aller Eile angezogene Hose. Maria sah einen Mann in einem Kampfanzug auf sich zukommen. Er packte sie dann bei den Haaren und zog sie hoch. Sie wurde grob vorwärts gestoßen und taumelte hin zur Wand, wo die anderen Lehrer standen.

Am Saaleingang tauchten drei weitere Lehrer auf, sie wurden von einem Bewacher hereingeführt, der ebenfalls in einem Kampfanzug steckte. Der letzte in der Reihe war der Direktor, der ein offenes Jackett über dem weißen Nachthemd trug und mit beiden Händen krampfhaft seine Hose festhielt. Er blinzelte bei dem ungewohnten Versuch, ohne Brille etwas zu erkennen.

Selbst als alle Lehrer versammelt waren, mußte Maria noch über eine Stunde lang an der Wand stehen bleiben. Verstohlen musterte sie die neben ihr aufgereihten Kollegen. Sie sehen aus wie Leichen, dachte sie. Die Kollegen hielten die Augen geschlossen oder starrten mit leerem Blick die Wand an. Aller akademischen Bildung zum Trotz wurden sie nun von einer lähmenden Furcht beherrscht – der Angst vor dem Ungewissen.

Denn die Eindringlinge waren niemandem bekannt. Es handelte sich um junge Männer mit dunklem Teint, die offensichtlich Spaß daran hatten, andere Menschen zu quälen. Was sie mit ihrem Überfall bezweckten, ließ sich nur erahnen. Denn seit die Lehrer aus den Betten geholt worden waren, war kein einziges klärendes Wort gefallen. Beunruhigend war auch die Tatsache, daß man sie von den offenbar in einem anderen Raum untergebrachten Kindern getrennt hatte.

„Guten Morgen!" ertönte in bestem Oxford-Englisch eine Stimme, die die Lehrer aus ihrer Lethargie schreckte. „Sie dürfen jetzt die Hände von der Wand nehmen, sich langsam umdrehen und mich ansehen." Der Direktor stolperte beim Versuch, sein Gleichgewicht wiederzugewinnen, und fiel Harold Hutchings, dem Geschichtslehrer, in die Arme. Maria sah, daß Hutchings' Lippen aufgeplatzt waren.

„Gut", fuhr der Mann mit der freundlichen Stimme fort, „nun darf ich Sie um Ihre Aufmerksamkeit bitten. Es gibt diverse Vorschriften zu beachten, und ich möchte, daß Sie sich diese genau einprägen."

Der Mann war groß und schlank, trug Khakihemd und -hose sowie eine tief in die Stirn gezogene schwarze Drillichmütze, unter deren Schirm dunkle, vor Tatendrang sprühende Augen funkelten. Unter dem Schnurrbart blitzten blendendweiße, makellose Zähne. Das Kinn zierte ein kleiner, diabolisch wirkender Ziegenbart. Im Gegensatz zu seinen Gefährten trug der Mann an seinem ledernen Gürtel ein kleines Holster, aus dem der weiße Griff eines Revolvers ragte.

„Mein Name ist Gamel. Ich bin Kommandeur der Heiligen Befreiungsarmee unter dem Oberbefehl von General Sharif, der wahren Hoffnung des palästinensischen Volkes. In seinem Namen habe ich die Schule erobert. Sie sind alle Gefangene in unserem Befreiungskrieg, und Sie werden so lange in Gefangenschaft bleiben, bis zufriedenstellende Voraussetzungen für Ihre Auslieferung an die imperialistischen Kräfte gegeben sind."

Maria brach das entsetzte Schweigen. „Was ist mit den Kindern?" wollte sie wissen.

„Sie sind unsere Hauptgefangenen, denn Amerikaner schätzen ihre Kinder sehr." Gamel ging gemessenen Schrittes vor seinen Geiseln auf und ab. „Betrachten wir nun die Situation, in der Sie sich befinden, etwas näher." Er bückte sich und nahm einen dünnen Draht auf, der unweit der Wand über den Boden gespannt war. „Ihnen werden überall im Raum diese Drähte auffallen. Jeder von ihnen ist mit einem Sprengsatz verbunden, die überall in beiden Schulgebäuden verteilt sind." Gamel langte in seine Tasche und holte ein kleines Kästchen hervor, das wie ein billiges Transistorradio aussah. „Dies hier ist der Funkauslöser. Durch das Drücken einer einzigen Taste kann ich den gesamten Gebäudekomplex mit allen Personen, die sich darin aufhalten, vernichten." Er streckte den Arm aus, so daß jeder das Gerät sehen konnte. „Wer von Ihnen unterrichtet Physik?"

Paul Prinz, der kleine dunkelhaarige Mann, der über seiner Hose noch die Schlafanzugjacke trug, hob die Hand.

„Gut." Gamel lächelte. „Vielleicht können Sie Ihren Kollegen erläutern, wie ein elektronisch ferngesteuerter Zünder funktioniert. Dann

können Sie ihnen auch gleich erklären, daß es sinnlos ist, auf eine
Befreiungsaktion zu spekulieren. Sobald Soldaten oder Polizisten
durchs Tor oder über den äußeren Mauerring kommen, wird es in diesem Gebäude keinen lebenden Menschen mehr geben, der imstande
wäre, den Befreiungstrupp zu empfangen." Wie beiläufig ließ er das
Gerät wieder in seine Tasche gleiten. „Was eventuelle Fluchtversuche
betrifft, so möchte ich Sie in zweifacher Hinsicht warnen. Erstens:
Meine Kämpfer sind ans Töten gewöhnt. Viele von ihnen haben mit
eigenen Augen miterlebt, wie ihre Eltern oder Geschwister von israelischen Panzern niedergewalzt oder von amerikanischen Granaten in
die Luft gejagt wurden. Sie dürfen also nicht mit allzuviel Mitgefühl
rechnen. Wenn meine Leute Sie oder eines von den Kindern außerhalb
des Gebäudes entdecken, werden sie sofort schießen."

Er ging langsam auf Maria zu und lächelte, als sich ihre Blicke trafen. Mit dem Zeigefinger hob er ihr Kinn. „Sie haben bereits die
Erfahrung gemacht, wie sich Befehlsverweigerung auszahlt", fügte er
in vertraulichem Ton hinzu. Dann schritt er die Reihe der Lehrer ab,
bis er zu Harold Hutchings kam, dem er die Hand auf die Schulter
legte. „Dieser Mann hier weigerte sich, seine Zimmertür zu öffnen,
obwohl man es ihm befohlen hatte. Statt dessen verständigte er telefonisch die Polizei, was insofern ein blödsinniger Anfall von Heldenmut
war, als wir längst selbst dort angerufen und bekanntgegeben hatten,
daß sich die Schule in unserer Hand befindet. Ich glaube, der Herr hat
inzwischen eingesehen, daß es sinnvoller ist, unseren Anweisungen
widerspruchslos Folge zu leisten."

Gamel begab sich wieder in die Mitte des Saales und lehnte sich
gelassen gegen die Tischkante. „Meine zweite Warnung lautet folgendermaßen: Selbst wenn es Ihnen gelingen sollte, die Flucht zu ergrei-
fen, sollten Sie an diejenigen denken, die Sie zurücklassen. An Ihre
Kollegen und natürlich auch an Ihre Schüler. Für jeden, der über die
Mauer klettert, werden fünf andere getötet. Ihre Aufgabe wird es
daher sein, die Schüler in diesem Sinne zu beaufsichtigen. Habe ich
mich verständlich ausgedrückt?"

Ein oder zwei Lehrer nickten, die anderen verharrten in Bewe-
gungslosigkeit.

Gamel rieb sich die Hände. „Haben Sie noch Fragen?"

„Wie lange werden wir Ihre Geiseln bleiben?" erkundigte sich Maria
sofort mit lauter Stimme.

Gamels Miene verfinsterte sich. „Gefangene", korrigierte er, „nicht
Geiseln. Sie sind Gefangene in einem revolutionären Krieg. Die Dauer
der Gefangenschaft bestimmt die Regierung der Vereinigten Staaten.

General Sharif wird die Bedingungen für Ihre Freilassung festlegen. Vielleicht gehen die Vereinigten Staaten postwendend darauf ein, vielleicht aber werden sie ihrerseits Bedingungen stellen und versuchen, die Sache endlos in die Länge zu ziehen. Uns ist es gleichgültig, wie lange es dauert. Wir sind seit zwei Generationen Gefangene und daher ans Warten gewöhnt." Mit glänzenden Augen blickte er in die erschrockenen Gesichter der Lehrer. „Keine weiteren Fragen? Gut. Dann wecken Sie jetzt die Kinder, und bringen Sie sie hierher, in den Speisesaal. Das Frühstück wird aufgetragen wie sonst auch immer. Denken Sie jedoch stets daran, daß in jedem Flur eine Wache steht. Ihre Aufgabe ist es, die Ordnung aufrechtzuerhalten."

Niemand rührte sich.

„Los jetzt!" befahl Gamel, und zum erstenmal klang seine Stimme barsch und autoritär. Die Lehrer setzten sich in Bewegung, durchquerten rasch den Speisesaal und entfernten sich über den Gang, der zum Altbau hinüberführte.

Als Maria an Gamel vorbeikam, versperrte er ihr mit ausgestrecktem Arm den Weg. Sie blieb stehen und sah ihm unverwandt ins Gesicht. Er erwiderte ihren Blick mit starrer, eisiger Miene. „Sie haben ja gar keine Angst", stellte er verwundert fest.

„Ich habe Angst um die Kinder", antwortete sie ohne Zögern.

„Gut", sagte er. „Aber haben Sie ruhig auch Angst um sich selbst."

Vormittags

Oberst William Smiles schob sich die tiefsitzende Baseballkappe aus der sonnengebräunten Stirn und setzte den Feldstecher an die Augen. Die stehende Passagiermaschine schien auf der Oberfläche eines Sees zu schwimmen. Vom Wüstenboden stieg flirrende Hitze auf und verzerrte das Licht, so daß das Fahrwerk der Maschine unsichtbar blieb. Smiles konnte zwar die Umrisse der Cockpitfenster erkennen, nicht jedoch die Person dahinter, deren krächzende Stimme über das Funkgerät des Jeeps an sein Ohr drang.

Plötzlich ertönte ein anderes Geräusch aus dem Lautsprecher – ein mechanisches Rattern. Smiles erkannte es sofort: Es waren Schüsse aus automatischen Gewehren im Innern des Flugzeugs. Langsam ließ er den Feldstecher sinken.

Vor seinem geistigen Auge sah er, wie die Terroristen durch die Gänge der Maschine liefen und wahllos auf die zusammengekauerten Passagiere feuerten. Zwei Männer, die aus solch kurzer Entfernung

schossen, waren imstande, sieben oder acht Menschen pro Sekunde zu
töten. Verzögerungen ergaben sich nur beim Nachladen.

Während Smiles' Soldaten noch um die Eingangsluke kämpften,
wurden die Passagiere von Kugeln durchsiebt. Die Befreiungsaktion,
der er den Codenamen „Trojanisches Pferd" gegeben hatte, endete
mit einem Blutbad.

Smiles wandte sich an den neben ihm sitzenden Hauptmann. „Das
reicht", erklärte er.

„Sie meinen, die Übung soll abgebrochen werden?"

„Ich habe gesagt, das reicht!" erwiderte der Oberst scharf. Er hatte
den Jeep bereits verlassen und ging auf das von Rauchschwaden
umwölkte Flugzeug zu.

Alles war planmäßig abgelaufen. Die Soldaten zählten zu den besten
seiner Elitetruppe und waren hervorragend ausgebildet, ihre Ausrüstung – Kampfjacken, Stahlhelme und leichte automatische Waffen –
sorgfältig ausgewählt. Die Männer, die über Funk mit den Terroristen
sprachen, um sie bei Laune zu halten, waren in Zusammenarbeit mit
führenden Universitätspsychologen auf ihre Aufgabe vorbereitet
worden. Das eigentliche „Trojanische Pferd" war seine Erfindung
gewesen – ein als Tankwagen für Flugbenzin getarntes Fahrzeug, das
als Truppentransporter und Sturmleiter diente. Ja, er hatte sogar eine
Terroristengruppe auf die Beine gestellt und ihr ein Flugzeug mit freiwilligen Geiseln überlassen. „Sagen Sie mir nicht, wie oder wo", hatte
er dem Hauptmann aufgetragen. „Lassen Sie die Maschine an einen
beliebigen Ort fliegen, und stellen Sie dann Ihre Forderungen. Ich
wünsche, daß die Rettungsaktion so realistisch wie möglich über die
Bühne geht. Alles echt, bis auf die Munition."

Der Hauptmann hatte für ein überaus realistisches Szenario gesorgt.
Der Einsatztruppe bot sich eine Situation wie im Ernstfall. Doch die
Aktion hatte sich als glatter Fehlschlag erwiesen.

Es hat schiefgehen müssen, gestand sich Smiles auf dem Weg durch
den glühendheißen Sand ein. Flugzeugentführungen waren das Werk
von Wahnsinnigen, also siegte unweigerlich die Seite, bei der die Vernunft ausgeschaltet war. Smiles zog die Konsequenzen aus dem Erleb-
ten: Solange man auf Menschenleben Rücksicht nahm, war eine
gewaltsame Geiselbefreiung ein Ding der Unmöglichkeit. Es gab
keine Überlebensgarantie, für niemanden. Die Erkenntnis, daß alles
schiefgegangen war, ließ Smiles für einen Augenblick sogar seine
militärisch korrekte Haltung vergessen. Seine breiten Schultern
erschienen gebeugt, sein sonst so entschlossener Schritt wurde zum
Schlurfen. Smiles wirkte plötzlich erheblich älter als achtunddreißig.

Der Hauptmann hatte inzwischen ebenfalls den Jeep verlassen und sich zu seinem Vorgesetzten gesellt. „Wir haben ein Problem", sagte er. Smiles blickte müde auf. „Soeben erhielt unsere Einheit den Befehl, nach Rom zu fliegen."

„Nach Rom?" fragte Smiles.

„Jawohl." Der Hauptmann nickte. „Wir sollen sofort kommen. Ein Internat in der näheren Umgebung der Stadt ist besetzt worden. In der Schule befinden sich sechzig Prominentenkinder, allesamt Amerikaner."

Der Oberst starrte auf die Maschine, die noch immer von Schwaden aus den Rauchgranaten verschleiert war. „Um Himmels willen, nein!" entfuhr es ihm.

MARIA wußte, daß sie eigentlich mit den Frischlingen hätte reden müssen. Die unausgesprochenen Fragen der schreckensbleichen Kinder wollten beantwortet werden. Aber Maria hielt den Kopf abgewandt, damit die Jungen die Striemen auf ihrer Wange nicht sahen. Ihr zerschundenes Gesicht hätte das Entsetzen ihrer Schüler nur noch vergrößert.

Die Jungen saßen inzwischen alle auf ihren Plätzen im Speisesaal, die Hände, wie man ihnen befohlen hatte, flach auf die Tische gelegt. Am Kopfende jedes Tisches saßen zwei Lehrer, die ihre Schützlinge überwachten. Am anderen Ende stand je ein Soldat mit einem öligen, an einem Schulterriemen baumelnden Schnellfeuergewehr.

Die älteren Jungen wußten Bescheid. Sie waren Gefangene, und ihr Leben hing ab von ihrer Fähigkeit, möglichst nicht aufzufallen. Das war so ähnlich wie im Klassenzimmer, wenn man nicht aufgerufen werden wollte.

Das Problem waren die Frischlinge. Sie waren ja noch so klein! Wenn sie sich weh getan hatten, brauchten sie Trost. Wenn sie sich ängstigten, wimmerten sie so lange, bis jemand kam und sie beruhigte. Und jetzt waren sie buchstäblich starr vor Entsetzen. Wie lange dauerte es wohl, bis einer von ihnen aufkreischen und sich in die Arme seines Lehrers flüchten würde? Wie würden die Terroristen in so einem Fall reagieren? Würden sie begreifen, daß ein kleiner Junge, der Angst hatte, keine Gefahr für sie darstellte? Die meisten der Freischärler, die sie in Schach hielten, waren ja selbst noch Halbwüchsige. Maria schätzte den ältesten von ihnen auf etwa zweiundzwanzig Jahre. Auch sie hatten Angst, Maria konnte es an ihren Mienen erkennen.

Die Lehrer hatten die Kinder aufgeweckt und den älteren Jungen vorsichtig erklärt, daß sie überfallen worden seien und vorübergehend

festgehalten würden. „Wahrscheinlich nur für ein paar Stunden",
hatte Harold Hutchings den Jungen versichert.

„Heißt das, daß der Unterricht ausfällt?" hatte Billy Tepper beiläufig gefragt. „Dabei war ich richtig scharf auf Ihre Geschichtsarbeit. Ich
hab mir das Zeug gründlich durchgelesen. Wär 'n glatter Einser
geworden." Die Jungen sahen Tepper an, und dann fing Schnuffi
Bradberry plötzlich an zu lachen, bis er einen furchtbaren Hustenanfall
bekam. Auch die anderen lachten, und sogar auf Hutchings' aufgerissenen Lippen zeigte sich ein Lächeln.

Elias Metz hatte den Mittelkläßlern die Situation erklärt und sich
dabei zunächst an die Jungen gehalten, die er für die reifsten hielt. Er
merkte jedoch sehr schnell, daß die Kinder von nackter Angst
beherrscht wurden; einige mußten sich sehr anstrengen, um nicht in
Tränen auszubrechen.

Maria hatte die Frischlinge versammelt und sie auf die veränderte
Lage hingewiesen. „Soldaten sind im Schulgebäude", hatte sie mit
Überzeugung in der Stimme gesagt. „Der Unterricht findet daher im
Speisesaal statt. Bringt die Bücher gleich mit runter." Sie war ent-
schlossen, die Jungen so schnell wie möglich mit irgendwelchen
Aufgaben zu beschäftigen – Hauptsache, sie wurden von der Gefahr
abgelenkt, in der sie schwebten.

Dann versammelten sie sich alle im Speisesaal. Die Oberkläßler ris-
kierten verstohlene Blicke auf die Freischärler mit den ausdruckslosen
Gesichtern, während die Frischlinge sie mit offenen Mündern anstarrten. Das Frühstück verlief glücklicherweise ohne Zwischenfälle.

Danach erklärte Gamel, daß er nun mit seinen Offizieren den
gesamten Gebäudekomplex durchsuchen und alle Telefone und
Radiogeräte entfernen würde. Sobald sichergestellt sei, daß keine
Waffen vorhanden seien und keine Verbindung mehr zur Außenwelt
bestünde, dürften die Kinder wieder in ihre Zimmer zurückkehren.

Schließlich warteten sie in endlosem Schweigen. Langsam verging
Stunde um Stunde. Maria wußte, daß sie mit den Kindern reden
mußte. Sie mußte um alles in der Welt verhindern, daß sie die Nerven
verloren und eine Panik auslösten.

NACHMITTAGS

FERRAND war erschöpft. Von dem Augenblick an, da auf dem Rück-
marsch zur Schule ein Polizeiauto neben ihm angehalten hatte, war er
pausenlos verhört worden. Jetzt war ein italienischer Karabiniere mit

wettergegerbtem Gesicht an der Reihe und stellte ihm noch einmal dieselben Fragen. Wer waren die Freischärler, die die Schule überfallen hatten? Warum hatten sie ihn laufen lassen, während alle anderen Lehrer und Schüler als Geiseln festgehalten wurden?

Schließlich wurde es Ferrand, der auf der Polizeiwache saß, zu dumm, und er schlug mit der Faust auf den Tisch. Er hatte keine Ahnung, wer die Schule überfallen haben könnte. Er hatte lediglich eine junge Kollegin am Tor abgesetzt. War Maria in Sicherheit?

Der Karabiniere ließ von ihm ab und stritt sich am Telefon mit zwei verschiedenen Anrufern. Dann ordnete er an, daß Ferrand mit einem Jeep von der Polizeiwache zu der Garage gebracht werden sollte, wo er den Fiat geparkt hatte. Als sie dort ankamen, fiel Ferrand eine mit Tarnfarbe angestrichene Antennenanlage auf, die neben dem Eingang des Bauernhauses stand. Das Mobiliar in dem kleinen Wohnzimmer war ausgeräumt und durch Funkgeräte sowie eine Telefonvermittlung ersetzt worden. In die Küche hatte man einen Kartentisch und drei Schreibtische gezwängt.

Dort wurde Ferrand von Otis Brown erwartet. Nachdem sich der Chefanalytiker des CIA vorgestellt hatte, klärte er Ferrand über die Ereignisse auf. Bei der Polizei habe ein Mann angerufen und von sich behauptet, er sei ein Oberst der Palästinensischen Befreiungsarmee. Der Anrufer habe erklärt, daß er das Internat im Namen eines gewissen Sharif besetzt habe, und damit gedroht, sämtliche Bewohner zu töten, falls jemand versuche, das Internatsgelände zu betreten. Minuten später habe sich ein Lehrer der Schule telefonisch gemeldet und in höchster Erregung mitgeteilt, daß eine Truppe von Freischärlern dabei sei, das Schulgebäude zu stürmen.

„Da es sich um eine amerikanische Schule handelt, wurde sogleich die US-Botschaft benachrichtigt", fuhr Brown fort. „Das war vor mittlerweile neun Stunden, also um zwei Uhr morgens Washingtoner Zeit. Ich bin gerade erst gelandet und kann daher nicht viel mehr hinzufügen – außer, daß die Israelis eine Rundfunksendung mitgeschnitten haben, in der Sharif behauptet, er habe die Kinder der herrschenden Klasse Amerikas in seiner Gewalt."

Ferrand erkundigte sich erneut nach Maria und den Kindern, doch Brown ging darauf nicht ein, sondern fragte seinerseits: „Wie viele Kinder befinden sich in der Schule?"

Ferrand addierte: zweiundzwanzig Ober-, neunzehn Mittel- und dreiundzwanzig Unterkläßler.

„Und wie viele Lehrer?" Der Lehrkörper umfaßte zwölf Personen ohne den Direktor und seinen Assistenten.

„Hauspersonal?" fragte Brown, während er Ferrands Antworten auf einen Notizblock schrieb.

„Eine Sekretärin, drei Küchenhilfen und zwei Gärtner", berichtete Ferrand nach einer Denkpause. „Aber die übernachten nicht auf dem Schulgelände. Dann sind da noch die beiden Nachtwächter, die Tordienst haben, der eine von sechs Uhr abends bis Mitternacht, der andere von Mitternacht bis sechs Uhr morgens. Wahrscheinlich wurde der Mann von der zweiten Schicht auch gefangengenommen."

Als nächstes wollte Brown von Ferrand wissen, welche Stimmung seiner Ansicht nach zur Zeit in der Schule herrsche. Zum Beispiel unter den Lehrern: War ihnen zuzutrauen, daß sie in einer Krisensituation die Ordnung aufrechterhielten?

„Das sind Akademiker", antwortete Ferrand, der ungeduldig wurde. „Nicht gerade Leute, die Übung darin haben, sich in lebensgefährlichen Situationen zu behaupten. Aber sie schwören auf ihre Schüler und hängen an ihnen. Ich glaube, sie haben die nötige Courage."

„Fein", sagte Brown und fragte nach den Kindern. Würden auch sie sich diszipliniert verhalten? Konnte man davon ausgehen, daß sie den Anweisungen ihrer Lehrer Folge leisteten?

Je mehr Fragen Brown stellte, desto wütender wurde Ferrand. Auch er hatte schließlich eine Menge Fragen auf Lager. Wer genau waren diese Leute, die seine Kollegen und die Schüler gefangenhielten? Waren sie gefährlich? Was wurde unternommen, um Schüler und Lehrer freizubekommen? Inzwischen war fast ein ganzer Tag vergangen. Gab es denn keinen Menschen hier, der endlich die Initiative ergriff?

Ferrand war gerade aufgesprungen, um seiner Forderung nach entschiedenem Handeln Nachdruck zu verleihen, als ein amerikanischer Offizier zur Tür hereinstürmte und salutierte. Er war gut einsachtzig groß, sein Gesicht sonnengebräunt, und er hatte sandfarbenes, auf Bürstenschnitt getrimmtes Haar, das an den Schläfen bereits ergraute. Brown begrüßte den Offizier mit einer Verlesung der Fakten, die er alle sorgfältig auf seinem Block notiert hatte. Dann stellte er Ferrand vor und erklärte die besondere Situation des Lehrers: Er sei der einzige Lehrer, der sich während des Überfalls außerhalb des Schulgeländes aufgehalten habe.

„Ich überlasse Sie jetzt Oberst Smiles", meinte Brown schließlich und ging hinaus.

Auch der Armeeoffizier hatte noch eine ganze Menge Fragen. Wie hoch war das Schulgebäude? Waren die Dächer des Alt- und des Neubaus flach? Gab es Treppen und Verbindungsgänge, die zu den

Dächern hinaufführten? War das Gelände eben oder hügelig? Wie hoch waren die Mauern? Wie funktionierte die Videoüberwachung?

Die meisten Fragen konnte Ferrand nur ungefähr beantworten, und er merkte sehr schnell, daß seine vagen Aussagen den Offizier nicht befriedigten. Zum Schluß lächelte der Oberst und sagte wie zur Entschuldigung: „Unser Verhör war ziemlich unbarmherzig, wie? Gegenwärtig kreisen zwei Aufklärungsflugzeuge über dem Gelände, in einer Höhe von fünfundzwanzigtausend Metern. Die Fotos, die von da oben geschossen werden, sind für uns wertvoller, wenn wir wissen, um was für Objekte es sich da im einzelnen handelt."

Inzwischen war ein junger Leutnant eingetroffen, der die zusammengerollten Baupläne von St. Anselm mit sich führte. Smiles reichte die Pläne Ferrand und bat ihn, sie sich genau anzusehen. Er sollte alle Veränderungen eintragen, die sich seit dem Baubeginn im Jahre 1870 ergeben hatten.

Zum damaligen Zeitpunkt gehörten große Teile Mittelitaliens noch dem Kirchenstaat, doch hatte das Papsttum nach dem Fall Napoleons III. jede Hoffnung auf eine langfristige Erhaltung seines Besitzstands verloren. Der Erbauer von St. Anselm gab sein ehrgeiziges Projekt sehr bald auf. Lediglich die Mauer und die steinernen Fundamente des Wohngebäudes waren errichtet worden.

Um die Jahrhundertwende wurde die Arbeit wiederaufgenommen. Der neue Eigentümer hielt sich an den vorhandenen Grundriß, ließ jedoch das Innere nach eigenen Wünschen gestalten. Als das Haus beziehbar war, waren die ursprünglichen Pläne längst Makulatur.

Das Haus wurde später erneut aufgegeben und stand leer, bis es zu Beginn der faschistischen Herrschaft einem Schergen Mussolinis übereignet wurde. Als sich die italienische Landbevölkerung während des Zweiten Weltkriegs gegen die Faschisten auflehnte, wurde die Anlage in eine Festung verwandelt. Die Mauer wurde erhöht; ihre Krone mit Glasscherben und einzementierten Eisenspitzen versehen. Die politischen Führer des Landes brachten im Wohngebäude ihre Familien unter und postierten am Tor Soldaten.

Nach der Besetzung Roms durch deutsche Truppen im Jahr 1944 wurde die Anlage zum Feldhauptquartier der deutschen Generäle, was dazu führte, daß das Gelände zum Ziel amerikanischer und britischer Bombenangriffe wurde. Das Haus brannte aus, nur die Außenmauern blieben stehen und zeugten noch von vergangener Herrlichkeit. Danach übernahm das Rote Kreuz St. Anselm. Die internationale Hilfsorganisation sorgte für den Wiederaufbau des Wohnhauses, das im Innern eine Reihe zweckmäßiger kleiner Räume erhielt. Damit

wurde jedoch die Eleganz und Großzügigkeit der ursprünglichen
Anlage endgültig zerstört.

Der hotelartige Komplex wurde 1950 von der anglikanischen Kirche erworben, die ihn in eine Schule für den Nachwuchs der britischen
Aristokratie umwandelte und nach dem heiligen Anselm benannte,
jenem Benediktinermönch aus Canterbury, der als der bedeutendste
englische Theologe des Mittelalters gilt. Die Anglikaner waren es
auch, unter deren Leitung Anfang der sechziger Jahre der Neubau hin-
zugefügt wurde.

Die wirtschaftlichen Realitäten der Nachkriegszeit hatten indessen
dazu geführt, daß ein Großteil des Vermögens der Engländer mittlerweile amerikanischen Bankiers und Industriellen gehörte. So wurden
das Grundstück und die Gebäude im Jahr 1965 an eine Gruppe von
Amerikanern verkauft. Sie gründeten eine Internatsschule für die
Söhne der Reichen aus der Neuen Welt. Man erweiterte den Speisesaal
und teilte die großen Vorlesungssäle in kleine Klassenzimmer auf.

Ferrand vertiefte sich in die Pläne, bemühte sich, sie mit dem ihm
vertrauten Bild der Gebäude in Einklang zu bringen. Nach einer Weile
schob er sie enttäuscht beiseite. „Diese Pläne taugen nichts", sagte er
zu Oberst Smiles. „Wer sich an die hält, verläuft sich garantiert."

„Die Pläne sind alt", erwiderte Smiles. „Aber wir haben keine anderen. Sie müssen sie für uns auf den neuesten Stand bringen. Wir brauchen die Anordnung der Zimmer und die genaue Position der Türen.
Außerdem müssen wir wissen, wo sich die Fenster befinden. Und –
gibt es zum Beispiel welche, die groß genug sind, daß zwei oder drei
Mann gleichzeitig durchbrechen können?"

Ferrand nickte. „Ich bin kein Architekt, Herr Oberst, aber ich
werde mein möglichstes tun." Er betrachtete die Zeichnungen, auf
denen der Altbau dargestellt war. Sie zeigten Ballsäle und Bibliothe-
ken, wo sich nach seiner Kenntnis jetzt Schlafräume befanden. Auf
einer Skizze des Neubaus waren Kirchenbänke eingezeichnet, wo jetzt
die Küche war. Nach kurzer Zeit gab er auf, übertrug lediglich die
Grundrisse auf einen Bogen Papier und zeichnete die Einzelheiten aus
dem Gedächtnis ein.

Smiles beobachtete Ferrand beim Zeichnen und erkannte, noch ehe
der Lehrer auch nur zur Hälfte fertig war, daß es Probleme gab. Durch
die zahlreichen Renovierungen boten die einzelnen Stockwerke das
Bild eines Labyrinths, mit endlosen verwinkelten Korridoren und
Dutzenden kleiner Zimmer. Mit einem Überraschungsangriff war das
Internat nicht zu erobern. Der Gebäudekomplex wurde leicht zur
gefährlichen Falle. Auch eine Erstürmung über das Dach konnte

Smiles sich aus dem Kopf schlagen: Es war ziegelgedeckt und sehr steil und hatte zahlreiche Giebel und Erker.

Ferrand legte den Bleistift weg. Der Oberst sah sich die Zeichnung an. Eine gepunktete Linie, die im Hauptgebäude ein großes Areal abtrennte, erregte seine Aufmerksamkeit. „Was ist das?" fragte er.

„Der Weinkeller", antwortete Ferrand, ohne aufzublicken.

„Weinkeller?"

„War es zumindest ursprünglich, vermute ich. Der Raum befindet sich ungefähr zwei Meter unterhalb des übrigen Kellerniveaus. Während des Krieges zogen die Deutschen Betonmauern ein und nutzten diesen Teil des Kellers als Luftschutzbunker."

„Wie sieht es darin aus?" fragte Smiles ungeduldig.

Ferrand konnte sich lebhaft daran erinnern. „Das ist nichts weiter als ein großer, quadratischer Raum mit weißverputzten Wänden. Ein paar Lampen als Beleuchtung – nackte Glühbirnen mit einem Drahtgehäuse –, mehrere alte Stühle und eine Couch. Ich glaube, die meisten Schüler wissen noch nicht einmal, daß es diesen Raum überhaupt gibt. Als die Küche im Neubau eingerichtet wurde, hat man vor die Tür zur Weinkellertreppe ein Vorratsregal gestellt. Man muß schon genau hinsehen, wenn man sie finden will."

Otis Brown kehrte in diesem Augenblick ins Zimmer zurück; er hatte dunkle Ringe unter den Augen, was von fehlendem Schlaf herrührte. „Nun, wie steht's?" fragte er.

Smiles hob die Arme in einer Geste der Verzweiflung. „Die Anlage ähnelt einer Festung – mit einem Betonbunker im Keller. Diese Schule ist besser gesichert als das Weiße Haus!"

„Wie lange würde es dauern, bis wir die beiden Gebäude eingenommen hätten?" fragte Brown und zückte seinen Notizblock.

„Zu lange", erwiderte Smiles. „Wenn die Terroristen wirklich bereit sind, die Geiseln umzubringen, dann wären alle tot, bevor –"

„Meinen Sie wirklich, die schrecken nicht davor zurück, die Geiseln umzubringen?" unterbrach ihn Ferrand. „Ich weiß, daß Terroristen mit solchen Maßnahmen drohen – aber werden sie wirklich mit Maschinenpistolen auf kleine Jungs schießen?"

Otis Brown setzte die Brille ab. „Eine sehr gute Frage", antwortete er. „Terroristen, die ihre Geiseln massakrieren, sind keine Freiheitskämpfer mehr, sondern Kriminelle – selbst in den Augen ihrer eigenen Leute. Daher könnte man im Normalfall davon ausgehen, daß den Kindern nichts geschieht, solange wir hier keinen Blödsinn machen. Nur leider heißt der Anführer der Geiselnehmer Gamel."

„Gamel!" rief Smiles, wie vor den Kopf geschlagen.

Brown nickte langsam. „Töten macht Gamel Spaß", fuhr er fort. „Und zwar selbst dann, wenn wir uns auf einen Kuhhandel mit ihm einlassen. Töten und Siegen ist für ihn ein und dasselbe. Glücklicherweise führen wir die Verhandlungen mit Sharif. Und der träumt davon, ein Volksheld zu sein. Blut an den Händen würde ihm nur schaden. Wahrscheinlich werden wir also darauf bauen können, daß Sharif von Gamel Zurückhaltung fordert."

Ferrand kniff verwirrt die Augen zusammen. Brown beschloß in diesem Moment, seinen Mitarbeitern und dem Lehrer zu erzählen, was er von dem Mann wußte, mit dem sie es zu tun hatten. Im Gegensatz zur herkömmlichen Meinung waren keineswegs alle Palästinenser verarmte Flüchtlinge. Gamels Vater hatte mit Landverkäufen an israelische Siedler ein Vermögen gemacht und war einer der wohlhabendsten Männer in der islamischen Gemeinde seines neuen Heimatlands Libanon. Er hatte seinen Sohn in einer Privatschule erziehen lassen und ihn später nach Oxford geschickt in der Hoffnung, das beschauliche Leben eines englischen Gentlemans würde ihn nach ein paar Jahren verächtlich auf die kleinlichen innerpalästinensischen Auseinandersetzungen und Rivalitäten herabblicken lassen.

Aber Gamel hatte eigene Vorstellungen gehabt. Er nahm sein Studium äußerst ernst und beschäftigte sich vor allem mit der Geschichte seines Volkes. Dabei kam er zu der Erkenntnis, daß vieles von dem, was die Palästinenser zu erdulden hatten, auf das Konto ihrer eigenen politischen Führer ging und daß der Wohlstand seines Vaters mit schmutzigem Geld erkauft war. Schließlich rang er sich zu dem Entschluß durch, nicht als Privilegierter in den Libanon zurückzukehren, sondern als Diener seines Volkes.

In einem Beiruter Armenviertel gründete Gamel eine kleine Schule und brachte den Kindern Lesen und Schreiben bei. Das Stadtviertel wurde von bewaffneten Extremisten beherrscht, die tagtäglich für den Befreiungskrieg übten, doch Gamel interessierte sich weder für Politik noch für die Milizen. Er heiratete und wurde Vater einer Tochter. Die Familie lebte in einer Zweizimmerwohnung über der Schule.

Nach der israelischen Invasion brach im Libanon das Chaos aus. Als es den Truppen der Vereinten Nationen nicht gelang, den Waffenstillstand zu gewährleisten, schickten die Amerikaner Spezialeinheiten ins Land. Die Moslemmilizen nahmen die Soldaten in der Nähe des Beiruter Flughafens unter Beschuß, und die Amerikaner schlugen zurück, indem sie Stellungen der Moslems bombardierten.

„Als eine verirrte Granate das Schulhaus traf, befanden sich Gamels Frau und das Baby gerade im Klassenzimmer", erklärte Brown.

„Alles, was Gamel lieb und teuer war, endete in einem Massengrab."
 Ferrand schwieg.
 „Eine verirrte Granate", fügte Smiles schließlich hinzu, „so etwas kommt schon einmal vor. Zum Beispiel, wenn jemand die falschen Koordinaten eingelesen hat. Oder einer der Treibsätze nicht richtig funktioniert, so daß die Granate ihr Ziel nicht erreicht."
 Brown nickte. „Falsche Berechnungen führen oft zu furchtbaren Katastrophen. Deswegen können wir uns im vorliegenden Fall keinen Fehler erlauben. Gamel hat nichts zu verlieren. Der Mann nimmt das Sterben in Kauf."

FERRAND konnte nicht schlafen und warf sich auf seiner Lagerstätte, einem Feldbett im Obergeschoß des Bauernhauses, unruhig hin und her. Sobald er die Augen schloß, sah er Gesichter: die Lehrer, die Jungen, Maria. Er teilte mit ihnen die Ungewißheit und spürte ihre Angst. Vor allem aber fühlte er sich schuldig, weil er durch Zufall ihrem Schicksal entgangen war.
 Der Lehrer war schon aufgestanden, noch ehe er das Klopfen an der Tür gehört hatte. Er öffnete und erkannte die Gestalt auf dem dunklen Flur. Smiles' Adjutant begann mit einer Entschuldigung, hielt jedoch inne, als er sah, daß Ferrand bereits angekleidet war. „Oberst Smiles wünscht Sie zu sehen", fuhr er fort. „Es gibt Neuigkeiten."
 Smiles und Otis Brown saßen gemeinsam mit einem blauuniformierten Offizier der Karabinieri am Eßzimmertisch. „Wir sind Ihnen für Ihre Hilfe sehr dankbar", sagte Brown gerade zu dem Italiener. „Nur machen Sie Ihren Beamten bitte klar, daß die Lage außerordentlich kritisch ist. Wenn die Terroristen herausbekommen, daß jemand aus der Schule mit uns gesprochen hat, nehmen sie den Laden auseinander, bis sie den Burschen gefunden haben."
 Der Karabiniere nickte. „Ich verstehe. Niemand erfährt davon."
 „Was ist denn passiert?" fragte Ferrand.
 Brown nahm erschöpft die Brille ab. „Ein junger Bursche aus Rom, fünfzehn Jahre alt, hat bei der italienischen Polizei angerufen. Es handelt sich anscheinend um einen Computerfreak, der per Computer mit seinesgleichen kommuniziert. Vor ein paar Stunden erhielt der Junge eine Botschaft, von der es hieß, er solle sie an Sie weitergeben."
 Ferrand war überrascht. Brown setzte seine Brille wieder auf und las vor, was auf dem Streifen perforierten Computerpapiers stand:

Mr. Ferrand, diese Kerle sind totale Vollidioten. Reißen alle Telefone raus, kümmern sich aber nicht die Bohne um irgendwelche Computer.

Wir können also Nachrichten austauschen. Selbst wenn die Typen auf Leitung sind, hören sie allenfalls ein Rauschen. Lassen Sie mich wissen, wann die Amerikaner kommen und uns hier raushauen. Ich sorge dafür, daß alles parat ist. Junge, Junge, das gibt eine Überraschung für die Halunken.

Brown ließ das Papier sinken. „Die Nachricht stammt von einem gewissen Billy Tepper."

SENATOR THOMAS BRADBERRY stieg eilig aus der Limousine und verschwand durch eine Seitentür im Weißen Haus. Als er den Eingang zum Präsidentenbüro, dem Oval Office, erreicht hatte, erhob sich eine Sekretärin, um ihn zu begrüßen. Doch der Senator schoß wie ein Blitz an ihr vorbei und wäre um ein Haar noch mit dem Assistenten des Präsidenten, John Powers, zusammengestoßen, der ihm die Tür aufhalten wollte.

Als Bradberry eintrat, erkannte er sofort, daß die Konferenzrunde bereits vollständig versammelt war. Neben Präsident Reynolds saßen der CIA-Direktor William Clemmons und der Außenminister Martin Potter. Außerdem hatten an dem Tisch Generalstabschef Admiral Kimball, der Vizepräsident, der republikanische Senator Richard Moore aus Ohio sowie ein Kongreßabgeordneter aus North Carolina, der langjährige Vorsitzende des Streitkräfteausschusses Briggs Stratton, Platz genommen. Mit einer Handbewegung dirigierte der Präsident Bradberry auf einen freien Stuhl. „So, ich glaube, wir sind vollzählig", meinte er schließlich. „Fangen wir an."

Er eröffnete die Sitzung mit ein paar einfühlsamen Worten. Söhne von Bradberry, Stratton und Moore besuchten St. Anselm. Der Präsident hatte die drei Väter sofort benachrichtigt, nachdem er von dem Überfall gehört hatte, und sie mit Sonderflugzeugen der Air Force nach Washington fliegen lassen.

„Mir ist sogleich klargeworden", erklärte er gerade, „daß Ihnen eine schwere Prüfung bevorsteht, meine Herren. Mir liegt daher sehr daran, Ihnen die Informationen, die wir haben, aus erster Hand zukommen zu lassen. Abgesehen davon versteht es sich von selbst, daß ich, solange uns diese entsetzliche Angelegenheit beschäftigt, großen Wert auf Ihren Rat und Ihre persönlichen Kenntnisse lege."

Zustimmendes Kopfnicken war die Antwort. Präsident Reynolds blickte auf eine zwanzigjährige politische Karriere zurück; sowohl im Repräsentantenhaus als auch im Senat hatte er Erfahrungen gesammelt. Natürlich hatte er auch Kritiker, doch daß er sich für Politikerkollegen einsetzte, stand für ihn außer Frage.

Mit seiner Brille deutete Reynolds auf den Außenminister. „Ich glaube, Martin, am besten fangen Sie an."

Der Außenminister öffnete einen Ordner. „Erstens scheint kein Zweifel mehr daran zu bestehen, daß wir es mit einem Terroristen namens Sharif zu tun haben. Er hat sich in einer persönlichen Stellungnahme an unsere Botschaft in Kairo zu dem Überfall bekannt und auch dem dortigen Rundfunk eine entsprechende Nachricht zukommen lassen. Sharif konnte mit verschiedenen Details aufwarten, die seine Behauptungen erhärten. Am heutigen Spätnachmittag sind mir seine Forderungen übermittelt worden."

„Und wie sehen die aus?" fragte der Abgeordnete Stratton.

„Niederschmetternd", antwortete der Präsident impulsiv.

Der Außenminister nickte und konsultierte erneut seine Unterlagen. „Sofortige Entlassung bestimmter palästinensischer Häftlinge, die gegenwärtig in Israel, Italien und auf Zypern einsitzen. Auf der Liste befinden sich hundertfünf Namen. Dreiundneunzig der aufgeführten Personen sind in Israel inhaftiert. Darüber hinaus verlangt Sharif Wiedergutmachungszahlungen für von unseren Truppen verursachte Kriegsschäden sowie für die militärische Unterstützung, die wir Israel gewähren. Seine Forderung beläuft sich auf eine Milliarde Dollar in verschiedenen Währungen – Dollar, Deutsche Mark und Yen. Sharif möchte damit Wirtschaftsprojekte in Ländern mit hohem Flüchtlingsanteil finanzieren."

„Unglaublich!" rief der Abgeordnete Stratton verzweifelt.

„Es kommt noch schlimmer", fuhr der Außenminister fort. „Sharif will, daß wir im östlichen Mittelmeer eine Einundzwanzigmeilenzone respektieren, was darauf hinausläuft, daß die arabischen Länder künftig außerhalb der Reichweite unserer Sechsten Flotte liegen."

„Das ist doch unerhört!" schimpfte Senator Bradberry. „Er stellt Forderungen, wir die nie erfüllen können."

„Der Bursche ist gerissen", bemerkte Präsident Reynolds in scharfem Ton. „Sehen Sie sich doch den Forderungskatalog näher an: Wenn wir die Häftlinge freilassen, wird er sofort zum Volkshelden. Wenn er dafür sorgt, daß sich unsere Sechste Flotte von der Küste fernhält, ist er ein Kriegsheld, und mit einer Milliarde Dollar Investitionskapital kann er seinen eigenen Marshallplan finanzieren."

Betretenes Schweigen herrschte in der Runde. Der Präsident wandte sich an Admiral Kimball, den Generalstabschef. „Herr Admiral, soviel ich weiß, haben auch Sie schlechte Nachrichten, die wir in unsere Überlegungen einbeziehen müssen."

„Ich erhielt von Oberst William Smiles, dem Kommandeur der

Delta-Force-Einheit vor Ort, eine militärische Lagebeurteilung",
erklärte Kimball. „Smiles rät von jeder militärischen Aktion zum Ent-
satz der Schule ab. "

Senator Bradberry erhob sich von seinem Stuhl. „Wozu haben wir
eigentlich eine Spezialeinheit namens Delta Force?" fragte er aufgebracht. „Die Leute werden doch zu nichts anderem als zur Terrori-
stenbekämpfung ausgebildet!"

„Ich gehe davon aus", erwiderte der Admiral, „daß es sich bei dieser
Schule um eine festungsähnliche Anlage handelt. Unsere Sturmtrup-
pen würden erhebliche Verluste erleiden. Bis wir das Gebäude in unserer Gewalt hätten, könnten die Geiseln – also die Kinder – allesamt . . .
exekutiert werden. "

Bradberry gab auf. Er nickte und setzte sich wieder.

Der CIA-Direktor meldete sich zu Wort. „Tatsache ist, daß Sharif
nicht zum Erfolg kommen darf. Andernfalls besteht das durchaus
ernstzunehmende Risiko, daß einige Regierungen im Nahen Osten,
die sich trotz aller zur Schau getragenen Feindseligkeit durchaus
kooperativ uns gegenüber verhalten, von ihm gestürzt werden. Mit
einem Scheinsieg kann Sharif nichts anfangen. Er braucht einen
großen Triumph. Daher ist unser Verhandlungsspielraum sehr be-
grenzt. "

Der Abgeordnete Stratton faßte zusammen: „Wir bekommen die
Kinder also weder durch eine Militäraktion noch durch Verhandlungen frei. Was haben wir sonst noch auf Lager?"

„Wir werden einen Kompromiß anstreben", verkündete der Präsident. „Nach außen hin müssen wir eine harte Linie vertreten. Hinter
den Kulissen werden wir uns jedoch bemühen, Konzessionen auszu-
handeln, die Sharif nicht gleich zum Volkshelden machen. "

„Und wie sehen die aus?" fragte Stratton respektvoll.

„Wenn ich das wüßte . . .", gestand der Präsident ein.

Nachdem die Konferenzteilnehmer gegangen waren, saß Präsident
Reynolds allein in seinem Büro. Wo haben wir einen Fehler gemacht?
fragte er sich. Wir Politiker sind bereits am Ende mit unserem Latein.

17. APRIL, MORGENS

BILLY lag noch im Bett, als er das leise Summen hörte, mit dem der
Computer in seinem Schrank anlief. Der Junge fuhr hoch, schob rasch
die Kleider beiseite und kam gerade noch rechtzeitig, um die auf dem
Bildschirm erscheinende Nachricht zu lesen.

Billy, schicke keine Botschaften mehr! Es könnte sehr gefährlich werden, wenn die Männer das Signal orten und herausfinden, daß Du einen Computer benutzt. Warte ab! Wir werden mit dir in Verbindung treten, wenn wir Informationen für Euch haben. Ferrand

„Phantastisch", flüsterte Billy. Seine Botschaft hatte ihr Ziel erreicht. Giorgio war nicht gerade der schnellste unter seinen Computerpartnern – aber letztlich hatte er doch das Richtige getan.

Billy verstand genau, was Ferrand mit seiner Nachricht beabsichtigte. Die Amerikaner wollten die Computerverbindung nicht mit unnötiger Korrespondenz gefährden. Wahrscheinlich würden sie sich erst wieder melden, wenn ihre Angriffspläne fix und fertig waren. Umgekehrt sollte auch er sich nur melden, wenn er wichtige Informationen hatte. Die Delta-Force-Soldaten würden wahrscheinlich in ein, zwei Tagen über die Mauer kommen.

Billy wußte alles über diese Elitetruppe. Mit Spezialfallschirmen sprangen sie aus Flugzeugen. Wahrscheinlich würden sie gleich nach der Landung kurzerhand die geschlossenen Fenster durchbrechen und augenblicklich das Feuer eröffnen!

Für ihn gab es jetzt eine Menge zu tun. Da waren erst einmal diese dämlichen Videokameras, die nach wie vor Mauern und Gebäude überwachten. Billy mußte herausfinden, wie sie sich abstellen ließen. Einfach das Koaxialkabel durchzuschneiden war unmöglich. Niemand konnte sagen, wie die Terroristen reagieren würden, wenn die Monitore plötzlich ausfielen. Die Burschen waren ziemlich nervös. Er mußte irgendwie versuchen, sie abzulenken. Und genau in diesem Augenblick mußten die Amerikaner zuschlagen.

Das zweite Problem war der Sprengstoff. Billy hatte gesehen, wie die Männer, von denen sie gefangengehalten wurden, im Alt- und Neubau alle Ecken und Winkel mit einer Art weißem Kitt vollschmierten. Das war ja der reinste Overkill! Mit der Menge Plastiksprengstoff, die sie auf dem Gelände verteilt hatten, hätte man Cincinnati dem Erdboden gleichmachen können. Und der Speisesaal sah aus wie eine Harfe, so viele Auslösedrähte hatten sie verspannt.

Aber eines mußte man ihnen lassen. Sie waren ganz schön clever. Sie verfügten sogar über ihre eigene Energiequelle. Alle Drähte waren mit einem batteriebetriebenen Funkempfänger verbunden. Also konnten sie die Sprengsätze selbst dann zünden, wenn man ihnen den Strom abdrehte.

Seine Aufgabe bestand darin, das gesamte System lahmzulegen. Der Obermacker schleppte den Auslöser in seiner Tasche mit sich

herum. Machte ihm richtig Spaß, vor den Augen der Lehrer am Knopf herumzufummeln. Billy mußte den kleinen Sender unschädlich machen, ohne dem Mann das Gerät aus der Tasche zu ziehen. Schwierig, schwierig, dachte er. Aber wer hat behauptet, daß das ein Kinderspiel ist?

Und dann waren da natürlich auch die Waffen. Jeder der Burschen trug ein Schnellfeuergewehr mit einem fast halbmeterlangen Magazin. Und sie hatten sich in beiden Gebäuden verteilt. Billy sah keine Möglichkeit, alle Maschinenpistolen gleichzeitig außer Gefecht zu setzen – die eine oder andere würde immer auf die Kinder gerichtet bleiben. Es gab darauf nur eine Antwort: Er mußte herausfinden, wie sich Lehrer und Schüler am besten aus der Schußlinie bringen ließen.

Bevor er sich jedoch mit den großen Problemen befaßte, mußte er erst ein paar kleinere lösen. Das eine war die Sache mit der Sprache. Er mußte wissen, wer von den Aufpassern Englisch beherrschte – und mithin in der Lage war, ihn zu verstehen, wenn er die erforderlichen Informationen sammelte und unter Lehrern und Schülern verbreitete. Außerdem mußte er dafür sorgen, daß sich die Atmosphäre ein wenig entspannte, um unbeobachtet kommen und gehen zu können.

Billy trug das Mittel zum Zweck unter dem Arm, als er sein Zimmer verließ und sich der schweigsamen Schülerschar anschloß, die sich zum Frühstück über den Flur in Richtung Treppe bewegte. Wer würde schon mißtrauisch werden, wenn ein Knabe mit einem Fußball unterm Arm herumlief? Auf halbem Weg zur Treppe ließ er den Ball fallen und gab ihm mit dem Fuß noch einen Stoß, so daß er geradewegs auf den Wächter mit dem Pokergesicht zurollte.

Die Jungen zuckten zusammen, als der Ball an ihnen vorbeikullerte, und der Aufpasser war nicht weniger überrascht als sie. Sie rechneten fest damit, daß der Mann seine Waffe senken und den Ball in Stücke schießen würde.

„Na los, kick ihn her!" forderte ihn Billy im Flüsterton auf. „Das ist ein Ball und keine Bombe."

Als der Ball den Aufpasser erreichte, hob dieser den Fuß, als wollte er eine Stufe emporsteigen. Doch dann tänzelte er auf einmal nach links und hob die Arme, um das Gleichgewicht zu halten. Mit einer raschen Bewegung schob er den linken Fuß vor und schlenzte den Ball über den Kopf nach hinten. Mit der rechten Hacke fing der Mann das Leder auf und schickte es zurück in Billys ausgestreckte Arme – eine perfekte Rückgabe.

„Toll gemacht!" rief Billy und stieß in Siegerpose seine Faust in die Luft. „Das verdient Applaus!" Wie ein Einpeitscher im Stadion

dirigierte er seine Kameraden, stimmte einen Jubelgesang an, und sie
nahmen das Stichwort auf und fielen ein. Und da lachte plötzlich auch
der Bewacher.

Billy trat aus der Reihe und ging direkt auf den Mann zu. Triumphierend schüttelte er den Ball vor dem Gesicht des Aufpassers und
lachte dabei über den gelungenen Hackentrick. „Echt eine Superrück-
gabe", sagte er. Der Terrorist lächelte bescheiden. „Warum nimmst
du nicht den Ball und steckst ihn dir ins Ohr?" fragte Billy mit vor
Bewunderung strahlender Miene. Der Bewacher nickte zustimmend.

Prächtig, dachte Billy, als er sich wieder den anderen anschloß. In
dessen Beisein kann man über einen geplanten Atomangriff sprechen,
und der Kerl kriegt nichts davon mit.

„Spinnst du?" zischte Henry Giles Billy ins Ohr, als sie die Treppe
erreicht hatten. „Willst du uns alle umbringen?"

Billy wollte ihm eine Erklärung geben, besann sich aber eines Besseren. Was konnte Henry dafür, daß er nur ein Spatzenhirn besaß?

Kaum hatten sie den Speisesaal betreten, da inszenierte Billy seine
kleine Aufführung noch einmal. Er ließ den Ball fallen und versetzte
ihm noch einen scheinbar ungeschickten Stoß mit dem Fuß. Der Ball
rollte über den Boden, und Billy beobachtete, wie die Bewacher den
Blick von ihren Gefangenen abwandten und dem Lauf der Lederkugel
folgten, bis sie die Wand erreichte. Billy ging los, sagte „'tschuldi-
gung" zu dem Aufpasser, der ihm am nächsten stand, durchquerte das
Zimmer und stoppte den zurückrollenden Ball. Dann drehte er sich
mit dem Ball am Fuß um, machte noch zwei kurze Schritte und kickte
das Leder zu Davey Moore, dem Torwart der Schulmannschaft.

„Tor!" rief er, während Davey nach dem Ball hechtete, genauso wie
draußen auf dem Spielfeld. Mit der ausgestreckten Hand erwischte
Davey das Leder und lenkte es ab. „Tolle Parade!" schrie Billy Tepper.

Die Lehrer beobachteten das Schauspiel starr vor Entsetzen.

„Gut gemacht!" stimmte der Bewacher zu, doch schwand sein
Lächeln sofort wieder. „Kein Ballspielen!" befahl er.

Billy prägte sich das Gesicht des Mannes ein. Das ist einer von
denen, die ich mir merken muß, dachte er. Keine Unterhaltung, wenn
er in der Nähe ist.

Der Fußball hatte den Bann der Angst gebrochen. Unmittelbar
nach dem Zwischenfall begannen die Jungen miteinander zu flüstern.
Maria stellte die in geraden Reihen angeordneten Tische ein wenig um
und sammelte ihre Frischlinge in einem Kreis um sich. Elias Metz stieg
auf einen Stuhl und gab bekannt, in welcher Reihenfolge die Schüler
zur Essenausgabe in die Küche gehen sollten. Die Jungen an dem

Tisch, den er zuerst genannt hatte, beglückwünschten ihn lauthals zu seiner Entscheidung und stürmten in Richtung Küchentür davon. Alles wirkte auf einmal ganz normal. Die Aufpasser ließen ihre breiten Schultern sinken, und der Griff, mit dem sie ihre Waffen umklammert hielten, lockerte sich.

Paul Prinz, der Physiklehrer, hatte sich an die Küchentür gestellt, um die Essenausgabe zu überwachen. Die erste Gruppe füllte gerade ihre Frühstückstabletts. Billy Tepper verließ seinen Platz am Tisch, um sich der zweiten Reihe anzuschließen. Dort drängelte er sich gleich zur Spitze vor, weil er auf diese Weise unmittelbar neben Prinz zu stehen kam. Es war an der Zeit, die schwierigeren Probleme in Angriff zu nehmen. Billy benötigte unbedingt nähere Informationen über den Funkauslöser, den der Anführer der Terroristen immer so stolz zur Schau stellte. Um ihn lahmlegen zu können, mußte er zunächst einmal von Prinz erfahren, wie er funktionierte.

NACHMITTAGS

ALS Edward Ferrand die Tür des schwarzen Fiat öffnete und auf den Sitz neben Otis Brown glitt, gab er sich alle Mühe, einen zuversichtlichen Eindruck zu machen. „Na, denn mal los", sagte er.

Langsam fuhr Brown aus dem Hof. „Gibt es etwas, das wir noch einmal durchexerzieren sollten? Ist noch irgendwas unklar?" fragte er und steuerte den Fiat auf die Straße, die hinauf nach St. Anselm führte.

Ferrand schüttelte den Kopf. Fast drei Stunden lang hatten sie mit ihm geprobt, praktisch von dem Moment an, da Gamel bei der örtlichen Polizeiwache angerufen und einen Unterhändler verlangt hatte. Der Terrorist hatte einen einzelnen Zivilisten gewünscht – einen Mann ohne Verbindungen zur italienischen oder amerikanischen Regierung. Brown hatte sich einverstanden erklärt. Noch während des Gesprächs war sein Blick auf Ferrand gefallen, der allein am Fenster stand und still zu dem Internat hinaufblickte. Spontan hatte er daraufhin einen Lehrer vorgeschlagen, einen Mann, der mit St. Anselm vertraut war und sich große Sorgen um das Wohlergehen der Schüler und des Personals machte. Gamel hatte gegen den Unterhändler Edward Ferrand nichts einzuwenden gehabt.

Oberst Smiles hatte Ferrand daraufhin Instruktionen gegeben. Er verfügte inzwischen über Luftaufnahmen von den Gebäuden und hatte Ferrands grobe Skizzen von der Innenausstattung, doch das reichte nicht. „Worauf es vor allem ankommt, ist der Zünder", hatte er zu Ferrand gesagt. „Sehen Sie sich nach Drähten um, dünnen Klingeldrähten. Sie werden in beiden Gebäuden verspannt sein, laufen aber alle an einem Punkt zusammen. Ich muß genau wissen, wo. Im Ernstfall müssen wir den Zünder sofort entschärfen können."

Ferrand hatte verstanden. „Werden die Terroristen mir nicht die Augen verbinden?" hatte er gefragt.

Smiles hatte genickt. „Durchaus denkbar. Wir hoffen jedoch, daß Gamel sich von Ihrem Wunsch, die Kinder zu sehen, überzeugen läßt. Sie müssen sich schließlich vergewissern, daß sie unverletzt sind. Die Forderung ist begründet."

„Das heißt also", hatte Ferrand geschlossen, „daß ich mich, während sie mir die Kinder zeigen, in Wirklichkeit um die Drähte kümmern muß."

„Ja, und was den Aufenthaltsort der Kinder betrifft, interessiert uns vor allem, ob Gamel sie in den Gebäuden verteilt oder alle in einem Raum versammelt hat. Wenn wir reingehen, müssen wir wissen, wo sie sind."

Mit einem knappen Nicken hatte Ferrand angedeutet, daß er verstanden hatte.

„Die nächste Frage ist, wo die Wachen postiert sind. Einige von ihnen werden wir durch die Fenster sehen können, aber wir haben bis jetzt keine Ahnung, wie viele es sind und was für Waffen sie haben." Er erklärte Ferrand diverse Waffen- und Granatentypen, so daß der Lehrer imstande war, über das, was er sah, später genau zu berichten.

Danach hatte Otis Brown sich über den Tisch gebeugt und ihm eingeschärft, daß er sich streng an seine Rolle als Bote zu halten habe. Er sollte sich aller Kommentare zu den von Gamel erhobenen Forderungen enthalten und Fragen über die anwesenden Amerikaner nicht beantworten. „Ihre Aufgabe besteht einzig und allein darin festzustellen, ob die Jungen tatsächlich unverletzt sind, sowie in der Annahme der Instruktionen, die Gamel Ihnen für uns mitgeben wird."

Der schwarze Fiat hatte inzwischen die Anhöhe erreicht, und Ferrand konnte bereits das Tor sehen, durch das Maria vor gerade einem Tag verschwunden war. Er mußte wissen, ob sie lebte und wie es ihr ging. Dies war die einzige Frage, die ihm keine Ruhe ließ.

Der Wagen hielt ein paar Meter vor dem Tor. „Viel Glück", sagte Brown, als Ferrand ausstieg. „Ich warte hier auf Sie."

Ferrand rang sich ein Lächeln ab, wandte sich um und ging durchs Tor. Er hatte fast den Neubau erreicht, als er hinter sich eine Stimme vernahm. „Halt!"

Eine Hand packte ihn an der Schulter und drehte ihn um. Er blickte unmittelbar in die Mündung eines Sturmgewehrs, das auf seine Stirn gerichtet war. Dahinter zeichnete sich das Gesicht eines jungen Mannes mit engstehenden dunklen Augen und einem Pferdegebiß ab. Einen Augenblick lang glaubte Ferrand, ihm würde übel.

Er hörte das Öffnen der Tür hinter sich und Schritte auf der Steintreppe, die rasch näher kamen. Schon spürte er, wie zwei Hände an seinem Rücken und dann an seinen Armen entlangstrichen.

Wieder wurde er umgedreht, diesmal von dem Mann, der ihn nach Waffen abgetastet hatte. Dieser ging nun die Treppe hoch, und der Posten gab Ferrand mit dem Gewehrlauf zu verstehen, daß er folgen solle.

Nacheinander durchschritten sie die Eingangstür des Neubaus, marschierten vorbei am Wachbüro und am Sekretariat. Smiles' erste Frage wurde sofort beantwortet. In kleinen Bündeln zusammengefaßte Drähte liefen an der Tür des Sekretariats zusammen und ließen vermuten, daß dort der Zünder angebracht war. Der Freischärler, der Ferrand durchsucht hatte, wandte sich nach rechts und blieb vor dem Eingang zum Büro des Direktors stehen. Er klopfte an, und eine Stimme von innen gebot den drei Männern einzutreten.

Gamel saß am Schreibtisch des Direktors. Vor ihm lag ein kleines, in Leder gebundenes Buch aufgeschlagen. Der Anführer erhob sich, um Ferrand zu begrüßen, und nickte den beiden Bewachern zu, die daraufhin das Zimmer verließen und die Tür hinter sich schlossen.

„Sie haben die Bedingungen für den Gefangenenaustausch von General Sharif erhalten?" fragte Gamel.

„Das weiß ich nicht", brachte Ferrand hervor, überrascht von der Gelassenheit in seiner Stimme. „Man hat mir zwei Dinge aufgetragen: Erstens soll ich feststellen, ob die Kinder wohlauf sind, und zweitens soll ich Ihre Instruktionen entgegennehmen."

Gamel nickte. „Die Kinder sind wohlauf", erwiderte er und ging zur Tür. „Kommen Sie mit!"

Ferrand folgte ihm. Sie verließen das Büro und eilten an den Wachen vorbei. Gamel öffnete eine der Türen des Speisesaals und trat zur Seite, so daß Ferrand freie Sicht hatte. Die Jungen saßen in Gruppen um die Lehrer herum; der Speisesaal war zum gemeinsamen Klassenzimmer umfunktioniert worden. Lehrbücher und aufgeschlagene Notizblöcke lagen auf den Tischen verstreut.

Ferrand entdeckte Maria: Sie saß an einem der Tische und las den Frischlingen eine Geschichte vor. Da sie ihm den Rücken zukehrte, konnte er ihr Gesicht nicht sehen. Doch sie wirkte ruhig, ganz auf ihre Schüler konzentriert.

Er wandte den Blick von ihr ab und versuchte, sich die Position der Bewacher einzuprägen. Insgesamt befanden sich sechs Wächter im Speisesaal. Vier waren neben den Tischen postiert, einer an der Tür zur Küche und ein weiterer an der Tür, die zu den Toiletten führte. Zwischen Speisesaal und Toiletten schien ein reger Verkehr zu herrschen, doch durfte jeweils nur ein Junge gehen. Alle musterten sie den Soldaten an der Tür mit Blicken voller Unbehagen.

„Schlafen die Jungen hier?" fragte Ferrand.

„Sie schlafen in ihren Betten", antwortete Gamel, „mit einer Wache in jedem Stockwerk. Bisher gab es keine Probleme."

„Und die Lehrer?" hakte Ferrand nach. „Bleiben sie bei den Kindern, oder übernachten sie in ihren eigenen Zimmern?"

„Die Lehrer sind im Lehrerzimmer untergebracht", antwortete Gamel. „So, und nun möchte ich Ihnen noch etwas anderes zeigen." Er hob den Arm, zog einen der im Korridor verspannten Drähte herunter und hielt ihn Ferrand vor die Augen. „Diese Drähte sind mit in der ganzen Schule verteilten Sprengladungen verbunden", erklärte er emotionslos. „Im Ernstfall dauert es nur zwei Sekunden, und die Schule verwandelt sich in ein Inferno. Teilen Sie das bitte Ihren militärischen Einsatzleitern mit. Sie haben keinerlei Chance, das Schulgebäude zu betreten – es sei denn, sie sind bereit, den Tod aller Personen in Kauf zu nehmen, die sich zum Zeitpunkt ihres Angriffs in diesen Gebäuden hier aufhalten."

Er ließ den Draht durch die Finger gleiten, drehte sich dann um und kehrte wieder ins Büro des Direktors zurück. Ferrand folgte dem Palästinenser wortlos und sah zu, wie er es sich auf dem Stuhl hinter dem Schreibtisch bequem machte. Auch Ferrand setzte sich und wartete.

„Ihre Leute haben die Bedingungen für die Freilassung der Gefangenen erhalten", erklärte Gamel schließlich. „Richten Sie Ihnen aus, daß wir von diesen Bedingungen nicht abrücken werden. Sie müssen ausnahmslos erfüllt werden."

Ferrand nickte, um zu zeigen, daß er verstanden hatte.

„Sobald sie erfüllt sind", fuhr Gamel fort, „werde ich Transportmittel brauchen. Erforderlich sind ..." Er hielt inne und schob Ferrand einen Schreibblock und einen Bleistift zu. „Würden Sie das bitte schriftlich festhalten, so daß es keine Mißverständnisse gibt? Wir brauchen zwei Helikopter mit Piloten. Sie werden auf dem Sportplatz hinter der Schule landen. Fünf Gefangene – vier Schüler und ein Lehrer werden uns begleiten. Die anderen Schüler werden hier in der Schule eingeschlossen bleiben. Selbst vom Hubschrauber aus sind wir in der Lage, die Gebäude in die Luft zu sprengen. Es wäre daher sehr töricht,

wenn zum Beispiel Scharfschützen versuchen sollten, uns am Besteigen der Hubschrauber zu hindern."

„Ich verstehe", sagte Ferrand und schrieb die Anweisungen nieder.

„Gut. Des weiteren werden wir ein Flugzeug brauchen, eine normale, voll aufgetankte Linienmaschine. Sie soll am Anfang der Start-
bahn auf dem Leonardo-da-Vinci-Flughafen bereitstehen, bemannt
mit den beiden Piloten und dem Flugingenieur – und niemandem
sonst. Die Passagiertür muß offenstehen und über eine Gangway
erreichbar sein." Er hielt inne, um Ferrand Gelegenheit zu geben, mit
seinen Notizen nachzukommen. „Ein Helikopter wird neben der
Maschine landen. Daraufhin werden einige meiner Leute an Bord
gehen und eine Durchsuchung vornehmen. Wenn alles in Ordnung
ist, wird auch der zweite Helikopter landen. Wir werden die Maschine
besteigen und unmittelbar darauf starten – mit unseren Gefangenen."

Ferrand blickte auf. „Wann werden die Geiseln entlassen?" fragte er
kühl.

„Die Gefangenen", verbesserte ihn Gamel lächelnd. „Gefangene in
einem Krieg, den ihr uns aufgezwungen habt. Sie werden entlassen,
sobald meine Einsatztruppe wohlbehalten wieder zu Hause ist und
Ihre Seite die Vereinbarung mit Sharif erfüllt hat."

Ferrand riß die Seite vom Block und legte den Bleistift hin.

„Ein letzter Punkt noch", sagte Gamel. Dabei sah er Ferrand in die
Augen, und in seinem Blick lag eine unverhüllte Drohung. „Ihre
Leute sollten wissen, daß wir nicht die Absicht haben, endlos zu war-
ten. Wir verlangen eine umgehende Antwort. Es ist jetzt kurz vor
fünf. Ihnen bleiben vierundzwanzig Stunden, um den Bedingungen
Sharifs zuzustimmen. Sobald Sharif überzeugt ist, daß alles zu seiner
Zufriedenheit verläuft, wird er mich anrufen. Wenn er bis morgen
nachmittag um fünf nicht angerufen hat, können Sie einen Ihrer Schü-
ler am Tor abholen. Er wird tot sein." Gamel genoß den entsetzten
Ausdruck auf Ferrands Gesicht, aus dem alle Farbe gewichen war.

„Danach geht alles wieder von vorn los", fügte der Palästinenser
hinzu. „Um fünf Uhr nachmittags am darauffolgenden Tag können
Sie die nächste Leiche abholen – und so weiter. Jeden Tag wird ein
Gefangener exekutiert – bis Sharif mir mitteilt, daß Sie gewillt sind,
alle seine Forderungen zu erfüllen. Haben Sie mich verstanden?" Seine
Miene verriet keinerlei Mitgefühl.

Ferrand sah ihn an und glaubte, einem schwarzäugigen Raubtier
gegenüberzusitzen. „Ja", antwortete er und erhob sich. „Ich habe Sie
verstanden und werde Ihre Forderungen weitergeben."

Brown wartete im Fiat vor dem Tor. Ferrand öffnete die Tür und erkannte soglcich die gespannte Erwartung in Browns Miene. Der CIA-Agent beugte sich vor; er brannte darauf, Ferrands Bericht zu hören, doch der Lehrer faßte sich kurz: „Das Morden beginnt in vierundzwanzig Stunden."

WENIGE Augenblicke nachdem der Außenminister das Podium im Presseraum seines Ministeriums verlassen hatte, wandte Präsident Reynolds sich vom Fernsehapparat ab. „Hat er gut gemacht", sagte er zu seinem Assistenten, der zusammen mit ihm im Präsidentenbüro die Pressekonferenz beobachtet hatte.

„Hervorragend", stimmte der Assistent zu, ehe er hinausging.

Die Vereinigten Staaten verhandelten nicht mit Terroristen, hatte der Außenminister erklärt und zum Schluß seiner Stellungnahme gedroht: „Wenn auch nur einem einzigen Kind ein Haar gekrümmt wird, werden wir die dafür verantwortlichen Kräfte bis ans Ende der Welt verfolgen und sie zur Rechenschaft ziehen."

Es war natürlich eine reine Farce. Über die ägyptische Regierung waren längst Kontakte zu Sharif geknüpft worden. Die gesamte Regierung war mit der Analyse seiner Forderungen und der Frage nach möglichen Zugeständnissen beschäftigt. Die Italiener arbeiteten bereits an einer Formulierung, mit der sie die Begnadigung und Entlassung der palästinensischen Häftlinge rechtfertigen konnten, und die Israelis hatten begriffen, daß es für sie nicht ratsam wäre, einen amerikanischen Plan zur Rettung der Kinder zu blockieren.

Präsident Reynolds hatte, nachdem ihm mitgeteilt worden war, wer die Väter der als Geiseln genommenen Kinder waren, allen Familien einen Brief zukommen lassen, in dem er sie seines Mitgefühls versicherte und sie zur persönlichen Unterrichtung nach Washington einlud. Die Väter waren bedeutende Persönlichkeiten aus Politik und Wirtschaft, die Einfluß nehmen konnten auf die Karrieren von Dutzenden von Kongreßabgeordneten, Senatoren und Lokalpolitikern.

Reynolds hatte ihnen zunächst mit ruhigen Worten dargelegt, was über den Fall ohnehin schon bekannt war; danach war er auf den Ernst der Lage zu sprechen gekommen. Eine Einsatztruppe der Delta Force, hatte er erklärt, halte sich vor der Schule in Bereitschaft. Es handele sich dabei um eine reine Vorsorgemaßnahme. Sollte innerhalb der Schule eine Situation entstehen, in der das Leben der Kinder unmittelbar gefährdet wäre, würde die Truppe sofort eingreifen. Es sei jedoch nicht beabsichtigt, das Gelände zu stürmen. Hauptsorge aller Beteiligten sei die Sicherheit der Kinder. Man hoffe, sie durch Verhandlungen freizubekommen.

Auf den finsteren Mienen der Machtelite der Nation hatte sich eine gewisse Erleichterung abgezeichnet.

„Es gibt gewisse Zugeständnisse, die wir machen können", hatte der Präsident weiter ausgeführt. „In anderen Punkten sind wir allerdings weniger flexibel." Die Bewegungsfreiheit der Sechsten Flotte im Mittelmeer war für ihn kein Verhandlungsgegenstand. „Und natürlich können wir Sharifs Ansprüche auf Reparationen nicht anerkennen."

„Das einzige, worüber wir verhandeln können, ist demnach die Entlassung der palästinensischen Häftlinge", hatte der Vorstandsvorsitzende einer Großbank in herausforderndem Tonfall bemerkt.

„Zum gegenwärtigen Zeitpunkt, ja", hatte Reynolds entgegnet, während er in lauter skeptische, fragende Gesichter blickte. „Ich weiß, daß Ihnen das Leben und die Gesundheit Ihrer Kinder mehr als alles andere am Herzen liegt. Wir werden tun, was in unserer Macht steht, um Ihre Söhne so schnell wie möglich freizubekommen. Ich hoffe, daß ich Ihnen schon in ganz kurzer Zeit positive Neuigkeiten mitteilen kann." Niemand im Raum hatte ein Wort gesprochen.

Doch mit einem Schlag wurde das Stundenglas, das sich vor Reynolds' geistigem Auge geformt hatte, umgedreht, und der Sand begann zu rieseln. Der Sekretär kam herein und überreichte dem Präsidenten eine Botschaft von Otis Brown, die ihn über Gamels Ankündigung informierte. Morgen nachmittag, um siebzehn Uhr Ortszeit, würde die erste Leiche vors Tor gelegt.

Es blieben ihm nur noch achtzehn Stunden.

ABENDS

DIE Lehrer würden ihm das nie abnehmen. Billy Tepper mit einem ledergebundenen Riesenwörterbuch unter dem Arm. Unmöglich! Aber diese palästinensischen Spinner waren so sehr mit ihren Schnellfeuergewehren beschäftigt, daß sie vermutlich nicht einmal eine Bibel von einem Comic-Heftchen unterscheiden konnten. Was Billy da mit hinunter in den Speisesaal brachte, sah für sie gewiß aus wie ein x-beliebiges Schulbuch.

In seinem Zimmer trennte der Junge mit einer Rasierklinge sorgfältig aus der Mitte jeder Seite ein großes Rechteck heraus und schuf damit einen Hohlraum, der genau den Ausmaßen seines Videorecorders entsprach. Für eines seiner Probleme, die Überwachungsanlage, hatte er bereits eine Lösung, und eine überraschend einfache dazu. Mit

dem Anschluß, den er gewöhnlich für Videospiele nutzte, konnte er
das Koaxialkabel anzapfen und eine Stunde von dem Programm mit-
schneiden, das der Terrorist im Sicherheitsbüro gerade zu sehen
bekam. Im entscheidenden Augenblick würde er dann lediglich die
Bilder der friedlich schlummernden Mauer einspielen müssen, die er
zu einem früheren Zeitpunkt aufgenommen hatte. Während die Soldaten der Elitetruppe über die Mauer kamen, präsentierte sich auf den
Bildschirmen die unauffällige Szenerie von gestern.

Er verstaute den Videorecorder im präparierten Wörterbuch. Jetzt
konnte er das Gerät an den Wachen vorbeischmuggeln, ohne daß
jemand Verdacht schöpfen würde. Allerdings hatte sein Plan auch
Schwachpunkte. Das Anzapfen der Kabel dauerte ein paar Sekunden,
und in dieser Zeit würde auf den Monitoren im Wachbüro das Bild
ausfallen. Eine weitere Unterbrechung ergab sich, wenn er den Recorder einschaltete, um das bespielte Band zurückzuspulen. Es kam also
darauf an, im entscheidenden Moment die Aufmerksamkeit der
Wachen von den Monitoren abzulenken. Die Frage war nur, wie.

Billy wußte inzwischen wenigstens, was zu tun war, um den
Schnellfeuergewehren zu entgehen. Alle Waffen gleichzeitig außer
Gefecht zu setzen, war ebenso unmöglich, wie die Waffen verschwinden zu lassen. Also mußte eben dafür gesorgt werden, daß die Kinder
verschwanden. Er mußte sie irgendwie in den Weinkeller lotsen.

Als geeigneter Termin für eine Attacke bot sich nach Billys Überzeugung der Zeitpunkt unmittelbar nach dem Abendessen an, solange
die Jungen noch im Speisesaal versammelt waren. Von den Tischen
bis zur Küche waren es nur ein paar Schritte. Nach dem Essen
herrschte stets ein reges Hin und Her: Die Schüler brachten ihre
Tabletts zurück und versuchten, noch einen zweiten Nachtisch zu
ergattern. Dabei wurden sie nur von einem einzigen Bewacher beaufsichtigt, dem Mann, der an der Küchentür postiert war. Am anderen
Ende der Küche befand sich, hinter Vorratsregalen versteckt, der Eingang zum Weinkeller. Wenn es ihnen gelang, heimlich dort zu verschwinden, so waren sie in Sekundenschnelle wie vom Erdboden verschluckt. Das Problem, das sich in diesem Fall stellte, war, daß auch
alle Lehrer mit in den Keller mußten. Billy graute bei dem Gedanken,
ein paar Nachzügler könnten in die Hände der Wachen fallen. Er
mußte sich also eine weitere Ablenkung ausdenken.

Blieb schließlich nur noch die Organisation. Jeder mußte genau
wissen, was er zu tun hatte. Billy mußte die Kinder in Gruppen auftei-
len und Gruppenleiter ernennen. Daraus ergab sich die Notwendigkeit, einen Boten zu finden, der von Zimmer zu Zimmer gehen und

mit den Gruppenleitern reden konnte. Außerdem brauchte er noch jemanden, der die Frischlinge auf Zack brachte – und dafür kam lediglich Miß Manetti in Frage.

MARIA blickte von den Hausaufgaben auf, die sie eigentlich hätte korrigieren sollen. In Wirklichkeit sah sie jedesmal, wenn sie oben auf dem Bogen den Namen las, den betreffenden Schüler vor sich und hatte nicht die Nerven, nach Rechenfehlern zu suchen.

Die Jungen hielten sich wirklich tapfer – weit besser, als sie es für möglich gehalten hätte. In den ersten Stunden nach dem Überfall war sie fest davon überzeugt gewesen, daß schon bald der eine oder andere von den Jüngeren unter der furchtbaren Anspannung in Panik geraten würde. Sie war darauf vorbereitet gewesen, hatte aufmerksam auf erste Anzeichen wie Schluchzer geachtet und dauernd damit gerechnet, aufspringen zu müssen, um ein Kind daran zu hindern, einfach davonzulaufen – vorbei an einem Bewacher, der vielleicht reflexartig auf den Abzug seiner Waffe drückte. Aber bisher war kein einziger Schüler in Angstzustände geraten. Die Jungen scharten sich vielmehr immer enger um ihre Lehrerin und konzentrierten sich stärker auf ihre Aufgaben. Die normale Arbeitsroutine lenkte sie ab und vermittelte ihnen das Gefühl der Sicherheit.

Maria warf einen Blick in die Runde und sah ihre Kolleginnen und Kollegen, die mit ihr ins Lehrerzimmer gepfercht worden waren. Nach ein paar Stunden unruhigen Schlafs auf dem Teppich oder in einem Sessel waren die Kleider arg zerknittert. Auf den normalerweise glattrasierten Gesichtern der Männer zeigten sich dunkle Bartstoppeln. Alle waren sie erschöpft.

Maria begriff, was die Terroristen mit dieser Methode bezweckten. Sie wußten, daß sie von den Kindern kaum etwas zu befürchten hatten, weshalb sie sie bedenkenlos in ihre Zimmer gehen ließen. Lehrer hingegen, die man unbewacht ließ, konnten auf dumme Gedanken kommen – deshalb mußte man sie rund um die Uhr beaufsichtigen: tagsüber im Speisesaal, nachts im Lehrerzimmer.

Was für einen militärisch gedrillten Freiheitskämpfer logisch erscheinen mochte, ergab für einen Lehrer keinen Sinn. Für Maria lag die größte Gefahr darin, daß man die Reaktion der Schüler nicht vorhersagen konnte. Jederzeit konnte einer von ihnen in Panik geraten und einen aussichtslosen Fluchtversuch unternehmen. Sie brauchte einen Lehrer als ruhenden Pol in ihrer Nähe.

Ich muß Sie sprechen. Ich stehe in Verbindung mit Mr. Ferrand.

Maria fuhr hoch. Sie hatte ziellos die vor ihr liegenden Papiere
durchgeblättert und war auf diese Nachricht gestoßen. Sie las sie noch
einmal und wußte nicht genau, was sie davon halten sollte. Dann fiel
ihr ein, daß ihre plötzliche Gespanntheit die Aufmerksamkeit des
Bewachers erregen konnte.

Sie tat so, als konzentrierte sie sich auf die nächste Rechenaufgabe,
wandte dabei aber langsam den Kopf und sah sich nach dem Aufpasser
um. Der Mann schaute gerade in die andere Richtung, wo sich Harold
Hutchings, der in einem Sessel schlief, unruhig hin und her wälzte.
Vorsichtig hob Maria die Seite hoch, die sie gerade abgelegt hatte. Ihr
Blick fiel auf den Namen am unteren Ende: *Billy T.*

Rasch schob sie die Notiz wieder zwischen die anderen Bögen. Wie
war es möglich, daß Billy mit Edward in Kontakt stand? Die Terroristen hatten sämtliche Telefonapparate entfernt. Maria wußte, daß die
Leitungen noch intakt waren, denn der Anführer hatte im Büro des
Direktors mehrere Anrufe entgegengenommen. Aber was taugten
Telefonleitungen ohne Telefone? Konnte Billy Signale aus dem Fenster seines Zimmers senden? Aber wem sollte er sie übermitteln?

„Lieber Gott", flüsterte sie entsetzt. Billy hatte nicht die geringste
Ahnung von der Gefahr, in der er schwebte.

Sie faltete die Bögen zusammen und legte sie in einen Ordner, den
sie beiseite schob. Sie mußte sofort mit Billy Tepper sprechen – bevor
er etwas tat, was ihn das Leben kosten konnte. Allerdings mußte sie
vermeiden, die Aufmerksamkeit der Wächter zu erregen, indem sie
seinen Namen nannte. Sie brauchte einen plausiblen Grund, um in den
Altbau hinüberzugehen und dort zwei oder drei Zimmer aufsuchen zu
können. Daß es ihr speziell um Billy ging, bliebe auf diese Weise verborgen.

Maria stand auf und trat langsam auf den Bewacher zu. Das Schnellfeuergewehr, dessen Mündung nach unten gewiesen hatte, fuhr sofort
hoch. „Sprechen Sie Englisch?" fragte sie und bemühte sich um ein
verbindliches Lächeln. Die Kiefermuskeln des Mannes spannten sich,
doch sein Blick verriet, daß er nichts verstanden hatte. „Gamel . . ., Ihr
Kommandeur", fügte Maria mit übertriebener Betonung hinzu. „Ich
muß mit Gamel sprechen."

Der Bewacher behielt seine Haltung bei, die Waffe nach wie vor im
Anschlag. Rückwärts ging er zur Tür, stieß sie auf und trat einen halben Schritt auf den Gang hinaus. Maria hörte ihn in seiner unverständ-
lichen Sprache etwas flüstern, dann kam von irgendwoher eine Antwort. Schließlich vernahm sie Schritte und sah, wie der Mann zur
Seite trat, um Gamel einzulassen.

Der Anführer der Terroristen blieb einen Augenblick lang stehen und starrte sie an. Dann gab er ihr zu verstehen, daß sie ihm folgen solle. Maria ging hinter ihm her und spürte, wie ihr die Knie weich wurden. Kaum hatten sie das Lehrerzimmer verlassen, drehte sich Gamel um. „Haben Sie mir was mitzuteilen?" fragte er im Befehlston.

„Mir sind die Medikamente eingefallen", antwortete sie und merkte sofort, daß ihre Stimme keine Überzeugungskraft besaß. „Ein paar Kinder müssen regelmäßig Medikamente einnehmen. Gibt es jemanden, der sich darum kümmert?"

Zum erstenmal seit seinem Einführungsmonolog wirkte Gamel verunsichert. „Was für Medikamente? Vom Arzt verordnete?"

„Ja", brachte sie hervor. „Einige Kinder sind darauf angewiesen."

„Welche? Nennen Sie mir einen Namen."

Maria überlegte verzweifelt. „Bradberry", sagte sie dann. „Der kleine Bradberry. Er leidet an Asthma und braucht Tropfen, sonst bekommt er Atembeschwerden beim Aufwachen."

Gamels Miene entspannte sich etwas. „Dann muß es ja irgendwo ein Medikamentenfläschchen geben, auf dem sein Name vermerkt ist. Wenn Sie die Wahrheit sagen, werden wir das Fläschchen finden. Andernfalls haben Sie gelogen, stimmt's?"

Sie bemühte sich, selbstbewußt zu klingen. „Da haben Sie recht. Das Medikament müßte sich im Sanitätsraum befinden, im Schrank."

Ohne den Blick von ihr zu wenden, schnarrte der Anführer einen Befehl in seiner Muttersprache, und sofort war einer der Bewacher an seiner Seite. Gamel erteilte ihm Instruktionen, von denen Maria nur das Wort „Bradberry" verstand. Der Mann eilte im Laufschritt davon. Maria und Gamel blieben zurück – sie standen nur etwa einen halben Meter voneinander entfernt.

„Sie haben noch immer keine Angst", bemerkte der Palästinenser. Daß es da eine Frau gab, die das Risiko einging, seinen Unmut zu erregen, verwirrte ihn.

„Ich habe sehr große Angst", gestand Maria ein.

Er nickte. „Dazu haben Sie auch allen Anlaß. Wenn Sie versuchen, mich hereinzulegen, werde ich an Ihnen ein Exempel statuieren."

Ein kalter Schauer überlief sie. Sie hatte keine Ahnung, was für eine Medizin Jimmy Bradberry einnahm. Es war alles ein Bluff – und Gamel hatte sie durchschaut. Denn jetzt sah sie zu ihrem Entsetzen, wie der Palästinenser seine Pistole zog und damit vor ihrem Gesicht herumfuchtelte. Schließlich berührte die Mündung ihre Stirn.

Maria versuchte sich an die Gebete zu erinnern, die ihr die Nonnen während ihrer Schulzeit beigebracht hatten.

Nach zwei Tagen ohne Schlaf war Ferrand völlig erschöpft. Außerdem nervte ihn die permanente Fragerei.

„Versuchen Sie's noch einmal", bedrängte ihn Oberst Smiles. „Trugen die Wachen einen Gürtel? Und was hing daran? Magazine? Handgranaten?"

Ferrand schüttelte den Kopf. „Mir ist nichts dergleichen aufgefallen, Herr Oberst."

Smiles überflog die Notizen, die er sich gemacht hatte. Ferrand spürte, wie enttäuscht der Offizier darüber war, daß so viele Fragen während der vergangenen Stunden unbeantwortet geblieben waren.

„Sie haben gute Arbeit geleistet", meinte Otis Brown. „Aber ich glaube, jetzt reicht es erst einmal. Sehen Sie zu, daß Sie etwas Schlaf bekommen."

„Wieso?" protestierte Ferrand. „Ich habe Ihnen doch gar nichts sagen können."

Smiles nahm die von ihm umgezeichneten Pläne des Geländes und der Schulgebäude zur Hand und hielt sie hoch. „Sie haben immerhin diese Pläne für uns angefertigt", sagte er. „Wenn wir das Internat stürmen müssen, sind das unsere Marschskizzen."

Ferrand mußte sich eingestehen, daß er doch eine ganze Menge Informationen hatte liefern können. Zum Beispiel hatte er herausgefunden, auf welche Weise Sharif und Gamel miteinander kommunizierten – die beiden bedienten sich eines ganz normalen Telefons, das auf dem Schreibtisch des Direktors stand. Sharif übermittelte seine Informationen einem Komplizen, der irgendwo in Italien saß, und der wählte einfach die Nummer des Direktorats und gab die Botschaft weiter. Anhand Dutzender von Fotografien, die Smiles ihm vorgelegt hatte, hatte Ferrand sofort die sowjetischen Kalaschnikow-Sturmgewehre erkannt, mit denen die Wachen bewaffnet waren. Schließlich hatte er auch die Zahl der Bewacher nennen können und bestätigt, daß die Monitore der Überwachungsanlage nach wie vor in Betrieb waren. Und natürlich hatte er Gamels Forderungen und seine Drohung, am kommenden Nachmittag um fünf Uhr die erste Geisel umzubringen, weitergegeben.

„Glauben Sie, er meint es ernst?" hatte Otis Brown nachgehakt.

„Absolut", hatte er geantwortet. „Ich saß ihm unmittelbar gegenüber. Man hätte meinen können, mit einem zivilisierten, höflichen Menschen zu sprechen – aber in Wirklichkeit ist er eine Bestie. Der Mann *will*, daß wir sein Ultimatum verstreichen lassen."

Brown hatte genickt. „Ich stimme Ihrer Einschätzung zu."

Ferrand stemmte sich aus dem Sessel hoch und stieg schwerfällig die

Holztreppe empor, die zu den Schlafräumen führte. Dort zog er die
Schuhe aus und sank rückwärts auf die Kissen. Er war völlig erschöpft
und brauchte Ruhe, doch seine Gedanken waren im Speisesaal, bei den
Jungen. Und bei Maria. Sie saß an einem der Tische und brachte ihren
Schülern Lesen und Rechnen bei, bemühte sich allen Widrigkeiten
zum Trotz, den Kindern Spaß am Lernen zu vermitteln, ehe sie überhaupt imstande waren zu begreifen, was Lernen eigentlich bedeutete.

Allmählich sah er ein, was Maria ihm schon seit langem klarzuma-
chen versuchte: Die Schule war eine unantastbare Institution. Sie war
eine heilige Stätte, an der Unwissenheit kuriert wurde. Und jetzt war
diese Stätte geschändet worden. Er spürte, wie er vor Wut zitterte.

Er mußte eingenickt sein, denn plötzlich fuhr er hoch. Jemand
klopfte an die Tür und rief seinen Namen.

Er brauchte eine Minute, bis er geöffnet und den Adjutanten von
Oberst Smiles erkannt hatte. „Eine Botschaft aus der Schule", sagte
der Mann. „Der Herr Oberst bittet Sie, zu ihm zu kommen."

> Mr. Ferrand, ich weiß jetzt, wie ich das mit den Monitoren mache. Die
> Kerle werden gar nicht mitkriegen, wie Ihr rüberkommt. Wenn Ihr am
> Freitag abend gleich nach dem Essen um halb acht anrückt, bringe ich
> alle Jungs und Lehrer in den Weinkeller, wo ihnen nix passieren kann.
> Mit den Sprengsätzen lass' ich mir noch was einfallen, ich hab schon eine
> Idee. Billy

„Gütiger Himmel!" rief Ferrand, als er Otis Brown die Botschaft
zurückgab.

„Wir haben ihm doch geantwortet, er solle sich ruhig verhalten und
auf Instruktionen warten", entgegnete Smiles ungehalten. „Was, verflixt noch mal, hat der Bursche vor?"

„Er ist eben ein Kind", bemerkte Ferrand nüchtern. „Billy Tepper
ist fünfzehn Jahre alt und felsenfest davon überzeugt, daß wir kommen
und ihn retten werden. Er versucht uns zu helfen. Du meine Güte,
sehen Sie sich doch mal den Schreibstil dieses Bengels an! Wie wollen
Sie ihm klarmachen, daß die gesammelte Intelligenz der amerikanischen Regierung nicht imstande ist, ein Dutzend wildgewordener
Terroristen auszutricksen?"

Brown hob die Hände, um dem Wortwechsel ein Ende zu setzen.
„Wir sind alle übermüdet", sagte er. „Der Junge kann sich ja nicht vorstellen, was wir alles zu berücksichtigen haben. Auf jeden Fall müssen
wir ihn bremsen. Wenn er sich weiterhin einbildet, daß wir angreifen,
kann das gefährlich werden. Wir müssen ihm eine unmißverständliche
Warnung zukommen lassen."

„Er wird nur das glauben, was er glauben will", wandte Ferrand ein.

„Trotzdem – tun Sie, was Sie können", erwiderte Brown. „Sie sagen uns, was wir ihm erzählen sollen, und wir übertragen den Text dann in seinen Computer."

Ferrand nickte, setzte sich und griff zu Papier und Bleistift.

„Was ist denn das für ein Knabe?" fragte Smiles unvermittelt.

Ferrand lachte. „So einer wie der ist Ihnen noch nie über den Weg gelaufen."

MARIA hörte die Schritte des zurückkehrenden Bewachers, konnte sich aber nicht nach ihm umdrehen. Noch immer drückte ihr Gamel die Mündung seiner Pistole an die Stirn. Im düsteren Korridor konnte sie lediglich seine weißen Zähne blitzen sehen. Sie wußte, daß er noch auf den Beweis wartete, bevor er feuerte.

Jetzt vernahm sie Worte in einer arabischen Sprache. Der Soldat erstattete Bericht. Dann hob Gamel ein kleines Medikamentenfläschchen hoch, und Maria spürte, daß der Lauf der Pistole ihre Stirn nicht mehr berührte.

„Gut", hörte sie Gamel flüstern. „Sie haben die Wahrheit gesagt. Jimmy Bradberry braucht seine Arznei." Er reichte ihr das braune Glasgefäß, und sie nahm es entgegen. „Auch für ein paar andere Jungen stand Medizin bereit", fügte er hinzu, „genau, wie Sie gesagt haben." Er gab ihr die Schlüssel zum Sanitätsraum und zum Medikamentenschrank. „Holen Sie alle Mittel, die Sie brauchen, und versorgen Sie die Kinder. Der Wächter hier wird Sie begleiten und danach wieder ins Lehrerzimmer zurückbringen."

Maria nickte, drehte sich um und folgte dem Freischärler in den Sanitätsraum. Sie sammelte die Medikamente ein und ging dann mit ihrem Bewacher auf den Fersen durch den Speisesaal in den Altbau.

Im Erdgeschoß, wo die Frischlinge schliefen, begann sie ihren Rundgang. Leise klopfte sie an die Türen, an deren unterem Rand ein schmaler Lichtstreifen zu erkennen war. Die Jungen freuten sich, als sie sie sahen. Der eine oder andere beklagte sich über Übelkeit und schluckte einen Löffel voll rosa Sirup, der auch beruhigend wirkte.

Maria achtete, soweit es ging, auf die Reaktionen ihres Bewachers. In das erste Zimmer folgte er ihr noch, bei den nächsten blieb er in der Tür stehen. Im ersten Stock klopfte sie nur noch an die Türen der Jungen, die ärztlich verordnete Medikamente einnehmen mußten. Die Jungen schliefen schon ausnahmslos und wirkten sehr überrascht, als sie geweckt wurden.

„Ich bringe dir deine Medizin", sagte sie bestimmt und fixierte den jeweiligen Schüler mit einem Blick, der jeden Protest im Keim erstickte. Ihre Gestik verriet den Jungen, daß sie sich vollkommen normal verhalten sollten. Die Kinder sahen zunächst Maria an und schielten dann mißtrauisch nach dem Bewacher.

Sie bemühte sich, Gespräche in Gang zu bringen, und blieb in jedem Raum, den sie betrat, ein wenig länger als im vorherigen. Nach einer Weile wurde dem Bewacher die Prozedur zu langweilig. Er schaute sich jeweils nur noch kurz im Zimmer um, um sicherzustellen, daß sich sonst niemand dort aufhielt, und ging danach im Flur auf und ab.

Als Maria Billy Teppers Zimmer erreichte, suchte sie nach dem Fläschchen mit Jimmy Bradberrys Namen – das einzige, das sie bisher noch nicht gebraucht hatte. Sie klopfte an die Tür und trat ein, als Billy von drinnen „Ja, was gibt's denn?" rief.

„Deine Medizin, Jimmy", verkündete Maria mit lauter Stimme.

Billy lächelte. „Dem Bewacher brauchen Sie kein Theater vorzuspielen. Ich glaub, der versteht überhaupt keine Sprache."

Ihr Lächeln verflog. „Was in aller Welt hast du vor? Wie kannst du dich mit Mr. Ferrand verständigen?"

„Ich hab einen Computer im Schrank. Er ist ans Telefonnetz angeschlossen. So tauschen wir Botschaften aus."

Marias Augen weiteten sich. „Bist du wahnsinnig? Wenn sie dich dabei erwischen, bringen sie dich um."

„Ach was!" erwiderte Billy strahlend. „Die Kerle haben doch keine Ahnung von Computern. Sie könnten die Botschaft noch nicht einmal entziffern, wenn sie zufällig auf der Leitung wären. Das Ganze ist narrensicher, glauben Sie mir."

„Billy –" begann sie in vorwurfsvollem Ton.

Er fiel ihr ins Wort. „Hören Sie zu! Mr. Ferrand kommt Freitag abend in Begleitung einer Spezialeinheit über die Mauer, und dann nehmen sie die Kerle hier auseinander." Erneut wollte die Lehrerin protestieren, und Billy wußte, daß er rasch weitersprechen mußte. „Wir werden dafür sorgen", fügte er hinzu, „daß alle Kinder und Lehrer im Weinkeller verschwinden, damit ihnen nichts passiert. Und das muß perfekt organisiert sein. Ich habe alle Jungs aufgelistet und sie in zehn Gruppen eingeteilt. Für jede Gruppe habe ich einen Oberstufler als Anführer ausgesucht. Mit den älteren Schülern spreche ich selbst, aber den Frischlingen müssen Sie klarmachen, worum es geht und wem sie zu folgen haben. Außerdem müssen Sie die Lehrer informieren."

„Wovon redest du eigentlich?" fragte Maria.

„Freitag abend, gleich nach dem Abendessen, wird etwas passieren, was die Aufmerksamkeit der Wachen vorübergehend ablenkt. Auf ein Signal hin müssen alle der Reihe nach durch die Küche in den Weinkeller marschieren. Es darf unter keinen Umständen zu einer Panik kommen. Hier, ich habe alles aufgeschrieben." Er riß einen Zettel von seiner Schreibunterlage und steckte ihn in das Medizinfläschchen.

Maria riß ihm das Fläschchen aus der Hand. „Hat Mr. Ferrand dir das aufgetragen?"

„Wir haben uns darüber verständigt", antwortete Billy, wie aus der Pistole geschossen. „Er weiß genau, was wir vorhaben."

Sie wandte sich zum Gehen. Ohnehin hatte sie sich schon viel zu lange in Billys Zimmer aufgehalten. „Sei vorsichtig", mahnte sie ihn, „und tu bitte nichts, ohne daß Mr. Ferrand Bescheid weiß. Das ist kein Spiel, Billy. Diese Männer meinen es ernst. Verstehst du mich?"

„Na klar", bestätigte er.

Sie ging zur Tür und begab sich wieder zu ihrem Bewacher auf den Gang.

SHARIF war verschwunden. Zur gleichen Stunde, da Gamels Truppe die Schule überfiel, hatte er, verkleidet als Arbeiter, auf der Ladefläche eines offenen Kleinlasters Tripolis verlassen. Drei Stunden später war er auf einen anderen LKW umgestiegen und hatte es sich auf einer Ladung Saatgetreide bequem gemacht. Erstes Ziel seiner Reise war die libysche Hafenstadt Bengasi, wo er sich mit einem seiner beiden Vertrauten traf und dafür sorgte, daß seine Forderungen der amerikanischen Botschaft in Kairo übermittelt wurden. Nachdem er sich davon überzeugt hatte, daß er in einem Richtung Kairo fahrenden Lastwagen gesehen worden war, hatte er seinen Platz mit einem bezahlten verkleideten Helfer getauscht, den Lastwagen davonfahren lassen und ein Fischerboot bestiegen, welches ihn in Tobruk wieder an Land setzte.

Währenddessen überbrachten seine Leute der amerikanischen Botschaft seine Nachricht und nahmen die Antworten in Empfang. Doch wo Sharif sich aufhielt, wußte außer seinen beiden engsten Vertrauten niemand.

Im Keller eines kleinen Hauses unweit der Küstenstraße genoß Sharif die Verwirrung im Lager seiner Feinde. Er hörte sich die vorsichtigen Stellungnahmen der arabischen Spitzenpolitiker an, die sich über ihre nationalen Rundfunkstationen zu Wort meldeten. Sie bedauerten die Notwendigkeit des bewaffneten Kampfes, bezeichneten ihn jedoch als legitime Maßnahme eines unterdrückten Volkes. In der Hoffnung, Blutvergießen vermeiden zu können, gaben sie vor,

zwischen Sharif und den Amerikanern zu vermitteln. Unter vier
Augen versicherten sie jedem, von dem sie meinten, er habe vielleicht
Verbindungen zu Sharif, daß sie dessen ruhmreichen Kampf vorbe-
haltlos unterstützten.

Auch die Äußerungen, mit denen die amerikanische Regierung an
die Öffentlichkeit trat, hörte Sharif sich an. Die Amerikaner verkün-
deten, daß sie die Prominentenkinder nicht gegen rechtmäßig verur-
teilte Terroristen austauschen würden. Die Zahlung von Reparationen käme für sie nicht in Frage, und was die Forderung nach dem
Rückzug der Sechsten Flotte betraf, so hielten sie diese nicht einmal
der Erwähnung wert.

Doch Sharif wußte, daß die amerikanische Antwort voller Lügen
steckte. Die Gefangenen, deren Freilassung er gefordert hatte, wurden
von ihren Bewachern in Israel und Italien bereits frisch eingekleidet.
Die Amerikaner waren zum Gefangenenaustausch bereit und würden
auch Reparationen zahlen. Sie konnten es sich nur nicht erlauben, die
Begriffe „Gefangenenaustausch" und „Reparationszahlungen" offiziell zu verwenden.

Sharif war allerdings fest entschlossen, die Amerikaner diesmal vor
aller Welt zu demütigen. Sie würden gezwungen sein, ihn als Gleich-
berechtigten zu behandeln. Nur wenn ihm dies gelang, würde er sich
über die korrupten Führer der arabischen Welt erheben können. Er
wollte weder Gefangene noch Reparationen. Er wollte Macht.

Große Sorgfalt verwandte Sharif auf die Abfassung seiner Antwort.
Erst wenn die befreiten Häftlinge sicher in Damaskus gelandet seien,
würden die Kinder in St. Anselm freigegeben. Die Zahlungen müßten
deutlich als Reparationen ausgewiesen werden. Er war nur zu einer
einzigen Konzession bereit: Die Forderung nach einem Rückzug der
Sechsten Flotte ließ er fallen; die Bedingungen waren auch so noch
erniedrigend genug für die Amerikaner.

Sharif gab die knapp formulierten Zeilen seinem zweiten Vertrauten zur Weiterleitung. Am nächsten Morgen würde der Text in amerikanischer Hand sein.

SHARIF schlief ruhig, als ihn die Stimme seines Vertrauten weckte.
Er setzte sich auf und hörte sich eine kurze Nachricht an, die sein
Gefährte soeben dekodiert hatte.

„Wir wurden in Kairo von dem Repräsentanten Ihres Geschäfts-
freunds Trotta kontaktiert. Er teilt uns mit, daß Trottas Sohn sich
unter den Schülern befindet."

Sharif rieb sich die Augen, nahm die Botschaft entgegen und las sie im trüben Licht der Öllampe selbst noch einmal durch. „Wann treten wir wieder mit der Besatzung des Fischerbootes in Verbindung?" „Morgen früh um neun", lautete die Antwort.

Er nickte, stieg aus dem Bett und begab sich hinüber in das staubige, kahle Zimmer, das ihm als Kommandozentrale diente. Dort setzte er eine kurze Nachricht an seine Leute auf. Er trug ihnen auf, die Schule anzurufen und Gamel zu befehlen, den jungen Trotta sofort freizulassen.

Sein Vertrauter wirkte aufs höchste erstaunt. „Ich habe lieber die Vereinigten Staaten zum Feind als Don Trotta", erklärte Sharif.

18. APRIL, VORMITTAGS

BILLY konnte es einfach nicht begreifen. Erst diese Nachricht von Ferrand, die überhaupt keinen Sinn ergab – und dann Schnuffi, der einen Haufen dumme Fragen stellte, die zu beantworten er nicht die Zeit hatte. Sein Plan war doch so einfach! Wieso versuchten jetzt auf einmal alle, ihn zu verkomplizieren?

Ferrand hatte von ihm verlangt, gar nichts zu tun.

> Wir werden Euch in Kürze freibekommen. Laß die Überwachungsanlage in Ruhe! Sag keinem etwas von dem Weinkeller, andernfalls setzt Du das Leben der andern Jungen aufs Spiel und erschwerst Eure Befreiung durch uns.

Was ist denn in den gefahren? fragte sich Billy. Diese Dummköpfe hier sind doch für die Delta-Force-Leute nicht das geringste Problem. Die sehen doch glatt so aus, als hätten sie ihre Uniformen aus der Kleidersammlung! Und wenn man uns „in Kürze freibekommen" will, dann heißt das nichts anderes, als daß die Amerikaner bald über die Mauern steigen – oder? Wahrscheinlich morgen abend. Es ist daher nur sinnvoll, wenn ich die Vorbereitungen für die Ausschaltung der Fernsehüberwachung weiter vorantreibe.

Natürlich hatte er nicht die Absicht, jemandem von dem Weinkeller zu erzählen. Für wen hielt ihn dieser Ferrand eigentlich? Für einen Vollidioten?

Und dann Schnuffi. Von ihm verlangte er lediglich einen seiner klassischen Hustenanfälle. „Einfach so wie sonst auch immer, Schnuffi", erklärte Billy. „Fang stoßweise an, krümm dich, lauf blau an, und fall aufs Haupt."

„Aber warum muß das gerade direkt vor dem Wachbüro sein?" fragte Schnuffi hartnäckig immer wieder.

„Weil ich will, daß der Kerl im Wachbüro dir zu Hilfe kommt", antwortete Billy.

„Wieso? Die Burschen sind bewaffnet. Vielleicht schießen die alle Jungs mit Hustenanfällen tot. Und warum muß das genau um fünf vor zwölf sein?"

„Meine Güte, Schnuffi!" stöhnte Billy, dessen Geduld bereits zum Zerreißen gespannt war. „Das hab ich dir doch längst gesagt. Weil ich auf dem Klo sein werde und dich von dort aus nicht sehen kann. Ich muß wissen, wann du deinen Anfall kriegst, damit ich genau gleichzeitig etwas erledigen kann."

„Aber was passiert, wenn die Wachen durchdrehen?"

Billy zog seine Trumpfkarte. „Na gut, Schnuffi, vergiß es. Ich frag Charlie Noble . . ."

„Charlie Noble? Der rennt doch sofort zum Direktor! Und außerdem hat er keine Ahnung, wie man so einen Hustenanfall hinlegt!"

„Also entweder du oder Charlie", sagte Billy.

Jimmy Bradberry nickte bereits. „In Ordnung. Fünf Minuten vor zwölf, vor dem Wachbüro."

Billy zeigte ihm die Faust mit emporgerecktem Daumen.

AUF die Sekunde genau um elf Uhr fünfundvierzig sah Billy Joey Trotta an, der ihm am Tisch im Speisesaal gegenübersaß, und nickte ihm zu. Billy ergriff seine Bücher und stieß John Richmond mit dem Ellenbogen in die Seite. Joey und John standen auf und marschierten an dem verblüfft dreinblickenden Harold Hutchings vorbei in Richtung Toiletten. Der Wächter straffte sich, als die beiden Jungen auf ihn zukamen, und entspannte sich wieder, als sie an ihm vorüber und in der Toilette verschwunden waren.

Kaum hatten John und Joey den Speisesaal verlassen, da erhoben sich Tad Bliss und Henry Giles und strebten auf die Tür zu. Auf dem Weg zur Toilette machten sie Platz für Joey Trotta, der in diesem Augenblick zurückkehrte. Nun stand David Moore auf – er saß an einem anderen Tisch – und machte sich auf den Weg nach draußen, wobei ihm auf halber Strecke John Richmond entgegenkam. Kurz darauf kehrte auch Tad Bliss zurück und begegnete dabei zwei weiteren Oberkläßlern.

Billy verfolgte die Parade genau. Er hatte die Marschordnung sorgfältig geplant. Die Jungen, die gemeinsam zur Toilette gingen, kamen getrennt zurück, und die, die getrennt gingen, kamen gemeinsam wieder. Es war unmöglich, genau zu sagen, wer nun gerade draußen war und wer nicht. Eine kleine Verzögerung bei der Rückkehr würde dem Bewacher mit Sicherheit nicht auffallen. Es war an der Zeit zuzuschlagen. Er stand auf, klemmte sich sein Wörterbuch unter den Arm und wollte sich davonmachen.

„Hättest du vielleicht die Güte, mir zu sagen, wo du hinwillst, William?"

Harold Hutchings' barsch gestellte Frage traf Billy wie ein Keulenschlag. Bitte nicht, flehte er insgeheim.

„Setz dich!" befahl Hutchings. „Und verlaß die Klasse nie wieder ohne meine ausdrückliche Erlaubnis!"

Billy rastete fast aus. Verzweifelt suchte er nach einer Antwort. Er mußte jetzt, sozusagen zur Hauptverkehrszeit, auf die Toilette, andernfalls konnte er seinen perfekt abgestimmmten Plan in den Schornstein schreiben. „Mr. Hutchings . . .", begann er zögernd.

Der Lehrer vertiefte sich in seine Unterlagen und ignorierte ihn.

Billy riskierte einen Seitenblick auf die Bewacher. Der am nächsten stehende sah zu ihm herüber. Rasch schaute Billy auf die Uhr. Elf Uhr fünfzig. Die Zeit lief ihm davon.

Er sah Hutchings in die Augen. „Es muß das Frühstück sein", stieß er hervor. „Ich glaube, ich muß mich übergeben." Er zwang sich einen Rülpser ab und hielt die Hand vor den Mund.

„Ist dir übel? Nun gut, dann geh!" Hutchings schob seine Unterlagen beiseite und erhob sich. „Ich begleite dich."

Billy schüttelte heftig den Kopf. „Ich komm schon klar." Ehe der Lehrer sein Hilfsangebot erneuern konnte, war er auf und davon.

Er gab sich gelassen, als er mit dem Wörterbuch in der Hand an der Wache vorbeiging. Nachdem Hutchings ihn ohnehin schon in eine Art Leuchtturm verwandelt hatte, durfte er unter keinen Umständen noch mehr Aufmerksamkeit erregen. Der Terrorist an der Tür beobachtete ihn scharf, und Billy hatte das Gefühl, die Blicke der anderen Bewacher bohrten sich wie Dolche in seinen Rücken. Fast wunderte es ihn, daß niemand kam und ihm das Wörterbuch aus der Hand riß.

SCHNUFFI sah auf die Uhr. Der Minutenzeiger war soeben auf elf Uhr dreiundfünfzig vorgerückt. Nur etwas mehr als eine Minute bis zum Beginn des inszenierten Hustenanfalls. Aufstehen, durch den Saal taumeln, die beiden Türflügel aufstoßen, auf das Wachbüro zustolpern und dort der Länge nach hinschlagen . . .

Ich habe keine Chance, sagte er sich. Daß ich wirklich an Asthma leide, wird die Wachen nicht darin hindern, mich festzuhalten. Ich

komme nicht mal bis zur Tür. Die Kerle sind bewaffnet und erschießen mich auf der Stelle.

Nein, da mache ich nicht mit. Als freiwillige Zielscheibe gebe ich
mich nicht her. Billy wird Verständnis dafür haben ... Wirklich? Ach
was, es wird schon hinhauen. Ich leg euch einen Anfall hin, der sich
gewaschen hat ...

RASCH verschwand Billy Tepper in der hintersten Toilettenkabine,
kletterte auf den Wasserkasten und nahm die Abdeckung des Lüftungsschachts ab. Er schob das Wörterbuch hinein, kletterte hinterher
und brachte die Abdeckung sorgfältig wieder in ihre ursprüngliche
Position.

Er war in Zeitnot. Weniger als zwei Minuten blieben ihm, um in
den Raum zwischen den beiden Gebäuden zu gelangen. Alles mußte
genau um elf Uhr fünfundfünfzig geschehen. Schnuffi konnte nicht
ewig husten.

UM ELF Uhr vierundfünfzig stand Schnuffi auf und ging auf den
Tisch am anderen Ende des Speisesaals zu. Dort holte er tief Atem,
keuchte vernehmbar und begann urplötzlich, explosionsartig zu
husten, so daß alle im Saal sich unwillkürlich nach ihm umdrehten.
Schnuffi beugte sich vornüber, die Hände an die Brust gepreßt, richtete sich dann, ehe jemand imstande gewesen wäre, sich zu rühren,
kerzengerade auf und warf die Arme empor, als werde er gekreuzigt.

Es war eine Galavorstellung. „Wasser", keuchte er und deutete mit
zitterndem Finger auf die Trinkwasserfontäne. Mit einem Geräusch,
das an einen pfeifenden Dampfkessel erinnerte, stürzte er darauf zu.

DIE Bewacher waren erschüttert und schienen um das Leben des
Jungen zu fürchten. Selbst die Lehrer waren entsetzt: Einen Hustenanfall von dieser Heftigkeit hatten auch sie noch nicht erlebt.

„Luft", röchelte Schnuffi, „ich kriege keine Luft." Unvermittelt
änderte er seine Richtung und steuerte nunmehr die Flügeltüren an.
Der Junge taumelte vorwärts, fiel auf die Knie, krachte gegen die Tür.
Er wirbelte herum und schlug wild mit den Armen um sich, bis er mit
ausgestreckten Gliedmaßen wie ein herunterfallender Wappenadler an
der Tür lehnte. Er betrachtete die gebannte Zuschauermenge und stieß
einen gurgelnden Laut aus.

„Mein Gott, er stirbt!" schrie Maria, sprang auf und stürzte auf
Schnuffi zu. Der Bewacher, der ihm am nächsten stand, hängte sich
die Waffe über die Schulter und lief ebenfalls auf den Jungen zu.

Um ein Haar hätte Jimmy gelacht. Sie waren auf seine Show hereingefallen. Doch seine Mission war noch nicht beendet. Wieder krümmte er sich und schlug heftig gegen die Flügeltür, die aufging. Als er auf den Korridor hinausblickte, sah er einen Bewacher auf den Speisesaal zukommen.

BILLYS Armbanduhr zeigte genau elf Uhr fünfundfünfzig. Er schloß die kupfernen Enden seines Steckers an die freigelegten Drähte an. Vor seinem geistigen Auge sah er, wie das Bild auf den Monitoren ausfiel und durchzulaufen begann, und er hörte das Rauschen, das die Bildstörung begleitete. Aber der zuständige Soldat achtete in diesem Moment ja nicht auf die Monitore, da er viel zu sehr mit Schnuffi beschäftigt war. Mit zitternden Fingern begann Billy die Kontaktstelle zu isolieren.

SCHNUFFI zögerte keine Sekunde, sondern erhob sich mühsam und torkelte auf den Bewacher zu. „Hilf mir!" stöhnte er keuchend. Auch der Freischärler, der im Wachbüro die Monitore beobachtete, hatte mittlerweile die Unruhe wahrgenommen. Er stürzte zum Speisesaal und wäre beinahe mit Schnuffi, der weitergetaumelt war, zusammengeprallt. Schnuffi sah ihm in die Augen und bemerkte das Entsetzen in seinem Blick. Er bewegte die Lippen, als ob er Worte bilden wollte. Und dann inszenierte er das Finale: Es begann mit einer vollendeten Drehung um dreihundertsechzig Grad, ausgeführt mit leerem Blick und dramatisch über die Stirn gelegtem Handrücken, und endete in einem letzten Keuchen, mit dem er langsam zu Boden sank. Noch im Fallen suchte Schnuffi am Kampfanzug eines Terroristen Halt, dann sackte er mit einem dumpfen Aufschlag zusammen.

Von allen Seiten kamen sie auf ihn zu, zerrten an seinem Hemd. Miß Manetti beugte sich dicht über ihn, drückte ihm das Kinn nach unten, um den Mund zu öffnen. Hätte Schnuffi jetzt die Monitore im Auge gehabt, so wäre ihm aufgefallen, daß das Bild anfing durchzulaufen, sich wenig später wieder einpendelte und genau wie zuvor eine gestochen scharfe Ansicht der Außenmauer zeigte. Aber Jimmy Bradberry war das egal. Er brannte darauf, Billy Tepper die Neuigkeit des Tages mitzuteilen: Mund-zu-Mund-Beatmung durch Miß Manetti!

ALLE Knaben drängten sich noch um die Flügeltüren des Speisesaals, als Billy aus der Toilette kam und seelenruhig den Korridor entlangschlenderte. Er bahnte sich einen Weg durch die Menge und erlebte gerade noch mit, wie Miß Manetti zusammen mit einem der

Terroristen Schnuffi auf die Beine half. Bevor der Junge ins Kranken-
zimmer getragen wurde, erwiderte er noch den emporgereckten Daumen, den Billy ihm zeigte, mit einem bestätigenden Nicken.

Überall um ihn herum herrschte Unordnung. Bücher waren auf
den Boden gefallen, Stühle umgestürzt. Die Bewacher hatten ihre
Posten verlassen, und die Kinder waren außer Rand und Band.
Schnuffi muß eine tolle Schau abgezogen haben, sagte sich Billy.
Wahrscheinlich bekomme ich das jetzt von ihm die nächsten hundert
Jahre aufs Butterbrot geschmiert.

DER Präsident war von seltenem Zorn erfaßt. Er verfügte inzwischen über eine Antwort von Sharif, die kaum Verhandlungsspielraum ließ, und sah sich zeitlich durch ein Ultimatum der Terroristen in
St. Anselm unter Druck gesetzt. Er brauchte jetzt sofort einen direkten Draht zu diesem „Kameltreiber", der in den stündlichen Fernsehnachrichten stets an erster Stelle erwähnt wurde. Aber die amerikanischen Geheimdienste hatten keine Ahnung, wo sich der Mann befand.

„Ich habe mit einer international berüchtigten Person Verhandlungen auf Leben und Tod zu führen", brüllte er CIA-Direktor William
Clemmons an, „und Sie kommen daher und erzählen mir, daß Sie
trotz aller Spionagesatelliten und Tarnkappenflugzeuge nicht wissen,
wo sich Sharifs Hauptquartier befindet."

Clemmons sah hilfesuchend den Sicherheitsberater des Präsidenten
an, mußte jedoch feststellen, daß sein Gegenüber gerade hingebungs-
voll seine blitzblank gewienerten Schuhe betrachtete. Er wandte sich
also wieder dem Präsidenten zu. „Sharifs Nachrichten werden telefonisch an verschiedene ägyptische Regierungsmitglieder übermittelt",
erklärte er. „Wir haben im gesamten Mittelmeerraum soundso viele
potentielle Kuriere verfolgt, doch sind unsere Leute zu dem Schluß
gekommen, daß es sich dabei um bewußt falsch gelegte Fährten handelt. Am wahrscheinlichsten ist es, daß Sharif sich in Kairo aufhält."

Reynolds schüttelte verzweifelt den Kopf. „Wie soll ich unter diesen
Umständen mit ihm verhandeln? Soll ich warten, bis er uns eine Brief-
taube schickt?"

Schon am frühen Morgen war der Präsident von seinem Sekretär
geweckt worden, der ihm die Antwort Sharifs überbracht hatte. Der
Palästinenserführer gierte nach Macht – und Macht war das einzige,
was Reynolds dem „Flammenden Schwert aus der Wüste" nie und
nimmer zugestehen konnte. Doch der Preis, den es kostete, Sharif die
Stirn zu bieten, war hoch. Auf dem Spiel stand nicht nur das Leben der
Lehrer und Schüler in Geiselhaft, sondern auch die Existenz seiner

Regierung. Konnte eine Regierungsmannschaft, der es nicht gelang, diese Kinder zu retten, bei der nächsten Wahl überhaupt noch antreten?

„Ich möchte Sharif umgehend eine Botschaft zukommen lassen", sagte Reynolds. „Diese Sache muß ein Ende haben. Teilen Sie den Medien mit, daß die Vereinigten Staaten gewillt sind, durch Verhandlungen die sofortige Freilassung der Kinder zu erwirken und zu diesem Zweck eine Delegation nach Kairo, Damaskus oder sonstwohin zu entsenden. Dann soll eben Sharif *uns* aufsuchen."

Der CIA-Chef und der Sicherheitsberater blickten einander an. „Wir werden in aller Öffentlichkeit über seine Forderungen verhandeln?" fragte Clemmons überrascht.

„Erst einmal will ich Zeit gewinnen", antwortete der Präsident. „Von toten Kindern hat Sharif nichts. Ich möchte nur sicherstellen, daß er das selbst begreift."

Als die drei Männer sich erhoben, wandte sich Reynolds noch einmal an den CIA-Direktor. „Sagen Sie dem Kommandeur der Delta Force, daß seine Truppe sich bereithalten soll."

NACHMITTAGS

SMILES las die Nachricht sichtlich angewidert und warf den Zettel vor Otis Brown auf den Tisch. „Was soll das heißen?" fragte er.

„Nehmen Sie's ruhig wörtlich", antwortete Brown gelassen. „Halten Sie sich in jeder Hinsicht bereit für eine Befreiungsaktion auf Befehl des Präsidenten. Davon abgesehen – ich finde diese Botschaft genauso verwirrend wie Sie. Die wissen doch, daß unsere Chancen, die Kinder lebend herauszubekommen, gleich Null sind."

Oberst Smiles wandte sich fluchend ab. Irgendwo auf der anderen Seite des Erdballs saß eine Politikerrunde beisammen und erteilte ihm Befehle. Lauter Leute, die überhaupt keine Vorstellung davon hatten, was für Konsequenzen ihre Befehle haben konnten. Politiker in Washington beschäftigten sich mit Hirngespinsten, militärische Befehlshaber im Fronteinsatz mit Menschenleben. Im Endeffekt erwiesen sich die Menschenleben als zweitrangig.

„Und was für eine Nachricht sollen wir dem Jungen mit dem Computer jetzt zukommen lassen?" rief Smiles. „Erst sagen wir ihm: ‚Halt still, wir holen euch durch Verhandlungen raus.' Und jetzt: ‚Mach nur weiter, wir brauchen deine Hilfe, um euch freizuschießen!'"

Brown sah den Oberst an. „Daran denke ich, seit wir diesen Befehl erhalten haben", meinte er leise. „Meiner Überzeugung nach sollten wir mit dem jungen Tepper überhaupt nicht mehr in Verbindung treten." Er sah, wie Smiles' Augen sich weiteten. „Hören Sie", fuhr er fort, „die größte Gefahr momentan wäre doch ein ungeschickter Ausbruchsversuch seitens der Jungen. Und genau das müssen wir unter allen Umständen vermeiden."

Er ging an Smiles vorbei zum Fenster und starrte zum Internat hinauf. Die Sonne stand noch hoch am Himmel, und die Schule ragte, von den schlanken, hohen Bäumen nur teilweise verdeckt, wie eine Festung empor. „Ich glaube, Ferrand hält diesen Billy Tepper für ein Genie. Aber führen Sie sich mal vor Augen, was wir von ihm alles erwarten: Zunächst muß er eine elektronische Überwachungsanlage dergestalt manipulieren, daß die Kameras nicht mehr erfassen, worauf sie gerichtet sind. Als nächstes muß er sechsundfünfzig Schüler und ein Dutzend Lehrer dazu bewegen, auf ein Stichwort hin in einem Weinkeller zu verschwinden. Ich weiß nicht, wie es bei Ihnen ist – ich jedenfalls schaffe es nicht einmal, acht Mitarbeiter pünktlich in einem Konferenzraum zu versammeln. Und dann soll der Bursche auch noch die Sprengsätze entschärfen. Er hat keinerlei Werkzeug, keine Schaltpläne, gar nichts. Ein Fehler, und es gibt keine Geiseln mehr, die wir befreien könnten."

Smiles nickte betrübt. „Sie haben natürlich recht."

„Augenblick", fuhr Brown fort. „Das war erst die halbe Gleichung. Auf der anderen Seite sind da noch die hohen Herren in Washington. Die meisten kenne ich persönlich. Kein einziger würde mit der Erstürmung der Schule etwas zu tun haben wollen. Wenn auch nur einer der Jungen dabei ums Leben käme, wäre die politische Karriere des Betreffenden jäh zu Ende. Nach meiner Einschätzung werden sie Sharif zwar nicht die Schlüssel zum Weißen Haus aushändigen – aber sonst bekommt er von ihnen für die Freilassung der Kinder alles. Und unter diesen Voraussetzungen möchte ich vermeiden, daß ein fünfzehnjähriger Schuljunge alle Erfolgsaussichten zunichte macht."

„Und warum bekomme ich dann den Befehl, Vorbereitungen für eine Erstürmung der Schule zu treffen?" fragte der Oberst.

Brown betrachtete den Offizier voller Mitgefühl. „Damit Ihre Vorgesetzten für den Fall, daß etwas schiefläuft, jemanden haben, den sie an den Pranger stellen können", antwortete er lakonisch.

JOEY TROTTA hatte keine Ahnung, warum ausgerechnet er ausgesondert wurde. Er hatte nicht einmal mitbekommen, daß der Direktor und der Terroristenführer vor der geöffneten Speisesaaltür miteinander gesprochen hatten, und war daher völlig überrascht, als er plötzlich Harold Hutchings' Hand auf seiner Schulter spürte. „Der Direktor möchte mit dir sprechen", flüsterte der Geschichtslehrer.

„Was? Ich habe doch gar nichts getan!" protestierte Joey, stemmte sich dann aber widerwillig vom Tisch ab und schlenderte, um einen zuversichtlichen Ausdruck bemüht, zur Tür.

Auf dem Flur nahm ihn der alte Mäuserich in Empfang.

„Ich habe gute Nachrichten für dich, Joseph", erklärte der Direktor. „Du hast nichts zu befürchten." Er nahm Joey beim Arm und geleitete ihn ins Büro, wo der Anführer der Terroristen auf sie wartete.

Gamel saß in seinem Sessel hinter dem Schreibtisch. „Joseph Trotta", sagte er. Joey versuchte zu antworten, doch sein Mund war auf einmal strohtrocken. „Du wirst entlassen", fuhr Gamel fort.

Trotta stand da wie erstarrt. Er war zu keiner Antwort fähig.

„Hast du mich verstanden?" fragte Gamel. „Einer meiner Kämpfer bringt dich zum Tor. Dort wartet ein Polizeiwagen auf dich."

„Warum?" stieß Joey hervor.

Ein Lächeln huschte über Gamels Lippen. „Weil ich es anordne. Und Befehle sind dazu da, um befolgt zu werden, nicht wahr? Oder hast du das noch nicht gelernt?"

„Warum ich und nicht die anderen?" bohrte Joey nach.

„Weil wir Hochachtung für deinen Herrn Vater empfinden", erwiderte Gamel. „Er ist ein bedeutender Mann in unserem Land."

„Mein Vater ist ein Gangster", meinte Joey und ließ Gamel nicht aus den Augen. „Auf seine Gunstbezeigungen kann ich verzichten. Ich gehe nur, wenn wir alle gehen dürfen. Andernfalls bleibe ich bei meinen Kameraden."

„Joseph ...", begann der Direktor, doch Gamel hob die Hand und gebot ihm zu schweigen. Dann stand der Anführer der Terroristen auf, ging um den Schreibtisch herum und pflanzte sich direkt vor dem jungen Mann auf.

„Du hast recht", sagte er. „Dein Vater ist ein Gangster. Zum gegenwärtigen Zeitpunkt brauchen wir ihn aber noch, und deshalb geben wir ihm, was er von uns will, in diesem Fall also deine Freilassung. Hast du das begriffen?"

Tränen der Wut traten Joey in die Augen. „Ich gehe *nicht*."

Gamel starrte den Jungen an, äußerte dann ein paar Worte in seiner Sprache, und sofort kam ein Freischärler und packte Joey am Arm.

„Du gehst!" erklärte Gamel mit Nachdruck. „Und zwar sofort!" Er nickte dem Bewacher zu, und noch im gleichen Augenblick wurde Joey fortgezerrt, zum Büro hinaus in Richtung Haupteingang.

Joey widersetzte sich, wand sich hin und her und stemmte seine Hacken in den Boden, alles in dem Bestreben, sich aus dem Griff des Freischärlers zu befreien. „Laß mich los, du Idiot!" schrie er.

Die Unruhe lockte den Mann aus dem Wachbüro. Er rief seinem Kameraden ein paar aufmunternde Worte zu und lachte über Joeys sinnlosen Widerstand. Vor lauter Wut fing Joey an zu weinen.

Der Bewacher dirigierte ihn die Freitreppe hinunter und dann auf den Fußweg, der zum Tor führte. Joeys Gesicht war tränenüberströmt. Er spürte, wie ihn die Einsamkeit überwältigte, die ihn in seinem jungen Leben immer wieder heimgesucht hatte. Die Leute respektierten seinen Vater – oder sie hatten furchtbare Angst vor ihm. Im Grunde kam es darauf auch gar nicht an – er, Joey, war jedenfalls immer nur hin und her geschoben worden, ein ewiger Außenseiter.

Und jetzt ließ er seine Kameraden im Stich. Sein Bewacher hatte ihn am Arm gepackt und trieb ihn, so sehr er sich auch dagegen sträubte, auf das Tor zu. Joey graute mehr vor der Leere, die ihn draußen erwartete, als vor der Gefahr, die innerhalb der Mauern lauerte.

Aus den Augenwinkeln beobachtete der junge Trotta den Mann, der ihn begleitete. Es war ein Halbwüchsiger, vielleicht zwei Jahre älter als er selbst und nur ein paar Zentimeter größer. Er war stärker – Joey erinnerte sich an den schraubstockartigen Griff im Flur –, aber nicht übermächtig.

Joeys Entschluß fiel blitzschnell. Er mußte den Spieß umdrehen. Und mit einem Male verwandelte sich der schniefende, geprügelte Teenager, der wie ein Hund an der Leine fortgezerrt wurde, in einen wildgewordenen Stier. Mit einem heftigen Ruck riß er sich los und fuhr dem Bewacher mit beiden Händen ins Gesicht. Der Palästinenser schrie auf vor Schmerzen, taumelte ein paar Schritte rückwärts und fingerte nach der am Schulterriemen baumelnden Waffe. Doch Joey hatte bereits ausgeholt und verpaßte ihm einen furchtbaren Tritt in die Leistengegend. Der junge Mann ging zu Boden. Joey ergriff die Waffe und zog sie mit solcher Gewalt an sich, daß er seinem Bewacher beinahe noch den Arm ausgekugelt hätte. Und dann rannte er, so schnell er konnte, zurück zur Schule – das Sturmgewehr umklammernd und den Finger am Abzug.

Es war so schnell gegangen, daß der Freischärler im Wachbüro nicht hatte reagieren können. Er starrte auf den Monitor, der den Schulhof überwachte, und sah Joey auf das Gebäude zustürzen; die Gestalt auf dem Bildschirm wuchs mit jedem Schritt. Da fuhr der Mann von seinem Stuhl hoch, packte seine Waffe und rannte hinüber zum Speisesaal, wobei er seinen Gefährten eine Warnung zurief.

Noch während er seinen Kameraden lauthals erklärte, was vorgefallen war, wurde die Eingangstür hinter ihm plötzlich aufgestoßen. Er drehte sich um, erblickte Trotta und erkannte, daß dieser die Kalaschnikow seines Bewachers in der Hand hielt und damit auf ihn zielte. Der Schuß krachte im gleichen Augenblick, in dem sich der Palästinenser auf den Boden des Speisesaals warf. Der Türrahmen, vor dem er gerade noch gestanden hatte, zersplitterte prasselnd.

Die Bewacher, die ihre Posten eilends verlassen hatten, suchten unter den Tischen Deckung. Jetzt hatte Joey die Tür zum Speisesaal erreicht. Mit der Waffe im Anschlag blieb er auf der Schwelle stehen, schwenkte sie herum und gab einen Feuerstoß ab, der einen der umgestürzten Tische in zwei Teile zerriß.

Das Rattern des Schnellfeuergewehrs verwandelte den Speisesaal in ein Tollhaus. Die meisten Schüler hatten in ihrer Panik im hintersten Winkel des Saals Zuflucht gesucht. Einige Frischlinge waren jedoch, vor Schreck erstarrt, auf ihren Stühlen sitzen geblieben und hielten sich bloß die Ohren zu. Joey stürmte nun in den Saal und feuerte erneut wild drauflos. Wieder fetzten Holzsplitter aus einem Tisch, dann kippte eine Reihe Klappstühle um wie Dominosteine.

Doch plötzlich herrschte Stille. Joey stand mutterseelenallein mitten im Saal und blickte erstaunt auf die leergeschossene Waffe. Die Terroristen begannen sich zu regen und krochen hinter zerborstenem Mobiliar hervor, das ihnen als Deckung gedient hatte. Einer der jüngeren Schüler fing an zu weinen.

Zwei Bewacher merkten, daß das Magazin der Kalaschnikow leer war, und stürzten sich auf Joey, der sich nach seinen Mitschülern umsah in der Hoffnung, sie würden ihm zu Hilfe eilen. Ein Gewehrkolben sauste durch die Luft, und Joey brach ohne einen Laut zusammen. Als Gamel den Speisesaal betrat, umringten die Wachen den am Boden liegenden Jungen.

Der Anführer überblickte die Situation in Sekundenschnelle. „Erschießt ihn!" befahl er leise.

Einer der Freischärler sah seinen Befehlshaber fragend an, blickte dann wieder hinunter auf den bewußtlosen Jungen und richtete die Mündung seiner Waffe auf dessen Kopf.

Maria stieß einen gellenden Schrei aus und wollte aufspringen, wurde jedoch von einem Bewacher daran gehindert. „Er ist doch noch ein Kind!" rief sie Gamel zu. „Er hat nicht gewußt, was er tat!"

„Erschießt ihn!" wiederholte Gamel mit scharfer Stimme. Der Blick des jungen Bewachers wanderte von Maria zu Gamel und wieder zurück zu Joey, dessen Gesicht verdeckt war.

„Bitte!" schrie Harold Hutchings und drängte sich heran. „Wir
kümmern uns um ihn. Es wird nicht noch einmal geschehen."

Gamel spürte, daß ihm die Kontrolle zu entgleiten drohte. Die vor
Entsetzen wie gelähmten Lehrer kamen langsam wieder zu sich und
die Schüler, die im hintersten Winkel des Speisesaals Zuflucht gesucht
hatten, rückten näher. Seine Kämpfer hingegen erweckten den Eindruck, als stünden sie kurz vor einer Panik.

Mit entschlossenen Schritten ging er auf die Gruppe zu und schob
die Bewacher beiseite. Ohne einen Blick auf den am Boden Liegenden
zu verschwenden, zog er den versilberten Revolver aus seinem Holster. „Jeder, der meine Befehle mißachtet, wird bestraft", sagte er,
zielte mit der Pistole auf Joeys Hinterkopf und drückte ab.

„O mein Gott!" stöhnte Maria und rang nach Luft. Einen Augenblick lang war sie wie gelähmt. Dann riß sie sich von dem Mann los,
der sie festhielt, und rannte zu Joey.

NACHTS

SHARIF brach seine Zelte in Libyen mitten in der Nacht ab. Er hatte im
Radio gehört, daß Washington beabsichtigte, sich mit seinen Abge-
sandten zu treffen. Die Amerikaner gaben also nach: Sie boten nicht
nur an, über die Freilassung der Geiseln zu verhandeln, sondern waren
sogar bereit, dies öffentlich zuzugeben. Offenbar akzeptierten sie ihn
als politisch gleichwertigen Partner.

Er stand kurz vor einem Triumph, der alle seine Erwartungen über-
traf. Die Vereinigten Staaten verhandelten öffentlich mit Sharif, dem
„Flammenden Schwert aus der Wüste", dem einzigen Araber, der mit
dem US-Präsidenten auf einer Stufe stand. Er, Sharif, würde in Kürze
der von Allah bestallte Führer des arabischen Volkes sein.

Er händigte dem Schiffskapitän die verschlüsselten Instruktionen
aus, in denen Ort und Zeitpunkt seines geplanten Auftritts in Kairo
vermerkt waren. Außerdem enthielten sie die Einzelheiten für seine
Triumphfahrt zur Schweizer Botschaft. In zwölf Stunden war es
soweit.

Sharif sah dem auslaufenden Boot nach. Es steuerte eine Position
nördlich der ägyptischen Küste an. Wenn seine Instruktionen über den
Äther gingen, würde er bereits weit weg sein – an einem geheimen Ort
in der Wüste.

Er kletterte auf die Ladefläche eines kleinen Lastwagens. Während
das Fahrzeug über die mit Schlaglöchern übersäte Schotterpiste

rumpelte, zog Sharif die Kleidung eines ägyptischen Arbeiters an: ein derbes langes Baumwollgewand und eine kleine, geknüpfte Mütze. Als er fertig war, machte er es sich auf der geriffelten Ladefläche bequem. Er war entschlossen, noch ein paar Stunden zu schlafen.

Seine Reise würde ihn zunächst nach Dscharabub führen, einem Ort, der drei Fahrstunden weiter im Süden lag, und von dort aus über die grüne Grenze nach Ägypten. Nach weiteren siebenhundert Kilometern würde er den Nil erreichen. Die Verbindung zu seinen Anhängern in Kairo und Alexandria war für die Dauer der Fahrt unterbrochen; der zeitweilige Rückzug in seine geheime Kommandozentrale war eine unumgängliche Vorsichtsmaßnahme im Interesse seiner persönlichen Sicherheit gewesen.

Sharif deckte sich mit einer Packleinwand zu, faltete eine Ecke davon zu einer Art Kopfkissen und legte den Arm über die Augen. Große Männer, so dachte er, haben die Höhen der Macht oftmals über schäbige Straßen erreicht. Der Tag wird kommen, da man arabischen Kindern erzählt, wie Sharif einstmals nach Kairo gelangte ... Die Kinder werden hören, wie ich die letzte Nacht vor dem Durchbruch zur Macht – in eine Packleinwand gehüllt und gekleidet wie ein einfacher Arbeiter – auf der Ladefläche eines brummenden Lastwagens verbrachte ...

Das monotone Rütteln des Fahrzeugs schaukelte Sharif in einen friedvollen Schlaf.

WIE eine Bombe schlug die Nachricht von Joey Trottas Tod im Weißen Haus ein. Sie erschütterte die Glaubwürdigkeit des Präsidenten und trieb seine Anhänger in die Defensive.

Reynolds war davon ausgegangen, daß das Leben der Schüler nicht unmittelbar gefährdet war. Sharif, so hatte er kalkuliert, konnte seine ehrgeizigen Pläne nur durchsetzen, wenn den Kindern nichts geschah. Joeys Tod schien nun das Gegenteil zu beweisen: Sharif hatte offenbar keine Bedenken, den Führern der Welt mit Blut an den Händen gegenüberzutreten. Auf jeden Fall bewies die Leiche, die pünktlich zur angekündigten Stunde vor das Tor gelegt worden war, daß die mörderische Uhr des Erpressers unerbittlich tickte.

Der Außenminister gab vor dem im Präsidentenbüro versammelten Krisenstab eine Erklärung ab. „Gerade weil wir uns zu dieser Konzession durchgerungen haben, verzögern wir gegenwärtig die Freilassung der palästinensischen Häftlinge."

Der Präsident schien der Logik dieser Ausführungen nicht folgen zu können.

„Die Freilassung der Gefangenen *vor* unserem Treffen mit Sharif",
fuhr der Außenminister fort, „würde uns eines Faustpfands berauben,
auf das wir während der Verhandlungen nicht verzichten können.
Sharif braucht einen Erfolg, na gut. Geben wir ihm etwas, mit dessen
Verlust wir uns längst abgefunden haben."

„Wie steht es mit wirtschaftlichen Konzessionen? Haben wir da
noch Optionen, oder ist der Zug schon abgefahren?"

„Wir können die Geschäftswelt weitere vierundzwanzig Stunden
bei der Stange halten", antwortete der Minister. „Jedenfalls, solange
wir glaubhaft versichern können, daß wir Fortschritte machen."

„Dann bleiben uns also vierundzwanzig Stunden", schloß der Präsident verbittert, „um diese Wüstenratte aus ihrem Loch zu treiben."

Der Außenminister warf einen Blick auf seine Armbanduhr.
„Weniger", sagte er leise. „Wenn sich die Terroristen an ihren Zeit-
plan halten, stirbt die nächste Geisel in knapp achtzehn Stunden."

EIGENTLICH hätte Billy Tepper laut lachen müssen, so einfach war
es. Der Anführer der Freischärler gab mit seinem Funkauslöser an, als
handle es sich technisch um den allerletzten Schrei. In Wirklichkeit
war es genau der gleiche Sender, mit dem Schnuffi Bradberry sein
ferngesteuertes Modellflugzeug dirigierte. Unglaublich! Der Bursche
bildete sich doch glatt ein, die Vereinigten Staaten von Amerika mit
elektronischem Gerät aus dem Spielzeugladen besiegen zu können.
Na, der würde bald sein blaues Wunder erleben!

Aber Billy lachte nicht. Er lag auf seinem Bett, und es kam ihm erst
allmählich zu Bewußtsein, was mit Joey Trotta geschehen war. Joey
war tot. Alle Schüler wußten es. Alle hatten sie gesehen, wie der
Anführer ihn erschossen hatte. Starr vor Entsetzen, hatte Billy im
Speisesaal gestanden und mit angesehen, wie sie Joey fortschleiften. Er
hatte im ersten Augenblick nicht begriffen, was geschehen war. Der
Tod war etwas für alte Leute. Für Kinder fing das Leben ja gerade erst
an – warum also sollten sie sich über den Tod Gedanken machen?

Billy hatte sich, nachdem die Schüler wieder auf ihre Zimmer
geschickt worden waren, der Länge nach aufs Bett geworfen und versucht nachzudenken. Warum nur hatte dieser Mann Joey erschossen?
Sie hatten ihn ja schon niedergeschlagen und entwaffnet. Kein Mensch
war verletzt worden. Warum also hatte er ihn umgebracht?

Als die Benommenheit, die sich seiner bemächtigt hatte, langsam
nachließ, verwandelte sich Billys Verwirrung in heftige Selbstvor-
würfe. Joey war mein Schulkamerad, dachte er, und ich stehe ruhig
dabei und sehe zu, wie dieser Verbrecher ihm eine Kugel in den Kopf

jagt. Vielleicht hätte ich mich auf die Kerle stürzen sollen. Auf jeden Fall aber hätte ich ihnen klarmachen müssen, daß Joeys Auftritt nichts zu bedeuten hatte. Zumindest *versuchen* hätte ich es müssen.

Billy wußte weder, wer diese Männer waren, noch woher sie kamen. Wer gab ihnen das Recht, hier einzudringen und Schüler und Lehrer zu schikanieren? Was für Beweggründe mochten sie haben? Was konnte so wichtig sein, daß man dafür Kinder umbrachte?

Als er schließlich vom Bett sprang, war er schier wahnsinnig vor Wut – so aufgebracht, daß er seinen Stuhl umtrat. „Den Saukerl mach ich fertig!" schwor er sich und sah auf einmal Gamels Gesicht und das selbstsichere Grinsen vor sich. „Joey – ich schwöre es, ich mache den Kerl fertig!"

Er richtete den Stuhl wieder auf, öffnete eine Schublade und holte die Fernsteuerung des Modellflugzeugs hervor, die er sich von Schnuffi Bradberry geliehen hatte. Sie sah kompliziert aus, war aber im Grunde lächerlich einfach – so einfach, daß Mr. Prinz ihm ihre Funktionsweise innerhalb einer halben Minute hatte erklären können, während sie in der Schlange vor der Essenausgabe standen.

Gamel besaß einen Sender – ein winziges, von einer Taschenlampenbatterie gespeistes Gerät. Wenn er auf den Knopf drückte, löste er ein schwaches Funksignal aus, dessen Reichweite gerade ein paar hundert Meter betrug. Der im Sekretariat installierte Zünder war in der Lage, das von Gamels Sender übermittelte Signal zu erkennen.

Gleichartige Sender und Empfänger verfügten allerdings nie über vollkommen identische Schaltkreise. „Deshalb kann Jimmy mit seinem Gerät das gleich nebenan fliegende Modell seines Freundes nicht steuern", hatte Prinz erklärt. „Jimmys Flugzeug reagiert bloß auf die Frequenz von Jimmys Sender, verstehst du?"

Billy hatte genickt. „Das heißt also, daß der Typ mit dem Funkauslöser Jimmys Spitfire nicht steuern kann?"

„Ganz recht. Denn sonst könnte Jimmy mit seinem Sender ja auch die Sprengladungen zünden, was gewiß nicht in unserem Interesse läge, oder, William?"

„Gewiß nicht, Mr. Prinz", hatte Billy unbefangen geantwortet.

Inzwischen studierte er aufmerksam den einfachen Bauplan von Jimmys Spitfire, der auf der Innenseite des Batteriedeckels der Steuerung klebte. Der frequenzbestimmende Schwingkreis befand sich ganz oben, genau dort, wo Billy ihn erwartet hatte. Er war gut zugänglich und ließ sich leicht auswechseln. Die Elemente des Schaltkreises waren miteinander verlötet und in Kunstharz gegossen worden. Das Teil, das die Empfangsfrequenz bestimmte, saß dagegen

bloß in einer Steckfassung. Vorsichtig zog Billy mit einer Pinzette das
kleine, quadratische Plastikelement aus seiner Halterung.

Das war bereits die halbe Miete. Nun mußte er ins Sekretariat, wo
die Drähte der verschiedenen Sprengladungen zusammenliefen und
mit dem Zünder verbunden waren. Allerdings konnte das Plastikelement in seiner Hand seinen Zweck nur dann erfüllen, wenn es mit
einem Funkempfänger verbunden war. Nur – allein war das nicht zu
schaffen, jedenfalls nicht, solange er in seinem Zimmer eingesperrt
war und draußen auf dem Flur ein bewaffneter Aufpasser herumlief.
Er brauchte Hilfe – und die einzige Person, die ihm helfen konnte, war
Miß Manetti.

MARIA nickte dem Freischärler zu, der den Eingang zum Altbau
bewachte, und ging schnell an ihm vorbei. Das metallene Tablett mit
den Medikamentenfläschchen war ihr Ausweis; sie trug es demonstra-
tiv vor sich her, damit die Wachen sofort erkannten, was sie vorhatte.
Solange sie Medikamente verteilte, durfte sie sich frei bewegen.

An der Treppe, die zu den oberen Stockwerken führte, stand ein
weiterer Palästinenser. Er begrüßte sie mit einem Lächeln, das sich
unvermittelt in ein lüsternes Grinsen verwandelte. Selbst in Hemdbluse und weiten Hosen war Maria eine sehr attraktive Frau. Sie war
sich der damit verbundenen Gefahr durchaus bewußt und hatte mit
Absicht eine Garderobe gewählt, die ihre Reize möglichst wenig zur
Geltung brachte. Das Haar hatte sie zu einem Knoten hochgebunden.

Sie nickte dem Freischärler zu, passierte unbehelligt auch die letzte
Wache, die im zweiten Stock vor der Treppe postiert war, und ging
dann ohne Umweg zu Billy Teppers Zimmer. Leise klopfte sie an die
Tür; Billy öffnete, und Maria trat sofort ein. Noch ehe sie die Tür hinter sich schließen konnte, bestürmte er sie mit Fragen. „Sind alle vorbereitet? Ist alles soweit organisiert?"

Sie schüttelte den Kopf. „Es ist zu riskant. Ich glaube nicht, daß die
Kinder begreifen, worum es geht."

„Müssen sie aber. Wir haben nur einen Versuch."

Ihre Augen funkelten. „Die Frischlinge sind doch noch so klein,
William! Ich habe sie zwar in Gruppen aufgeteilt und Händchen halten
lassen. Und dann habe ich ihnen den Oberstufler gezeigt, dem sie,
wenn es soweit ist, folgen sollen. Aber wir können das noch hundert-
mal proben – es wird immer irgendwelche Pannen geben. Die Sache
ist zu gefährlich."

„Nichts ist gefährlicher, als wenn sie bei Beginn der Schießerei noch
im Speisesaal herumsitzen."

„Es wird keine Schießerei geben", erwiderte Maria impulsiv. „Ich will keinen zweiten Fall Trotta, hast du mich verstanden?"

Billy nickte gehorsam.

Marias Blick fiel auf das Modellflugzeug, das mit ausgebautem Funkempfänger auf dem Schreibtisch lag. „Was hat das zu bedeuten?" fragte sie streng.

„Ich kann damit die Sprengladung entschärfen", antwortete Billy.

„Herr im Himmel!" Sie hielt den Atem an. „Hast du denn vollkommen den Verstand verloren?"

Es ärgerte ihn, daß sie ihm nichts zutraute. „Das ist doch kinderleicht", sagte er. „Ich brauche dazu vielleicht zwanzig Sekunden, und kein Mensch erfährt, daß ich es war."

„Nein", erwiderte Maria. „Niemand von uns rührt die Sprengladungen an, und niemand versucht, im Weinkeller Schutz zu suchen, ist das klar? Wir verhalten uns bis zu unserer Freilassung still und unauffällig. Ich will keine weiteren Toten, verstanden?"

Billy nickte unwillig.

„Und jetzt pack diese Sachen da fort!" Maria deutete auf die Spitfire. Der freigelegte Funkempfänger baumelte an herabhängenden Drähten. Billy schob die Schaltungen wieder in den Flugzeugrumpf. Maria wandte sich zum Gehen.

„Morgen kommt die Eingreiftruppe", sagte er. „Nach dem Abendessen."

Maria erstarrte und drehte sich um. „Was für eine Truppe?"

„Mr. Ferrand und eine Spezialeinheit der amerikanischen Marine", sagte Billy erregt und öffnete die Schranktür. Er schob die Kleider beiseite, so daß Maria seinen Computer sehen konnte. „Mr. Ferrand kann mich über die Telefonleitung erreichen. Seine Botschaften erscheinen auf dem Bildschirm, und ich kann sie dann beantworten."

Verblüfft starrte Maria den Computer an. „Und er hat dir mitgeteilt, daß die Schule gestürmt wird?"

Billy vermied eine direkte Beantwortung der Frage. „Die Vorbereitungen dazu sind abgeschlossen. Morgen abend ist es soweit. Deshalb brauche ich unbedingt Ihre Hilfe, Miß Manetti."

„Meine Hilfe wobei?"

„Lenken Sie den Anführer – den Kerl, der Joey erschossen hat – morgen früh um halb zehn irgendwie ab. Lassen Sie sich was einfallen. Er darf sich zu diesem Zeitpunkt nicht im Sekretariat aufhalten."

Maria sah den Jungen verwirrt an.

„Punkt halb zehn geh ich nämlich da rein", fuhr Billy fort. „Ich muß mich darauf verlassen können, daß er nicht plötzlich zurückkommt."

Maria rekapitulierte, was sie soeben erfahren hatte. Die Schule sollte gestürmt werden. Und die Armee verließ sich bei ihren Vorbereitungen auf einen Fünfzehnjährigen, für den die Geiselnahme anscheinend nichts weiter als ein spannendes Abenteuer war.

„Also", wiederholte Billy und setzte sich an seinen Schreibtisch, „morgen vormittag um halb zehn."

„Nein!" Marias Antwort klang fast wie ein Schrei. „Geh an deinen Computer und sag Ferrand, daß eine Erstürmung der Schule nicht in Frage kommt!" Billy wollte etwas erwidern, doch in diesem Augenblick hörten sie ein Geräusch an der Tür. Die Klinke wurde heruntergedrückt, und die Tür flog auf. Beide drehten sie sich um. Auf der Schwelle stand Gamel.

ERST als der schrille Klang einer Autohupe in Ferrands Bewußtsein drang und er aufblickte, merkte er, daß es inzwischen dunkel geworden war. Er sah die Scheinwerfer eines Wagens auf sich zukommen, zuckte zusammen und brachte sich mit einem Sprung an den Straßenrand in Sicherheit. Dann atmete er tief durch.

Seit bald einer Stunde schon rannte er mit selbstzerstörerischer Verbissenheit durch die Landschaft. Zunächst war er nach Süden gelaufen, die Fernstraße entlang, dann hatte er kehrtgemacht und war zurückgetrabt, wieder in Richtung Bauernhof. Er hatte keine Ahnung, wie lang die Strecke war, die er zurückgelegt hatte. Er wußte nur, daß nach einigen Kilometern das Bild von Joey Trottas marmorweißem Gesicht langsam verblaßt und schließlich ganz verschwunden war. Auch die würgende Übelkeit war verflogen, die ihn bei der Identifizierung von Joeys Leiche überfallen hatte. Otis Brown hatte ihn eigens zu diesem Zweck auf die Polizeiwache geschickt.

Von der Aufregung und Hektik, die unmittelbar nach dem Bekanntwerden von Joeys Ermordung im Bauernhaus geherrscht hatten, war bei seiner Rückkehr nichts mehr zu spüren. Otis Brown und Oberst Smiles saßen am Küchentisch und betrachteten Fotos der Schule; sie waren mit starken Teleobjektiven aus einem Wald in der Nähe des Internatsgebäudes aufgenommen worden.

„Fühlen Sie sich wieder besser?" fragte Brown, nachdem Ferrand eingetreten war.

Der Lehrer nickte; sein Atem ging noch so heftig, daß er kaum ein Wort hervorbrachte.

„Die Verhandlungen nehmen konkrete Formen an", berichtete Brown. „Eine amerikanische Delegation ist unterwegs nach Ägypten. Sie wird dort mit Sharif persönlich zusammentreffen."

Wiederum nickte Ferrand. „Wir haben nur ein Problem", fuhr Brown fort und reichte Ferrand ein Papier; es handelte sich um eine Computerbotschaft von Billy.

Alles fix und fertig für morgen abend um neunzehn Uhr dreißig. Macht Euch keine Gedanken wegen der Sprengsätze; sie werden nicht hochgehen. Zahlen wir den Kerlen heim, was sie Joey angetan haben.

GAMEL sprach kein Wort, als er Billy Teppers Zimmer betrat, doch spielte ein überlegenes Lächeln um seine Mundwinkel. Maria stand mit ihrem Medikamententablett noch immer neben der Tür, während Billy auf dem Stuhl vor seinem Schreibtisch saß. Ohne die beiden eines Blickes zu würdigen, durchquerte Gamel das Zimmer, ging zum Fenster und ließ die Sonnenblende herunter. „Ich habe auf dem Monitor beobachtet, wie Sie diesen Raum hier betraten", erklärte er schließlich, wobei er den beiden noch immer den Rücken zuwandte. „Sie halten sich bereits recht lange hier auf. Ich frage mich, was für Medikamente hier verabreicht werden."

„Die Jungen brauchen ab und zu etwas Ansprache", antwortete Maria, ohne zu zögern. „Sie haben alle furchtbare Angst. Reden ist da oft wichtiger als Medikamente."

Gamel drehte sich langsam um, sein Blick wanderte von Maria zu Billy. „Worüber habt ihr gesprochen?" fragte er den Jungen.

„Darüber, wie wir hier rauskommen", sagte Billy.

Gamel nickte. Die Antwort schien ihn zufriedenzustellen. Die Spitfire erregte auf einmal seine Aufmerksamkeit. Er nahm das Modell in die Hand und betrachtete es von allen Seiten. „Hübsch. Hast du es selbst zusammengebaut?"

„Nein", erwiderte Billy. „Ich habe es nur repariert." Entsetzt sah er, wie Gamel durch das Kabinendach ins Innere der Maschine spähte.

„Kann das Flugzeug wirklich fliegen?" fragte Gamel, während sein Blick auf die Schaltelemente fiel, die mit denen seiner ferngesteuerten Höllenmaschine identisch waren.

„Manchmal schon", antwortete Billy, sprang auf und drehte das Flugzeug in Gamels Händen um, so daß der Terrorist nicht mehr durch das Plexiglasdach sehen konnte. „Das Problem ist nur, daß diese Räder immer wieder abbrechen", log er und deutete auf das winzige Fahrwerk an der Unterseite der Tragflächen. „Ich überleg die ganze Zeit, wie ich sie stabiler machen kann."

Gamel gab das Modell frei und sah zu, wie Billy es verkehrt herum auf den Schreibtisch legte. Dann nahm er das gerahmte Foto in die

Hand, das dort ebenfalls stand, und betrachtete das würdevolle Doppelporträt. „Deine Eltern?" fragte er.

„Mein Vater, ja ...", antwortete Billy. „Und seine neue Frau."

Gamel stellte das Bild wieder an seinen Platz und sah sich im Zimmer um. Aufmerksam studierte er die Bücher im Regal und die Poster an den Wänden. Dann ging er zum Schrank und öffnete die Tür einen Spaltbreit.

Billy konnte bereits die Tastatur seines Computers erkennen. „Mußten Sie ihn unbedingt töten?" schrie er unvermittelt. Gamel erstarrte; noch immer berührte er die Einfassung der Schranktür. „Er war doch noch ein halbes Kind", fügte Billy mit leiser Stimme hinzu.

Gamel wandte sich vom Schrank ab, drehte sich langsam um und musterte den Jungen mit eiskaltem Blick. Maria hörte, wie die Medizinfläschchen auf ihrem Tablett leise zu klirren begannen, war jedoch nicht fähig, es zu verhindern.

„Er war dein Freund?" fragte Gamel.

Billy nickte. „Ja, so könnte man's nennen."

Gamel verschwendete keinen Blick mehr auf den Schrank, sondern gab Maria mit einer Handbewegung zu verstehen, sie möge das Zimmer verlassen. Er folgte ihr und schloß die Tür hinter sich. Einen Augenblick lang starrte er sie nur an, dann fiel sein Blick auf das zitternde Tablett mit den Medikamenten. „Sie lernen das Fürchten", meinte er, „und das ist gut so. Sorgen Sie dafür, daß auch die Schüler ihre Angst behalten. Sie kann ihnen das Leben retten."

„Wir müssen ihn aufhalten", sagte Otis Brown, als Ferrand ihm den Computerausdruck zurückgab. „Es geht nicht an, daß Billy Tepper weiterhin eine Erstürmung des Geländes vorbereitet, die nie stattfinden wird. In Kairo warten unsere Leute bereits auf Sharif. Wir haben uns auf Verhandlungen festgelegt."

Ferrand stimmte ihm zu. „Ich kann mich ja noch einmal mit ihm in Verbindung setzen. Nur müssen wir damit rechnen, daß er meine nächste Botschaft genausowenig beachtet wie die vorige."

Brown schien unzufrieden. „Ich halte nichts von einer weiteren Botschaft – es sei denn, wir können sicher sein, daß sie ihren Zweck erfüllt. Jeder Nachrichtenaustausch erhöht das Risiko der Entdeckung."

„Woher soll ich wissen, ob sich der Junge das nächstemal an die Instruktionen hält, Mr. Brown?" erwiderte Ferrand gereizt. „Billy versucht, das Problem ohne fremde Hilfe zu lösen. Das letztemal haben wir ihm gesagt: ‚Halt schön still, dann passiert dir und deinen

Freunden nichts.' Und heute hat er wahrscheinlich miterleben müssen, wie die Kerle Joey Trotta eine Kugel in den Kopf gejagt haben. Ich weiß nicht, wie Sie das sehen – aber wenn *ich* Billy Tepper wäre, wäre mein Vertrauen in die Unfehlbarkeit der Erwachsenen mittlerweile ziemlich erschüttert."

„Es gibt auch noch einen anderen Grund", warf Oberst Smiles ein. „Wenn wir das Gelände letztlich doch stürmen müssen, sind wir auf Billy Teppers Hilfe angewiesen."

„Was soll das heißen – wenn wir das Gelände letztlich doch stürmen?" fragte Ferrand ungehalten. „Sie wissen offenbar noch immer nicht, was Sie wollen, oder?"

„Hören Sie zu, Mr. Ferrand", entgegnete Smiles. „Wenn bei den Verhandlungen etwas schiefgeht, können wir Punkt fünf Uhr die nächste Leiche vor dem Tor abholen. Das heißt, spätestens um sechs verfallen die Politiker in Panik, und uns flattert der Angriffsbefehl auf den Tisch. Und wenn es so weit kommt, sind unsere Chancen besser als je zuvor – vorausgesetzt, der Junge hilft uns wirklich." Er überlegte einen Augenblick. „Wie sehen Sie das mit den Sprengsätzen? Kann der Bursche sie tatsächlich entschärfen?"

„Billy scheint sich seiner Sache ziemlich sicher zu sein", antwortete der Lehrer. „Die technischen Kenntnisse hat er – und wenn er meint, er schafft es ..."

„Aber schafft er es *wirklich*?" Der Oberst ließ nicht locker.

Ferrand wußte, was die Frage bedeutete. Smiles wollte erfahren, ob Billys Versprechen ernst zu nehmen war. Ob er sich darauf verlassen konnte, daß die Sprengsätze nicht explodierten. Ob das Risiko für die Geiseln und für die Soldaten der Spezialeinheit kalkulierbar war. „Ja, er schafft es", antwortete Ferrand.

ALBERT TROTTA saß hinter einem Schreibtisch aus massivem Holz, der auf einem Podest inmitten der Bibliothek stand. Die Regale waren voll mit Büchern, die Trotta nie gelesen hatte. Er war umgeben von den Insignien seiner Macht – Büchern, Gemälden, schweren Vorhängen vor hohen Rundbogenfenstern, die einen herrlichen Ausblick auf die friedliche Landschaft New Jerseys gewährten.

Albert Trottas besonderer Stolz war die Feuerwaffensammlung, deren älteste Stücke aus dem amerikanischen Unabhängigkeitskrieg stammten. Dennoch wirkte der Gangsterboß im Augenblick schwach und verletzlich und blinzelte mit rot unterlaufenen Augen in den Schein der Lampe.

„Es tut mir sehr leid, Don Trotta", sagte Nino Lanza, sein engster

Mitarbeiter und Vertrauter, der vor seinem Schreibtisch saß. „Joseph war ein feiner Junge."

Trotta nickte zustimmend. „Er hat sich meiner geschämt", meinte er nach einer Weile.

Nino widersprach ihm. „Er war noch ein halbes Kind, das war nichts weiter als eine vorübergehende Phase, da müssen alle unsere Kinder einmal durch. Auf jeden Fall hat er sehr an Ihnen gehangen."

Trotta trommelte auf die Schreibtischplatte. „Der Vizepräsident hat mich angerufen", berichtete er. „Wenn Joey das wüßte! Er hat mir das Beileid des Präsidenten der Vereinigten Staaten übermittelt."

„Das war er Ihnen schließlich auch schuldig", bemerkte Nino, als wolle er damit zum Ausdruck bringen, daß der Anruf im Grunde eine Selbstverständlichkeit war.

Unvermittelt beugte sich Albert Trotta vor. „Hat Sharif meine Botschaft erhalten?"

Nino nickte. „Frattiani hat sie seinem Bruder in Alexandria persönlich überbracht. Man sicherte ihm zu, sie unverzüglich an Sharif weiterzuleiten."

„Und die Ermordung meines Sohnes war seine Antwort", schloß Don Trotta.

„Vielleicht war es ein Mißverständnis. Vielleicht hat Ihr Ersuchen Sharif nie erreicht."

„Daran habe ich auch schon gedacht", erwiderte Trotta. „Aber in diesem Fall wäre mein Sohn nach wie vor unter den Geiseln in der Schule. Was meint Frattiani zu der Angelegenheit?"

„Er ist außer sich vor Zorn." Nino bemühte sich, Frattianis Äußerung im Wortlaut wiederzugeben. „Er glaubt, Sharif wäre dabei, alle Verbindungen mit der Vergangenheit zu kappen."

„Indem er ein Kind umbringt?" fragte Trotta angewidert zurück. „Vielleicht ist das die arabische Methode, Botschaften zu übermitteln. Vielleicht habe ich wegen meiner Geschäfte mit den Arabern nichts anderes verdient."

Nino verzichtete auf einen Kommentar und schloß die Augen. Minutenlang sprach keiner von beiden ein Wort. Endlich brach der Don das Schweigen: „Ich danke Ihnen dafür, daß Sie mir Gesellschaft geleistet haben."

Nino zuckte mit den Schultern und stand auf, als er sah, daß Don Trotta sich von seinem Sessel erhob.

„Sagen Sie Frattiani, er möge alle Verbindungen mit der Vergangenheit kappen", erklärte Don Trotta.

Sharif spürte die Wärme und öffnete die Augen. Morgendliches Sonnenlicht flutete über die Ladefläche des Lastwagens. Er schob rasch die Packleinwand beiseite, mit der er sich über Nacht zugedeckt hatte, und setzte sich auf.

Spärlich bewachsene Baumwollfelder säumten die Straße; die Blütezeit hatte noch nicht begonnen. Hinter dem Wagen hing eine aufgewirbelte Staubwolke in der Luft. Der Laster rüttelte und schüttelte über die mit Schlaglöchern und Steinen übersäte Piste. Man hörte nur das Brummen des Motors und den röchelnden Auspuff.

Sharif überlegte: Als unscheinbarer Bauer würde er in etwa drei Stunden Kairo erreichen – und die Stadt als König wieder verlassen. Er glaubte schon den donnernden Applaus zu hören, mit dem seine Anhänger ihn feierten, als ihm plötzlich das veränderte Motorengeräusch des Lastwagens auffiel. Das Fahrzeug war langsamer geworden. Dann schaltete der Fahrer zurück, und der Motor heulte auf. Sharif spähte über das Fahrerhaus nach vorne, wo ein quergestellter Jeep die Piste versperrte. Daneben standen ein paar Männer.

Der Lastwagen rollte aus, und Sharif ließ sich wieder auf die Ladefläche fallen. Das dürfte kein Problem sein, dachte er. Straßensperren der Polizei waren nichts Besonderes; außerdem waren er und seine Begleiter mit allen erforderlichen Papieren ausgestattet: Pässen, Arbeitserlaubnissen, Frachtbriefen. Er hörte eine Stimme nach den Papieren fragen. Seine Leute im Fahrerhaus reagierten mit einem Scherz und befolgten die Anweisung.

An der hinteren Ladeklappe tauchte ein Uniformierter auf und befahl Sharif auszusteigen. Er nickte und kletterte vom Laster. Erst jetzt bemerkte er, daß der Lauf einer Pistole auf seine Brust gerichtet war. Ein zweiter Uniformierter hielt seine Genossen im Fahrerhaus mit einer Maschinenpistole in Schach. Sharif wurde zu dem Jeep gebracht und auf den Beifahrersitz geschoben. Der Mann mit der Maschinenpistole kletterte hinter ihn auf den Rücksitz, der andere Uniformierte sprang auf den Fahrersitz und ließ den Motor an. Rasch entfernte sich der Jeep vom Ort des Geschehens.

Sharif begriff inzwischen, was vorgefallen war: Man hatte ihn entführt! Seine Gefährten ließ man laufen, damit sie die Nachricht nach Kairo bringen konnten. Wer aber waren diese Ägypter, die man mit der Aufgabe betraut hatte, das „Flammende Schwert aus der Wüste"

in ihre Gewalt zu bringen? Wer steckte dahinter? Der amerikanische
Geheimdienst? Die Israelis? Die Regierung eines arabischen Landes?

Sie waren erst ein paar Kilometer gefahren, als der Jeep plötzlich die
Hauptpiste verließ und in einen kaum erkennbaren Pfad einbog, der
zwischen zwei Feldern entlangführte. Je weiter sie sich von der Hauptpiste entfernten, desto unbehaglicher wurde Sharif zumute. Als er aufblickte, sah er in einiger Entfernung im Feld neben dem Pfad einen
staubbedeckten PKW stehen. Sie brachten ihn also zu jemandem, der
in diesem Wagen auf ihn wartete.

Etwa dreißig Meter vor der Limousine hielt der Jeep an. Der Mann
hinter ihm drückte ihm den Lauf der Maschinenpistole in den Rücken
und befahl ihm, auszusteigen und auf den anderen Wagen zuzugehen.

Sharif war vollkommen durcheinander. Sollte er versuchen, über
die spärlich bewachsenen Felder zu entkommen? War es nicht besser,
die Begegnung mit der Person in diesem Wagen zu vermeiden? Doch
da öffnete sich die Tür der Limousine. Ein nicht sehr hochgewachsener, aber kräftig gebauter Mann stieg aus und kam auf ihn zu. Sharif
hob die Hand, um seine Augen vor den blendenden Strahlen der Morgensonne zu schützen. Der Mann kam näher – auch er hatte eine
Pistole in der Hand.

Jetzt erkannte ihn Sharif. Es war Paul Frattiani, Don Trottas Reprä-
sentant. „Paul, mein Freund ...“, stammelte er verwirrt. „Was führt
Sie hierher? Was wollen Sie?“

Frattiani kam bis auf vier Schritte heran und blieb dann stehen. Er
hob den rechten Arm und richtete die Waffe auf Sharifs Kopf.

„Don Trotta läßt grüßen“, sagte er.

Als der Schuß fiel, kreischten im Gras Vögel auf und erhoben sich in
die Luft. Über dem Boden waberte die Hitze.

Ein kleines Loch klaffte auf Sharifs Stirn, das „Flammende Schwert
aus der Wüste“ war erloschen.

BILLY war bereits vor Sonnenaufgang auf den Beinen gewesen, um
die letzten Vorbereitungen zu treffen. Er hatte die Fernsehkameras
unschädlich gemacht, die Flucht der Schüler in den Weinkeller organisiert, und er wußte, wie sich die Sprengsätze entschärfen ließen. Doch
ohne den ganz gewöhnlichen Wecker, den er gerade präparierte, wäre
alle Mühe vergebens gewesen.

Die Sache war denkbar einfach: Er mußte lediglich den Stundenzei-
ger der Uhr in einen mechanischen Schalter verwandeln. Punkt halb
acht würde der Zeiger den an das Zifferblatt angeschlossenen Draht
berühren und den Stromkreislauf im Verlängerungskabel, den er

unterbrochen hatte, wieder schließen. Billy kramte die selbstgebastelte Rauchbombe hinter seinen Büchern hervor. Sie bestand aus einer Heizspirale, die er in eine leere Milchpackung geschoben und mit ein paar Lagen Cellophan und einem Stapel alter Fotonegative bedeckt hatte. Bei entsprechender Erhitzung der Spirale würde das Zellophan Feuer fangen und seinerseits die Negative in Brand setzen; dabei würden ätzende schwarze Rauchwolken entstehen. Zum Schluß würde der Milchkarton schmelzen und die Rauchbildung noch verstärken.

Er schloß das Verlängerungskabel an die Heizspirale an und wickelte es um den Leib; die Rauchbombe und den Wecker drückte er an seine Brust. Dann zog er den Bademantel an, achtete darauf, daß von den Gerätschaften nichts mehr zu sehen war, und öffnete die Tür. Als er auf den Flur hinaustrat, reagierte der Posten vor der Treppe sofort, doch Billy tat so, als gehe ihn das nichts an, und schlenderte gelassen hinüber zum Waschraum.

Er ging hinein und lauschte kurz an der Tür, ob der Wachposten ihm vielleicht nachspionierte. Dann tappte er über den gefliesten Boden zum Lüftungsschacht, der sich hier senkrecht durch die Mitte des Gebäudes zog. Das Abnehmen des Abdeckgitters in der Wand kostete ihn nur Sekunden.

Billy ließ die Rauchbombe am Verlängerungskabel bis auf den Boden des Schachts sinken. Danach zog er den Wecker auf und stellte ihn auf die Kante der Schachtöffnung. In einer Toilettenkabine besorgte er sich eine Rolle Klopapier, drückte sie zusammen und quetschte sie in das Rohr, das vom oberen Ende des Lüftungsschachts zum Abzug auf dem Dach des Hauses führte. Er setzte das Gitter wieder ein, führte das Verlängerungskabel hinter den Waschbecken entlang und steckte den Stecker in eine Steckdose.

Um halb acht würde der große Zeiger des Weckers den Stromkreislauf wieder schließen und zwei Stockwerke tiefer die Heizspirale erglühen lassen. Der aufsteigende Rauch würde Sekunden später die Waschräume in allen drei Etagen verqualmen, weil er wegen des verstopften Abzugsrohrs nicht abziehen konnte. Dies wiederum hätte zur Folge, daß die Rauchmelder im Altbau Feueralarm auslösen würden, was wiederum die Sprinkleranlage in Gang setzte. Die Wachen, so spekulierte Billy, würden daraufhin eilends den Speisesaal verlassen.

Er spritzte sich ein wenig Wasser ins Gesicht, zog seinen Bademantel zurecht und trat wieder auf den Flur hinaus. Der Posten, der bequem an der Wand lehnte, war sofort wieder auf der Hut. Billy winkte ihm beiläufig zu, verschwand in seinem Zimmer und ließ sich aufs Bett fallen.

Irgendwann nach dem Frühstück, dachte er, ziehe ich los: Ich marschiere durch den Speisesaal, gehe auf die Toilette und verstecke mich im Lüftungsschacht des Neubaus. Dort warte ich, bis Miß Manetti den Anführer in den Speisesaal gelockt hat. Dann steige ich im Direktorat ein und klär das mit den Sprengsätzen. Den Rest überlasse ich den Delta-Force-Soldaten.

Er mußte grinsen. Wenn das alles vorbei ist, überlegte er, krieg ich wahrscheinlich sogar 'nen Orden. Ob die Tapferkeitsmedaille des Kongresses überhaupt schon mal einem Jugendlichen verliehen worden ist? Mensch, vielleicht bringen sie mich sogar nach Washington, damit mir der Präsident persönlich das Ding umhängen kann ...

Als die Morgenglocke klingelte, sprang er aus dem Bett. Junge, Junge – das wird ein aufregender Tag!

OTIS BROWN fand Edward Ferrand auf einer Holzbank hinter dem Bauernhaus, die von Weinranken überwölbt wurde, und setzte sich neben ihn. Wortlos sahen die beiden hinauf zur Schule, wo gerade die ersten Sonnenstrahlen über die Baumwipfel kamen.

„Die Kinder stehen jetzt auf", sagte Ferrand, als könne er durch die Mauern ins Innere der Gebäude schauen.

„Es dauert nicht mehr lang", bemerkte Brown. „Ein Staatssekretär aus dem Außenministerium hält sich in Kairo auf, und Sharif wird in Kürze dort erwartet. Gegen Mittag werden die Gespräche beginnen."

Ferrand ließ die Anhöhe nicht aus den Augen. „Ich hoffe es. Viel Zeit bleibt uns nicht bis fünf Uhr nachmittags."

Brown nickte. „Ich weiß, was in Ihnen vorgeht. Aber die Gefahr ist jetzt vorüber. Unser Treffen mit Sharif wird der Öffentlichkeit nicht vorenthalten. Wir streben eine Verhandlungslösung an, und unsere Aufgabe hier vor Ort besteht lediglich darin zu verhindern, daß es während der Verhandlungen zu einer weiteren Tragödie kommt."

Ferrand schwieg.

„Ich habe mich allerdings dazu entschlossen", fuhr Brown fort, „noch einmal mit Billy Tepper in Verbindung zu treten. Wir müssen ihm mitteilen, daß eine Erstürmung nicht in Frage kommt."

Ferrand drehte sich um und sah Brown an.

„Billy Tepper ist ein Sicherheitsrisiko", meinte Brown. „Wir wollen, daß sich die Schüler bis zum erfolgreichen Abschluß der Verhandlungen ruhig verhalten. Ob Billy da mitmacht, wage ich zu bezweifeln, und wenn ich daran denke, was Sie mir über ihn erzählt haben, bin ich sogar überzeugt davon, daß er nicht mitmacht. Er gefährdet dadurch nicht nur sich selbst, sondern auch alle anderen."

Ferrands Blick verweilte wieder auf den Gebäuden von St. Anselm. Er wußte, daß Brown recht hatte. „Ich kann es ja noch einmal versuchen", schlug er vor. „Militärisch knapp und mit der Bitte um Bestätigung. Selbst wenn's schiefgeht, gewinnen wir ein bißchen Zeit."

In Billy Teppers Kleiderschrank erschien folgende Botschaft auf dem Computerbildschirm:

> Die Schule wird nicht gestürmt. Schick die Kinder nicht in den Weinkeller. Rühr die Sprengsätze nicht an. Verhalte dich still und warte, bis Ihr befreit werdet. Bitte bestätige den Erhalt dieser Nachricht.

Aber Billy bekam die Botschaft nicht zu Gesicht. Er hatte sein Zimmer bereits verlassen. Das Bauteil aus Schnuffis Modellflugzeug hatte er in der Tasche.

BILLY TEPPER kroch durch das Belüftungssystem. Erneut hatte er sein Toilettenverwirrspiel in Szene gesetzt: Genau nach Plan waren seine Kameraden losmarschiert und zurückgekommen, so daß die Bewacher nach einer Weile den Überblick verloren hatten. Er war dann selbst auf die Toilette gegangen und war in den Schacht geklettert. Jetzt arbeitete er sich in den Zwischenraum zwischen Alt- und Neubau vor und gelangte von dort in den rechtwinklig abzweigenden Schacht, der auf der Rückseite des Speisesaals entlangführte und diesen von den Klassenzimmern und Büros trennte.

Er kam nur langsam voran. Um die Orientierung nicht zu verlieren und um sich davon zu überzeugen, daß keine besonderen Vorkommnisse den Lauf der Dinge störten, mußte er an jeder Abzugsöffnung innehalten. Im Speisesaal sah er die Schüler. Sie stützten sich auf die Ellbogen und lauschten den Worten ihrer Lehrer. Er erkannte, daß Miß Manetti noch immer bei ihren Frischlingen am Tisch saß. Erst wenn sie in Aktion trat, konnte er ins Sekretariat eindringen. Er erreichte den schmalen Schacht zwischen dem Speisesaal und dem Direktorat, an dessen Ende das Sekretariat lag. Zu seiner Rechten befanden sich jetzt zwei Abzugsöffnungen. Vor der ersten hielt er inne, schob langsam den Kopf vor und spähte durch die vertikal gestellten Lamellen in das Büro des Direktors. Gegenüber erkannte er die geschlossene Tür. Und direkt unter sich erblickte er den Hinterkopf Gamels.

MARIA sah auf die Uhr: neun Uhr fünfundzwanzig. Sie schluckte und spürte plötzlich, wie sehr sich ihr Herzschlag beschleunigt hatte. Sie wußte, daß Gamel ihr bereits mißtraute. Und jetzt mußte sie ihm ein Märchen auftischen. Sie blickte auf den strohblonden Schopf von Timmy McFarland. Der Zehnjährige war ein ruhiges Kind – nicht nur der intelligenteste ihrer Frischlinge, sondern auch bei weitem der reifste. Als sie ihm erklärt hatte, was sie von ihm wollte, hatte er aufmerksam zugehört und keine Miene verzogen.

Nun streckte Maria die Hand aus und berührte sanft Timmys Schulter. Der Junge mit den blauen Augen sah zu ihr auf. Sie nickte. Es war an der Zeit.

Langsam schob Timmy seinen Stuhl zurück, stand auf und steuerte die Tür zur Toilette an. Dann blieb er auf einmal stehen, beugte sich weit vor und brach in die Knie.

„Timmy!" schrie Maria auf, und alle im Speisesaal drehten sich unwillkürlich nach ihr um. Timmy antwortete mit einem langgezogenen Stöhnen. Maria stürzte auf das Kind zu, das offensichtlich schwere Qualen litt. „Was hast du?" fragte sie.

„Es tut so weh", stöhnte Timmy.

„Wo genau, Timmy?"

Der Junge preßte beide Hände auf die rechte Seite des Unterleibs. „Hier", stöhnte er. „Es tut so weh!"

„Der Blinddarm", sagte Harold Hutchings, der inzwischen ebenfalls herangekommen war. Er drückte mit den Fingerspitzen auf die von Timmy bezeichnete Stelle. Timmy jaulte auf und drehte sich zur Seite. „Er muß ins Krankenhaus", flüsterte Hutchings Maria zu.

Sie sah sich nach dem nächsten Bewacher um, bevor sie sich wieder Timmy zuwandte. Er hatte die Knie bis zum Brustkorb hochgezogen, hielt sich also strikt an ihre Anweisungen. „Holen Sie Ihren Anführer!" befahl sie dem Freischärler.

Der Mann zuckte mit den Achseln. Dann rief er seinem Kameraden auf der anderen Seite des Speisesaals etwas zu, worauf dieser sofort herbeistürzte und Maria argwöhnisch ansah.

„Bitte", sagte Maria, „bitte, gehen Sie zu Ihrem Anführer, und sagen Sie ihm, daß einer unserer Schüler schwer erkrankt ist. Er muß ins Krankenhaus."

Der Bewacher wechselte ein paar Worte mit dem Mann, der ihn herbeizitiert hatte; dann drehte er sich um und verließ eilends den Speisesaal. Maria nahm Timmys Hand und drückte sie. Dadurch hoffte sie, das Zittern ihrer eigenen Hand unter Kontrolle zu bringen.

BILLY hörte, wie an Gamels Tür geklopft wurde. Dann sah er einen der Terroristen eintreten. Der Mann sprach zwar arabisch, doch war die Aufregung in seiner Stimme unverkennbar. Billy wußte nicht, was Miß Manetti eingefallen war – auf jeden Fall hatte sie den Kerl ganz schön nervös gemacht. Gamel erhob sich, ging um den Schreibtisch herum und verließ das Büro.

Billy preßte sein Gesicht gegen die Lüftungsabdeckung und konnte erkennen, daß der Raum jetzt leer war. Unter ihm befanden sich die Aktenschränke, in denen die Zeugnisse und andere Unterlagen aufbewahrt wurden, und daneben war der Schreibtisch der Sekretärin. Die Auslösedrähte, die mit breiten, unregelmäßig zugeschnittenen Isolierbandstreifen an der Zimmerdecke befestigt waren, liefen gebündelt auf der Oberseite des Zünders zusammen, der mitten auf dem Schreibtisch stand.

Billy zog eine Schnur aus der Hosentasche und knüpfte sie an das Lüftungsgitter. Dann drückte er das Gitter aus der Halterung; es fiel heraus und wurde von der Schnur aufgefangen. Behutsam senkte Billy es ab, wobei er sorgfältig darauf achtete, daß es nicht ins Trudeln geriet und geräuschvoll mit den Aktenschränken kollidierte. Zuletzt ließ er sich, die Beine voran, aus dem Schacht gleiten und landete ohne einen Laut auf dem Boden des Büros.

MARIA spürte, wie ihr Mund trocken wurde, als sie Gamel zur Tür hereinkommen sah. Alles ging schief. Zwar stöhnte Timmy, wie sie ihm aufgetragen hatte, und wand sich mit hochgezogenen Knien auf dem Boden hin und her, doch paßten weder seine klaren Augen noch die rosigen Wangen zum Bild eines sterbenskranken Kindes. Außerdem hörten ihre Hände einfach nicht auf zu zittern! Sie hatte das Vertrauen in ihre eigenen Fähigkeiten verloren und gab auf Billys ausgeklügelten Plan keinen Pfifferling mehr.

Die Anwesenden machten für Gamel eine Gasse frei, ohne daß dieser auch nur ein Wort zu verlieren brauchte. Er ging in die Hocke, drehte Timmys Gesicht zu sich her und starrte auf die blauen, halb geschlossenen Augen. Dann sah er zu Maria auf. „Wann hat das angefangen?" fragte er barsch.

Sie war selbst überrascht, wie überzeugend ihre Worte klangen. „Vor ein paar Minuten. Er sagte, ihm sei übel, und bat auf die Toilette gehen zu dürfen. Nach ein paar Schritten brach er zusammen."

Gamel wandte sich wieder dem Jungen zu und drückte auf Timmys Unterleib, genau wie zuvor Harold Hutchings. Schon bei der ersten Berührung zuckte Timmy zusammen und wälzte sich zur Seite. „Bringen Sie ihn auf sein Zimmer!" befahl Gamel Maria. „Der Mann hier wird Ihnen beim Tragen helfen." Im nächsten Augenblick wandte er sich ab und machte sich wieder auf den Weg in Richtung Direktorat.

Maria wußte, daß Billy nicht genug Zeit gehabt hatte. Er befand sich jetzt im Sekretariat und verließ sich darauf, daß sie Gamel in einen anderen Teil des Gebäudes gelockt hatte. Statt dessen war Gamel schon wieder auf dem Rückweg ins Büro des Direktors, das gleich neben dem Sekretariat lag. „Was bringt denn das?" schrie sie Gamel nach, und der Terroristenführer blieb sofort stehen. „Er braucht einen Arzt", fuhr sie fort, noch immer mit erhobener Stimme. „Wir müssen ihn in ein Krankenhaus bringen."

Gamel drehte sich um und kehrte langsam zu dem am Boden liegenden Jungen zurück. Er ließ Maria nicht aus den Augen. Als er die kleine Gruppe wieder erreicht hatte, erteilte er seinen Kämpfern ein paar kurze Befehle. Unmittelbar darauf beugte sich einer der Bewacher nieder, nahm Timmy auf den Arm und folgte Gamel, der inzwischen auf die Lehrerzimmertür zuging. Tagsüber wurde der Raum seit dem Überfall nicht mehr benutzt. „Wo bringen Sie den Jungen hin?" wollte Maria wissen. Er antwortete nicht.

„Du auch!" schnarrte statt dessen einer der Bewacher, packte sie am Arm und schob sie an der Schülerschar vorbei auf das Lehrerzimmer zu, in dem Gamel soeben verschwunden war.

„KINDERKRAM", sagte Billy leise vor sich hin. Er hatte gerade den Zündmechanismus freigelegt – Batterien, Stecker und Funkempfänger, die in einem olivgrünen Blechgehäuse untergebracht waren. Mit geschickten Fingern machte er sich an die Arbeit.

Auf einmal hielt er inne. Er war drauf und dran, das Risiko auf die Spitze zu treiben. Ein Draht verband den Hauptschalter mit einem kleinen mechanischen Schalter am Boden des Geräts. Wenn er jetzt einfach die anderen Drähte herausriß, würde der Schalter durch die Bewegung der Stecker umgelegt werden und die zu den Sprengsätzen führenden Kabel mit Strom aus den Batterien versorgen. Billy mußte genau wissen, woran er war, bevor er weiterarbeiten konnte.

DER Freischärler setzte Timmy unmittelbar vor Gamel in einem Sessel ab, doch der Anführer der Terroristen würdigte den Jungen keines Blickes, sondern wandte sich an Maria. „Sie haben sich auf ein sehr gefährliches Spiel eingelassen", bemerkte er.

Sie bemühte sich, gelassen zu erscheinen. „Was für ein Spiel?" Ihre Stimme klang herausfordernd.

„Rennen Sie jedesmal, wenn ein Kind Bauchweh hat, gleich zum Krankenhaus?" fragte Gamel zurück. „Warum wollen Sie diesen Jungen unbedingt von hier wegbringen? Soll er vielleicht eine geheime

Botschaft übermitteln? Oder wartet ihr etwa auf eine Spezialtruppe, die im Krankenwagen vorfahren soll, um euch rauszuhauen?"

„Was für eine Spezialtruppe?" Maria spürte, wie sie zitterte.

Gamel lächelte zynisch. „Genau das werden wir gleich herausfinden." Er nickte dem Bewacher zu, der daraufhin den Raum verließ und die Tür hinter sich schloß.

BILLY brauchte viel zu lange. Schon zehn Minuten hielt er sich hier auf. Ewig konnte Miß Manetti die Burschen auch nicht ablenken. Wie gebannt starrte der Junge auf die Bauteile der Platine. Erst jetzt ging ihm auf, wie wenig er im Grunde von Elektronik verstand. Er sah eine Reihe schwarzer Halbleitergehäuse vor sich, säuberlich aneinandergereiht, und hatte keine Ahnung, welche Funktionen sie im einzelnen ausübten. Er kramte das Bauteil aus Schnuffis Spitfire aus der Hosentasche und hielt es neben die Schaltung. Zwei Teile schienen dem Schwingkreis des Modellflugzeugs zu entsprechen.

Mit der Spitze eines Brieföffners drückte er an den in Frage kommenden Bauteilen herum. Das eine war offensichtlich fest mit der Schaltung verlötet. Das andere bewegte sich. Er setzte die Spitze am unteren Rand an und drückte das Bauteil vorsichtig hoch. Er würde es herausnehmen und durch den Schwingkreis aus Schnuffis Spitfire ersetzen – mehr konnte er nicht tun. Irgendwie mußte er dieser verdammten Schaltung doch den Rest geben!

„SIE haben genau dreißig Sekunden Zeit, um mir zu verraten, was Sie im Schilde führen", sagte Gamel zu Maria und warf einen Blick auf seine Armbanduhr. „Dreißig Sekunden", wiederholte er und zog die Pistole aus dem Holster.

Maria zitterte nicht mehr. Sie wußte keine Antwort. Alles, was sie hätte äußern können, hätte die Wut dieses Verrückten auf Timmy gelenkt oder die Liquidierung Billy Teppers zur Folge gehabt.

„Zwanzig Sekunden", fuhr Gamel fort.

Sie sah Timmy an. Mit weit aufgerissenen Augen starrte der Junge auf die Pistole. „Bitte", flehte sie, „nicht vor dem Jungen!"

Gamel schüttelte den Kopf. „Es geht um *sein* Leben." Lächelnd spannte er den Hahn und richtete die Waffe auf Timmy McFarlands Kopf. „Noch fünfzehn Sekunden."

BILLY preßte das Spitfire-Bauteil in den freigewordenen Schlitz und kniff die Augen zu, als er spürte, wie die Kontakte einrasteten. Es gab kein Geräusch, nichts schien sich zu rühren. Langsam öffnete er wieder die Augen. Er hatte jetzt zwar die Bauteile ausgetauscht, wußte aber nicht mit Bestimmtheit, ob er den Zündmechanismus lahmgelegt hatte. Aber er hoffte, instinktiv das Richtige getan zu haben.

Er gestattete sich kein stolzes Lächeln, als er das Gehäuse über die Schaltung stülpte, es festschraubte und den Kasten wieder auf den Schreibtisch stellte. Er mußte nachdenken, genau überlegen, was als nächstes zu tun war. Vor allem aber mußte er so schnell wie möglich hier raus.

„Noch zehn Sekunden", sagte Gamel.

Maria wollte schreien, brachte aber keinen Ton heraus.

„Sie hatten doch irgend etwas vor", fuhr Gamel fort. Die Pistole war noch immer auf Timmy gerichtet. „Ihre letzte Chance. Was war es?"

Maria warf sich der Länge nach über Timmy, um den Jungen zu schützen, und wurde von einem Weinkrampf geschüttelt. „Er hat doch überhaupt nichts getan!" schluchzte sie.

Gamel packte sie an den Haaren, riß ihren Kopf hoch und hielt ihr die Waffe vors Gesicht. „Sie!" zischte er. „Was haben Sie getan?"

Timmy würgte. Vor Angst und Entsetzen verkrampfte sich sein Magen. Er erbrach sich heftig und fing an zu weinen.

Gamels Griff lockerte sich. Dann ließ er Maria los und trat einen Schritt zurück. „Er ist ja wirklich krank", meinte er, und es klang, als sei ihm sein Eingeständnis peinlich. Schließlich steckte er die Pistole wieder in ihr Holster und entfernte sich. Maria nahm den Jungen in die Arme und drückte ihn an sich. An der Tür drehte Gamel sich noch einmal um. „Bringen Sie ihn auf sein Zimmer, und bleiben Sie bei ihm!" befahl er, ehe er in Richtung Direktorat verschwand.

Noch bevor Bill Clemmons die Tür zum Oval Office hinter sich geschlossen hatte, wußte der Präsident, daß der CIA-Direktor schlechte Nachrichten brachte. Clemmons' Gesicht war aschfahl, sein Blick unstet. Beinahe schien es, als traue er sich nicht, den anwesenden Mitgliedern des Krisenstabs, die gerade in ein Gespräch vertieft waren, unter die Augen zu treten.

Reynolds unterbrach den Außenminister mitten im Satz. „Was gibt's, Bill?"

„Herr Präsident ...", begann Clemmons, nachdem er tief Atem geholt hatte. „Nach einem soeben eingetroffenen, absolut verläßlichen Bericht aus Kairo ist Sharif ... tot. Ermordet ..."

Reynolds war sprachlos vor Erstaunen.

„O Gott", flüsterte Bradberry stellvertretend für alle Anwesenden.
Angst überschattete sein Gesicht.

„Wissen Sie, wer ihn ermordet hat?" fragte der Präsident nach einer
Weile.

Clemmons schüttelte den Kopf. „Er war unterwegs zu dem vereinbarten Treffen, als es geschah. Mehr wissen wir nicht. Die Ägypter
rechnen mit Unruhen, wenn sich die Nachricht von seinem Tod unter
seinen Anhängern verbreitet. Ich habe unseren Leuten nahegelegt, das
Land so schnell wie möglich zu verlassen."

„Wie wird Gamel reagieren?"

„Darüber sprechen wir gerade mit Otis Brown. Persönlich habe ich
kein gutes Gefühl bei dem Gedanken. Gamel neigt zu Überreaktionen. Sicher meint er, daß wir seinem Herrn und Meister eine Falle
gestellt haben – und es kann durchaus sein, daß er daraus den Schluß
zieht, wir planten ähnliches mit ihm."

„Wann rechnen Sie mit Browns Lagebeurteilung?" erkundigte sich
der Präsident.

„Jeden Augenblick", antwortete Clemmons.

Die Lagebeurteilung erwies sich als knapp und präzise. „Durch die
Ermordung Sharifs", so führte Brown am Telefon aus, „erhöht sich
das Risiko für die Schüler in St. Anselm beträchtlich. Wenn sich nicht
unverzüglich ein gleichwertiger Gesprächspartner findet, empfehle
ich einen Sturmangriff zur Befreiung der Geiseln. Ich weise allerdings
darauf hin, daß bei einer Erstürmung des Geländes sowohl unter den
Geiseln als auch unter der angreifenden Truppe mit hohen Verlusten
zu rechnen ist." Brown bat um sofortige Instruktionen sowie um die
Erlaubnis, die Telefonverbindung zur Schule unterbrechen und Störsender aufstellen zu dürfen, um Gamel die Nachricht von Sharifs Tod
möglichst lange vorzuenthalten.

Der Präsident runzelte die Stirn und blickte in die Runde. „Wir
müssen also abwägen, was für die Kinder besser ist", meinte er. „Entweder das beträchtlich erhöhte Risiko, wenn Gamel in ihrer Gegenwart vom Tod Sharifs erfährt, oder ein Sturmangriff mit voraussicht-
lich hohen Verlusten." Er wandte sich an den CIA-Direktor. „Sehe ich
das richtig?"

Clemmons nickte. „Ja, ich schätze die Lage genauso ein."

Reynolds wußte, daß er eine Entscheidung treffen mußte. „Noch
weitere Vorschläge oder Kommentare?" fragte er.

Niemand rührte sich.

Der Präsident sah den CIA-Direktor an. „Kappen Sie Gamels Telefonleitung!" befahl er.

OBERST WILLIAM SMILES brauchte Otis Brown gar nicht erst danach zu fragen, wie die Entscheidung Washingtons ausgefallen war. Er hatte ihn beim Telefonieren beobachtet, hatte gesehen, wie Brown immer tiefer in seinen Sessel sackte, schließlich zusammenzuckte, als hätte ihm jemand einen Schlag in die Magengrube versetzt. Als Brown den Hörer wieder auflegte, gab Smiles ihm ein paar Sekunden Zeit. „Wann?" fragte er schließlich.

„Es liegt in unserem Ermessen", antwortete Brown, während er aufstand, ans Fenster trat und zur Schule hinaufblickte. Er dachte an die Kinder. Sie waren schon fast frei gewesen. Ein paar Stunden noch, hatte er geglaubt. Und jetzt diese unerwartete Wendung. „Wir müssen uns mit diesem Jungen in Verbindung setzen", fuhr er fort. „Wir müssen ihm mitteilen, daß er die Instruktionen von heute morgen vergessen soll. Daß wir heute abend um halb acht in Aktion treten werden, genau wie er es vorgeschlagen hat."

Smiles stimmte zu.

„Ich setze Ferrand gleich dran. Sobald die Nachricht durch ist, werden die Telefonverbindungen zur Schule unterbrochen."

„Ohne auf eine Bestätigung zu warten?" fragte Smiles.

Brown nickte. „Heute morgen hat Billy auch nicht geantwortet. Vielleicht hat er die Nachricht gar nicht bekommen. Doch stürmen wir die Schule auf jeden Fall, ob er nun damit rechnet oder nicht."

Smiles ging zur Tür, gab Browns Befehl an seinen Adjutanten weiter und bat eine der Wachen, Ferrand zu suchen. Dann kehrte er wieder zu Brown zurück, der nach wie vor zum Fenster hinausstarrte. „Ich kann mich auf die Hilfe dieses Jungen nicht verlassen", erklärte der Oberst, „ich möchte deshalb meinen besten Sprengstoffexperten vorab über die Mauer schicken. Bevor Gamel weiß, daß der Angriff begonnen hat, soll sich unser Mann vor dem Fenster postieren, hinter dem sich der Zünder befindet."

„Schafft er das?"

„Wenn Ferrand ihn hinbringt, ja", antwortete Smiles.

Die Wache klopfte an und öffnete Ferrand die Tür. Brown bat ihn mit einer Handbewegung, Platz zu nehmen, doch der Lehrer blieb stehen. Aus seiner Miene sprach Mißtrauen.

„Mr. Ferrand", begann Brown, „bedauerlicherweise ist eine Wende zum Schlechteren eingetreten." Er berichtete von der Ermordung

Sharifs und der Notwendigkeit, unverzüglich mit Billy Tepper Kontakt aufzunehmen. „Der Junge soll wissen, daß wir kommen, und tun,
was in seiner Macht steht."

Ferrand ließ sich auf einen Stuhl fallen. Er wirkte verzweifelt.
„Heute morgen haben wir ihm gesagt, er soll stillhalten. Jetzt bitten
wir ihn zu tun, was in seiner Macht steht. Er muß doch denken, daß er
seine Anweisungen von lauter Idioten bekommt."

„Wahrscheinlich liegt er mit dieser Annahme sogar richtig", flüsterte Otis Brown.

Ferrand nahm einen Bleistift zur Hand und begann, einen Text auf-
zusetzen. Als er fertig war, brachte Brown den Zettel zur Tür und gab
ihn an einen Soldaten weiter.

Eine halbe Stunde später war Ferrand Zeuge, wie Smiles die Offi-
ziere seines Sturmtrupps über die Einzelheiten des bevorstehenden
Angriffs informierte.

ANGENOMMEN, es geht alles schief, sagte sich Billy. Angenommen,
die Rauchbombe flackert bloß kurz auf und erlischt nach ein paar
Sekunden. Ich konnte sie ja nicht testen. Woher nehme ich eigentlich
die Überzeugung, daß die Negative auch wirklich Feuer fangen? Und
was ist, wenn der Videorecorder nicht richtig angeschlossen ist?
Auweia – die Delta-Force-Soldaten kriegen dann mehr Sendezeit als
das Endspiel um die Fußballweltmeisterschaft. Ehe sie mit ihren Hub-
schraubern aufsetzen, sind die Terroristen im Bilde und knallen sie ab
wie Tontauben auf dem Schießstand.

Und dann dieser Zünder. Billy hatte inzwischen das Bauteil aus
dem Zünder in die freie Buchse des Modellflugzeugs eingesetzt.
Schon möglich, daß sich nichts tat, wenn Gamel an dem Sender in seiner Tasche herumfummelt – nur, sicher war sich Billy seiner Sache
nicht. Die Ungewißheit machte ihm zu schaffen. Junge, Junge, das
konnte ja heiter werden!

Aufgeregt ging Billy in seinem Zimmer auf und ab. Es gab nur eine
Lösung: Er mußte die ganze Aktion abblasen. Kurz entschlossen ließ
er sich auf den Schreibtischstuhl fallen, ergriff einen Bleistift und setzte
eine Nachricht auf: *Mr. Ferrand, die Bomben sind noch nicht entschärft.
Verschiebt den Angriff! Morgen ist alles geritzt.* Er las die Botschaft noch
einmal durch, und seine Panik verflog. Mr. Ferrand würde die Elitetruppe nach Erhalt der Meldung sofort zurückpfeifen – und er, Billy,
brauchte keine Angst mehr zu haben, daß bei der Attacke jemand ums
Leben kam.

Flugs ging er zum Schrank und öffnete die Tür. Im hintersten Eck schimmerte das sanfte Grün des Bildschirms und teilte ihm mit, daß eine Nachricht für ihn vorlag. Mit einem Ruck schob Billy die Kleider beiseite und fiel auf die Knie.

Er kicherte, als er die erste Nachricht gelesen hatte. Mr. Ferrand hatte das Unternehmen von sich aus gestoppt! Na also! Dann las er die zweite Botschaft. Billy fluchte. Sie kamen doch. Um halb acht. In weniger als drei Stunden.

Seine Finger huschten über die Tastatur, während er die Schlüsselworte eintippte, die das Modem zur Übertragung ansteuerten. Rasch gab er die Kommandos ein, mit denen die Nachricht über die Telefonleitung weitergeschickt wurde. Er tippte die Telefonnummer und hörte, wie das Modem den Computer anwählte, vor dem jetzt Mr. Ferrand saß und wartete. Plötzlich fiel ihm auf, daß er das Verbindungssignal gar nicht gehört hatte. Am oberen Rand des Bildschirms erschien eine Textzeile: *Das Fernsprechnetz ist nicht erreichbar.*

Was, zum Teufel, war hier schiefgelaufen? Er schaltete den Computer ab, stellte ihn wieder an und wiederholte die ganze Prozedur. Er tippte den Text, gab die entsprechenden Befehle ein, die Telefonnummer ... *Das Fernsprechnetz ist nicht erreichbar.*

Die Leitung war tot. Diese verdammten Mistkerle! Er trommelte vor Wut mit den Fäusten auf den Computer. Die Terroristen hatten die Telefonleitung gekappt.

In ein paar Stunden kamen die Soldaten der Spezialeinheit über die Mauer. Vielleicht hatten die Terroristen seine früheren Botschaften abgefangen und warteten bereits auf den Angriff. Er hatte keine Möglichkeit mehr, die Befreier zu warnen.

OBWOHL die Personalakten der Schüler aufgeschlagen vor Gamel auf dem Schreibtisch lagen, galt seine ganze Aufmerksamkeit dem Telefon. Er brauchte Informationen, Instruktionen von Sharif, doch das Telefon blieb stumm.

Er hatte die Schule nach wie vor unter Kontrolle. Die Geiseln verhielten sich vernünftig. Die Verhandlungen hatten begonnen. Alles verlief nach Plan – und doch spürte er tief in seinem Inneren, daß etwas nicht stimmte.

Die Lehrerin machte ihn nervös. Sie war zu einem Symbol des Widerstands geworden, zu einer Führerfigur, um die sich die Gefangenen scharten, weil sie ihnen Mut einflößte. Noch immer zerbrach er sich den Kopf darüber, was der Vorfall vom Vormittag zu bedeuten hatte. Er wußte genau, daß sie ihn angelogen hatte. Den Beweis dafür lieferten die vor ihm liegenden Akten: William Tepper war der Junge,

in dessen Zimmer er die Lehrerin mit dem Medikamententablett überrascht hatte; das Foto in der Akte ließ keinen Zweifel. Doch die Akte
verriet auch, daß Tepper keine Medikamente brauchte.

Gamel warf einen Blick auf seine Armbanduhr. Über vier Stunden
dauerten die Verhandlungen jetzt schon. Er mußte davon ausgehen,
daß sie noch nicht beendet waren – andernfalls hätte man ihn angerufen. Er sah das Telefon an: Es verharrte in ominösem Schweigen.

Der Freischärler schloß die Akten und legte Teppers Unterlagen zu
denen der drei anderen Schüler, die er mitnehmen wollte. Vier Schüler
und eine Lehrkraft sollten ihn und seine Männer begleiten, wenn sie
die Schule verließen. Die Lehrkraft war Miß Manetti.

Gamel ging hinüber zum Wachbüro, wo einer seiner Kämpfer die
Monitore beobachtete. Er sah sich jeden einzelnen Bildschirm genau
an. Vor dem Tor parkte nach wie vor der Streifenwagen der italienischen Polizei. Vier Kameras schwenkten langsam über die hohen
Steinmauern, von denen eine monotone Ruhe ausging. Drei weitere
Bildschirme zeigten die Flure im Altbau. Die Schüler befanden sich
wohlverwahrt auf ihren Zimmern und warteten darauf, zum Abendessen gerufen zu werden.

„Irgendwelche Vorkommnisse?" fragte er. Der Bewacher schüttelte den Kopf.

Gamel öffnete die Tür zum Speisesaal. Er war jetzt leer und schimmerte im Schein der Nachmittagssonne. An der Küchentür saß ein
Posten und bewachte die drei Lehrer, die das Abendessen vorbereiteten. Als Gamel eintrat, sprang der Mann sofort auf. Der Anführer der
Terroristen ging zum Lehrerzimmer und riß die Tür auf. Alle Lehrer,
die keinen Küchendienst hatten, waren dort versammelt. Auf den
Tischen lagen Bücher und Papiere. Leises Gemurmel erfüllte den
Raum. Die Lehrer wirkten entspannt; sie hatten sich offensichtlich an
die sinnlose Routine ihres Gefangenenlebens gewöhnt.

Gamel zog die Tür wieder zu. Vielleicht waren seine Bedenken
unbegründet. Alles schien in bester Ordnung zu sein.

Er ging zurück ins Direktorat. Sein Blick fiel wieder auf das Telefon. Beunruhigt sah er auf die Uhr. Es mußten doch endlich Nachrichten aus Kairo kommen!

Am anderen Ende des Büros stand ein uraltes Radio. Gamel stellte
es an und wartete ungeduldig, bis sich die Röhren erwärmt hatten.
Nach einigen Sekunden ertönte ein Rauschen, das rasch lauter wurde.
Er drehte an der Skala, das Rauschen hielt unverändert an. Plötzlich
war ihm klar, was los war: Die Radiofrequenzbänder waren gestört.

Aber warum? Die Gegenseite wußte doch, daß er seine Informationen über das Telefon erhielt. Kaum hatte er die Frage zu Ende gedacht, fiel ihm schon die Antwort ein. Er eilte zurück zum Schreibtisch und nahm den Telefonhörer ab. Das Freizeichen blieb aus. Sie hatten die Leitung gekappt.

Ruhig legte Gamel den Hörer wieder auf. Ohne Informationen war er hilflos. Er konnte seine Entscheidung über das weitere Schicksal der Geiseln erst treffen, wenn er wußte, wie sich die Lage außerhalb der Schule entwickelt hatte, und dazu brauchte er unbedingt das Telefon. Also mußte er die da draußen zwingen, den Anschluß wiederherzustellen und den Störsender abzuschalten.

Er würde es ihnen schon zeigen. Die Botschaft, die er ihnen schikken wollte, war so unmißverständlich, daß sie es auf eine Wiederholung nicht ankommen lassen würden. Rasch nahm er einen Bogen Papier zur Hand und schrieb in großen Blockbuchstaben: SETZEN SIE SOFORT ALLE TELEFONLEITUNGEN INSTAND, UND STELLEN SIE DEN STÖRSENDER AB. WENN DIES NICHT INNERHALB VON ZWEI STUNDEN GESCHEHEN IST, KÖNNEN SIE DIE NÄCHSTE LEICHE ABHOLEN.

Gamel heftete eine Sicherheitsnadel an den Zettel. Dann zog er die Pistole und machte sich auf den Weg ins Lehrerzimmer.

FERRAND zog eine schwarze Fliegerjacke über den olivgrünen Drillichanzug, den Oberst Smiles ihm auf sein Zimmer hatte bringen lassen. Sein Blick fiel auf den schwarzen Fallschirmspringerhelm und die schweren Stiefel, die auf dem Bett bereitlagen. Ich bleibe lieber bei meinen Joggingschuhen, dachte er. Und auf das Ding da kann ich verzichten. Er ließ den Helm liegen, wo er war.

Unten in der Küche wartete Smiles bereits auf ihn. Bei ihm befand sich ein junger Mann in voller Ausrüstung; sein Gesicht war mit einer dunklen, fettigen Paste eingeschmiert. „Dies hier ist Sergeant Casper", sagte der Oberst, „der Sprengstoffexperte, den Sie einschmuggeln sollen."

Ferrand nickte dem jungen Mann zu. Dann bat Smiles die beiden an den Tisch und erläuterte ihnen den bevorstehenden Angriff im Detail. Ferrands Aufgabe bestand darin, Casper und zwei Scharfschützen durch ein Loch in der Mauer einzuschleusen und im Schutz der Bäume bis zu einer bestimmten Ecke des Gebäudekomplexes zu führen.

„Dort warten Sie fünf Minuten, genau bis neunzehn Uhr fünfunddreißig", sagte Smiles. „Das gibt Billy Tepper genug Zeit, die Schüler im Weinkeller zu verstecken. Unabhängig davon, ob das nun auch wirklich geschieht, dringen Casper und einer der beiden Scharfschützen zu diesem Zeitpunkt durchs Fenster ins Sekretariat ein." Er sah

Ferrand an. „Sobald Casper reingeht, ist Ihre Aufgabe beendet. Sie bleiben im Schutz der Bäume und treten sofort den Rückzug an. Sehen Sie zu, daß Sie das Gelände so schnell wie möglich wieder verlassen."

„Ich könnte vielleicht noch anderweitig behilflich sein", bot Ferrand an.

„Nein, lieber nicht", antwortete Smiles in einem Ton, der keinen Widerspruch zuließ, und wandte sich an Casper. „Unser Sturmangriff auf die Schule beginnt zirka drei Minuten, nachdem Sie in das Gebäude eingedrungen sind. Sobald Gamel merkt, daß der Angriff läuft, wird er versucht sein, auf den Auslöseknopf zu drücken. Ihnen bleiben also drei, maximal vier Minuten zur Entschärfung des Zünders."

Casper nickte.

Ferrand hörte zu und kalkulierte in Gedanken die Erfolgsaussichten. Es war ein überaus wagemutiger Plan, der kein Zurück mehr zuließ. Wenn die Koordination nicht hundertprozentig stimmte, blieb den Terroristen genug Zeit, um das Feuer auf die Schüler und Lehrer zu eröffnen. Bei einer Explosion hingegen würden die meisten Geiseln von den Trümmern der einstürzenden Gebäude erschlagen werden. „Der Plan ist nicht gerade der Weisheit letzter Schluß", bemerkte er resigniert.

„Da haben Sie durchaus recht", erwiderte Smiles. „Aber wir haben keine Alternative."

BILLY hörte die Schritte seiner Mitschüler draußen auf dem Flur. Ihm war zum Heulen zumute. Warum nur haben die die Telefonleitung nicht schon gekappt, dachte er, als ich diese dämliche, neunmalkluge Meldung rausließ, in der ich behauptet habe, ich hätte alles unter Kontrolle!

Hastig stellte er den Computer ab, schob die Schranktür zu, warf sich eine Jacke über und rannte an der Wache vorbei zur Treppe. Im Speisesaal formierten sich gerade die Schlangen vor der Essenausgabe. Sofort sah er sich nach Miß Manetti um.

Da er sie nirgends entdecken konnte, drängte er sich in seiner Reihe vor, bis er neben Harold Hutchings zu stehen kam. „Mr. Hutchings", raunte er ihm zu.

Der Geschichtslehrer drehte sich langsam nach ihm um.

„Wo ist Miß Manetti? Ich muß mit ihr reden."

Die Frage brachte Hutchings sichtlich in Verlegenheit. Seine Augen waren gerötet. „Miß Manetti wird heute abend nicht mit uns essen", brachte er schließlich hervor.

Billy wirkte bestürzt. „Wo kann ich sie finden?"

Hutchings legte die Hand auf Billys Schulter. „Ist schon gut, William. Wir unterhalten uns später darüber."

Irgend etwas war faul. „Ist Miß Manetti etwas zugestoßen?" fragte Billy unvermittelt. „Wie geht es ihr?"

„Wir unterhalten uns später darüber", wiederholte Hutchings, diesmal mit Nachdruck.

DER Jeep holperte über den Straßenrand und blieb mitten in einem kleinen Gehölz stehen. Die beiden Scharfschützen mit ihren Sturmgewehren sprangen sofort heraus. Ferrand folgte ihnen und wartete dann auf Casper, der sich noch eine leinene Werkzeugtasche über die Schulter hängte. In der Hand trug er ein Walkie-talkie. „Gehen Sie voran!" befahl er Ferrand.

Wortlos setzte sich der Lehrer an die Spitze des kleinen Trupps und führte die Männer über leicht ansteigendes Gelände tiefer in den Wald hinein. Obgleich die Sonne im Westen schon recht tief stand, war es noch hell genug, so daß sie recht schnell vorankamen. Die Südmauer von St. Anselm war noch ungefähr siebenhundert Meter entfernt, verbarg sich jedoch hinter hohen Pinien.

Ferrand ging schnell. Das Unterholz wurde immer dichter, und die Männer mußten sich darauf konzentrieren, Äste und Zweige geräuschlos aus dem Weg zu räumen. Doch dann ragte plötzlich vor ihnen die über vier Meter hohe Mauer empor. Ferrand sah sich in beide Richtungen um, ehe er sich entschied, in östlicher Richtung weiterzugehen. Er zwängte sich zwischen Büschen und dem aus riesigen Blöcken bestehenden Mauerwerk hindurch. Ungefähr siebzig Meter weiter hob er die Hand und blieb stehen.

Das Loch in der Mauer war alles andere als groß – nur etwa dreißig Zentimeter breit und weniger als neunzig Zentimeter hoch. Es war mit grobem, an zwei Pfosten auf der Innenseite befestigtem Maschendraht versperrt.

„Du meine Güte", meinte Casper. „Wie hat denn je einer dieses Loch finden können?"

Ferrand lächelte. „Es hat die Jungen geradezu magnetisch angezogen. Einer hat hier sogar Mädchen eingeschmuggelt."

Es dauerte nur ein paar Sekunden, bis Casper den Maschendraht abgezwickt und durch das Loch herausgezogen hatte. Die Männer zwängten sich durch die Öffnung und wandten sich nach Westen. In gebückter Haltung schlichen sie dicht an der Mauer entlang, sorgfältig darauf bedacht, jedes verräterische Geräusch zu vermeiden. Ferrand führte den kleinen Trupp am Sportplatz vorbei nach Norden. Nach ein paar Schritten lichtete sich das Gebüsch, und der Lehrer blieb stehen. „Der Neubau befindet sich jetzt genau vor uns", sagte er zu Casper, „keine hundert Meter von hier. Wie dicht wollen Sie ran?"

„Ich muß das Fenster sehen, durch das ich einsteigen soll."

Der Sergeant ließ sich auf den Bauch fallen und robbte voran. Die beiden Scharfschützen folgten ihm, und zuletzt schloß sich auch Ferrand an, indem er die Bewegungen der Männer imitierte. Kurze Zeit später lagen sie unter der letzten Baumreihe und starrten auf die ihnen zugewandte Fensterfront des Neubaus.

Casper schaute auf die Uhr. „Noch fünfzehn Minuten", sagte er ernst. Er wandte sich an einen der beiden Scharfschützen und verwies ihn auf eine etwas weiter oberhalb im Schutz der Bäume liegende Stelle. „Von dort drüben können Sie durch das Fenster spähen und mir Feuerschutz geben." Der Mann robbte sofort los, und Casper sah Ferrand an. „Sie halten sich am besten an ihn", fuhr er fort. „Sobald Sie sicher sind, daß ich drin bin, verschwinden Sie."

Ferrand folgte dem ersten Scharfschützen. Von der neuen Position aus hatte er freie Sicht auf die beiden rückwärtigen Fenster. Linker Hand erblickte er an der Decke die gebündelten Drähte, die in der Nähe der Tür verliefen. Nicht erkennbar war dagegen der Schreibtisch, wo sie in den Zünder mündeten. Rechter Hand lag das Direktorat, das er beinahe ganz überblicken konnte. In keinem der beiden Zimmer schien sich zur Zeit jemand aufzuhalten.

Die Sonne war inzwischen hinter dem Dachfirst verschwunden, und die beginnende Dunkelheit bot zusätzlichen Schutz. Ferrand robbte rasch weiter, bis er sich auf der Rückseite des Gebäudes befand. Von dort aus konnte er in die Klassenzimmer und in den Speisesaal schauen. Die Kinder saßen noch an den Tischen. Ferrand sah auf seine Armbanduhr. Neunzehn Uhr dreißig – noch fünf Minuten. Wenn jetzt nicht bald etwas geschieht, dachte er, sind die Kinder während des Angriffs ungeschützt. „Los, los, Billy", flüsterte er. „Jetzt bist du an der Reihe!"

Ein plötzlicher Lichtstrahl im Lehrerzimmer erweckte seine Aufmerksamkeit. Die Tür war aufgerissen worden, so daß das Licht aus dem Speisesaal den Raum teilweise erhellte. Am Eingang waren die Silhouetten zweier Personen zu erkennen, die allem Anschein nach miteinander kämpften. Dann stolperte eine der beiden aus dem erleuchteten Bereich in die Dunkelheit, die Tür wurde geschlossen, und das Lehrerzimmer lag wieder in völliger Finsternis. Ferrand starrte auf die dunklen Scheiben. Noch immer hoffte er auf ein Ereignis, das sich als Startsignal für Billys Evakuierungsplan deuten ließ.

Kurz darauf flackerte Licht auf. Ferrand erkannte Gamel sofort. Der Anführer der Terroristen stand mit dem Rücken zur Tür im Lehrerzimmer. Sein Blick war nach unten gerichtet. Auf einmal stürzte er vor und zog hinter dem Ledersofa eine menschliche Gestalt hervor, die offensichtlich auf dem Boden gelegen hatte.

Es war Maria.

ABENDS

DIE Männer hatten am Fuß der Nordmauer Stellung bezogen. Oberst Smiles ging von einem zum anderen. Er sprach ein paar aufmunternde Worte und gab sich gelöst – zum einen, um seinen Leuten Mut zu machen, vor allem aber, weil er unter keinen Umständen zeigen wollte, wie gering er selbst die Erfolgsaussichten des bevorstehenden Einsatzes einschätzte. Ziel des Sturmangriffs war es, das Leben der Kinder zu retten, und die Hoffnungen des Obersts ruhten nahezu ausschließlich auf einem fünfzehnjährigen Jungen, der zudem noch als Geisel im Internat festgehalten wurde.

Smiles sah auf die Uhr. Neunzehn Uhr zweiunddreißig. Der Zeitpunkt, zu dem die Kinder nach Billys Auskunft in Sicherheit sein sollten, war bereits überschritten, doch hatten ihm die auf den Hügeln oberhalb der Schule postierten Spähtrupps gerade erst über das Feldtelefon mitgeteilt, daß sich die Schüler nach wie vor im Speisesaal aufhielten; der Sprengstoffexperte verbarg sich noch immer im Gebüsch, gut fünfzig Meter von dem Fenster entfernt, durch das er in das Gebäude eindringen sollte. Am Fuß der Mauer schließlich standen seine Elitesoldaten bei den Leitern, die bereits in Position gebracht worden waren.

SIE wußten Bescheid. Billy fand keine andere Erklärung. Die Kerle hatten von dem bevorstehenden Angriff Wind bekommen und vereitelten nun seinen ausgeklügelten Plan. Höchstwahrscheinlich hatten sie die Rauchbombe gefunden, bevor sie sich entzünden konnte, und sich über den albernen Wecker krankgelacht. Wäre alles planmäßig verlaufen, dachte Billy, müßte das ganze Haus inzwischen längst verräuchert sein. Statt dessen war das Abendessen vorüber, viele Schüler gaben bereits ihre Tabletts ab, und geschehen war gar nichts.

Und dann die Geschichte mit Miß Manetti. Billy hatte gesehen, wie einer der Bewacher sie aus dem Altbau holte und in den Speisesaal brachte. Dort hatte der Anführer sie brutal am Arm gepackt und ins

Lehrerzimmer verfrachtet. Vermutlich wußte er, daß sie die Frischlinge auf einen Fluchtversuch vorbereitet hatte, und wollte nun wissen, wer ihre Helfer waren. Er, Billy, mußte also jeden Augenblick
damit rechnen, daß sie kamen und ihn abholten.

Ein weiteres Problem bereitete ihm Kopfzerbrechen: Wenn die
Kerle über Miß Manetti und die Rauchbombe Bescheid wußten, dann
ahnten sie vermutlich auch, was mit den Überwachungskameras
geschehen war. Und das hieß wiederum, daß sie den Befreiungstrupp
entdecken würden, sobald dieser auch nur einen Blick über die Mauer
werfen konnte. Und wenn ohnehin schon alles aufgeflogen war, dann
hatten die Terroristen sicher auch spitzgekriegt, was er mit dem Zünder im Sekretariat angestellt hatte.

Er hatte alles falsch gemacht und fragte sich, warum. Er wollte raus,
um Ferrand wenigstens noch zu warnen, aber es war unmöglich.

Der Terrorist im Wachbüro schreckte auf einmal hoch: Auf dem
Monitor, der die Nordmauer zeigte, war das Bild ausgefallen. Der
Freischärler beugte sich vor und unterzog die Monitore einer genauen
Prüfung. Sie boten alle das gewohnte ereignislose Bild: die Außen-
mauern, die Eingänge von Alt- und Neubau, der Polizeiwagen vor
dem Tor. Nur das Bild der Nordmauer fehlte.

Der Mann stand auf und wollte Alarm schlagen, doch im selben
Moment tat sich etwas auf dem widerspenstigen Monitor. Das Bild
flackerte unruhig, dann war plötzlich wieder die Nordmauer zu sehen.

Der Freischärler betrachtete den Monitor aufmerksam, suchte die
Mauerkrone Meter für Meter nach Seilen, Greifhaken oder verdächti-
gem technischem Gerät ab, das als Indiz für eine Invasion hätte gewer-
tet werden können. Doch er entdeckte nichts. Erleichtert setzte er sich
wieder auf seinen Stuhl.

*Mr. Ferrand, die Bomben sind noch nicht entschärft. Verschiebt den
Angriff! Morgen ist alles geritzt.*
Maria hielt den zerknüllten und wieder aufgefalteten Zettel, den
Gamel ihr auf den Schoß geworfen hatte, in ihren zitternden Fingern
und las den mit Bleistift geschriebenen Text noch einmal durch.

„Ich weiß nicht, was das heißen soll", sagte sie nach langem Zögern.
Gamel hatte sie vom Boden hochgerissen und auf das Sofa geworfen. Jetzt stand er vor ihr und konnte seine Wut kaum noch bezähmen.
„Der Zettel lag im Zimmer eines Schülers auf dem Fußboden",
erklärte er zornig. „Und zwar im Zimmer des Jungen, bei dem ich Sie
gestern abend überrascht habe."

„Ich brachte ihm seine Medikamente …", stammelte sie, verstummte jedoch, als Gamel ihr ins Gesicht schlug.

„Sie Lügnerin!" zischte er. „Der Junge braucht überhaupt keine Medikamente. Ich möchte jetzt die Wahrheit hören. Von was für einem Angriff ist hier die Rede? Und wie kann der Bursche die Nachricht nach draußen übermitteln?"

„Ich weiß es nicht", antwortete Maria mit brechender Stimme.

Gamel ballte die Hände zu Fäusten. „Ich werde den Jungen jetzt herbringen lassen. Und wenn Sie mir bis zu seinem Eintreffen nicht Rede und Antwort gestanden haben, wird er sofort erschossen."

Sie wollte protestieren, doch Gamel hatte sich bereits von ihr abgewandt und war zur Tür gelaufen, um der Wache Bescheid zu geben. Ehe er jedoch sein Ziel erreicht hatte, schrillte plötzlich die Feuerglocke. Gamel blieb abrupt stehen. „Woher kommt der Alarm?" fragte er Maria barsch.

„Aus dem Altbau!" rief sie verzweifelt.

Gamel öffnete die Tür. Schüler und Lehrer, die mit ihren Tabletts vor der Küchentür eine Schlange bildeten, waren vor Schreck erstarrt. Die Bewacher blickten sich nervös im Saal um. Gamel schnappte sich einen von ihnen und schrie ihm einen Befehl ins Ohr. Gleichzeitig deutete er mit dem Zeigefinger auf Maria. „Sorg dafür, daß sie da drin bleibt. Wenn sie abhauen will, hindere sie daran!"

Der Bewacher gab zu verstehen, daß er begriffen hatte, worum es ging, indem er den Sicherungshebel seines Schnellfeuergewehrs zurückzog. Gamel stürzte an ihm vorbei in den Speisesaal. „Bleibt, wo ihr seid!" rief er den Schülern zu, bevor er die Lehrer ins Auge faßte und ihnen scharf befahl: „Niemand rührt sich von der Stelle!"

Im Eilschritt durchquerte er den Speisesaal und lief ins Wachbüro. Der zuständige Freischärler stand vor den Monitoren; sein Blick huschte von Mattscheibe zu Mattscheibe.

„Was geht hier vor?" fragte Gamel erregt.

Der Mann hob abwehrend die Hände. „Nichts", erwiderte er, „gar nichts."

Gamel schob ihn zur Seite, um die Monitore persönlich in Augenschein zu nehmen. Nirgendwo etwas Verdächtiges, das auf einen Angriff hindeutete. Im Umkreis der Gebäude war kein Mensch zu sehen, noch immer stand der Polizeiwagen unauffällig vor dem Tor.

Doch dann bemerkte Gamel den Rauch, der in grauen Schwaden unter der Tür der Wasch- und Toilettenräume im Erdgeschoß des Altbaus hervorquoll und langsam die Wände emporkroch. „Da!" rief er seinem Gefährten zu und deutete auf den betreffenden Bildschirm.

„Ein Brand! Du bleibst hier und beobachtest die Mauern und das Tor. Möglicherweise steht ein Angriff bevor!"

Er verließ das Büro und rannte zurück in den Speisesaal. Die Kinder waren wegen des Feueralarms noch immer wie gelähmt. Gamel schrie den Bewachern Befehle zu und versetzte sie damit in hektische Betriebsamkeit. Der Mann, der vor der Küchentür postiert war, trat ein paar Schritte zurück, um Gamel freie Sicht zu verschaffen, und entsicherte seine Waffe. Die anderen Wachen scharten sich rasch um ihren Anführer und folgten ihm, als er in höchster Eile den Speisesaal verließ und in Richtung Altbau verschwand.

Billy sah, wie Gamel und seine Männer davonstürmten. Nur zwei Bewacher blieben zurück: der Freischärler im Lehrerzimmer, der auf Miß Manetti aufpaßte, sowie derjenige an der Küchentür. Er stand links neben Billy, nur ein paar Meter von ihm entfernt, und fuchtelte mit seiner Kalaschnikow herum. Er allein trennte die Gefangenen noch vom Weinkeller.

Billy sah sich nach Henry Giles um, der die anderen Jungen um Haupteslänge überragte. Sie verständigten sich durch Blicke. „He, Mister!" rief Billy dem Bewacher plötzlich zu. „Können wir nicht endlich diese Tabletts abstellen?"

Der Palästinenser richtete die Mündung seines Sturmgewehrs auf den Schüler.

„Die Dinger hier!" verdeutlichte Billy und präsentierte dem Soldaten sein Metalltablett mit dem benutzten Geschirr. „Wir wollen sie endlich loswerden!" Er verließ die Schlange und ging auf die Küchentür zu.

„Stopp!" befahl der Freischärler drohend und trat drei Schritte vor, um Billy besser im Auge behalten zu können.

Billy blieb stehen. „Ist ja schon gut ... Ich dachte bloß ..." Er hatte den Bewacher jetzt soweit, daß er Henry den Rücken zuwandte, und er sah, wie Henry dem vor ihm stehenden Jungen sein Tablett überließ. „Können wir nicht diese Tabletts abstellen?" fragte Billy noch einmal in ruhigem Ton.

Der Terrorist merkte in diesem Augenblick, daß hinter seinem Rücken etwas vorging. Doch zu spät – Henry Giles schlug zu, und sein gezielter Fausthieb traf den Unterkiefer des Bewachers mit voller Wucht. Der Mann torkelte ein paar Schritte zurück und brach bewußtlos zusammen. Der Gurt, an dem die Kalaschnikow hing, rutschte ihm von der Schulter.

„In die Küche!" rief Billy und gab damit das Signal.

Sofort scharten sich die jüngeren Schüler um die älteren, die ihnen als Betreuer zugeteilt waren, und traten die Flucht an.

„Kommen Sie!" befahl Billy Harold Hutchings und zog den Geschichtslehrer am Ärmel hinter sich her. Hutchings starrte noch immer voll Entsetzen auf den am Boden liegenden Soldaten. „Na, kommen Sie schon!" wiederholte Billy.

Die Schüler und ihre Lehrer beeilten sich jetzt. Hastig warfen sie ihre Tabletts auf die dafür bereitstehenden Abstellrahmen, durchquerten die Küche und betraten die Speisekammer. Während Hutchings ein Regal beiseite schob, öffnete Billy die Tür, die dahinter zum Vorschein kam, und knipste das Licht an.

Die Schüler verschwanden einer nach dem anderen in dem schmalen Durchlaß, der in eine Treppe mündete. Billy legte jedem einzelnen kurz die Hand auf die Schulter, um sie durchzuzählen. Er wollte sicher sein, daß auch wirklich alle den Weinkeller erreichten.

„Wo gehen wir hin?" fragte Hutchings verunsichert.

„Nun machen Sie schon!" Billy schob den Lehrer ungeduldig durch die Tür.

„In den Weinkeller", bemerkte der Direktor und erinnerte sich daran, daß er diesen Raum seit vielen Jahren nicht mehr betreten hatte. Es schien eine Ewigkeit zu dauern, doch in Wirklichkeit wurde die Schlange der Wartenden rasch kürzer. Die Hälfte der Schüler hatte den Durchlaß bereits passiert. Da die älteren Jungen für einen disziplinierten Abmarsch sorgten und sich die jüngeren weitgehend an Marias Anweisungen hielten, kam es kaum zu Rangeleien.

Schließlich war auch der letzte Frischling durchgeschleust, und Billy war mit dem Ergebnis seiner Zählung zufrieden. Henry Giles und Tad Bliss bildeten die Nachhut; sie schleppten den bewußtlosen Bewacher mit hinunter. In seiner freien Hand hielt Henry die Kalaschnikow. Billy nahm sie ihm ab.

„Setz dich auf ihn drauf, wenn du unten bist, Henry", sagte er. „Und laß ihn ja nicht entkommen!"

„Der läuft mir nicht davon", antwortete Henry grinsend. Nachdem Billy die Tür von außen verriegelt und das Regal vorgeschoben hatte, gab es kein Zurück mehr. Schüler und Lehrer waren im Weinkeller eingeschlossen; sie hofften, daß er ihnen Schutz bot wie ein Bunker.

„SIE sind in Sicherheit!" bestätigte eine Stimme über das Feldtelefon. Es war einer der Beobachtungsposten, der sich auf dem Schulgelände versteckt hielt. „Der Speisesaal scheint leer zu sein. Die Kinder sind nicht mehr zu sehen."

Unwillkürlich zog Smiles die Mundwinkel hoch. „Alle Achtung", meinte er voller Anerkennung, „der Bursche hat es geschafft." Auf einmal sah der Oberst einen Hoffnungsschimmer. Der Feueralarm hatte angezeigt, daß Billy Tepper seinen Plan mit nur etwa einer Minute Verspätung in die Tat hatte umsetzen können. Und dann waren die Kinder, genau wie versprochen, im Weinkeller verschwunden. Die Chancen stiegen. „Und was ist mit Casper?" fragte er.

„Hält sich bislang noch bedeckt", lautete die Antwort.

„Verdammt!" fluchte Smiles. Wieso zögerte der Sergeant so lange? Er mußte doch mitbekommen haben, wie die Kinder den Speisesaal verließen. Alle Geiselnehmer befanden sich im Altbau. Casper mußte jetzt den Zünder entschärfen!

GAMEL blinzelte in den dichten Rauch, der aus dem Luftschacht quoll. Er konnte die verkohlte Milchpackung sehen, die einer seiner Männer mit dem Feuerlöscher besprüht hatte. Auch das dicke Verlängerungskabel war zu erkennen, das an der Lüftungsöffnung im ersten Stock vorbeiführte und sich weiter oben im Qualm verlor. Sekunden später stürmte einer seiner Leute in den Waschraum im Erdgeschoß und zeigte ihm einen Wecker.

Einfach, aber äußerst wirksam, dachte Gamel. Er wußte jetzt genau, woran er war – und er hatte den Beweis, daß das Feuer absichtlich gelegt worden war. Sie mußten also mit einem Angriff rechnen, soviel stand fest. Und ebenso sicher war, daß es sich bei den Angreifern nicht um eine ausgebildete Truppe handelte – keine Armee der Welt würde eine Rauchbombe mit einem herkömmlichen Wecker zünden. Nein, es waren die Lehrer und die Schüler, die sich zur Wehr setzten. Die Aktion war Teil jenes Angriffs, von dem auf dem Zettel in Billy Teppers Zimmer die Rede gewesen war. Und mit Sicherheit war diese rebellische Lehrerin in das Komplott verwickelt.

Gamel wußte, was er zu tun hatte: Er würde sich dieses Bürschchen im Speisesaal schnappen und es ins Lehrerzimmer bringen. Dort würde er dem Jungen die Pistole an die Schläfe setzen. Das würde die Frau schon zum Reden bringen. Auf der Schwelle zum Speisesaal blieb er jedoch wie angewurzelt stehen. Der Saal war leer. Die Kinder hatten sich in Luft aufgelöst – und ihr Bewacher mit ihnen.

„JETZT!" raunte Casper dem Scharfschützen zu, der neben ihm am Boden kauerte. Dann sprang er auf und rannte über die freie Fläche vor dem Gebäude auf das Fenster des Sekretariats zu. Der Scharfschütze folgte ihm auf dem Fuß.

Caspers Vorstoß war für Ferrand eine Enttäuschung. Wie gebannt
hatte er ins Lehrerzimmer gestarrt – auf Maria, die mitten im Raum
stand, und ihren an der Tür postierten Bewacher, der dreinsah, als sei
er zu allem entschlossen. Mit einem gezielten Schuß wäre der Mann
leicht zu erledigen gewesen – doch Casper und sein Begleiter eilten
nicht Maria zu Hilfe, sondern hielten auf das andere Fenster zu.

„Schalten Sie den Bewacher aus!" rief Ferrand dem zweiten Scharfschützen zu, sprang auf und überquerte nun seinerseits den Rasen.
Sein Ziel war das Lehrerzimmerfenster. Er mußte versuchen Maria
beizustehen, wenn sich ihm eine Gelegenheit bot.

Casper ließ sich nicht beirren. Er stürmte auf das Gebäude zu, legte
zum Schutz die Arme vor das Gesicht und brach mit voller Wucht
durch das Fenster, das beinahe bis zum Boden reichte. Die Scheiben
und das hölzerne Mittelkreuz zersplitterten. Casper verlor das Gleichgewicht und schlug der Länge nach hin. Es gelang ihm, seine Werkzeugtasche festzuhalten, doch entglitt ihm das Funksprechgerät. Ohne
darauf zu achten, zog er sich am Schreibtisch hoch und griff nach dem
olivgrünen Blechgehäuse, in dem der Zünder versteckt war. Casper
erkannte sofort, daß es sich um ein russisches Modell handelte – ziemlich primitiv, aber durchaus funktionsfähig. Blitzschnell zog er einen
Schraubenzieher aus dem Werkzeugbeutel und schraubte das Gehäuse
auf. Im selben Augenblick bezog der Scharfschütze am Fenster Stellung und richtete sein Sturmgewehr auf die Tür des Büros.

„CASPER ist drin", krächzte die Stimme am Feldtelefon. Smiles hob
den Arm und ließ ihn heruntersausen. Unmittelbar darauf erstürmten
seine Soldaten über die Leitern die Nordmauer, formierten sich auf der
anderen Seite zu kleinen Trupps und schwärmten im Schutz des dichten Buschwerks aus.

Oberst Smiles achtete nicht auf die dornigen Zweige, die blutige
Striemen auf seinen Handrücken hinterließen. Statt dessen zählte er in
Gedanken die Sekunden, die Casper noch blieben. Smiles wußte, daß
er so schnell wie möglich zum Ort des Geschehens vorstoßen mußte.
Es galt, die Terroristen unter Feuer zu nehmen, bevor sie ihre Wut an
dem Sprengstoffexperten auslassen konnten.

Doch was kam danach? Da half nur noch beten. Beten, daß Billy
Tepper wirklich an alles gedacht hatte.

BILLY saß in der Falle. Er hatte das Regal notdürftig wieder vor die
Weinkellertür gerückt und wollte sich gerade aus dem Staub machen,
als ihm einfiel, daß Miß Manetti als letzte Geisel noch nicht in

Sicherheit war. Sie wurde unter Sonderbewachung im Lehrerzimmer festgehalten. Wenn er sie nicht befreien konnte, mußte sie den Preis für seinen aberwitzigen Plan zahlen. Immerhin verfügte er jetzt über ein Schnellfeuergewehr. Vielleicht reichten schon ein paar Schüsse, um den Bewacher aus dem Zimmer zu locken.

Aber da war noch ein Problem: Er mußte raus und Mr. Ferrand vor den Sprengladungen warnen. Falls es ihm nicht gelungen war, diese zu entschärfen, bestand die Gefahr, daß die Elitesoldaten des Befreiungstrupps bei der Erstürmung des Gebäudes in die Luft flogen.

Unfähig zu einem Entschluß, verharrte Billy reglos in der Küche, als er hörte, wie der Anführer der Terroristen den Speisesaal betrat. Jetzt konnte er nicht einmal mehr die Küche verlassen. Er sah sich um, trat rasch ein paar Schritte zur Seite und versteckte sich in der schmalen Lücke zwischen dem gußeisernen Küchenherd und der Wand. Und dort saß er nun in der Falle.

Er hörte, wie die Türen zu den Klassenzimmern geöffnet und gleich wieder zugeschmettert wurden. Da – Schritte vor der Küchentür! Die Tür wurde aufgerissen, Stiefel polterten über die harten Fliesen. Das Geräusch näherte sich, verstummte einen Moment, ehe es direkt auf den Küchenherd zukam ...

Auf einmal zerriß ein lautes Geräusch die Stille. Irgendwo auf der gegenüberliegenden Seite des Speisesaals splitterte Glas; es klang wie eine Explosion. Gleich darauf erteilte der Terroristenführer mit lauter Stimme Befehle.

Im Laufschritt entfernten sich die Stiefeltritte in Richtung Speisesaal. Auf Händen und Füßen krabbelte Billy hinter dem Herd hervor und lugte vorsichtig um die Ecke. Die Terroristen verließen gerade in höchster Eile den Speisesaal und verschwanden im Gang, der zum Büro des Direktors und zum Sekretariat führte.

Als Gamel das Glas splittern hörte, wußte er sofort Bescheid: Sie waren ins Sekretariat eingedrungen. Und ihm war auch klar, warum: Bevor sie das Gebäude stürmen konnten, mußten sie den Zünder entschärfen.

Brüllend erteilte er Befehle. Vier seiner Leute sollten ihn zur Tür des Sekretariats begleiten. Anderen trug er auf, durch das Klassenzimmerfenster zu springen und die Eindringlinge draußen zu attackieren.

Schon trat der erste Bewacher die Tür ein, erblickte den amerikanischen Soldaten, der am Zünder herumhantierte, und drückte den Abzugshebel seiner Kalaschnikow durch. Der Amerikaner fiel zu Boden. Augenblicklich wurde das Feuer vom Fenster her erwidert, und der Terrorist, der geschossen hatte, zuckte krampfartig zusammen, als ihn die tödlichen Kugeln trafen. Während sich Gamel duckte, nahm sein zweiter Begleiter das Fenster unter Beschuß. Der Scharfschütze, der von dort aus ins Büro gefeuert hatte, verschwand sofort aus dem Blickfeld.

Ein dritter Terrorist erreichte in diesem Augenblick das Sekretariat; er stürzte sich auf den Zünder, als er von einem außerhalb des Gebäudes abgefeuerten Schuß herumgewirbelt wurde. Er stolperte rückwärts durch die Tür. Auf seiner Schulter zeichnete sich ein roter Fleck ab, der rasch größer wurde.

Das Sekretariat war zum Niemandsland geworden: Die Terroristen kontrollierten die Tür, die Angreifer das gegenüberliegende Fenster. Hinter dem Schreibtisch lag ein amerikanischer Soldat, in der Tür ein Terrorist. Sie umkämpften ein olivgrünes Blechgehäuse, das über Drähte mit den Sprengladungen verbunden war und für jedermann sichtbar auf dem Schreibtisch stand.

Gamel versuchte, die Lage abzuschätzen. Wenn es den Leuten, die er nach draußen geschickt hatte, gelang, die Angreifer unschädlich zu machen, dann war er wieder Herr der Lage. Die Kinder hielten sich irgendwo innerhalb des Gebäudes versteckt – aber er konnte ja mit dem Sender in seiner Tasche jederzeit die Sprengladungen hochgehen lassen. Er sprang auf und rannte hinüber zum Wachbüro.

Die Überwachungskameras vor dem Schulhaus hatten im Gebüsch einen Scharfschützen erfaßt. Doch an den Außenmauern tat sich noch immer nichts. „Keine besonderen Vorkommnisse", sagte der Mann vor den Monitoren.

Es war unverständlich. Wieso schickten sie einen kleinen Trupp zur Entschärfung der Sprengladungen, verzichteten aber auf einen Großangriff?

ALS im Sekretariat die ersten Schüsse fielen, erreichte Ferrand das Lehrerzimmerfenster. Er konnte Maria deutlich erkennen, sah das Entsetzen in ihrer Miene und wußte, daß sie jeden Augenblick mit der Detonation der Sprengladungen rechnete. Ihr Bewacher dagegen wirkte ruhig und hielt das Sturmgewehr im Anschlag. Für eine Waffe hätte Ferrand jetzt alles gegeben. Mit einem einzigen Schuß hätte er den Terroristen ausschalten und Maria befreien können.

Plötzlich herrschte um ihn herum lautes Getöse. Überall ertönte Gewehrfeuer. Ferrand sah, wie plötzlich aus dem Gebüsch hinter dem Altbau einige Soldaten des Einsatzkommandos hervorbrachen, auf das Gebäude zustürmten und sofort von Gamels Leuten, die sich hinter dem Fenster eines Klassenzimmers verschanzt hatten, unter Beschuß genommen wurden. Ferrand ließ sich zu Boden gleiten und kroch aus der unmittelbaren Gefahrenzone.

Unter dem Fenster des Sekretariats kauerte der Scharfschütze. „Holen Sie Casper raus", sagte er zu dem Lehrer. „Er ist getroffen worden."

Ferrand sah den Sergeanten zusammengesackt an der Wand hinter dem Schreibtisch lehnen. Als er durch die Fensteröffnung kletterte, fiel sein Blick zuerst auf den Zünder, dann auf die Zimmertür. Der Terrorist, der sie bewacht hatte, war weg. Ferrand sprang vom Fensterbrett, warf sich zu Boden und robbte zu Casper.

„Bringen Sie ... den Zünder", röchelte der Sergeant. „Zu mir ..." Mit blutverschmierter Hand deutete er auf das Blechgehäuse.

Ferrand angelte sich den Zünder vom Schreibtisch und stellte ihn auf den Boden.

„Er ist schon offen", erklärte Casper. „Nehmen Sie das Gehäuse ab." Ungläubig schaute Ferrand den verwundeten Soldaten an, sah seine blasse Haut und den verschleierten Blick. Dann hob er vorsichtig das Gehäuse ab. Ein Gewirr von Kabeln kam zum Vorschein. Ferrand erkannte die Stelle, wo die Drähte gebündelt in den Verteiler mündeten, und traf Anstalten, sie herauszuziehen.

„Nein", röchelte Casper. Ferrand hielt inne.

GAMEL wußte, daß sich das Blatt gegen ihn gewendet hatte. Der Kugelhagel stammte von einer Truppe, der es auf irgendeine Weise gelungen war, sich der Kameraüberwachung zu entziehen. Hinter der Tür zum Sekretariat harrte nur noch einer seiner Kämpfer aus – und der konnte wegen des Sperrfeuers aus den automatischen Waffen der Angreifer nichts ausrichten. Gamel wußte, daß ihm für seinen nächsten Schritt nur noch Sekunden blieben.

Er holte den Mann, der vor den Monitoren saß, aus dem Wachbüro und nahm ihn mit zum Sekretariat. Das Sperrfeuer war inzwischen fast ohrenbetäubend. „Halt sie fern, so lange du kannst!" schrie er dem Kämpfer noch zu, ehe er quer durch den Speisesaal zum Lehrerzimmer rannte. Dort stieß er die Tür auf und warf sich im gleichen Moment auf den Boden.

Maria lag auf dem Bauch, vom Ledersofa notdürftig geschützt. Vor ihr hockte in geduckter Haltung ihr Bewacher und richtete sein Schnellfeuergewehr auf das Fenster, das bisher noch nicht unter Beschuß stand.

„Gib mir Feuerschutz!" befahl Gamel. Er packte Maria am Arm und zog sie hoch. „Sobald ich die Bäume erreicht habe, sagst du den anderen Bescheid. Wir müssen raus. In einer Minute fliegt das Gebäude in die Luft." Der junge Freischärler nickte gehorsam.

KAUM hatte Billy sich einigermaßen von seinem Schrecken erholt, dachte er an Flucht. Langsam kroch er zur Küchentür, das erbeutete Sturmgewehr am Schultergurt hinter sich herziehend. An der Schwelle sah er, wie Gamel durch den bereits arg mitgenommenen Speisesaal rannte und sich im Lehrerzimmer auf den Boden warf. Billy erinnerte sich wieder an Miß Manetti und daran, daß es seine Aufgabe war, auf irgendeine Weise zu ihr zu gelangen und sie zu befreien.

Er schlüpfte zur Tür hinaus und schaute sich um. Die Kerle, die an den Fenstern saßen und nach draußen feuerten, wandten ihm den Rücken zu. Auf dem Gang hockten zwei weitere Terroristen und beschossen das Sekretariat. Vorsichtig robbte Billy unter den Tischen hindurch quer durch den Saal, erreichte das Lehrerzimmer und kroch hinein. Das Rattern der Schnellfeuergewehre klang hier etwas gedämpfter. Langsam zog er sich an der Rückenlehne des Sofas hoch. Eines der Fenster war offen. Neben der Fensterbank stand ein Bewacher; der Lauf seines Gewehrs wies nach draußen. Miß Manetti und der Anführer der Terroristen waren verschwunden.

Billy bückte sich wieder, schlich um das Sofa herum und verbarg sich hinter einem überdimensionalen Ledersessel. Als er sich aufrichtete, stand er unmittelbar hinter dem Mann am Fenster. Er nahm das Sturmgewehr beim Lauf, schwang es wie einen Baseballschläger und ließ den Kolben auf den Hinterkopf des Freischärlers niedersausen. Geräuschlos kippte der Mann vornüber.

Billy blickte aus dem Fenster: Rechts kauerten zwei amerikanische Soldaten. Das Sperrfeuer aus dem Gebäude ließ sie nicht vorankommen. Dann sah er auch Gamel – der Anführer der Terroristen lief über den Hof auf die Bäume zu; er zerrte die sich sträubende Lehrerin neben sich her. Billy schlüpfte durchs Fenster und rannte, das Gewehr noch immer am Lauf gepackt, den beiden nach.

FERRAND hielt den Zünder in der Hand und starrte verständnislos auf das elektronische Wirrwarr. Seinen Versuch, die Verbindungskabel herauszuziehen, hatte Casper zum Glück verhindern können – an einigen Kabeln fummelte man also besser nicht herum. Die Frage war nur, an welchen. Mit beiden Händen drehte er den Kopf des Schwerverletzten zu sich, so daß Casper den Zünder sehen konnte. „Welches Kabel?" fragte er ihn eindringlich.

Der Sergeant öffnete die Augen und schloß sie langsam wieder. Mit äußerster Anstrengung versuchte er, sich auf das Gerät zu konzentrieren. „Das blaue", flüsterte er schließlich.

Verflixt – da waren zwei blaue Kabel, nein drei sogar! Und alle an verschiedenen Stellen. Ferrand berührte eines von ihnen, das den Verteiler mit der Batterie verband. „Welches Kabel?" fragte er noch einmal. „Dieses hier?"

Er erhielt keine Antwort. Die Lider von Sergeant Casper hatten sich geschlossen.

DIE Lage war besorgniserregend. Der Sturm auf die Schulgebäude dauerte schon viel zu lange, was einem Fehlschlag gleichkam. Vor über drei Minuten hatte Oberst Smiles mit seiner Truppe die Nordmauer überwunden, und noch immer war die Schule nicht in ihrer Hand. Zwar befanden sie sich nur noch zehn Meter vom Eingang des Neubaus entfernt, kamen jedoch nicht voran. Die Terroristen hinter den Fenstern des Speisesaals sorgten mit ihrem Sperrfeuer dafür, daß die Angreifer ihre Deckung hinter den niedrigen Gartenmauern und Hecken, die den Weg zum Tor säumten, nicht verlassen konnten. Der Vorhut erging es nicht besser. Zwar hatten ein paar Männer ins Haus eindringen können, doch waren sie dort von zwei Terroristen gestoppt worden, die den Hauptverbindungsgang zwischen Alt- und Neubau unter Beschuß hielten. Die anderen lieferten sich Feuergefechte mit einer Gruppe von Gegnern, die außerhalb der Klassenzimmer in Deckung gegangen war.

Smiles mußte unbedingt wissen, was mit Casper geschehen war. Er erkundigte sich über sein Funkgerät, doch der zuständige Beobachter war nicht imstande, ihm Auskunft zu geben. Casper befand sich nach wie vor im Gebäude, doch tobte um das Sekretariat ein erbitterter Kampf. Smiles' Fragen blieben unbeantwortet. Eines jedoch war ihm klar: Mit jedem Moment, den er noch zögerte, sanken die Chancen der Geiseln, das Schulgebäude lebend zu verlassen.

„Das Tränengas!" rief er endlich seinem Adjutanten zu.

Der Offizier hakte eine Tränengasgranate vom Gürtel und zeigte sie seinen Kameraden, die hinter den Hecken und Mäuerchen in Deckung gegangen waren. Sofort legten mehrere von ihnen die Waffen zur Seite und zogen gleichfalls Granaten aus ihren Gürteln. Die übrigen Soldaten standen auf und nahmen die zerschmetterten Fenster des Speisesaals unter Beschuß. Unter ihrem Feuerschutz holten die anderen aus, zielten und schleuderten die Tränengasgranaten auf die offenen Fensterhöhlen.

Zwei Granaten verfehlten ihr Ziel, vier andere jedoch verschwanden im Innern des Hauses.

Zuerst geschah gar nichts. Die Soldaten nutzten die Atempause, um sich Gasmasken über das Gesicht zu stülpen. Dann hörte das aus dem Speisesaal kommende Gewehrfeuer schlagartig auf.

Smiles sprang über die kleine Mauer, die die Auffahrt begrenzte, und rannte sofort auf das nächstliegende Fenster zu. Ein paar Sekunden später folgten ihm seine Leute über die freie Fläche vor dem Gebäude und stürmten die Schule.

AUCH Billy rannte über den Rasen. Das Schnellfeuergewehr schlug ihm beim Laufen gegen die Hacken. Sein Ziel war die erste Baumreihe, hinter der soeben der Anführer der Terroristen und die sich verzweifelt wehrende Miß Manetti verschwunden waren. Er mußte sie einholen und Miß Manetti befreien.

Billy duckte sich hinter die ersten Sträucher. Der Vorsprung der beiden konnte höchstens fünfzig Meter betragen, doch war die Sonne inzwischen untergegangen, und es wurde von Minute zu Minute finsterer. Billy drehte das Gewehr um, setzte es an die Schulter und spähte durchs Visier. „Also gut", sagte er zu sich selbst, „einfach zielen, abdrücken und hoffen."

Er ließ die Waffe sinken, verschwand im Gebüsch, blieb aber gleich wieder stehen, als er das verräterische Knacken dürrer Äste vernahm. Und dann hörte er auf einmal Miß Manettis Stimme. Sie wollte etwas sagen, vielleicht versuchte sie auch zu schreien, doch war sie anscheinend geknebelt oder wurde gewürgt.

Mit der Waffe schlich Billy näher, schlängelte sich vorsichtig durch das Gesträuch. Und plötzlich konnte er die beiden sehen. Der Terrorist wandte ihm den Rücken zu. Mit seinem rechten Arm umklammerte er Miß Manettis Hals, seine Linke hielt ihren linken Arm verdreht auf dem Rücken. Er zwang sie vorwärts zu gehen, doch die Lehrerin setzte sich nach Kräften zur Wehr. Billy hob die Waffe und wollte zielen, doch da verschwanden die beiden in der Dunkelheit.

FERRAND zupfte an einem der drei blauen Kabel auf der freiliegenden Schaltung. Er hatte sich entschieden. Vorsichtig fuhr er mit einem Finger unter das Kabel, schloß die Augen und zog.

MISS MANETTIS Schrei ließ Billy handeln. Er sprang vorwärts und konnte die beiden wieder erkennen. Die Lehrerin lag auf der Erde; der Terrorist versuchte, sie hochzuziehen. Billy drehte das Gewehr um und schwang es durch die Luft. Die Waffe fetzte durch die Zweige. Gamel wandte sich um und sah, wie der Kolben auf ihn niedersauste. Gerade noch rechtzeitig gelang es ihm, den Kopf einzuziehen. Der hölzerne Schaft des Gewehrs traf ihn auf den Rücken.

Billy spürte den Aufprall und beobachtete wie der Terrorist vornüber kippte und sich mit Händen und Knien abfing. „Laß sie in Ruhe!" brüllte der Junge und hob drohend das Gewehr.

Gamel sprang auf und stürzte sich auf Billy. Der Junge taumelte rückwärts, fiel zu Boden und verlor dabei das Gewehr. Gamel wollte die Waffe an sich reißen, doch er hatte nicht mit Maria gerechnet. Wie eine rasende Löwin, die ihr Junges verteidigt, hieb sie auf seinen Rücken ein und krallte ihre Fingernägel in sein Gesicht. Er fuhr herum und schleuderte sie von sich, doch als er wieder nach der Waffe greifen wollte, erkannte er, daß Billy sie bereits zu sich herangezogen hatte.

Mit einem Hechtsprung versuchte Gamel, das Gewehr an sich zu bringen, doch auch diesmal kam Billy ihm zuvor. Er warf die Waffe fort, und sie schlitterte ins Unterholz. Der Terrorist war sofort wieder auf den Füßen und riß die Pistole aus dem Holster. Im selben Moment stieß Billy vor wie eine Kobra und grub seine Zähne in Gamels Arm. Mit einer heftigen Bewegung riß sich der Terroristenführer los, doch dabei entglitt ihm die Pistole. Mit dem Handrücken schlug er dem Jungen ins Gesicht. Billy sackte zusammen.

Gamel schaute sich um. In der Dunkelheit konnte er weder das Schnellfeuergewehr noch die Pistole entdecken, doch er sah die Frau und den Jungen, die gerade dabei waren, sich aufzurappeln. Jetzt mußte er etwas unternehmen. Er konnte nicht einmal mehr warten, bis seine jungen Kämpfer das Gebäude verlassen hatten. Noch besaß er die Macht, alles zu zerstören. Er griff in die Tasche und zog den Sender hervor.

Maria erkannte seine Absicht und fing an zu schreien. Billy zog den Kopf ein und schlug die Hände vors Gesicht. Gamel legte den Schalter um. Dann flüchtete er ins Dickicht.

WIE von Geisterhand gestartet, erwachte der Motor von Jimmy Bradberrys Modellflugzeug zum Leben. Nach zwei, drei schwerfälligen Umdrehungen kam der Propeller auf Touren. Dem Auspuff der Spitfire entwich eine blaue Rauchwolke. Zentimeterweise schob sich die kleine Maschine vorwärts, erreichte die Schreibtischkante, hob ab und durchquerte Billys Zimmer. Durch die offenstehende untere Fensterhälfte entschwand das Flugzeug nach draußen.

Nach einem kurzen Sinkflug beschleunigte die Spitfire, dann stieg sie höher, entfernte sich in gerader Linie von St. Anselm und flog dem dunklen Abendhimmel entgegen.

DIE Soldaten der Delta Force sprangen in die Tränengaswolke und rollten sich auf dem Fußboden ab. Überall torkelten kampfunfähige Terroristen herum. Sie hatten ihre Waffen weggeworfen, tappten blindlings durch die Dunkelheit und rangen verzweifelt nach Luft. Die Elitesoldaten schleppten sie zu den Fenstern und brachten sie ins Freie. Zwei Minuten nach Beginn des Angriffs schwiegen die Waffen.

Smiles rief über Funk sogleich die bereitstehenden Notarztwagen herbei und gab den Einsatzbefehl für die auf dem Flughafen wartenden Rettungshubschrauber durch. Dann rannte er ins Sekretariat. Einer der beiden Scharfschützen kniete neben Sergeant Casper und preßte ihm Verbandsmull auf die Brust.

„Die Sanitäter sind schon unterwegs", sagte Smiles zu Casper, doch der Schwerverwundete reagierte nicht darauf.

FERRAND hörte das Stakkato der herbeifliegenden Helikopter, würdigte sie jedoch keines Blickes. Er rannte vielmehr, so schnell er konnte, ins Lehrerzimmer, wo er Maria zuletzt gesehen hatte. Doch dort entdeckte er lediglich einen bewußtlosen Terroristen, der in der Nähe des Fensters lag.

Wie von Sinnen kämpfte Ferrand sich durch den Speisesaal, wo ihm die letzten Tränengasschwaden fast den Atem raubten, und taumelte in die Küche. Er schob das Regal beiseite, hinter dem sich der Eingang zum Weinkeller verbarg, entriegelte die Tür und riß sie auf.

Unten herrschte völlige Dunkelheit. „Hallo!" rief er.

Keine Antwort.

„Hallo!" wiederholte er. „Hier spricht Ferrand. Ihr seid frei!"

Er hörte ein schlurfendes Geräusch und kurz darauf zögernde Schritte auf der Treppe. Augenblicke später trat der Direktor ins Licht. „Guten Abend, Mr. Ferrand", sagte er.

Dann kamen auch die Schüler herauf, vorsichtig blinzelnd. Als sie Ferrand und den Direktor erkannten, die oben auf sie warteten, lächelten sie. „Sind sie weg?" fragte einer von Marias Frischlingen und sah sich in der Küche um.

„Ja, sie sind weg", antwortete der Direktor erleichtert.

Ferrand beugte sich vor und musterte die Schüler. „Wo ist Billy?" fragte er unvermittelt. „Billy Tepper?"

„Ist er nicht bei Ihnen?" fragte Henry Giles.

„Er ist nicht mit in den Keller gekommen", fügte der Geschichtslehrer hinzu.

Ferrand drehte sich um, ließ Schüler und Lehrer stehen und durchquerte im Eilschritt den Speisesaal. „Zwei fehlen noch!" rief er atemlos, als er Smiles begegnete. „Miß Manetti und Billy Tepper."

OTIS BROWN hielt den Telefonhörer in der Hand. Er hatte mit dem Schlimmsten gerechnet – einer hohen Zahl von Toten. Statt dessen ein Sieg auf ganzer Linie. Lediglich William Tepper – einer der wenigen Schüler, deren Namen ihm geläufig waren – und eine Lehrerin wurden noch vermißt. Alle anderen Geiseln waren unverletzt befreit worden.

Unter den Soldaten des Befreiungskommandos gab es lediglich einen Schwerverwundeten. Es handelte sich um den Sprengstoffexperten, der gerade mit dem Rettungshubschrauber ins Krankenhaus gebracht wurde. Zwei weitere Soldaten hatten Schußwunden davongetragen, befanden sich jedoch nicht in Lebensgefahr.

Drei Terroristen waren tot, drei andere verwundet. Die Verletzten wurden unter militärischer Bewachung in ein Krankenhaus überführt. Der Rest war gefangengenommen worden. Einziger Anlaß zur Beunruhigung: Gamel war entkommen.

Brown hörte es in der Leitung knacken. Dann meldete sich eine Stimme. Der Präsident persönlich war am Apparat. „Alle Schüler unverletzt?" erkundigte sich Reynolds ungläubig.

„Es geht ihnen prächtig", antwortete Brown überschwenglich. „Wir wissen nur noch nicht, was aus dem jungen Tepper geworden ist, hoffen es jedoch in Kürze herauszufinden. Ich würde Ihnen empfehlen, die Nachricht fürs erste noch zurückzuhalten."

„Die Rettungsaktion war demnach erfolgreich?" fragte der Präsident.

„So erfolgreich wie bisher noch kaum eine andere", entgegnete Brown.

DIE Schüler waren im Speisesaal versammelt und ließen die vorgeschriebenen Routineuntersuchungen durch Militärärzte über sich ergehen. Es war ein völlig überflüssiges Unterfangen, denn nachdem die Jungen erst einmal begriffen hatten, daß sie tatsächlich frei waren, hatten sie sich rasch erholt.

„He, Mr. Hutchings", fragte ein Oberstufler den Geschichtslehrer. „Heute haben wir keine Prüfung mehr, oder?"

„Glücklicherweise nicht", erwiderte Hutchings, doch seine Antwort ging im allgemeinen Jubel unter.

Ferrand stand etwas abseits. Ihm war nicht zum Scherzen zumute.

Er mußte unentwegt an Maria denken. Die Suchtrupps hatten sie bislang nicht finden können.

„Ich bin sicher, es geht ihr gut", hörte er auf einmal den Direktor flüstern und sah sich verwundert um. „Eine sehr nette Frau – und eine hervorragende Lehrerin", fügte der alte Mäuserich hinzu. „Sie beide sind wie geschaffen füreinander."

„Sie wissen Bescheid?" Um ein Haar wäre Ferrand rot geworden.

Der Direktor schwieg, doch sein Kneifer und der Schnurrbart hüpften auf und ab, während er gutmütig lächelte.

„Hallo, Billy!" rief Schnuffi Bradberry, wand sich unter einem Stethoskop hervor und rannte zur Tür.

Ferrand blickte auf. Im Türrahmen stand Billy Tepper. Und Maria sah ihm über die Schulter.

Wie auf ein Kommando stürmten sämtliche Jungen auf Billy zu; die Ärzte blieben kopfschüttelnd zurück. „Wo warst du?" fragte einer seiner Kameraden.

„Draußen im Kugelhagel", antwortete Billy beiläufig.

„Quatsch!" Henry Giles übertönte die Frischlinge. „Du hast dich wahrscheinlich in der Mülltonne verkrochen!"

Über die aufgeregten Schüler hinweg sahen Ferrand und Maria einander an. Dann ging er auf sie zu und merkte gar nicht, mit welcher Rücksichtslosigkeit er sich einen Weg durch die Schar seiner Schützlinge bahnte.

„Wir bleiben hier in Italien", sagte er zu ihr. „Wo immer du willst." Dann nahm er sie in die Arme und küßte sie zärtlich auf die Wange. Schließlich streckte er die Hand aus und fuhr Billy Tepper liebevoll durch den Schopf. „Das war dein bisher bester Streich", meinte er.

„Ein Kinderspiel", erwiderte Billy.

21. APRIL, NACHMITTAGS

IN BUSSEN wurden die Schüler zu einem italienischen Luftwaffenstützpunkt gefahren und von dort sofort nach Deutschland ausgeflogen, wo man sie in ein amerikanisches Militärkrankenhaus brachte.

„Diese Jugendlichen haben ein zutiefst traumatisches Erlebnis hinter sich", sagte ein Terrorismusexperte. „Wir müssen sie individuell untersuchen, um die jeweils beste Therapie für sie herauszufinden." Es war nichts weiter als eine Ausrede: Der Präsident und seine Helfer brauchten etwas Zeit, um die triumphale Rückkehr der Schüler vorzubereiten; offenbar beabsichtigten die Politiker, die erfolgreiche Geiselbefreiung für sich auszuschlachten. Die Schüler dagegen nutzten den Tag der Untersuchung zur Aufzehrung der krankenhauseigenen Speiseeisvorräte.

Maria war in ein ziviles Krankenhaus in Rom eingeliefert worden. Ein Chirurg nähte ihre aufgeschlagenen Lippen. Ferrand pendelte zwischen dem Krankenhaus und der Schule hin und her, wo die Lehrer bei den Aufräumungsarbeiten halfen. Die Gebäude konnten restauriert werden, doch war mit einer Rückkehr der Schüler bis auf weiteres nicht zu rechnen. Der Direktor verbrachte daher einen Großteil seiner Zeit mit Telefonaten, um seinen Lehrern Stellungen in anderen Internaten zu verschaffen.

Ferrand stand gerade auf einer Leiter und klopfte einen demolierten Fensterrahmen aus der Wand, als unter ihm plötzlich Otis Brown auftauchte. Er kletterte hinunter, fragte Brown, ob er eine Tasse Kaffee wolle, und führte den CIA-Mann, der das Angebot dankend annahm, in die Küche. Dort füllte er zwei große Tassen mit Kaffee, und die beiden Männer setzten sich an einen der Tische im Speisesaal, an denen während der kritischen Tage Unterricht gegeben worden war.

„Wir haben uns bei Ihnen bisher noch gar nicht richtig bedankt", begann Brown und hob anerkennend die Tasse. „In Washington beansprucht inzwischen jeder den Sieg für sich. Dabei waren Sie es, der uns unschätzbare Hilfe geleistet hat – erst bei der Planung des Angriffs, und dann beim Einschleusen der Vorhut."

Ferrands Miene blieb ernst. „Ist es mir wirklich gelungen, die Sprengladungen zu entschärfen?" fragte er. „Ich habe nach Caspers Anleitung einfach das Kabel herausgezogen, aber sicher war ich mir keineswegs ..."

„Auf jeden Fall hat es geklappt."

Ferrand grinste. „Sie könnten sich mal überlegen, ob Sie Billy Tepper nicht eine Tapferkeitsmedaille umhängen sollten."

Otis Brown seufzte. „Billy wird bedauerlicherweise nicht einmal an der Feier in Washington teilnehmen können. Sein Vater ist dagegen."

Ferrand sah ihn überrascht an.

„Seine Firma ist im Nahen Osten geschäftlich sehr engagiert. Die Manager wollen das Verhältnis zu den dortigen Kunden nicht zusätzlich belasten."

„So ein Quatsch", erwiderte Ferrand. „Was will man denn mit Billy anstellen? Ihn im Konferenzraum verstecken?"

„Nein, sie verstecken ihn in Deutschland", antwortete Brown. „In einer Schule unweit von Mannheim. Sie heißt Schiller-Internat, soviel ich weiß."

Ferrand mußte lachen. „*Schriller*", korrigierte er. „Das ist ein Gefan-
genenlager mit Stacheldrahtverhau, Wachtürmen und scharfen Hunden." Brown verstand nicht, worum es ging, doch Ferrand hatte nicht
die Absicht, ihn aufzuklären. Er fügte lediglich hinzu: „Billy hat mir
davon erzählt."

Sie leerten ihre Kaffeetassen, und Brown ging mit Ferrand zurück in
die Küche. „Wie ich höre, beabsichtigen Sie, in Italien zu bleiben",
bemerkte er. Er wollte endlich auf den eigentlichen Grund seines
Besuchs zu sprechen kommen.

Ferrand nickte. „Miß Manetti sucht eine italienische Schule, an der
wir beide unterkommen können", erklärte er. „Wir werden also auf
absehbare Zeit im Lande bleiben."

Brown spülte seine Tasse aus. „Wieso fahren Sie mit Miß Manetti
nicht für 'ne Weile in die USA und zeigen ihr Ihre Heimat?"

„Nichts zu machen." Ferrand lächelte. „Wenn Maria aus dem Krankenhaus kommt, will sie gleich wieder an die Arbeit."

Brown begriff, daß er im Plauderton nicht weiterkam. „Ich hielte es
für besser, wenn Sie in die USA zurückkehrten, wenigstens für ein
Jahr. Und zwar im Interesse Ihrer eigenen Sicherheit."

Ferrand kniff die Augen zusammen.

„Wir haben Gamel bis heute nicht erwischt", fuhr Brown fort.
„Bevor unsere Jungs ihn fassen konnten, hatte er das Schulgelände
verlassen. Und draußen ist er dann auch den Italienern durch die Lappen gegangen. Das heißt, er hat sich nach Rom durchgeschlagen, wo
es eine große, fundamentalistisch orientierte Moslemgemeinde gibt.
Es wird ihm mit Sicherheit nicht schwerfallen, sich Waffen zu beschaf-
fen. Kann sein, daß er sich rächen will."

Ungläubig schüttelte Ferrand den Kopf.

„Tatsache ist", erklärte Brown, „daß uns ein Ersuchen der italienischen Polizei vorliegt, in dem wir gebeten werden, Sie zum Verlassen
des Landes zu bewegen. Und da habe ich mir natürlich gedacht, wenn
Miß Manetti mitkäme, könnte ich Ihnen die Sache vielleicht eher
schmackhaft machen."

Ferrand sah ihm in die Augen. „Ich rede mit ihr."

25. APRIL, VORMITTAGS

WASHINGTON war von Sensationslust beherrscht. Vor unzähligen
Fernsehkameras drängten sich gewählte Volksvertreter und ernannte
Staatsdiener und stritten um rare Sendesekunden. Die Jungen von St.

Anselm und ihre Retter waren zu Nationalhelden geworden, und jeder wollte von ihrem Ruhm profitieren.

Der Auftritt des Präsidenten in dem allgemeinen Spektakel war sorgfältig inszeniert worden. Mit einer landesweiten Ansprache, die von allen großen Fernsehgesellschaften übertragen wurde, hatte es begonnen. Die Geiseln seien in Sicherheit, verkündete Reynolds, und auch auf seiten der Delta-Force-Streitkräfte habe es keine Toten gegeben. Salbungsvoll dankte er dem Himmel und allen Beteiligten, vergaß aber auch nicht, an mehreren Stellen seiner Rede auf die Entschlossenheit hinzuweisen, mit der die Vereinigten Staaten ihre Bürger vor terroristischen Gewaltakten schützten.

Dann sah man ihn auf der Ehrentribüne, als der Sarg mit Joey Trottas Leiche auf dem Luftwaffenstützpunkt Andrews eintraf. Es war eine einfache Zeremonie, bei der keine Reden gehalten wurden. Auch blieben die Angehörigen des Toten der Feier fern. Reynolds, so wünschte es das Protokoll, sollte sein Mitgefühl bekunden können, ohne in aller Öffentlichkeit einem Gangsterboß seine Reverenz erweisen zu müssen. Don Trotta hatte dafür Verständnis.

Als nächstes folgte der offizielle Empfang für Oberst Smiles. „Ich danke Ihnen für diesen großartigen, tapferen Einsatz", sagte der Präsident und verlieh ihm einen Orden.

Schließlich sprach Präsident Reynolds zu den Jungen von St. Anselm. Nach einem Mittagessen im Weißen Haus, zu dem auch die Familienangehörigen der Kinder geladen worden waren, fuhren alle Beteiligten in offenen Limousinen zum Lincoln Memorial. Unzählige Zuschauer säumten die Straßen, und viele von ihnen hatten Tränen in den Augen.

Bei seiner Ansprache zu Füßen des Monuments wies der Präsident darauf hin, daß es mit der Befreiung der Kinder allein noch nicht getan sei, solange allenthalben Gefahren auf sie lauerten. „Erst wenn es uns gelingt", erklärte er, „die Kinder von der Furcht zu befreien, daß ihre Welt durch einen Fehler ihrer politischen Führer oder den Rechenfehler eines Technikers vernichtet werden kann, wird unser Triumph vollkommen sein."

26. APRIL, VORMITTAGS

ZUM erstenmal betrachtete Billy Tepper die Marmorstatue Friedrich Schillers aus der Nähe. Das Denkmal stand in der Mitte der ringförmigen Auffahrt vor dem Haupteingang des Internats. Sein Sockel war

ein wehrhaft aussehender kleiner Rundbau von etwa vier Meter Höhe;
er hatte mehrere kleine Fenster, einige davon in Form von Schießscharten, und eine winzige Tür. In Gehrock und Kniehosen stand
Schiller auf seinem Podest. Mit der einen Hand preßte er einen
Gedichtband an seine Brust, den anderen Arm hielt er weit ausge-
streckt, als dirigiere er ein Orchester. Dabei beugte er sich ein wenig
vor, was seiner Pose einen noch gewichtigeren Ausdruck verlieh.

„Ihr Gepäck, junger Mann", sagte der rundliche Hausmeister und
holte Billys zwei Koffer aus dem Wagen. Der ehrfürchtige Blick, mit
dem der Junge das hochaufragende Standbild betrachtete, entging ihm
nicht. „Unser Namenspatron und unser Leitbild", fügte er daher rasch
hinzu. „Friedrich von Schiller."

„Dachte ich mir fast, daß das nicht Diego Maradona ist."

„Bemerken Sie, daß er auf einer kleinen Festung steht? Wissen Sie,
was das zu bedeuten hat?"

Billy sah den Mann mißtrauisch an. „Wahrscheinlich ist Schiller
Oberaufseher in diesem Gefängnis gewesen."

„Nein, nein, keineswegs." Der dicke Mann lachte. „Schiller war ein
Dichter, ein Philosoph. Das Denkmal symbolisiert den Triumph von
Bildung und Wissenschaft über die rohe Gewalt." Der Hausmeister
ergriff die Koffer und schleppte sie durch das überwölbte Portal des
Schulgebäudes.

Billy folgte ihm, drehte sich aber im Gehen noch einmal nach dem
Dichterfürsten um. „So, wie der sich vorbeugt, könnte man fast glauben, er wolle jeden Augenblick über die Mauer springen", erklärte er.

Der Hausmeister lachte laut und herzlich.

Billys Bude ähnelte dem Zimmer, das er in St. Anselm bewohnt
hatte. Hinter der Tür befand sich zur Rechten ein Schrank. Auf der
einen Seite war neben dem Schreibtisch ein Bücherregal angebracht,
auf der anderen stand ein Bett. Aber es gab auch eine Reihe von Unter-
schieden: Der Schreibtisch war nicht aus hellem Holz wie in St.
Anselm, und seine Ecken waren nicht abgerundet, sondern kantig;
alles in allem erinnerte er an einen dunklen Klotz. Das eiserne Gitter-
bett sah aus, als stamme es aus einem Krankenhaus.

Billy ließ sich Zeit beim Auspacken. Zur Eile bestand nicht der
geringste Anlaß. Was hätte er auch schon anfangen sollen? Das Schuljahr neigte sich dem Ende zu – wahrscheinlich war es ohnehin viel zu
spät, um neue Freundschaften zu schließen. Hinzu kam, daß sich unter
den Schülern kein einziger Amerikaner befand. Nach dem Überfall
auf St. Anselm waren seine Klassenkameraden von ihren besorgten
Eltern nach Hause geholt worden, und es war kaum damit zu rechnen,

daß einer von ihnen im Schiller-Internat untergebracht wurde. Billy machte sich auf einen ziemlich langweiligen Unterricht gefaßt und auf Klassenkameraden, die kaum ein Wort mit ihm wechseln würden.

Er packte seine Jacken und Hosen aus und hängte sie in den Schrank. Unterwäsche und Socken verschwanden in den tresorartigen Schubladen der Kommode, die Schuhe landeten auf dem Schrankboden.

Dann öffnete Billy Tepper den zweiten Koffer. Der Computer war stoßfest zwischen den Sporthemden verstaut. Vorsichtig stellte Billy ihn auf den Tisch.

Schließlich holte er eine kleine Papiertüte hervor und öffnete sie sehr behutsam. Sie enthielt ein kleines Päckchen aus Alufolie. Vorsichtig schlug Billy die Folie zurück: Zum Vorschein kam eine klumpige, kittartige Masse. Es war Plastiksprengstoff. Kurz bevor die Sprengstoffexperten der Spezialeinheit das Internat von oben bis unten durchsucht hatten, war es ihm gelungen, das explosive Material im Altbau von zwei Kabelenden zu kratzen. Er wickelte die Masse rasch wieder ein und stopfte das Päckchen in einen ausgeblichenen Turnschuh im hintersten Winkel des Schranks.

Als er den Plastiksprengstoff in St. Anselm an sich genommen hatte, war ihm vollkommen schleierhaft gewesen, was er damit anfangen würde. Jetzt, nach einer halben Stunde „Schriller", waren alle Unklarheiten beseitigt. Er plante einen Superknüller, der alle Streiche, die er je begangen hatte, in den Schatten stellen würde. Er wollte dem guten alten Friedrich von Schiller beim Sprung über die Mauer behilflich sein.

2. MAI, NACHMITTAGS

„SIE waren Raketenspezialist?" hatte der Schüler gefragt. Der „Neue", Billy Tepper, war erst seit zwei Tagen im Schiller-Internat. Und sein Gesicht strahlte vor lauter Bewunderung.

Dr. Emil Werner nickte eifrig, und sein weißer Ziegenbart wippte dabei auf und ab. „Da haben Sie allerdings recht", antwortete er. Die Neugier des jungen Amerikaners überraschte ihn. Nach seiner Erfahrung interessierten sich US-Boys nicht besonders für Physik.

„Ich meine, ein *echter* Raketenexperte?" fuhr Billy ehrfürchtig fort. „Sie wissen also wirklich, wie man diese Dinger dazu bringt, daß sie abheben ... und dann auch noch genau dahin fliegen, wo Sie sie hinhaben wollen?"

„Allerdings", bestätigte der Lehrer. „Das ist ganz einfach ..."

„Aber für mich wahrscheinlich viel zu hoch. Ich kapier das nie."
„Warum nicht?" Von plötzlicher Begeisterung gepackt, zog Dr.
Werner einen Bleistift aus einem Lederetui, das auf dem Schreibtisch
lag. „Kommen Sie mal her, damit Sie besser sehen können."
     Rasch umrundete Billy den Schreibtisch. Jetzt konnte er dem Lehrer
über die Schulter schauen. Mit fliegenden Fingern skizzierte der alte
Herr Vektordiagramme auf das Papier.
     „Sie beginnen mit dem Schwerpunkt der Rakete, einer Kraft, die
senkrecht nach unten durch die Mitte des Zylinders wirkt. Was wir
dann benötigen, ist eine entgegenwirkende größere Kraft – einen
Schub, der direkt unterhalb des Schwerpunkts ansetzt. So bewegt sich
der gesamte Apparat in gerader Linie aufwärts."
     „Wieviel Schubkraft ist dazu nötig?"
     Billys Zwischenfrage trieb dem alten Lehrer die Freudentränen in
die Augen. Eine Frage! Eine intelligente Frage sogar! Er riß den obersten Zettel von seinem Block und schrieb den nächsten mit mathema-
tischen Gleichungen voll. Erst berechnete er die bei einem vorgegebe-
nen Raketengewicht erforderliche Schubkraft, dann kalkulierte er
auch noch die zu berücksichtigenden Trägheitskräfte ein.
     „Einmal angenommen, die Rakete soll nicht senkrecht nach oben
losgehen, was dann?" fragte Billy. „Zum Beispiel, wenn sie in einem
bestimmten Winkel abheben soll?"
     „Dann ändern Sie einfach das Gleichgewicht." Dr. Werner war in
Hochstimmung. „Hier, ich zeig's Ihnen."
     Am Ende der Lektion sammelte Billy die verschiedenen Zettel ein,
bedankte sich herzlich bei Dr. Werner und verschwand schnurstracks
in der Schulbibliothek. Nachdem er sich eine Weile in der staubigen
Büchergruft umgesehen hatte, hielt er die Jahresberichte der ehrwür-
digen Anstalt in Händen. Mühsam ackerte er die Bände durch, bis er
eine detaillierte Beschreibung des Standbilds fand. Dank sei der deutschen Gründlichkeit, sagte er sich. Die bewahren doch tatsächlich alles
auf . . .
     Am Nachmittag suchte Billy wieder Dr. Werner im Physiksaal auf.
Er hatte ein neues Problem. Bei einem Gegenstand mit regelmäßigen
Abmessungen war es einfach, den Schwerpunkt zu bestimmen. Aber
wie verhielt es sich mit einem unregelmäßig geformten Objekt?
     Der Lehrer nahm einen Bleistift zur Hand und holte einen neuen
Schreibblock. Dann zeichnete er verschiedene Figuren mit unregel-
mäßiger Randlinie auf, schattierte einige Partien und deutete damit an,
wie sie sich zu Objekten mit gleichmäßigerer Silhouette zusammenfü-
gen ließen. „Auf die Form kommt es im Grunde nicht an", erklärte er.

In Wirklichkeit spielte die Form natürlich eine ganz besondere Rolle. In Gedanken setzte Billy für jede Figur, die der Mathematiker aufzeichnete, die Umrisse der Schillerstatue ein, die man vom Fenster aus gut erkennen konnte. Er sah von Dr. Werners Skizzen auf und rückte das Schubzentrum gedanklich in die Nähe der Zehen des Dichterfürsten. Du kannst dich glücklich preisen, Friedrich, dachte er. Morgen kreist du als erster Dichter um die Erde.

ABENDS

„VIELLEICHT kann der andere Typ Vivaldi nicht ausstehen", meinte Ferrand.

Maria ließ ihren Blick über das Publikum schweifen. „Nein", erwiderte sie. „Alle Italiener lieben Vivaldi – besonders hier in Venedig."

Mit etwa zweihundert anderen Zuhörern saßen sie im Innenhof einer Kirche und warteten auf das Eröffnungskonzert der Saison. Seit ihrer Ankunft in Venedig hatten sie nichts unversucht gelassen, um während ihres Urlaubs die beiden Polizisten loszuwerden, die ihnen bei ihren Streifzügen durch die Stadt auf Schritt und Tritt folgten. Soeben war das Orchester eingetroffen, und die Musiker stimmten ihre Instrumente. Ferrand hatte neben dem Eingang einen der beiden Aufpasser entdeckt; der andere war nirgends zu sehen.

Der Dirigent betrat das Podium, und der erste Satz der „Vier Jahreszeiten" begann. Ein wunderschöner Frühlingsabend – wie geschaffen dafür, unter dem sternenhellen Himmel zu sitzen und die klassische Musik der Lagunenstadt zu genießen. Es war der ideale Abschluß ihrer kleinen Urlaubsreise. Am nächsten Morgen wollten sie nach Rom zurückkehren, um sich dort nach einer Arbeitsstelle umzusehen. Sie hatten gehört, daß eine Fluggesellschaft Fremdenführer zur Begleitung amerikanischer Touristen suchte, die Rom, Florenz und Venedig kennenlernen wollten.

Sie verließen das Konzert in ziemlich gedrückter Stimmung. Nicht nur die Ferien gingen zu Ende, auch die Ungewißheit über ihre Zukunft machte ihnen zu schaffen. Eigentlich hätte Ferrand seine Sachen packen und seinen ursprünglichen Plänen entsprechend nach Amerika zurückkehren müssen – dies jedenfalls forderte die Stimme der Vernunft. Und wenn sie zusammenbleiben wollten, mußte sich auch Maria mit dem Gedanken befreunden, Italien zu verlassen und ihm in die Vereinigten Staaten zu folgen. Noch vor gar nicht langer Zeit wäre sie vielleicht aus freien Stücken mitgekommen. Jetzt hatte sie das Gefühl, man wolle sie zum Verlassen ihrer Heimat zwingen, und dagegen wehrte sie sich.

Ein letztes Mal fuhren sie mit der Gondel zurück in ihre Pension, glitten lautlos auf dunklen Kanälen dahin, vorbei an schmucklosen Fassaden mit geschlossenen Fensterläden. Gelegentlich vernahmen sie hinter sich das Plätschern der nachfolgenden Gondel, in der der verbliebene Polizist saß, doch hatten sie sich an diese Störung ihres Privatlebens inzwischen fast gewöhnt.

„Ich denke schon die ganze Zeit darüber nach, ob man St. Anselm nicht wiedereröffnen und in eigener Regie weiterführen könnte", sagte Ferrand unvermittelt.

Maria lächelte. „Ich hab mich gerade genau dasselbe gefragt. Leicht ist es bestimmt nicht, aber es käme auf einen Versuch an." Zum erstenmal seit Tagen lag so etwas wie Begeisterung in ihrer Stimme. „St. Anselm ist einfach zu ... bedeutend, um es so mir nichts dir nichts aufzugeben. Soviel steht fest: Wenn es je eine Welt geben soll, in der Mord und Totschlag nicht mehr an der Tagesordnung sind, so führt der Weg dorthin nur über Schulen wie St. Anselm."

„Wahrscheinlich hast du recht", erwiderte Ferrand. „Was mich betrifft, so habe ich eigentlich gar keine große Lust, Fremdenführer zu werden. Ich will unterrichten."

„Mir geht es genauso", meinte Maria. „Und ich möchte mit dir zusammensein."

Sie dachten über die Wiedereröffnung von St. Anselm nach. Allein der Unterhalt der Gebäude und des Geländes verschlang Unsummen, ein von der Schülerzahl völlig unabhängiges Fixum, das sich kaum verringern ließ. Und dann die Lehrer: Sie brauchten gute Pädagogen und mußten zumindest die Hauptfächer ausreichend besetzen.

Schließlich dachten sie auch über alternative Finanzierungsmethoden nach. Das Geld brauchte keineswegs nur von reichen Eltern zu stammen, die bereit waren, ein Vermögen auf den Tisch zu legen. Überall auf der Welt gab es Stiftungen, die in St. Anselm vielleicht eine erhaltenswerte Institution sahen. Eine ganze Reihe von Möglichkeiten tat sich auf. Ihre Stimmung besserte sich merklich.

3. Mai, morgens

Sie saßen beim Frühstück und diskutierten schon wieder die Einzelheiten ihres Vorhabens, als plötzlich der Polizist zu ihnen an den Tisch im Frühstücksraum der Pension trat. „Guten Morgen", begann er. „Ein

herrlicher Tag, nicht wahr? Und ich befinde mich in der glücklichen
Lage, Ihnen eine sehr gute Nachricht überbringen zu können." Er ließ
sich auf einem freien Stuhl nieder und wartete, bis er sich ihrer unge-
teilten Aufmerksamkeit gewiß war. „Sie benötigen nicht länger unseren Schutz."

„Haben Sie Gamel erwischt?" fragte Maria. Ihre Stimme klang
erregt.

Der Polizist schüttelte den Kopf. „Schön wär's", erwiderte er.
„Nein, leider nicht, aber wir wissen, daß er das Land verlassen hat."

Maria und Ferrand machten aus ihrer Enttäuschung keinen Hehl.

„Unseren Informationen zufolge hielt er sich bis gestern früh in
Rom auf", fuhr der Beamte fort. „Wir haben Grund zu der Annahme,
daß er sich nach Deutschland abgesetzt hat."

„Nach Deutschland?" wiederholte Maria. „Das verstehe ich nicht."

„Kennt man denn sein Ziel in Deutschland?" fügte Ferrand hinzu.

„Mannheim", antwortete der Polizist. „Das ist in der Nähe –"

Ferrand unterbrach ihn. „Ganz in der Nähe befindet sich das Schiller-Internat."

Er sah Maria an. „Die Schule, die Billy Tepper jetzt besucht."

„Billy!" rief sie und hielt den Atem an.

Ferrand packte den Polizisten am Ärmel. „Da passen Sie Tag und
Nacht auf uns auf, obwohl Gamel gar nicht hinter uns her ist. Er ist
nach Deutschland gereist, um Billy Tepper umzubringen."

NACHMITTAGS

„EIN Kinderspiel!" Billy lächelte. Er lehnte sich in seinem Stuhl zurück
und bewunderte den Raketenantrieb, der fix und fertig auf dem
Schreibtisch stand. Gut, im Grunde war es kein richtiger Antrieb, sondern nur eine Bombe. Aber wenn die Informationen von Herrn Doktor Werner stimmten, war der Effekt derselbe. Friedrich Schiller
würde etwa fünf Meter hoch abheben und in elegantem Bogen über
die Mauer segeln. Toll, wenn er vielleicht sogar auf seinen Füßen landete!

Billys Raketenantrieb war denkbar einfach. Der Plastiksprengstoff
steckte mitsamt dem winzigen Zünder in einer durchsichtigen Brötchentüte, die Billy aus dem Speisesaal mitgebracht hatte. Die Batterie
stammte aus seiner kleinen Taschenlampe. Den Funkempfänger
schließlich hatte er einem ferngesteuerten Porschemodell entnom-
men, das er sich in einem Spielzeuggeschäft besorgt hatte.

Nun kam es darauf an, die Apparatur an ihrem Bestimmungsort unterzubringen. Er nahm die Batterie heraus und steckte sie ebenso wie die Fernsteuerung in die Hosentasche. Dann klemmte er sich die Brötchentüte in den Gürtel, streifte seine Windjacke über, zog den Reißverschluß hoch und trat hinaus auf den leeren Flur.

Im Haus war es mucksmäuschenstill. Die Abiturprüfungen fanden statt und fesselten Prüflinge wie Lehrpersonal an die Klassenzimmer. Die jüngeren Schüler hatten Ausgang und machten von dieser Möglichkeit ausnahmslos Gebrauch.

Billy schritt langsam die Treppe hinunter, nickte der walkürenhaften Sekretärin, die ihre Nase durch das Schiebefenster der Portiersloge steckte, höflich zu und verließ das Gebäude durch die Glastür. Zunächst folgte er dem weiten Bogen der Zufahrt, ehe er über den Rasen auf die Statue zuging. In Sekundenschnelle warf er sich auf den Boden und schlüpfte durch den winzigen Eingang.

Als er sich im Innern des Rundbaus aufrichtete, befand er sich direkt unterhalb des Dichterfürsten. Durch die kleinen Schießscharten fielen Lichtstrahlen auf die mit Spinnweben überzogenen Wände und hellten die Düsternis ein wenig auf. Billy nutzte die Schießscharten als Griffe und Stufen und hangelte sich so zur Decke des Rundbaus hoch. Oben angelangt, zwängte er sich durch die vom Schulgebäude abgewandte Fensteröffnung nach draußen und setzte sich auf den äußeren Sockelrand. Nur noch Zentimeter trennten ihn von Friedrich Schillers Füßen.

Billy zog die Brötchentüte aus seinem Gürtel, fingerte die Batterie aus seiner Hosentasche und verband vorsichtig die beiden Pole mit den aus der Tüte ragenden Drähten. „Alles fertig", sagte er grinsend und plazierte die Höllenmaschine behutsam am Fuß der Statue. „Der Countdown läuft!" Rasch schlüpfte er zurück in den Rundbau und kletterte an der Innenwand wieder hinunter.

„Ein Kinderspiel", murmelte er noch einmal, als er an dem schmalen Eingang niederkauerte, um hinauszuspähen, ehe er sich aus dem Staub machte. Jäh hielt er jedoch inne, weil plötzlich in unmittelbarer Nähe quietschende Reifen zu hören waren. Er konnte erkennen, daß zwei Streifenwagen das Tor passiert hatten und nun mit hoher Geschwindigkeit und blinkendem Blaulicht die Auffahrt emporjagten. Schon sprangen Polizisten aus den beiden Autos und rannten die Freitreppe hinauf.

„Diese Deutschen haben wirklich nicht den geringsten Sinn für Humor", flüsterte Billy.

GAMEL saß im Wartesaal des Bahnhofs. Auf seinen Knien lag ein mit einem Riemen verschnürter Koffer. Um ihn herum herrschte ein hektisches Kommen und Gehen. In dem geschäftigen Treiben war Gamel so gut wie unsichtbar – und das entsprach genau seinen Absichten.

Er hatte seine Identität verändert. Kein Mensch auf der ganzen Welt kannte seine Verkleidung, niemand wußte, wo er war, niemand würde ihn stören. Er saß da und wartete auf die Nacht. Das Schiller-Internat sollte in Dunkelheit gehüllt sein.

Billy Tepper ausfindig zu machen würde ihm nicht schwerfallen. Er sah den Schüler vor sich, wie er ungezwungen über das Modellflugzeug plauderte, das auf seinem Schreibtisch gestanden hatte. Gamel erinnerte sich auch an das Gesicht des Jungen, der ihn im Gebüsch angegriffen hatte, das Sturmgewehr schwingend wie eine Axt. Nicht die amerikanische Spezialeinheit hatte ihn in St. Anselm besiegt, sondern dieser Schüler – er, die Lehrerin und ein Lehrer namens Ferrand. Alle drei würden dafür bezahlen müssen.

MARIA und Ferrand saßen schweigend auf den Rücksitzen eines Schnellboots, das mit Kurs auf den Flughafen von Venedig über die Lagune dahinbrauste. Ihnen gegenüber saßen die beiden italienischen Polizeibeamten.

„Wie lange dauert's noch?" fragte Ferrand ungeduldig.

Einer der Polizisten zuckte mit den Schultern. „Noch ein paar Minuten. Aber es besteht kein Grund zur Eile, Ihre Maschine trifft erst in ungefähr einer Stunde ein."

Den Vormittag hatten sie damit vergeudet, sich am Telefon mit verschiedenen Behörden in Rom herumzuärgern ..., erst mit der Staatspolizei, dann mit der Armee und zum Schluß noch mit einigen hochgestellten Regierungsvertretern. Keiner ihrer Gesprächspartner hatte einsehen wollen, daß zwischen Gamels Reise nach Mannheim und dem Umstand, daß der junge Tepper inzwischen im Schiller-Internat untergebracht war, ein Zusammenhang bestehen mußte. Auf jeden Fall endete die Zuständigkeit der Behörden an der italienischen Grenze – sollten sich doch die Deutschen um die Sache kümmern. Ja, selbstverständlich würden die deutschen Stellen über Mr. Ferrands Befürchtungen in Kenntnis gesetzt. „Wir rufen Sie zurück", hatte es schließlich geheißen.

Dann war Ferrand Otis Brown eingefallen, und er hatte die amerikanische Botschaft gedrängt, mit dem CIA-Mann in Washington Kontakt aufzunehmen. Es hatte fast eine Stunde gedauert, bis endlich das Telefon klingelte. Ferrand hatte Browns Stimme am Apparat vernommen – und zum erstenmal an diesem Tag eine intelligente Antwort bekommen. „Ich habe mit den Deutschen gesprochen", hatte Brown ohne Umschweife erklärt. „Sie lassen den Jungen durch die Polizei in Sicherheit bringen."

„Gott sei Dank!" Ferrand hatte Maria den emporgereckten Daumen gezeigt.

„Im Raum Mannheim beginnt eine Großfahndung. Die Beamten müßten es eigentlich schaffen, Gamel von Billy fernzuhalten."

„Großartig", hatte Ferrand erwidert.

„Am besten, Sie und Maria fliegen so schnell wie möglich nach Deutschland und suchen dieses Internat auf", hatte Brown abschließend bemerkt. „Sie sind die einzigen, die Billy so gut kennt, daß er Ihnen vertraut. Die Air Force schickt Ihnen eine Maschine nach Venedig und holt Sie ab."

„Sie haben offenbar Ihre Beziehungen in Washington spielen lassen, wie?"

„Nein, der Befehl kam direkt aus dem Weißen Haus."

Das Schnellboot verlangsamte seine Geschwindigkeit und bog in den Kanal ein, der am Flughafen entlangführte. Beim Näherkommen erkannten Maria und Ferrand einen Streifenwagen, der an der Anlegestelle wartete. Sie und die beiden italienischen Polizisten wurden zum Büro der Flughafenpolizei gebracht.

„Ihre Maschine ist schon hierher unterwegs", teilte ihnen ein Oberst der italienischen Armee mit, der sie bereits erwartet hatte. Er gab ihnen einen Zettel mit einer Telefonnummer in den USA und führte sie mit der Bemerkung, der Anrufer habe um sofortigen Rückruf gebeten, zu seinem Schreibtisch.

Otis Brown meldete sich. Der CIA-Mann kam sofort zur Sache. „Es gibt in Mannheim offenbar ein Problem." Ferrand hatte das Gefühl, sein Herzschlag stocke. „Die Polizisten sind in der Schule – aber sie können Billy nirgends finden. Haben Sie eine Ahnung, was ihn veranlaßt haben könnte, das Weite zu suchen?"

Ferrand hatte darauf nur eine Antwort: Gamel war schneller gewesen als die Polizei.

BILLY hockte noch immer in dem kleinen Rundbau unterhalb der Statue. Die Polizisten waren, ein paar Minuten nachdem sie in großer Eile das Internatsgebäude betreten hatten, wieder herausgekommen und hatten begonnen, das Schulgebäude abzusuchen. Eine halbe Stunde später war ein dritter Streifenwagen vorgefahren, und vier weitere Uniformierte hatten sich der Suchaktion angeschlossen. Jetzt hatten sie sich alle bei den Autos versammelt und ließen sich von dem Mann, der anscheinend den Einsatz leitete, neue Instruktionen erteilen. Am Portal stand der Direktor der Schule und beobachtete sie ebenso wie die Schüler, die sich oben hinter den Fenstern drängten.

Wie, verflixt noch mal, sind sie nur dahintergekommen? fragte sich Billy. Kein Mensch weiß, daß ich in St. Anselm Plastiksprengstoff habe mitgehen lassen! Vielleicht ist Dr. Werner plötzlich ein Licht aufgegangen. Vielleicht ist ihm aufgefallen, daß er einem Schuljungen das Bombenlegen beigebracht hat. Er ist sicher zum Direktor gestürmt, um ihm mitzuteilen, daß irgendwo auf dem Schulgelände ein verrückt gewordener Schüler mit Sprengstoff hantiert . . .

Und genau diesen Bombenleger suchte jetzt die Polizei. Einen Halbwüchsigen mit Plastiksprengstoff in einer Brötchentüte und einem Funkauslöser in der Hosentasche. Was sollte er sagen, falls sie ihn erwischten? Sollte er vielleicht kichern und behaupten, es sei alles nur ein Scherz? In Null Komma nichts hätten sie ihm Handschellen verpaßt . . .

Nein, es war unmöglich. Er konnte jetzt nicht einfach aus seinem Versteck kriechen und mit argloser Miene an ihnen vorbeimarschieren. Er mußte bleiben, wo er war, und wenn die Spinnen zwischen seinen Beinen Netze webten. Früher oder später, so dachte Billy, werden sie genug haben vom Suchen, in ihre Streifenwagen steigen und verschwinden. Und dann kann ich in die Stadt laufen und den Auslöser in den Fluß werfen.

Müde lehnte er sich gegen die Mauer und richtete sich auf eine lange Wartezeit ein.

ABENDS

ALS Gamel in einem Leihwagen an den Toren des Schiller-Internats vorbeifuhr, hatten die drei Polizeiautos das Gelände längst verlassen. Er konnte das Denkmal auf der kreisförmigen Rasenfläche vor dem Portal erkennen und sah die dahinter aufragende, efeuumrankte Fassade des Schulgebäudes. Allerdings versperrte die Statue ihm die Sicht auf den Haupteingang, vor dem ein einsamer Polizist Wache stand. Alles wirkte ruhig. Woher auch sollten die Deutschen wissen, daß er im Lande war? Wie hätten sie ahnen können, daß er es auf einen Schüler dieses Internats abgesehen hatte?

Langsam fuhr er weiter. Rechts von der Straße senkte sich das Gelände allmählich zum Fluß hin ab, zur Linken ging es über in eine

sanft gewellte Hügellandschaft, die bereits lange Schatten warf.
Gamel knipste die Scheinwerfer an. Noch ein paar Minuten, dachte er.
Ich greife erst im Schutz der Dunkelheit an.

Sein Plan stand fest. Er wollte sich im militärischen Tarnanzug aufs
Gelände schleichen und entweder durch eine Tür oder ein Fenster in
das Gebäude einbrechen. Wenn alle Schüler sich nach ihm umdrehten,
wollte Gamel den Namen des Jungen rufen. In Bruchteilen einer
Sekunde würden sich ihre Blicke treffen, und in Teppers Miene würde
die Erkenntnis aufblitzen – die Erkenntnis, daß Gamel unbesiegbar
war.

Ein Pfad am Straßenrand fiel ihm auf. Er führte zu einer Lücke im
Gebüsch, und dahinter zeichnete sich ein schmaler, geschotterter Fuß-
weg ab. Gamel hielt an und steuerte den Wagen rückwärts auf den
Pfad. Er wollte sich zu Fuß an die Schule heranmachen.

Es war Zeit. Billy konnte nur noch die Lichter der Schule erkennen,
war also selbst so gut wie unsichtbar. Er mußte jetzt einfach hinaus –
schließlich konnte er nicht ewig im Sockel des Denkmals bleiben!

Auf Händen und Füßen kroch er ins Freie. Zentimeter um Zentimeter umrundete er das Mauerwerk, bis er das Portal der Schule sehen
konnte. Der Polizist war immer noch auf seinem Posten; er patrouil-
lierte auf und ab. Billy wartete, bis der Uniformierte ihm den Rücken
zuwandte. Dann sprintete er über den Rasen und verbarg sich hinter
den Hecken, die den Eingang säumten.

Vorsichtig erhob er sich und spähte über den oberen Rand des
Gebüschs. Der Polizist hatte das Ende seiner Strecke erreicht und
beobachtete aufmerksam die Fassade des Gebäudes. Dann machte er
kehrt und kam auf Billy zu.

Der Junge hielt den Atem an. Er lag flach auf dem Erdboden und
vermied jede Bewegung, bis die Gestalt in Uniform erneut kehrtgemacht hatte und sich wieder von ihm entfernte. Dann richtete er sich
blitzschnell auf, überquerte die Hecke im Sprung, hastete mit langen
Sätzen über die Zufahrt und warf sich auf der anderen Seite sofort wieder auf den Boden.

Er drehte sich nach dem Polizisten um. Der Mann war mitten auf
dem Weg, der von der Zufahrt zum Haupteingang führte, stehengeblieben. Offenbar hatte er etwas gehört und lauschte nun in die Richtung, aus der das Geräusch gekommen war. Billy zog den Funkauslöser aus seiner Hosentasche. Wenn sie ihn schon erwischten – gut, das
war dann eben nicht zu ändern. Auf jeden Fall aber wollte er vorher
dieses dämliche Ding loswerden.

Über den Bäumen kam genau in diesem Augenblick der Mond hinter den Wolken hervor und tauchte das Internat und seine Umgebung in ein weiches Licht. „Na, prächtig", schnaubte Billy, „da lieg ich hier draußen auf dem Rasen, und plötzlich geht der Mond an!" Mit einem Bein sah er sich bereits im Gefängnis.

Vom Tor her hörte man das Geräusch eines näher kommenden Fahrzeugs, und der Polizist fuhr herum. Dann kamen Scheinwerfer ins Blickfeld und beschrieben, als der Wagen in die Zufahrt einbog, einen weiten Bogen. Das Auto umkurvte das Denkmal und hielt vor der Freitreppe an. Ein uniformierter Polizist stieg aus. Der Beamte, der zuvor das Internatsgelände bewacht hatte, beugte sich vor und öffnete die hintere Fahrzeugtür.

Verstärkung, dachte Billy. Aber die beiden Leute, die soeben aus dem Wagenfond stiegen, waren Zivilisten. „Ach du liebe Güte!" entfuhr es Billy, als er die Neuankömmlinge erkannte. Es waren Miß Manetti und Mr. Ferrand!

Sie gingen hinter den Polizisten die Treppe hinauf. Billy überlegte: Er durfte die beiden auf keinen Fall aus den Augen verlieren! Rasch sprang er auf.

„Hallo, Miß Manetti!" rief er glücklich. „Mr. Ferrand!" Schon lief er auf sie zu, winkte und gestikulierte vor Freude. Schließlich war ein Angriff immer noch die beste Verteidigung. „Toll, Sie wiederzusehen! Was führt Sie zum Schiller-Internat?"

Einen Augenblick war Maria wie gelähmt, dann drehte sie sich um und eilte die Treppe hinunter, um Billy zu begrüßen. Auf der untersten Stufe fing sie ihn mit offenen Armen auf wie einen verlorenen Sohn. Gleich darauf war auch Ferrand bei ihnen und umarmte Billy und Maria wie bei einem Familientreffen.

„Ist das der Junge?" erkundigte sich einer der Polizisten.

„Na und ob!" gab Ferrand übermütig zurück.

Der Polizist fing an zu lachen.

„Was ist denn hier los?" fragte Billy verwirrt. Er hatte gehofft, Miß Manetti und Mr. Ferrand würden ihn aus den Klauen der deutschen Polizei befreien – und nun lachten auf einmal alle, als ob die ganze Suche nach ihm nur ein Spaß gewesen wäre.

„Bitte rufen Sie Ihre Zentrale an, und geben Sie durch, daß wir ihn gefunden haben", sagte Maria zu den Polizisten.

Ferrand dirigierte Billy währenddessen zu dem parkenden Zivilfahrzeug. „Komm mit", sagte der Lehrer. „Du begleitest uns."

Billy blieb stehen. „Wo bringt ihr mich hin?"

„Zur Polizei", antwortete Ferrand lächelnd.

„Warum?"

Ferrand lächelte erneut. „Nur nicht nervös werden! Alles ist in
bester Ordnung. Ich erklär dir im Wagen, was los ist."

Billy sah Miß Manetti an; auch sie lächelte ihm freundlich zu.
„Wieso findet ihr das alle so toll, wenn ich in den Knast muß?"

Ferrand setzte gerade zu einer Erklärung an, als plötzlich ein Schuß
die nächtliche Stille zerriß; hinter ihnen zersplitterte die Glastüre. Ferrand wirbelte herum und bekam gerade noch mit, wie einer der beiden
Polizisten rückwärts durch die zerborstene Tür fiel. Der andere wollte
hinter einer steinernen Säule, die den Eingang flankierte, in Deckung
gehen, doch da krachte auch schon der nächste Schuß. Der Polizist
drehte sich um die eigene Achse und fiel zu Boden.

„Runter, auf den Boden!" hörte Ferrand Maria schreien und spürte,
wie sie ihn am Arm zog. Sie hatte bereits Billy über die Auffahrt
geschubst und vor den parkenden Wagen gestoßen.

Ein dritter Schuß fiel, und ein Schauer aus Glassplittern ging auf
Billy und Ferrand nieder. Der Lehrer schlang einen Arm um Maria,
zog sie hinter das Fahrzeug und warf sich neben ihr auf den Boden.

„Was ist passiert?" schrie Billy.

„Es ist Gamel", antwortete Maria. „Wir müssen hier weg!"

Ferrand hielt sie zurück. Der Terrorist verbarg sich im Gebüsch jenseits der Auffahrt.

„Wieso schießt der auf uns?" wollte Billy wissen.

Ferrand überging die Frage. „Ich lauf zum Eingang", sagte er.
„Sobald er auf mich feuert, rennt ihr beide davon." Er deutete auf die
Sträucher in unmittelbarer Nähe der Hauswand. „Du läufst dahin!"
befahl er Billy. „Und zwar so schnell du kannst." Dann wandte er sich
an Maria und wies in die andere Richtung. „Du rennst dorthin. Und
bleib ja nicht stehen!"

„Der bringt dich um!" protestierte Maria.

„Nicht, wenn wir ihn ablenken", erklärte Ferrand. „Eine Sekunde
genügt." Doch Ferrand glaubte selbst nicht an einen Erfolg. Er wußte,
daß Gamel ihn erschießen würde, sobald er auch nur die Nase über das
Wagendach streckte.

„Jetzt seid ihr dran!" Die Stimme, ein merkwürdiger Singsang, kam
aus der Dunkelheit, aus dem dichten Blätterwerk hinter der Statue.

Die drei erstarrten vor Angst.

„Ihr habt wohl nicht mehr mit mir gerechnet, wie?" Die Stimme
klang bereits lauter.

Billy drückte sich flach auf den Boden, so daß er unter dem Fahrzeug hindurchschauen konnte. Und dann sah er ihn – einen Schatten

im Mondschein. Gamel hatte seine Deckung aufgegeben und huschte, die Waffe im Anschlag, über die kreisrunde Rasenfläche. Dabei feuerte er eine Salve ab, so daß die Mündung seiner Kalaschnikow aufblitzte. Nur Zentimeter von Ferrands Fingerspitzen entfernt frästen die Kugeln mit einem Funkenregen den Asphalt auf. Der Lehrer hatte versucht, den verletzt am Boden liegenden Polizisten zu erreichen und ihm die Pistole abzunehmen. Es war ihre einzige Chance. Tatsächlich gelang es ihm, nach der Waffe zu greifen, bevor die nächsten Schüsse fielen.

Ferrand rollte zurück zum Wagen. Dann sprang er auf und schoß zweimal hintereinander durch die Seitenfenster. Er hatte sich gerade wieder geduckt, als das Feuer erwidert wurde und erneut Glassplitter auf ihn niederprasselten.

„Gut", rief die Stimme höhnisch aus der Dunkelheit, „ihr habt also eine Waffe! Wir werden ja sehen, ob ihr auch damit umgehen könnt."

Billy hatte gesehen, wie Gamel stehengeblieben war, während er auf Ferrand geschossen hatte. Dann war der Terrorist seitwärts im Schatten des Rundbaus verschwunden, der dem Schillerdenkmal als Sockel diente. Jetzt tauchte die Gestalt im Mondlicht auf und nahm, eng an die Mauer des Rundbaus gepreßt, das Auto ins Visier, das seine Opfer schützte.

Billy griff in die Hosentasche, berührte den Sender, umfaßte den Auslöser.

„Na los, zeigt mal, ob ihr schießen könnt!" höhnte Gamel.

Billy legte den Kippschalter um.

Ein gewaltiger Blitz zuckte auf und blendete sie. Wie von einer Riesenhand geschüttelt, machte der Wagen, hinter dem sie sich verbargen, einen unbeholfenen Satz auf sie zu. Dann erst hörten sie die Explosion – einen Donnerschlag, der in den scheppernden Fenstern des Internats widerhallte.

Friedrich Schiller hob ab. Mit ausgestrecktem Arm, den Gedichtband noch immer an die Brust gedrückt, verließ er seinen Posten oben auf dem Sockel, schlug am höchsten Punkt seiner Flugbahn einen akrobatischen Salto und verschwand hinter der Mauer.

Gamel wurde zur Seite geschleudert. Sein Gewehr wirbelte durch die Luft. Der Terrorist landete auf den Füßen, taumelte noch ein paar Schritte und brach zusammen.

„Herr im Himmel!" flüsterte Billy Tepper, der inzwischen fast unter dem Wagen lag.

Erdbrocken und Kieselsteine prasselten auf sie herab. Ferrand erhob sich, spähte durch die Fensteröffnung des Fahrzeugs und konnte die zusammengesunkene Gestalt erkennen. Langsam ging er um den Wagen herum und näherte sich mit gezückter Pistole dem Palästinenser, der sich auf dem Boden hin und her wand.

„Keine Bewegung!" rief der Lehrer, merkte jedoch sofort, daß diese Warnung überflüssig war. Gamels Hemdrücken war aufgerissen und zerfetzt wie von einer Ladung Schrot. Der Mann konnte von Glück sagen, daß er mit dem Leben davongekommen war.

„Holt einen Krankenwagen!" rief Ferrand den anderen beiden zu.

Maria, die bereits auf ihn zulief, drehte sich sofort um und rannte die Freitreppe hinauf, auf der sich inzwischen die Schüler des Schiller-Internats drängten.

„Was ist geschehen?" fragte der verletzte Polizist, als Ferrand nach ihm sah. Der Beamte hielt sich den verletzten Arm.

Ferrand war selbst noch völlig verwirrt. „Er hat auf uns geschossen ..., und dann ist auf einmal ... etwas explodiert." Jetzt erst bemerkte er, daß Billy neben ihm stand und voller Mitgefühl auf den am Boden liegenden Verletzten starrte. „Weißt du vielleicht, was da passiert ist?" fragte er den Schüler argwöhnisch.

Billy sah ihn mit einer Unschuldsmiene an. „Irgendwie toll", meinte der Junge. Dann fiel ihm auf, wie der Lehrer mißtrauisch die Stirn runzelte, und er fügte eilends hinzu: „Aber Mr. Ferrand, Sie glauben doch nicht etwa, daß *ich* mit diesem Feuerzauber was zu tun habe?"

4. Mai, Vormittags

Sie waren in einem Mietwagen nach Mannheim gefahren, um sich im Krankenhaus bei den beiden verletzten Polizisten zu bedanken. Der Einsatzleiter hatte ihnen die offizielle Version der Ereignisse erläutert. Gamel hatte nach dem Urteil der Sachverständigen explosives Material mit sich geführt, und zwar Plastiksprengstoff. Aus bislang unbekannten Gründen habe er sich dann entschlossen, den Sprengstoff abzulegen – möglicherweise, weil er glaubte, er habe seine Opfer in die Enge getrieben und könne sie mit dem Gewehr erledigen. Er habe den Sprengstoff durch eine der Schießscharten ins Innere des Denkmalsockels geworfen, worauf es zu der von ihm nicht beabsichtigten Explosion gekommen sei. „Durch die Explosion wurde die Statue von ihrem Sockel gerissen und in die Luft geschleudert." Zur Verdeutlichung seiner Worte bildete der Polizist mit einer Hand einen Zylinder und bohrte den Zeigefinger der anderen Hand durch dessen

Boden. „Die Energie war nach oben gerichtet, so etwa. Die Schiller-statue flog über die Mauer. "

Ferrand war aufgefallen, daß Billy Tepper bei diesen Worten des Einsatzleiters mühevoll ein Grinsen unterdrückte. „Man stelle sich das einmal vor", hatte Ferrand gemurmelt und Billy dabei nicht aus den Augen gelassen.

Inzwischen waren sie wieder unter sich. Ferrand und Maria nahmen auf den Vordersitzen des Mietwagens Platz, während Billy es sich auf der Rückbank bequem machte. Sie ließen das Krankenhaus hinter sich und fuhren zum Schiller-Internat.

„Werden Sie mich ab und zu mal besuchen?" fragte Billy unvermittelt.

„Aber natürlich", versicherte ihm Maria.

„Danke." In Billys Stimme lag Verzweiflung. „Aber Sie werden doch wahrscheinlich zusammen nach Amerika fliegen – und das ist ein bißchen weit für regelmäßige Besuche. "

„Wir gehen *nicht* nach Amerika", erwiderte Ferrand mit fester Stimme. „Miß Manetti und ich werden nach St. Anselm zurückkehren. Wir wollen versuchen, die Schule wiederzueröffnen. " Er warf einen zögernden Seitenblick auf Maria und suchte bei ihr Bestätigung.

Maria lächelte und drehte sich zu Billy um. „Ja, das stimmt", erklärte sie. „Wir sind also nur ein paar Stunden auseinander. "

Die Antwort schien Billy Tepper zufriedenzustellen.

Sie hatten die Stadt bereits ein gutes Stück hinter sich gelassen und fuhren am Fluß entlang, als Billy sich noch einmal zu Wort meldete. „Darf ich mit nach St. Anselm?"

Maria und Ferrand wurden verlegen und wechselten Blicke. „Da ist noch nicht viel los", antwortete Ferrand schließlich. „Vor Beginn des neuen Schuljahres im Herbst ist an eine Neueröffnung nicht zu denken. Und selbst danach ... Durchaus möglich, daß wir gar keine Schüler bekommen. "

„Hier ist auch nicht viel los", antwortete Billy.

Maria versuchte, ein etwas optimistischeres Bild der Lage zu zeichnen. „Du hast jetzt erst einmal noch Unterricht und dann Sommerferien. In St. Anselm dagegen gibt es nur eine Menge Arbeit, bis die Gebäude wieder benutzbar sind. "

„Aber immerhin sind *Sie* da. "

Das Gespräch verstummte. Nach einer Weile erreichten sie die Abzweigung, die zur Schule führte. Hinter einer Kurve sah Ferrand sich plötzlich zu einer Vollbremsung gezwungen und schaffte es gerade noch, den Wagen mit quietschenden Reifen zum Stehen zu

bringen. Mitten auf der Straße stand Friedrich Schiller und blockierte
die Toreinfahrt. Er hatte die Hand erhoben wie ein Verkehrspolizist.

„Da sieh mal einer an", meinte Ferrand erstaunt. Die Arbeiter hatten die Statue geborgen, die den Sturz ins Gebüsch beinahe unbescha-
det überstanden hatte, und waren gerade dabei, sie auf einen Wagen zu
hieven, der sie wieder an ihren Stammplatz bringen sollte. „Wie kommen wir denn da vorbei?"

Maria kurbelte das Seitenfenster herunter und sprach einen der
Arbeiter an. „Wir müssen zum Schiller-Internat", versuchte sie zu
erklären.

Der Mann schüttelte den Kopf. „Sie können da jetzt nicht vorbei",
erwiderte er und wies mit beiden Händen auf die Statue. „Sie müssen
warten."

„Den Teufel werden wir tun!" rief Ferrand, legte entschlossen den
Rückwärtsgang ein und fuhr zurück, bis er einen geeigneten Wende-
platz gefunden hatte. Dort wendete er, so daß die Schule auf einmal
nicht mehr in Fahrtrichtung lag. „Wenn Friedrich Schiller Billy Tepper nicht mehr in seiner Schule haben will, dann nehmen wir ihn eben
mit. Der heilige Anselm wird jedenfalls nicht mitten auf der Straße
stehen und uns den Zugang zu seiner Schule verwehren!"

Billy sah Miß Manetti und Mr. Ferrand an. Der Lehrer und die Lehrerin lächelten. Da faltete er die Hände hinter seinem Kopf und ließ
sich in die Polster sinken.

Im Außenspiegel erhaschte Ferrand einen letzten Blick auf die Statue. Schiller deutete in ihre Richtung; es sah fast so aus, als verwiese
der große Dichter sie von seinem Grund und Boden. Ferrand gab Gas,
daß die Räder durchdrehten. „Wir fahren nach Hause!" rief er. „Nach
St. Anselm! Und zwar zu dritt!"

„Ich kann es einfach noch nicht begreifen", meinte Maria, als sie auf
die Hauptstraße einbogen. „Jagt sich mit seiner eigenen Bombe in die
Luft. Wie konnte ihm das nur passieren?"

„Wem? Schiller?" fragte Ferrand verdutzt.

„Nein!" Maria lachte. „Gamel. Der Mann war so ... gründlich. So
clever."

So clever nun auch wieder nicht, dachte Billy Tepper. Er hat sich auf
die Dunkelheit verlassen. Mit dem Mondschein hat er nicht gerechnet.

Foto: Manuel Alonso

William P. Kennedy

„Ich mag Teenager mit Energie und Witz", sagt William Kennedy, der in der Realität nicht lange nach Vorbildern für Billy Tepper, seinen jugendlichen Helden aus *Kommando Sankt Anselm,* zu suchen brauchte. Der Autor stammt nämlich aus einer Familie mit sieben Kindern, und er hat mit seiner Frau Dorothy wiederum fünf Söhne und Töchter. Zwei seiner inzwischen erwachsenen Töchter unterrichten an Sonderschulen, einer seiner Söhne ist Sportlehrer. „Kein Wunder, daß den Paukern in meinem Buch eine so große Bedeutung zukommt", meint Kennedy lächelnd, „wenn sie schon in der eigenen Familie die Mehrheit stellen."

Auch für Billy Teppers Computertricks fand der Autor unschwer Experten, denn in seinem „Hauptberuf" ist er Geschäftsführer einer Werbeagentur, die einige namhafte Elektronikfirmen zu ihren Kunden zählt. Das berufliche Engagement ließ Kennedy erst spät zur Schriftstellerei finden. „Ich war schon Mitte Vierzig, als ich mein erstes Buch in Angriff nahm", berichtet Kennedy, der seine Karriere als Wirtschaftsjournalist begann und als Romanautor mittlerweile auf drei Thriller zurückblickt. „Aber der Einstieg fiel mir leichter als gedacht, da ich von meinem Beruf das Schreiben gewohnt war." Bei der Schilderung der italienischen Landschaft stützte er sich auf Erinnerungen aus den fünfziger Jahren, als er als US-Verbindungsoffizier in der Nähe von Rom stationiert gewesen war.

William Kennedy lebt mit seiner Frau an der Atlantikküste nordöstlich von New York, in Greenwich im Bundesstaat Connecticut. Auf die Frage, ob er sich eher als Geschäftsmann oder als Autor fühle, antwortet er: „Weder – noch. Am meisten fühle ich mich wohl als Vater, denn die Familie steht bei mir an erster Stelle im Leben."

Eine Kurzfassung des Buches von
Anne LaBastille
Nach der Übersetzung von Dieter Kuhaut
Mit Fotos aus dem Besitz der Autorin

FRAU IN DER WILDNIS

„*Von allen Orten, wo ich gelebt und gearbeitet habe, bot mir keiner dieses Gefühl unbedingter Zuverlässigkeit wie die Adirondacks. Und Zuverlässigkeit war es, wonach ich mich sehnte. Ich wollte wissen, daß selbst dann noch, wenn ich einmal siebzig war, die Adirondacks die gleichen wären, daß ich an einem Septembermorgen noch zum See hinuntergehen und ein Bad nehmen und Otter beobachten konnte, daß ich immer noch einen Eimer sauberes Wasser zur Hütte hochtragen, immer noch den Regen von meinen großen alten Bäumen tropfen sehen konnte.*"*

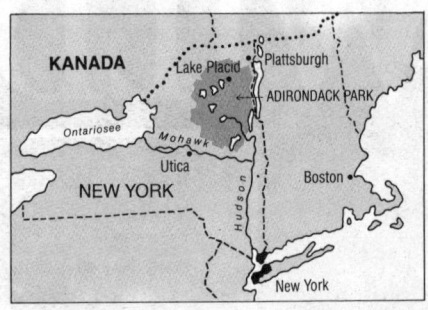

Anne LaBastille berichtet in diesem Buch auf eindrucksvolle Weise von ihren Erfahrungen in der Wildnis der Adirondacks und von der Möglichkeit, aber auch den Schwierigkeiten, in heutiger Zeit ein Leben im Einklang mit der Natur zu führen.

Kein Heim

MIT dem Zufrieren des Black-Bear-Sees beginnt der Winter. Eine harte, einsame Zeit kündigt sich an. An irgendeinem Novemberabend fängt es an: Erste dünne Eisfinger tasten sich am Ufer entlang, am Morgen blitzen mir Eiskristalle am Bootsrumpf entgegen, und eine zarte Eishaut hat die Regentonne überzogen. In manchen Nächten friert der See schon leicht zu, und morgens zertrümmern dann Wind und Wellen die dünne Eisdecke zu Millionen von Scherben. Das Zufrieren des Sees ist ein Naturereignis, so wichtig wie Sonnenwende, Tagundnachtgleiche, Vollmond und Sonnen- oder Mondfinsternis. Es hat Auswirkungen auf den Lebensablauf von vielen Fisch- und Wildtierarten, und auch in mein Leben greift es auf dramatische Weise ein, hier an diesem See in den Adirondack Mountains im Staat New York, wo ich allein in meiner selbstgebauten Blockhütte lebe.

Wenn ich mit meinem kleinen Außenborder-Aluminiumboot auf dem See unterwegs bin, fühle ich, daß das Wasser allmählich gefriert. Die Schraube scheint sich durch Sirup zu drehen, und das Boot läßt sich nur schwerfällig manövrieren. Wenn man um diese Jahreszeit in den See stürzt, ist man nicht mehr zu retten. Wen der Schock nicht sofort tötet, den bringt das kalte Wasser binnen drei Minuten um.

An einem der regnerischen, stürmischen Abende in meinem ersten Winter am Black-Bear-See hatte ich mich einmal zu meinem Boot begeben, das an dem menschenleeren öffentlichen Landesteg lag. Ich war hineingesprungen und wollte losfahren, war dabei aber so mit meinem flatternden Regenumhang beschäftigt, daß ich vergaß zu prüfen, ob der Hebel auf Leerlauf stand. Breitbeinig über dem Sitz stehend, zog ich die Anlasserschnur. Knatternd sprang der Motor an, und im selben Moment machte das Boot einen Satz nach vorn und kippte gleichzeitig seitwärts. Aus Versehen hatte ich den Vorwärtsgang eingeschaltet gelassen. Ich stürzte, und um ein Haar wäre ich über Bord gegangen. Als ich das Boot wieder in der Gewalt hatte, fing ich an zu zittern. Nicht auszudenken, was hätte passieren können – bestenfalls wäre ich mit einem verzweifelten Rettungssprung zum Ufer hinübergehechtet, aber ebensogut hätte ich mich mit dem Poncho in der Antriebsschraube verheddern oder gar von einem wildgewordenen Motorboot jagen lassen können. Ich nahm mir vor, künftig mit dem Boot vorsichtiger umzugehen, vor allem, wenn der Frost bereits eingesetzt hatte.

Ein anderes Mal ging ich, ebenfalls an einem Novemberabend, mit zwei Wassereimern und einer Taschenlampe zum Seeufer. Schneeflocken wirbelten durch die Luft, und schwere Wellen schlugen an den Anlegesteg. Durch den Sturm drang unerwartet das Motorgeräusch eines Bootes. Seltsam. An meinem Ende des Sees hatten die Häuser übers Wochenende bisher immer leergestanden. Ich leuchtete mit der Taschenlampe aufs Wasser hinaus, und ein paar Minuten später sah ich ein gefährlich überladenes Boot heranschwanken. Fünf verängstigte Jäger blinzelten ins Licht.

„Wir haben uns verirrt!" rief mir einer von ihnen zu. „Seit einer halben Stunde fahren wir im Kreis. Können Sie uns helfen?"

Ich forderte sie auf zu warten, lief zur Hütte und schnappte mir Handschuhe, Parka und Regenumhang. Dann eilte ich zur Anlegestelle zurück, bestieg mein Boot und startete den Motor. Ich bat zwei der Jäger, in mein Boot umzusteigen, und fuhr den anderen voran zum gegenüberliegenden Ufer. Als wir drüben die öffentliche Anlegestelle erreicht hatten, sprangen die Männer an Land. Man konnte ihnen ansehen, wie froh sie waren, dem Sturm glücklich entronnen zu sein. Der älteste der Jäger drückte mir eine Fünfdollarnote in die Hand. Ich protestierte.

„Bitte, nehmen Sie sie", drängte er. „Fürs verfahrene Benzin."

Ich gab nach und machte mich auf die Rückfahrt. Es war jetzt stockdunkel geworden, und das Schneetreiben wurde immer dichter. Mitten auf dem See, mutterseelenallein, verlor ich selber die Orientierung. Mein einziger Richtungsweiser war der Sturm, der mir den Rücken peitschte. Noch nie waren mir die zweieinhalb Kilometer bis zu meiner Anlegestelle so lang und so gefährlich vorgekommen. Ich versuchte abzuschätzen, wo mein kleines felsiges Kap lag. Nach fünfzehn Minuten wendete ich um neunzig Grad nach rechts und vertraute auf gut Glück darauf, Land vor mir zu haben. Am Black-Bear-See war im weiten Umkreis kein einziges Licht zu sehen.

Der Gischt der gegen die Bootswand schlagenden Wellen durchnäßte mich und gefror sofort. Behutsam hielt ich in Blindpeilung aufs Ufer zu, und nur um Haaresbreite blieb mir eine Kollision mit den Felsen an meiner Landzunge erspart. Ich stellte den Motor ab und stakte das Boot zum Landesteg. Als ich mich endlich in den eigenen vier Wänden meines Blockhauses befand, hängte ich mein triefendes Zeug zum Trocknen vor den Franklin-Ofen und zog dann den Geldschein aus der Tasche. Nachdenklich betrachtete ich ihn. Hatte ich ihn annehmen dürfen? War es nicht viel zu leichtsinnig gewesen, überhaupt zu fahren? Ich zuckte die Achseln. Solche Fragen stellt man hier nicht. Entscheidungen fallen in den Adirondacks immer zugunsten des hilfsbedürftigen Mitmenschen.

Ein paar Tage später fand ich mich erneut in meiner Rolle als „Retterin in der Not". Ein älteres Ehepaar wollte gegen Ende November einige Ferientage in seinem Sommerhäuschen verbringen, doch der Mann erlitt einen Herzanfall. Per Funk wurden Notarzt, Boot und Krankenwagen herbeigerufen, und man organisierte eilends einen Transport ins nächste Krankenhaus. Die Frau blieb im Sommerhäuschen zurück, um die Sachen zu packen und alles ordentlich zu hinterlassen – wer konnte schließlich wissen, ob sie und ihr Mann nach diesem Schlag je wieder hierherfahren würden? Am Abend fiel dann das Thermometer auf zwölf Grad unter Null. Eine Eisschicht überzog den ganzen See. Jetzt machte der Winter wohl ernst. Noch eine Nacht wie diese, und der See würde bis zum Frühjahr fest zugefroren sein.

Ich hatte beschlossen, der Frau beim Packen und beim Transport zu helfen, und mußte mit meinem Boot zentimeterdickes Eis durchbrechen, um bis zu ihrem Haus zu gelangen. Im Innern stapelten sich bereits zahlreiche Koffer, Kisten und Kästen. Auf den ersten Blick erkannte ich, daß es unmöglich sein würde, sie alle in einer einzigen Fahrt mitzunehmen. Ich schlug der alten Dame deshalb vor, ihr Boot mehrmals vollzuladen – gewissermaßen als Lastenanhänger – und es mit meinem Motorboot so oft wie erforderlich zum Anlegesteg zu schleppen. Sie könne in dieser Zeit weiterpacken. Besorgt fragte sie, was denn geschehen würde, falls mein Boot im Eis leckschlüge und sänke.

„Keine Bange, dann springe ich in Ihres und rudere zurück", beruhigte ich sie. „Wir sollten uns aber jetzt beeilen, damit Sie noch vor Einbruch der Dunkelheit hier wegkommen."

Den Weg zur öffentlichen Anlegestelle bahnte ich mir nach dem Eisbrecherprinzip: Bug aufs Eis, Gas geben und das Eis unter dem Bootsgewicht brechen lassen. Der Lärm, mit dem die Schollen gegen den Aluminiumrumpf krachten, war ohrenbetäubend und wirkte bedrohlich. Wenn das Eis zu dick war, stellte ich den Motor auf Leerlauf, ging nach vorn und hackte es mit einem Metallruder auf. Eine Stunde brauchte ich, um die anderthalb Kilometer bis zum Anlegesteg zurückzulegen und die Sachen dort auszuladen.

Als ich mit den beiden Booten zurückfuhr, merkte ich, daß der von mir geschaffene Kanal bereits wieder mit einer leichten Eisglasur überzogen war. Im Haus aßen wir hastig ein Truthahnsandwich, dann unternahm ich die zweite Fahrt mit einer großen Ladung von Kisten und Kartons. Beim drittenmal war meine Nachbarin dann auch reisefertig. Sie schloß ihr Haus ab, und ich nahm sie mit in mein Boot und setzte sie schließlich am Anlegesteg ab, wo das Ehepaar seinen Wagen abgestellt hatte. Es dämmerte bereits. Wir umarmten uns freundschaftlich, und ich blieb stehen, bis sie abgefahren war.

Wieder im Boot, sah ich, daß es in der kurzen Zeit seit unserer Ankunft schon vom Eis eingekreist worden war. Ich setzte zurück in die Fahrrinne und hörte, wie die Schraube dabei Eisstücke zermahlte. Leise Furcht durchschlich mein Herz. Das Wasser fror schneller, als ich das Eis durchbrechen konnte!

Jäh wurde mir der Ernst der Lage bewußt. Würde ich es bis zu meinem Zuhause schaffen, oder würde ich mitten im Black-Bear-See festfrieren? Wenn mich das Eis mit meinem Boot gefangennahm, gab es keine Möglichkeit mehr, ans Ufer zu kommen. Zum Darüberlaufen war das Eis noch zu dünn, zum Aufhacken mit dem Ruder aber wahrscheinlich bereits zu dick. Hätte ich nur daran gedacht, eine Axt mitzunehmen!

Allmählich geriet ich in Panik. Ich ließ den Motor aufheulen und rammte das Boot in die schmale Fahrrinne hinein, schneller, als ihm eigentlich zuzumuten war. Das Boot meiner Nachbarin hatte ich am Anlegesteg zurückgelassen, umgestülpt für den Winter. Falls meines ein Leck bekam oder die Schraube ein Blatt verlor, würde die Lage brenzlig werden.

Keine Fahrt schien mir je so qualvoll, so lang, so einsam wie das verzweifelte Sich-nach-Hause-Kämpfen im Eis an diesem Abend. Als ich endlich die Bucht erreichte und den Motor abstellte, legte sich die Stille wie ein friedenspendender Schleier über mich. Dann vernahm ich ein leises Knistern und Knacken. Als ich über das Heck zurückblickte, sah ich mit Schaudern, daß sich direkt hinter mir der Kanal schon wieder lautlos geschlossen hatte. Mit unglaublicher Geschwindigkeit breitete sich die Eisdecke aus und wurde immer fester. Ein blutroter Sonnenuntergang verlieh dem See eine gespenstische Atmosphäre. Durch die hereinbrechende Finsternis tastete ich mich vom Landesteg hinauf zu meiner Hütte. Als ich die Tür öffnete, war es mir, als grüßten und umfingen mich die vertrauten vier Wände voller Freude.

In dieser einsamen Hütte hatte sich mein Lebensstil von Grund auf geändert. Wie war es dazu gekommen? Was hatte mich hierher verschlagen? Ich ließ meine Gedanken zurückschweifen zu den Ereignissen, die mich hergeführt hatten in dieses Zuhause aus Baumstämmen, an diesen jetzt winterlich eisbedeckten See in den nördlichen Wäldern des Staates New York.

Angefangen hatte es, als ich durch meine Scheidung plötzlich heimatlos wurde. An Angehörige konnte ich mich nicht wenden: Meine Verwandtschaft war entweder schon gestorben oder lebte weit verstreut. Mehrere Jahre lang hatte ich mit Morgan, meinem Mann, im Sommer ein Ferienhotel in den Adirondacks geführt, und im Winter waren wir mit tierliebenden Touristen nach Florida und weiter südlich auf Safari gegangen. Wir hackten Holz, wuschen Teller, planten Menüs, gaben Reit-, Wasserski- und Tauchunterricht, bestimmten Vögel und indianische Ruinen und machten uns überhaupt viel Mühe damit, unsere Gäste zufriedenzustellen. Ein buntes Leben, bewegt, voller Menschen und Probleme.

In unserer Ehe gab es wenig Raum für Privates, aber viel Arbeit. Diese unglückliche Kombination wird es wohl vor allem gewesen sein, die unsere Liebe allmählich erlöschen ließ. Mit dem Frühling kam in jenem Jahr auch das Ende unserer Ehe.

„Bis zum Nationalfeiertag am vierten Juli mußt du ausziehen", eröffnete mir Morgan eines Tages mit ernster Miene. „So, wie es im Moment mit uns beiden aussieht, bin ich der Belastung nicht gewachsen, das Hotel zu betreiben. Du mußt dir eine andere Bleibe suchen."

Dieses Ultimatum bewirkte eine dramatische Wende in meinem Leben. Seit meiner Kindheit, die ich nahe bei New York verbracht hatte, war es mein Wunsch gewesen, einmal auf mich selbst gestellt in einer Blockhütte im Wald zu leben. In der Schule hatte ich von Lagern und Wanderungen in bewaldeten Bergen und an klaren Seen geträumt. Auf dem College, an dem ich im Hauptfach Tierschutz studiert hatte, war es mein Berufsziel gewesen, Wildtiere zu beobachten und zu erforschen. Und während meiner Ehe mit Morgan hatte ich mich immer nach einem ruhigen Zufluchtsort gesehnt, wo ich schreiben und mich entspannen konnte.

Ohne lange nachzudenken, traf ich nun meine Entscheidung. In der Wildnis der Adirondacks, einer großen Gebirgsgruppe der Appalachen im Nordwesten des Staates New York, wollte ich mir ein Blockhaus errichten. Ich hoffte, daß ein Rückzug in den Frieden der Natur meine Verzweiflung vielleicht würde lindern können. Die Gemeinschaft mit den Wildtieren und den wenigen menschlichen Bewohnern dieser einsamen Region sollte meinen Kummer kurieren. Und vor allem hoffte ich, mit dem Bau einer Holzhütte meiner momentanen Heimatlosigkeit ein Ende zu bereiten.

Die Zeit war knapp. Kaum zwei Monate blieben mir, um ein Stück Land zu finden, die Hütte zu erstellen und dorthin umzuziehen. Ich fing an, mir im Umkreis von fünfzig Kilometern um den Ort Lake Serene am gleichnamigen See – an dem Morgans Hotel lag – Grundstücke und Sommerhäuser anzusehen. Dutzende von Gebäuden und Hektare von Land besichtigte ich. Nichts davon war nach meinem Geschmack und für meinen Geldbeutel das richtige.

Dann hörte ich durch Zufall von einem großen Privatgrundstück an einem See namens Black Bear Lake. Der Eigentümer war gestorben, und das Grundstück wurde nun in drei Parzellen aufgeteilt. Der Black-Bear-See war einer der entlegensten Seen, die noch mit dem Auto erreichbar waren; eine Ringstraße um den See herum gab es nicht. Das müßte mir meine Abgeschiedenheit garantieren, dachte ich. Auch die Tatsache, daß elektrischer Strom und Telefon fehlten, appellierte nur noch mehr an mein „Zurück-zur-Natur"-Gefühl. Und zu alledem schien der Kaufpreis sehr annehmbar.

So fuhr ich denn an einem Frühlingstag Anfang Mai mit meinem Kombi und meinem Bootsanhänger mitsamt Boot zum unteren Ende des Black-Bear-Sees. Dort parkte ich den Wagen, schob das kleine Aluminiumboot ins Wasser, startete den 10-PS-Motor und kreuzte los: vorbei an bewaldeten Uferstreifen, Inseln, Buchten, Landzungen. Weder Weg noch Steg verbanden die unbefestigte Straße, die am öffentlichen Bootsanlegesteg endete, mit dem Grundstück zwei Kilometer seeaufwärts. Nur hier und da war ein Sommerhäuschen oder ein Bootsschuppen im endlosen Wäldergrün zu sehen. Ich hatte erfahren, daß ganzjährig nur ein älteres Ehepaar hier lebte. Die nächste Siedlung, das Dorf Hawk Hill, befand sich zehn Kilometer westlich hinter den Bergen. Lake Serene lag bereits vierzig Kilometer entfernt.

Ich fand eine kleine Bucht mit Sandboden. An einem Schneeballstrauch machte ich fest und bahnte mir durch dichtes Gestrüpp und ein Gewirr junger Balsamtannen den Weg zu den Grenzmarkierungen des Grundstücks. Sie standen, wie mir der Makler gesagt hatte, in hundert Meter Abstand irgendwo zwischen den Granitfelsen an der Seebucht und der Mündung eines Bächleins. In der anderen Richtung, vom Black-Bear-See weg, erstreckte sich Urwald über achthundert Meter hinweg bis zum Biberteich, einem kleinen Gewässer, das die rückwärtige Grundstücksgrenze bildete. Dahinter lagen Hunderte von Hektar geschützten Waldes, der zum staatlichen Adirondack-Park gehörte. Kein Zweifel, dieses herrliche Stück Land war der ideale Platz für mein Blockhaus.

Hochragende Weymouthskiefern, Rottannen und Balsamtannen

zierten das Gelände. Die Bäume erfüllten die frische Luft mit aromatischem Duft und wiegten sich leise seufzend im Wind. Landeinwärts durchmischte sich der Nadelwald mit Laubwald. Riesige Zuckerahornbäume, Buchen und Gelbbirken wuchsen auf dem schwarzen Adirondack-Humus. Viele davon waren an die dreißig Meter hoch, mit halbmeterdicken Stämmen, und ihr Alter mochte hundert, zweihundert oder mehr Jahre betragen.

Die das Grundstück begrenzenden Seen zählen zu den natürlichen Merkmalen dieser alten Berge. Aus dem Land herausgefräst von Gletschern, die vor einer Million Jahren begannen, in eiszeitlichen Schüben bis noch vor zehntausend Jahren die Adirondacks zu überziehen, sind der Black-Bear-See und der Biberteich nur zwei der zweitausenddreihundert Seen und Tümpel dieser Gebirgswelt. Schwere Granitblöcke und Sandbänke markieren das Ufer. Ich wußte, daß der felsig-sandige Boden des Sees bis in zwölf Meter Tiefe abfällt. Saiblinge, Ochsenfrösche, Biber und Katzenwelse lebten in dem bernsteinfarbenen Wasser. Keine Umweltverschmutzung schien je seine Klarheit getrübt zu haben. Reines Trinkwasser konnte ich mit der hohlen Hand daraus schöpfen.

Den gesamten Nachmittag verbrachte ich mit Erkundungen: mit dem Peilen von Himmelsrichtungen, Blicken durch zukünftige „Panoramafenster", dem Abschätzen von Entfernungen zwischen Bäumen und dem Taxieren von Abständen zum See. Bis zum Abend hatte ich eine feste Vorstellung davon, wo die Hütte stehen sollte und wie sie zu bauen war. Sie mußte weit genug vom Ufer entfernt liegen, daß als Abschirmung und Zierde zugleich ein kleiner Baumgürtel zwischen ihr und dem See verbleiben konnte. Aber sie mußte auch nahe genug am Ufer stehen. Eine kleine, baumlose Anhöhe in der richtigen Lage bot sich als Bauplatz geradezu an, denn hier mußten keine großen Bäume gefällt werden. Auch wenn die hoch aufragenden Riesen noch so viele Meter Bau- und Brennholz geliefert hätten – ich schwor mir, keinen einzigen davon zu fällen, außer wenn es wirklich unumgänglich war. Die Bäume und ich sollten Gefährten werden. Die Hütte mußte, so entschied ich, Südwestlage haben, um möglichst viel Sonne und Wind zum Wegblasen der Insekten abzubekommen. Mein Heim brauchte ein steiles Satteldach, von dem schwere Schneemassen abgleiten konnten. Und vor allem: Es mußte klein genug sein, damit ich es selber bauen konnte.

Müde vom Marsch durchs Dickicht, setzte ich mich ins Boot, um auszuruhen und mir noch einmal alles zu überlegen. Für mich stand fest, daß ich hier den richtigen Ort für eine Hütte in der Wildnis gefunden hatte. Jetzt brauchte ich das Land nur noch zu kaufen, Baumaterialien hierherzuschaffen und das Blockhaus zu errichten. Während ich angestrengt nachdachte, drang leises Zwitschern von Vögeln zu mir und beruhigte mich. Die untergehende Sonne setzte Glanzlichter auf die Tannen und malte eine Bahn flüssigen Goldes auf das Wasser. Ich startete den Außenbordmotor. Unerwartete Erleichterung und ein richtiges Hochgefühl kamen in mir auf, als ich über den See tuckerte. Ich hatte ein Zuhause gefunden.

Zwei Tage später bestieg ich bei Lake Serene den Mitternachtszug und fuhr nach New York. Gegen acht Uhr morgens sprach ich dort bei der Anwaltskanzlei vor, mit der der Grundstückskauf perfekt gemacht werden sollte. Man bat mich, am frühen Nachmittag wiederzukommen, da der zuständige Anwalt noch nicht im Hause sei. Nervös bummelte ich einen Vormittag lang durch die Geschäftsstraßen. Um zwei saß ich dann vor einem antiken Schreibtisch, einem graugesichtigen Herrn in graugrünem Anzug gegenüber. Ich hatte es eilig, die Transaktion hinter mich zu bringen, und unterschrieb Scheck, Kaufvertrag und Eigentumsurkunde in einem Schwung, ohne irgend etwas zu lesen. Ich dankte dem Anwalt und hastete mit meinen Papieren davon, um den Vieruhrzug noch zu bekommen, zurück in die Berge, zurück an die frische Luft. Nun war ich stolzer Besitzer von neun Hektar Adirondack-Wildnis – das erste Land, das ich je im Leben besessen hatte.

Die Entscheidung, keine großen Bäume auf meinem Land zu fällen, stellte mich bei der Bauplanung für meine Hütte vor ein großes Problem. Bis eine Abfindungsregelung mit meinem Ehemann erreicht war und ich als Autorin einigermaßen Fuß gefaßt hatte, mußte ich sehr sparsam sein. Da es zum Bauplatz keine Straße gab, hatte ich einen Weg zu finden, wie ich das für den Bau nötige Holz über den See heranschaffen konnte. Und mangels Elektrizität mußten alle Arbeiten von Hand oder unter Zuhilfenahme eines transportablen Generators erledigt werden.

Zum Glück sind die Adirondacks ein altes Holzfällerland. Amerikanische und frankokanadische *Lumberjacks* haben hier Abermillionen von Laub- und Nadelbäumen abgeholzt. Früher – ehe weite Teile der Adirondacks unter Naturschutz gestellt wurden – schlugen sie Nadelbäume als Bohlen- und Pfahlholz, für Fässer, Bretter und Masten. Heute schlagen sie Nadel- wie Laubholz als Rohstoff für die Papier- und Zellstoffindustrie, für Furniere und Möbel.

Gut zwanzig Kilometer vom Black-Bear-See entfernt befand sich eine alte Sägemühle und Holzfabrik. Ich fuhr hin und sprach mit Pierre, dem jungen, athletisch gebauten Betriebsleiter. Der Franko-kanadier wies auf einen mächtigen Stapel Holz in seinem Ladehof: Tannenstämme, etwa fünf Meter lang und gut dreißig Zentimeter dick. Ich war begeistert. Das war eine Größe, mit der ich noch arbeiten konnte; die Stämme wogen wohl kaum über zweihundert Kilo pro Stück. Und ich würde sie nicht entrinden müssen. Weiche graue Borke als Zimmerwand erschien mir nämlich ohnehin viel anheimeln-der als glatte, nackte Balken.

Nach meiner groben Schätzung sollten die Wände der Hütte zwei Meter hoch werden und der Innenraum 3,50 mal 3,50 Meter messen. Fünf Meter lange Stämme waren gut geeignet, da sie an den Ecken des Hauses, wo sie ineinandergriffen, leicht überstehen würden. Das steile Dach sollte an beiden Seiten die Hütte um rund zweieinhalb Meter überragen, damit darunter kleine geschützte Veranden gebaut werden konnten. Für alles zusammen – Fundamentspfähle, Bodenunterbau, Wandblöcke, Tür- und Fensterrahmen, Verandapfosten und Dach – glaubte ich mit fünfundvierzig Stämmen auszukommen. Nach eini-gem Handeln einigten wir uns auf sechshundert Dollar für fünfund-vierzig Stämme, die Pierre an das Ufer des Black-Bear-Sees liefern sollte.

Mein Traumhaus begann an jenem Tag Wirklichkeit zu werden, als die fünfundvierzig Baumstämme vom Lastwagen rollten und don-nernd in den See klatschten. Da schwamm mein zukünftiges Zuhause, zwei Kilometer von seinem Bestimmungsort entfernt.

Mit dem Boot gelang es mir, die Stämme zusammenzutreiben und sie zu zwei floßähnlichen Gebilden zusammenzubinden. Langsam schleppte ich sie über den See. Zwei Stunden brauchte ich für jede Ladung. Am Nachmittag hatte ich meine fünfundvierzig Stämme schließlich in einer Art Pferch im Wasser versammelt, der an Bäumen am Ufer verankert war. Spätestens jetzt wurde mir klar, daß ich für das Bewegen der Stämme und den Bau des Hüttenbodens und des Dachstuhls Hilfe brauchte. Im örtlichen Eisenwarenladen empfahl man mir zwei Brüder, Bob und Dave, stämmige, wortkarge Zimmer-leute, die es gewohnt waren, zu improvisieren und mit einheimischen Hölzern umzugehen. Am Anlegesteg des Black-Bear-Sees trafen wir uns. Sie hatten einen transportablen Generator, Motorsägen, Werk-zeug, Sperrholzplatten für den Fußboden sowie Kanthölzer für Dach-sparren und Bodenbalken mitgebracht.

Nur mit Mühe konnten Bob und Dave mich überreden, fertig zuge-schnittenes Holz zu verwenden. Rustikales Bauen, erklärte Dave, sei zwar geschmackvoll, doch es würde, wenn man es solide ausführen wolle, den ganzen Sommer dauern und viermal soviel kosten. Ich aber brauchte mein Heim so schnell wie möglich.

„Also, wir bauen Fußboden, Dach, Fenster und Türrahmen aus vorgesägtem Schnittholz", erklärte Dave. „Sie können Fundamentpfähle zurechthauen und die Blockwände hochziehen, alles von Hand."

Unsere erste gemeinsame Aufgabe war es, ein Fundament für die schweren Tannenpfosten zu schaffen, die damit zugleich vor der Verrottung geschützt werden sollten. Wir gruben acht tiefe Löcher, mischten Zement und füllten die Löcher mit Zement und Steinen: eine harte Arbeit in der steindurchsetzten Adirondackerde.

Bald waren wir soweit, daß wir die schweren Rundhölzer aus dem Wasser hieven konnten. Dave hatte einen „Königsbaum" aufgebaut, einen Tannenmast, der am Fuß von den Hauptwurzeln eines großen Baumes abgestützt wird, schräg nach oben weist und an der Spitze durch ein vom Stamm ausgehendes Drahtseil gehalten wird. Oben hatte der Königsbaum eine Rolle, in die wir ein Handwindenseil mit Haken einfädelten. Damit konnten wir die Stämme wie an einem Kran das steile Ufer hochziehen, in die Luft heben und zum Hüttenbauplatz hinüberschwenken. An der Handwinde brauchte man viel Kraft. Ich hatte gedacht, daß mich die Arbeiten im Hotel bereits in Form gebracht hätten, aber hier wurden meine Muskeln noch ganz anders beansprucht, und ich spürte, daß ich schnell kräftiger wurde.

Jeder neue Stamm rutschte mit dumpfem „Wumm" in die Kerbe des unteren. Ich benutzte lediglich eine Axt zum Einkerben, ein Beil zur Feinbearbeitung und eine Motorsäge, mit der man Höcker entfernen und die Stämme glätten konnte, damit sie genauer aufeinandersaßen. Allmählich verringerte sich die Zahl der Stämme im Wasser, und auf dem Hügel wuchsen vier Wände empor.

Schließlich kam der Tag, da alle fünfundvierzig Stämme aus dem Wasser gezogen waren und sich unter den Tannen ein kleiner quadratischer Bau erhob. Nun waren Fenster und Türen an der Reihe. Mit schrill heulender Motorsäge schnitt ich eine Tür, die zur hinteren Veranda führen sollte, und zwei große Fensteröffnungen aus der Wand. In diese Öffnungen setzten Bob und Dave Rahmen und installierten eine teilverglaste Tür und zwei Panoramafenster.

Während die beiden Zimmerleute die komplizierteren Arbeiten am Dachstuhl in Angriff nahmen und das Dach aufsetzten, befaßte ich mich damit, dicke Sperrholzplatten als Fußboden auf das Bodengebälk zu nageln. Danach ging ich an das Abdichten der Wände von innen. Statt des traditionellen Wergs oder Mooses stopfte ich lockeres gelbes Glasfasermaterial in die Ritzen. Dies, dachte ich, würde besser isolieren als die althergebrachten Stoffe und keine Gerüche abgeben. Die gelbe Glaswolle bildete außerdem einen schönen Farbkontrast zu den grauen Stämmen.

Nun hatte ich plötzlich ein richtiges Heim mit vier dicken, isolierten Wänden, einem stabilen, dichten Dach und einem ebenen Boden. Da wir schweres Kantholz für Bodenbalken und Sparren genommen hatten, konnte der Fußboden einen gußeisernen Ofen und gewichtige Bücherregale und das Dach tonnenschwere Schnee- und Eislasten tragen. Vom See aus sah man die Hütte kaum, so perfekt paßte sie sich mit ihren grauen Rindenwänden und ihrem grünen Dach dem Wald an. Und doch lag sie nur knapp zwölf Meter vom Ufer entfernt. Das einzige augenfällige Zeichen einer menschlichen Ansiedlung war der kleine improvisierte Anlegesteg für mein Boot und die Furche, die die Rundhölzer beim Heraufziehen aus dem Wasser ins Ufer gerissen hatten.

Eine Hütte, etwas mehr als dreieinhalb Meter im Quadrat, ist kein Palast. Hunderte von Büchern und einen Schreibtisch mußte ich darin unterbringen, eine Kleiderkommode und anderes Mobiliar. Und am wichtigsten: einen Schlafplatz. Ein herkömmliches Bett hätte mich mindestens ein Achtel der kostbaren Grundfläche gekostet. Da fielen mir die Pioniere ein. Sie hatten auf Hochbetten geschlafen, gewärmt von der aufsteigenden Hitze ihrer Feuerstellen und sicher vor Raubtieren. Eine solch hochliegende Schlafkoje war die Lösung. In die offene Rückveranda zog ich eine Zwischendecke ein und verschloß den entstandenen Raum nach außen mit einem großen Fenster. Über eine an die Innenwand genagelte Leiter erreichte ich mühelos mein Schlafgemach. Nachdem ich es mit einer großen Schaumstoffmatratze, Daunenkissen und schweren wollenen Decken ausgestattet hatte, war es richtig gemütlich.

Unbedingt notwendig war auch eine Küche. Die ganze Einrichtung mußte mit Propangas aus der Flasche funktionieren. Zum Glück fand ich in einem Fachgeschäft einen gasbetriebenen Kühlschrank und einen dreiflammigen Gasherd mit kleiner Backröhre. Beide Geräte wurden auf der offenen Veranda unter der Schlafkoje aufgestellt. Bald wurde mir jedoch klar, daß das Kochen an Wind- und Regentagen hier kein Vergnügen sein würde. Vor Winteranfang mußte die Veranda verschlossen werden.

Allerdings gibt es in den Adirondacks auch im Juli und August bereits Nächte, in denen es nahezu frostig wird, und Nieselregentage,

dunkel wie bei einer Sonnenfinsternis. Die Hütte brauchte daher so
bald wie möglich Heizung und Licht. Der Holzofen mit dem höchsten
Wirkungsgrad ist der „Franklin", und einen solchen besorgte ich mir
in der Stadt. Der gußeiserne Ofen muß an die drei Zentner gewogen
haben, und drei Männer und ich waren nötig, um ihn ins Boot und an
Land, den Hügel hinauf und in eine Ecke der Hütte zu wuchten. Wie
herrlich war dann das erste Feuer, das Prasseln und Knacken, die woh-
lige Wärme im ganzen Raum!

Die Beleuchtung war einfacher zu arrangieren. Fürs erste genügten
Kerzen und Petroleumlampen; später ergänzte ich sie durch propanbe-
triebene Lampen, deren milder Schein nachts zum Lesen, Schreiben
und für feine Näharbeiten völlig ausreichte.

Der Hüttenbau hatte den ganzen Mai gedauert. Jetzt, während der
langen Junitage, begann ich mit der Inneneinrichtung. Wieder erwies
sich die Motorsäge als unentbehrlich zum Bau von Bücherregalen und
kleinen Bänken. Ein schwarzglänzender Schaukelstuhl, echte
schwarz-rot-weiße Navajoteppiche, ein knallroter Schrank, zwei
Aktenschränkchen unter einer langen glatten Schreibplatte und eine
antike Kirschbaumkommode bildeten mein Mobiliar. Aus dem Fun-
dus des Hotels nahm ich kein Stück mit.

Der erste Juli nahte, und damit lief mein Ultimatum ab. Ich nahm
mir vor: Bis zum vierten Juli, dem Tag, an dem 1776 Amerika seine
Unabhängigkeit von Großbritannien verkündete, bist du aus dem
Hotel endgültig in die Hütte umgezogen. Durch den radikalen Bruch
mit meinem Lebensstil der vergangenen Jahre würde der Unabhän-
gigkeitstag diesmal auch für mich ganz persönlich ein „Tag der Befreiung" werden.

Noch bei vielen Dingen galt es, letzte Hand anzulegen. Die neuein-
gesetzte Tür und die Fenster sollten dunkelgrün gestrichen werden,
ehe meine handgewebten roten und weißen Indianervorhänge aufgehängt werden konnten. Die Pfosten der Hütte mußten gründlich mit
Kresol imprägniert werden, damit sie nicht faulten. Der Küchenbo-
den bekam einen dunkelbraunen Anstrich: So sah man schmutzige
Schuhabdrücke auf dem Sperrholz nicht. Die Dachsparren wurden
mit weißem Zederfurnier verkleidet, wodurch die Decke einen warm-
getönten, rustikalen Anstrich erhielt. An die Wände nagelte ich
Geweihsprossen als Kleiderhaken und Gewehr- und Angelrutenhal-
ter. Eine mexikanische Gitarre und ein Kojotenfell aus Colorado vervollständigten das Wanddekor. Auf der vorderen Veranda wiegten
sich zwei Schaukelstühle und eine brasilianische Hängematte im
Wind. Rote Topfgeranien sorgten für fröhliche Farbtupfer. Schließ-

lich packte ich noch Feuerlöscher, ein Barometer, ein Thermometer und ein batteriebetriebenes Transistorradio aus. Und zu guter Letzt richtete ich meine Bibliothek ein – die komplette *Encyclopaedia Britannica* nebst Dutzenden wissenschaftlicher Nachschlagewerke. Mein neues Heim, das erste echte Zuhause meines Erwachsenenlebens, war bezugsfertig.

Daheim

NACH mehreren Jahren Ehe mit dem Besitzer eines Ferienhotels mit Bungalows in den Adirondacks, nach all der Hektik und der unaufhörlichen Arbeit mit Sommergästen und Personal, der Sorge für Essen und Trinken, vierzehn Kaminfeuer, Pferde, Boote, Vertreter, Köche und Bäcker sah ich dem Leben in meinem Blockhäuschen mit einer Mischung aus Angst und Vorfreude entgegen. Es würde für mich ein einschneidender Lebensumschwung sein.

Wenige Schritte von meiner Hintertür entfernt begann mein „Hinterhof" – stattliche fünfundzwanzigtausend Quadratkilometer groß. Der Adirondack-Park ist größer als jeder andere Staats- und Nationalpark in den Vereinigten Staaten und zweifellos das ausgedehnteste noch unberührte Naturgebiet östlich des Mississippi. Er besteht aus zwei etwa gleich großen Hälften. Die eine ist Staatsland und durch Gesetz seit 1894 als „Wildnis für ewige Zeiten" geschützt. Hier darf kein Haus und keine Straße gebaut, kein einziger Baum gefällt werden, und Jagd und Fischerei werden von der Umweltschutzbehörde des Staates New York streng kontrolliert.

Die andere Hälfte der Adirondacks ist Privatland und gehört Ortsansässigen wie mir sowie kommerziellen Unternehmen und großen Holzgesellschaften. Aber auch diese Hälfte ist noch sehr naturbelassen und ursprünglich. Viele Privatgrundstücke sind von öffentlichen Wanderwegen und Kanurouten durchzogen, enthalten öffentliche Strände, Bootsanlegestellen, Jagd- und Fischgründe sowie – wenngleich äußerst selten – Siedlungen und Dörfer. Städte im eigentlichen Sinn gibt es in den Adirondacks nicht. Die Parkverwaltung versucht, die Zunahme der Personenzahl auf Privatbesitzungen durch zwei weitsichtige regionale Landnutzungspläne unter Kontrolle zu halten. Sie sollen den Erhalt der Eigenart dieser außergewöhnlichen Region gewährleisten.

Am ersten Abend saß ich draußen im Freien auf dem Bootssteg und genoß den goldenen Sonnenuntergang. Ein Roststärling krächzte

seinen Ruf von einem Erlenbusch, und oben auf einer hohen Tanne
sangen zwei Purpurschwalben. Schwalben stießen aufs Wasser hinab
und jagten Insekten. Drüben, am anderen Ufer, watete eine Hirsch-
kuh mit geflecktem Kalb durchs flache Wasser. Meine Tiernachbarn
schienen sich an meiner Anwesenheit nicht zu stören. Es war tröstlich,
sie überall um mich herum zu sehen und zu hören. Irgendwann in dieser Nacht wurde ich durch das Klatschen eines Biberschwanzes aus
dem Schlaf geschreckt und später im Morgengrauen noch einmal
durch das Hämmern eines Spechtes am vorderen Verandapfosten.

Nach der ersten Woche Hüttenleben stellte ich beruhigt fest, daß
mich entgegen anfänglicher Befürchtungen weder Bären noch andere
unangenehme Besucher zu belästigen gedachten. Trotzdem hielt ich
mein Jagdgewehr – eine Savage – und meine Schrotflinte stets geladen
bereit und sicherte nachts die Tür mit einer Kette. Jeden Bissen Abfall,
der ungebetene Gäste hätte anlocken können, brachte ich mit dem
Boot auf die örtliche Müllkippe fünf Kilometer vor Hawk Hill. Die
meisten meiner Besucher waren reizend. Kanada- und Carolinaklei-
ber, Kohlmeisen und Ammern begannen zur eigens von mir ein-
gerichteten Futterstelle zu kommen und sangen und tirilierten den
ganzen Tag. Ein munterer Waschbär kletterte nachts auf einen
Baumstumpf und naschte Talg aus dem Vogelfutterbehälter, und
bald saßen auch ein paar Rothörnchen keck über mir in den Tannen.

Obwohl mein Stück Land von Seen umgeben war, erwies sich die
Versorgung der Hütte mit Wasser als problematisch. Seewasser, das
ich mit dem Eimer heraufbrachte, reichte fürs Trinken, Kochen und
Geschirrspülen, aber ich wollte fließendes Wasser zum Wäschewa-
schen und zum Feuerlöschen. Daher suchte ich meinen Wald nach
Quellen, Feuchtmulden, Sickerwasser und Rinnsalen ab. Nichts. Am
Ende erstand ich eine Motorpumpe, ein paar Meter Plastikrohr und
einen Zweihundertlitertank, den ich auf einer Anhöhe installierte. Er
wurde mit Wasser aus dem See vollgepumpt und bildete fortan meinen privaten Wasserturm, der die Hütte versorgte. Wenn man einen
langen Wasserschlauch anschloß, ergab die Pumpe zudem eine wirk-
same Feuerspritze.

Die Einrichtung meines Domizils im ersten Sommer war geradezu
erfrischend spartanisch. In die Freiluftküche baute ich ein Spülbecken
mit Kaltwasserhahn ein. Ungefähr siebzig Meter von der Hütte entfernt gab es ein Toilettenhäuschen mit abnehmbarem Sitz, den man im
Winter zum Aufwärmen mit in die Hütte nehmen konnte, und zu meiner Überraschung schenkte mir ein wohlmeinender Nachbar, der
achthundert Meter seeaufwärts wohnte, eines Tages eine riesige

Emailbadewanne mit Füßen in Form von Löwenpranken und brachte sie sogar selber zu meinem Bootsanlegesteg. Mit zwei weiteren Helfern schleppten wir das Ungetüm das Ufer hinauf bis zur Hütte. Da ich noch keinen geeigneten Platz für die Wanne hatte und auch noch nicht über eine Heißwasseranlage verfügte, degradierte ich sie zunächst zum Lagerbehälter für die Motorsäge, deren Zubehör und den Benzinkanister. Eines Tages würde ich vielleicht ein Heißwassergerät installieren und ein Bad einbauen. Inzwischen schwamm ich zwei- oder dreimal täglich im See und wusch mir das Haar in dem reinen, weichen Wasser.

Wie bereits angedeutet, war ich eigentlich nie wirklich einsam. Während ich jedoch die meisten meiner „tierischen Besucher" sehr schätzte, gab es auch wilde Mitbewohner, gegen die ich etwas hatte: Mäuse. Selbst die niedlichen Knopfaugen und der makellose Bauchpelz der kleinen Weißfußmaus und das elegant-plüschige Fell der rotrückigen Wühlmaus konnten mich nicht umstimmen. Ich fand ihren Mist in der Zuckerschale und in der Reisschachtel, ihre Nagelöcher in meinen handgestrickten Sweatern und Wolljacken. Mausefallen mit Erdnußbutter aufzustellen gehörte bald zur Abendroutine wie das Zähneputzen. Zusätzlich dichtete ich die Spalten in der Außenwand mit Zement ab.

Während ich meine tierischen Nachbarn allmählich kennenlernte, kamen, einer nach dem anderen, auch menschliche Sommernachbarn mit Kanus, Motorbooten, Wasserflugzeugen, Segelbooten oder auf Wasserskiern vorbei, um mich am See willkommen zu heißen und eine Tasse Kaffee mit mir zu trinken. Nach Adirondack-Tradition fallen solche Besuche meist in den Spätnachmittag. Dabei verlangt es die Etikette, daß die Gäste am Landesteg warten (nachdem sie sich geräuschvoll bemerkbar gemacht haben), bis der Besuchte ihnen entgegengeht und sie ins Haus bittet.

Eines Morgens traf zu meiner Überraschung bereits gegen neun Uhr ein Mann an der Anlegestelle ein. Er machte das Boot fest und schritt schnurstracks auf meine Hütte zu. Heftiges Klopfen an der Tür signalisierte mir, daß es Ärger geben würde. Und tatsächlich, fünf Minuten später war mein Traum von der Hütte am See fürs erste zusammengebrochen: Ich wurde davon unterrichtet, daß der Anwalt, der den Grundstückskauf abgewickelt hatte, gegen mich klagen wollte. Mein Vertrag enthielt nämlich eine Klausel, wonach kein Gebäude näher als fünfzehn Meter am Seeufer stehen durfte. Gegen diese Bestimmung hatte ich verstoßen – meine Hütte lag nur knapp zwölf Meter vom See entfernt. Ich war wie vom Donner gerührt!

Törichterweise hatte ich den Vertrag überhaupt nie gelesen (er war ellenlang und voll von juristischem Fachchinesisch).

Der Anwalt blieb hart: Keine Rechtsbeugung am Black-Bear-See; die Hütte mußte entweder verschoben oder abgerissen werden, sonst drohten gerichtliche Schritte. Da ich mich hier gerade erst neu zu orientieren begonnen hatte, fehlte mir bei meiner derzeitigen Lebenslage die Kampfeslust, die ich gebraucht hätte, um mich vor den Kadi zu begeben.

Eine rasche Rechnung ergab, daß das gesamte Blockhaus rund dreizehn Tonnen wog – ein gewaltiges Transportgewicht. An den Ecken wurden die Wandblöcke von starken Eisenbolzen zusammengehalten, so daß man die Hütte nur schwer wieder auseinandernehmen konnte. Weiter zeigte sich, daß drei oder sogar vier große Fichten hätten geschlagen werden müssen, wollte man die Hütte vom See wegschieben.

Dieses Vorgehen hätte also von mir verlangt, meinen stillen Vertrag mit den Bäumen zu brechen. Außerdem: Verschob man die Hütte von der Kuppe weg, so geriet sie unweigerlich in eine Hanglage, also mit einem Ende hochgestellt, statt sich wie bisher an den Boden geschmiegt in die Umgebung einzufügen. Alles in allem schien mir, daß sie nur unter außergewöhnlichem Aufwand abgerissen oder verschoben werden konnte und daß in beiden Fällen der Wald und das Land schwere Wunden davontragen würden.

Doch kein Bitten und keine Argumente konnten den Anwalt von seiner kleinlichen Forderung abbringen. Die Hütte mußte, um dem Vertrag Genüge zu tun, um mindestens drei Meter verschoben werden!

Da kamen eines Tages drei Freunde zu Besuch, die die ganze Angelegenheit wieder in hoffnungsvollerem Licht erscheinen ließen. Beim Kaffee erzählte ich ihnen von meinen Sorgen: Meine Frist für die Versetzung der Hütte lief nur noch bis zum ersten November, und der August war schon fortgeschritten. Meine Freunde, eine Hotelbesitzerfamilie, eröffneten mir, sie würden Anfang September ihren Betrieb für dieses Jahr zumachen und mir dann sehr gern helfen. Ned, der Vater, dem man seine skandinavische Abstammung deutlich ansah, hielt mit seinen Söhnen Sven und Brian auf meiner luftigen Vorderveranda gleich eine Beratung ab.

Die Pläne zur Versetzung des 13-Tonnen-Blockhauses nahmen schnell Gestalt an: Neue Fundamentlöcher mußten gegraben und ausgegossen, neue Fundamentpfosten zurechtgehauen werden; entrindete Stämme, die vom alten zum neuen Fundament reichen würden, sollten eine Gleitbahn bilden. Brian stellte rasch eine Liste der benötigten Werkzeuge zusammen: hydraulisches Hebezeug, Handwinden, Drahtseile und Ketten, Bugsierstangen, Bolzen, Hämmer, Brechstangen.

„Keine Bange!" versicherte er vergnügt schmunzelnd. „Das ganze Zeug haben wir bei uns im Hotel. Wenn du einen Spaten besitzt, kannst du schon mal Löcher graben, und falls du eine Motorsäge hast, schon die Gleitbäume fällen. Und schmiere sie auch gleich ein, wenn du irgendwo altes Fett auftreiben kannst."

Zum erstenmal seit Tagen fühlte ich mich wieder optimistisch. Drei Wochen blieben für die Vorbereitungen. Zunächst fällte ich die hohen Fichten. Jede bekam nach Indianerart ein Gebet mit auf den Weg, ehe sie zu Boden krachte.

Bald war der Waldboden durch Baumstümpfe, abgehackte Wurzeln und Äste verunziert. Doch Zeit zum Aufräumen hatte ich nicht. Die acht neuen Löcher waren genauso anstrengend auszuheben, wie es die acht alten gewesen waren. Todmüde schälte ich mich abends aus meiner verdreckten Kluft, fast zu erschöpft, um in die Schlafkoje zu kriechen. Meine nächste Aufgabe war es dann, zwei riesige, zwölf Meter lange Bäume zu schlagen und zu entrinden, die als Gleitstämme dienen sollten. Meine Hände wurden schwielig, schmutzig und harzverklebt.

Als ich damit fertig war, fuhr ich zu einem Restaurant am Serenesee, wo ich eine Zehnkilobüchse altes Fritierfett erhielt, und zu einer Tankstelle, bei der man mir einen großen Eimer Wagenschmiere überließ. Nun konnten Ned, Sven und Brian kommen.

Als die drei dann in der zweiten Septemberwoche eintrafen, zeigten sie sich besten Mutes.

„Das haben wir im Handumdrehen", meinte Ned zuversichtlich.

Aus „im Handumdrehen" wurde dann: *ein* Tag, um die Hütte von den Fundamentpfählen zu lösen und aufzubocken; ein *zweiter* Tag, um die Gleitbäume zur Hütte zu schleppen und an ihren Platz zu hieven; ein *dritter* Tag, um sie an den alten und neuen Fundamentpfählen zu befestigen, einzuschmieren und Hebezeug und Winden aufzustellen; ein *vierter* Tag, um Hüttenwände, Fenster und Dachkanten mit aufgenagelten Kreuzbalken zu verstärken, damit sie sich nicht verzogen; und ein *fünfter* Tag, um die Hütte zu versetzen.

„Heute ist's soweit!" Sven grinste schelmisch und tupfte mir Wagenschmiere auf die Nase. „Paß auf, dein Häuschen flutscht über die Stämme wie ein Eisstock über eine Curlingbahn. Du wirst schon sehen."

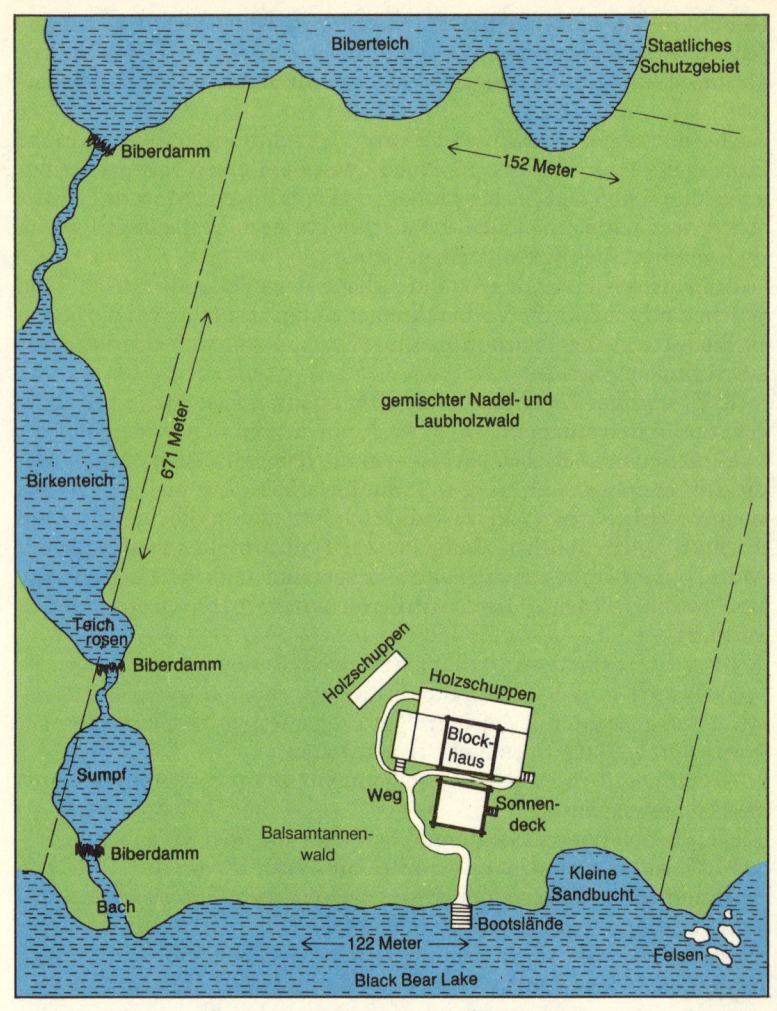

Karte von Blockhaus und Umgebung

Sven und Brian packten die Windenkurbeln und fingen zu drehen an. Zentimeter für Zentimeter bewegte sich die Hütte über die Gleitbäume; acht Stunden brauchte sie für die Strecke von 3,60 Metern (die zusätzlichen Zentimeter waren eine Sicherheitsreserve). Alles ging glatt. Nichts riß, brach oder kippte, niemand wurde verletzt. Im stillen mußte ich der Belastungsfähigkeit von Blockhütten und guten Freunden ein Kompliment aussprechen.

Nun stand mein Heim stelzbeinig wie ein Sumpfvogel im Wald, so hoch, daß darunter nach Verlegen des Fußbodens noch Platz für einen Keller mit einem engen Gästezimmer, einem kleinen Souterrain und einer Rumpelkammer war. Meine Badewanne quetschten wir in eine Ecke des Souterrains und schlossen sie an einen Gasboiler an. Damit wurde mein Lebensstil nun weniger spartanisch. Wie herrlich würde es sein, nach schwerer Aufräumarbeit an frostigen Abenden heiß baden zu können! Und die ursprünglichen Fundamente und den Fußboden der Hütte konnte ich, da sie sich noch am alten Platz befanden, im nächsten Sommer zu einem Sonnendeck umwandeln, gesäumt von selbstgezimmerten Blumenkästen. All dieser zusätzliche Raum würde sich, da war ich sicher, als unbezahlbar erweisen, war jedoch durch die Strapazen auch teuer erkauft.

In meinem Archiv liegt heute noch ein Brief von besagtem Rechtsanwalt, in dem er mir bestätigt, daß die Lage meiner Hütte nunmehr den Vorschriften entspreche – fünfzehn Meter vom Seeufer entfernt. Er muß wohl heimlich dagewesen sein und nachgemessen haben. Wäre er mir nämlich in die Hände geraten, ich hätte ihn mit Fritierfett und Wagenschmiere eingerieben und an einen der neuen Baumstümpfe gefesselt, als Fraß für die Bären oder für die Stechmücken.

Zum zweitenmal war meine Hütte bezugsfertig.

Herbstpracht

IM HERBST zeigen sich die Adirondacks von ihrer prächtigsten Seite. Die Geräusch- und Bewegungsflut des Sommers – Außenbordmotoren, Wasserflugzeuge, Wasserskiläufer, Kanufahrer, Wanderer und Schwimmer – ebbt Anfang September deutlich ab; die meisten der neun Millionen Gäste, die Jahr für Jahr kommen, drängen sich hier in den kurzen Sommermonaten zwischen Anfang Juli und Anfang September. Dann kehrt zwischen Bergen und Seen Ruhe ein, und die Tiere wagen sich wieder aus ihren Verstecken hervor.

An einem nebligen Morgen im September ging ich zum See hinunter und entdeckte auf dem Anlegesteg feuchte Pfotenspuren und abgerissene Stücke von Wasserpflanzen. Dreißig Meter weiter draußen spielte ein Otterpärchen. Ich sah die Tiere behende auf die Felsen vor meiner Bucht springen, jedes mit einem Katzenwels im Maul. In der Stille hörte ich Fischgräten knirschen.

Am frühen Abend kamen die Biber zum Vorschein, die sich nun nicht mehr auf der Uferböschung vor Motorbooten verstecken mußten. Gegen sechs schwamm ein großes Männchen elegant an meiner Anlegestelle vorbei. Ein glatter Wellenkeil breitete sich von seinem Schwanz aus über dem Wasser aus. Wenige Augenblicke später folgte das Weibchen mit drei Jungen. Bald darauf hörte ich mahlende Freßlaute.

Ich schlüpfte in mein Aluminiumkanu (es trägt einen Tarnanstrich, der wie Birkenrinde aussieht) und paddelte leise auf das Geräusch zu. Fünf Biber, halb im, halb über dem Wasser, nahmen eine Mahlzeit ein. Sie hatten eine zwanzig Zentimeter dicke Gelbbirke gefällt, deren Krone jetzt im Wasser lag. Mit seinen starken gelben Zähnen nagte jedes Tier kleine Furchen ins Holz des Stammes.

Als das Männchen mich erblickte, tauchte es sofort ab, kam fünf Meter weiter wieder hoch und schlug mit dem Schwanz peitschend aufs Wasser. Vorsichtig begann es, zischend und prustend das Kanu zu umkreisen. Das Weibchen schloß sich der Erkundung an. Weiter draußen zogen die Jungen ihre Kreise. Zwanzig Minuten dauerte das gegenseitige Beäugen. Schließlich entfernte ich mich langsam wieder, und die Biber beruhigten sich und kehrten zu ihrer Mahlzeit zurück. In ein paar Tagen, wenn sie die Rinde und das zarte Astwerk verzehrt haben würden, wollte ich mit dem Boot zurückkommen und den Stamm als Brennholz nach Hause schleppen. Immerhin war es *mein* Baum.

Die Herbsttage in den Adirondacks sind um die Mittagszeit meist noch mild genug, um ein letztes Mal vor dem Winter sonnenzubaden. Auf dem Sonnendeck sitzend, bewunderte ich meine aus beim Hüttenbau übriggebliebenen Brettern gebauten Blumenkästen mit den roten und weißen Petunien. Plötzlich schwirrte etwas heran: Ein Kolibri tauchte seinen Schnabel in eine Blüte. Vielleicht war dies für ihn der letzte Tag, an dem er in den Adirondacks Nektar aus meinen Blumen saugen konnte. Bis Ende September würde er fort sein. Wie ein winziger Jet würde er nach Süden fliegen, in sein Winterquartier nach Florida oder Mittelamerika, und erst Mitte Mai zurückkehren. Dieser Winzling hat einen unglaublich empfindlichen inneren Steuermechanismus, der wahrscheinlich auf wechselnde Sonnenlichtstärken, Erdmagnetfelder oder Fixsternpositionen anspricht. Zu dieser Fähigkeit gesellt sich eine ungewöhnliche Ausdauer, die ausreicht, sein 10-Zentimeter-Körperchen zweimal im Jahr zu festgelegten Zeiten zwei- bis dreitausend Kilometer über Gebirge und Meer hinweg an einen bestimmten Ort zu treiben.

Die einzigen fliegenden Kreaturen, deren Kraft und Mobilität mich noch stärker beeindrucken, sind die Monarch-Wanderfalter. Ich sehe sie an den düsteren Fichten vorbeischweben, orange leuchtend wie Herbstblätter, aber unendlich zierlicher gebaut. Aufwinde werfen sie bis in die Baumkronen empor, Abwinde ziehen sie wieder hinab bis in die Nähe der Petunien. Trotzdem setzen sie unbeirrt ihren Weg nach Süden fort, manchmal an die zweitausend Kilometer weit. Diese Falter können sich an Kraft und Beharrlichkeit mit den Kolibris durchaus messen.

In klaren frostigen Morgenstunden weckte mich in diesen Tagen der heisere Schrei der Kanadagänse, die niedrig über meine Hütte hinwegflogen. Den ganzen Tag, Keilformation auf Keilformation, zogen sie nach Süden, und auch nachts flogen sie vorbei, dann aber unglaublich hoch. Wie oft wünschte ich mir, mit den Gänsen davonzufliegen vor den nahenden trüben Novembertagen, vor der Seevereisung, und vor dem grausamen Winter, zu fliehen vor Einsamkeit und Angst, die die Schneestürme mit sich bringen.

Fast jeder Einheimische, mit dem ich darüber sprach, kannte diesen leichten Herbstkoller. Die Gänse verursachen eine merkwürdige Depression, wenn sie südwärts ziehen, und wirken wohltuend auf uns, wenn sie wiederkommen.

Sobald die Sonne am Nachmittag an Kraft verlor, begann ich, Brennholz für den Winter vorzubereiten. Zehn bis fünfzehn Klafter brauchte der Franklin-Ofen. Kettensäge und Ohrenschützer in der Hand, streifte ich durch den Wald, bis ich einen abgestorbenen Laubbaum fand. Am besten ist Gelbbirke; sie hat den höchsten Heizwert und verbreitet einen herrlich holzigen Duft.

An einem frischen Herbstnachmittag gibt es keine schönere Arbeit im Freien als Holzsägen und -hacken. Stets gerate ich nach wenigen Minuten bereits ins Schwitzen und mache mich frei bis auf ein leichtes Hemd. Am Ende des Tages bringe ich dann manchmal die Courage für einen reinigenden, kühlenden Sprung in den See auf. An diesem Abend schmerzen dann vielleicht meine Muskeln, und meine Finger kribbeln, aber ich schlafe tief und fest.

Mit großer Befriedigung sah ich meinen Holzstoß wachsen. Jeder neue Klotz bedeutete Stunden voller Wärme und Behaglichkeit. Das Holzschlagen ist die beste Versicherung gegen die Winterkälte, es kostet nichts und bringt zudem ein willkommenes körperliches Training mit sich.

Doch mußte ich mir nicht nur um mein winterliches Feuer, sondern auch um die damit verbundenen Risiken Gedanken machen. Zwei

Kilometer von der nächsten Straße entfernt zu leben hieß, daß im Ernstfall kein Feuerwehrwagen zu mir gelangen konnte. Feuerlöschboote gab es auf unserem See natürlich auch nicht. Regelmäßig prüfte und füllte ich daher alle Feuerlöscher und hatte in der Hütte stets vier Eimer mit Wasser griffbereit in meiner Nähe. Die Wand hinter dem Franklin-Ofen hatte ich mit feuerfestem Material verkleidet, und auch das Ofenrohr war gut isoliert. Am größten war die Feuergefahr natürlich im Winter, weil dann der Ofen unentwegt brannte und die Wasserpumpe wegen des Frosts leer und somit nutzlos war. Fünfzig Zentimeter dickes Eis bedeckte den See, und nur ein einziges Loch, das ich täglich mit der Axt neu aufhacken mußte, ermöglichte mir den Zugang zum kostbaren Löschwasser. Zwischen der Seevereisung im November und dem Tauwetter im April ist daher die Angst vor einem Brand allgegenwärtig.

IM HERBST rücken die Einheimischen hier näher zueinander. Das Gefühl der Zusammengehörigkeit wird stärker, wenn der Ruf der Wildgänse und der klagende Wind uns daran erinnern, wie spärlich besiedelt unsere Berge sind. Von meiner Blockhütte wohnt der nächste ganzjährig hier lebende Nachbar acht Kilometer entfernt!

Früher mieden die Forschungsreisenden, Händler und Siedler dieses Gebirge. Sie folgten statt dessen dem Sankt-Lorenz-Strom, dem Hudson, dem Mohawk oder dem Black River. Dort im Hinterland unseres Bundesstaates wuchsen Großstädte wie Albany, Plattsburg und Amsterdam heran. Auch in den Adirondacks entwickelten sich Ortschaften an Flußufern und Seen, aber eher in Abhängigkeit von den Städten draußen, von denen sie mit Material und Nahrungsmitteln, Medikamenten und Post versorgt wurden. Die Ortsansässigen verdienten sich dort ihren Lebensunterhalt als Holzfäller, Fernmelde- und Elektrotechniker, Klempner, Schreiner, kleine Ladenbesitzer, Hotelangestellte, Straßenarbeiter und Mechaniker oder mit Tätigkeiten für Holzfirmen, Eisenbahngesellschaften und durch den Tourismus. Im Laufe der Zeit hat sich hier ein Menschenschlag entwickelt, der unabhängig ist, dickköpfig, zugeknöpft und mißtrauisch gegenüber Außenseitern, aber herzlich und hilfsbereit zu Freunden.

Im Herbst wurden meine Einkaufsreisen nach Lake Serene dreimal so lang wie im Sommer. Nachrichten wurden ausgetauscht und Freundschaften neu gefestigt. Der Ort Lake Serene mit seinen ungefähr tausend Einwohnern macht um diese Zeit auf jedermann einen freundlichen, entspannten Eindruck – bis zum Beginn der Jagdsaison. Dann nämlich setzt eine neue Touristenwelle ein.

Am 25. Oktober wird in den Adirondacks traditionell die Groß-wildjagd eröffnet. 150 000 Jäger strömen jährlich in unsere Berge und geben hier schätzungsweise acht Millionen Dollar für Lebensmittel, Ausrüstung, Unterkunft und Dienstleistungen aus. Diese Invasion sorgt für entsprechende Geschäftigkeit unter den örtlichen Ladeninhabern und Hotelleuten, und Beamte der staatlichen Umweltschutzbehörde patrouillieren auf den Straßen und Wegen und achten auf Wilderer und Schonzeitsünder.

Für mich wurde es Zeit, daß ich die Grenzen meiner neun Hektar Land durch Schilder absteckte, auf denen BETRETEN VERBOTEN stand, um übereifrige Sportsleute abzuschrecken. Ich betrachte mein Land als mein privates Tierschutzgebiet, und kein Jäger oder Fischer soll das Wild hier stören. In rot-weiß-kariertem Holzfällerhemd, die Taschen prall gefüllt mit Flachkopfnägeln und den Hammer an den Gürtel gehängt, schritt ich die Grenze ab. Ungefähr alle dreißig Meter nagelte ich an auffälliger Stelle ein Schild an einen Baum.

Immer wieder gab es jedoch arrogante Jäger, die es nicht lassen konnten, meine Verbotstafeln zu mißachten. Am ersten Tag der Jagdzeit hörte ich ganz dicht beim Wassertank einen Gewehrschuß. Ich nahm die Savage von der Wand und eilte durch den Wald in die Richtung, aus der der Schuß gekommen war. Drei stämmige Iren mit vor Anstrengung geröteten Gesichtern starrten mich an.

„Meine Herren, dies ist Privatbesitz. Würden Sie sich bitte von hier entfernen!" forderte ich sie ernst auf und entsicherte das Gewehr.

„Aber, aber", antwortete einer neckisch, „wir wollen hier doch nur hindurch zum Staatsland."

„Warum haben Sie dann geschossen?" fragte ich.

„Aber das waren wir doch nicht", meinte ein anderer und nahm nun seinerseits sein Gewehr in die Armbeuge.

Ich spürte ein leichtes Angstkribbeln, doch ich ließ mir nichts anmerken. „Das hier ist ein Tierschutzgebiet. Die Schilder weisen deutlich darauf hin. Es ist mir egal, ob Sie einen kilometerweiten Umweg machen müssen, aber hier kommen Sie nicht durch."

Die drei Männer zögerten einen Augenblick, kehrten dann aber widerwillig um.

Ein weitaus beängstigenderer Vorfall trug sich in einer Nebelnacht im November zu. Ich saß am Tisch und schrieb. Ich hatte alle Gaslampen angezündet, um die gespenstische Düsternis aus der Hütte zu vertreiben. Kein Laut unterbrach die unheimliche Stille. Gegenüber am anderen Seeufer war am Eröffnungstag der Jagdzeit eine Gruppe von Männern in ein ansonsten selten benutztes braun-grünes Häuschen eingezogen. Gegen acht Uhr hörte ich fernes Rufen. „Annie! Hallo, Annie, bist du da?"

Ich kannte niemanden aus der Gruppe, aber an meinem See-Ende waren keine anderen Häuser bewohnt. Andererseits nennen nur meine engsten Freunde mich „Annie". Ich löschte alle Lampen und trat leise auf die hintere Veranda hinaus.

Schwach drangen durcheinanderredende, betrunken klingende Stimmen über den stillen See. Ich schlich mich zur Anlegestelle hinunter. Mehrere nur schemenhaft erkennbare Gestalten, von hinten grell beleuchtet und grotesk verzerrt, machten sich schwankend auf ihrem Anlegesteg zu schaffen. Es hörte sich an, als würde ein Aluminiumboot zu Wasser gelassen.

Erneut ein Rufen, diesmal lauter. „Annie, Annie, bist du da?"

Ich nahm die Schrotflinte von der Hüttenwand und setzte mich auf meine Bank, von der aus man den See überblickt. Vielleicht würde der Anblick der dunklen Hütte die Männer davon überzeugen, daß ich zu Bett gegangen war. Das Rufen, das Rumoren im Boot und das Gedränge auf dem Landesteg dauerten noch eine halbe Stunde an. Dann wankten die Männer ins Haus zurück und schlugen die Tür zu. Ich blieb fast bis Mitternacht auf meinem Wachposten, denn betrunkene Jäger hielt ich für ebenso unberechenbar wie tolle Hunde.

Am nächsten Morgen erwachte ich mit einer richtigen Wut im Bauch. Ich setzte einen abgetragenen Stetson auf, schnallte mir den 38er Revolver um und zog derbe Stiefel an. Mit dem Boot raste ich über den See, sprang an Land und stapfte zur Tür der Hütte. Bollerboller-boller. Keine Antwort. Schließlich öffnete ein etwas unsicher gehender Mann in roter Unterwäsche schlaftrunken die Tür.

Ehe er ein Wort sagen konnte, schrie ich ihn bereits an: „Was, zum Teufel, haben Sie und Ihre Freunde sich letzte Nacht eigentlich gedacht? In dieser Weise hier herumzubrüllen! Ich finde Ihr Benehmen unerhört! Damit Sie's wissen: Wenn auch nur einer von Ihnen ungebeten mein Land betritt oder meinem Anlegesteg zu nahe kommt, schieße ich!"

Ich machte auf dem Absatz kehrt und stiefelte davon. Meine Hoffnung war, daß ich nach diesem Auftritt in den Ruf eines Flintenweibes geraten würde, mit dem nicht gut Kirschen essen ist, und fortan meine Ruhe haben würde. Und in der Tat: Es muß sich wirklich herumgesprochen haben, denn fast vier Jahre lang traute sich kein Jäger mehr in die Nähe meiner Hütte. Doch eines Tages, an einem windigen Spätnachmittag, als ich mit Patsy, einer Freundin, von einem langen Ausflug nach Hause zurückkehrte, fanden wir ein Stück bachaufwärts ein

Motorboot versteckt. Von ihm aus führten Spuren über mein Land, genau an den Grenzschildern vorbei. Patsy und ich überlegten, was wir tun sollten.

„Die müssen wir uns schnappen", erklärte ich. „Genau unter einem BETRETEN-VERBOTEN-Schild das Boot festzumachen, das ist zuviel."

Wir ruderten das Boot zu meiner Anlegestelle, vertäuten es und trugen den Benzintank zu meiner Veranda. So konnten sich die Jäger nicht ungesehen davonmachen. Drinnen tranken wir erst einmal Tee und aßen Gebäck.

Als der Abend dämmerte, traten zwei große, muskulöse Männer aus den Tannen hervor.

„Jemand zu Hause?" rief einer von ihnen.

Wir sprangen von den Stühlen hoch. Ich öffnete die Tür, und Patsy folgte mir auf den Fersen.

„Suchen Sie vielleicht Ihr Boot?" fragte ich.

„Ja", antwortete der Jüngere der beiden höflich. Dann sah er den Benzintank. „Haben *Sie* den etwa ausgebaut?"

„Allerdings. Können Sie denn nicht lesen? Keine sechs Meter von dem Platz, an dem Sie festgemacht haben, befindet sich ein Grenzschild. Und jetzt lassen Sie sich mal für Ihr Eindringen eine gute Entschuldigung einfallen."

„Wir sind in die Mündung des Baches gefahren, weil der See so stürmisch war", erklärte der Jüngere ruhig. „Und wir haben auf Ihrem Grund und Boden nicht gejagt, sondern ihn nur überquert, bis wir unbeschildertes Land erreichten. Wir gehören nämlich zur Staatspolizei und würden das Gesetz wohl kaum übertreten. Aber es ist unsere erste Jagdzeit hier oben, und wir wollten lieber auf Nummer Sicher gehen."

Es endete damit, daß Patsy und ich die beiden zum Kaffee einluden und eine fröhliche Stunde damit verbrachten, uns ihr Jägerlatein anzuhören. Als sie gingen, fragte der Ältere noch: „Könnten wir Ihnen vielleicht noch irgendwie behilflich sein?"

Sie konnten: Am nächsten Tag brachten mir unsere beiden neuen Freunde und zwei ihrer Kollegen meinen gesamten Wintervorrat an Propangas – acht Flaschen, die jeweils fast zwei Zentner wogen – vorbei und stellten sie mir in die Hütte. Man kann mit Eindringlingen eben manchmal auch Glück haben.

Gegen gute Jäger habe ich eigentlich auch gar nichts (vorausgesetzt natürlich, sie halten sich vom Privatland fern). Gelegentlich gehe ich selber auf Hirschjagd und weiß Wildbret durchaus zu schätzen. Als ausgebildete Tierökologin ist mir bekannt, daß Jäger eine biologisch

bedeutsame Rolle dabei spielen, den Wildbestand ins richtige Verhältnis zum vorhandenen Nahrungsangebot und zu den Umweltbedingungen ihres Lebensraums zu bringen. Wenn es mehr Hirschwild
gibt, als die Winterweide tragen kann, sind viele Tiere schlecht ernährt
und verhungern. So kann der Jäger also auch zum Schützer des Wildes
werden.

Meine besten Freunde

IN DEN ersten Wochen und Monaten meines Hüttenlebens wurden die
Bäume zu meinen besten und ständigen Gefährten. Jeden Baum im
Umkreis von gut hundert Metern lernte ich persönlich kennen.

Die „Vier Schwestern", eine Reihe nah beieinanderstehender Rottannen, befanden sich fast in Reichweite meiner Schlafkoje, und eine
ähnliche Gruppe hinter meinem Anlegesteg zeichnete sich nachts als
angenehme Navigationshilfe gegen den Himmel ab. Eine enorme
Weymouthskiefer beschirmte das Toilettenhäuschen, eine andere
erhob sich kerzengerade wie ein Leuchtturm auf der nahe gelegenen
Landzunge bei den Felsen. Von der Hütte bis fast zum Bach hinüber
säumte ein junger Tannenwald das hohe Seeufer. Fünf stattliche Fichten ragten hinter der Hütte beim Holzschuppen in die Höhe, und zu
ihren Füßen reckte sich schütterer Nachwuchs der Sonne entgegen.
Mit ihnen allen kam ich in Berührung: durch Pflege, Beschneidung,
Ausästen, aber auch durch Anfassen, Bewundern und Lauschen.

Mit der Zeit entwickelte ich ein erstaunliches „Baumbewußtsein".
Zuerst lernte ich, die Geräusche zu differenzieren: Tannen ließen im
Wind ein ernstes, tiefes, trauriges Rauschen hören, Kiefern ein höheres, fröhliches, geschmeidiges Sausen. Balsamtannen gaben ein kurzes
Zischen von sich, Rotahorn und Zuckerahorn ein ungeduldiges
Rascheln, Gelbbirken ein sanftes, ruhiges Seufzen. Ich bemerkte
deutliche Variationen, je nachdem, ob eine frische Westbrise, ein
stechender Nordwind, ein böiger Wind von Süden oder ein stürmischer Ostwind wehte. Aber die Stimme eines Waldes ist mehr als
das – ebenso wie eine Symphonie mehr ist als die Summe der erklingenden Töne.

Dann waren da die Baumdüfte. An heißen, trockenen Sommertagen erfüllten Balsamtannen, Fichten und Kiefern die Luft in und vor
der Hütte mit ihrem Wohlgeruch. Der Teppich aus herabgefallenen
Nadeln, die trockene lockere Erde, das rinnende Baumharz, die sonnenwarme Rinde, sie alle besaßen ihren eigenen, zarten Duft, und die

lebendigen Tannennadeln verströmten das früher für heilkräftig
gehaltene Balsamaroma.

Ein besonders schönes Erlebnis bescherte mir mein junger Balsam-
tannenwald. An Spätsommernachmittagen sah ich, wie das Sonnenlicht schräg durch die Stämme fiel und das dichte, dunkle Gehölz gol-
den aufglühen ließ. Ich begann, die toten Äste, so hoch ich reichen
konnte, mit der Axt abzuhauen. Den ganzen Sommer über setzte ich
dieses Ausästen fort, in immer weiterem Umkreis um die Hütte
herum. Dann, an einem stillen Septemberabend, setzte ich mich auf
mein Verandageländer und wartete auf die Illuminierung des Tannen-
waldes durch die untergehende Sonne. Dann war es soweit. Die Sonne
schickte ihre goldgleißenden feurigen Strahlen durchs Geäst, und die
Tannen, die wie schwarze Säulen dastanden, warfen scharfgeschnit-
tene Schatten auf die kupferglänzende Erde und das goldgrüne Moos
und tauchten umgestürzte Stämme in sanfte Bronzetöne. Mein kleiner
Wald war zu einer Studie von Licht und Schatten geworden.

Die intensive Beziehung, die sich über die Jahre hinweg zwischen
mir und den Bäumen entwickelte, hindert mich nicht, sie manchmal
zu Überlebenszwecken zu benutzen. Auf sehr handfeste Weise spielen
die Bäume in meinem Erwachsenenleben schon länger eine wichtige
und manchmal auch gefährliche Rolle.

Früher, ehe ich mein Haus aus Baumstämmen gebaut hatte, hatte
ich oft meinem Mann geholfen, Holz für das Hotel zu schlagen. Mindestens vierzig Klafter Feuerholz waren jedes Jahr einzubringen;
außerdem mußten Stämme zur Sägemühle geschafft werden, damit
wir über Bauholz für laufende Reparaturen und für den Ausbau unseres Gebäudekomplexes verfügten. Da wir vierzehn Kamine zu versorgen sowie acht Ferienhäuser, ein großes Haupthaus, Garagen, Ställe,
Bootsanlegestellen und Bretterstege zu unterhalten hatten, mußten
wir jeden Herbst eine ansehnliche Menge Holz fällen. Und so wurde
ich *Lumberjack*, Holzfällerin, und war auf der Lohnliste des Hotels
sogar als solche aufgeführt.

Da ich aus einem großstädtischen New Yorker Vorort stamme,
hatte ich vorher noch nie im Leben eine Axt geschwungen oder eine
Motorsäge geführt. Nach meinem ersten Herbst in den Adirondacks
konnte ich jedoch von den vierzig Klaftern zehn Klafter selber
schlagen und spalten und mit der Motorsäge und dem Winden-Lkw
umgehen. Diese Vorkenntnisse ermöglichten mir dann den Hüttenbau und machten doch vieles leichter, als ich es mir zunächst gedacht
hatte.

Ein weitsichtiges Naturschutzgesetz hat es überhaupt erst möglich gemacht, daß ich meinen Traum von einem Leben inmitten einer natürlichen Umgebung in die Tat umsetzen konnte. Dank diesem Gesetz habe ich einige hundert Quadratkilometer unberührten Wald als Hinterhof. Vor Axt und Motorsäge ist der Baumbestand auf dem Staatsland geschützt, nicht jedoch vor Blitz und Sturm. Bei den großen Unwetterkatastrophen von 1950 und 1954 knickten ganze Wälder um wie Streichhölzer. Während eines weniger katastrophalen Sturmes bin ich einmal die ganze Nacht durch den Wald gestreift. Es war schwül wie in den Tropen, ein wilder Wind blies, Böen trieben Wolkenberge vor sich her. Ich krempelte mir die Ärmel hoch und blieb an einem Bach stehen, um mir den Schweiß vom Gesicht zu waschen. Über mir knarrten und krachten die Äste, und von Zeit zu Zeit hörte ich Holz splitternd brechen und zu Boden stürzen. Durch ein kurz aufreißendes Loch in der blauschwarzen Wolkendecke leuchtete fahl der Dreiviertelmond. Ich war zu fasziniert, um Angst zu haben, und zu aufgewühlt, um zu ermüden. Gegen fünf Uhr morgens legte sich der Wind. Erst dann ging ich zu Bett, noch immer ohne mir der Gefahr bewußt zu sein, der ich mich leichtsinnig ausgesetzt hatte.

Als ich aufwachte, boten sich mir Bilder der Verwüstung. Einige Teile der Adirondack-Wälder waren wie mit einer Sense niedergemäht worden. Das Gewirr niedergestürzter Stämme erhob sich bis zu sechs Meter hoch. Einige der schönsten, ältesten Waldbestände des Nordostens waren in diesem Sturm zugrunde gegangen. Solche Windbrüche wirken noch jahrelang nach: An manchen Stellen, wo sich der Wald nun lichtete, vermehrte sich das Hirschwild rapide; an anderen Stellen, wo die gestürzten Bäume jegliche Bewegung blockierten, verhungerte es. Die Holzwirtschaft erlitt schwere Verluste, bemühte sich allerdings, möglichst viele der gefallenen Stämme zu bergen, ehe sie zu verrotten begannen. Wanderer und Kampierer fanden Wege und Lagerplätze zerstört oder versperrt. Zudem trocknete in den betroffenen Gebieten das Holz aus und erhöhte die Feuergefahr.

Es erscheint merkwürdig, daß ich mich damals in dem starken Sturm überhaupt nicht fürchtete, im Wald spazierenzugehen, heute aber Angst vor umstürzenden Bäumen habe. Diese Furcht ist jetzt beinahe so stark wie meine Feuerangst. Aber ich gehe hier ganz bewußt ein Risiko ein, denn ich fühle mich wohler, wenn ich die Vier Schwestern in einer windigen Nacht vor dem Sternenhimmel schwanken sehe, als wenn ich um die Hütte eine Sicherheitszone abgeholzt hätte. Ebenso ist es mir wichtiger, die große krumme Fichte neben dem Sonnendeck hervorlugen zu lassen, als sie zu fällen und eine sichere Rasenfläche anzulegen. Trotz dieser Entscheidung kann ich in Nächten, in denen der Wind anschwillt, nicht gut schlafen. Dann sehe ich in Gedanken, wie ein monströser Stamm gegen die Hüttenwand stürzt, sie einreißt und Bücher und Trümmer umherwirbelt.

Einmal, ein einziges Mal, wäre es fast so gekommen. Eine starke Winterkaltfront war von Norden her zu uns durchgedrungen und knickte die Spitze meiner herrlichen krummen Fichte ab. Die Spitze wurde sechs Meter durch die Luft geschleudert. Sie segelte über den Hüttenfirst, rutschte auf der anderen Seite hinunter und krachte zu Boden, wobei ihr vierzig Zentimeter messendes Stammende das Dach des Holzschuppens streifte. Auch dieser Beinahetreffer vermochte indes weder meine Entscheidung umzustoßen, keine Schutzzone abzuholzen, noch meinem ursprünglichen Baumschutzschwur untreu zu werden. Nach wie vor fälle ich nur abgestorbene Bäume.

Inca, Mapuche und Pitzi

OBWOHL ich mich allmählich gut eingelebt hatte, spürte ich, daß mir etwas fehlte. Ich wollte ein Tier, das ich liebhaben, das ich streicheln, mit dem ich in der Hütte spielen, das ich auf Ausflüge mitnehmen konnte. Gewiß, ich hatte Hunderte von Bäumen als Gefährten und jede Menge Wildtiere zur Gesellschaft. Backenhörnchen sammelten sich an meiner hinteren Veranda und bettelten um Erdnüsse. Kleiber, Kohlmeisen, Eichelhäher und Spechte kamen ohne Scheu zu meinem Futterhäuschen. Jeden Abend landete mit einem leichten Plumps ein knopfäugiges Flughörnchen neben dem Küchenfenster und naschte an der Erdnußbutter, die ich zum Abendessen auf den Fenstersims legte. Hin und wieder ließ es mich seinen seidigen Rücken streicheln, ehe es wieder in die Luft sprang, über das Verandageländer segelte und sich auf einem nahen Baum niederließ, alle viere von sich gestreckt, flach wie ein pelziger Pfannkuchen.

All diese Tiere suchten mich aber nur wegen der Fütterung auf, nicht aufgrund innerer Zuneigung. Es hätte mir auch widerstrebt, sie zu Haustieren zu machen. Ich glaube, daß Wildtiere sowohl ihre Würde als auch die Überlebensfähigkeit in ihrer natürlichen Umwelt verlieren, wenn sie zahm genug werden, um ständig vom Menschen Nahrung anzunehmen. Mein Land sollte ein Zufluchtsort für Wildtiere sein, keine Suppenküche.

Im zweiten Hüttensommer schaffte ich mir eine ebenholzschwarze Katze mit jadegrünen Augen an. Ich nannte sie „Inca". Rasch fühlte sie sich in der Hütte wohl. Inca schaukelte an den Vorhängen, kippte Bücher von den Regalen, fing Mäuse und jagte Backenhörnchen. Sie verschleppte meine Sachen in den Wald, stieß Bleistifte vom Schreibtisch und drückte wahllos Tasten auf meiner Schreibmaschine. Ihr Lieblingssport war, an der Wand von Stamm zu Stamm zu springen und dabei Isoliermaterial aus den Ritzen zu reißen.

Ich fand das ganz amüsant, bis ich einmal mehrere Tage wegmußte. Es war unmöglich, Inca an eine Leine zu legen oder unter dem Arm zu tragen. Wenn ich sie ins Boot setzen wollte, verwandelte sie sich in eine rasende Furie, sprang ins Wasser und wäre jedesmal fast ertrunken. Schließlich steckte ich die Katze in einen Rucksack, dessen Öffnung ich verschnürte, und schwang ihn auf den Rücken oder legte ihn unten ins Boot. Aber egal, ob ich auf eine Wanderung ging, das Boot benutzte oder mit Schneeschuhen über den gefrorenen See lief: Inca, die „Katze im Sack", fauchte, kratzte und rumorte wie der Teufel.

Trotz aller liebevollen Erziehungsversuche wurde sie wilder und wilder. An manchen Abenden tobte Inca in der Hütte herum wie ein elektrischer Mixquirl in der Rührschüssel. Unvermittelt sprang sie auf den Schreibtisch, fixierte mich mit ihren klaren Jadeaugen und blieb dann still sitzen wie eine Statue. Aber sobald ich zu schreiben anfing, sprang sie mir auf die Hand. Es war unmöglich, in ihrem Beisein zu arbeiten. Als sie schließlich das Flughörnchen angriff und begann, am Futterhäuschen Vögel zu belauern, war ihr Schicksal besiegelt: Ich verschenkte sie an eine fröhliche alte Dame auf einer 120-Hektar-Farm außerhalb der Adirondacks. Dort konnte sie nach Herzenslust jagen und herumstrolchen und es sich abends – mit drei Gefährtinnen und der katzenverliebten alten Dame – am Holzofen gemütlich machen.

In den folgenden Jahren verbrachte ich zwei Winter an einer Universität, wo ich an meiner Promotion über Wildtierökologie arbeitete. Unsere Vorlesungen und Seminare über Wildtierkrankheiten fanden am Veterinärmedizinischen Institut statt. Dort lief gerade eine Tollwut-Versuchsreihe mit Wildfüchsen. Eines Tages ging ich an den Zwingern vorbei und sah ein junges Silberfuchsmännchen, das im Schnee angepflockt war. Sein Pelz war dicht und glänzend, sein Schwanz herrlich buschig. Wir standen da und starrten einander an – er mit wilden, geschlitzten gelben Augen, ich mit einem Blick der Zuneigung und Bewunderung. Durch einen kleinen Umweg auf meinem Gang zum Seminarraum war ich in der Lage, diesen Fuchs mehrmals in der Woche zu besuchen. Ein Name fiel mir ein: „Mapuche". So hieß ein Indianerstamm in Südchile, der ebenso unbezwingbar war wie dieser ungezähmte Fuchs.

Eines Tages erfuhr ich, daß man viele der Füchse nicht mehr brauche und sie wohl töten werde. Bei einem Veterinärprofessor erkundigte ich mich, ob mein kleiner Freund dazugehören würde. Ich hatte mir schon des öfteren vorgestellt, welch schönes Haustier er abgeben und wie frei er sich in der Hütte fühlen würde. Noch vor Ende der Woche hatte ich den Silberfuchs gekauft, wußte nun aber nicht, wohin mit ihm.

Da ich die meisten Wochenenden in der Hütte verbrachte, hatte ich nur ein kleines Zimmerchen in einem Studentenwohnheim. Haustiere zu halten war verboten. Nach hektischer Suche fand ich vor einem Ornithologielabor eine große leerstehende Vogelvoliere. Auf der einen Seite kollerten wilde Truthähne, auf der anderen putzte sich ein seltenes japanisches Kranichpärchen.

Dorthin brachte ich Mapuche im Februar. Und nun begannen die entmutigendsten Tage, die ich je mit einem Tier verbracht habe. Mapuche ließ mich nicht an sich heran. Sobald er meinen Wagen kommen hörte, verkroch er sich in eine Ecke. Wenn ich durch das Türchen hineinschlüpfte, zog er die Lefzen hoch und fletschte die Zähne. Bot ich ihm frisches Wasser, Pferdefleisch oder Knochen an, zischte und knurrte er. Der Zwinger stank nach Urin und nach den vom Fuchs versprritzten „Duftstoffen". Meine Kleider und Stiefel rochen so entsetzlich, daß ich eine spezielle Fuchskleidung nur für Besuche im Zwinger bereithalten mußte, sonst hätten mich meine Kommilitonen bald hinausgeworfen.

Dieses deprimierende Verhalten setzte sich den ganzen kalten und schneereichen März über fort. Bibbernd blieb ich, so lange es ging, im Zwinger, hatte trotz dicker Handschuhe eiskalte Finger und hoffte, der Fuchs würde auftauen und eine zögernde erste kleine Freundschaftsgeste machen. Doch tagaus, tagein hockte er nur in einer Ecke, starrte mich an und knurrte.

Der April kam und mit ihm wärmeres Wetter. Eines Nachmittags konnte ich Mapuche ohne Handschuhe und dicke Jacke besuchen. Die Sonne schien so warm, daß ich mich ein paar Minuten im Zwinger auf einen Holzklotz setzte und die Augen schloß. Da fühlte ich plötzlich ein leises Zupfen an meinem Pferdeschwanz. Ich drehte den Kopf ein bißchen und öffnete vorsichtig ein Auge. Mapuche stand hinter mir, eine Pfote gehoben, sprungbereit zum Rückzug. Sein Maul war geschlossen, die Ohren gespitzt, schnurgerade und regungslos die Lunte mit der weißen Spitze. Dies war keine Angriffs- oder Angsthaltung. Ich lag mucksmäuschenstill. Minuten später wieder ein Zupfen. Ich machte beide Augen auf und sah den Fuchs jetzt richtig an.

Furchtlos hielt er meinem Blick stand, aber mit einem neuen Ausdruck in seinen Augen – Schalk. Verblüfft sah ich, wie er vorrückte, die Spitze meines Pferdeschwanzes zwischen die Vorderzähne nahm und sanft zupfte. Mapuche wollte spielen!

Langsam, ganz langsam streckte ich eine Hand zu ihm aus. Instinktiv berührte ich ihn unter dem Kinn, die Handfläche nach oben, wie man es mit fremden Hunden tut. Mein Handgelenk war dadurch allerdings völlig ungeschützt. Würde Mapuche mir mit seinen scharfen Zähnen die Adern aufschlitzen?

Er zitterte leicht. Ich begann, sein Kinn zu kraulen, dann seine Kehle, dann Hals- und Ohrengegend. Eine bemerkenswerte Verwandlung ging mit ihm vor. Das Zittern hörte auf, und die wilden gelben Augen wurden sanfter und schlossen sich halb. Seine Ohren hörten auf, wie nervöse Antennen vor und zurück zu zucken. Sein Fell glättete sich. Still wie ein Haushund stand Mapuche da, während ihm wohl zum ersten Mal überhaupt menschliche Zuwendung und Zärtlichkeit zuteil wurden.

Von nun an wandelte sich Mapuches Verhalten dramatisch. Wenn er meinen Wagen kommen hörte, sprang er aufgeregt gegen die Drahtwand der Voliere, klammerte sich mit den Krallen daran wie eine Katze und wedelte freudig mit dem Schwanz. Jetzt knurrte er nicht mehr, sondern grinste, wenn ich durch das Türchen kam. Fleisch und Knochen nahm er aus meiner Hand, und seine Zähne benutzte er nur, um mich spielerisch an der Jacke, den Hosenbeinen oder am Haar zu zausen. Um sich auszutoben, sprang er gegen die Käfigwände. Mapuche und ich verbrachten bezaubernde Stunden.

In diesem Frühling erhielt ich dann am Tiermedizinischen Institut einige aufschlußreiche Informationen. Als Welpe war Mapuche von einem Mann mit dicken Handschuhen aus dem Bau geholt worden, und im Labor hatten Studenten und Wissenschaftler, ebenfalls mit Handschuhen, an ihm gearbeitet. Ich hätte deshalb Mapuche nicht mit Handschuhen besuchen sollen. Zudem hatte ich zuwenig Zeit mit ihm verbracht. An beidem aber war eigentlich das bitterkalte Winterwetter schuld gewesen.

Jetzt hatte mir Mapuche seine ganze Sympathie geschenkt, und sein Tag bestand daraus, auf mich zu warten. In Mapuche vereinten sich verschiedene Eigenarten von Katzen und Hunden auf seltsame Weise. Er war von blitzartiger Gewandtheit und schlauer als jeder Hund, den ich je kannte. Mitte Mai ließ er sich schließlich von mir an der Leine spazierenführen, und Ende Mai, am Semesterschluß, war ich sicher, daß ich ihn nun in die Hütte mitnehmen konnte.

Ich packte meine Bücher und meine Siebensachen, borgte mir einen kleinen Käfig, ließ Mapuche eine Beruhigungspille schlucken und fuhr zurück zum Black-Bear-See. Es war ein klarer, warmer Frühlingstag, als wir ankamen. Ich verstaute meine Sachen im Boot und versuchte beim Einladen so sanft wie möglich mit Mapuches Käfig umzugehen. Seine Augen wurden glasig vor Angst, als er den Bootsmotor anspringen und die Bugwelle rauschen hörte. Prompt spürte ich auch wieder den vertrauten erstickenden Fuchsgestank.

Bei der Hütte band ich Mapuche sofort an meine große krumme Fichte. Er schnupperte in die nach Kiefern duftende Luft und wühlte kurz im feuchten Humus. Hier roch es nicht nach Truthähnen, Kranichen, Autoabgasen und muffigen Exkrementen. Dies war die natürliche Welt, in der er geboren war. Seine Bewegungen wurden ruhiger

Mapuche, mein zahmer Silberfuchs, spielt mit mir.

und sicherer. Er scharrte sich eine kleine Kuhle zum Lagern. Nur der Blick aus seinen Bernsteinaugen blieb immer wach, fragend, vorsichtig.

Mapuche entdeckte Rothörnchen, neue Vögel, Schwarzbären, wilde Füchse, Biber, Backenhörnchen und Hirsche. Den ganzen Tag suchten Augen, Ohren und Nase wie Radarantennen die Luft nach Informationen ab. Ich hielt den Fuchs an einer Kette und machte ihn rings um die Hütte nacheinander an immer neuen Bäumen fest. Nachts schlief er unter einem kleinen Schutzdach. Da ich vorhatte, ihn an die Adirondack-Umwelt zu gewöhnen, ging ich mit ihm spazieren und ließ ihn jeden Abend frei, damit er jagen lernte. Meine Hoffnung war, daß er einerseits Fühlung mit mir behielt, andererseits aber selbständig genug würde, um allein in der Wildnis zurechtzukommen. Im September lief der Fuchs schon jeden Abend mehrere Stunden frei herum, kam aber bis zum Morgen immer zurück.

Eines Tages kehrte er jedoch nicht zurück. Ich wartete drei Tage. War er dem Ruf der Wildnis gefolgt, oder war er in Not geraten? Durch den Wald zu laufen, zu pfeifen oder zu rufen war sinnlos. Des Rätsels traurige Lösung präsentierte sich mir dann in Gestalt eines üppigen Pelzes, den ein vorbeipatrouillierender Staatspolizist in der Hand hielt.

„Ich weiß, daß Sie einen Silberfuchs hatten", begann er verlegen. „Ich glaube, das hier war er."

Tränen stiegen mir in die Augen, und meine Hände zitterten.

„Drüben in Hawk Hill haben ihn vorgestern ein paar Leute geschossen", fuhr er fort. „Sie sagten, der Fuchs habe es auf die Kaninchen abgesehen gehabt, die sie für die Kinder im Stall hielten. Er habe sich sonderbar benommen, überhaupt nicht menschenscheu. Sie befürchteten, daß er Tollwut haben könnte, und da haben sie mich geholt."

„Nein, er war nicht menschenscheu", sagte ich leise. „Und tollwütig auch nicht", fügte ich hinzu, als mir die böse Ironie aufging. Von klein auf bis zu seinem Ende hatte sich in Mapuches Leben alles um die Tollwut gedreht. Er hatte sie nie gehabt, und dennoch war sie der Grund für seine Gefangennahme und jetzt für seinen Tod gewesen.

Wortlos stand der Polizist da und bemerkte die Tränen in meinen Augen. „Schauen Sie", versuchte er zu erklären, „ich *mußte* eine Tollwutuntersuchung vornehmen lassen. Ich *mußte* den Kopf nach Albany ins Labor schicken." Er hielt einen Augenblick inne. „Der Fuchs war so schön, daß ich es nicht über mich gebracht habe, ihn zu begraben. Da habe ich ihn abgehäutet. Ich dachte mir, daß Sie vielleicht den Pelz gerben lassen und als Andenken behalten wollen."

Ich war zugleich dankbar und angeekelt. Ein Teil von mir wollte, daß der Fuchs für immer verschwand, damit meine Trauer kurz sein würde; ein anderer Teil war sich mit einem Mal klar, wie es kam, daß in bestimmten Kulturen Skalpe, Totenschädel, Schrumpfköpfe, Asche und andere Überbleibsel von Menschen- und Tierkörpern zu Kultgegenständen erhoben werden: Es ist der Versuch, bestimmte Eigenschaften des geliebten Wesens in Ehren zu halten und weiterleben zu lassen. Ich wollte ein Andenken an Mapuche in meiner Hütte. Tränenblind nahm ich das Fell an.

Heute hängt Mapuches Pelz neben meinem Schreibtisch, und sein Schwanz berührt meine Stuhllehne. Von Zeit zu Zeit greife ich nach oben und fahre durch das silberglänzende Fell. Fast ist es, als lebte er noch, nur der etwas strenge Fuchsgeruch und die wilden Bernsteinaugen fehlen.

Die Augen, die mich heute anschauen, sind ebenfalls bernsteinklar und stolz, aber auch treu und liebevoll. Sie gehören einem riesigen Schäferhund namens „Pitzi". Pitzi heißt in der Cachiquel-Maya-sprache „Hündchen". Das war Pitzi auch, als ich ihn in der Nähe eines kleinen Sees im Hochland von Guatemala fand, an dem ich zwei Jahre für meine Doktorarbeit geforscht hatte. Pitzi und vier Geschwister lagen an ihre Mutter geschmiegt, eine kleine, hellgraue, sanftmütige Hündin. Täglich war ich auf dem Weg zu meinem Boot an dem Haus vorbeigekommen, vor dem die Hunde lagen, und seine Bewohner waren gute Freunde von mir geworden. Pitzis Vater – ein stämmiger schwarz-brauner Rüde – hatte mich oft bei meiner Arbeit auf dem See begleitet.

„*Llevese un perrito como un recuerdo de Guatemala*, nehmen Sie doch eines der Hündchen als Andenken an Guatemala mit", bot Don Carlos, der Besitzer des Hundes, großzügig an, als es Zeit für mich war, Guatemala zu verlassen.

Ich überlegte. Wie konnte ich einen Welpen als Souvenir an Bord dreier verschiedener Flugzeuge und durch Zoll- und Paßkontrollen schmuggeln und gleichzeitig zwölf Gepäck- und wissenschaftliche Ausrüstungsstücke über eine Distanz von dreitausend Kilometern befördern?

„*Sí Dios quiere, tu puedes*", meinte achselzuckend der Besitzer. Wenn Gott will, dann geht es. Er muß es gewollt haben. Impulsiv pickte ich mir den einzigen Welpen mit einem weißen Kinnfleck heraus. Ich packte ihn in meinen indianischen Schultersack und dankte Don Carlos überschwenglich auf spanisch.

Mein erster Versuch als Schmugglerin wäre fast gescheitert. Als wir in Miami in der Schlange am Einreiseschalter standen, wachte Pitzi auf. Er steckte sein Köpfchen aus dem Sack und begann an einer amerikanischen Fahne zu knabbern, die neben dem Eingang hing. Kaum hatte ich ihn in den Sack zurückgeschoben, lugte er schon wieder heraus. Mit Ausweis, Gesundheitspaß, Feldstecher, Kamera und Pitzi jonglierend, schaffte ich es, in dem Augenblick durch den Zoll zu kommen, als der Hund gerade im Sack blieb. So ging es weiter, rein und raus, die ganze Reise. Nur ein einziges Mal wurde Pitzi entdeckt: auf dem letzten Flug zum Staat New York. Er krabbelte aus dem Sack und hüpfte den Mittelgang des Flugzeugs entlang. Fast wäre er mit einer Stewardeß zusammengestoßen. Sie schnappte ihn sich und kam stirnrunzelnd zu mir.

„Hunde als Handgepäck sind gegen die Vorschriften", begann sie mit strenger Stimme. „Er gehört in einen ordentlichen Käfig, und sein Flug muß bezahlt werden. Ich muß das dem Flugkapitän melden."

Ich sah schon langwierige Auseinandersetzungen mit den Quarantänebeamten wegen der notwendigen Papiere und Impfungen vor mir. Da rettete Pitzi die Situation. Er gähnte so herzhaft, daß man seine kleine rosa Zunge über den weißen Zahnperlen sehen konnte, streckte sich in den Armen der Stewardeß aus und begann an ihrem Daumen zu nuckeln. Gerührt krabbelte sie ihn am Bäuchlein und gab ihn mir zurück. Minuten später brachte sie eine Schale Milch, Stückchen von einem Huhnsandwich und ein winziges Eckchen einer Schlaftablette. Noch etwas benommen, aber wohlbehalten kam Pitzi am Black-Bear-See an. Ich stopfte ihn in einen roten wollenen Kinderpullover, damit er nicht fror, und verfrachtete mein Schmuggelgepäck zur Hütte.

Pitzi wuchs rasch aus dem Pullover heraus. Seine Pfoten gingen in die Breite wie kleine Schaufeln; allein ihre Größe hätte mich warnen sollen. Mit neun Monaten war Pitzi größer als seine Mutter, mit zwölf größer als sein Vater. Mit achtzehn Monaten konnte er sich auf die Hinterbeine stellen, die Vorderpfoten auf meine Schultern legen und mir in die Augen blicken. Wenn er neben mir im Auto saß, wandte man sich nach ihm um; auf der Straße wichen Passanten auf den anderen Gehsteig aus. Von ferne sah Pitzi furchteinflößend aus, aber aus der Nähe leuchtete seine wahre Persönlichkeit aus den warmen braunen Augen. Pitzi war leutselig. Er pflegte sich an die Beine von Leuten zu lehnen, damit sie ihn hinter den Ohren kraulten, brachte sie aber durch sein Gewicht oft zu Fall. Wenn er nicht gerade Bären hetzte oder Eichhörnchen jagte, blieb sein rechtes Ohr, ein Schlappohr, immer nach vorn geklappt, was ihm ein verwegenes Aussehen verlieh. Ganz erwachsen geworden ist Pitzi nie; er blieb in vielem immer der übermütige Welpe.

Obwohl er gern spielte, habe ich ihn doch bald für bestimmte Arbeiten abgerichtet. Im Sommer wird meine Post mit dem Boot gebracht, mit einem der wenigen Postboote, die in den Adirondacks noch fahren. Jetzt läuft Pitzi jedesmal, wenn das Boot sich nähert, zur Anlegestelle, meinen Sack mit ausgehender Post im Maul. Nach stürmischer Begrüßung des Postboten bekommt er meinen neuen Postsack ausgehändigt. Stolz wie ein Lipizzanerhengst hebt er die Pfoten und tänzelt zur Hütte zurück. Meist bringt er mir die Post direkt zum Schreibtisch, wo ich mit einem Hundekuchen auf ihn warte. Gelegentlich, wenn er unterwegs ein Eichhörnchen sieht, läßt er den Sack aber auch fallen und hetzt hinterdrein. Einmal hat er ihn sogar im Wald vergraben (mit zwei Schecks im Gesamtwert von fünfundsiebzig Dollar). Seitdem behalte ich Pitzi, wenn die Post kommt, im Auge.

Im Herbst hilft mir Pitzi, Brennholz zum Schuppen zu tragen. Kleine Äste, die zum Anzünden dienen, schleppt er im Maul und wartet am Holzstapel auf einen Hundekuchen, wenn ich mich heranmühe, den Tragegurt voller Scheite. Mit zwei Hundesatteltaschen hilft er mir auch in der Zeit, wenn der See gerade zufriert oder auftaut, Vorräte am See entlang durch den Wald zu befördern.

Eine von Pitzis selbst erworbenen Angewohnheiten hat ebenfalls etwas Nützliches. Jedesmal, wenn ich schwimmen ging, lockte ich ihn ins Wasser, so daß er bald regelmäßig mit gekonntem Bauchklatscher vom Bootssteg sprang und zu mir herauspaddelte. Nachdem er mich einmal mit Bellen und einer kleinen Balgerei umkreist hatte, schwamm er zum Anlegesteg zurück, und ich griff nach seinem Schwanz und ließ mich heimschleppen. Dies ist mittlerweile zu einem lustigen Ritual geworden, könnte aber möglicherweise eines Tages mein Leben retten.

Pitzi liebt Boote. Fürs Leben gern fährt er Motorboot und streckt dabei sein Schlappohr in den Wind. Auch den Balanceakt in meinem Segelboot mag er; geduckt hält er sich unter dem hin und her schwingenden Baum und achtet darauf, daß er sich nicht in Leinen verwickelt. Wenn wir kentern, schwimmt er allerdings mit eigener Kraft zum Ufer zurück. Am liebsten hat mein Hund jedoch das Kanufahren. Ich setze ihn in die Bootsmitte direkt hinter den Bugsitz. So helfen seine fünfundvierzig Kilo, das Kanu in Wind und Wellen zu stabilisieren, während ich paddle. Noch nie hat Pitzi das Kanu zum Kentern gebracht, auch nicht, wenn wir an Bibern vorbeifahren, obwohl er dann von Kopf bis Fuß zittert.

Auch das Schneemobil liebt er. Mehrere Winter hatte ich, wenn ich auf Schneeschuhen über den gefrorenen See marschierte, versucht, Pitzi zum Schlittenhund abzurichten, doch es war vergeblich. Unterwegs setzte er sich immer wieder hin und zitterte dann vor Kälte. Schließlich schaffte ich ein Schneemobil an. Rasch lernte Pitzi, sich flach auf dem Sitz auszustrecken, ließ den Schwanz hinten herunterhängen und steckte die Nase fast in den Vergaser. Ich stand breitbeinig über ihm, mit den Füßen auf den Trittbrettern und mit den Händen an der Lenkstange.

In fast jeder Hinsicht ist Pitzi ein hervorragender Gefährte und Beschützer. Die Art seines Bellens informiert mich sogar, wer vorbeikommt, sei es Postboot oder Kanu, Wanderer, Rothörnchen, Hirsch oder Kaninchen. Eines Herbstnachmittags hörte ich wieder sein Bellen aus dem Wald, aber diesmal mit einer neuen Note. Pitzi kläffte wie rasend. Zuerst dachte ich, er hätte ein Eichhörnchen in die Enge getrieben. Aber das Gebell nahm kein Ende und hatte einen warnenden Unterton. Ohne sonderliche Eile ging ich in meinen Tannenwald, um nachzuschauen. Da saß dort auf einer großen Hemlocktanne ein junger Schwarzbär und war gerade im Begriff gewesen herabzuklettern, als ihm von unten der Hund entgegengesprungen war. Pitzi hatte also einen Bären gestellt – eine heikle Situation. Wenn der Bär herunterkam, war Pitzis Leben in ernster Gefahr. Ein Prankenhieb auf die richtige Stelle konnte ihn töten.

Ich erkannte, daß es sich bei dem Bären um ein etwa zweijähriges Männchen handelte, das in diesem Sommer schon mehrfach an unserem See gesehen worden war. Vom Grill eines Nachbarn hatte er Hamburger stibitzt, an Häusern Mülltonnen umgeworfen. Dieser Bär war an Menschen und menschliche Futterquellen gewöhnt. In drei Wochen sollte die Jagdsaison beginnen, und zweifellos würde eine solche halbzahme Kreatur dem ersten Jäger zum Opfer fallen, dem sie vor die Büchse lief.

Eilends holte ich mein Jagdgewehr. Als ich zum Baum zurückkam, war der Bär ein gefährliches Stück tiefer geklettert. Aus seinem Verhalten und seinem Brummen ging klar hervor, daß er liebend gern heruntergestiegen und einfach im Wald verschwunden wäre. Pitzi kratzte wie toll am Baum und kläffte. Ich hatte keine Zeit, lange zu überlegen. Hier hieß es Bär oder Hund. Ich legte an, zielte und schoß. Der tote Bär fiel Pitzi fast genau vor die Füße.

Unter beträchtlichen Schwierigkeiten schleppte ich das Siebzigkilotier zur Hütte, während Pitzi es von oben bis unten beroch. Ich band dem Bären ein Seil um die Hinterfüße, warf es über einen Ast und zog den Bären in die Luft. Dann schlitzte ich ihm die Kehle auf, damit er ausblutete. Am nächsten Tag sah ein sehr neugieriger Hund zu, wie ich den Bären abhäutete. Nichts wurde verschwendet. Das Fell ging zu demselben Gerber, der Mapuches Pelz bearbeitet hatte. Es ziert jetzt meinen Fußboden. Die Krallen hob ich für eine Halskette auf. Den Schädel vergrub ich einige Monate, holte ihn dann blitzblank aus der Erde und nagelte ihn an die Hüttenwand. Das beste von allem war, daß Pitzi und ich eine Zeitlang herrliche Schwarzbärensteaks und -eintöpfe zu verspeisen hatten. Freunde, die ich zum Essen einlud, fragten arglos, wo ich denn das köstliche „Rindfleisch" her hätte.

Innerlich mußte ich beim Zerteilen des Bären gegen einen gewissen Widerwillen ankämpfen, denn seines dicken, schwarzbraunen Pelzes entkleidet, sah das Tier einem Menschen bedenklich ähnlich. Aber ich wußte, daß ich das Richtige getan hatte. Ich hatte meinem Hund das Leben gerettet und dem Bären vielleicht erspart, daß irgendein Sonntagsjäger ihn so anschoß, daß er eines qualvollen Todes hätte sterben müssen.

War dieser Bär Pitzis gefährlichster direkter Gegner gewesen, so gab es in unseren Wäldern einen indirekt nicht minder gefährlichen Kontrahenten: den Baumstachler. Pitzis Scharmützel mit den wehrhaften Stacheltieren haben an unserem See legendäre Berühmtheit erlangt. Mit fünfen hat er sich bisher angelegt und es immer noch nicht gelernt, sie in Ruhe zu lassen.

Da alleinstehende Häuser bevorzugte Winterquartiere dieser Tierart sind, kriecht fast jeden Winter ein solcher Baumstachler unter die Hütte und schläft unter dem alten Holz. Und jedes Frühjahr, wenn er herauswatschelt, wartet Pitzi darauf, ihn zu belästigen. Bei seiner ersten Begegnung mit einem Baumstachler bekam er einen Schwanzhieb mitten ins Gesicht. Zahllose Stacheln saßen in Nase, Zahnfleisch, Zunge und Lefzen, und nur wie durch ein Wunder waren seine Augen verschont geblieben. Mit den Pfoten versuchte Pitzi immer wieder, sich die Stacheln aus dem Gesicht zu streifen. Da der nächste Tierarzt achtzig Kilometer entfernt war, brachte ich Pitzi eilends mit dem Boot über den See zu einem Freund. Dort wickelten wir den Hund zuerst in eine dicke Decke und fesselten ihm mit einem Strick die Beine. Dann steckten wir ihm einen runden, glatten Stock zwischen die Zähne. Während ich mich breitbeinig über Pitzi stellte und ihn mit dem „Schnauzenstock" festhielt, begann mein Bekannter, mit einer Zange die Stacheln herauszureißen. Der arme Pitzi stöhnte jämmerlich. Ich brauchte all meine Kraft, um ihn niederzuhalten, damit er uns nicht biß, und ein paar Augenblicke lang war er buchstäblich wie von

Sinnen. Zweiundsiebzig Stacheln später ließen wir den Hund los und zogen uns vorsichtig zurück. Pitzi schüttelte und erhob sich, trabte zum See, trank dort und kam schließlich freudig mit dem Schwanz wedelnd zurück, als ob nichts geschehen wäre. Trotz aller Ratschläge, daß man die mit Widerhaken versehenen Stacheln abzwicken oder mit Essig aufweichen soll, glaube ich fest, daß es das beste ist, sie so bald wie möglich herauszuziehen und das Tier damit von den Schmerzen zu befreien. Seit diesem erstmaligen Mißgeschick habe ich nun auf allen Wanderungen und beim Zelten immer eine Zange und ein Stück Strick mit, denn ähnliche Malheure können wieder passieren, wenn Pitzi einen Baumstachler zu Gesicht bekommt.

Könnte Pitzi über sein ungewöhnliches Leben hier in den Adirondacks – so fern von seiner Heimat Guatemala – sprechen, würde er vielleicht sagen: „Am schönsten ist es immer, wenn ich vorn im Kanu sitze und sie paddelt. Wir fahren an einer Biberburg vorbei, und ich höre drinnen ein Fiepen. Dann wittere ich einen dicken Hirsch, der am Ufer entlangstreift. Ich möchte gern ins Wasser springen, aber sie läßt mich nicht. Und dann kehren wir heim, und sie gibt mir ein herrliches Abendessen aus Wildbretresten. Auf dem Bärenfell am Feuer rolle ich mich zusammen und döse, während sie im Schaukelstuhl liest. Ich muß aufpassen, daß mein Schwanz beim Träumen nicht unter den Schaukelstuhl kommt. Das tut weh. Manchmal lehnt sie sich herüber und krault mich am Bauch. Das ist angenehm."

Hast recht, du Hund meines Lebens. Diese Zeiten zählen wirklich zu den schönsten.

Mein erster Winter
(Oder: Von einer, die auszog, das Fürchten zu verlernen)

ALS im November die erste dünne Eishaut den Black-Bear-See von Ufer zu Ufer überzog, begann für mich die Zeit der großen Waldtrecks. Zwei bis drei Wochen lang, bis das Eis fest genug geworden war, mußte ich alles auf dem Rücken durch den Wald in die Hütte hinein- und aus ihr herausschleppen: Proviant, Milch, Post, Abfälle, Kerosin, Vorräte. Ohne Schnee dauerte der Gang eine halbe Stunde, im Schnee hingegen eine Stunde. Das Leben und Arbeiten war zu dieser Jahreszeit sicherlich anstrengender und zeitraubender als im Sommer und im Herbst; andererseits machten die zusätzlichen Mühen körperlich fit und gaben mir Gelegenheit, das Ufer am Black-Bear-See besser kennenzulernen.

Eine der komischsten Episoden meines Hüttenlebens trug sich in dieser Zeit zu. Ein namhaftes Magazin wollte eine Reportage über die Adirondacks bringen. Die Redaktion beschloß, einen ihrer Starfotografen zu schicken, der Bilder machen sollte von der „Frau, die in einer Blockhütte wohnt und schreibt". In einem langen Telefongespräch versuchte ich dem Mann zu erklären, daß er das letzte Stück Weg zu Fuß kommen mußte. Ein kleines Gesprächsprotokoll:

„Hallo", begann er energisch. „Also hören Sie, ich miete heute einen Hubschrauber und bin dann gegen elf bei Ihnen, um die Bilder zu schießen."

„Hier gibt es aber keinen Landeplatz."

„Sind denn keine Felder in der Nähe?"

„Nein, nur Wald."

„Und beim Haus haben Sie keine Wiese?"

„Nein, nur Bäume."

„Was ist denn mit dem See? Wir könnten auf dem Eis landen."

„Ich fürchte, das Eis ist erst ein paar Zentimeter dick. Es trägt kaum einen Menschen, geschweige denn einen Hubschrauber."

„Wir *müssen* aber etwas finden. So viel Zeit, daß ich die ganze Strecke mit dem Auto hinfahren kann, habe ich nicht."

„Der nächste Landeplatz für einen Hubschrauber, der mir einfällt, ist ein Tennisplatz bei einem Hotel, dreizehn Kilometer entfernt. Ich könnte Sie da abholen und zum Black-Bear-See fahren. Beim letzten, zwei Kilometer langen Stück Weg wird Ihnen aber ein Fußmarsch nicht erspart bleiben."

Pause. „Ein Fußmarsch? Zwei Kilometer? Soll das heißen, daß es zu Ihrer Hütte keine Straße gibt?"

„Genau. Es gibt nur eine zum gegenüberliegenden Seeufer. Im Sommer fahren wir mit dem Boot rüber, und im Winter verwenden wir Schneemobile oder Schneeschuhe. Sie haben sich aber die schlimmste Jahreszeit ausgesucht, in der man überhaupt nicht über den See kommt. Also muß man zu Fuß gehen."

„Geht's nicht mit dem Schneemobil?" fragte er bittend.

„Nur ungefähr fünfhundert Meter. Dann wird der Pfad zu schmal und zu steil, und streckenweise gibt es überhaupt keinen Pfad."

„Na, dann besorgen Sie bitte ein Schneemobil. Es spart wenigstens ein *bißchen* Zeit."

Geld schien für ihn keine Rolle zu spielen, Zeit dafür um so mehr. Also lieh ich mir ein Schneemobil. Damals fingen diese Maschinen gerade an, in Mode zu kommen, und ich hatte noch nicht daran gedacht, mir eine anzuschaffen. Ich holte den Mann ab, forderte ihn

auf, sich festzuhalten, und knatterte mit ihm und seinen Kameras fünfhundert Meter näher an meine Hütte heran.

Dann stiegen wir aus und gingen zu Fuß weiter. Die Kameras und
die Fotoausrüstung waren schrecklich schwer. Der Fotograf sah zwar
ausnehmend gut aus, war aber völlig außer Form. Die anderthalb
Kilometer brachten ihn heftig ins Schwitzen und Keuchen.

Der Anblick meines rustikalen Häuschens mit den Büchern, Teppichen, Tierfellen und Reisesouvenirs richtete ihn aber wieder auf. In
den nächsten zwei Stunden schoß er eine Menge Bilder, und der
Abschied schien ihm schwerzufallen. Ob's daran lag, daß er den langen Rückweg fürchtete, oder ob er gern einen gemütlichen Abend am
Kamin verbracht hätte, weiß ich nicht. Ich glaube, es war beides.

Sobald ein ins Eis gehacktes Testloch zeigte, daß die Decke inzwi-

Mein Blockhaus im Frühwinter; im Vordergrund das Sonnendeck.

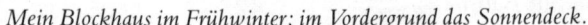

schen sieben bis acht Zentimeter dick war, traute ich mich zu Fuß aufs Eis. Zunächst schnitt ich mir eine gerade, etwa zweieinhalb Meter lange Fichtenstange und trieb durch das eine Ende einen Nagel. Falls ich einbrach, konnte ich den Nagel wie eine lange Kralle ins Eis hauen und mich heraushangeln. Mit dem anderen Ende der Stange klopfte ich beim Gehen vor mir aufs Eis. Gutes Eis gibt ein festes, nachklingendes „Pang", schlechtes Eis ein dumpfes „Bupf", dünnes Eis ein hohes, kurzes „Tap".

In den ersten zwei Wochen war ich mit der Eisgeherei äußerst vorsichtig. Einige der Momente, in denen ich meine Einsamkeit am Black-Bear-See besonders intensiv spürte, fielen in diese blaugrauen, froststarren Dezemberabende, wenn es schon um halb fünf dämmerte und aus tiefhängenden Wolken Schneeschauer stoben. Über das spiegelglatte Eis wanderte ich schwerbepackt mit meiner Stange heimwärts und fragte mich, ob mir wohl noch Zeit für einen zweiten Atemzug bliebe, wenn ich jetzt einbräche – oder jetzt – oder jetzt …

Zu Weihnachten freilich hatte der Schnee schon den ganzen See bedeckt, und die Eisdecke war einen halben Meter dick. Nun kamen meine Schneeschuhe zum Zug. Jeder Gang mit den Schneeschuhen war anders und auf seine Weise schön. Manchmal sah ich zierliche, um die Inseln herum verlaufende Fuchsspuren oder ein Gewirr von Hirschhufabdrücken, die Rutschspur eines Otters an der Uferböschung oder das Nebeneinander von Falkenflügeln und Hasenpfoten nahe beim Ufer. Der Wind hatte rhythmisch Schneewellen modelliert, zwischen denen spiegelnde Eisstreifen lagen. Eine blutrot untergehende Sonne konnte riesige blaue Schatten von Kiefernbäumen über den perlweißen Schnee werfen, während die gleißende Mittagssonne die Decke aus Schnee und Eis in ein riesiges blitzendes Diamantenfeld verwandelte.

Meinen ersten Heiligabend verbrachte ich allein in der Hütte. Eine Familie, zu der ich gehen konnte, hatte ich nicht, und zu wohlmeinenden Freunden oder Nachbarn wollte ich nicht. Das Thermometer auf meiner hinteren Veranda war auf minus zweiunddreißig Grad gefallen. Es war Vollmond. Ich trat in diese herrliche Nacht hinaus, bekleidet mit langen Unterhosen, drei Paar Wollsocken, zwei Paar Handschuhen, einem dicken Unterhemd, einem wollenen Shetlandpullover, schweren Holzfällerhosen und einer Jacke mit Kapuze. Ich schnallte mir die Schneeschuhe unter und machte im Wald hinter der Hütte einen kurzen Spaziergang. Kleine Tannen waren zu Puderzukkerhügeln geworden, der Bach zu einem murmelnden Rinnsal unter dem Eis. Schneewehen waren ziseliert wie Hochzeitskuchen. In der eisigen Kälte knirschte meine Montur, und meine Fingerspitzen kribbelten. Schneeschuhhasen schlummerten in dunklen Höhlen unter schneebeladenen Fichten. Alle paar Minuten krachte es wie ein Gewehrschuß, wenn sich das Holz der frierenden Bäume in der strengen Kälte zusammenzog. Über dem kahlen Waldbaldachin funkelten Sterne, aufgereiht an brüchigen Ästen. Eine magische Nacht – so richtig wie für Weihnachten geschaffen.

Am nächsten Tag beschloß ich, essen zu gehen. Gegen Mittag verließ ich die Hütte. Das Thermometer stand auf minus dreißig Grad, und ein Nordwind blies mir mit dreißig Stundenkilometern in den Rücken. Insgesamt war es dadurch etwa minus siebenundfünfzig Grad kalt. Damals wußte ich noch nicht, daß man sich unter derartigen Umständen schwere Erfrierungen an freiliegenden Hautpartien zuziehen kann. Ich zog alle Kleidungsstücke vom vorhergehenden Abend an, dazu Schneebrille, Schal und gefütterte Gummistiefel. Auf Schneeschuhen machte ich mich auf den Weg über den See. Keiner meiner Sommernachbarn hatte sich übers Fest hierhergewagt; ich war allein. Auf halber Strecke hörten Zehen und Finger auf zu kribbeln und begannen gefühllos zu werden. Ich hielt einen Augenblick inne, zwang meine Arme aus den Jackenärmeln heraus und steckte die Hände unter die Achseln. Für meine Füße aber gab es keine Möglichkeit zum Wärmen. Als ich drei Viertel des Weges zurückgelegt hatte, waren die Füße bis zu den Knöcheln empfindungslos, und meine Nase fühlte sich merkwürdig an. Beim Erreichen des Parkplatzes erschienen mir meine Beine nur noch wie zwei Klumpen, und ich konnte die Finger kaum noch bewegen.

Als ich den Schlüssel in das Schloß an der Autotür zu stecken versuchte, wurde mir schlagartig die Gefährlichkeit meiner Lage bewußt. Das Schloß war zugefroren. Wenn ich nicht in den Kombi kam, den Motor starten und mich aufwärmen konnte, drohte mir der Erfrierungstod. Alle Häuser um den Black-Bear-See waren den Winter über verlassen. Umzukehren und *gegen* diesen arktischen Wind zurückzulaufen wäre glatter Wahnsinn gewesen. Der Weg zu meinen nächsten Nachbarn über den Berg nach Hawk Hill betrug fünf Kilometer.

Ich fand ein Streichholzbriefchen und versuchte, Streichhölzer unter dem Schlüssel anzuzünden. Doch entweder blies der Wind sie aus, oder ich konnte sie mit meiner schwer behandschuhten Hand nicht mehr halten und ließ sie zu Boden fallen. Aber einen anderen Weg, das Schloß aufzutauen, gab es nicht. Mit viel Geduld schaffte ich es, den Schlüssel zu erhitzen, und schließlich drang er ins Schloß. Die Tür ging auf. Mittlerweile zitterte ich heftig.

Das Getriebeöl war derart dickflüssig, daß sich der Schalthebel nicht bewegen ließ. Das hieß, daß ich mit dem Fuß auf der Kupplung bleiben mußte, bis Motor und Heizung die Kabine erwärmt hatten – falls der Motor ansprang. Ich zog den Choke voll heraus und drehte den Schlüssel. Ein unheilverkündendes heiseres Krächzen unter der Motorhaube. Noch einmal. Und noch einmal. Endlich sprang der Motor an, spuckte, hustete und lief dann rund. Nie im Leben bin ich einer Maschine so dankbar gewesen.

Sobald ich den Schaltknüppel in den Leerlauf bekam, stieg ich aus und rannte auf dem Parkplatz auf und ab. Ich fror bitterlich. Nach zehn Minuten war es im Wagen warm genug, um mich darin auftauen zu können. Das tat allerdings so weh, daß mir alle Lust aufs Abendessen verging. Um Haaresbreite war ich um Frostbeulen und wohl auch um schwere Erfrierungen herumgekommen. Ich beschloß, sofort zur Hütte zurückzukehren, obwohl mich der Gedanke, bei Nacht, bei noch kälterer Luft also, über den See zurücklaufen zu müssen, in Angst und Schrecken versetzte.

Dieser Weihnachtsspaziergang dämpfte meine Hüttenbegeisterung ein wenig. Er weckte in mir den Wunsch, aus meiner selbstgewählten Abkapselung Fühler in die Welt hinauszustrecken. Ein Telefon kam nicht in Frage, da der nächste Anschlußpunkt acht Kilometer entfernt lag. Aber mit einem CB-Funkgerät und einer großen Antenne würde ich in Notfällen Hawk Hill und vielleicht sogar Lake Serene erreichen können, wo eine freiwillige Feuerwehr und ein Krankenwagen stationiert waren.

So erstand ich ein kompaktes Transistorfunkgerät und krönte den Dachfirst meiner Hütte mit einer zweieinhalb Meter hohen Antenne. Eine 12-Volt-Autobatterie lieferte den erforderlichen Strom. Am ersten Abend schaltete ich den Apparat ein und stellte ihn auf die einzige Frequenz ein, für die ich einen Quarz besaß. Es handelte sich, wie ich wußte, um die Notruffrequenz für unseren Teil der Adirondacks. Von der freiwilligen Feuerwehr und einigen engagierten privaten CB-Funkern wird sie ständig abgehört.

Knistern, Knacken. Ich hörte einen Bekannten in Hawk Hill einen Abschleppwagen rufen, der ein Auto aus einer Schneewehe ziehen sollte. Plötzlich schien die Hütte nicht mehr ganz so entlegen, der Winter nicht mehr ganz so trist. Ein Schimmer Kameradschaft leuchtete auf, an dem ich mich wärmen konnte. Als wieder Stille herrschte, drückte ich meinen Mikrofonknopf. „Hier ist Anne am Black-Bear-See, rufe Hawk Hill; Black-Bear-See ruft Hawk Hill."

Schwaches Summen, dann heftiges Knacken. „KBX-5213 in Hawk

Hill ruft Black-Bear-See", meldete sich dann eine tiefe Stimme. „Verstehe Sie. Was gibt's denn, Anne?"

„Ich probier nur mein neues Funkgerät aus. Kann Sie prima hören", sagte ich stolz. „Wie geht es Ihnen?"

„10-4. Hier ist KBX-5213. *Over and out.*"

Der Apparat schwieg. Ich war von der kurzen, unfreundlichen Abfertigung verblüfft. Am nächsten Tag erfuhr ich einiges über die Vorschriften, denen die CB-Funkerei unterliegt. Man muß eine Lizenz beantragen, bekommt eine Rufnummer und Buchstabenkombination und muß eine Gebühr entrichten. Die Notfrequenz darf nicht zum Plaudern benutzt, sondern muß immer für dringende Rufe offengehalten werden.

Ich beantragte meine Lizenz und kaufte noch ein paar zusätzliche Quarze. Fortan saß ich häufig vor dem Funkgerät. Viele faszinierende Stunden bescherten mir vor allem die „Einstreuungen". In Stakkato-Stößen kamen Signale aus der großen weiten Welt zum Black-Bear-See. Morgens hörte ich texanische Garnelenfischer vor der Küste Yucatans rüde miteinander streiten; mittags kamen oft spanische Wortbrocken aus Havanna und San Juan; abends funkten Bibertrapper aus Neuschottland oder Fischer von Georgia an ihre Frauen, daß sie sich Kabeljau mit Salzkartoffeln zum Abendessen wünschten. Aber die Einstreuungen störten oft die Meldungen, die ich übermitteln wollte oder mußte. Dann war das CB-Gerät praktisch nutzlos. Trotzdem ließ ich es jeden Abend eine Stunde laufen. Alle ein, zwei Monate schleppte ich die Batterie mit dem Schlitten zu meinem Auto und tauschte sie gegen die aufgeladene aus.

Zu der Zeit, als ich mein Kommunikationssystem verbesserte, experimentierte ich auch mit Toiletten- und Badeeinrichtungen. Zuerst benutzte ich nachts einfach einen Nachttopf und trottete tagsüber zum Toilettenhäuschen. Im Winter aber fror ich dann buchstäblich auf dem Sitz fest, und es war sehr umständlich, jedesmal die Winterkluft und Schneeschuhe anzuziehen und sechzig Meter zu laufen. Schließlich installierte ich in der Küche eine Art Chemieklo.

Zum Baden versuchte ich alle möglichen Techniken, vom Abreiben mit dem Schwamm bis zur finnischen Sauna. Die beste Methode war, einen runden Pferdetrog aus Metall mit drei Eimern Wasser zu füllen, mich hineinzuquetschen und einen gummierten Poncho, aus dem mein Kopf oben herausschaute, über den Trograd zu ziehen. Dadurch blieben Wärme und Dampf drinnen. Diese „Roßbäder" nahm ich meist auf der hinteren Veranda, oft inmitten herniederfallender Schneeflocken. Wurde es richtig kalt, schnappte ich mir zwei

Eimer, eine Schöpfkelle und eine kleine Plastikwanne voll siedend-
heißem Wasser, trug alles ins Freie in den Schnee, stellte mich in die
Wanne, damit meine Füße warm blieben, und goß mir das heiße Wasser über Kopf und Körper. Ungefähr eine Minute hatte ich, um mich
abzuseifen und die Haare zu waschen, ehe die Kälte durchdrang. Eine
weitere Schöpfkelle, und mir war wieder warm. Gießen. Haare aus-
spülen. Hände und Füße schrubben. Genau zwei Eimer reichten.
Dann ein bißchen im Schnee gewälzt und rasch zum Feuer geeilt. Solche Bäder habe ich bei minus dreiundzwanzig Grad genommen und
mich hinterher stets unbeschreiblich wohl gefühlt.

Im Winter versuche ich immer, möglichst aktiv zu bleiben. Ich
schreibe, besuche gute Freunde, berate, reise. Es ist ein bewußter
Kampf gegen die Einsamkeit.

Winter heute

DER Winter heute ist weniger einsam und dafür freier, vergnüglicher.
Er beginnt, sobald der erste Schnee gefallen ist und das erste Schneemobil zu schnurren beginnt. Binnen weniger Jahre hat das Schneemobil das Winterleben in den Adirondacks von Grund auf verändert.
Statt sich wie die Waldmurmeltiere zu verkriechen und an Hüttenkol-
ler zu leiden, können die Einheimischen jetzt hinaus, sich treffen, miteinander reden. Viele Ortschaften haben sich dadurch völlig verwandelt. In wintermüde Dörfchen bringt das Schneemobil jetzt frische
Gesichter und Geselligkeit. Die Winterurlauber kaufen Essen,
Getränke, Kleidung, Benzin und Öl, sie brauchen Unterkünfte und
Reparaturdienste. An einem guten Schneemobil-Wochenende ist
jedes Gasthaus in der Gegend von Touristen bevölkert. Sie bringen
ihre Maschinen, Wohnwagen, Kleinlaster und Schlitten mit, kommen
in knallbunten Schneemobil-Kluften, Helmen, Handschuhen, Brillen
und Ärmelschonern. Menschen stapfen in schweren Gummi- und
Fellstiefeln durch Kneipen- und Restauranttüren.

Familien planen jetzt sonntägliche Schneemobiltouren. Gruppen
reisen auf dem glatten Eis von See zu See, halten zum Mittagessen,
machen Feuer, kochen eine Suppe, machen ein Fäßchen auf, singen
lustige Lieder.

Auf dem Black-Bear-See vor meiner Hütte sind die ersten Schneemobile vor acht Jahren aufgetaucht. An einem düsteren Januarabend
kamen die ersten beiden über das Eis gefahren. Am See-Ende schlugen
sie einen weiten Bogen und brummten wieder zurück. Ohne es zu

wissen, hatten sie Geschichte gemacht. Jahrhundertelang war man zu
Fuß über das Eis gegangen, und nun hatte man einen fahrbaren Unter-
satz, der auf Schnee und Eis bis zu hundertsechzig Stundenkilometer
laufen konnte.

Ich überschlug, wieviel Zeit ich mit dem Marsch über den See verbrachte, um die Post zu holen; jedesmal mindestens anderthalb bis
zwei Stunden. Ich dachte an die schweren Ladungen, die getragen
oder mit dem Schlitten geschleppt werden mußten: Lebensmittel,
Hundefutter, Kerosin, Bücher. Und dann fielen mir die Versorgungs-
güter ein, die vor dem Zufrieren mit dem Boot herübergebracht werden mußten: Benzin, Kisten mit Konserven, Propangasflaschen. Mir
schien, daß ein Schneemobil dem Winter und mehr noch der Einsamkeit vieles von ihrer Härte nehmen konnte. Diese Vermutung hat sich
bewahrheitet. Meine kleine „Rupp Sprint" mit ihrem 15-PS-Motor
nimmt mir manche Winterstrapaze ab.

Eines Abends war ich mit Bekannten aus Lake Serene verabredet
und fuhr kilometerweit über den See zu einer Hütte, die sich unter alte
Schuppenzedern schmiegte. Als ich angekommen war und mein
Schneemobil abgestellt hatte, sah ich drinnen einen Bratrost glühen,
auf dem Wildbretsteaks und Kartoffeln vor sich hin brutzelten, während auf dem Eis vor der Hütte ein prasselndes Feuer mit übermanns-
hohen Flammen emporloderte. Ein großer Picknicktisch stand in der
Nähe, beladen mit Bierkästen, Tellern, Besteck, heißem Kaffee und
Bechern. Vor uns erstreckte sich der See bis hinauf zu kohlraben-
schwarzen Hügeln. Am Himmel waren bereits die ersten Sterne zu
erkennen, und an der Art ihres Funkelns konnte ich ablesen, daß uns
eine Nacht mit starken Minustemperaturen bevorstand. Alle aßen und
tranken nach Herzenslust. In angeregtem Gespräch standen wir ums
Feuer herum und ließen uns reihum von allen Seiten wärmen. Grotesk
erstreckten sich unsere Schatten in die Nacht hinaus – verhüllte Gestalten in dicker Wintermontur, klobigen Stiefeln und unförmigen Handschuhen. Nach Einbruch der Dunkelheit bestiegen einige Männer ihre
Maschinen und fuhren Kreise, veranstalteten Wettrennen, machten
Kapriolen auf dem See. Es war ein wunderschöner, geselliger Abend,
der bis Mitternacht dauerte. Als ich mich verabschiedet hatte und über
den See zurückfuhr, erblickte ich am Horizont zahllose auf und ab flak-
kernde grüne und rosafarbene Finger: Es waren Nordlichter, die in
dieser Nacht einen besonders schönen Anblick boten und dem
Schneemobil-Picknick zu guter Letzt sogar noch ein angemessenes
Finale verschafften.

Freilich haben die Schneemobile auch viele entschiedene Gegner.

Ein Mann aus Hawk Hill etwa explodierte regelrecht, als ich auf meiner neuen Rupp angesaust kam. „Um Himmels willen, Anne, hast du jetzt auch eine von diesen verdammten umgebauten Motorsägen?"

Und die Nachteile sind nicht zu leugnen. So vergessen manche Fahrer ihre Manieren und reißen Nachbarn nachts um drei mit heulenden Motoren aus dem Schlaf. Zwar gibt es Gesetze im Staate New York, die für Schneemobile zwischen Mitternacht und sechs Uhr früh langsames Tempo und dreißig Meter Mindestabstand zu Häusern vorschreiben, aber das hat solch rücksichtsloses Verhalten bisher leider nicht verhindern können.

Andere gedankenlose Schneemobilfahrer hinterlassen überall ihren Müll. Mitten auf dem Black-Bear-See habe ich schon Bierdosen

Schneemobilpicknick bei Minustemperaturen;
in der Pfanne brutzeln Wildbretsteaks.

aufgelesen. Außerdem kann man an windstillen Tagen sehen, wie Kolonnen von Maschinen regelrechte blaue Abgasfahnen hinter sich herziehen. Neue synthetische Öle sollen den Ausstoß an unverbrannten Kohlenwasserstoffen angeblich etwas vermindert haben, aber immer noch hängen Abgaswolken in unserer klaren Adirondack-Luft.

Das Hauptübel bei den Schneemobilen ist jedoch der Lärm. Bei neuen Modellen soll durch bessere Schalldämpfung der Lärm etwa auf den Pegel eines Staubsaugers reduziert worden sein. Welch ein Unterschied, wenn ich heutzutage an Winterabenden die Tür meiner Hütte aufmache; die ungeheure Stille von früher gibt es nicht mehr. Immer röhren oder heulen irgendwo Schneemobile durch die Nacht.

Trotz all dieser negativen Eigenschaften werden sich die Schneemobile nicht wieder abschaffen lassen. Allein im Staate New York sind mehr als 180 000 von ihnen registriert, im gesamten nordamerikanischen Schneegürtel sind es mehr als 1 600 000, und in Kanada und den USA zusammen gibt es weit über zwei Millionen dieser Maschinen.

Von der besten Seite zeigt sich das Schneemobil in Notfällen, wenn es Menschenleben rettet und Verletzten in abgelegenen Gebieten Hilfe bringt. Welch unersetzliche Funktion ein solches Fahrzeug in einer lebensgefährlichen Situation besitzt, erfuhr ich höchstpersönlich, als sich im zweiten Winter, in dem ich mein Schneemobil besaß, ein geradezu dramatischer Vorfall ereignete.

Es war ein strahlendschöner, ruhiger Februartag, der erste nach rund zehn Tagen Schneetreiben und schneidend kaltem Wind. Am frühen Nachmittag kam ich von der Post zurück und blieb noch ein bißchen draußen im Freien. Die Sonne wärmte mir angenehm den Rücken, als ich mich über die Haube meines Schneemobils beugte, die Zündkerze prüfte und Benzin nachschüttete. Gerade hatte sich der Tank gurgelnd gefüllt, als ich aus der Ferne einen Ruf oder einen Schrei zu hören glaubte. „Anne, Anne, komm ..." Die Stimme schien von einer etwa achthundert Meter entfernten Landzunge am gegenüberliegenden Seeufer zu mir herüberzudringen. „Anne, komm schnell! Nimm dein Schneemobil!"

Ich handelte sofort. Mit Vollgas raste ich zur Landzunge hinüber. Dort kam mir ein großer Mann aus dem Wald entgegengehumpelt, so rasch er konnte. Ein Hosenbein war bis zum Knie aufgerissen, und Blut sickerte aus seiner langen Unterhose hervor.

„Hab mir mit der Axt eine Schlagader aufgehauen!" schrie er. „Es blutet stark – ich glaube, ich werde gleich ohnmächtig. Um Himmels willen, fahren Sie mich hier weg!"

Der Mann maß etwa einen Meter achtzig und wog vielleicht neunzig Kilo. Da ich nie einen Erste-Hilfe-Kurs absolviert hatte, wußte ich nicht, was ich tun sollte. Das vernünftigste schien mir, den Mann so rasch wie möglich ins Krankenhaus von Lake Serene zu bringen.

„Steigen Sie auf!" rief ich. „Halten Sie sich gut an meinen Schultern fest und versuchen Sie, nicht das Bewußtsein zu verlieren!"

Nie hatte mein kleines Schneemobil so lange gebraucht, um über den See zu kommen; das zusätzliche Gewicht machte ihm schwer zu schaffen. Unterwegs fiel mir plötzlich etwas ein. In der Nähe des öffentlichen Anlegestegs bog ich zu einem Sommerhaus ab, das über elektrischen Strom und ein CB-Gerät verfügte, so daß ich von dort aus den Krankenwagen verständigen konnte. Das Haus war bewohnt. Nur drei Minuten waren nötig, um die Situation zu erklären, die erforderlichen Anweisungen zu geben und einen Helfer zu rekrutieren. Zusammen schafften wir den Mann zu meinem Kombi und hoben ihn mit vereinten Kräften auf die Rücksitzbank. Der Motor des Wagens war von meiner Fahrt zum Postamt noch halbwegs warm, und auf der frisch geräumten Straße schnurrten wir über den Berg nach Hawk Hill und weiter in Richtung Lake Serene, das noch dreißig Kilometer entfernt war. Blut lief auf den Boden des Wagens, unsere Stiefel, den Sitz. Mit einem Stoffetzen von dem zerrissenen Hosenbein band mein Begleiter das Bein ab. Acht Kilometer hinter Hawk Hill kam uns in rasendem Tempo der Krankenwagen entgegen. Beide Fahrzeuge bremsten heftig, kamen etwas ins Schleudern und hielten an. Die Sanitäter transportierten den Holzfäller auf einer Trage ins Innere ihres Fahrzeugs und fuhren dann im Eiltempo die Straße zurück zum Krankenhaus. Mein Begleiter und ich folgten ihnen in meinem Wagen. Während der Verletzte behandelt wurde, stärkten wir uns in der Krankenhauscafeteria mit Sandwiches und heißem Kaffee. Dann brachten wir unseren Patienten, den ein paar Nähte und eine Bluttransfusion wiederhergestellt hatten, zu meinem Wagen und fuhren ihn heim. Es war noch einmal glimpflich abgegangen. Der Mann genas und konnte noch vor der Eisschmelze seine Arbeit zu Ende führen.

Immer wieder gab es in den letzten Wintern auch Unfälle mit Schneemobilen, mit durchaus gefährlichen Verletzungen: Knochenbrüche, Hüftverrenkungen, Bandscheibenschäden und Schnittwunden im Gesicht waren nicht selten. Auf dem Black-Bear-See, dem Serenesee und anderen Seen sind Maschinen durchs Eis gebrochen, in bis zu fünfundzwanzig Meter tiefes Wasser, wobei die Fahrer sich nur noch durch Absprung retten konnten. Des öfteren wurden auch

Schneemobile bei Straßenüberquerungen von Autos erfaßt oder kolli-
dierten auf engen Pisten miteinander. Ein schlimmes Beispiel: Ein
Vater von vier Kindern vollführte auf einem Waldweg Fahrkunst-
stücke und raste dabei in gefährlicher Schräglage die kurvige Strecke
entlang. In einer scharfen Biegung prallte er mit dem Oberkörper
gegen einen beladenen Kleinlaster. Sein Schneemobil bekam keinen
Kratzer ab, aber der Fahrer starb.

In anderen Bereichen halten sich die Schäden dafür erfreulicher-
weise in vertretbaren Grenzen: im Gegensatz zu manchen anderen
Gegenden Amerikas wird die Natur durch die Schneemobile nicht
übermäßig beeinträchtigt; Wild und Waldwachstum werden nur sehr
selten von den motorisierten Gefährten gestört. Zu tief ist der Schnee,
zu dicht der Wald, als daß man viel abseits der Schneemobilpisten fahren könnte, und da diese meistens gut ausgeschildert und gut unterhalten sind, werden sie auch von den auswärtigen Besuchern bevorzugt
genutzt und sind stark befahren. Es gibt daher nur wenig Querfeld-
einfahrer, und nur in Ausnahmefällen belästigt oder hetzt jemand
Hirschwild in seinem Bereich.

Ich bin im Winter oft in Hirschrevieren unterwegs gewesen und
habe dabei bedrückt feststellen müssen, wie bitter das Los der wild-
lebenden Tiere im Winter sein kann. Meist drängen sie sich in kleinen
Balsamtannengehölzen zusammen, wo sie von eisigen Winden abgeschirmt und auch vor Schnee geschützt sind. Aber Nahrung gibt es
hier fast überhaupt nicht. Wenn die erwachsenen Tiere das bißchen
Grün an den Laub- und Nadelbäumen abgeäst haben, bleibt ihnen
nichts mehr zu fressen übrig. Und ins offene, ungeschützte Gelände
trauen sich die Hirsche bei tiefem Schnee nicht mehr. Schneemobilpisten in der Nähe können ihnen da zuweilen trittfeste Pfade bieten,
die sie eventuell zu neuen Futterquellen führen und sie so vor dem dro-
henden Hungertod retten.

Wahrhaft lebensgefährdende Auswirkungen haben die Schneemobile allerdings für die Pelztiere. Früher mußten die Trapper ihre
Ausrüstung in Packkörben heranschleppen und die Entfernungen zu
den Fallen so halten, daß sie sie auf Schneeschuhen bewältigen konnten. Heute fahren sie mit dem Schneemobil in der gleichen Zeit drei-
bis viermal so weit. Wer hart zu arbeiten bereit ist, kann also viel größere Beute machen. Kojoten, Füchse, Wiesel und Luchs sind derzeit
völlig ungeschützt, und für Waschbären, Nerze und Bisamratten gilt
dies innerhalb festgelegter Jagdzeiten ebenfalls. Für Zobel, Otter und
Biber gibt es zwar nur eine kurze Jagdzeit im Winter, doch leider ebenfalls ohne zahlenmäßige Begrenzung.

Ein Schneemobil zur Verfügung zu haben ermöglichte es mir, Gäste zu mir zu befördern, die sonst zu dieser Jahreszeit nicht im Traum an eine solche Reise gedacht hätten. In meiner Anfangszeit am Black-Bear-See gab es in meiner Bekanntschaft kaum jemand, der winters zu Fuß, nur mit Schneeschuhen, den Treck zu meiner Hütte gewagt hätte; die einzigen Besucher waren ein paar abgehärtete Einheimische und ein oder zwei gute Freundinnen aus der Stadt.

Heute ist die Fahrt im Winter mit dem Schneemobil fast ebenso leicht wie im Sommer mit dem Boot. Trotzdem muß man immer noch mit den Tücken des Winters rechnen. Zu Silvester hatte ich einmal meinen guten Freund Frank, einen Architekten, und seine Frau eingeladen. Am 2. Januar mußten sie wieder in New York zurück sein. Frühmorgens am 31. Dezember kam ein starker, böiger Südwind auf. Schneetreiben setzte ein, und die Hügel um den Black-Bear-See färbten sich weiß. Dann begann das Thermometer zu steigen. Mittags waren es zehn Grad über Null, und es regnete heftig. Bis zum Nachmittag hatte der silvesteruntypische Regenguß das Eis mit einer leichten Wasserschicht überzogen. Wenn das Wetter so blieb – was laut Barometer zu befürchten war –, würde der See für das Schneemobil bald unpassierbar sein. Ich hielt es daher für ratsam, das Gepäck sicherheitshalber schon vorab über den See zu Franks Auto zu bringen. Koffer, Kisten und Aktentasche stapelten wir auf den Transportschlitten und koppelten ihn an das Schneemobil, und gemeinsam machten wir uns auf den Weg. Bei der Fahrt über das Eis spritzte das Wasser nach allen Seiten, und wir schoben eine richtige Bugwelle vor uns her. Als wir die Anlegestelle erreichten, war uns klargeworden, daß bei dieser unsicheren Wetterlage an eine Rückfahrt zur Hütte nicht mehr zu denken war. Allmählich wurde es auch dunkel, und von der Fahrt waren wir naß bis auf die Haut. Was sollten wir nun, regendurchweicht und ohne Dach über dem Kopf, am Silvesterabend tun?

Frank überlegte stirnrunzelnd. „Du gehst auf keinen Fall zurück", sagte er bestimmt. „Wir suchen uns jetzt ein Hotel oder eine Pension, nehmen uns dort Zimmer, erholen uns ein wenig und feiern dann dort."

Also stiegen wir mit dem Gepäck in Franks Auto und begannen mit der Suche. Die einzige Unterkunft, die wir schließlich finden konnten, war ein kleines Hotel am benachbarten Arrowsee. Es war proppenvoll mit notgedrungen hier abgestiegenen, aber dennoch gutgelaunten Schneemobilfahrern. Wie durch ein Wunder hatte das Haus noch ein Dreibettzimmer frei. Wir nahmen es. Bis wir unser Gepäck heraufgebracht und uns getrocknet, umgezogen und aufgewärmt hatten, war es fast Mitternacht. Unten herrschte jubelnde Silvesterstimmung. Wir waren zu erschöpft, um uns unter die Feiernden am großen steinernen Kamin zu mischen. Frank ging kurz hinunter und kam mit drei Gläsern Sekt wieder zurück. Auf dem Bett sitzend, prosteten wir uns zu. Unten wurde gesungen, Ballons zerplatzten, eine Mundharmonika spielte, und Füße stampften im Takt auf den Boden, während der Regen aufs Dach trommelte.

Schließlich begaben wir uns zu der munteren Gesellschaft und feierten gemeinsam den Beginn des neuen Jahres. Doch Franks Toast klingt mir noch heute in den Ohren: „Auf unsere Freundschaft – aber zur nächsten Silvesterfeier kommst du bitte zu uns in die Stadt!"

Die Eisschmelze

DIE Eisschmelze ist der Vorbote des Frühlings. Seen, Tümpel und Flüsse erwachen aus der Winterstarre.

Jedes Jahr erwarte ich das Rumpeln und Krachen, wenn die Eisschollen auf dem See in Bewegung geraten. Aber das geschieht selten. Meist lösen sie sich sanft und unmerklich in Schmelzwasser auf.

Der aufregendste Moment tritt schon ein paar Tage früher ein, wenn ein Zweihundertliterfaß, das zu Testzwecken auf dem Eis aufgestellt worden ist, durchbricht. Viele Wetten werden auf dieses wichtige Ereignis abgeschlossen. Der Gewinner erhält als Prämie fünfundzwanzig Dollar vom örtlichen Angler- und Jäger-Club.

Ist das Faß erst eingebrochen, geht es mit der Schmelze sehr schnell. Das Eis wird brüchig, schwammig, pockennarbig und bekommt Löcher, durch die das Schmelzwasser gluckernd in der Tiefe verschwindet. Bei meinen Seeüberquerungen wird das Netzgewebe der Schneeschuhe jetzt glitschig und schwer, und ich nehme wieder die Eisstange mit und klopfe vor mir den Weg ab. Eines Tages sagt mir dann mein Gefühl: Jetzt mußt du die Waldstrecke nehmen, bis die Schmelze vorbei ist. Ein paar Tage noch bedeckt eine trügerische, immer dünner werdende Eisschicht den See. Eines Morgens ist dann das Wunder geschehen: Blaues Wasser funkelt in der Sonne! Als es in diesem Frühjahr soweit war, grub ich mein Boot aus dreißig Zentimeter hohem Schnee aus, schleppte den Außenbordmotor heran, schraubte zwei neue Zündkerzen ein und riß am Anlaßseil. Nach dreiundzwanzig Versuchen erwachte der Motor spuckend zum Leben. Die erste Fahrt über den Black-Bear-See im April glich der letzten im November: Das Wasser erschien zäh, ja dickflüssig, das Wetter war rauh und kalt. Aber statt resigniert winterliche Düsternis, Vereisung und Isolation zu erwarten, erfüllt mich nun die Vorfreude auf Sonnenschein, grüne Bäume, Besucher, lange Tage und singende Vögel.

Biber, Otter und Bisamratten können jetzt wieder frei über den See schwimmen, statt unter dem schweren Eisdach riskant von Luftloch zu Luftloch tauchen zu müssen. Tauchervögel, Säger, Gänse und Enten kehren zurück und lassen sich wieder auf dem Black-Bear-See und dem Biberteich nieder, um hier den Sommer zu verbringen. Das jubilierende Schreien der Kanadagänse weht von den anschwellenden Bächen, Flüssen und Mooren zu mir herüber.

Millionen Kubikmeter Wasser sind jetzt freigesetzt, gurgeln, strömen, stürzen zu Tal. Rinnsale glucksen an Hängen unter dem Schnee. Von jeder Bodenerhebung läuft Wasser zu einem Neben- oder Hauptfluß – und von dort über den Sankt-Lorenz-Strom oder den Hudson ins Meer.

Der Wasserreichtum der Adirondacks ermöglichte und begünstigte den Bau des berühmten Erie-Kanals, eines wichtigen Transportwegs für alle nur denkbaren Güter. Es war von lebenswichtiger Bedeutung, wieviel Wasser er führte, denn fiel der Pegel, so sanken auch die Verkehrs- und Wirtschaftsleistungen des gesamten Gebietes, das er verband. Da die Adirondacks reich an Seen sind, ging man daran, dieses umfangreiche Reservoir anzuzapfen. Zwischen 1880 und 1888 wurde – allein mit Handarbeit und Pferdekraft – eine Reihe von Wasserzuführungskanälen, Dämmen und Staubecken angelegt, manche an fast unzugänglichen Stellen.

Heute sind der alte Erie-Kanal und der alte Black-River-Kanal weitgehend aufgegeben. Statt dessen bewegen sich auf der Transitautobahn, dem *New York Thruway*, unsere Personenwagen, Lastwagen und Busse, flankiert von Bahngleisen und dem modernen Binnenschifffahrtsweg. Früher sechs Wochen anstrengende Postkutschenfahrt, später zehn Tage mit dem Schiff über den Hudson River und den Erie-Kanal, heute acht Stunden mit dem Auto – so hat sich die Reisezeit zwischen New York und Buffalo verkürzt.

Anfang Mai läßt der Regen die Flüsse heftig anschwellen, was für die Anhänger eines neuen Abenteuersports das Signal zum Aufbruch ist. Wildwasserkanuten und Kajakfahrer drängen in die Adirondacks, um sich mit dem stärksten und ungestümsten unserer Flüsse zu messen – dem oberen Hudson. Jeden Mai findet das „Hudson River White Water Derby" statt. Es ist im Laufe der Jahre zum beliebtesten und größten Wettbewerb dieser Art in Amerika geworden.

Ich hingegen ziehe es vor, mit meinem Guideboot – es ist rot, läuft an beiden Enden spitz zu und wiegt achtzehn Kilo – über den See zu rudern. Das Guideboot, mit dem man auf ruhigem Wasser schneller vorankommt als in einem Kanu mit einem Paddel, ist das einzige heimische Fahrzeug in unseren Bergen. Für den „Guide", den Wildnis- und Fremdenführer, gab es auch seinerzeit nichts anderes: Straßen existierten nicht, und aller Verkehr in den Adirondacks spielte sich auf dem Wasser ab. Das Guideboot mußte daher leicht genug sein, um über Land getragen werden zu können, stabil genug, um damit stürmische Seen zu überqueren, und schnell und leise genug, um damit zu jagen, zu fischen und lange Strecken hinter sich zu bringen.

Bootsbauer für Guideboote, wie es sie früher einmal gegeben hat, existieren heute nicht mehr. Allenfalls mag es noch ein paar Leute geben, die in ihrer Freizeit in der Garage oder im Hobbykeller Guideboote herstellen. Das Adirondack-Museum in Blue Mountain Lake unterhält ein Bootshaus mit einer Ausstellung seltener alter Guideboote. Verkauft werden sie nur noch selten. Für ein 4,30-Meter-Boot muß man zweitausend Dollar und mehr auf den Tisch legen.

Zum Schutz der kostbaren Flüsse und Bäche, auf denen heute unsere Kanus und Guideboote fahren, ist in den Adirondacks eine umfassende Bestandsaufnahme in Gang gesetzt worden. Dank einem Gesetz haben wir die Möglichkeit, die noch verbliebenen natürlichen Wasserläufe unter Schutz zu stellen. Ohne diese Maßnahmen würden viele Flüsse bald ihrer Reinheit und Schönheit, ihrer Wildheit und ihrer Flora und Fauna verlustig gehen.

Um solche Maßnahmen durchführen zu können, werden in unseren Bergen von der Adirondack-Parkverwaltung mit Unterstützung einiger qualifizierter Bürger und Privatgruppen Flußstudien durchgeführt. Es war an einem Nieselregentag Anfang Mai, als ich Clarence Petty, einen versierten Biologen, der schon seit vielen Jahren die Flußfeldstudie der Parkverwaltung leitete, mit meinem Kanu und meinem Hund bei einer Flußerkundung begleitete. Wir befuhren den Westarm des Oswegatchie, der sich vom Cranberrysee durch die verlassenen tannenbewaldeten Niederungen der Nordwest-Adirondacks zieht. Clarence und die übrigen Biologen aus seinem Team machten fleißig Notizen, schossen Fotos, schätzten Wassertiefen, Strömungsgeschwindigkeiten und die Breite von Überschwemmungsgebieten, stießen Äste beiseite, horchten auf Wildtiere und hielten nach Fischen Ausschau.

Trotz Kälte und Regen, störender Baumäste und Umwegen machte mir diese Erkundung eines Wildflusses viel Spaß. Und wild ist der Oswegatchie tatsächlich: Der acht Kilometer lange Fluß ist nur auf dem Wasserweg, zu Fuß und zu Pferd erreichbar, und es gibt nirgendwo von Menschen geschaffene Bauten außer ein paar Fußgängerbrücken. Andere Flüsse dieser Region sind meistens weitaus stärker von der Zivilisation betroffen, wenngleich sie stets von Eingriffen wie Kanalisierung und Regulierung verschont geblieben sind.

Am Ende unserer zwei Tage dauernden Kanufahrt fragte ich Clarence, ob der Westarm des Oswegatchie schutzwürdig sei.

„Selbstverständlich, er ist noch völlig naturbelassen. Es gibt nicht mehr viele Gebiete, wo man einen so unverbrauchten und sauberen Fluß findet. Wir werden empfehlen, daß dieser Flußteil in den gesetzlichen Schutzkatalog aufgenommen wird."

Als ich an diesem zweiten Tag sehr spät abends mit dem Motorboot, das Kanu im Schlepp, zur Hütte zurückkehrte, hatte der kalte Regen aufgehört. Zögernd blinkten ein paar Sterne über meinen hohen Tannen. Ich vertäute das Boot, zog das Kanu an Land und stülpte es um. Dann setzte ich mich mit Pitzi auf den Anlegesteg und entspannte mich nach der langen Fahrt. Es herrschte völlige Stille. Mit Befriedigung sah ich, daß Orion, der mächtige Winterjäger, erschöpft von meinem Dach herunterglitt, nach Westen hin.

Frühling

ABSOLUT still war es auch, als ich im Morgengrauen aufwachte. Es war fünf Uhr. Kein Regen trommelte aufs Dach. Keine Eisblumengravur war auf den Scheiben meines Schlafzimmerfensters zu sehen. Aus Richtung Osten kam ein blasses, gelbes Leuchten, das hinter den knospenprallen Bäumen hervorschimmerte. Etwas war anders als sonst. Ich rollte mich auf den Bauch, drückte die Fensterverriegelung auf und holte tief Luft. Das war es: Frühling! Der Frühling war gekommen.

Rasch warf ich die Decken zurück, sprang aus dem Bett, kämmte mir das zerwühlte Haar, zog mein Flanellnachthemd aus, warf mich in Jacke und Jeans und öffnete dann lächelnd die Tür, um den Frühling einzulassen.

Lange bleibt er leider nie. In unserer Gegend – bei 44 Grad nördlicher Breite – hält er sich nur ungefähr zwei Wochen auf. Nach der Eisschmelze läßt sich der Lenz immer mindestens zehn Tage Zeit und beschert uns Ende April, Anfang Mai erst einmal düsteres Sibirienwetter. Dann kommt er so unverhofft, wie er es an diesem Tag tat, und kündigt sich nur durch besonders weiche und warme Luft an.

Das Leuchten war jetzt stärker geworden, und ein zartrosa Licht übergoß die Berge um den Black-Bear-See. Drei Tage Frühlingssonne, und die Bäume würden kräftig Blätter treiben, ohne die Übergangszeit des samtweichen ersten Grüns. Es würde nur kurze Zeit dauern, bis sie sich mit tiefgrünem, erwachsenem Laub überzogen.

Rein und klar sang eine Weißkehlammer aus voller Brust zum Sonnenaufgang ein Liebeslied an ein noch unbekanntes Weibchen. Sein melodisches Pfeifen ist einer der schönsten Naturlaute der Adirondacks.

Nach der „Waldflöte" ließ sich der Zaunkönig mit einem aufbrausenden Tirilieren vernehmen. Er ist zwar ein Winzling, aber aus seiner kleinen Kehle schmettert er ein lauteres, längeres Lied als alle anderen Vogelarten, die ich kenne. Auch er warb singend um eine Partnerin.

Ein Vogel nach dem anderen erwachte an diesem Frühlingsmorgen und erhob seine Stimme. Überall im Wald regten sich Singvögel, die ihr Hochzeitskleid trugen, sich putzten und futtersuchend durch die noch kahlen Bäume flatterten. Nach dem Frühstück beschloß ich, den Tag mit Vogelbeobachtungen zu verbringen. Ich staubte mein Fernglas ab und packte ein Sandwich und Hundekuchen, ein Notizbuch und einen Kugelschreiber ein. Pitzi und ich starteten zu einer geruhsamen Rundwanderung, die nur ungefähr sechs Kilometer umfassen, aber verschiedene Lebensräume berühren würde. An die fünfzig verschiedene Vogelarten würde ich wahrscheinlich zu sehen bekommen.

In östlicher Richtung brachen wir auf und erreichten durch die Tannen hinter der Hütte zunächst einen kleinen Sumpf. Hier waren sicher Roststärlinge, Rotschulterstärlinge, Fichtentyrannen und Waldtyrannen zu finden. Dann streiften wir an einem der seichten Weiher entlang, die an mein Land grenzten, und hielten Ausschau nach Kappensägern, einem Kanadareiher, Amerikanerkrähen und vielleicht einem Eisvogel. Ein Streifen Laubwald beherbergte Dutzende von Singvögeln: Hemlockwaldsänger, Kronwaldsänger, Fichtenwaldsänger, Grünwaldsänger und Blaurückenwaldsänger.

Als wir den Biberteich erreichten, befahl ich dem Hund, ruhig zu sein, und kroch auf die kleine Landzunge hinaus. Ein Dunkelentenweibchen schwimmt verstohlen zwischen den im Wasser stehenden Lärchen umher. Ein Pärchen Bindentaucher war in voller Balz. Fliegenschnäpper zwitscherten von abgestorbenen Zweigen. „Bitte – vier Bier! Bitte – vier Bier!" riefen sie ununterbrochen.

Der Morgen war ungewöhnlich warm, und tatsächlich, ein kühles Bier wäre jetzt nicht schlecht gewesen. Am Sunshinesee streckten wir uns auf einem Stückchen Sandstrand aus, um die Frühlingssonne zu genießen. Fünf Monate war ich in Winterkluft verpackt gewesen und sah nun weiß aus wie ein Champignon. Ich zog mich aus und genoß es, zum ersten Mal seit langem wieder Sonne auf meiner nackten Haut zu spüren.

Plötzlich ertönte ein lautes Kreischen. Ich öffnete die Augen und erblickte eine große Möwe über mir. „Raus! Raus!" schrie sie. Wie ein Wurfgeschoß landete ein Kotklecks auf Pitzis Flanke. Ich suchte den See mit dem Fernglas ab und sah das Weibchen, eine weißgraue Silbermöwe, unschlüssig auf einem aus dem Wasser ragenden Stein stehen. Die Möwen hatten hier einen Schlafplatz, vielleicht sogar ein Nest. Der See war damit ihr Revier, und den Hund und mich betrachteten sie als äußerst unwillkommene Eindringlinge.

Ich schnappte Pitzi am Halsband und watete mit ihm in das immer noch eisige Wasser (baden kann man hier erst ab Mitte Juni). Wir krümmten uns beide vor Kälte, aber ich wusch ihm den Vogelkot ab und spritzte mir Wasser ins Gesicht und unter die Achseln. Erfrischt zog ich mich an, und wir begaben uns zurück in den Wald.

Am Seeausfluß sprang ein „maskierter Bandit" aus einem Erlengebüsch, ein naseweises kleines Weidengelbkehlchen, das uns mit „Witschiti-witschiti-witsch" ansprach. Auch dieser Vogel erhob Anspruch auf sein Revier und verteidigte ein Nest und ein scheues Weibchen.

Ehe wir den Rundgang fortsetzten, der uns zum Black-Bear-See zurückführte, nahmen Pitzi und ich unseren Imbiß auf einem Südhang unter einer kahlen Buche ein. Auf dem sonnenbeschienenen Waldboden schaute ich mich um. Ein Büschel Waldlilien schwankte leicht in der Brise. Nahebei wiegte sich ein einzelner rosa Frauenschuh auf seinem schwachen Stengel. Auch die Farne erwachten bereits an diesem Sonnenhang. Ich sah, wie sich krummer, zartgrüner Fiddleheadfarn emporstreckte, und nahm mir vor, in ein paar Tagen, wenn er größer geworden war, einige Triebe davon zu pflücken, um mich dann an „Adirondack-Spargel" zu laben.

Pitzi und ich wanderten weiter und bahnten uns einen Weg durch das Fußangelgestrüpp des Sumpfholunders. Aber zu dieser Jahreszeit konnte ich es der hinterhältigen Pflanze verzeihen, daß ihre elastischen, niedrig wachsenden Zweige mich schon Hunderte Male zum Stolpern gebracht hatten, denn jetzt zierte sie den Waldboden mit breiten, flachen Inseln hübscher winzigweißer Blüten.

Nachmittags traten wir am Ufer des Black-Bear-Sees aus dem Wald heraus, anderthalb Kilometer von der Hütte entfernt. Auf dem Heimweg kamen Pitzi und ich an einigen verlassenen Sommerhäusern vorbei. Nicht mehr lange, und die ersten Sommerbewohner würden

Ende Mai hier eintreffen und „das Lager" aufmachen. Sie mußten dann schauen, welche Überraschungen ihnen der Winter hinterlassen hatte: Hatte der Winterwind Bäume aufs Haus stürzen lassen? War Wasser durchs Dach gedrungen? Hatte sich das Fundament verschoben, der Fußboden angehoben? Hatte der schwere Schnee Dachsparren verbogen? Funktionierte die Wasserleitung, oder waren durch den Frost die Rohre geplatzt? War der Bootsanlegesteg bei der Eisschmelze weggeschwemmt worden? War der Schornstein verstopft? War etwas gestohlen worden?

Auf dem Heimweg sah und hörte ich weitere Vögel. Ein Abend-Kernbeißer sang graziös auf einem Ahornbaum, Rotschwänzchen flitzten durch die Fichten, Rauchschwalben vollführten über dem See ihre Sturzflüge, und Feuerkopfsaftlecker trommelten auf süße, saftträchtige Birken ein. Erschöpft und verschwitzt zu Hause angelangt, ging ich zu dem Schneehaufen, der sich, ein Meter hoch und doppelt so breit, unter dem Dach des Holzschuppens noch immer hielt, und grub aus dem verharschten Schnee eine eiskalte Flasche Bier aus. Ich nahm sie mit zur Anlegestelle, um mich dort in die Frühlingssonne zu setzen, auszuruhen und meine Vogelliste zu schreiben. Dreiundvierzig Vogelarten bisher!

In der Abenddämmerung dieses magischen Frühlingstages hörte ich sie endlich: die Pieper. Lange saß und lauschte ich, sah die Sonne hinter den sich begrünenden Berg sinken und verspürte widerstreitende Gefühle des Glücks und der Trauer. Diese Vögel hatten auch gesungen, als ich das erste Mal den Fuß auf mein Land gesetzt hatte. Wenn ich diese Vögel hörte, mußte ich an Morgan denken, meinen ehemaligen Mann, an meine Scheidung und an den Umzug aus dem Hotel in die Hütte.

Aber dann fielen mir die positiven Veränderungen ein. Fünfmal hatten seit jener trüben Zeit die Pieper im Frühling gesungen. Doch, ich hatte inzwischen einiges geschafft. Ich hatte mir ein Haus gebaut, viele nützliche Fähigkeiten angeeignet und gelernt, wie man ein Konto führt und die Einkommensteuer berechnet. Ich hatte einen akademischen Grad erworben und mir eine berufliche Existenz aufgebaut. Ich verdiente mir selber meine Brötchen, auf eine Weise, die mir Unabhängigkeit gewährleistete, die gesund, interessant, manchmal allerdings auch riskant war. Ich konnte mir aussuchen, wen ich in die Hütte ließ und wen nicht. Und das wollte etwas heißen nach dem Leben im Hotel, wo mein „Heim" aus einem einzigen Zimmer (das an ausgebuchten Wochenenden an Gäste vergeben wurde) oder zeitweilig aus einer Matratze auf dem Dachboden bestand.

Die Sonne war untergegangen. Kühle kroch aus dem schneefeuchten Boden und dem eisigen Seewasser. Mit grauem Dunst durchtränkte sie den Abend. Die Pieper sangen lauter. Ich stand mit steifen Gliedern auf. Nach der Euphorie des Tages senkte sich Melancholie herab. Von der Sonnenwärme zur Nebelkälte – alles an einem Tag. So wird der Frühling immer für mich sein: flüchtig, bittersüß.

Sommer

W ENN der Frühling hineinblüht in den Sommer, weicht der Sopran der Pieper dem Bariton der Ochsenfrösche; das Lied des Winterzaunkönigs wird vom glockenähnlichen Gesang des Blauhähers übertönt. Das Pastell der Blätter geht in tiefere Grüntöne über.

Der Juli kam, und mit ihm begann der echte Adirondacksommer. Hoch erfreut stellte ich meinen Tagesablauf auf die neue Jahreszeit um: als erstes am Morgen ein Nacktbad im See, so früh wie möglich, ehe Boote und Kanus auftauchten. Schien die Sonne, trug ich Schreibmaschine, Papier, Bücher, Radio und eine Kanne Kaffee aufs Sonnendeck und arbeitete dort. Gegen elf tuckerte das Postboot vorbei. Pitzi lief zum Anlegesteg, um es abzufertigen. Mit fast leerem Postsack kam er zum Sonnendeck zurückgehüpft. Gut. Keine Korrespondenz zu beantworten. Nach drei Stunden Arbeit und Sonne hatte ich wieder Lust zum Schwimmen, diesmal im Bikini. Pitzi sprang mir nach und „rettete" mich mit seinem Schwanz. Ein leichtes Mittagessen, dann hielt ich Siesta in meiner zwischen zwei Tannen aufgespannten Hängematte.

Während ich faul vor mich hin döste, fiel mir ein, daß die Hüttenpfosten wieder mal eine Kresolbehandlung brauchten. Heiße, trokkene Tage sind dafür am besten, da zieht die Imprägnierung gut ein. Also kletterte ich aus der Hängematte, zog ein altes Hemd, eine alte Hose und alte Handschuhe an und hebelte die Dreiliterdose Holzschutzmittel auf. Der scharfe Geruch ließ mich die Nase rümpfen. Vorsichtig bestrich ich mit dem ätzenden schwarzen Zeug die Enden der Pfosten, dort, wo Erde und Nässe Fäulnis hervorrufen konnten. Manche der Pfosten waren schwer zu erreichen. Ich mußte halb unter die Hütte kriechen, den tropfenden Pinsel in der Hand, und schwitzte und fluchte leise vor mich hin. Nach Erledigung dieser lästigen Arbeit schälte ich mich wieder aus meiner Kluft und badete im See, diesmal mit Seife und Scheuerbürste.

Vor dem Abendessen ging ich noch eine halbe Stunde in den Wald.

Dort sammelte ich gefallene Äste und sonstiges totes Holz, schleppte es zur Feuerstelle, zerkleinerte es und schichtete es zu einer Pyramide auf. Nachdem ich sie angezündet hatte, ging ich in die Hütte und stellte mir aus den Vorräten in meinem Gaskühlschrank ein Essen zusammen: ein kleines Steak, zwei Maiskolben, Vollweizenbrot. Ich trug alles hinaus und ging dann zur Anlegestelle, um ein Glas klares, kaltes Seewasser zu holen.

An diesen Sommerabenden konnte ich bis halb zehn, manchmal sogar bis zehn Uhr im Freien ein Buch lesen. Noch lange nach Sonnenuntergang war der Himmel hell erleuchtet. Weißkehlammern, Zaunkönige, Hemlockwaldsänger und Purpurgimpel, die jetzt die Paarungszeit hinter sich hatten und nisteten, gaben sporadisch immer noch Abendkonzerte in der Nähe der Hütte. Fledermäuse, vor kurzem erwacht, huschten durch die Dämmerung.

Ich sah Fische im grauen und rosafarbenen Zwielicht aus dem Wasser springen. Unergründlich lag der See da, schwarz wie Onyx. In der Nähe des Quellochs, meiner Anlegestelle gegenüber, saß ein einsamer Angler in seinem Boot. Ich erkannte nur die Silhouette einer kauernden Menschengestalt und den feinen Strich der Rute. Plötzlich spannte sich die unsichtbare Schnur. Ein krampfhaftes Rucken, dann durchbrach quecksilbrig schimmernd ein Saibling die schwarze Oberfläche. Geschickt hob der Angler ihn mit seinem Kescher ins Boot.

Obwohl der Black-Bear-See und Hunderte anderer Seen und Weiher seit Ende des letzten Jahrhunderts von der Umweltschutzbehörde künstlich mit Fischen bevölkert werden, gibt es hier immer noch eine Population einheimischer Fische. Einen Saibling – vollfleischig, rosafarben, hell gefleckt – aus dem Wasser zu ziehen ist der Traum jedes Anglers. Dagegen verblaßt das schwammig-weiche, farb- und geschmacklose Kunstprodukt der Fischzuchtanstalten. Doch ohne das Aussetzen von Fischen würden viele Sportsangler leer ausgehen.

Nachdem ich den erfolgreichen Angler beobachtet hatte, brachte mich das auf den Gedanken, mit meinem Nachbarn Rob einen Ausflug zu einem versteckten Ort zu machen, wo es noch wirklich große „Brookies" – wie wir die Saiblinge hier nennen – gab. Am nächsten Morgen gegen neun fand ich mich an seinem braunen Haus ein. Früher als neun ging Rob nie fort; er wartete, bis die Post eingetroffen und der Tau getrocknet war. Er freute sich, Gesellschaft zu haben, und schlug vor, zum Birch Creek zu gehen, der zehn Kilometer entfernt war und nur über zugewachsene Holzabfuhrwege und kaum sichtbare Pfade zu erreichen ist. Als exzellenter Angler richtete sich Rob nach der Maxime, daß die besten Bäche jene sind, in denen noch keiner gefischt hat. Um solche Gewässer zu finden, war ihm kein Weg zu weit.

Am Birch Creek beobachtete ich, wie er die Rute zusammensetzte und die Schnur fachmännisch sanft in den schmalen Bach gleiten ließ. Unter dem schattigen Torfmoos am Ufer kam etwas hervorgeschossen. Rob brachte den Fisch mühelos an den Haken, und einen Augenblick später landete ein dreißig Zentimeter langer Saibling vor meinen Füßen. Obwohl ich bei weitem keine so routinierte Anglerin bin, machten wir bis zum Mittag reiche Beute. Auf den frischen grünen Farnblättern, mit denen Rob seinen Fischkorb ausgelegt hatte, glänzten die rotgesprenkelten Fische. Aus einem abgewetzten Packkorb holte mein Begleiter zwei plattgedrückte Erdnußbutter-Sandwiches hervor. Wir aßen zu Mittag und spülten mit eiskaltem Quellwasser nach. Noch viel köstlicher würde das Abendessen sein: gegrillter Saibling mit Robs Spezialkartoffeln.

Der Sommer ist auch die Zeit für Reparaturen und die Behebung von Winterschäden.

Aber neben diesen Arbeiten gibt es in der warmen Jahreszeit noch andere wichtige Dinge zu tun: Ich bekomme Besuch, mache Ausflüge, segle und tauche und bemühe mich, die Wasserverschmutzung zu bekämpfen. Seit ich hier am See lebe, hat mein Kontakt zur Natur notwendigerweise ganz neue Formen angenommen, und das Problem der Wasserverschmutzung, das für mich eine unmittelbar lebenswichtige Bedeutung erlangt hat, zwingt zu einem fortwährenden Kampf. Am Black-Bear-See tun sich jeden Sommer ein paar Anwohner zusammen, um die Reinheit des Wassers zu schützen. Reihum statten wir den Hausbesitzern höfliche Besuche ab, bewaffnet mit Paketen voll Pylam-Farbstoff und viel Logik.

„Möchten Sie auch weiterhin gutes, sauberes, ungechlortes Seewasser trinken können?" fragen wir. Meist ist die Antwort ja.

„Möchten Sie, daß Ihre Kinder und Ihre Gäste in einem unverschmutzten See schwimmen können?" Immer ist die Antwort ja.

Wenn wir festgestellt haben, daß die Seeanrainer sauberes Wasser wollen, fragen wir taktvoll, wohin denn die Abwässer gehen, wo denn der Faultank ist; wann er zum letztenmal geprüft worden ist und ob wir, bitteschön, ein Päckchen Farbe durch die Toilette spülen dürfen.

Meist dürfen wir, und dann stehen wir alle gespannt am Seeufer und warten, ob irgendwo verräterisch gelbgrüne Farbe heraufquillt und ein unvermutetes Leck im Abwassersystem anzeigt. Zeigt sich binnen einer halben Stunde keine Farbe, sind Faultank und Sickergrube wahrscheinlich hinreichend dicht. Immer wieder, Gott sei's geklagt, finden wir Küchenspülen, die sich hinter dem Haus direkt auf die Erde entleeren, Abwasserrohre, die sich im Winter verzogen haben und aufgerissen sind, so daß die Brühe heraussickert, und Faultanks, die sechzig Jahre alt und völlig undicht sind. Mehrere Camps am Black-Bear-See haben pflichtbewußt ihre Abwasserentsorgung erneuert. Wenn wir hartnäckig bleiben, gelingt es uns vielleicht, unser Wasser sauberzuhalten.

Ein anscheinend uneindämmbares Übel am Black-Bear-See ist die Tatsache, daß die Motorboote hier immer größer werden. Von Jahr zu Jahr werden die Maschinen stärker, der Krach lauter, die Ölverschmutzung spürbarer. Auch ich hatte unter diesen unerfreulichen Entwicklungen zu leiden.

Es war an einem ruhigen und warmen Abend. Dunst hing über den Hügeln. Um drei Uhr hatte das Thermometer fast dreißig Grad gezeigt – sehr viel für unsere Berge. In den Städten mußte eine höllische Hitze herrschen. Ich beschloß, zum Abendessen kein Lagerfeuer anzuzünden, sondern statt dessen das Kanu fertigzumachen. In den Bug setzte ich Pitzi, und hinter ihn stellte ich einen Topf Spaghetti und ein eiskaltes Bier. In die Bootsmitte legte ich noch zwei Kissen und nahm außerdem noch mein Kurzwellenradio mit. Einer Eingebung folgend, steckte ich noch eine Taschenlampe ein.

Wir paddelten leise auf die Seemitte zu. Um uns kein Laut, keine Seele, keine Wellenregung. Der Dunst wirkte leicht smogartig, und die Hügel hatten eine graublaue Farbe angenommen. Karminrot versank die Sonne hinter den Wolken. Ich stellte mein Radio an. Aus Berlin wurde eine Beethoven-Sinfonie übertragen. Während das Boot leicht wie ein Blatt auf dem See trieb, verzehrte ich mein Mahl.

Da startete seeaufwärts ein Motorboot. In weitem Bogen legte es vom Ufer ab und röhrte über den See, genau auf mich zu. Ich schnappte meine Taschenlampe und blinkte nervös dreimal, dann noch dreimal. Es war das Boot eines Nachbarn. Endlich sah er mich und ging leicht vom Kurs ab. Er und seine Frau grinsten und winkten, als sie mit fünfzig Stundenkilometern an mir vorbeirauschten, vermutlich zu irgendeiner Kneipe, um dort den Abend zu verbringen. Langsam rollte das Kielwasser auf mein Kanu zu. Ich nahm ein Paddel und drehte das Boot so, daß es die großen Wellen Bug voraus nahm. Die Bierflasche kippte um, Beethoven wurde ersäuft, der Hund erhob sich taumelnd und brachte uns fast zum Kentern. Wellen der Wut stiegen in mir auf. Das hatte ich mir nicht so vorgestellt, als ich hierher zum Black-Bear-See gezogen war.

Langsam wurde es Zeit, einen längeren Ausflug zu unternehmen. Jetzt an den betriebsamen Juli- und Augustwochenenden kam nämlich ein großer Teil unseres alljährlichen neun Millionen starken Besucherstroms, dem ich gern aus dem Weg gehe.

Am nächsten Morgen schloß ich die Hütte ab. Die Lebensmittel waren eingepackt das Kanu oben auf dem Auto festgezurrt. Pitzi, der spürte, daß es auf Reisen ging, war hellauf begeistert. Wir fuhren an einen großen See, der achtzig Kilometer Küstenlinie ohne ein einziges Haus und weite Wildnisareale bot. Obwohl viele Camper und Kanuten am See weilten, gab es immer noch einsame Inseln und ein paar Strandflecken, wo man für sich sein konnte.

Als wir angekommen waren, parkte ich das Auto, setzte das Kanu am öffentlichen Anlegesteg ins Wasser und paddelte los. Am Nordende des Sees entdeckte ich ein paar vielversprechend aussehende Buchten. Da der See im August einen niedrigen Wasserstand hatte, lagen zahlreiche gelbe Sandstreifen bloß, und Pitzi und ich fanden bald einen idealen Lagerplatz. Von einem kieferbestandenen Kap erstreckte sich dort eine sandige Landzunge in den See. Auf der Südseite fiel sie in tiefes Wasser ab, so daß man dort gut schwimmen konnte. Auf der Nordseite befand sich eine windgeschützte Bucht, die ich als Hafen für mein Kanu benutzte. Unter einer riesigen Kiefer direkt am Strand schlug ich dann mein Zelt auf. Von einem letztjährigen Lagerfeuer war noch der Steinkreis da, und es lag viel angeschwemmtes Holz herum. Das würde am Abend ein knackiges Feuer geben.

Ich verbrachte den Nachmittag damit, das Lager aufzuschlagen, schwimmen zu gehen und ein Schwätzchen mit einer vorbeifahrenden Flottille Pfadfinder zu halten. Pitzi half mir beim Sammeln von zusätzlichem Brennholz. Aber er verlor das Interesse, als er ein Birkhuhn und seine Küken auf dem Waldboden vorbeitrippeln sah. Vorsichtig pirschte er sich an die Mutter heran, die daraufhin bühnenreif ihr Theaterstückchen „Ich bin flügellahm" aufführte. Pitzi war perplex. Inzwischen hatten sich die kleinen Flaumbällchen in Sicherheit gebracht, und als der Hund merkte, daß die Mutter in Wirklichkeit gar nicht lahm war, befand sich die ganze Familie schon außerhalb seiner Reichweite.

Nach dem Abendessen streckten wir uns auf dem von der Sonne aufgewärmten Sand aus und warteten auf den Mond. Alles war friedlich. Zwischen den Wolken traten die ersten Sterne hervor. Ein schwaches silbriges Glühen erschien am Osthorizont. Und dann stieg ein riesiger Sommervollmond hinter der Silhouette der tannenbestandenen Berge empor.

Ich hatte meinen Beobachterplatz gut gewählt. Vom warmen Sand der Landzunge schaute ich weit über den ruhigen See; nichts störte und verstellte die Aussicht. Dieser Mond, diese Nacht, dieser Ausblick waren für mich etwas ganz Einmaliges. Hier in dieser Ecke der Adirondacks war noch alles beim alten geblieben.

Ich nahm im lauwarmen Wasser genießerisch ein Mitternachtsbad. Lange ließ ich mich treiben und blickte zu der runden Mondscheibe auf. Silbernes Licht überflutete mich, und ich fühlte mich frei.

Später legte ich neues Treibholz auf das Feuer, bis die Flammen drei Meter hoch in den Himmel aufloderten. Langsam drehte ich mich vor diesem Leuchtfeuer, um mich zu trocknen, schaute dabei zum Mond und zu den Sternen hinauf und betete, daß wenigstens dieser See heil und unbefleckt bleiben möge. Das war in dieser Sommernacht mein Tribut an die Schönheit des Augenblicks und die Ewigkeit der Schöpfung.

Besuche von Menschen

ALS mein neues Leben am Black-Bear-See über die Anfangsphase hinaus war, füllten sich meine Sommer allmählich mit Besuchern. Viele meiner Freunde flohen aus den Städten und machten auf einer Urlaubsreise in den Adirondacks Station oder kamen zu Besuch aus dem Ausland. Es bereitete mir Vergnügen, auswärtige Bekannte an den Black-Bear-See einzuladen und mich an ihrer Verblüffung zu weiden, wenn sie die Wildnis hinter meiner Hütte fasziniert aus der Nähe betrachteten, wilde Tiere sahen, sauberes Wasser tranken und urige Einheimische kennenlernten.

Eines Sommers erhielt ich eine Reihe Luftposttelegramme von einem Freund aus Indien. Er war ein engagierter Vogelkundler, Naturfreund und Umweltschützer, mit dem ich auf einer Tagung in Neu-Delhi bekannt geworden war. Nun wollte er die Vereinigten Staaten besuchen und bat mich um Mithilfe bei seiner Reiseplanung. Ich tat dies gerne und sah dabei auch einen Aufenthalt in meiner Hütte vor.

Schon als mein indischer Freund in Albany aus dem Flugzeug stieg, sah man, daß er ein hoher Berufsoffizier in der Armee und damit Angehöriger der indischen Oberschicht war: piekfein angezogen wie ein bedeutender Manager, war er mit Diplomatenpaß eingereist und

Pitzi und ich brechen auf zu einem sommerlichen Ausflug mit dem Kanu.

hatte Dutzende von Geschenken aus seiner Heimat im Gepäck. Ihm zu Ehren lud ich ein paar Ehepaare aus der Nachbarschaft zu einem Steakessen am Lagerfeuer ein. Der gutaussehende Offizier ergötzte die Gesellschaft mit indischen Tier- und Jagdgeschichten in britisch näselndem Akzent. Alle waren begeistert. Jemand wie er war etwas noch nie Dagewesenes am Black-Bear-See. Der Abend wurde ein voller Erfolg. Mitternacht ging vorbei, und erst als es begann zu nieseln, wurde die Party abgebrochen. Mein Gast schenkte jeder Dame beim Einsteigen ins Boot zum Abschied ein indisches Seidenhalstuch.

Im folgenden Sommer bereiste ein weiterer indischer Bekannter die Staaten und stattete mir einen Besuch ab, ohne Zweifel angelockt von den Erzählungen des Armeeoffiziers, den er ebenfalls kannte. Dieser Gast war ein pensionierter Oberst, der stets die Hälfte des Jahres im legendären Königreich Bhutan verbrachte, und er fesselte mich mit Geschichten aus diesem abgelegenen Staat im Himalaja.

Der Oberst war der erste und einzige Gast, der jeden Morgen ein heißes Bad wünschte – und es nahm –, ungeachtet der Tatsache, daß mildes Wetter herrschte und das Seewasser eine gute Badetemperatur von mehr als zwanzig Grad hatte. So lief, während wir das Frühstück zubereiteten und einnahmen, das Bad ein, ein Vorgang, der bei der beschränkten Leistungsfähigkeit meines Wasserversorgungssystems eine halbe Stunde beanspruchte. Auf den Kiesboden vor der Badewanne legte ich einen kleinen Läufer und hängte ein gewaltiges Badetuch an einen Nagel.

„Ihr Bad, Oberst!" rief ich und kam mir wie ein Offiziersbursche vor.

Im eleganten seidenen Bademantel schritt er dann um die Hütte zur Souterraintür und quetschte sich in den engen Raum, wobei er ein Rasierschälchen, ein altmodisches Rasiermesser, Lederriemen, Kamm und Bürste, Schuhputzzeug, Pinzette, Schere, einen kompletten Satz frischer Wäsche und seine Stiefel in der Hand trug. Anderthalb Stunden blieb er dort drinnen, und danach kam er hervor und präsentierte sich mir, gepflegt wie der König von England. Ich entschuldigte mich für mein primitives Bad, aber er versicherte mir, es sei überaus luxuriös, wenn man es mit manchen Feldlagern vergleiche, in denen er bei der Armee gelebt habe.

Gelegentlich hatte ich freilich auch Gäste, die der rustikalen Einfachheit meines Heims distanzierter gegenüberstanden, wie zum Beispiel eine Tante, die aus Deutschland zu mir kam. Ich hatte sie jahrelang nicht gesehen und freute mich sehr auf den Besuch. Begeistert nahm meine Tante Sonnenbäder auf dem Sonnendeck und badete im

See, aber vor meinem Toilettenhäuschen scheute sie pikiert zurück, schrie auf, wenn sie eine Eule hörte, und fiel in Ohnmacht, wenn sie eine Maus sah. Nach drei angespannten Tagen brachte ich sie schließlich in einer Pension in Lake Serene unter und besuchte sie täglich, während sie in einem Liegestuhl auf manikürtem Rasen unter einem riesigen Sonnenschirm lag.

Da ich glaubte, meine Tante enttäuscht zu haben, arrangierte ich eine Champagnerparty, damit sie meine Sommernachbarn kennenlernen konnte. Zu meiner Überraschung erschienen mehr als dreißig Leute in eleganter Abendgarderobe! Eine Kiste Champagner und Dutzende Horsd'œuvres wurden weggeputzt. Meine Tante war von der Adirondack-Gesellschaft so überwältigt, daß sie an diesem Tag jedermann versicherte, ihr Besuch am Black-Bear-See sei der Höhepunkt ihrer ganzen Amerikareise.

Ein Tierökologe aus Nairobi kam im Winter zu Besuch. Für ihn war die strahlendweiße, glitzernde kalte Winterwelt ein unglaubliches Erlebnis. Sobald wir unsere Fachgespräche beendet hatten, zog er sich auf meine vordere Veranda zurück und rückte seinen Stuhl direkt an das große Panoramafenster. Dort saß er drei Tage lang, schaute in den verschneiten Wald hinaus, machte Notizen, diktierte Briefe in einen Kassettenrecorder, las Zeitschriften und tat manchmal auch einfach gar nichts. „Diese Hütte, dieser Frieden, dieser Schnee – das ist seit Jahren das erste Mal, daß ich Telefon, Leute, Großstadtleben und die Tropen total hinter mir lassen konnte", erzählte er mir später. „Und außerdem hatte ich seit bestimmt zehn Jahren keinen Schnee mehr gesehen!"

Besucher anderer Hautfarbe sind in den Adirondacks selten. Und die Reaktion der Einheimischen auf sie ist überaus unterschiedlich. Eines Samstags, kurz nach dem Bau der Hütte, kam Ruthie, eine Bekannte vom College, auf ein Wochenende zu Besuch und brachte ihren zahmen Waschbären Freddy und ihre Freundin Kathy mit. Kathy war Kinderpsychologin, intelligent, schön und schwarz. Sie war die erste schwarze Person, die man am Black-Bear-See je zu Gesicht bekommen hatte. Zu dritt fuhren wir samt Waschbär im Boot über den See, und ich konnte mir die Kommentare der Nachbarn vorstellen: „Schaut mal, eine Negerin und ein zahmer Waschbär!"

Wir verbrachten ein vergnügtes Wochenende, schwammen, segelten und machten eine Wanderung durch die Wälder mit einem Picknick am Sunshinesee. Freddy blühte in der frischen Adirondackluft geradezu auf. Überallhin folgte er uns an der Leine, drehte Steine am Seeufer um, fing Krebse und schlief sogar unter freiem Himmel in

einem Baumstumpf. Er war vorher noch nie aus der Großstadt herausgekommen. Ruthie hatte ihn als kleines Kerlchen in einer Tier-
handlung gekauft.

Kurz nachdem die Gesellschaft am Montag morgen wieder abgereist war, fuhr ein besorgter Nachbar an meinem Anlegesteg vor.
„Anne, hör mal, man redet über dich", sagte er mit gepreßter Stimme,
ohne aus dem Boot auszusteigen. „Man sagt, du hättest hier eine *Negerin*. Sieh dich bitte vor. Von den Typen, die hier am See wohnen, ist es
einigen zuzutrauen, daß sie dir das Dach über dem Kopf anzünden."

Ich war zunächst wie betäubt, dann wurde ich wütend. Nie zuvor
hatte ich in den Adirondacks Rassismus gewittert. Konnte es denn
wahr sein, daß es hier Leute gab, denen die Anwesenheit einer
Schwarzen nicht paßte? Ich erhöhte jedenfalls die Feuerversicherungs-
summe und hielt weiterhin die Tür offen für jedermann, den ich gern
hatte, unabhängig von Hautfarbe und Glaubensbekenntnis.

Das traurigste Ereignis, das sich bei einem Besuch zutrug, geschah,
als Ruthie und ihr zahmer Waschbär Freddy ein zweites Mal zu mir an
den See kamen. Ruthie war überzeugt, daß die Adirondacks wie
Medizin auf Freddy wirkten. Diesmal brachte sie auch noch ihren
Freund Pete mit, und es war schwer zu sagen, mit wem sie mehr her-
umschmuste, mit dem pelzigen oder dem glatthäutigen Gefährten.
Zum Glück hatte Pete das Tierchen fast ebenso gern wie Ruthie, so
daß es keine Eifersucht zwischen ihnen gab. Wir entschieden, dieselbe
Strecke wie damals durch den Wald zu gehen, und bereiteten auch
wieder ein Picknick vor. Freddy kam an die Leine.

Ich war in diesen Waschbären mit seiner Clownsmaske, seinen leb-
haften braunen Augen, seinen possierlichen Pfoten und seinem fre-
chen Näschen, das er überall hineinsteckte, regelrecht vernarrt.
Freddy liebte es, wenn man seinen buschigen Schwanz streichelte, und
kuschelte sich in meine Arme, um diese Liebkosung zu empfangen.
Ich begann mir zu überlegen, ob ich mir nicht selbst einen Waschbären
als Haustier anschaffen sollte.

Am Sunshinesee angekommen, schlüpften wir in unsere Badean-
züge und sonnten uns ein bißchen, bevor wir schwimmen gingen.
Freddy wurde an einen Baum gebunden. Als ich mich wenig später
auf dem Rücken dahintreiben ließ, erspähte ich ihn, wie er frei am
Strand herumlief und meinen Packkorb durchwühlte.

„Ruthie", rief ich, „Freddy ist los!"

Sie blickte zu dem neugierigen Tier hin. „Das macht nichts, der
läuft nicht weg, schon gar nicht, wenn wir etwas zu essen im Korb
haben." Sie tauchte und schnappte nach Petes Beinen.

Aber Freddy lief weg. Als wir zehn Minuten später lachend, triefend und hungrig an Land stiegen, war außer zwei Sandwiches auch der Waschbär verschwunden. Ruthie suchte den Strand ab, in der festen Erwartung, Freddy würde jeden Augenblick angewatschelt kommen. Doch zwei Stunden später war Freddy immer noch nicht wieder zurück. Ruthie weinte, und Pete und ich liefen durch den Wald, hielten immer wieder inne, um seinen Namen zu rufen, und versuchten, ihn mit Sandwichstückchen anzulocken. Bis kurz vor Einbruch der Dunkelheit warteten wir darauf, daß Freddy wiederauftauchte. Dann mußten wir die Suche abbrechen, denn Pete und Ruthie hatten noch eine lange Heimfahrt vor sich.

Ich versuchte, meine Freundin zu trösten. „Heute abend wird Freddy bestimmt an der Hütte aufkreuzen, wenn er Hunger bekommt. Vielleicht hält er nach den beiden Sandwiches jetzt im Wald ein Verdauungsschläfchen. Mit seiner scharfen Nase findet er unsere Spur auf jeden Fall."

„Aber er ist noch nie allein draußen gewesen", jammerte Ruthie. „Sicher wird ihn irgendein Tier fressen." Sie brach erneut in Tränen aus. „So große Tiere gibt's hier gar nicht", widersprach ich, aber ich war von meinen eigenen Worten nicht ganz überzeugt. Könnte nicht ein junger Bär an einem Waschbären Geschmack finden? Oder eine große Eule ihn angreifen? „Ich verspreche dir, wenn Freddy heute abend nicht mehr auftaucht, durchkämme ich morgen den Wald. Und sobald ich etwas Neues weiß, rufe ich dich an."

Bei der Abfahrt saß sie im Boot und weinte immer noch. Pete hatte seinen Arm um ihre Schulter gelegt. Als sich die Rücklichter ihres Wagens dann in der Ferne verloren, kämpfte auch ich mit den Tränen. Meine Suche am nächsten Tag blieb erfolglos. Freddy kam nie zurück und wurde auch nie gefunden.

Besucher aus dem Tierreich

In MEINEN ersten Sommern am Black-Bear-See bekam ich häufig Besuch von Wildtieren. Sie mußten allerdings bald feststellen, daß es bei mir – abgesehen von ein bißchen Vogelfutter – keine Gratisfütterung gab. Ich wollte nicht, daß sie von mir abhängig wurden, weil das ihre Überlebensfähigkeit untergraben hätte.

Dennoch schätze ich wilde Tiere ebenso hoch wie meine menschlichen Freunde, und sie scheinen zu spüren, daß sie auf meinem Land sicher sind und daß ich als „Beherrscherin" dieses Reviers ihnen nichts

Böses will. Umgekehrt weiß ich, daß auch sie mir nichts tun. In den zehn Jahren, die ich Seite an Seite mit ihnen in der Wildnis gelebt habe, ist es nicht ein einziges Mal vorgekommen, daß ein Wildtier mich bedroht hat. Statt dessen habe ich überall im Umkreis meiner Hütte – und manchmal sogar auch in der Hütte selber – zutrauliche, unbefangene Tiere vorgefunden.

Eines Abends ließ ich unvorsichtigerweise einen heißen Apfelkuchen zum Abkühlen am Fenster stehen, ehe ich wegging. Als ich gegen Mitternacht nach Hause kam und die Tür aufschloß, starrten mir im Licht der Taschenlampe vier glitzernde schwarze Augenpaare aus vier Clownsmasken entgegen. Einen Augenblick lang geschah überhaupt nichts. Dann spritzten in panischer Hast vier Waschbären in alle Himmelsrichtungen auseinander. Während meiner Abwesenheit mußten die Waschbärenmutter und ihre drei Jungen den Kuchen gerochen haben, hatten dann das Fliegengitter nach innen gedrückt, waren auf meinen Küchentisch geklettert und hatten ihr Vergnügen daran gehabt, fünf Stunden lang die „sturmfreie Bude" gründlich auf den Kopf zu stellen. Da ich jetzt die Tür blockierte, mußten sie das Fenster suchen, durch das sie hereingekommen waren. Ein Junges krabbelte auf den Ofen, ein anderes fiel in die Spüle. Die Mutter sprang auf den Kühlschrank und ließ ihr Kleinstes auf dem über und über mit Zucker bestreuten Küchentisch zurück. Das pelzige Baby rutschte prompt aus und fiel hin, alle viere von sich gestreckt, ein Bild rührender Hilflosigkeit.

Ich schnappte nach Luft, als ich die Bescherung erblickte. Es war unbeschreiblich, wie die Hütte zugerichtet war. Zuerst hatten die Waschbären alle Äpfel aus der Torte geklaubt und gefressen. Dann hatten sie einen Sack Mehl umgestoßen. Er war aufgeplatzt, und sie waren durch das Mehl hin und her getapst und hatten kleine weiße Fußabdrücke auf den Möbeln hinterlassen. Eines der Jungen hatte den Honigtopf entdeckt und offenbar nach Kräften versucht, ihn aufzuschrauben; doch nachdem es ihm lediglich gelungen war, das halbe Etikett abzukratzen, hatte es den Topf unverrichteter Dinge am Ofen stehenlassen. Mehr Glück war dem Waschbärchen bei einem Topf Mangomarmelade beschieden gewesen. Was es nicht vertilgt hatte, war auf den indianischen Teppichen gelandet und hatte dunkle Tupfen neben den weißen Fußspuren hinterlassen. Ein ähnliches Schicksal hatte die Ketchupflasche ereilt; ihr Inhalt zierte den Küchenfußboden. Ein Vorhang baumelte schief vor dem Fenster und war offensichtlich als Waschbärenschaukel zweckentfremdet worden.

Plötzlich fand ich die Situation überwältigend komisch. Laut lachend ergriff ich einen Besen und begann die Waschbären aus dem Raum zu kehren. Sie wetzten in den Wald und kletterten geräuschvoll auf die nächsten Balsamtannen. Dort, fünf Meter über meinem Kopf, ließen sie sich auf den Zweigen nieder und sahen vorwurfsvoll auf mich herunter.

Nach dieser Invasion achtete ich doppelt darauf, nichts Eßbares offen in der Küche liegenzulassen und nicht das kleinste Bröckchen Abfall auf meinem Land zu verstreuen.

Dennoch kam es durch meine Unvorsichtigkeit später noch einmal zu einer hautnahen Begegnung mit einem Waschbären. Zu dieser Zeit hatte ich schon meinen Hund Pitzi. Nach einem anstrengenden Tag, den ich mit dem Fällen von Bäumen und Spalten von Brennholz verbracht hatte, beschloß ich, vor dem Zubettgehen noch ein heißes Bad zu nehmen. Es war schon längst dunkel, als ich die Gasflamme des Heißwasserboilers entzündete und die Wanne vollaufen ließ. Pitzi war mir ins Souterrain gefolgt und schnüffelte auffällig in einer Ecke herum, in der alte Kisten, leere Kanister und ein 25-Kilo-Sack Hundefutter herumlagen. Vielleicht hat er eine Maus gefunden, dachte ich. Ohne mich weiter um ihn zu kümmern, zog ich mich aus und setzte mich vorsichtig in das dampfende Wasser. Die Hitze entspannte meine schmerzenden Muskeln wohltuend.

Urplötzlich schoß Pitzi in die Ecke, warf dabei Kisten und Kanister um und stieß den Sack so heftig beiseite, daß aus einem großen Loch eine riesige Ladung Hundekuchen auf den Boden prasselte. Dann sprang er zurück, ein grauhaariges Tier im Maul. Es war ein junger Waschbär! Pitzi schleuderte den Waschbären in die Luft und reagierte nicht im mindesten auf meine mahnenden Zurufe. Plötzlich wurde mir klar, daß der Waschbär sich in der Ecke versteckt und Hundefutter aus dem Sack stibitzt hatte. Pitzi verteidigte in diesem Augenblick sein Heim und seine Speisekammer! Er warf das verängstigte Tierchen noch einmal geschickt hoch, und dann landete es platschend in der Wanne. Verdattert sprang ich auf, splitternackt, wie ich war, und kletterte eilends aus dem Bad. Während der kleine Waschbär unglücklich in dem heißen, seifigen Wasser herumpaddelte, standen Pitzi und ich aufgeregt am Wannenrand und fragten uns, was wir tun sollten. Dann schnappte mein Hund beherzt ins Wasser, packte das Tierchen am Nackenpelz und schleuderte es zurück auf den Souterrainboden. Ich hielt Pitzi am Halsband fest, machte die Tür auf und schob den Waschbären mit dem Fuß nach draußen. Klatschnaß, aber offenbar unverletzt, lief er in den Wald, froh, noch einmal davongekommen zu sein.

Unten am Bootsanlegesteg lernte ich eine andere, ebenfalls sehr

lebhafte Tierart kennen. Von Zeit zu Zeit, wenn ich mich spätnach-
mittags sonnte, sprang ein naseweiser schlanker Nerz am Ufer mit
geschmeidigen Bewegungen von Stein zu Stein und suchte nach Kreb-
sen. Ich bewunderte seine Geschicklichkeit und auch die Dreistigkeit,
die er ein paar Tage später unter Beweis stellte. Ich hatte nämlich
Welse geangelt und am Ende des Anlegestegs eine Schnur mit acht
gefangenen Fischen zur Aufbewahrung ins Wasser gehängt. Dann
ging ich fort, um ein Feuer zu machen, und freute mich unterdessen
schon auf in Butter gebratenen frischen Wels. Als das Feuer genügend
Glut hatte, eilte ich zur Anlegestelle zurück, um die Fische einzuholen,
abzuhäuten und auszunehmen. Die Schnur fühlte sich merkwürdig
leicht an, als ich sie aus dem See zog. Kein Wunder: nur noch Köpfe
und Gräten hingen daran. Da es im Black-Bear-See keine Piranhas
gibt, konnte nur ein einziges Tier der Übeltäter gewesen sein: mein
vielbewunderter Nerz.

Während eines Forschungsaufenthalts auf den karibischen Inseln
lernte ich das Sporttauchen mit Atemgerät und begann mich danach
für die Wassertiere des Black-Bear-Sees ebenso zu interessieren wie
für Vögel und Säugetiere. Bei meinen Streifzügen unter Wasser hielt
ich mich meistens in der warmen, sauerstoffreichen Oberflächen-
schicht auf. Hier beobachtete ich Forellen, die unter der quecksilber-
nen Oberfläche lauerten und nach Insekten spähten, Katzenwelse, die
über den steinigen Grund streiften, und Krebse, die vorzugsweise son-
nige Plätze in seichtem Wasser aufsuchten.

Aufgefallen ist mir beim Tauchen im Laufe der Jahre, daß die Fisch-
bestände zurückzugehen scheinen. Rob und andere Fischer bestätigen
mir, daß sie weniger fangen. Hauptschuldig ist allem Anschein nach
der saure Regen. Sauer wird er durch Schwefel- und Stickstoffdioxid
in der Atmosphäre, chemische Verbindungen, die zum Teil aus den
gigantischen Industriekomplexen von Gary, Chicago und Detroit,
zum Teil aus den Schloten städtischer Kraftwerke und den Auspuff-
rohren der Autos stammen. All diese Abgase werden durch die vor-
herrschenden Westwinde nach Osten getragen.

Die Adirondacks und andere nordöstliche Gebirge haben besonders
stark unter dem sauren Regen zu leiden, weil sich hier Wolken bilden
und abregnen. Hinzu kommt, daß es den Seen der Adirondacks an
säureneutralisierenden Eigenschaften fehlt und sie daher in besonde-
rem Maße betroffen werden.

Ich freue mich heutzutage über jeden Saibling, den Rob und ich auf
unseren stillen Angeltouren fangen, bin glücklich über jeden Katzenwels, der mir an den Haken geht. Und ich mache mir Sorgen. Wer füt-

tert die Nerze und Otter, die Möwen und Fischadler, die Waschbären und Reiher, wenn der Mensch durch den sauren Regen die Fische ausrottet?

Eines Nachmittags ging ich zum Biberteich, um zu schauen, welche Tiere sich dort gerade aufhielten. Manchmal ergeben sich die besten Begegnungen gerade dann, wenn man es nicht erwartet. Überraschend entdeckte ich am Sonnenhang eines Hügels ein frisches Erdhäufchen, hinter dem ein Loch in die Tiefe führte. Birkhuhnfedern lagen über den Boden verstreut, und in der Luft hing ein strenger Geruch. Kein Zweifel: Ich hatte den Bau eines Rotfuchses gefunden. Kein Laut war zu hören. Ich versteckte mich etwas vom Bau entfernt hinter einem Schlingstrauch und wartete. Nicht lange, und zwei winzige gespitzte Ohren tauchten über dem Erdhaufen auf. Dann folgten zwei neugierig glänzende Pünktchen, schließlich ein feuchter Nasenfleck, gerahmt von kurzen Schnurrhaaren. Vorsichtig blickte der kleine Fuchswelpe sich um und schnupperte mit seinen niedlichen kleinen Nüstern. Dann sprang er vollends aus seinem Bau. Hinter ihm drängten drei weitere Welpen ins Freie und begannen in der Sonne herumzutollen. Noch nie hatte ich Wildtierjunge so unbefangen vor meinen Augen spielen sehen: Sie jagten nach Federn, fochten Scheinkämpfe aus, bissen sich ausgelassen in die Ohren. Fast war es eine Enttäuschung, als gemessenen Schrittes und mit strengem Blick ein Prachtexemplar von Fuchsvater die Szene betrat, einen Schneeschuhhasen im Maul. Sein Schwanz, die Lunte, wirkte so leicht und luftig wie eine Federboa. Kastanienrot leuchtete sein Pelz in der Sonne. Die eleganten schwarzen Pfoten und die weiße Schwanzspitze vervollständigten den vornehmen Eindruck.

Stürmisch stürzten die Jungen auf den Vater zu und rempelten ihn an. Einen Augenblick stand der Fuchs unschlüssig da, wie in schweigendem Protest gegen seine ungebärdigen Rangen, dann lief er zum Erdhaufen und legte den Hasen ab. Sofort machten sich die Kleinen darüber her. Sie wußten ihre winzigen Zähne schon sehr gut zu gebrauchen. Der Fuchs, zufrieden, seine Jungen wohlversorgt zu sehen, legte sich in die Sonne und begann, seinen Pelz zu pflegen. Ich wagte mich nicht zu rühren.

Da hörte ich hinter mir plötzlich ein leichtes Rascheln. Ich wandte den Kopf und sah einen zweiten, kleineren Rotfuchs. Es war die Mutter. Kurz trafen sich unsere Blicke. Dann drehte sich die Füchsin um und schnürte davon in Richtung auf ihren Bau.

Damit war das Familienidyll schlagartig beendet. Rasch scheuchte die Füchsin ihre Kleinen in den sicheren Bau, und quiekend und übereinander stolpernd verschwanden erst die Welpen und danach ihre Mutter. Der Vater fletschte kurz sein weißes Gebiß, dann verschwand auch er. Nur ein paar Pelzflocken wehten noch über den Boden. Es herrschte wieder vollkommene Stille.

Ich seufzte und erhob mich. Die Vorstellung war vorbei. Jetzt würde es Stunden dauern, bis die Familie sich wieder sicher wähnte. Aber ich nahm mir vor zurückzukommen, um zu verfolgen, wie die Kleinen aufwuchsen, und um Fotos zu machen. Als ich so leise wie möglich den Rückzug antrat, stieß ich aus Versehen gegen einen Baum. Im gleichen Moment schoß ein Greifvogel von einem Ast auf mich herunter. Ich sah nur eine perlgraue Brust und einen schiefergrauen Rücken, als er knapp an meinem Ohr vorbeisauste – ein Hühnerhabichtweibchen. Gleich darauf ging sie zu einem zweiten Angriff über. Anders als die Füchsin, die ihre Jungen zum Rückzug in den sicheren Bau bewegt hatte, vertrieb sie unerwünschte Eindringlinge mit direkten Attacken. Sicher hatte sie ein Nest und Junge in dem Baum, gegen den ich geprallt war.

Zum Glück schützte eine Pelzmütze meinen Kopf, aber die wiederholten Sturzflüge des Habichts waren mir doch etwas gefährlich. Ich rannte in ein dichtes Tannengehölz, um meinen Angreifer loszuwerden, und flüchtete weiter bis dicht an den Rand des Biberteiches. Dort ließ der Raubvogel dann endlich von mir ab, und ich beschloß, zur Entspannung den Teich ganz zu umrunden und nach Bibern Ausschau zu halten. Der alte Damm sah vernachlässigt aus, und auf der Burg wuchs Gras, aber ein paar frisch geschälte weiße Stöcke trieben auf dem Wasser – ein gutes Zeichen. Tatsächlich fand ich am fernen Ende des Teiches, wo ein Bächlein in den See plätscherte, einen kurzen, schmalen neuen Damm. Er würde mit der Zeit zu einem Riesenbau heranwachsen. Erst würden die Biber ihn erhöhen und verlängern, um den Wasserspiegel zu heben, später dann auch Kanäle graben, Seitendämme anlegen und ihre Burg für die wachsende Familie aufstokken. Ich hatte gelesen, daß der längste je gefundene Biberkanal hier in den Adirondacks entstanden war und nicht weniger als hundertsiebenundneunzig Meter maß. Diese Jungbiber hier hatten gerade erst ihren Hausstand gegründet. Wer weiß, wenn ich in achtzehn, zwanzig Jahren – denn so alt können Biber durchaus werden – zum Biberteich zurückkehrte, würden sie vielleicht den „Panamakanal der Biberwelt" gebaut haben.

Indem ich mich durch üppig grünendes Gras und Farnkraut kämpfte, gelangte ich zur Burg der beiden. Wie die meisten Frischvermählten hatten sie nur ein bescheidenes Heim von einem Meter Höhe und drei Meter Umfang an der Basis. Nach ein paar Jahren Biberehe mochte es dann schon zwei Meter hoch sein, und der Umfang würde vielleicht sieben Meter betragen. Ich fragte mich, ob sie jetzt schon Junge darin hatten. Um meine Neugier zu befriedigen, setzte ich mich zur Beobachtung hin, schmierte mich mit Insektenschutzmittel ein und wartete. Kurze Zeit später hörte ich das typische Quieken und Brabbeln von Biberjungen. Wenn sie im Mai oder Juni geboren waren, mußten die Kleinen jetzt schon gut im Pelz und schwimm- und tauchfähig sein.

Auf einmal schien der Wasserspiegel zu meinen Füßen fast unmerklich zu steigen. Ich hielt den Atem an. Das Männchen war in der Burg durch das Schlupfloch nach draußen getaucht, und schwamm jetzt dicht an mir vorbei. Ohne mich zu wittern, steuerte es auf einen engen Kanal zu. Augenblicke später kam es mit einem Ast im Maul zurück. Ich konnte seine scharfen gelben Nagezähne in der Sonne leuchten sehen. Diese Zähne wachsen fortwährend nach und müssen ständig abgewetzt werden, wobei sie sich auch immer wieder neu schärfen.

Ohne die geringste Wellenbewegung zu verursachen, tauchte das Männchen ab und verschwand in Richtung Burg. Bald hörte ich ein mampfendes Geräusch, das so klang, als kauten mehrere Leute Stangensellerie. Kein Zweifel, die Familie saß zu Tisch. Wenig später war das Männchen jedoch wieder draußen und strebte diesmal dem fernen Ufer zu. Ich beobachtete, wie es den kleinen Abhang hinaufwatschelte, mit den Vorderpfoten einen Gelbbirkenstamm umfaßte und ihn ganz unten zu benagen begann – ein Anblick, den man sehr selten zu sehen bekommt. Ich schaute auf die Uhr. Nach siebeneinhalb Minuten Nagearbeit erzitterten die Äste, und der Baum fiel klatschend in den Teich. Minuten später sah ich, wie das Weibchen und fünf kleine Biber, vermutlich angelockt durch die entstandenen Wellen, in Richtung Birke schwammen. Fasziniert verfolgte ich, wie sie sich um den schwimmenden Stamm gruppierten, auf der einen Seite der Vater und ein Junges, auf der anderen die Mutter mit vier Jungen. Gemeinsam begannen sie weiße Furchen in die Rinde zu nagen und sahen dabei so zufrieden aus wie eine Familie beim Sonntagsbraten.

Leise zog ich mich zurück und machte mich über den kleinen Biberdamm davon. Eine Forelle tauchte auf und schnappte sich eines der Insekten, die in Myriaden den Teich umsummten, Schwalben machten Sturzflüge über dem Wasser, Frösche quakten im Chor. In der Abenddämmerung kamen sicher Hirsche zum Trinken und Nerze zum Jagen hierher. Wie viele herrliche Tiere, überlegte ich mir, hat der Mensch mitleidlos in unseren Bergen ausgerottet: neben dem Elch den

Wolf, den Luchs, den Berglöwen, den Vielfraß und den Weißkopf-Seeadler.

Fast das einzige Tier, das in den Adirondacks an Zahl zunimmt, ist der Schwarzbär. Mit dem steigenden Touristenzustrom im Sommer und Herbst steigt auch das Nahrungsangebot für Bären, denn auf den Müllhalden türmen sich für sie die schmackhaftesten Leckerbissen. Ich habe sogar einmal gesehen, wie auf einem staatlichen Campingplatz ein besonders schlauer Bär aus dem Wald hervorgeschlichen kam, brutzelnde Steaks von einem Grill stibitzte und sich anschließend noch am Kartoffelsalat gütlich tat.

„Bären begucken" ist hier im Sommer ein beliebter Zeitvertreib. Viele Leute führen abends ihre Kinder und Besucher zu nahe gelegenen Müllkippen. Ich selbst sehe unterdessen nur mit Abscheu, wie wilde Bären auf Müllkippen herumklettern, Wohlstandsrückstände fressen, fett und faul werden und dabei Schmeißfliegen und gaffende Besucher dulden. Für mich verliert das Tier dadurch seine Würde, Wildheit und Selbständigkeit. „Müllkippenbären" sind auf dem besten Wege dazu, die Bettler und Penner der freien Natur zu werden.

Dreimal nur habe ich im Wald wilde Bären getroffen. Unvergeßlich bleibt mir eine Begegnung an einem kalten Wintermorgen. Auf Schneeschuhen wollte ich zu meinem kleinen Sumpf, um Fotos von frisch verschneiten Balsamtannen zu machen. Unterwegs bot sich mir der seltsame Anblick eines um eine Tanne aufgehäuften Schneehügels, aus dessen Spitze eine Dampfsäule quoll. Neugierig stapfte ich näher. So etwas hatte ich noch nie gesehen. Plötzlich brach unter meinem linken Schneeschuh der Schnee ein, und eine Art Höhle wurde sichtbar. Mühsam am Rand dieses Iglus balancierend, blickte ich hinein. Es war sehr dunkel. Als sich meine Augen daran gewöhnt hatten, konnte ich am Boden der Höhle einen zusammengerollten Schwarzbären im Winterschlaf erkennen. Seine langsamen Atemzüge kondensierten zu Dampf und stiegen durch das Loch ins Freie. Behutsam zog ich mich zurück, damit der Bär nicht aufwachte und in schlechte Laune geriet.

Ein Mann im Haus

WIEDER war es Herbst, mein siebenter seit dem Bau der Hütte. Der Holzstoß wuchs, das Laub war gefallen, die Gänse zogen südwärts. Der Winter lag in der Luft. Er erschien mir nicht mehr so strapaziös und beängstigend wie mein erster Winter, aber das Gefühl des Alleinseins verließ mich nie.

An einem späten Freitagnachmittag fuhr ich nach Lake Serene. Unterwegs blieb ich auf dem Bahnübergang, wo die Straße die alte Adirondack-Eisenbahnstrecke kreuzt, stehen und blickte nach Westen. In den Sonnenuntergang blinzelnd, sah ich auf der Bahntrasse eine Gruppe Männer herankommen. Sie sahen aus wie Jäger, die von einem Jagdausflug zurückkamen. Einer von ihnen ging etwas abseits. Er war größer und schlanker als die anderen und trug ein Gewehr in der Hand.

Halb geblendet von der Sonne, tastete ich nach dem Zündschlüssel, um wieder loszufahren. In diesem Augenblick hob der Große den Arm und winkte grüßend. Ich wartete. Wer konnte das sein? Der Mann fiel in Laufschritt und erreichte meinen Wagen mit weitem Vorsprung vor den anderen.

„Hallo! Sind Sie nicht Anne? Die junge Frau, die in dem Ferienhotel bei Lake Serene gearbeitet hat?"

Ich nickte.

„Wußte gar nicht, daß Sie immer noch hier wohnen. Wir haben uns ja eine Ewigkeit nicht gesehen."

Er steckte seinen Kopf durchs Autofenster. Ich wehrte mit meiner Hand die blendende Sonne ab und blickte forschend in ein schmales, wettergebräuntes Gesicht mit buschigen Augenbrauen, gerader Nase, einem großen lustigen Mund und grünlichbraunen Augen. Ja, ich erinnerte mich. Dieser Mann war oft zum Hotelstall gekommen, um zu reiten, und hatte mich immer gebeten, ihn zu begleiten. So manches Mal waren wir im Galopp die Wege entlanggeprescht. Er hatte damals eine Kamera um seine breiten Schultern geschlungen und hin und wieder Bilder von Bäumen, Blumen und Wildtieren gemacht. Die Dias würden, wie er erklärte, gutes Anschauungsmaterial für seinen Biologieunterricht abgeben, denn er unterrichtete an einem kleinen College im Süden, in der Nähe von Albany.

„Ach, Sie sind es. Wie schön, daß man sich mal wiedersieht", begrüßte ich ihn und kramte in der Erinnerung nach seinem Namen.

„Nick", sagte er, als hätte er meine Gedanken gelesen. „Nick Robbins. Wir haben zusammen eine Reihe netter Reitausflüge unternommen. Erinnern Sie sich noch?"

„Natürlich, Nick", erwiderte ich lächelnd. „Es ist bestimmt sechs oder sieben Jahre her, seit wir uns das letzte Mal gesehen haben. Unterrichten Sie immer noch da unten bei Albany?"

„Immer noch", antwortete er. „Nur ist der Stundenplan zur Zeit günstiger als früher. Ich habe jetzt lange freie Wochenenden und komme nicht nur im Sommer, sondern das ganze Jahr über her, im

Herbst zum Jagen, im Winter zum Schneemobilfahren, im Frühling zum Kanufahren. Und was treiben Sie so?"

Ich entschloß mich, offen zu sein. „Ich wohne nicht mehr im Hotel", begann ich. „Morgan und ich haben uns vor ein paar Jahren scheiden lassen. Ich habe jetzt mein Studium abgeschlossen und arbeite als Autorin und Umweltberaterin."

„So etwas Ähnliches habe ich mir schon gedacht, als ich feststellen mußte, daß jemand anderes Ihren Platz eingenommen hat. In dem Sommer, nachdem Sie fort waren, habe ich aufgehört, dort zu reiten. Keiner hat sich mehr richtig um die Pferde und die Reitwege gekümmert. Wo wohnen Sie denn jetzt?"

„Am Black-Bear-See, ich habe mir dort eine Hütte gebaut."

„Sind Sie wieder verheiratet?" wollte Nick wissen.

„Nein. Gebranntes Kind . . . Sie wissen schon."

„Mir geht es genauso", gestand er und senkte leicht den Kopf. Ein Windstoß fuhr ihm durch das zerzauste dunkle Haar.

Ich unterdrückte einen Impuls, ihm tröstend über den Kopf zu streichen.

Seine Freunde hatten uns mittlerweile eingeholt und steuerten auf ihre am Bahngleis geparkten Wagen zu. Ich wollte nicht, daß Nick ging, aber ich wußte nicht, was ich sagen sollte.

Er kam mir zuvor. „Ich wünschte, wir hätten mehr Zeit, um miteinander zu sprechen", sagte er und sah mich prüfend an.

„Möchten Sie mit zu mir zum Kaffee kommen?" platzte ich, fast ohne nachzudenken, heraus. „Wir müßten allerdings das letzte Wegstück mit dem Boot fahren, und es wird schon dunkel sein, wenn Sie wieder gehen. Vielleicht sind Sie auch müde von der Jagd." Auf einmal saß mir ein Kloß im Hals.

„Nein, ich bin nicht müde", antwortete er, und seine Miene hellte sich auf. „Ich würde sehr gern mitkommen, aber ich habe meinen Kumpels versprochen, daß ich heute abend Poker mit ihnen spiele." Er runzelte einen Augenblick die Stirn. „Warten Sie einen Moment." Er lehnte das Gewehr an meinen Wagen und ging zu einem der Männer hinüber. Eine merkwürdige Vorfreude stieg in mir auf.

„Alles klar", verkündete er, als er zurückkam. „Sie beginnen mit dem Spielen nicht vor acht Uhr. Jetzt ist es fünf, da kann ich auf jeden Fall rechtzeitig wieder zurück sein."

Wir fuhren mit unseren Wagen zur öffentlichen Anlegestelle, parkten und bestiegen mein Boot. Es dämmerte bereits, und es wurde kälter. Die purpurnen Wolken hatten mittlerweile den gesamten südwestlichen Horizont verhüllt und sahen bedrohlich aus.

„Bis morgen früh könnte es Schnee geben", prognostizierte Nick. „Das wäre gut für die Spurensuche."

Wir erreichten meinen Anlegesteg, und ich ging zu meinem Häuschen voraus. „Ein bißchen klein ist es", entschuldigte ich mich, „aber ich habe es zum größten Teil selbst gebaut."

Nick blieb auf dem Weg stehen. „Das haben Sie selber gebaut?" Ich nickte.

„Alle Achtung! Eine echte Blockhütte. Toll!" Und er begann um das Blockhaus herumzugehen, um Bauplatz und Konstruktion zu begutachten.

Ich ging inzwischen hinein, setzte Kaffee auf und warf ein frisches Gelbbirkenscheit in den Franklin-Ofen. Nick kam nach, zog automatisch den Kopf ein, um durch meine niedrige Tür zu kommen, und blieb still in der Mitte meines Hauptraumes stehen. Schließlich seufzte er. „Das nenne ich ein Zuhause", sagte er nur. Er ging umher, strich über Mapuches Pelz, nahm ein Buch vom Regal, schwang die Axt, die an der Wand hing. Dann setzte er sich in den Schaukelstuhl und sah mich an. „Schön haben Sie's hier, wirklich."

Etwas beklommen goß ich uns Kaffee ein. Das Schweigen zog sich in die Länge. Da es im Zimmer fast dunkel war, zündete ich eine Gaslampe an und öffnete die Türen des gußeisernen Ofens. Der flackernde Flammenschein fiel auf das mattglänzende Schwarzbärenfell, das als Teppich auf dem Boden lag. Wir schlürften Kaffee und begannen, einander ein bißchen auszufragen. Langsam legte sich meine Befangenheit, und ich interessierte mich immer mehr für diesen Mann. Bescheiden erzählte er von seinem Beruf, seinen Reisen, seinen Erlebnissen beim Militär und dann auch von seiner Scheidung.

Als Nick dann schwieg, entstand eine lange Pause, unterbrochen nur von den heimeligen Hüttengeräuschen: dem leisen Zischen der Gaslampe, dem Knacken des Feuers, dem Quietschen des Schaukelstuhls, dem Flüstern des Windes draußen.

„Und Sie?" fragte er leise.

Er hatte mir sein Vertrauen geschenkt, und ich wollte es ihm gleichtun. So schilderte ich ihm meine Kümmernisse in den letzten Jahren mit Morgan. Es überraschte mich, wie wenig Bitterkeit in mir zurückgeblieben war.

Als ich geendet hatte, schaute ich auf die Uhr. „Oh, Nick, Ihr Pokerspiel! Es ist schon halb neun. Soll ich Sie über den See bringen?" fragte ich und hoffte, daß er nein sagen würde.

„Ich habe Ihre Gastfreundschaft schon über Gebühr in Anspruch genommen", wehrte er ab. „Meinetwegen haben Sie sicher schon Ihr

Abendessen versäumt, Anne. Aber es ist richtig wohltuend, so mit Ihnen zu reden." Trotzdem machte er keinerlei Anstalten aufzustehen. „Soll ich etwas zu essen machen?" schlug ich vor. „Nur einen kleinen Imbiß. Dann brauchen Sie wenigstens nicht auf nüchternen Magen Karten zu spielen."

„Da sag ich nicht nein", stimmte Nick zu.

Ich kochte einen Topf heiße Suppe und richtete eine Platte mit Aufschnitt, Käse und Schwarzbrot her; dazu gab es Tee. Über meinen Schreibtisch breitete ich eine feuerrote Tischdecke und zündete eine schlanke rote Kerze an. Nick sah anerkennend zu.

„Mögen Sie Musik zum Essen? Im Radio senden sie um diese Zeit immer ein gutes Konzertprogramm."

„Gern." Er nickte und setzte sich an den Tisch.

Beim Auftragen der Suppe berührte ich seinen Arm, und ich spürte, wie ich zusammenzuckte, als hätte ich einen elektrischen Schlag bekommen. Er sieht wirklich sehr gut aus, dachte ich. Wir aßen in Ruhe, unterhielten uns, hörten Musik und benahmen uns betont höflich. Ehe wir uns versahen, kamen bereits die Elfuhrnachrichten.

„Wie die Zeit verfliegt!" sinnierte ich laut. „Manchmal, wenn ich abends hier sitze und lese oder schreibe, lassen die Nachrichten ewig auf sich warten."

„So ist das, wenn zwei sich mögen", sagte Nick ruhig. „Einen so schönen Abend habe ich seit Jahren nicht mehr erlebt. Meist habe ich abends zu tun, muß den Unterricht vorbereiten oder Kurse in der Abendschule besuchen."

Eine seltsame Spannung lag in der Luft. Nervös räumte ich den Tisch ab, ging in die Küche, stapelte das Geschirr in die Spüle und stellte die Lebensmittel in den Kühlschrank. Befangen strich ich über mein langes Haar, um es zu glätten, und kehrte ins Zimmer zurück. Nick ergriff sanft meinen Arm.

„Kommen Sie, setzen wir uns auf das Bärenfell am Feuer. Ich möchte diese Umgebung noch ein paar Minuten genießen, ehe ich gehe."

Wie ein kleines Mädchen ließ ich mich von ihm führen und setzte mich, die Arme um die Knie geschlungen. Wirre Gedanken schwirrten mir durch den Kopf. Ich hätte Nick nicht zum Abendessen einladen dürfen. Er mußte das als offenes Angebot auffassen. Und doch ertappte ich mich dabei, wie ich mir wünschte, seine Hand zu halten. Was sollte ich bloß tun? Ich starrte in die Flammen. Die Jahre des Alleinseins hatten mich verändert, und ich wußte, daß ich jetzt soweit war, daß ich der Liebe wieder eine Chance geben wollte.

Nick sah mich liebevoll an, als ich mich zu ihm umwandte und meine ineinander verklammerten Hände löste. Er nahm sie in die seinen. „Schon gut", flüsterte er. Dann küßte er mich.

FÜNF Zentimeter Schnee bedeckten den Boden und verliehen den Bäumen einen festlichen Anstrich, als ich Nick am nächsten Morgen zum Anlegesteg begleitete, um ihn mit dem Boot über den See zu bringen.

Als ich dann zusah, wie sein Wagen langsam über die unbefestigte Straße in Richtung Hawk Hill verschwand, fühlte ich, was seit Urzeiten jede frisch verliebte Frau fühlt, wenn sie ihrem Mann beim Abschied nachblickt. Würde ich ihn wiedersehen? Hatte ich zuviel von mir preisgegeben? Oder nicht genug? Wie ernst war es ihm?

Ich stieg in mein Boot und fuhr nachdenklich über den Black-Bear-See zurück. Die Einsamkeit lauerte mir auf und erstickte mich fast.

Nick hatte gesagt, er werde zurückkommen. Das war alles, woran ich mich festhalten, alles, worauf ich warten konnte.

Für mein Gefühlsleben hatte eine neue Ära begonnen. Nick kam zurück. Wir besuchten einander an Dutzenden von Wochenenden und freien Tagen. Es war der Anfang einer stürmischen, anstrengenden, romantischen Zeit in der Hütte.

Mein Hinterhof

AN EINEM strahlendschönen Septembersamstag kam Nick zur Hütte und grinste bis über beide Ohren. „Gestern war was in der Post, das du dir unbedingt zu Gemüte führen mußt", verkündete er und ließ sich in einen der Gartenstühle auf dem Sonnendeck plumpsen. „Was für ein herrlicher Tag! Ich möchte mit dir etwas unternehmen, Liebes. Ich bin heute extra früh aus Albany abgefahren, damit wir zusammen ein langes Wochenende verbringen können." Während er sprach, kramte er in seiner Aktentasche. „Hier ist es", sagte er und hielt die Zeitschrift *Adirondack Life* hoch. „Da sind Zitate aus Aufsätzen von Grundschülern in Missouri abgedruckt. Im Erdkundeunterricht haben sie dort die Adirondacks durchgenommen, sind aber selbst nie hier gewesen."

Ich schenkte uns dampfenden Kaffee ein und machte es mir auf dem anderen Gartenstuhl bequem.

„Hör zu", begann Nick. „,Die Adirondacks sind meistens mit Bergen bevölkert. Leute sind nur ihre zweite Bevölkerungsquelle.' Hier, noch ein Zitat. ,Da buckeln sich überall Berge rauf und runter.'"

Ich lachte. In diesem Augenblick hörten wir das tiefe Röhren eines Wasserflugzeugs über dem Black-Bear-See. Ich lief zum Bootssteg, um zu sehen, ob es landen würde. In elegantem Bogen ging die Maschine auf dem See nieder und rauschte zu einem schräg gegenüberliegenden Sommerhaus. Von dort eilten drei Leute auf den Anlegesteg hinaus, kletterten an Bord des Flugzeugs und schlugen die Tür hinter sich zu. Die Maschine, jetzt sichtlich schwerer, pflügte durch das Wasser und hob langsam ab. Fünfzehn Minuten später war sie zurück.

„Die müssen einen Rundflug gemacht haben, um das Herbstlaub zu bewundern", kommentierte ich.

„Sag mal, was kostet eigentlich so ein Rundflug? Ich bin noch nie mit einem Wasserflugzeug oben gewesen."

„Ungefähr fünf Dollar für fünfzehn Minuten. Pro Kopf", fügte ich hinzu.

„Hm. Möchtest du die High Peaks, die höchsten Berge der Adirondacks, mal von oben sehen?"

„O ja, das wäre toll!" rief ich. „Aber es ist viel zu teuer."

„Paß auf, wir machen mit dem Piloten einen Handel. Du nimmst deine Kameras mit und bietest an, ein paar Bilder für ihn zu schießen. Aufnahmen von seiner Maschine, von ihm, von den Bergen. Was er will. Die Leute, die hier oben im Touristikgeschäft arbeiten, werden gute Werbefotos immer gebrauchen können. Wetten, daß wir den Flug zum halben Preis kriegen?"

Beeindruckt von seiner Idee, nickte ich.

„Laß uns doch heute mittag, wenn er zum Essen geht, mal mit ihm reden. Wir fragen ihn, ob wir morgen ganz früh starten können. Morgen soll das Wetter wieder schön werden."

Zu meiner Überraschung war der junge Pilot sofort einverstanden. Genau wie Nick vermutet hatte, besaß er bisher keine guten Fotos für Plakate und Postkarten.

Am Sonntag um Viertel vor sieben durchbrach das Geknatter des Wasserflugzeugs die Stille. Vereinzelte Nebelschwaden hingen nur noch über den Seen und Teichen. Nick und ich standen gespannt am Bootssteg. Der Pilot öffnete die Tür, grüßte lächelnd und winkte uns herein. Nick quetschte sich auf den Rücksitz, während ich den Kopilotenplatz bestieg, um freien Blick aus dem Fenster zu haben. Wir schnallten uns an, und wenige Minuten später ging's in den stillen Morgenhimmel hinauf.

So klar war die Sicht, daß praktisch das gesamte Adirondackmassiv mit seinem Durchmesser von rund hundertsechzig Kilometern zu überschauen war. Das Flugzeug stieg auf eine Höhe von neunhundert Metern. In weiter Ferne lagen die High Peaks, die Berggipfel in der Gegend von Lake Placid, vor uns, sich „rauf und runter buckelnd". Unter uns leuchtete die Landschaft in ihrer ganzen prachtvollen Farbpalette: rotbraun, goldgelb, lohfarben, flammend karmesinrot, dunkelgrün und kobaltblau.

„Das alles ist dein herrlicher Hinterhof!" rief Nick neckend.

„Richtig!" rief ich zurück. „Und er ist größer als alle übrigen Nationalparks zusammengenommen!"

In knapp einer halben Stunde hatten wir Lake Placid erreicht, der ebenso wie der zweite See in dieser Gegend, der Mirrorsee, noch nebelverhangen war. Gleißende Sonnenstrahlen schossen hinter dem Whiteface Mountain empor.

„Das Hauptprodukt der Adirondacks ist Höhe", hatte ein anderer Schüler geschrieben, eine Beobachtung, die mir jäh in Erinnerung kam, als der Pilot hinter dem Whiteface Mountain die Maschine in die Tiefe stürzen ließ. Es schien, als erhöben sich plötzlich alle 1485 Meter dieses Berges drohend über mir, während die rasende Abwärtsbewegung meinen Magen in Unruhe versetzte. Ich verkrampfte die Hände ineinander. Als ich mich wieder beruhigt hatte, schaute ich aus dem Fenster und brachte es fertig, ein Foto von dem Berg im morgendlichen Sonnenlicht zu machen.

Abrupt zog der Pilot das Flugzeug wieder auf Gipfelhöhe hoch. Vor uns lag der Mount Marcy, dessen unterer Teil in ein einziges Farbenmeer getaucht schien. In solcher Höhe bekam ich ein Gefühl für diese Berge, wie man es aus der Wandererperspektive nie bekommt.

„Die Adirondacks waren schon immer da, vielleicht noch viel länger", hatten Nick und ich gestern in der Zeitschrift gelesen. „Millionen von Jahren waren nötig, sie zu machen, aber damals gab es ja sonst nicht viel zu tun."

Gewiß hatten die Adirondacks reichlich Zeit, „gemacht zu werden", nämlich etwa 1,1 Milliarden Jahre. Sie gelten als eines der ältesten Gebirge der Welt. Die heutige Landschaft, wie sie sich beim Blick aus dem Flugzeug darbietet, ist im wesentlichen ein Ergebnis der letzten Eiszeit, deren Gletscher sich vor zehntausend Jahren aus diesem Gebirge zurückzogen. Sie schliffen Täler aus, ritzten Rillen in Bergkuppen und ließen mehr als zweitausend Seen und Teiche entstehen.

Die Maschine hatte mittlerweile Südostkurs eingeschlagen. Nun begann ich Aufnahmen von den goldenen und purpurnen Bergen um den Georgesee zu machen, der von Dutzenden von kiefernbedeckten Inselchen übersät ist.

Nick tippte mir auf die Schulter und blickte vielsagend auf die Uhr. Eine Stunde und fünfzehn Minuten waren wir schon in der Luft, und der Pilot machte keine Anstalten, zum Black-Bear-See zurückzukehren. In meiner Vorstellung klingelten die verflogenen Minuten wie Geldstücke in eine Registrierkasse. Ich lehnte mich zum Piloten hinüber. „Wir sollten allmählich umkehren!" schrie ich ihm ins Ohr.

„Macht euch keine Sorgen wegen der Zeit!" brüllte er zurück. „Ich find den Flug toll. Hab nicht oft Gelegenheit, bei solchem Wetter so weiträumig zu fliegen. Es reicht, wenn ich bis zehn zurück bin. He, ich zeig euch jetzt mal was Großartiges. Haltet die Kameras bereit."

Er ging wieder auf Nordkurs, aber in niedriger Flughöhe. „Kleiner Tiefflug über dem Avalanchesee!" kündigte er an.

Gespannt wartete ich, die Kamera schußbereit. Der Avalanchesee ist einer unserer höchsten, wildesten und entlegensten Seen. Der einzige Zugang führt durch eine schmale Schlucht und mündet in einen Wanderweg aus Laufstegen, Leitern und Holzbrücken am Westufer. Das Wasserflugzeug steuerte mitten zwischen zwei Bergen hindurch, und ich erhaschte einen Blick auf einen tiefschwarzen See, eingezwängt zwischen nackten Felswänden. Das Flugzeug kletterte wieder steil in den Himmel empor. Gerade für zwei Aufnahmen hatte die Zeit gereicht.

„Möchtet ihr Kaffee?" rief der Pilot. „Ich kann gut auf dem Longsee landen."

Als wir in weitem Bogen hinunterschwenkten zu einer samtweichen Landung auf dem Longsee, hatte sich mein Magen längst wieder beruhigt. Es war neun Uhr. Wir machten die Maschine an einem Landesteg fest und gingen das Ufer entlang zu einem kleinen Restaurant an der Straße. Erstes morgendliches Leben regte sich in dem Dörfchen, und zwei verschlafene Frühstücksgäste saßen bereits an der Theke. Eine nette Dame mittleren Alters schnitt eine Apfeltorte auf.

„Drei Kaffee?" fragte sie munter.

Jetzt erholte ich mich endgültig und war bereit, hier den Piloten und seine Maschine auf meinen Film zu bannen. Als die Fotos im Kasten waren – repräsentative Aufnahmen für Werbeplakate –, brachte der Pilot uns zum Black-Bear-See zurück. Steifgliedrig kletterten Nick und ich aus dem Cockpit. Nick zückte die Brieftasche. Für die dreistündige Supertour wollte der Pilot nur dreißig Dollar. „Schicken Sie mir einfach die Abzüge, wenn sie fertig sind", meinte er lachend und stieß gekonnt von meiner Anlegestelle ab.

Von dem Flug noch ganz überwältigt und etwas erschöpft, saßen Nick und ich schweigend auf dem Sonnendeck und ließen die Ruhe und den Frieden auf uns wirken. Wie im Zeitraffertempo hatten wir an einem einzigen Morgen die ganze großartige Vielfalt der Berge gesehen.

„Nick", sagte ich ernst, „ich bin so froh, daß wir geflogen sind. Ich habe viel über meinen ‚Garten' gelernt. Ich hoffe inständig, daß ich immer hierbleiben kann. "

„Willst du denn nie von hier weg?" fragte Nick beiläufig.

„Nein, jedenfalls nicht, solange wir die Berge so bewahren können, wie sie sind. "

„Deshalb hat man ja auch die Adirondack-Parkverwaltung geschaffen", erwiderte er, „damit das Land geschützt wird und der Charakter der Wildnis erhalten bleibt. In meinen Augen ist hier der fortschrittlichste Landnutzungsplan in den Vereinigten Staaten in Kraft. "

„Aber du solltest mal hören, was die Ortsansässigen davon halten", erwiderte ich. „Ein Mann sagte zu mir: ‚Lieber brenne ich den ganzen Wald ab, als daß ich mir von der Parkverwaltung vorschreiben lasse, was ich zu tun habe!'"

„Klar", meinte Nick verdrossen. „Bei eurem dickköpfigen Individualismus hier oben würdet ihr gegen *jede* Kontrolle, gegen *jeden* Nutzungsplan Sturm laufen. Ihr seid nur so lange zufrieden, wie euch niemand auch nur die geringsten Vorschriften macht. "

„Na, eines ist sicher", stellte ich fest, „die Verwaltungsbehörde hat, über alle lokalen Zwistigkeiten hinweg, hier oben zum erstenmal eine Art Gemeinschaftsgefühl entstehen lassen. Vorher hat nichts die Einheimischen zusammengehalten – keine geschichtliche Tradition, gar nichts –"

„Außer Starrsinn und übertriebenem Unabhängigkeitsbedürfnis", unterbrach mich Nick spöttisch.

Später am Tag fuhr Nick wieder ab. Ich saß noch lange im Schaukelstuhl und grübelte über die seltsame Stimmung nach, die sich in dem Gespräch zwischen uns entwickelt hatte. Ich spürte, daß Nick sich über meine tiefe Bindung an die Hütte, an dieses Stück Land ärgerte. Nachdenklich schaute ich zu, wie die Spätseptembersonne die Hüttenwände vergoldete. Ich konnte die Berge „fühlen", ihre Form, ihren Ursprung, ihre Festigkeit und Verläßlichkeit. Es waren trostreiche Berge, beständig und verläßlich, es bestand keine Gefahr von Lava-Eruptionen, Erdrutschen, Erdbeben, Wirbelstürmen, Überschwemmungen, Dürren, Erosion. Es war, als lebte man mit Großeltern, auf die man immer zählen kann. Von allen Orten, wo ich gelebt und gearbeitet hatte, bot mir keiner dieses Gefühl unbedingter Zuverlässigkeit wie die Adirondacks.

Und Zuverlässigkeit war es, wonach ich mich sehnte. Ich wollte wissen, daß selbst dann noch, wenn ich einmal siebzig wäre, die Adirondacks die gleichen, der Black-Bear-See unverändert war, daß ich an einem Septembermorgen noch zum See hinuntergehen und ein Bad nehmen und dort immer noch Otter beobachten konnte, wie sie auf meinen Steinen Welse fraßen, daß ich immer noch einen Eimer sauberes Wasser zur Hütte hochtragen, immer noch den Regen von meinen großen alten Bäumen tropfen sehen konnte.

Mit Bangen dachte ich daran, daß es dann vielleicht eine Ringstraße um den See geben könnte, Ansammlungen von neuen Hütten am Ufer, ein Chlorungsgerät an meiner Wasserleitung, einen Flughafen in Lake Serene. Und vielleicht wären dann die Adirondacks nicht mehr das größte übriggebliebene Stück Wildnis westlich des Mississippi, sondern nur noch ein Wochenend-Naherholungsgebiet für Albany, Montreal und New York.

Die Sonne versank hinter dem Berg jenseits des Black-Bear-Sees. Dunkel und kalt war es in der Hütte geworden. Ich stand müde auf. Ein leises Winseln kam von der hinteren Veranda, wo Pitzi saß und geduldig darauf wartete, hereinzukommen, sein warmes Essen zu kriegen und sich am Feuer zusammenzurollen.

„Komm rein, Pitzi!" rief ich und machte die Tür auf. „Zeit zum Abendessen."

Überleben

FÜR das Überleben als alleinstehende Frau in einer Blockhütte gibt es drei unverzichtbare Voraussetzungen. Es sind dieselben Grundsätze für ein erfülltes, gutes Leben, die ich schon vor Jahren als Pfadfinderin gelernt hatte: Arbeit, Gesundheit und Liebe.

„Arbeiten, um zu überleben" heißt konkret: Ich muß mein Heim schützen und instand halten und mir ein berufliches Einkommen sichern. Um dies als auf sich selbst gestellte Frau zu erreichen, war eine besondere Geisteshaltung notwendig. Am Anfang mußte ich mir selbst den Beweis erbringen, daß ich imstande war, all das zu leisten, was ich tun mußte oder wollte. Das alte Klischeebild von der schwachen, unbedarften, ängstlichen Frau, die ohne männlichen Schutz und Beistand verloren wäre, hat in einem einfachen Einsiedlerleben keinen Platz.

Ich entdeckte, daß Schwielen, feste Muskeln und ein Tupfer Wagenschmiere auf der Nase mich nicht unweiblich machten. Ich merkte, daß es möglich war, schwere Lasten und sperrige Gegenstände durch einfache Anwendung von Hebelkraft, Zug und Balance zu heben und zu tragen. Ich sah, daß ich, wenn ich mich sachkundig machte oder machen ließ, fast alle Arbeiten verrichten konnte, vom Wechseln eines Autoreifens bis zum Ausfüllen von Steuererklärungen, vom Schießen mit Feuerwaffen und Tauchen mit Atemgerät bis zum Neubeziehen von Polstermöbeln. Langsam gewann ich Sachverstand und damit auch Freiheit.

Von Anfang an hatte ich die Einrichtung der Hütte so simpel wie möglich gehalten, damit ich die meisten Reparaturen und Instandsetzungen selber ausführen konnte. Geschickte Elektriker, Installateure und Schreiner sind hier oben am Black-Bear-See ohnehin schwer zu kriegen, und überdies bereitet es mir Spaß, unabhängig zu sein.

Die Leute sind immer überrascht und manchmal sogar schockiert, wenn ich ihnen erkläre, daß ich keinen elektrischen Strom habe. Aber ich will gar keinen Strom, auch wenn es heute möglich wäre, von einer Leitung hundertfünfzig Meter hinter meiner Hütte einen Anschluß abzuzweigen. Ich möchte nämlich nicht, daß nach einem Sturm herabgerissene, unter Strom stehende Leitungsenden im Wald herumliegen. Für alle meine Lebensannehmlichkeiten – Licht, Wärme, Kochen und Kühlung – reicht das Propangas. Ohne Strom lebe ich naturnäher und billiger.

Wozu brauche ich einen elektrischen Haartrockner? Ich habe den Wind. Was soll ich mit einem elektrischen Küchenmesser? Ich habe ein scharfes Jagdmesser. Was soll ich mit einem Staubsauger? Ich habe Kehrichtschaufel und Besen. Von dem, was ein einziges dieser Dinger kostet, kann eine vierköpfige Indianerfamilie in Guatemala einen Monat leben.

Mein Plattenspieler, mein Radio und mein CB-Funkgerät sind batteriebetrieben. Die großen 12–Volt–Batterien wandern alle ein, zwei Monate in mein Auto, damit sie sich während des Fahrens wieder voll aufladen. Jeden Morgen ziehe ich einen alten Wecker auf. Kaffee koche ich mir in einer knallroten Kanne, und Brot läßt sich gut auf einem Metallrahmen rösten, den man über die Flamme des Gasherdes setzt. Auf meinem Dreiflammenherd mit der kleinen Backröhre kann ich fast alles zubereiten. Schmutziges Geschirr wird im Sommer in der Küchenspüle, im Winter in einem Bottich auf dem Ofen gespült. Wäsche wasche ich ebenfalls in der Spüle, in Eimern oder im Waschsalon in Lake Serene. Freilich wäre die Behauptung, mein Lebensstil sei von der modernen Technik der Außenwelt unabhängig, unrealistisch. Auch ich nehme sie in vielfältiger Weise in Anspruch: Flaschengas,

Konserven, Batterien und Hundefutter sind meine wichtigsten Gebrauchsgüter „von draußen". Ohne die Welt der Technik säße ich in meiner Hütte auf verlorenem Posten. Trotzdem versuche ich, so eigenständig und so unabhängig wie möglich zu wirtschaften.

Die Hütte halte ich zum größten Teil in Eigenarbeit instand. Ich repariere und streiche das Dach, mache Schreinerarbeiten, hacke Feuerholz, schließe vor dem Sommer mein Wasserversorgungssystem an und entleere es vor dem Winter, imprägniere Hüttenpfähle, Sonnendeck und Bootsanlegesteg, führe einfache Reparaturen an Motorsäge und Werkzeugen aus, fälle tote Bäume, die auf die Hütte stürzen könnten, und grabe neue Löcher für das Toilettenhäuschen.

Zwei Dingen stehe ich bisher noch hilflos gegenüber: dem Propangassystem und den Wasserrohren. Beim Gas kann das kleinste Leck eine Katastrophe für die Hütte bedeuten. Zur Sicherheit sind drei unabhängige Leitungen installiert, die bei Undichtigkeit oder bei Feuer draußen an den großen Gasflaschen einzeln abgestellt werden können. Eine Leitung versorgt die Küche (Beleuchtung, Kühlschrank, Herd) und das Souterrain (Heißwassergerät, Beleuchtung), eine zweite den Hauptraum der Hütte (Beleuchtung und kleiner Gasheizkörper), eine dritte die Veranda und das Gästezimmer (Beleuchtung, kleine Heizkörper). Als Reserve habe ich Petroleumlampen, Kerzen, den Kamin und eine offene Feuerstelle zum Kochen. Trotzdem: Wenn etwas kaputtgeht, brauche ich einen Installateur. Eines Tages *muß* ich lernen, Rohrenden zu erweitern, ein T-Stück anzuschließen, Brenner von Kohleresten zu reinigen und eine neue Zweigleitung zu einem gasbetriebenen Gerät zu legen.

Auch die Wasserversorgung gehört, obwohl eigentlich sehr simpel, zu meiner „schwachen Seite". Sie besteht im wesentlichen nur aus einer Motorpumpe, Plastikrohren, einem hochgelegenen Wassertank, einer Spüle und einer Badewanne. Gleichwohl habe ich es fertiggebracht, ein Rohr mit der Axt entzweizuhauen, ein Loch in den Tank zu schießen und an einem Wasserhahn die Dichtung kaputtzudröseln. Auch hier bin ich, wenn etwas nicht funktioniert, auf den Installateur angewiesen. Früher oder später *muß* ich lernen, von Bären entzweigebissene Plastikrohre zu flicken, Metallrohre zu verschrauben, einen Dichtungsring zu wechseln, verstopfte Abflüsse freizukriegen und Lecks im Tank zu verlöten.

Mein (Über-)Leben als Ökoberaterin, freiberufliche Schriftstellerin und Fotografin ist sehr wechselhaft, mal brotlos, mal lukrativ, aber immer faszinierend. Für diese Art Arbeit ist die Hütte ideal. Wenn ich Artikel oder Berichte schreibe, erscheint mir die Ruhe und Abgeschiedenheit meiner Klause wie geschaffen für kreatives Denken. Und wenn ich einen Beraterjob angenommen habe und verreisen muß, schließe ich lediglich die Fenster, sperre die Tür zu, stelle das Gas ab, lasse das Wassersystem leerlaufen und gieße Petroleum in die Siphons, damit sie bei Frosteinbrüchen nicht platzen. Dann kann ich ohne Sorge beliebig lange fortbleiben.

Am schwersten fällt mir, wenn ich beruflich verreisen muß, der Abschied von Pitzi. Irgendwie merkt er immer, daß ich fort will, auch wenn ich die Koffer im Gästezimmer verstecke und nicht vor seinen Augen packe. Wie ein kleines Kind schmollt er dann und läuft mir nervös überallhin nach. In ein Tierheim will ich ihn nicht geben. Deshalb bringe ich ihn bei guten Freunden unter, die ihn verhätscheln, bis ich wiederkomme.

Angst habe ich hauptsächlich vor Stürmen, die hohe Bäume umknicken, vor schwerem Schneefall, der Dächer eindrücken kann, und vor extremer Kälte, in der nicht nur die Gewässer, sondern manchmal auch Menschen zu Eis erstarren.

Sorgen mache ich mir auch um meine Maschinen und Gerätschaften, denn sie sind für mich unentbehrliche Überlebenshilfen. Ich möchte nicht mitten auf dem Black-Bear-See in einer stürmischen Novembernacht mit defektem Außenborder liegenbleiben, nicht auf einsamer Straße von meinem Automotor bestreikt werden. Die Maschinen müssen in technisch gutem Zustand gehalten werden, und deshalb spare ich nicht an Inspektionen und Reparaturen. Und immer führe ich Werkzeug, Zündkerzen, Öl, Reserverad, Taschenlampe und Benzinkanister mit.

Trotz allem bin ich einige Male am Black-Bear-See verunglückt oder krank gewesen. Das geht vielen Einheimischen so, und die meisten überleben es. In der Regel bedeutet es vor allem eine nervenaufreibende Rettungsaktion und einen raschen Abtransport. Trotz unserer abgeschiedenen Lage funktioniert hier, glaube ich, der ärztliche Notdienst besser als in mancher Großstadt.

An einem schwülen Sommersonntag, vormittags um elf, begann mir übel zu werden. Nick war zum Wochenende auf Besuch gekommen und saß vorn auf der Veranda und schrieb. Ich empfand einen seltsamen Widerwillen dagegen, draußen in der Sonne zu liegen, zog mich in meine Schlafkoje zurück und las. Mittags rührte ich kaum einen Bissen an. Nick brachte mich dazu, ein paar Verdauungstabletten zu schlucken. Nach dem halb verdösten Nachmittag meldeten sich Schmerzen im Unterbauch, die gegen sechs schlimmer wurden. Nick meinte, wir sollten einen Arzt aufsuchen, der zufällig bei uns am See

Urlaub machte. Keiner hatte daran gedacht, daß es der Blinddarm sein könnte, bis der Arzt leicht auf meine rechte Bauchseite drückte und ich einen Schmerzensschrei ausstieß.

„Sie müssen schnellstens in ein Krankenhaus, noch vor dem Abend", riet er.

„Warum kann ich nicht bis morgen früh warten und mit Nick fahren, wenn er abreist?"

„Appendizitis ist eine ‚Vierundzwanzigstundenkrankheit'", antwortete er. „Es kann sein, daß der Blinddarm bis Mitternacht durchbricht. Es kann aber auch sein, daß die Entzündung zurückgeht und sich bis zum Morgen legt. Es ist Ihre Entscheidung, aber denken Sie daran: Wenn es losgeht, geht es schnell."

Wir dankten ihm, daß er sich die Zeit genommen hatte, mich zu untersuchen, und gingen zur Hütte zurück. Der See wurde unruhig. Im Süden brauten sich schwarze Gewitterwolken zusammen. Heute nacht würde es stürmen.

Nick war nervös. „Wir sollten sofort fahren", drängte er. „Morgen kannst du ja zurückkommen, wenn es dir bessergeht. Was machen wir, wenn ich dich heute nacht bei einem Gewitter wegschaffen muß? Du weißt, daß ich nicht so gut mit dem Boot klarkomme und den See nicht so gut kenne wie du."

„Laß mich das Abendessen machen, dann sehen wir weiter", widersprach ich starrköpfig. „Ich hab für heute abend ein so schönes Essen geplant, und ich will, daß du es dir schmecken läßt."

Nick schüttelte betrübt den Kopf, gab aber nach. Also nahm ich zwei dicke Steaks aus dem Kühlschrank und fing an, Pilze in die große Pfanne zu schnippeln. Als der Duft geschmolzener Butter und brutzelnder Pilze und Steaks die Küche füllte, wurde mir plötzlich schwarz vor Augen.

Nick hörte, wie ich in der Küche umfiel, und stürzte herein. Er half mir auf die Beine und setzte mich in den Schaukelstuhl. „Jetzt ist Schluß, hörst du!" schalt er, mehr erschrocken als wütend. „Wir fahren auf der Stelle. *Vor* der Dunkelheit, *vor* dem Sturm und *vor* dem Essen."

Ich nickte schwach. Es war das erste Mal in meinem Leben gewesen, daß ich ohnmächtig geworden war. Meine Selbstsicherheit verschwand.

„Sei so gut und nimm die Pfanne vom Herd", bat ich. „Gib mir noch ein paar Minuten zum Ausruhen, dann fahren wir. Du solltest ein bißchen essen. Schließlich hast du ja noch die ganze Fahrerei vor dir."

Meine Argumente überzeugten ihn, und er schlang schnell ein paar Bissen Steak hinunter, bevor er mir dann eine kleine Tasche packte. Er stellte das Gas ab, schloß die Tür, rief den Hund und half mir zum Bootsanlegesteg hinunter. Unheilvolles Zwielicht hing über dem Black-Bear-See. Blitze zuckten, Donner grollte über den Bergen. Mein Bauch tat so weh, daß ich den Bootsmotor nie allein hätte anwerfen können.

Nach einigen Fehlversuchen brachte Nick den Motor zum Laufen, und wir fingen an, uns durch die Wellen zu kämpfen. Jede plötzliche Bewegung verursachte mir ein qualvolles Stechen in der rechten Seite. Als wir mein Auto erreicht hatten, krümmte ich mich vor Schmerzen. Gegen zehn kamen wir in Lake Serene an. Ich war nur noch halb bei Bewußtsein. Nick raste durch das Städtchen, da tauchte ein Polizeiwagen auf. Sobald der Beamte erfahren hatte, was mit mir los war, eskortierte er uns zum Sanitätsposten und rief über Funk den diensthabenden Arzt. Binnen fünfzehn Minuten hatte sich die erste Diagnose bestätigt. Blinddarmentzündung.

Der Doktor telefonierte mit dem Krankenhaus, kündigte eine Notaufnahme an und schlug vor, mich in den bereitstehenden Krankenwagen zu legen. Eine Freiwilligenmannschaft hatte sich bereits versammelt.

„In den Krankenwagen?" protestierte ich. „Wozu das denn? Nick kann mich in meinem Wagen fahren. Ich kann mich auf dem Vordersitz hinlegen."

„Na gut, wie Sie wollen", der Arzt lächelte nachgiebig. „Aber schauen Sie, daß Sie rasch hinkommen – ohne Unfall."

Mit achtzig bis hundert Stundenkilometern fuhr mich Nick zum Krankenhaus. Gegen halb zwei Uhr nachts kamen wir an. Um sieben wurde ich operiert.

Mein nächster medizinischer Notfall passierte ein Jahr später, bei den Wintervorbereitungen. Ich hatte Alan, einen Studenten, angestellt, der mir eine Woche lang helfen sollte, Holz zu stapeln, Ritzen abzudichten und das Ofenrohr zu reinigen. Er war gerade oben auf dem Dach und setzte das Ofenrohr wieder zusammen, und ich wollte ihm von unten die frisch gesäuberten Teilstücke hinaufreichen. Hierfür lehnte ich eine kurze Leiter an die Dachkante und kletterte ein paar Sprossen hinauf. Fahrlässigerweise hatte ich den Leiterfuß nicht abgesichert, und prompt rutschte die Leiter unter mir weg. Automatisch griff ich mit der linken Hand nach der metallenen Dachkante. Dies hielt zwar meinen Sturz auf, aber meine Finger waren bis auf die Knochen eingeschnitten. Dreck und Farbpartikel steckten in der Wunde.

Beim Gedanken, es könnten Sehnen durchtrennt sein, ergriff mich
Panik.

Alan kletterte vom Dach und rannte mit mir in die Hütte, wo ich
meine Hand unter den Kaltwasserhahn hielt. Die ganze Spüle war rot
vor Blut. Alan wurde es schlecht. Ich hatte heftige Schmerzen und
konnte – was mir noch mehr angst machte – die Finger nicht mehr
geradebiegen. Schließlich erholte sich Alan so weit, daß er meine
Hand mit einem Tuch verbinden und mich zum Boot hinunterführen
konnte. Er startete den Motor und fuhr mich nach Lake Serene. Dafür,
daß er noch nie einen Außenborder bedient und keinen Führerschein
hatte, machte er seine Sache glänzend.

Binnen zehn Minuten war im Sanitätsposten ein Arzt zur Stelle, und
ich lag in dem kleinen Behandlungsraum. Wieder hatte ich Glück
gehabt: Es waren weder Sehnen zerschnitten noch Knochen gebrochen. Immerhin mußte die Hand mit zwanzig Stichen genäht werden,
und ich trug eine schwere Infektion, eine bleibende Gefühllosigkeit im
kleinen Finger und ein chronisches Mißtrauen gegen Leitern davon.

Mein dritter und schwerster Unfall erwischte mich, als ich allein
war. Es war Frühherbst, und das bunte Laub leuchtete an den Bäumen. Als Illustration für einen Artikel, den ich schrieb, wollte ich ein
besonders schönes Foto machen, das die ganze Pracht des Adiron-
dack-Herbstes wiedergab. Zu diesem Zweck brauchte ich Kanadagänse, die bei Sonnenaufgang auf einem dunstigen See schwammen,
Nebelschwaden vor buntfarbig belaubter Bergkulisse und im Vordergrund ein oder zwei Balsamtannen. Ich kannte genau die richtige
Stelle dafür. Als sich der Himmel nach langen Regentagen endlich auf-
hellte, fuhr ich mit dem Hund los, um an diesem Ort zu kampieren.
Wir schliefen auf der Ladefläche des Wagens. Leises melodisches
Schnattern weckte uns: ein Zeichen dafür, daß die Gänse noch da
waren. Über einen alten Holzfällerweg fuhr ich zu dem See und parkte
an der Kante des Steilufers.

Ich hatte zwei Kameras mit Teleobjektiv an gekreuzten Riemen
über die Schulter geschlungen. Vorsichtig machte ich die Tür auf und
kletterte aufs Trittbrett hinaus, ganz langsam, um die Vögel nicht auf-
zuscheuchen. Ich befahl Pitzi, still zu sein, und griff, um mich festzuhalten, nach oben aufs Wagendach. Die Nacht war kalt gewesen.
Rauhreif überzog Gräser, Büsche – und das Blech meines Autos. Ich
rutschte am eiskalten, schlüpfrigen Metall ab, verlor den Halt und
stürzte die gesamte Uferböschung hinunter.

Vier, fünf Meter tief muß der Sturz gewesen sein, und es verschlug
mir im wahrsten Sinn den Atem. Stöhnend rang ich nach Luft. Irgend

etwas im Unterleib fühlte sich zerquetscht an. Es gelang mir, mich auf die Seite zu drehen, in eine weniger schmerzhafte Lage. Nach ungefähr fünfzehn Minuten atmete ich wieder normal und dachte, vielleicht schaffst du es, bis zum Auto zu kriechen und einzusteigen. Aber der Schmerz war zu stark. Ich konnte mich lediglich ein bißchen nach oben hangeln, so daß ich von der Straße aus zu sehen war. Pitzi hielt das alles für ein Spiel und bellte und tanzte um mich herum.

Ich befand mich ungefähr acht Kilometer vom nächsten Haus entfernt an einem selten befahrenen Waldweg, lag hilflos auf der Erde, bei einer Temperatur um den Gefrierpunkt. Niemand wußte, wo ich war. Ich hatte eines der Hauptgebote der Wildnis gebrochen: Sage immer jemandem Bescheid, wo du hingehst und wann du ungefähr zurückkommst.

Eine Stunde verging. Dann hörte ich das leise Summen eines Motors. Es war ein Wildhüter, der wunderbarerweise Patrouille fuhr. Er erblickte erst den Wagen, dann den Hund und schließlich mich. Als er mich zittern sah, wollte er mich gleich aufheben und in seinen warmen Wagen tragen. Aber ein Instinkt warnte mich. Ich bat ihn, mich nicht zu bewegen. „Holen Sie mir bitte meinen Schlafsack und den Rucksack aus dem Wagen", stieß ich zähneklappernd hervor.

Er deckte mich zu und stellte den Rucksack neben mich. Ich wühlte in einer Seitentasche herum und hoffte, daß sich die beiden Fläschchen Morphium und Demerol, die von einer langen Wanderung im letzten Jahr übriggeblieben waren, noch dort befanden. Sie waren noch da.

„Geben Sie mir Wasser", stöhnte ich.

„Sie werden kein Morphium nehmen, solange ich nicht weiß, was Ihnen fehlt", erklärte er. „Bei Rücken- und Kopfverletzungen ist das reines Gift. Nehmen Sie ein paar Demeroltabletten."

Ich nahm drei Stück und wartete ab, ob der Schmerz nachließ. Mein Retter stand einen Augenblick unschlüssig da und überdachte die Situation.

„Ich muß Sie jetzt eine Zeitlang allein lassen", waren seine nächsten Worte. „Ich muß jemanden finden, der mir hilft, Sie mit einer Art Trage hochzuheben."

Nach einer Dreiviertelstunde kam er mit zwei Männern und einer Holztür zurück. Langsam ließen sie mich auf die harte Oberfläche kriechen, hoben mich dann hoch und schoben mich auf die Ladefläche meines Wagens. Einer der Männer fuhr, während der Wildhüter neben mir kniete und mich, so gut es ging, gegen die Stöße und die Schaukelei zu schützen versuchte. Es war die schlimmste Fahrt, die ich je mitgemacht habe. Zum Glück hatte man inzwischen per Funk einen

Krankenwagen gerufen. Unterwegs begegneten wir ihm. Ich wurde –
immer noch auf der improvisierten Trage – in den Krankenwagen
geschoben. Dann ging's ab, zum hundertdreißig Kilometer entfernten
Krankenhaus.

Vom Zeitpunkt, da ich gefunden wurde, bis zur Ankunft in der Kli-
nik verstrichen nur dreieinhalb Stunden. Im Krankenhaus sagte man
mir, ich hätte auf der linken Seite Becken- und Rippenbrüche. Es sei
klug gewesen, daß man mich nicht unnötig bewegt habe.

Mein Wagen, der Hund, die 2000-Dollar-Kameraausrüstung
(unbeschädigt übrigens), Schlafsack, Rucksack und Stiefel waren an
der Unfallstelle geblieben. Die Männer fuhren zurück und bargen
alles. Einer nahm den Hund auf, bis er bei Freunden untergebracht
werden konnte, ein anderer kümmerte sich um den Wagen, bis ich
wieder fahren konnte. Der Wildhüter sammelte meine Siebensachen
ein und verwahrte sie, bis ich wieder nach Hause zurückkehren
konnte. Ohne den Beistand dieser wunderbaren Leute wäre ich verloren gewesen.

Aus all diesen Mißgeschicken entwickelte sich eine Überlebens-
philosophie. Ich glaube nach wie vor, daß es ungefährlicher ist, im
Wald zu leben und Unfälle und plötzliche Erkrankungen zu riskieren,
als in der Stadt zu leben, wo man Überfällen und chaotischen Ver-
kehrsverhältnissen ausgesetzt ist. Als ich einige Zeit später mit meiner
Freundin aus New York sprach, erfuhr ich, daß sie in ihrer Nobel-
wohnung gestürzt war und den Arm schlimm gebrochen hatte. Es
hatte volle drei Stunden gedauert, ehe es ihr in einer der größten Städte
der Welt gelungen war, einen Krankenwagen zu mobilisieren, der sie
in die Unfallklinik brachte.

Die Moral von der Geschichte: Ich habe mir einige medizinische
Nachschlagewerke und eine gutsortierte Hausapotheke zugelegt. Vor
allem aber habe ich eine Grundausbildung in Erster Hilfe absolviert,
die einundachtzig Stunden theoretischen und praktischen Unterricht
in einer Ambulanz umfaßte. Und ich bin jetzt sehr vorsichtig bei
allem, was ich in der Hütte und im Wald tue.

Die Entscheidung

Es WAR ein heißer, sonniger Junitag, als Nick an der Anlegestelle eintraf. Er kam mit Verspätung, war müde und seltsam einsilbig. Die
Kriebelmücken waren bereits wieder eine echte Plage, und deshalb
gingen wir trotz des schönen Wetters gleich in die Hütte. Nick setzte

sich im Wohnzimmer in den Schaukelstuhl, während ich in der Küche Tee machte.

„Na, gibt's bald Schulferien?" fragte ich.

„Ja, bald", antwortete er wie in Gedanken.

„Kannst du diesmal ein paar Tage länger bleiben, Schatz?" fragte ich hoffnungsvoll.

„Ich glaube nicht. Ich habe eine Menge Korrespondenz aufzuarbeiten."

„Kannst du das nicht hier machen?" bat ich und trug ein Tablett mit Tassen und Gebäck, Zitrone und Zucker nach drinnen. Ich stellte es neben Nick ab und sah einen Luftpostbrief in seinem Schoß liegen. Ich goß Tee ein, gab ihm eine Tasse und setzte mich mit der meinen auf den Schreibtischstuhl. „Was ist los, Nick?"

„Dieser Brief hier", begann er zögernd. Er war nicht der Typ, mit Dingen hinter dem Berge zu halten, und so händigte er mir den Umschlag aus. Er trug einen Poststempel aus Alaska. „Man bietet mir eine Stellung als Lehrer in Anchorage an."

Ich saß still da, Herz und Hirn plötzlich voll durcheinanderwirbelnder Gefühle.

„Ich habe schon immer in Alaska leben wollen. Zeit meines Lebens wollte ich so nah am Polarkreis sein wie möglich. Und jetzt kommt auf einmal das hier." Verwunderung klang aus seiner Stimme.

„Wann geht es denn los?" fragte ich leise.

„Der Unterricht beginnt im September. Ende August müßte ich dort sein. Gerade genug Zeit, um zu kündigen, alles abzuwickeln und raufzufahren."

„Hast du mit der Schule schon darüber gesprochen?"

„Nein, ich wollte es zuerst dir sagen", erwiderte Nick. „Ich habe bisher mit niemandem darüber gesprochen." Schwermütige Stille erfüllte die Hütte. „Ich wollte wissen, ob du mit mir kommen würdest", fügte er heiser hinzu.

Da war die Frage. Sollte ich mit dem Mann gehen, den ich liebte, die Hütte und die Adirondacks verlassen und in einem fernen nördlichen Land ein völlig neues Leben anfangen, gegründet auf seine Berufskarriere? Oder sollte ich allein hierbleiben in dem Heim, das ich mir eingerichtet hatte, in den Bergen, die ich liebte, bei dem Beruf, den ich mir aufgebaut hatte?

„Nun?"

Ich konnte nicht antworten. Ich starrte auf die Wand aus Baumstämmen.

Nick öffnete den Umschlag und legte mir den Brief auf den Tisch.

„Hier, lies ihn, Anne. Wir hätten Zeit, das Hinterland zu erforschen. Zwei Monate frei im Sommer und lange Weihnachtsferien. Mensch, ich wollte immer schon dorthin, im Winter mit dem Hundeschlitten los, im Brooksgebirge klettern, auf der Kenai-Halbinsel auf Elchjagd gehen, mit Buschpiloten umherfliegen. Weißt du, die Adirondacks sind eigentlich nur ein Miniaturalaska. Da oben ist alles so viel wilder, größer, höher und kälter."

Kälter. Nick hatte kälter gesagt. Sofort streikten meine Sinne. Meine Beraterarbeit hatte mich mehr und mehr auf Kurzreisen nach Mittelamerika und in die Karibik geführt. Ich liebte Palmen, weiße Sandstrände, den üppigen Duft der Südfrüchte, die netten Leute dort, das Gefühl heißer Sonne auf der Haut. Es war so anders, so belebend, verglichen mit den tristen Wintern in den Adirondacks – oder Alaska.

Ich nahm den Brief und las ihn. Die Bezahlung war hervorragend, ein Haus sollte gestellt werden, und die Schule schien einen guten Ruf zu genießen. „Sieht aus wie eine große Chance für dich", begann ich.

„Ja", sagte er rasch, „es ist ganz unglaublich. Du weißt, daß ich nicht den Rest meines Lebens in Albany verbringen will. Ich habe dort aus der Zeit meiner ersten Ehe keinerlei engere Bindungen mehr. Nur dich hier oben. Du weißt, wie sehr ich den Wintersport und die Jagd liebe. Alaska bietet das alles – direkt vor der Haustür. Für eine Tier-ökologin müßte das doch auch genau das Richtige sein. Denk mal an all das Wild da oben. Und nimm nur zum Beispiel das Problem mit der Alaskapipeline. Jede Menge Bedarf an Umweltplanung."

In den Tropen aber auch, dachte ich. Naturschutz ist in manchen lateinamerikanischen und karibischen Ländern fast ein Fremdwort, und die Natur wird dort in alarmierendem Tempo zerstört.

„Wenn's im Winter zu schlimm wird, können wir ja nach Hawaii fliegen, Sonnenschein auftanken", fügte Nick hinzu. Mit leichtem Schalk sah er mich an. Ich weiß nicht, was in meiner Miene geschrieben stand. Er stand jedenfalls abrupt auf. „Gehen wir schwimmen", schlug er vor. „Überleg's dir in Ruhe. Heute abend können wir das Thema noch einmal durchsprechen. Ich hoffe, daß wir zu einer Entscheidung kommen, ehe ich morgen nachmittag wegmuß."

Wir zogen unsere Badesachen an und gingen zum Bootssteg. Ich stürzte mich sofort in das kühle Naß und schwamm unter Wasser so weit wie möglich auf die Mitte des Sees zu. Jadegrün war die Welt hier unten. Ich wünschte, stundenlang hier unten bleiben zu können, weit weg von dem Problem, das oben auf mich wartete. Meine Lunge platzte fast, als ich wieder auftauchte. Und in dieser Sekunde wußte ich, daß ich bleiben und daß Nick gehen würde.

Der Zwang zu einer solch grundlegenden Entscheidung rückte nicht nur unsere beruflichen Unterschiede und unsere klimatischen Vorlieben in den Vordergrund. Auch gewisse psychologische Konflikte, die sich zwischen Nick und mir aufgebaut hatten, spielten jetzt eine entscheidende Rolle. Mein Selbständigwerden als Frau war nicht ohne Probleme vor sich gegangen. Mir war aufgefallen, daß sich manche Männer um so unsicherer verhielten, je selbstbewußter ich geworden war. Und andere benahmen sich um so aggressiver. Es war, als könnten sie es nicht ertragen, daß eine Frau etwas besser konnte als sie. Auch mit Nick war das passiert.

„Dir geht hier alles so gut von der Hand", klagte er oft, wenn ihm ein Axtstiel zerbrach oder ein Farbtopf umfiel. „Da komme ich mir wie ein Trottel vor."

„Aber ich mußte das alles auch erst lernen, Liebling. Für mich war es sogar eine Überlebensfrage."

Trotzdem bewirkte dieses Unterlegenheitsgefühl, daß sich Nick an den Arbeiten in und an der Hütte immer weniger beteiligte. Er sagte, er habe sonst zuwenig Zeit für seine Unterrichtsvorbereitungen, für das Korrigieren von Arbeiten, für die Jagd. Daher erledigte also immer ich den Löwenanteil bei der Instandhaltung, während er am Schreibtisch saß oder in den Wäldern herumstreifte. Allmählich kam ich mir wie eine Dienstmagd vor. Manchmal spürte ich auch, daß Nick sich über meine Liebe zum Haus und zum Land ärgerte.

Ich war in eine echte Zwickmühle geraten. Entweder machte ich wie bisher weiter und blieb selbständig. Aber dann lief ich Gefahr, mir den Mann zu entfremden, der mir etwas bedeutete. Oder ich spielte die hilflose Frau, um das Selbstbewußtsein von Nick aufzubauen. Dabei nähme jedoch meine Selbstachtung Schaden. Dies mußte – so überlegte ich mir oft – ein Grundproblem der Frauenbewegung sein.

Mehrere Male diskutierten wir über das Für und Wider eines Umzugs nach Alaska. Was sollte mit der Hütte werden? Würde Pitzi die dreiwöchige Fahrt verkraften? Welches unserer Autos war alaskatauglich? Konnte ich die für den Herbst bereits vereinbarten drei Beraterjobs einfach absagen? Würde es vom fernen Alaska aus möglich sein, mit Redaktionen und Verlagen an der Ostküste in Fühlung zu bleiben? Und während der ganzen Debatte fragte Nick mich kein einziges Mal: „Willst du mich heiraten?"

Als er Sonntag nachmittag abfuhr, war es zu keiner definitiven Entscheidung gekommen. Aber wir wußten beide Bescheid; wir hatten nur Angst, es auszusprechen. Am Donnerstag enthielt der Postsack ein Briefchen von ihm. Darin stand:

Mein Liebling,
ich habe noch viel zu tun mit den Reisevorbereitungen. Jetzt ist es nur
noch gut einen Monat bis zum Arbeitsantritt. Ich glaube, wir können das
kommende Wochenende beide besser nutzen, wenn wir allein sind.
Hoffentlich überlegst Du Dir noch, ob Du nicht doch mitkommen
willst. Paß auf Dich auf. Bis bald.

In Liebe, Nick

Noch zweimal habe ich ihn gesehen, ehe er nach Alaska fuhr. Sosehr
wir einander liebten: Er konnte nicht bleiben, und ich konnte nicht
gehen.

Zwei Jahre lagen zwischen unserer Begegnung auf dem Bahndamm
und unserer Trennung. Die Einsamkeit, die wieder von der Hütte
Besitz ergriff, war eine andere als die, die ich seinerzeit beim Einzug
empfunden hatte. Jetzt war eine Spur Erleichterung dabei, ein Gefühl,
die richtige Entscheidung getroffen zu haben; dennoch war die Last
genauso schwer. Ich habe ein starkes Bedürfnis nach Liebe – sie zu
bekommen und sie zu geben –, aber es ist schwer zu stillen, wenn man
hier in den Wäldern allein lebt. Ich kann meine Zuneigung an Hütte,
Land, Hund, Freunde weitergeben, aber es bleibt ein Vakuum, das
sich nur durch die Liebe eines Mannes füllen läßt.

Daß ich Nick in den Adirondacks kennenlernte, war ein Glücksfall
gewesen. Es ist hier schwer, einen Mann mit den gleichen Interessen,
mit vergleichbaren Erfahrungen und ähnlichem Bildungsstand zu finden. Die meisten der in Frage kommenden Männer, die ich kenne,
leben und arbeiten in Städten oder an Universitäten. Ich treffe sie nur,
wenn ich auf Tagungen gehe oder Beraterjobs absolviere.

Epilog

MANCHMAL sitze ich in meinem Blockhaus wie in einem Elfenbein-
turm, abgeschirmt von der Außenwelt hinter sich wiegenden Kiefern,
abgeschirmt von Verkehr und Lärm und Trunkenheit und Umweltverschmutzung. Das Leben scheint keinen Anfang und kein Ende zu
kennen. Es gibt nur das stete Wachsen von Stamm und Wurzel, die
langsame Ablagerung von Humus und Schutt, das Trommeln der
Regentropfen, ehe sie zu Schneeflocken werden.

Doch dann erinnert mich das Tschilpen einer Schwalbe, die über
den See huscht, daß ... es immer einen neuen Anfang gibt.

Foto: Albert Müller Verlag AG

Anne LaBastille

Schon über zwanzig Jahre lebt Anne LaBastille mittlerweile in der Wildnis der Adirondacks. „Es hat sich vieles geändert, seit ich damals ein Stück Land am Black-Bear-See erwarb, mein Blockhaus baute und mit der romantischen Vorstellung vom einfachen, stillen, schöpferischen Leben hier einzog", berichtet sie. Nicht unerheblich trug dazu der große Erfolg von *Frau in der Wildnis* bei. Die Anfragen nach neuen Artikeln und Berichten stapelten sich auf ihrem Schreibtisch, und heute umfassen die Veröffentlichungen der Journalistin, die sich inzwischen als freiberufliche ökologische Beraterin, Dozentin und Fotografin einen Namen gemacht hat, neun Bücher und zahllose Aufsätze.

Doch das erfreuliche Interesse der Leser an Anne LaBastilles Büchern zog auch unerfreuliche Auswirkungen nach sich. Belästigungen durch aufdringliche Fans wurden immer häufiger, und auch die ständig zunehmende Zahl von Sommergästen, die am Black-Bear-See nicht auf ihren gewohnten Komfort verzichten wollen, zerstörte die ursprüngliche Idylle. „Ich hatte genug von ungebetenen Gästen, verrückten Telefonanrufen, Bergen von Fanpost, schweren Motorbooten, Motorenlärm, Touristenströmen, wildgewordenen Fliegern und Luftverschmutzung – ich hatte die Nase voll von der sogenannten Zivilisation", erinnert sich Anne LaBastille. Etwa zwanzig Minuten von ihrem Blockhaus entfernt errichtete sie deshalb am abseits gelegenen Lilypadsee eine zweite Hütte, in die sie sich immer dann zurückzieht, wenn ihr der Rummel zuviel wird.

Mit Sorge hat die naturbegeisterte Autorin, die 1974 vom World Wildlife Fund als „Umweltschützerin des Jahres" geehrt wurde, auch in den Adirondacks eine rapide zunehmende Umweltverschmutzung festgestellt. Saurer Regen, belastete Abwässer und die schädigenden Auswirkungen giftiger Pestizide machen auch vor dem Naturschutzgebiet nicht halt. Trotzdem, so glaubt sie, kann man mit ausreichendem Engagement das Schlimmste noch rechtzeitig abwenden. So versucht sie beispielsweise, ihre Liebe zur Natur in Vorträgen und Workshops vor allem an junge Leute weiterzugeben. „Es gibt viele Möglichkeiten, von meinem Zuhause in der Wildnis aus die Interessen der Natur und junger Naturfreunde zu unterstützen", meint sie optimistisch. „Man muß sie nur wahrnehmen."